K. ADLARD COLES

Schwerwettersegeln

K. Adlard Coles

SCHWER-WETTER-SEGELN

Verlag Delius Klasing & Co

Titel der englischen Originalausgabe
HEAVY WEATHER SAILING
First published in Great Britain 1967

Aus dem Englischen von Wolfgang Rittmeister.
Das Kapitel „Der Fastnetsturm 1979" übersetzte Jörn Bock.

6. Auflage

ISBN 3-7688-0030-X

Printed in Germany 1981
Herstellung Druckerei Ludwig Auer, Donauwörth

Meiner Frau
und allen Segelfreunden,
die diese Erlebnisse
mit mir geteilt haben

Inhaltsverzeichnis

Vorwort

„Jeder Narr kann die Segel stehen lassen", entrüstete sich der Kapitän, aufgebracht über den Wachführer, der es unterlassen hatte, den Befehl zum Reffen der Segel zu erteilen – so geschehen vor hundert Jahren, im Goldenen Zeitalter des Segelschiffahrt, bevor der mechanische Antrieb die Segel von den großen Ozeanen vertrieb. Es ist schon wahr, nur zu oft befand sich der Kapitän zwischen dem Teufel und der tiefen, blauen See. Auf der einen Seite erwarteten seine Reeder von ihm die schnellste Reise, deren das Schiff fähig war; andererseits aber mußte er damit rechnen, daß ein Reisebericht mit einer langen Liste von Schwerwetterschäden – verlorene Spieren, Segel und Tauwerk – den Unwillen der Reeder erregte, die häufig nicht lange zögerten, ihn ihre Kapitäne spüren zu lassen. Und doch kann man nicht umhin, Bewunderung zu empfinden für ihre Leistungen zu einer Zeit, als Radio, Wettervorhersagen und alle die anderen Hilfsmittel von heute zur sicheren Führung eines Schiffes noch unbekannt waren. Natürlich forderte die See ihren Tribut, und es gab Verluste. Schiffe wurden als überfällig und schließlich, nach Wochen der Sorge, als spurlos verschollen erklärt. Zu häufig ließen sich über die Gründe ihres Untergangs nur noch Vermutungen anstellen.

Die großen Rahsegler der Vergangenheit mit ihren ragenden Masten, Wolken von Leinwand und Besatzungen von 40 Mann und mehr sind jedoch inzwischen winzigen Fahrzeugen gewichen, von denen manche weniger Zeug tragen, als einst für ein Glockenzelt gereicht hätte, und die mit nur vier und fünf, häufig sogar weniger Händen bemannt sind. Obgleich zum größten Teil Amateursegler, so sind sie doch die lebenden Erben einer noblen Tradition. Es ziemt sich daher für sie, sich die Kenntnisse eines Seemanns anzueignen, um ihrer Erbschaft würdig zu werden. Es ist richtig, daß Wissenschaft und Erfindungsgabe des Menschen große Fortschritte erzielt haben. Unsere Kenntnisse von den Verhaltensweisen des Windes und der See haben sich gewaltig erweitert und damit auch die Mittel, dieses Wissen den Seefahrern zugänglich zu machen, die sich tausend Meilen und mehr vom Land entfernt befinden. Und trotzdem bleibt die Macht des Windes und der See unbezwungen; beide sind jederzeit bereit, ihren Zoll von denen zu fordern, die sie mißachten.

In der Tat fordert die See von den Seefahrern ganz bestimmte Eigenschaften – gewisse Grundhaltungen des Geistes und des Charakters. Bescheidenheit, Vorsicht und die Einsicht, daß es immer noch etwas zu lernen gibt und der Erfahrung kein Ende ist. Ich nenne Bescheidenheit an erster Stelle, denn wer würde sich erkühnen, anders als bescheiden zu werden angesichts der zwei großen Elemente – des Meeres und des Himmels und all der Ungewißheiten, die sie für uns enthalten? Vorsicht kommt als nächstes – sie ist ein tiefeingewurzelter Wesenszug jedes Berufsseemanns; ich würde sie definieren als das Vermögen, zwischen der Gefahr, die man unter Abwägung aller vorherrschenden Verhältnisse vernünftigerweise laufen darf, und dem Risikio unterscheiden zu können, das als unannehmbar abgelehnt werden muß. An dritter Stelle: Lerne durch eigene Erfahrung und die Erfahrung anderer, denn man lernt niemals aus. Als mein Freund Adlard Coles mir vor einigen Monaten eröffnete, daß er an einem Buch über Schwerwettersegeln schriebe, war mein Interesse sofort wach, denn es gibt heute nur wenige Segler, die eine gleich große Erfahrung in der Handhabung kleiner Yachten bei schwerem Wetter besitzen wie er. Dieses Buch ist der beste Beweis dafür, und ich würde sogar weitergehen und es als einen wertvollen Beitrag zur Kunde des Segelns überhaupt bezeichnen. Jeder, der sich in einem kleinen Boot auf See wagt, sollte es gründlich studieren. Es bietet eine hervorragende Gelegenheit, Kenntnisse und Erfahrungen zu erweitern und sich das Rüstzeug zu verschaffen, dem Ansturm des ersten Unwetters auf See mit Selbstvertrauen entgegenzusehen. Selbst wer sich für einen erfahrenen und mit solchen Umständen vertrauten Mann hält, sollte die eigenen Erfahrungen überdenken und sie an denjenigen messen, von denen dieses Buch berichtet.

Im vergangenen Herbst korrespondierte ich mit Bernard Moitessier, der einige Monate vorher eine Reise von Moorea um das Kap Hoorn nach Alicante beendigt hatte – eine Reise von 14216 Seemeilen in 126 Tagen, ohne einen einzigen Hafen anzulaufen. Das war eine einzigartige Leistung. Moitessier hat mir die Gründe für die Wahl dieser Route erklärt, aber was mich am meisten beeindruckte, waren seine vorangegangene, sehr gründliche Auswertung aller über die hohen Breitengrade des Südpazifiks erreichbaren Literatur und sein eingehendes Studium der Handhabung kleiner Fahrzeuge unter den Bedingungen, die in jenen Gewässern zu erwarten waren. Hier endlich war ein Seemann mit beträchtlicher persönlicher Erfahrung, der ein Beispiel gibt für die obenerwähnte Einstellung, nämlich für die Bereitschaft, aus der Erfahrung anderer zu lernen, auch wenn ihm diese nur durch das Medium des gedruckten Wortes zugänglich war. Später beschrieb er, wie er vor einem schweren, sechs Tage andauernden Sturm mit Böen von Orkanstärke lenzte. Moitessier hatte Trossen achteraus ausgebracht, fühlte aber, daß das Boot nur träge dem Ruder gehorchte. Er war in großer Sorge, daß er bei einem der riesenhaften Graubärte, die das Boot mit großer Geschwindigkeit voranrissen, während es gleichzeitig Ströme von Wasser überfluteten, so daß nur noch die Masten sichtbar waren, über Kopf gehen könnte. Ganz plötzlich, so schrieb er, begriff er die Weisheit der von Vito Dumas befolgten Technik, lieber raumschots zu segeln und die nachfolgenden Seen unter einem kleinen Winkel zu nehmen. Unverzüglich kappte er die Schlepptrossen achteraus und konnte das nunmehr dem Ruder gehorchende Fahrzeug mit Sicherheit handhaben. Moitessier unterstreicht die Tatsache, daß er es dieser Entscheidung zu verdanken hatte, daß seine Frau, er selbst und die Yacht überlebten – als einem durch Lesen gewonnenen Wissen.

Die Berichte in diesem Buch sind eine aufregende Lektüre, und der Verfasser hat die jeweiligen Schlußfolgerungen mit aller Klarheit herausgearbeitet. Nur wenige Leser werden anderer Meinung sein. Dennoch werden die gewonnenen Erkenntnisse mit unterschiedlichem Akzent Gegenstand mancher Diskussionen unter den Seglern sein und zu vielen

Vergleichen herausfordern. Es sei an dieser Stelle ein ungewöhnlich klardenkender und erfahrender Seemann einer vergangenen Epoche zitiert:

„Die allgemeine Führung eines Schiffes und seine Handhabung in besonderen Lagen erforderte wie alle wahre Kunst eine Technik, die mit Freude und Vergnügen von Männern diskutiert werden konnte, die in ihrer Arbeit nicht nur den täglichen Broterwerb, sondern auch eine Ausdrucksmöglichkeit für die Eigenarten ihres Temperaments erblickten. Aus den unendlich wechselvollen Launen des Himmels und der See die besten und echtesten Effekte herauszuholen, nicht im malerischen, sondern streng fachlichen Sinne, das war ihre einzige und ganze Berufung. Sie waren sich dessen auch mit derselben Aufrichtigkeit bewußt und gewannen daraus die gleiche Anregung wie irgendein Künstler, der jemals mit Pinsel und Leinwand arbeitete. Die Temperamentsunterschiede unter jenen Meistern der hohen Kunst waren ungeheuerlich groß."

Diese Worte bezogen sich auf die Kapitäne des Goldenen Zeitalters, aber sie sind heute noch wahr und gelten genausogut für die Berufskapitäne der riesigen mechanischen Ungeheuer unserer Zeit wie für die Skipper kleiner seegehender Yachten. An dieser Stelle sei mir als Segler gestattet, meinen professionellen Kameraden meine Hochachtung zu bezeigen. Sie besitzen einen Wissensschatz, den nur ein Tor gering einschätzen würde. Ich selbst war viele Jahre an leitender Stelle in der Handelsschiffahrt tätig und entwickelte mit der Zeit enge Verbindungen mit vielen Kapitänen. Es hat mir immer die lebhafteste Freude bereitet, ihnen zuzuhören, wenn sie sich über Fragen der Schiffsführung unterhielten. Es gab so viel, was man von ihnen und überhaupt von der Einstellung des professionellen Seemanns lernen konnte – die begehrte Eigenschaft der Vorsicht, die, so wie ich sie definiert habe, das Merkmal des echten Seemanns ist.

Was mich persönlich anbetrifft, so bin ich alles andere als ein Sammler von Stürmen, obgleich ich mehrfach auf See von plötzlichen Unwettern überrascht worden bin. Ich habe bange Augenblicke erlebt – wenn ich mit meinem Boot flach aufs Wasser gedrückt wurde oder wenn ich einen Toppmast über Bord gehen sah, wenn ein Vorsegel mit dem Knall eines Kanonenschusses zerbarst und sich in wenigen Sekunden in ein paar Streifen zerfetzter Leinwand verwandelte – aber alles das ist nichts im Vergleich mit dem reichen Schatz der Erfahrung, der in diesem Buch verborgen liegt. Wer diese Fülle an Wissen verarbeiten kann und versteht, in die Praxis umzusetzen, was er daraus gelernt hat, der kann, glaube ich, eines Tages mit Joseph Conrad sagen: „Nun, ich habe die See geliebt, ich habe mit ihr gelebt, und ich habe Abschied von ihr genommen, ohne daß ich jemals eines Schiffes hohes Gefüge von Masten und Spieren mit ihrem Spinnengewebe von Wanten, Stagen und Tauwerk habe über Bord gehen sehen." Und für viele von uns mag auch das nur reiner Glückszufall sein.

Alasdair Garrett
Herausgeber des „Journal of the Royal Cruising Club"

Einleitung

Mit Schwerwetter bezeichne ich in diesem Buch frische Winde von 16 bis 21 kn (Windstärke 5), starke und steife Winde von 22 bis 33 kn (Windstärke 6 und 7) und stürmische Winde von 34 bis 40 kn (Windstärke 8) und manchmal darüber.

Es sind die Stürme, die für Fahrtenkreuzer und Ozeanrennyachten dasselbe bedeuten wie die Großwildjagd für den Jäger: Sie liefern auch den Stoff für ein bißchen Seemannsgarn, denn Stürme bereichern das Segeln um das Element der Gefahr, die den Unterschied zwischen Zeitvertreib und Sport ausmacht.

Stürme sind selten angenehme Erlebnisse, außer, daß sie in ihren Anfängen ein Gefühl freudiger Erregung und nach ihrem Abflauen eine Art Genugtuung hinterlassen. Was dazwischenliegt, sind oft Stunden der Sorge und Erschöpfung, aber schweres Wetter ist nun einmal, ob man es mag oder nicht, irgendwann das Los der meisten von uns, sei es auf Kreuzfahrten oder bei Ozeanrennen.

Ich darf wohl behaupten, daß ich verhältnismäßig viel schweres Wetter erlebt habe, da ich meine erste ausgedehnte Kreuzfahrt schon vor langer Zeit, nämlich 1923, unternahm. Seitdem habe ich, meistens mit Frau und Familie, einen großen Teil der europäischen Küsten besegelt, von Spanien im Süden, Irland im Westen bis nach Finnland im Nordosten und Rußland am äußersten Ende der Ostsee. Nach dem 2. Weltkrieg fing ich an, Hochseeregatten zu segeln. Ich nahm an den Biskaya- und Fastnet-Regatten und darüber hinaus an den Bermuda- und Transatlantikrennen teil. Außerdem war ich an den meisten Schwerwetterregatten des Royal Ocean Racing Club (RORC) der letzten 20 Jahre beteiligt.

Aus diesen Erfahrungen habe ich mir eine Reihe von Stürmen oder Fast-Stürmen herausgesucht, aus denen sich etwas lernen läßt. Die zuerst erlebten bieten eine mehr farbenfreudige Lektüre, weil sie mir begegneten, als ich mich noch in der Lehrzeit des Segelns bei schwerem Wetter befand. Es wäre falsch, sie auszulassen, denn sie stellten die Tatsache heraus, daß Stürme gefährlicher erscheinen, wenn man noch nicht an sie gewöhnt ist, besonders dann, wenn man sein Boot unterbemannt segelt, wie es bei Familienfahrten üblicherweise der Fall ist.

Meine späteren Erfahrungen habe ich auf Hochseeregatten gesammelt. Sie sind eine gute Schule, um sich Kenntnisse vom Schwerwettersegeln anzueignen, da Seeregatten ohne

Rücksicht auf die vorherrschenden Wetterverhältnisse gestartet und durchgeführt werden. Hier wird man häufiger „erwischt", als es sonst der Fall ist, und man lernt dabei auch, was Yachten und ihre Besatzungen aushalten können. Wird eine Reihe von Yachten gleichzeitig von einem Sturm ereilt, ergibt sich die Möglichkeit, die eigenen Erfahrungen mit denen der Konkurrenten zu vergleichen. Zieht man ferner die Ablesungen am Windmesser und die Wetterberichte hinzu, läßt sich über das Wetter mit ziemlicher Genauigkeit urteilen.

Mit wenigen Ausnahmen beschränken sich die von mir berichteten Erfahrungen bei schwerem Wetter auf solche Stürme, wie sie sich in Verbindung mit normalen Depressionen oder durchziehenden Tiefs entwickeln. Jeder Amateursegler kann ihnen gelegentlich begegnen. Zur Erweiterung des Themas habe ich die Berichte über einige schwerere Stürme hinzugefügt, die andere Yachtsegler erlebten.

Zunächst gebe ich eine Beschreibung der Stürme. Es folgen dann Beobachtungen und die Schlüsse, die sich daraus ziehen lassen. Hierin kommen meine eigenen Ansichten zum Ausdruck. Alan Watts (Meteorologe, Yachtsegler und Verfasser mehrerer Bücher) hat ein Kapitel über die Meteorologie der Depressionen beigesteuert. Darin bespricht er eine Reihe der Hauptstürme und die meteorologischen Umstände, die sie verursachten. Die interessanten Aufsätze über Theorie und Tatsachen der Wellenbildung von C. Stewart und über Wellenungetüme von L. Draper beleuchten in mehr wissenschaftlicher Form manche vorher in diesem Buch beschriebenen Erlebnisse.

Die meisten Fotos stammen von mir. Sie wurden bei achterlichen Winden von 30 bis 40 kn, Beaufort 7 bis 8, in Böen vielleicht von 40 bis 50 kn, aufgenommen. Des Gischtes wegen war es unmöglich, Aufnahmen von der See zu machen, wenn es bei rauhem Wetter gegenan ging; außerdem fügte es sich, daß ich die meisten schweren Stürme bei Nacht oder bei erschreckend schlechter Sicht erlebt habe, so daß an Fotografieren nicht zu denken war. Wenn auch nicht so beeindruckend, so dienen die Aufnahmen jedenfalls dazu, eine Vorstellung von den Seen zu vermitteln, die man bei durchschnittlichen Stürmen oder Fast-Stürmen zu erwarten hat. Ich habe sie ergänzt durch anderweitig beschaffte Fotos von Seen, die nicht gewöhnlicher Art sind und die man nicht selbst erleben möchte.

Unbeabsichtigt beleuchtet dieses Buch nebenbei die bemerkenswerte Entwicklung, die die modernen kleinen Yachten in ihrer Ausrüstung und ihren seegehenden Eigenschaften erfahren haben. Mehr und mehr Weltumseglungen und Fahrten mit weitgesteckten Zielen werden von kleinen und immer kleineren Yachten bewältigt. Atlantiküberquerungen sind fast zur Selbstverständlichkeit geworden. Selbst die Schlechtwetterextreme wie die der Brüllenden Vierziger und des Kap Hoorns werden von abenteuerlustigen Einhandseglern herausgefordert.

Parallel mit der Entwicklung des Fahrtensegelns auf kleinen Yachten ist der in diesem Buch behandelte Zeitabschnitt, ebenso wie die allgemeine Einstellung zu der Teilnahme kleiner Yachten an Ozeanregatten, von entscheidenden Wandlungen gekennzeichnet gewesen. 1949 erlebten wir zum erstenmal, daß eine kleine Yacht ihre Fahrt gegen einen schweren Sturm fortsetzte, ohne beizudrehen. 1950 wurden zum erstenmal kleine Yachten zu einem vom Royal Ocean Racing Club veranstalteten Transatlantikrennen zugelassen, aber es dauerte bis 1954, daß sie, wenn auch mit einigem Widerstreben, als Teilnehmer am Fastnetrennen akzeptiert wurden.

Sechs Jahre später stand der Royal Western Yacht Club beim Start der ersten Ost-West-Einhandregatta über den Atlantik Pate. 1963 bestätigte die Amwindleistung von drei kleinen Yachten während einer kurzen Periode schweren Wetters im Fastnetrennen die Schlußfolgerung des Royal Ocean Racing Club, daß kleine Yachten ihre Leistungsfähigkeit in den letzten 25 Jahren mehr gesteigert haben als die großen. Die Zeitvergütungen im Handikapsystem wurden zugunsten der größeren Yachten geändert. Das bedeutete die erste Neufassung der Zeitvergütungstabelle seit ihrer Einführung im Jahre 1926. Diese Änderung könnte man wohl als eine Art indirekten Kompliments bezeichnen; jedenfalls markierte sie einen Abschnitt in der Entwicklung kleiner Yachten, die man bisher den größeren Yachten bei schwerem Wetter für unterlegen gehalten hatte.

Seit der ersten Auflage dieses Buches erfolgte die Einführung der IOR (International Offshore Rule). Dies war eine bedeutsame Neuerung, denn jetzt können Yachten aus den verschiedensten Ländern unter gleichen Bestimmungen und dem gleichen Vorgabesystem an Regatten teilnehmen. Das Interesse an Ozeanrennen nahm dadurch erheblich zu. Auch den Entwurf von ozeangehenden Yachten und deren Eigenschaften beeinflussen die neuen Regeln ganz außerordentlich stark, denn jetzt wurden Besonderheiten Allgemeingut, die in den Jahren zuvor entwickelt worden waren. Die IOR hat auch erheblichen Einfluß auf die Pläne für Fahrtenyachten.

In der vorliegenden neuen Auflage habe ich eine Reihe von Änderungen vorgenommen, um das Buch auf den letzten Stand zu bringen und dem anzupassen, was man als das neue wissenschaftliche Zeitalter des Segelsportes bezeichnen könnte. Im großen und ganzen fand ich jedoch, daß ich an den allgemeinen Erfahrungen des Schwerwettersegelns kaum etwas zu ändern brauchte.

K.A.C.

Neuauflage 1981

Moderne, extrem funktionale Hochsee-Rennyachten, die auf der Grundlage der IOR-Formel entwickelt wurden, werden heute anders gesegelt und bedient, als man es von früherer Zeit her gewohnt war. Früher gewann man Regatten durch hartes Segeln, oft mit gewaltigen Segelflächen und durch bedingte große Krängungswinkel. Bei neueren Rennyachten, deren große Stabilität zum Teil durch die Rumpfbreite bedingt ist, darf man einen bestimmten Krängungswinkel nicht überschreiten. Die Folge davon sind eine große Anzahl von Segelwechsel bei schlechtem Wetter und natürlich auch eine größere und besser ausgebildete Crew.

Auf diesen extremen Konstruktionsgrundlagen entstanden bislang schnelle und auch seetüchtige Yachten. Die allgemeingültigen Prinzipien des Schwerwettersegelns bleiben trotzdem dieselben, besonders für Fahrtenschiffe, die nicht allein auf Geschwindigkeit hin konstruiert werden.

Der Sturm während des Fastnetrennens 1979 brachte den schmerzlichen Verlust einiger Segler mit sich. Es wurden Yachten aufgegeben, und es waren Kenterungen und sogar Durchkenterungen in einer so großen Anzahl zu verzeichnen, die bislang in der Geschichte des britischen Hochseesports ohne Beispiel ist. Mein Sohn Ross und ich – wir haben schon einige Fastnetrennen mitgemacht – haben eine unabhängige Untersuchung angestellt, die sich mit den Erfahrungen auf den Yachten befaßt, die vom Sturm betroffen waren.

Das Resultat dieser Arbeit ist das Kapitel „Der Fastnetsturm 1979“ am Ende dieses Buches.

K.A.C.

Wind und Wellen

Die Ansichten über Windstärken unterscheiden sich erheblich, je nach der Erfahrung des Beobachters. Auch unterliegt die Beurteilung Einflüssen psychologischer Art. So erscheinen zum Beispiel Schlechtwetter und Seegang, vom Deck einer 5-t-Yacht aus betrachtet, bedeutend schlimmer als von Bord einer großen Yacht. Für ein allein unterwegs befindliches Ehepaar ist ein Sturm viel beeindruckender als für eine abgebrühte Besatzung von fünf oder sechs Mann auf einer Hochseeyacht, ganz abgesehen davon, daß eine schwache Mannschaft früher ermüdet. Schließlich läßt sich jeder von den gerade vorherrschenden, besonderen Wetterumständen beeinflussen. Bei 6, 7 oder 8 Windstärken, aber sonst klarem, sonnigem Wetter neigt man, vor allem bei achterlichen Winden, dazu, die Stärke zu unterschätzen. Wenn sich aber ein Sturm bei peitschendem Regen und schlechter Sicht noch im Entwicklungsstadium befindet und zerfetzte Wolken über einen düsteren Himmel jagen, ist man ebensoleicht verführt, die Windstärke zu überschätzen. Dies ist um so mehr der Fall, wenn sich die Besatzung abgekämpft oder seekrank fühlt, die Ordnung auf der Yacht durcheinandergeraten ist und das Tauwerk an Deck herumschwimmt, während unter Deck nichts aufgeräumt und der Abwasch stehengeblieben ist.

Selbst erfahrene Eigner begehen Fehler bei ihren Schätzungen, weil es unmöglich ist, mit auch nur annähender Genauigkeit beurteilen zu wollen, wie stark es wirklich weht. Ein Skipper kann vielleicht Windstärken von 6 oder sogar 7 noch auf Grund eigener Erfahrungen und nach den Segeln, die sein Boot noch führen kann, richtig einschätzen, aber durchstehende Winde von einwandfrei 8 Bft und darüber sind so selten, daß er vielleicht mehrere Jahre zurückdenken muß, um einen Vergleichsmaßstab zu finden. Dogmatische Feststellungen über hohe Windgeschwindigkeiten sind, grob gesagt, nichts als Raterei, solange sie nicht durch einen Windmesser im Masttopp unter Anwendung der erforderlichen Berichtigungen zwischen wahrem und scheinbarem Wind oder durch das Wetteramt bestätigt werden.

Eine Reihe von Stürmen, über die ich in diesem Buch berichte, waren schwerere Stürme, die zur Zeit ihres Auftretens Schlagzeilen in den Tageszeitungen machten. Ich fürchte aber, daß der Leser, der nach „Großwild" in Sturmstärken sucht, enttäuscht sein wird. Der Grund, warum Yachtsegler und Segelschriftsteller Windstärken so häufig überschätzen, liegt darin, daß sie sich von den Böen mehr beeindrucken lassen als von den Zwischenpausen abflauender Stärke, die zusammen einen niedrigeren Durchschnittswert der Windgeschwindigkeit ergeben. Alan Watts hat mir gesagt, daß es dafür eine wissenschaftliche Erklärung gibt. Ein vorübergehend und plötzlich abflauender Wind, der beispielsweise eine Sekunde lang auf 10 kn abfällt, durchläuft etwa 10 m, also die Länge vieler kleiner Yachten, während der Wind im Durchschnitt mit 36 kn weht. Infolge dessen macht sich eine solche kurze Windpause nur für Sekunden bemerkbar und währt nicht einmal lange genug, um die Krängung einer Yacht fühlbar zu beeinflussen, bevor der Wind wieder zulegt. So kann es durchaus vorkommen, daß die Windpause überhaupt nicht wahrgenommen wird, weil sie zu schnell wieder vorbei ist.

Da sich der Winddruck andererseits im Quadrat der Windgeschwindigkeit ändert, kann eine 40-kn-Bö von der gleichen Dauer wie die Windpause nicht unbemerkt bleiben, da sie 16mal mehr Krängungsdruck ausübt. Es ist daher nur zu verständlich, daß sich der Segler am stärksten von Sturmstößen und Sturmböen beeinflussen läßt. Diese sind es, die über das Schiff herfallen und denen Masten und Segel widerstehen müssen. Ein Windstoß von 64 kn und mehr kann eine Yacht in wenigen Sekunden genauso gründlich entmasten oder flach aufs Wasser pressen wie eine länger andauernde Bö. Tatsächlich ist ein Wind von durchschnittlich 6 Bft, begleitet von heftigen Böen, für Yachten und Boote gefährlicher als ein verhältnismäßig stetiger Wind von Stärke 7. Sturmböen werfen einen viel schlimmeren Seegang auf als stetige Winde von Sturmstärke und sind häufig die Ursache von außergewöhnlich hohen Seen, besonders wenn sie bei Durchgang einer Kaltfront von einer Winddrehung begleitet werden. Es ist daher durchaus vertretbar, einen Ausbruch schweren Wetters beispielsweise als einen Sturm mit Böen bis zu 50 kn zu bezeichnen, während es ganz irreführend wäre, von Windstärke 10 zu sprechen, weil die Stärke nach Beaufort, nach Durchschnitts- und nicht nach Maximalstärken errechnet, niedrigere Werte ergibt. In einem echten Sturm von Bft 10 können die Böen gut und gern 64 kn erreichen, was, halten sie an, Orkanstärke bedeuten würde.

Alan Watts vertritt in seinem Buch „Wind and Sailing Boats" die Ansicht, daß eine korrektere Schätzung der Windstärken, wie sie eine Yacht erlebt, erreicht werden könnte durch Anwendung des von ihm geprägten Begriffes „mittlerer Yachtwind". Er meint damit den Durchschnittswert aus der mittleren Windgeschwindigkeit nach Beaufort und der mittleren Windgeschwindigkeit in den Böen. Seiner Ansicht nach kann ein „Yachtseglersturm" unter Berücksichtigung der verhältnismäßig geringen Größe von Yachten im Vergleich mit Schiffen definiert werden als ein Wind von einer mittleren Geschwindigkeit von 25 bis 30 kn, durchsetzt mit in regelmäßigen Abständen von wenigen Minuten wiederkehrenden Böen von bis zu 40 kn.

Trotzdem habe ich es in diesem Buch vorgezogen, die Windstärken mit ihren Durchschnittsgeschwindigkeiten nach der Beaufort-Skala zu bezeichnen, die allen amtlichen Wettervorhersagen zugrunde liegt und für die gesamte Schiffahrt Gültigkeit besitzt. Man muß sich doch klarmachen, daß Hochseeyachten im Rennen oder auf Kreuzfahrt genau die gleichen Winde erleben wie größere Fahrzeuge.

Eine Schwierigkeit, auf die ich bei der Schätzung von Windstärken traf, bestand darin, daß Stürme nur selten in ihrem Charakter einheitlich und oft nur rein lokaler Natur sind. Eine Yacht kann daher außergewöhnlichen, lokal begrenzten Wetterverhältnissen und schweren Stürmen begegnen, denen andere Yachten in der Nachbarschaft, vielleicht nur in einer Entfernung von 30 oder weniger Meilen entgehen. Dies war besonders augenfällig in dem Kanalsturm von 1956, in dem die beteiligten Boote außerordentlich abweichende Verhältnisse von Wind und See antrafen. Die Gründe hierfür werden in der Analyse erläutert, die Alan Watts im Kapitel „Meteorologie der Depressionen" gibt.

Eine andere Erscheinung, die von Seglern und manchmal sogar von Berufsseeleuten überschätzt wird, ist die Höhe der Wellen. Segler messen die Höhe großer Seen gewöhnlich im Verhältnis zu der ihnen bekannten Masthöhe, vielleicht bis zur Hälfte, zu zwei Drittel oder bis zum Topp. Dies läßt sich durch die Mitglieder der Besatzung unabhängig voneinander nachprüfen, so daß der Durchschnitt ihrer Beobachtungen eine reelle Schätzung ergeben wird. Vergleicht man jedoch das Resultat unter Berücksichtigung von Windstärke, Winddauer und Windbereich mit der Seegangstafel, wird man feststellen, daß die tatsächliche Wellenhöhe unmöglich der scheinbaren entsprechen kann. Ich berechne die wahre Höhe einer Welle mit drei Fünftel der gemessenen Höhe, bin aber widerstrebend zu dem Schluß gelangt, daß diese Schätzung immer noch zu hoch liegt und daß die wahre Höhe wahrscheinlich nur die Hälfte der scheinbaren Höhe beträgt. Ich kann nicht erklären, warum das so ist, aber die Meereskundler behaupten, daß es unmöglich ist, eine Wellenhöhe allein mit dem Auge zu beurteilen. Es ist eine Frage der Optik.

Während ich mit Hilfe des Wetteramtes und auch an Hand des Anemometers im Masttopp Windstärken weitgehend beweisen oder widerlegen kann, bin ich nicht in der Lage, irgendwelche Beweise für die Höhe der Wellen zu liefern. Mit wenigen Ausnahmen habe ich daher davon Abstand genommen, Schätzungen der Höhe anzugeben; es ist für den Yachtsegler, wenn man seine große Welle bezweifelt, genauso kränkend wie für den Fischer, wenn man seinem großen Fisch mißtraut. Ich habe gelegentlich Berichte von 12 m hohen Wellen bei 7 oder 8 Windstärken gehört. Wellen dieser Höhe kann man vielleicht in einem westindischen Hurrikan antreffen, aber in der Regel nicht – Gott sei es gedankt – in einem gewöhnlichen Sturm.

Andererseits entstehen von Zeit zu Zeit anomale Wellen, die den normalen Seegang weit übersteigen. Solche Wellen können in heftigen Ozeanstürmen Höhen bis 30 m erreichen, und das gleiche Phänomen kann, wie ich zeigen werde, in einem geringeren Maße sogar bei Winden von nur 6 oder 7 Bft auftreten. In diesem Buch bezeichne ich solche Wellen als „Ungetüme" (*freak waves*). Der Pedant wird einwenden, daß es keine „Ungetüme" sind, weil es eine wissenschaftliche Erklärung für sie gibt. Da ich keinen besseren Namen weiß, bezeichne ich sie trotzdem als „Ungetüme". Was für einen Ozeanographen gut genug ist, ist gut genug für einen Amateur wie mich. Ich nenne Wellen „Ungetüme", wenn sie in Höhe, Größe und Form anomal sind, einerlei ob verursacht durch Überlagerung oder Kreuzung verschiedener Wellenzüge oder durch Winddrehungen, Frontalböen, Gezeiten, Strömungen oder durch mehrere dieser Faktoren zusammen.

Da wir gerade von Wellen sprechen, möchte ich hinzufügen, daß für den Ozeanographen eine Welle eine Welle ist, während für den Seemann eine Welle eine See ist. Da ich weder in die eine noch die andere Kategorie gehöre, gebrauche ich jeweils denjenigen Ausdruck, der im Zusammenhang mit dem, was ich schreibe, am besten paßt.

Abschließend mögen die folgenden Begriffsbestimmungen angebracht sein:

Beobachtungen an Küstenstationen. Die von einer Küstenstation registrierte mittlere Windgeschwindigkeit beruht auf dem Durchschnitt der *letzten Stunde,* während der zum Teil eine höhere Windgeschwindigkeit erreicht worden sein kann. Der von einer Küstenstation registrierte Wind gibt nicht unbedingt die Verhältnisse auf der offenen See wieder. Über der See ist der Wind im allgemeinen stärker als an der Küste, wo Reibung und Turbulenz die Windgeschwindigkeit wahrscheinlich vermindern. Im Kapitel „Meteorologie der Depressionen“ gibt Alan Watts eine Erklärung hierfür.

Windstöße. Ein Windstoß ist ein kurzes Anwachsen der Windgeschwindigkeit, im Gegensatz zu einer Bö, die zehn Minuten und länger währen kann. Für Verwendung in der Seeschiffahrt wird die Stärke von Windstößen in Knoten ausgedrückt. Ein Windstoß sollte nicht als eine mittlere Windstärke nach der Beaufort-Skala eingestuft werden, da er nur von Augenblicksdauer ist, doch werden in diesem Buch Windstöße gelegentlich zu Vergleichszwecken mit der entsprechenden Windstärke bezeichnet. Wenn es zum Beispiel in Windstößen mit 60 kn weht, ist es manchmal dienlich, von Windstärke 11 in Windstößen zu sprechen, um einen Vergleich mit der durchschnittlichen Windstärke von beispielsweise 8 oder 9 zu ermöglichen. Der Windstoßfaktor über Land kann von 25 bis 100 Prozent über Beaufort-Stärke betragen. Die Neigung zu Windstößen (aber nicht zu Böen) ist über See weiter geringer als über Land.

Böen. Man hat eine Bö als ein plötzliches Anwachsen der Windgeschwindigkeit um mindestens 16 kn definiert, wobei sich die Windgeschwindigkeit auf 22 kn und mehr erhöhen kann und mindestens eine Minute lang anhält. Nach der Beaufort-Skala würden Böen ein plötzliches Ansteigen der Windgeschwindigkeit um mindestens drei Grade bedeuten, wobei die Windstärke bis auf 6 oder mehr zunimmt und nicht weniger als eine Minute andauert. Der Unterschied zwischen einem Windstoß und einer Bö ist daher eine Frage der Dauer. Eine Bö währt viel länger und kann viele Windstöße einschließen.

Stürme. Stürmischer Wind ist ein durchstehender Wind von durchschnittlich 34 bis 40 kn, entsprechend Windstärke 8 nach der Beaufort-Skala. Sturmwarnungen werden nur herausgegeben, wenn Windstärke 8 oder Windstöße bis 43 kn (entsprechend einer vorübergehenden Windstärke 9) erwartet werden. Sie werden veröffentlicht, sobald die Möglichkeit besteht, daß der Wind Sturmstärke erreichen kann. Auf der anderen Seite werden Warnungen nicht in Umlauf gesetzt, wenn die Windstöße aller Wahrscheinlichkeit nach lokal begrenzt bleiben, mit Gewittern und Böen in einer Kaltfront als vorübergehenden Phänomenen. Stürme kommen nicht immer zur vollen Entfaltung; wenn also eine Yacht ein Seegebiet durchsegelt hat, für das eine Sturmwarnung erlassen worden war, heißt das noch nicht, daß sie unbedingt 8 Windstärken angetroffen hat. Im Gegenteil, Sturmwarnungen sind etwas Alltägliches, aber stürmische Winde im Sinne dieses Buches mit durchschnittlich 8 Windstärken für die Dauer von einer Stunde und mehr sind selten. Sturm bedeutet Windstärke 9, schwerer Sturm Windstärke 10.

Bezeichnung der Stürme

	englisch	*deutsch*	*Beaufort*
34–40 kn	fresh gale	stürmischer Wind	8
41–47 kn	strong gale	Sturm	9
48–55 kn	whole gale	schwerer Sturm	10
56–63 kn	storm	orkanartiger Sturm	11

Außertropische Zyklone (außertropisches Tief, außertropischer Sturm). Jeder zyklonartige Sturm, der nicht ein tropischer Sturm ist, hängt gewöhnlich mit den wandernden Frontalzyklonen der mittleren und hohen Breitengrade zusammen.

Tropische Zyklone. Ein über den tropischen Ozeanen entstehender Zyklon. Auf dem Höhepunkt sind Winde von über 175 kn gemessen worden. Die Regengüsse sind wolkenbruchartig.

Kilometer pro Stunde und Knoten. Windgeschwindigkeiten über Land und in Zeitungsberichten werden gewöhnlich in Kilometer pro Stunde, auf See in Knoten ausgedrückt.

Barometerdruck. Die Barometerablesungen habe ich durchweg in Millibar wiedergegeben.

Zeitangaben. In meinen Berichten über Stürme in der Nordsee, dem Englischen Kanal und in der Biskaya habe ich mich, wo es angebracht erschien, der Sommerzeit bedient, aber die hier wiedergegebenen synoptischen Karten gehen alle von mittlerer Greenwich-Zeit aus. Man muß eine Stunde hinzuzählen, um die Angaben mit der Sommerzeit laut Logbuch in Übereinstimmung zu bringen.

Nordseesturm

1925 war das erste Jahr, in dem ich mehrere Male von Stürmen richtig erwischt worden bin. Das soll nicht heißen, daß ich vorher noch keine Stürme erlebt hätte, denn schon 1923 war ich mit zwei befreundeten Studenten an Bord meiner 7-t-Yacht ANNETTE auf einer ausgedehnten Kreuzfahrt in der Ostsee unterwegs gewesen. Zufällig war es ein Jahr, das sich durch besonders schlechtes Wetter auszeichnete, und wir erlebten infolge dessen eine Reihe von Stürmen, in denen nacheinander unser Baum zerknickte, ein Want brach, das Wasserstag ausriß, der Mast splitterte und wir auch sonst eine Menge kleinerer Schäden davontrugen. Aber alles das passierte mehr oder weniger in Küstengewässern, und wir wurden niemals auf offener See und außer Reichweite eines Hafens von einem Sturm überrascht.

1925 kauften meine Frau und ich in Riga eine gaffelgetakelte 12-t-Ketsch und tauften sie auf den Namen ANNETTE II. ANNETTE war ein schwergebauter Spitzgatter skandinavischer Konstruktion von 9,00 m Lüa und 3,45 m Breite. Der Tiefgang betrug 1,15 m ohne oder 2,35 m mit herabgelassenem Schwert, die Segelfläche 40 m^2. Sie war ausgerüstet mit einem Glühkopfmotor, den in Gang zu bringen mir allerdings nur selten gelang. Alles an dieser Yacht war schwer und solide. Nach unserer ersten ANNETTE, einer Leichtdeplacementyacht von nur 5,80 m Länge in der Wasserlinie, erschien uns die neue Yacht als riesengroß.

In ANNETTE II unternahmen meine Frau und ich eine herrliche Reise. Wir segelten von dem fremdartig anmutenden, historischen Hafen von Riga nach Gotland und Öland und anschließend weiter nach Schweden und Dänemark, bevor wir durch den Nord-Ostsee-Kanal in die Nordsee gelangten und westwärts an den Ostfriesischen Inseln vorbei nach Ijmuiden in Holland liefen.

Während der Reise hatten wir häufig schweres Wetters. So mußten wir westlich vom Ölandsrev-Feuerschiff beigedreht liegenbleiben, aber der Sturm dauerte nur sechs Stunden. Der wahre Sturm blieb uns für die letzte Etappe unserer Reise aufgespart, als ANNETTE II in der Morgendämmerung des 18. September Ijmuiden an der sandigen Küste Hollands mit Ziel Dover verließ. Bei leichtem Wind aus südlicher Richtung wurden Fock, Großsegel und Besan dichtgeholt, und wir konnten gerade etwas südlicher als West anliegen. Die Yacht segelte stetig über die grauen Wellen der Nordsee, und die holländische Küste wurde bald zu einem dünnen Strich, bis wir sie schließlich bei zunehmender Entfernung ganz aus den

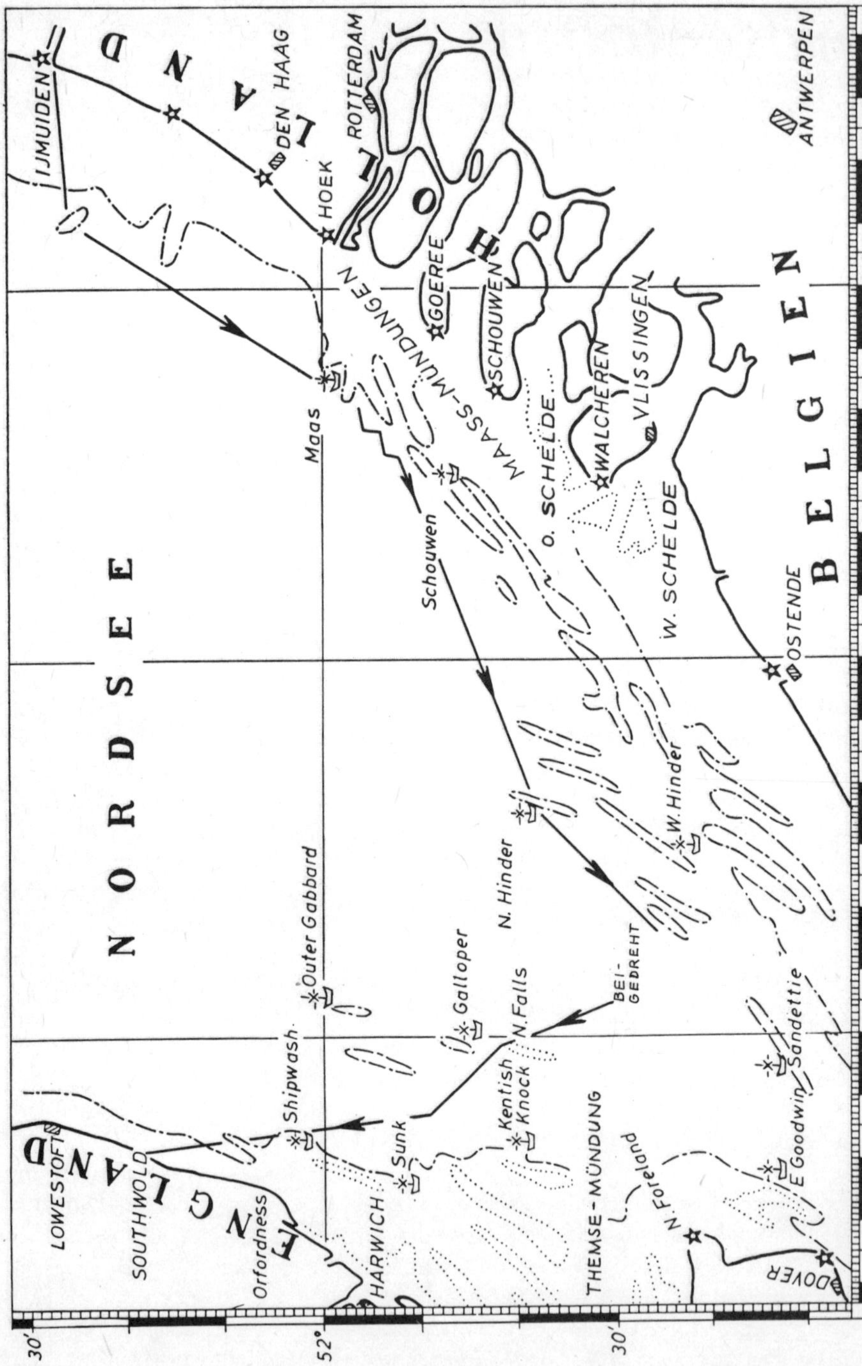

Kurs der ANETTE II *im Nordseesturm*

Augen verloren. Die Zeiger der Borduhr rückten weiter und zeigten die verrinnenden Stunden an.

Während der Morgenstunden drehte der Wind zurück und wurde frischer. Gelegentlich fegte Sprühwasser über Deck und sprudelte an den Speigatten in Lee entlang, bevor es sich wieder in das Meer ergoß. Der rückdrehende Wind, an und für sich kein gutes Zeichen, gestattete uns jedenfalls, unseren Kurs südlicher auf das Maas-Feuerschiff abzusetzen. Wir kamen gut voran.

Bei Sonnenuntergang, etwa 15 sm WSW von Hoek van Holland, passierte ANNETTE II das Feuerschiff und ließ es in wenigen Meilen Abstand östlich liegen. Die Abendmahlzeit wurde angerichtet und verzehrt, und bis wir das Geschirr abgewaschen und verstaut hatten, war die Nacht über uns hereingebrochen. Der Wind flaute ab und wurde vorlicher; sechs Stunden lang hatten wir mit dem Ebbstrom zu kämpfen, so daß es uns, obgleich wir die ganze Nacht gute Fahrt machten, nicht gelang, Schouwen-Feuerschiff bis zum nächsten Morgen zu erreichen.

Trotz des leichten Windes und der ruhigen See verbrachten wir die Nacht keineswegs untätig. Wir mußten aufmerksam Wache gehen, während wir durch eine Flotte von Fischerbooten hindurchsegelten. Von Zeit zu Zeit kreuzten andere Schiffe unseren Kurs, so daß wir beide einen großen Teil der Nacht an Deck verbrachten. Unsere Positionslaternen waren unzureichend, aber ich hatte in Ijmuiden zwei Sturmlaternen gekauft, eine mit rotem, die andere mit grünem Glas, die ich im Cockpit bereithielt und nach Bedarf zeigte.

Als der Tag graute (19. September), stand meine Frau am Ruder, und ich war an der Reihe, die Wache zu übernehmen. Ich habe niemals die Vorliebe der Dichter für die Morgendämmerung auf See geteilt. Gerade dann machen sich die langen, schlaflos verbrachten Nachtstunden bemerkbar. Die Dämmerung ist grau, die See ist grau; es ist kalt, es ist feucht, und Hunger meldet sich.

ANNETTE II durchpflügte die Einöde einer leeren See; die niedrige holländische Küste lag schon weit unter dem Horizont. Das Glas fiel stetig, und der Wind wurde wieder frischer. Wir besaßen kein Radio und waren infolge dessen auch ohne Wettervorhersage, aber die vorherrschenden Verhältnisse selbst bedeuteten Warnung genug. Der einzige aufmunternde Umstand war, daß der Wind zurückgedreht hatte, so daß wir unseren Kurs anliegen konnten und bei mitlaufender Tide gut vorankamen.

Den ganzen Vormittag verfolgte ANNETTE II, eingehüllt in eine Wolke von Gischt, ihren Kurs auf North-Hinder-Feuerschiff. Gerade als ich nach dem Lunch anfing, unruhig zu werden, weil wir das Feuerschiff nicht in Sicht bekamen, entdeckte ich glücklicherweise verschwommen spinnennetzartige, rötliche Umrisse weit voraus. Ich hatte den weitverbreiteten Fehler begangen, die gutgemachte Distanz zu überschätzen. Eben vor 15.00 Uhr passierten wir das Feuerschiff in nächster Nähe; die Besatzung kam an Deck und winkte uns zu. Ich hatte keine Zeit, ihren freundlichen Gruß zu erwidern, denn im gleichen Augenblick fiel eine Bö über uns her, und ich hatte alle Hände voll zu tun, um das Großsegel zu reffen und die Strumfock zu setzen.

Um diese Zeit wehte es bereits mit halber Sturmstärke, und das Barometer war seit den frühen Morgenstunden um nicht weniger als 20 mb gefallen. Vom Schiffsort aus lag Sandettie-Feuerschiff etwa 30 sm südwärts. Die Entfernung von Sandettie bis Dover beträgt nur 20 sm, und so entschlossen wir uns, weiterzumachen, um Dover oder irgendeinen anderen Hafen auf der englischen Seite der Nordsee zu erreichen.

Weiter ging es, während der Wind die ganze Zeit härter wurde. Er war auf SSE zurückgesprungen, und die See war unter dem Einfluß der nur 20 sm in Luv gelegenen Sände vor der belgischen Küste nicht hoch, wenn auch sehr rauh. Die Stunden verrannen. ANNETTE II steuerte weiter ihren Kurs, und das Glas setzte seinen Fall fort. Es sank um weitere 7 mb und erreichte damit einen Gesamtfall von 27 mb.

Kurz vor Sonnenuntergang hatte ANNETTE II mehr als die Hälfte des Weges von North-Hinder- nach Sandettie-Feuerschiff zurückgelegt. Die Sonne stand tief über dem Horizont und glühte in einem grellen Gelb, während langsam eine große, purpurfarbene Wolkenbank am Himmel aufzog und den ganzen Horizont im Süden verhüllte. Die Sonne verschwand hinter der sich ausbreitenden Wolkenbank, hinterließ aber ein glanzloses Licht auf der schaumgekrönten See.

Dann geschah es. Die erste Bö bekam uns zu fassen. Das Wasser verschwand unter dem Weiß des prasselnden Regens, und die Luft war erfüllt von zischendem Lärm. Die Yacht legte sich weit über, und der Wind pfiff in der Takelage. Jedes Segel, jedes Stag, jede Schot kam steif unter der Beanspruchung. Die Seen überschlugen sich kurz, steil und mit brechenden Kämmen. Eine stieg massiv an Bord, überflutete das Kajütdach und stürzte wie ein Wasserfall leerwärts ab. Trotz ihrer enormen Breite wurde die Yacht mit ihrer Leereling tief ins Wasser gedrückt, so daß ich die Großschot fieren mußte. Das gab etwas Luft. Ich holte die Sturmfock nach Luv und belegte sie. Dann setzte ich Groß- und Besanschot ganz dicht, band das Ruder ein wenig leewärts fest, und damit lag die Yacht beigedreht auf Steuerbordbug.

Eine Weile blieb ich im Cockpit sitzen. Die Stärke des Windes verschlug mir den Atem. Der Regen stürzte in Gießbächen herab und bügelte mit seinem Prasseln die brechende See glatt, so daß nur noch tiefe Furchen übrigblieben. Blitz und Donner begleiteten die Bö.

Beigedreht lag ANNETTE II vorzüglich. Das schwere eichene Schiebeluk über dem Niedergang war geschlossen, das Beiboot lag mir vier Laschings fest verzurrt auf dem Vorschiff. Die Yacht schien sicher genug zu liegen, hätte sich aber ohne Großsegel noch besser gefühlt. Trotzdem nahm ich davon Abstand, es zu bergen. Mit Ausbruch des Sturms schoß der Wind nach Südwesten aus und zerstörte damit jede Hoffnung, Dover anliegen zu können. Langsam trieben wir Richtung Mitte Nordsee. In dieser Richtung war auf viele Stunden hinaus nichts zu befürchten. Drehte der Wind aber weiter nach Westen oder sogar Nordwesten, bestand Gefahr, vor den belgischen Untiefen und Küsten auf Legerwall zu geraten.

Inzwischen war nichts zu machen. Ich wartete auf eine Gelegenheit zwischen zwei Seen, öffnete das Luk und schlüpfte in die Wärme der Kajüte. Unterdessen hatte meine Frau sich der Lampen angenommen, Petroleum nachgefüllt und die Dochte getrimmt: weiß, rot und grün. Sie klemmte die Lampen zwischen Tisch und eine der Kojen, wo sie zum sofortigen Gebrauch bereitstanden. Sie hatte auch Dosenmilch zurechtgemacht, die zusammen mit trockenem Zwieback unsere Abendmahlzeit bildete.

Die Nacht brach bald herein. Es blieb uns nichts anderes übrig, als so gut es ging in unseren Kojen ausgestreckt liegenzubleiben. Abwechselnd gingen wir Wache und hielten durch das Luk Ausschau nach Dampferlichtern und kontrollierten, ob an Deck alles in Ordnung war. Unten in der Messe war es eklig. Die Luft war dumpf und feucht, überall tropfte das Kondenswasser, und im Deck und rund um das Kajütdach hatten sich Leckstellen gebildet. Das pausenlose Hämmern und Schütteln bei jeder See, die das Boot traf, waren aufreibend und entnervend. Bei dem stärker werdenden Seegang bedurfte es dauernder

Kraftanstrengung, um sich festzuhalten und nicht aus den Kojen geschleudert zu werden. Beide waren wir bis auf die Haut durchnäßt; der heftige Regen im Verein mit dem Spritzwasser war durch unser Ölzeug gedrungen, so daß die feuchten Kleider sich, wenn wir nach unten kamen, klamm und kalt anfühlten. Keiner von uns schlief; nur von Zeit zu Zeit nickten wir ein wenig ein.

Wenn wir abwechselnd an Deck gingen, sahen wir gelegentlich Dampferlichter in so unmittelbarer Nähe, daß es angebracht erschien, die eine oder andere der flackernden Sturmlaternen zu zeigen. Das Schauspiel, das sich uns an Deck bot, war im höchsten Grade beeindruckend. Dunkel und schwarz rollten die Wellenberge heran, aber im schimmernden Licht der sich brechenden Kämme zeichneten sich ihre Konturen deutlich ab. In unheilverkündender Prozession marschierten sie daher. Steil stieg der Bug empor, wenn er einem von ihnen begegnete, sank schon im nächsten Augenblick auf dem abschüssigen Wellenrücken hinab ins Tal und begann sofort wieder die nächste See zu erklimmen. Von Zeit zu Zeit brach einer der Wellenkämme, und das Wasser prasselte mit dumpfem Schlag auf das Kajütdach und ergoß sich kaskadengleich über die Niedergangskappe achtern in das Cockpit.

Der Lärm war infernalisch. Das Heulen des Sturms, das Zischen der herannahenden Brecher, das Rauschen des sich verlaufenden Wassers und über allem das pausenlose, wütige Rattern und Vibrieren der Takelage rissen an den Nerven. Meinem Gefühl nach nahm der Seegang ständig zu, denn die Bewegungen der Yacht wurden von Stunde zu Stunde heftiger. Zwei Lampen gingen zu Bruch, aber das machte nicht viel aus, weil sie im Wind so stark flackerten, daß sie wohl kaum gesehen worden wären. Hinzu kam, daß wir mit der Zeit von einer großen Lethargie erfaßt wurden; immer seltener konnten wir uns entschließen, an Deck zu steigen. Wir waren durchaus bereit, das eine Risiko unter tausend einzugehen, überrannt zu werden.

Unsere Lage war so übel, wie sie nur sein konnte. In einem Äquinoktialsturm beigedreht liegend, in einer Entfernung von nur 20 sm von einem nur im Norden unterbrochenen Kreis von der Küste vorgelagerten Sänden umschlossen, auf denen eine schwere See branden mußte, waren wir wehrlos dem Spiel des Zufalls ausgeliefert. Zeitweilig fühlten wir uns herzlich elend. So blieben wir einfach in unseren Kojen liegen und dämmerten in unruhigem Halbschlaf dahin. Solange der Wind nicht auf West umsprang, war die Situation ja nicht unmittelbar bedrohlich.

So verrannen die Nachtstunden, ohne daß die Zeit weder schnell noch langsam verging. Wir zählten die Stunden, bis man im Dunkel der Kajüte die Umrisse der Bullaugen gegen das dämmerige Licht des aufziehenden Tages zu unterscheiden vermochte. Wir hatten nur noch eine vage Vorstellung von unserem Schiffsort, und so war der Vorschlag meiner Frau durchaus angebracht, an Deck zu gehen, solange es noch dunkel genug war, um die Lichter irgendwelcher Feuerschiffe ausmachen zu können. Nach meiner überschlägigen Berechnung bestand dafür wenig Aussicht, und ich blieb noch einige Minuten liegen, bis ich genug Energie gesammelt hatte, meiner Frau zu gehorchen. Dann stieg ich hinauf ins Cockpit. Es war bitterkalt an Deck, und es lief eine hohe See, aber der Wind war weniger bösartig. In der immer noch herrschenden Dunkelheit entdeckte ich zu meiner Überraschung den Reflexschein mehrerer Blitzfeuer gegen den westlichen Himmel. Die Sicht mußte sich vorübergehend gebessert haben. Die Intuition meiner Frau war richtig gewesen. Dann sah ich plötzlich weit weg an Steuerbord deutlich den Schein eines entfernten roten Lichtes. Es verschwand, kehrte zurück; lange Pause – und dann war es wieder da.

Ich hatte mir über unseren Schiffsort genug Gedanken gemacht, aber jetzt, in wenigen Sekunden, änderte sich die Situation gründlich. Obgleich nicht vertraut mit der Themse-Mündung, konnte ich mich doch bei zwei roten Blitzen nicht irren. Auf der ganzen Karte konnte es nur eines bedeuten: das Galloper-Feuerschiff.

Der Wind, der im Laufe der Nacht mehrfach seine Richtung geändert hatte, stand nun aus SSW. Ich band das Ruder los, holte die Fock nach Lee und machte mich mit NW-Kurs auf den Weg. Sobald die Yacht mit leicht geschrickten Schoten Fahrt aufgenommen hatte, fing sie auch gleich an, sich krachend durch die Seen zu arbeiten, während der Wind den Gischt in dichten Flagen über das Schiff jagte. Brausend warf sich eine schwere See an Bord, brandete über das Beiboot und stürzte auf das Kajütdach herab. Wenige Minuten später bäumte sich ein anderer Wellenberg empor und stieg tosend ein. Er überflutete das ganze Schiff, brach in kompakter Masse über das Niedergangsluk und versetzte mir einen heftigen Schlag quer über die Brust. Meine Frau kam zu mir ins Cockpit. Die ganze Nacht hatten wir, feucht bis auf die Haut, in unseren Kojen gelegen und jetzt, in der bitteren Kälte der ersten Morgenstunden, durchdrang der peitschende Gischt unser Ölzeug und durchkühlte uns bis auf die Knochen. Beide fühlten wir uns nach der schlaflosen Nacht und den Anstrengungen, deren es bedurft hatte, uns in den Kojen festzuklammern, am Rande der Erschöpfung. Auch waren wir hungrig, denn es war so gut wie unmöglich gewesen, etwas zu kochen.

Wir nahmen einige Schluck Whisky und Riga-Balsam zu uns. Riga-Balsam ist ein starkes Getränk, das wir in Riga gekauft hatten. Es schmeckt unangenehm bitter und nach Medizin, aber es enthält wahrscheinlich einen hohen Prozentsatz Alkohol und wärmte tüchtig.

Den schlimmsten Hunger stillten wir mit Makronen aus Ijmuiden; leider waren sie feucht, da eine See gerade in dem Augenblick eingestiegen war, als wir die Dose öffneten. Es war eine merkwürdige Art von Frühstück und eine sonderbare Tageszeit, es zu verzehren.

In einem wilden Chaos von schaumgekrönten Wellen segelte die Yacht weiter. Immer wieder wurde sie von Seen überflutet. Aber die Kenntnis unseres Schiffsortes gab uns neuen Mut. Wir sahen die freundlichen roten Blitze von Galloper-Feuerschiff vor uns, und noch bevor es hell wurde, befanden wir uns querab. Die See dort war riesenhoch und besonders wild, als wir in der Nähe der North Falls seichteres Wasser kreuzen mußten.

Meine Frau saß neben mir und versuchte, die Lichtreflexe der weit entfernten Feuer auszumachen. Das Steuern war zu schwere Arbeit für sie, aber sie war wohlgelaunt und leistete ihren vollen Anteil bei jeder Aufgabe, die es zu bewältigen gab. Eine Stunde nachdem wir Galloper-Feuerschiff passiert hatten, lagen die entfernten Feuer noch immer unter dem Horizont. Es dauerte nicht lange, daß auch der Widerschein nicht mehr gegen den hellerwerdenden Himmel auszumachen war.

Die Navigation stellte mich vor Probleme, da mir die Ostküste Englands vollkommen unbekannt war. Ich konnte keine exakten Kurse absetzen, denn meine einzige Karte von der englischen Ostküste war eine Übersichtskarte. Harwich lag etwas mehr als 20 sm entfernt, doch ein Einlaufen ohne Spezialkarte war eine heikle Sache, abgesehen davon, daß der Wind wahrscheinlich rechtdrehen und uns dann entgegenstehen würde. Andererseits schien Lowestoft eine einfache Ansteuerung zu versprechen. Die Entfernung bis dahin betrug noch 50 sm, aber selbst wenn der Wind auf West drehte, konnten wir es immer noch anliegen, und die Reise würde weniger als zehn Stunden dauern. So schrickten wir die Schoten und fielen auf den geschätzten neuen Kurs ab.

Vor dem Sturm raumschots ablaufend, lag ANNETTE II sehr hart auf dem Ruder. Dazu war

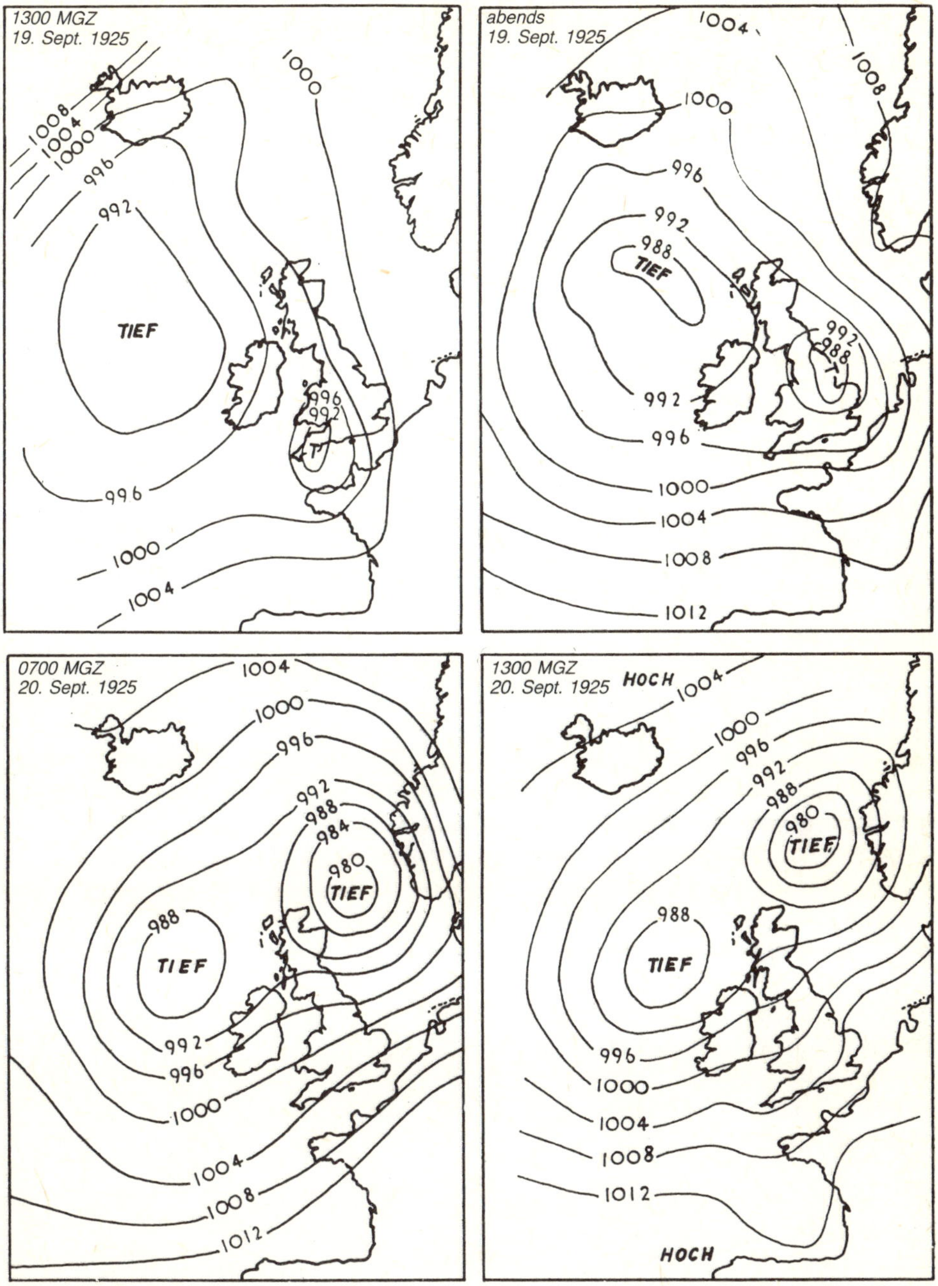

Wetterkarten zum Nordseesturm

ich durchgefroren, und das Rudergehen sog alle Kraft aus meinen Knochen. Langsam vergingen die Stunden. Meine Frau machte den Versuch, mich am Ruder abzulösen, aber die Anstrengung, vor der hohen nachfolgenden See einen stetigen Kurs zu steuern, überstieg ihre körperliche Kraft.

Endlich kam die Zeit heran, wo Land in Sicht kommen sollte, aber ringsum war nichts auszumachen als See und noch mehr See, wohin man auch blicken mochte. Immerhin hatte der Sturm inzwischen nachgelassen, und wir passierten einige Schiffe.

Schließlich glaubte meine Frau (die über besonders gute Augen verfügt), an Backbord etwas zu sehen, was Land sein könnte. Ich selbst vermochte nichts zu entdecken, aber ich wußte, sie mußte recht haben; das Ende unserer Prüfung war abzusehen. Von diesem Augenblick an fühlten wir uns mächtig aufgemuntert. Meine Frau ging unter Deck und setzte den Primus in Gang, um die Kajüte aufzuwärmen. Unten sah es aus wie auf einem Schlachtfeld; alles war während des Sturms durcheinandergeworfen worden. Das Wasser in der Bilge war bis zu den Bodenbrettern angestiegen, und alles war durchnäßt. Die See beruhigte sich aber zunehmend, je weiter wir unter Landschutz kamen, und bald erschien meine Frau an Deck mit einer Dose kalter Bohnen, die wir beide heißhungrig hinunterschlangen. Anschließend übernahm sie die Wache, da die Yacht inzwischen leichter auf dem Ruder lag, und ich begab mich in die wohlige Wärme der Kajüte.

Als ich umgekleidet, trocken und mit einem Schuß Whisky im Bauch wieder an Deck stieg, um das Ruder zu übernehmen, fühlte ich mich wie ein anderer Mensch, aber meine Frau, die genauso durchnäßt war wie ich, wollte sich nicht umziehen.

Querab erstreckte sich ein niedriger Küstensaum, und kurze braune Wellen waren an die Stelle der durcheinanderlaufenden grauen Wassermasse getreten. Wir passierten eine schwarze Boje, die Sonne brach durch, aber immer noch verrannen die Minuten wie Stunden. Schließlich sahen wir an Backbord voraus eine Stadt liegen und kamen nach einiger Überlegung zu dem Schluß, daß es wohl Southwold sein müsse. Wir näherten uns und machten durch das Glas zwei lange niedrige Holzpiers aus. Das Handbuch enthielt einige Hinweise auf den seichten Hafen von Walberswick, die alles andere als ermutigend klangen, aber bei weiterer Annäherung stellten wir fest, daß wir die Einfahrt zwischen den beiden Piers bequem anliegen konnten. So steuerten wir weiter unter Land, näherten uns der Einfahrt und konnten die See an beiden Seiten branden sehen. Nach meiner Berechnung war es zwei Stunden nach Hochwasser. Zweimal warf ich das Lot, bevor ich auf die Piers loshielt. ANNETTE schnob durch die enge Öffnung, und ihr Anker fiel in der Stille des Hafens. Die Reise war zu Ende.

Schlußfolgerungen

In den Sonntags- und Montagszeitungen wurde in großer Aufmachung über das Wetter berichtet, das Wochenende als das schlimmste des Jahres bezeichnet, mit „heftigen" Stürmen und gewaltigen Regenfällen. Es hieß, daß sich die Störung am Sonnabendmorgen vor der Nordküste Spaniens entwickelt hatte und dann mit einer Geschwindigkeit von 40 bis 45 kn in nordöstlicher Richtung quer über England gezogen war. Die Wetterkarten lassen jedoch erkennen, daß die Ursache der Störung ein Sekundärtief mit fallendem Druck war. Bei Dungeness wehte es von 21.00 Uhr am Sonnabendabend bis 17.00 Uhr am Sonntag mit

35 kn (Bft 8). Bei Calshot, Hants und Spurn Head, Yorkshire, erreichte der Wind etwa 43 kn (Bft 9). Überall an der Küste gerieten zahlreiche Fahrzeuge in Seenot.

Nach diesen Berichten erscheint es als berechtigt, die mittlere Windstärke des von ANNETTE II in der Nordsee abgerittenen Sturms für die Dauer einiger Stunden auf Bft 8 zu schätzen. Am Sonntagmorgen schwächte der Wind sich auf Bft 7 ab, wie auch durch die Messungen in Calais um 07.00 Uhr bestätigt. Die Frontalböen, die ANNETTE beigedreht abwetterte, können jede Stärke bis zu 50 oder 60 kn erreicht haben; möglich, daß sie etwa eine Stunde lang die durchschnittliche Windstärke auf Bft 9 erhöhten.

Aus dieser Reise mit der ANNETTE II und aus dem Sturm während der letzten Etappe unserer Fahrt haben wir folgende Lehren gezogen:

1. Segelfläche. Eine Yacht wie ANNETTE II mit ihrer sehr kleinen Segelfläche ist bei leichten und mäßigen Winden so langsam, daß sie ohne Hilfsmaschine auf langen Fahrten wehrlos jedem Sturm ausgeliefert ist.

2. Zeit. Als wir erwischt wurden, neigten sich unsere Ferien ihrem Ende zu. Sonst hätten wir wahrscheinlich lange vor Ausbrechen des Sturms Schutz gesucht. Zeitmangel und die Notwendigkeit, eine Yacht auf dem schnellsten Wege in ihren Heimathafen zu bringen, sind die häufigsten Ursachen dafür, daß ein Fahrtensegler draußen erwischt wird.

3. Beidrehen. Beigedreht lag die Yacht ausgezeichnet, ohne in den Wind zu luven oder zuviel Fahrt voraus zu machen. Zweifellos trugen der lange, gerade Kiel und die über drei niedrige Segel verteilte Segelfläche zu ihrem Verhalten bei. Die Abdrift muß jedoch beträchtlich gewesen sein.

4. Regen. Aus späterer Erfahrung kann ich bestätigen, daß wolkenbruchartiger Regen von solcher Heftigkeit, daß die See zu kochen scheint, vorübergehend die See niederschlägt und ihr etwas von ihrer Bösartigkeit nimmt.

5. Müdigkeit. Als wir den Hafen erreichten, waren wir 53 Stunden in unübersichtlichen Gewässern unterwegs gewesen. In der ganzen Zeit hatten wir zusammengerechnet vielleicht vier bis sechs Stunden geschlafen. Wir fühlten uns erschöpft, aber vor einem lodernden Feuer in einem Restaurant kehrten unsere Lebensgeister rasch zurück. Anscheinend braucht der Mangel an Schlaf, wenn es in schwerem Wetter wegen des Lärms schwierig ist, einzuschlafen, nicht unbedingt zur Erschöpfung führen, solange die Besatzung ein ausreichendes Maß an Ruhe in ihren Kojen genießt. Menschen, die sowieso an Schlaflosigkeit leiden, kommen mit verhältnismäßig wenig Schlaf aus.

Das vorübergehende Ungemach hinterließ keine sichtbaren Nachwirkungen bei meiner Frau, die alles gelassen und klaglos auf sich genommen hatte, wie es gerade kam. Jahre später gestand sie mir aber, daß sie hinterher noch wochenlang durch böse Träume von Riesenseen geplagt worden sei. Während unserer ganzen Fahrtenjahre, in denen wir noch Tausende von Seemeilen zwischen Ostsee und Biskaya absegelten, haben wir uns niemals wieder von einem so schweren Sturm überraschen lassen.

Zum erstenmal von einer Hecksee überrollt

Mein erstes Boot nach dem 2. Weltkrieg war das genaue Gegenstück zu der schwer gebauten ANNETTE II. Es war vom Tumlare-Typ namens ZARA. Die Boote der Tumlare-Klasse wurden nach Plänen von Knud Reimers, Stockholm, gebaut und stellten eine Art 20-m^2-Schärenkreuzer dar. In Größe und Geschwindigkeit könnte man sie mit den Drachen vergleichen, aber sie besaßen eine viel geräumigere Kajüte, in der eine Person komfortabel, zwei unter gegenseitiger Duldung, drei in gespanntem Verhältnis und vier in bitterer Feindschaft miteinander unterkommen konnten. ZARA hatte einen langen, schmalen und niedrigen Rumpf mit dem typischen skandinavischen Spitzgattheck und angehängtem Ruder. Ihre Abmessungen: Lüa 8,30 m, LWL 6,60 m, Breite 1,95 m und Tiefgang 1,25 m. Die Amwind-Segelfläche betrug rund 20 m^2.

Eine Leichtdeplacementyacht dieser Art zu handhaben ist eine reine Freude. Obgleich bei leichter Brise etwas zur Trägheit neigend, war ZARA bei einigermaßen vernünftigem Wind lebhaft und schnell, gut ausbalanciert und auf dem Ruder leicht wie eine Feder. Es machte Spaß, Tagesfahrten mit ihr zu unternehmen, Regatten zu segeln oder über das Wochenende unterwegs zu sein, obgleich meine Frau längeren Reisen in einem so kleinen Boot niemals den richtigen Reiz abgewann. Die Enge der Kajüte, die mangelnde Stehhöhe und das Fehlen einer Kombüse und großer Schränke für die Unterbringung von Proviant und Kleidern verdarben ihr den Spaß.

Ich führte jedoch eine Kreuzfahrt westwärts nach Brixham durch, und zwar einhand und sehr bald nach Beendigung des Krieges. Der folgende Vorfall spielte sich auf der Rückreise nach dem Solent ab, und ich berichte davon, weil die Fahrt beweist, daß es wohl eine Grenze gibt, die man mit einer sehr kleinen Yacht, noch dazu mit einem offenen großen Cockpit, nicht überschreiten soll.

Ich hatte die Nacht vor Anker in der Babbacombe Bay nicht weit von Torquay verbracht. Früh am nächsten Morgen war ich auf, in der Hoffnung, daß dies der Tag für die Heimreise quer über die Lyme Bay sei. Obgleich früh auf, holte ich den Anker erst um 09.00 Uhr hoch, da ich noch viel zu tun hatte, bevor ich die Segel setzen konnte. Beim Start setzte ich den Kurs ab auf einen Punkt 20 sm weiter östlich, wo früher die Lyme-Tonne gelegen hatte, die aber während des Krieges entfernt und noch nicht wieder ausgelegt worden war.

Es bestand kein Zweifel, daß die ZARA mehr als genug Wind antreffen würde. Es wehte frisch aus SW, und der Wind war schon reichlich steif. Als ich aus der Babbacombe Bay heraussegelte, manövrierte ich die ZARA nahe an ein Fischerboot heran und bat die Männer um einen Wetterbericht. Sie schüttelten den Kopf, und einer von ihnen antwortete: „Sehen Sie sich den Himmel an. Es gibt harten Wind. Kein Tag, um die Bay zu kreuzen, Sir."

Normalerweise würde ich davon Abstand genommen haben, über die Lyme Bay zu segeln, aber wir schrieben bereits Oktober, die Tage wurden kürzer, und ich wollte zurück sein, bevor das Unwetter losbrach. Ich betrachtete den Himmel und hatte den Eindruck, daß der Wind innerhalb der nächsten Stunden wahrscheinlich noch keine Sturmstärke erreichen würde, obgleich Starkwinde und eine rauhe Überfahrt zu erwarten waren. Die ZARA erschien mir trotz ihrer geringen Größe als ein gutes Seeschiff, durchaus geeignet, sich innerhalb vernünftiger Grenzen zu behaupten; ihre einzigen Schwächen waren der schlanke Linienverlauf achtern, der niedrige Freibord und das offene Cockpit.

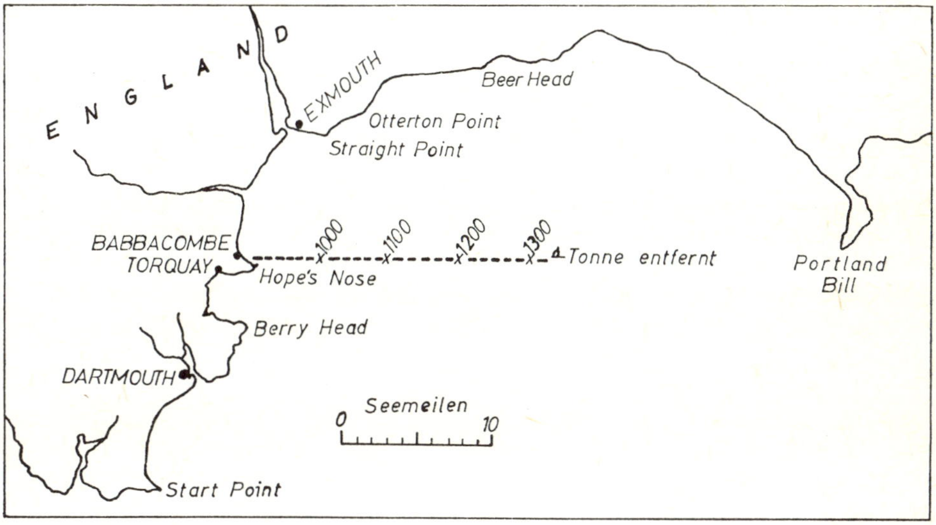

Kurs der ZARA über die Lyme Bay

Also segelte ich weiter. In Leeschutz des Landes war die See zunächst noch ganz glatt, und ich setzte Großsegel und Genua. Kaum aber hatte ich die Babbacombe Bay hinter mir gelassen, mußte die Genua wieder geborgen und an ihrer Stelle die Fock gesetzt werden. Der Tag war strahlend, mit klarem Himmel und blauer See, aber als die Yacht aus dem Schutz von Hope's Nose heraussegelte und Torquay achteraus in Sicht kam, wurden die Seen größer und trugen weiße Schaumkronen.

Während ich jetzt schreibe, sehe ich auf der großen Karte die Bleistifteintragungen vor mir, die ZARAS Fortschritte auf einem fast genau östlichen Kurs auf der ersten Hälfte der zusammen 40 sm offener See zwischen Babbacombe und Portland Bill markierten. Um 10.00 Uhr berechnete ich meinen Abstand von der Küste auf 6 sm, und ZARA preschte mit großer Fahrt dahin. Etwa um diese Zeit herum muß es gewesen sein, daß der Wind aufzufrischen begann. Selbst vor dem Wind wurde es dringend notwendig, zu reffen, und in dem Bewußtsein, daß die Verhältnisse mit jeder Meile, die ich hinter mir ließ, nur noch lebhafter werden konnten, brachte ich die Yacht an den Wind und drehte bei. Beim Reffen hielt ich mich nicht lange mit halben Maßnahmen auf, sondern drehte gleich vier ganze Ringe weg, womit ich den Kopf des Großsegels bis zu den Salingen herunterbrachte. Das verminderte die Großsegelfläche von 20 auf 11 m^2, und, wichtiger noch, der Kopf des Großsegels kam auf derselben Höhe zu stehen wie die Ansatzpunkte von Vor- und Backstag, so daß der Mast gut abgestützt war. ZARA blieb auch unter dieser kleinen Segelfläche sehr schnell. Das verdankte sie der wirksamen Form ihres hochgeschnittenen schmalen Segels und ihrer schlanken Konstruktion. So heruntergerefft, war ZARA eine Yacht, die eine ganze Menge vertragen konnte und dabei noch lebendig blieb und hoch an den Wind ging.

Die Zeit verstrich. Nach den Karteneintragungen stand ZARA um 11.00 Uhr 11 sm und mittags 16 sm östlich von Babbacombe. Um diese Zeit befand sie sich bereits weit außerhalb des Schutzes von Start Point, das fast 30 sm entfernt im Südwesten lag, und die See stand ungehindert direkt vom Atlantik herein. Der Gezeitenstrom im Kanals lief genau gegen den Wind, wenn auch noch nicht mit seiner Höchstgeschwindigkeit. Erst wenn eine Yacht sich weit auf der Ostseite der Lyme Bay und vor Portland Bill befindet, trifft sie auf die volle Stärke des Tidenstroms.

In einem Bericht über die rauhe Passage einer kleinen Yacht wünscht man sich eine genaue Darstellung aller Einzelheiten, um eine richtige Vorstellung von den Wetterbedingungen und dem Verhalten der Yacht zu bekommen. Nun, was ich erlebte, war kein Sturm. Es war, was die Fischer hinterher als „harten Wind“ bezeichneten oder was man auch „einen halben Sturm“ nennt. Die See lief ziemlich gleichmäßig, war aber natürlich hoch, da sie vom offenen Ozean hereinstand und auf die nach Westen setzende Springtide stieß. Wie ich später hörte, war für das Gebiet von Plymouth, 40 sm weiter westlich, eine Sturmwarnung durchgegeben worden.

Von Zeit zu Zeit konnte ich eine gewisse Besorgnis nicht unterdrücken, aber die Yacht benahm sich wunderbar und wurde mit den nachfolgenden Seen spielend fertig. Was mir Freude machte, waren dieWürze und Schönheit der mich umgebenden Szenerie. Das Wetter war grandios, die Sonne strahlte auf das Wasser herab, und die Luft war richtig warm.

Die heranrollenden Seen boten einen herrlichen Anblick, eine in der Sonne tiefblau und leuchtend weiß schimmernde Wassermasse, über der das Dingi mit seinem in der Nässe rotglänzendem Lack im Kielwasser der Yacht entlangschäumte und mit seinem Bug den Gischt nach beiden Seiten fortschleuderte. Von Zeit zu Zeit sah ich mächtige Wellenberge von furchteinflößender Höhe sich achteraus erheben; da sie ZARA aber niemals erwischten, kam ich zu dem Schluß, daß dieser Eindruck wohl auf einer optischen Täuschung beruhen müsse, denn die Stärke des Windes schien Wellen von solcher Bösartigkeit nicht zu rechtfertigen. Nie zuvor hatte ich Wetterverhältnisse erlebt, die in gleichem Maße zur Begeisterung hinrissen. Das Wetter war kernig und höchst belebend, mit den Seen, die von achtern anstürmten, dem Dingi, das auf den Wellenkämmen daherjagte, der ZARA in ihrer unablässig schwingenden Bewegung, den prall gefüllten Segeln, den wie Saiten gespannten Schoten und dem über allem brausenden starken Wind.

Das Land, durch einen leichten Dunst verhüllt, war den Blicken entschwunden. Um 12.30 Uhr nahm ich den Lunch an Deck ein. Vor Auslaufen aus Babbacombe Bay hatte ich eine

Suppe heißgemacht und in eine Thermosflasche gefüllt, um sie für diese Gelegenheit fertig zu haben. Sie schmeckte großartig. Anschließend verzehrte ich Brot und Käse und dazu einige Äpfel.

Die nächste Position, die ich auf der Karte eintrug, war die um 13.00 Uhr. Die Yacht hatte jetzt 20 sm zurückgelegt, und ich machte ein Kreuz etwa 2 sm westlich der Stelle, an der normalerweise die Lyme-Boje liegen sollte.

Und so jagte die ZARA weiter über die sonnenglitzernde See, und das Dingi folgte brav achteraus. Es muß etwa eine Viertelstunde später gewesen sein, daß irgend etwas mich veranlaßte, zurückzublicken. Es war das Geräusch einer sich nähernden Wassermasse.

Zwei riesenhafte Seen wälzten sich auf uns herab. Ich legte sofort Ruder und brachte die Yacht platt vor den Wind, um die Seen genau mit dem Heck zu nehmen. Der turmhohe Kamm rauschte immer höher werdend auf uns zu. Das Dingiheck erhob sich hoch in die Luft. Einen Augenblick lang kam das Dingi ins Gleiten, und dann schoß es mir durch den Kopf, daß ich noch nie ein Dingi unter einem solchen Winkel gesehen hatte. Sein Bug bohrte sich ins Wasser und schnitt unter. Ich konnte das Wasser die Vorderducht überfluten sehen. Das Heck bäumte sich auf. Aber da war etwas noch höher als das Dingi. Ein großer weißer Kamm schäumenden Wasser stand über ihm und umfaßte mit seiner überkämmenden Krone den Achtersteven. Alles zusammen, Wassermasse und Dingi, rauschte mit einer Geschwindigkeit auf mich zu, wie ich es nie wieder erleben möchte. Ich erhaschte flüchtig den Anblick einer See, die steil war wie eine Mauer und den Brechern ähnelte, die sich auf Küsten wie die bei Chale auf der Isle of Wight stürzen, wo die See aus der Tiefe auf den steil ansteigenden Schelf stößt. Das Beiboot war im Begriff, Heck über Bug einen vollständigen Purzelbaum zu schlagen.

Ich duckte mich unter das Cockpitsüll und klammerte mich fest. Es folgte eine Sintflut von Wasser und dann ein laut tönendes Krachen. Sofort kam mir der Gedanke: Der Mast ist über Bord gegangen!

Es ist schwer, die unerhörte Heftigkeit eines Brechers zu beschreiben, wenn er wasserfallartig über das Heck hereinstürzt. Es herrscht ein ungeheurer Lärm; hinzu kommt der Schock des kalten Wassers, und man hat den Eindruck (ob zu Recht oder Unrecht, vermag ich nicht zu sagen, da meine Augen voller Wasser waren), von kochender See umgeben zu sein, als sei das Cockpit ein sprudelnder Kessel.

Als ich das Salzwasser aus meinen Augen gerieben hatte, stellte ich fest, daß ZARA noch schwamm, und ich war überrascht zu sehen, daß der Mast noch stand. Ein schneller Rundblick zeigte, daß überhaupt kein Schaden angerichtet war. Die Yacht hatte gehalst und war quergeschlagen. Das Krachen, das ich dem über Bord gehenden Mast zugeschrieben hatte, muß in Wirklichkeit von dem Baum verursacht worden sein, als er beim Halsen gegen das Backstag schlug. Da lag nun die ZARA und ritt ruhig auf den hohen Seen; ihr Baum lag am Leebackstag, und die Fock war lose nach Luv geschotet. Praktisch lag sie auf Steuerbordbug beigedreht. Ihr kurzer Baum mit dem schmalen Großsegel hatte sie vor Folgen bewahrt, die bei vielen Yachten mit dem Bruch des Mastes oder des Baums oder beider geendigt hätte. In aller Eile setzte ich das Luvbackstag durch und warf das Backstag in Lee los. Dann holte ich die Großschot dicht und setzte die Fockschot in Luv durch. ZARA gehorchte, ging an den Wind und lag nun im Anblick einer entfesselten, sich brechenden See ruhig beigedreht.

Die Dingi-Schlepptrosse war gebrochen, und ich entdeckte das Beiboot kieloben in Lee treibend. Es gab keine Möglichkeit, das Boot zu bergen. Ein Versuch, längsseits zu gehen, wäre bei der hochgehenden See höchst gefährlich und auch zwecklos gewesen, denn allein, wie ich war, hätte ich das Boot niemals aufrichten und ausschöpfen können. Meine Hauptaufmerksamkeit hatte der ZARA zu gelten, und zwar sofort, und so mußte ich den treuen Gefährten zahlreicher Fahrten seinem Schicksal überlassen. Das letzte, was ich von ihm sah, waren die Wellen, die sich über dem weißen, oben schwimmenden Boden brachen, während das gekenterte Boot im Seegang auf und ab tanzte. Später hörte ich, daß es nahe Otterton Point (Budleigh Salterton) an Land gespült und am 16. Oktober geborgen worden war. In dem Bergungsbericht stand: Fünf Planken zersplittert, Kielplanke gesprungen, sechs Spanten gebrochen, der Steven zerschmettert. Es las sich wie ein ärztlicher Befund, und ich fragte mich, was wohl an dem Boot heilgeblieben war.

In ZARAS Kajüte erwarteten mich weitere Schwierigkeiten. Die Bilge stand voll Wasser, das über die Bodenbretter schwappte und die Leeplanken hinaufschlug, wenn die Yacht sich in einer Bö auf die Seite legte. Die Sache war nicht ganz so ernst, wie sie vielleicht klingt, weil es sich bei der ZARA um eine Leichtdeplacementyacht mit engem Boden handelte. Die Menge Wasser, die notwendig war, um das Bilgewasser über die Bodenbretter steigen zu lassen, war daher nicht annähernd so groß wie bei einer größeren Yacht. Immerhin war es mehr Wasser, als ich jemals zuvor im Schiff gehabt hatte.

Bevor die See zuschlug, war die ZARA ein lebendiges Wesen gewesen, das zuversichtlich die nachfolgenden Seen ausritt. In einem kurzen Augenblick verwandelte sie sich von einer auftriebsstarken Yacht in ein träges, halb voll Wasser gelaufenes Objekt, das unter der nächsten See versinken konnte. Ich wurde mir bewußt, daß sie nicht viel mehr war als die in fröhlichen Farben bemalten Blechboote, mit denen ich als Kind in der Badewanne spielte, und die untergingen, wenn zu viel Wasser in sie hineingeriet.

Wie würden sich meine Freunde amüsiert haben, hätten sie mich an der Pumpe arbeiten sehen. Ich verabscheue nämlich Anstrengungen, aber jetzt machte ich mich mit größerer Begeisterung als je zuvor an die Arbeit, das Wasser aus der Bilge zu pumpen, bevor die nächste große See herankam. Es dauerte ziemlich lange, aber sobald die Bilge gelenzt war, bestand keine unmittelbare Gefahr mehr. ZARA lag beigedreht wie eine Ente; die Pinne lag festgesetzt in einer Steuervorrichtung, mit der ich die Yacht ausgestattet hatte.

Sie lag mit dem Kopf gegen die Seen, die über Bug und Vordeck brachen, aber nicht mehr in das verwundbare offene Cockpit gelangten.

Obgleich der unmittelbaren Gefahr entronnen, hatte ich keine Lust, die Yacht wieder auf ihren alten Kurs vor dem Wind zu bringen. Ich wollte nicht noch einmal überrollt werden und befürchtete, daß der Wind noch weiter zulegen und der Seegang noch schlimmer werden würde, bis der Tidenstrom kenterte und wieder anfing, ostwärts zu setzen. Selbst dann, bei mitlaufendem Strom, ist Portland Bill kein Platz, den ich mir für ein so kleines Boot wählen würde. Turbulentes Wasser erstreckt sich dort weit über die Grenzen der berüchtigten Stromschnellen hinaus. Bei richtigem Tidenstand bietet die Innenpassage die sichere Route, aber die überbrechenden Seen lassen sich auch auf diesem Kurs nicht ganz vermeiden.

Die andere Möglichkeit war, den ganzen Weg zurückzukreuzen, bis ich wieder unter den Schutz der Devonshire-Küste gelangte. Das war keine schöne Aussicht und bedeutete, gegen einen starken Wind und schwere, brechende Seen angehen zu müssen. Gleichzeitig herrschte kein Zweifel, daß dies der richtige Entschluß war.

Trotz meiner Parka war ich bis auf die Haut durchnäßt. Gepeitscht von dem beißenden Wind und prasselnden Gischt, begann ich zu frieren. Glücklicherweise war in der Thermosflasche noch etwas Suppe – sie belebte mich nachhaltig.

Dann setzte ich die ZARA an ihre Aufgabe. Ich ließ die Segel ziehen, und sie marschierte mit großer Fahrt auf und davon, wobei sie mit den Seen wunderbar fertig wurde. Die Seen waren so hoch und lang, daß die Yacht überhaupt nicht in sie hineinsetzte, wie es auf der Ausreise innerhalb des Portland Race der Fall gewesen war oder wie sie es gewöhnlich tat, wenn sie auf dem Solent in den kurzen, steilen Seegang hieb, der sich bildet, wenn Wind und Strom aufeinandertreffen. Von Zeit zu Zeit mußte ich etwas anluven, wenn ein besonders dicker Brocken daherkam; dann schwang sie sich über den Kamm und fegte auf der anderen Seite steil hinab ins Tal. Vorn bot ZARA den Anblick eines bei halber Tide überspülten Felsens; der Steven durchschnitt die Wellenkämme, deren Wasser sich in Sturzbächen über das lange Vordeck ergossen und in einem ununterbrochenen Wasserfall über die Leeseite abströmten. Achtern im Cockpit war es dagegen verhältnismäßig trocken. Trotzdem war das Segeln eine Zeitlang nicht ohne Beklemmungen. Fraglos war der Seegang für ein Schiff dieser Größe hart an der Grenze, aber je weiter westlich ich gelangte, um so mehr bestärkte das großartige Verhalten der Yacht mein Vertrauen in ihre Kreuzeigenschaften auch unter diesen Verhältnissen. Mit dichtgeholten Schoten konnte ZARA fast rechtweisend West anliegen, aber es war besser, die Schoten ein wenig zu schricken und das Boot mit bessserer Fahrt auf WNW-Kurs zu halten.

Nach einer Stunde kam wieder Land in Sicht. Im Nordwesten zeichnete sich unklar ein weißlichgrauer Fleck gegen den Himmel ab. Das mußte in ungefähr 10 sm Abstand Beer Head sein. Dann drehte ich wieder bei, da das Wasser im Boot erneut über die Bodenbretter gestiegen war. Bei den Strömen von Wasser, die sich unaufhörlich über das Vordeck ergossen, leckte es dauernd durch die Ankerklüse und das Vorluk. Ich stellte die Pinne fest, so daß ich das Ruder allein lassen konnte, während ich die Bilge lenzte. Der Seegang war bereits ruhiger geworden. Es gab weniger wirklich große Seen, aber die ganze Szenerie bot unverändert den Anblick einer endlosen Folge weißmähniger Rosse, einerlei wohin und wie weit das Auge reichte. In den Seen auf und ab tanzend, schien die Yacht sich in ihrem Element ganz wohl zu fühlen, so daß ich, durchfroren trotz der Sonne, die Gelegenheit wahrnahm, meine nassen Kleider abzustreifen und mich mit dem Handtuch zu frottieren. In der Kajüte herrschte ein grauenhaftes Durcheinander, aber in einem Segelsack fand ich noch eine trockene Schlafanzughose, eine Flanellhose, die ich darüberzog, und ein einigermaßen trockenes Bordjackett. Mit Ölzeug über alles war ich gut geschützt, und es war wunderbar, sich nach all der Unbehaglichkeit feuchtkalter Kleidung wieder trocken und warm zu fühlen.

Dann brachte ich die Yacht wieder zurück auf ihren alten Kurs. Der Seegang nahm zusehends ab, und schließlich konnte ich die ZARA spätnachmittags längsseits einer großen Yacht festmachen, die vor der Morgan-Giles-Werft in Teignmouth an ihrer Muring lag. In vier Stunden hatte das Schiff dichtgerefft und einschließlich zweier Kreuzschläge 20 sm geschafft – eine beachtliche Leistung für ein so kleines Fahrzeug hart am Wind und in rauhem Wasser.

Schlußfolgerungen

Die nächstgelegene Station, wo Windstärken registriert wurden, war die Küstenstation auf Pendennis Castle, Falmouth, aber das Wetteramt machte in einem Brief darauf aufmerksam, daß nach den synoptischen Karten kaum viel Untschied zwischen den Windstärken auf Pendennis und in der Lyme Bay geherrscht haben dürfte.

Die durchschnittlichen Windstärken betrugen West Bft 7 um 11.00 Uhr MGZ, Bft 6 um 12.30 und 13.30 Uhr, Bft 5 WzS um 14.30 Uhr. Der Wind muß ziemlich stetig geweht haben; der stärkste Windstoß wurde um 11.15 Uhr mit 33 kn registriert. Die angegebenen Zeiten sind mittlere Greenwich-Zeit, zu der eine Stunde hinzuzuzählen ist, um sie in Übereinstimmung mit meinen eigenen Angaben zu bringen (in der Annahme, daß Sommerzeit herrschte). Die Windstärke in der Lyme Bay wird höher gewesen sein, als an der Küste gemessen wurde, aber ich glaube, man kann bei vorsichtiger Schätzung sagen, daß es dort mit Bft 6 bis 7 geweht hat.

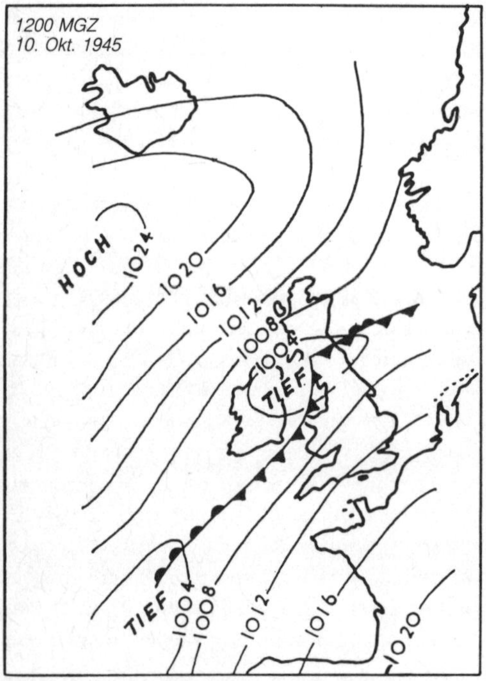

Wetterkarte vom 10. Oktober 1945

Es gibt nun verschiedene brauchbare Lehren, die sich aus dieser Erfahrung ziehen lassen.

1. Von achterlicher See überrollt. Anstedts „Dictionary of Sea Terms" besagt: „Wenn eine See über das Heck eines Fahrzeugs schlägt, spricht man von überrollt werden." Wenn dem so ist (und zahlreiche Yachtsegler stimmen mit dieser Definition überein), werden Ozeanyachten, die bei mehr als 7 Windstärken vor dem Wind laufen, häufig überrollt, denn die Wellenkämme brechen oft über das Heck und füllen das halbe Cockpit mit Wasser. Meiner Ansicht nach bedeutet jedoch *pooping* (wie der englische Ausdruck lautet) etwas viel Schlimmeres. Es bedeutet, durch eine achtern heranrollende, sich brechende See regelrecht begraben zu werden. *Pooping* kann zu einem Querschlagen der Yacht führen, das heißt, sie schießt in den Wind und wird dabei flach aufs Wasser gedrückt. Dieser Vorgang fängt dann an, gefährliche Folgen zu zeitigen, wenn dabei der Mast verlorengeht oder der Bootskörper strukturellen Schaden erleidet. Ein Überrolltwerden in diesem Sinne kommt sehr selten vor, und ich habe es in meinem ganzen Leben nur zweimal durchgemacht.

2. Gefahren vor dem Wind. Die ZARA startete von einem geschützten Liegeplatz aus, in Lee von Land. Da sie sozusagen „bergab" lief, steigerten sich Windstärke und Seegang nur allmählich, je mehr sich die Anlaufstrecke von Wind und See vergrößerte. Bei achterlichen Winden ist man leicht versucht, weiterzusegeln, während bei starkem Gegenwind die Fahrt bald so rauh wird, daß man früher daran denkt, umzukehren. Als meine Frau und ich einmal bei Weststurm in Keyhaven lagen, machten sich drei Kanufahrer auf den Weg nach Lymington. Bei ihrem Start war das Wasser glatt, solange sie den Schutz der Luvküste genossen, aber dann nahm der Seegang langsam zu, bis zwei der Kanus irgendwo vor Lymington kenterten und die Insassen ertranken. Das Segeln vor dem Wind ist bei offenen Booten und Dingis die Ursache vieler Unfälle, da die Zunahme von Wind und See so langsam vor sich geht, daß sie fast unbemerkt bleibt, bis es zu spät ist.

3. Wellenungetüme. Bei rauhem Wetter bilden sich gelegentlich Wellen, die höher und labiler sind als andere. Die außergewöhnliche Welle, die man als Wellenungetüm *(freak wave)* bezeichnen könnte, kann durch das Zusammentreffen oder die Form von Wellenzügen, durch überbrechende Seen bei Tidenstrom oder durch Untiefen oder Hindernisse auf dem Meeresgrund verursacht werden. In diesem besonderen Fall glaube ich, daß die ZARA über eines der Wracks hinwegsegelte, die genau westlich der Normalposition der Lyme-Boje liegen. Die Wassertiefe ringsherum beträgt etwa 30 m, aber nur 19 m über dem Wrack 1 sm westsüdwestlich der Boje. Die Annahme ist durchaus begründet, daß der nach Westen laufende Strom bei der Begegnung mit diesen großen Hindernissen auf dem Meeresgrund Strömungen auf der Wasseroberfläche verursacht, die eine große Welle zum Brechen bringen können. Es lohnt sich, stets daran zu denken, daß Objekte wie riesige Felsbrocken unter Wasser oder Wracks, selbst wenn sie in großer Tiefe liegen, an der Oberfläche überbrechende Seen erzeugen können, wenn gleichzeitig der Gezeitenstrom stark und die See grob ist.

4. Auftrieb achtern. Die norwegischen Lotsenkutter mit ihren spitzen Hecks waren bekannt für ihre Seetüchtigkeit bei schwerem Wetter. Die im vorhergehenden Kapitel beschriebene ANNETTE II durchlief einen Nordseesturm, ohne Anlaß zur Besorgnis zu geben. Die ZARA war jedoch so schlank und achtern so fein geschnitten, daß sie nicht genügend Auftrieb besaß, um sich über eine außergewöhnlich hohe, brechende See zu erheben. Man sagt immer, der Vorteil eines scharf geschnittenen Spitzgatthecks sei, daß es die nachfolgenden Seen zerschnitte und harmlos an den Bordwänden vorbeilaufen lasse. Die gefährlichen Wellen sind aber die, welche sich nicht teilen lassen, sondern über dem Heck hochsteigen wie die Brandungswellen an der Küste. Gewiß sind solche Seen selten; wenn aber ein Boot sich schnell genug erheben soll, um nicht überrollt zu werden, muß es achtern einen großen Auftrieb besitzen. Außerdem ist natürlich die Kombination von schwachem Auftrieb achtern und einem großen offenen Cockpit gefährlich.

5. Zeit. Auch dieser Vorfall bestätigt von neuem, daß die häufigste Ursache, warum man draußen „erwischt" wird, Zeitmangel bei Ferienschluß ist.

Der Sturm bei den Casquets

Wir behielten die ZARA nur eine Saison lang, da sie für unsere Familie zu klein war. An ihrer Stelle kaufte ich die MARY AIDAN, eine neue 7,5-t-Slup, die von Fred Parker entworfen und auf der Werft der Dorset Yacht Company in Hamworthy in der Nähe von Poole gebaut worden war. Sie war eine ziemlich schnelle Kreuzeryacht, dem Typ nach schon fast eine Hochseerennyacht, aber zu kurz in der Wasserlinie. Ihre Abmessungen: 10,35 m Lüa, 7,00 m LWL, 2,45 m größte Breite und 1,55 m Tiefgang. MARY AIDAN war bei einer Gesamtsegelfläche von 41 m^2 als Slup getakelt; die Besegelung bestand aus einem Großsegel von 26,50 m^2 und einem Vorsegel von 14,50 m^2. Sie war mit einer 8-PS-Stuart-Turner-Maschine ausgerüstet und damit meine erste Yacht, die einen brauchbaren Hilfsmotor besaß.

Auf MARY AIDAN verlebten wir 1946 einen schönen Segelsommer. Wir unternahmen Kreuzfahrten, beteiligten uns an Handikap-Regatten und erlebten im Laufe der Monate auch einen richtigen Sturm. Ich war mit meiner Tochter Arnaud und einem Freund namens George unterwegs. Bei wechselndem Wetter waren wir westwärts nach Brixham gesegelt und verließen von dort kommend am Sonnabend, dem 28. Juli, um 11.15 Uhr Berry Head mit dem Ziel Guernsey. Die Wettervorhersage war gut, mit Ausnahme von „allgemeinen Regenfällen, die sich heute nacht vor Westen her verbreiten“.

Dies war meine erste Fahrt zu den Kanalinseln und der französischen Küste des Englischen Kanals. Obgleich ich seitdem fast jedes Jahr die französische Küste besegelt und praktisch jeden Hafen und Ankerplatz zwischen Barfleur und La Rochelle besucht habe, kannte ich zu jener Zeit noch nichts. Ich hielt die Gegend mit ihren zahllosen Klippen und starken Gezeitenströmen für ein ziemlich gefährliches Revier.

Nach acht Stunden rascher Fahrt raumschots bei strahlender Sonne und über eine blaufunkelnde See machten wir unseren Landfall bei einem dürren, schroffen Felseneiland, über dem sich zwei Leuchttürme erhoben; in einiger Entfernung dahinter war eine größere Insel zu erkennen. Wir hatten Glück, dieses Eiland zu sichten, weil ich es selbst als Fremder bald als die Casquets identifizieren konnte, von denen ich immer noch finde, daß sie unheimlich aussehen. Arnaud und George waren in bester Laune, aber meine eigene Stimmung war durch eine leichte Unruhe wegen des Wetters beeinträchtigt. Während der Morgenstunden hätte es nicht besser sein können, aber seitdem hatten sich einige drohende Anzeichen bemerkbar gemacht; um die Sonne lag ein Hof, die Dünung ging höher, als der Wind berechtigt erscheinen ließ, obgleich sie nur langsam, aber dafür stetig zugenommen hatte. Bei Antritt der Reise hatte MARY AIDAN etwas über 5 kn geloggt; in Kanalmitte machte sie 6½, und während der letzten zwei oder drei Stunden erreichte sie gleichbleibende 7 kn. Das Glas fiel langsam.

Etwa um 20.00 Uhr nahmen die schlechten Vorzeichen eine deutlichere Gestalt an. Im Westen sammelte sich eine große Bank dunkler Wolken, die See wurde klumpiger, und der Wind begann zu heulen. Es wurde Zeit, die Genua zu bergen und durch die Fock zu

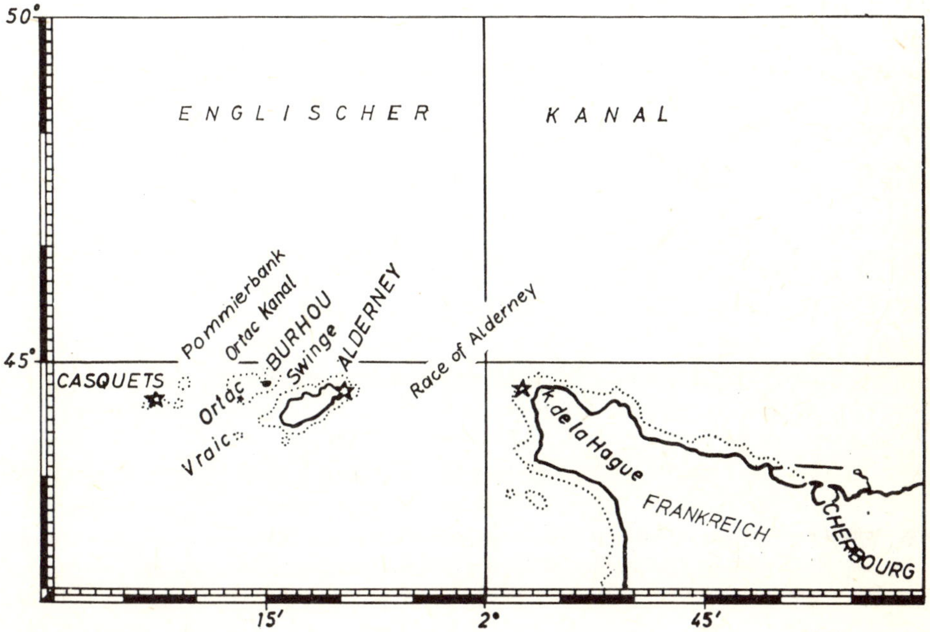

Casquets bis Cherbourg

ersetzen. George ging dazu nach vorn, aber während er mit dem großen Segel kämpfte, rutschte er aus, ein Fuß verfing sich in einer Schlaufe der Schot, und er vollführte in voller Ausrüstung mit Ölzeug und Südwester einen sehenswerten Kopfsprung über Bord.

Die bleigraue, vom Tidenstrom aufgewühlte Dünung um die Casquets, die Düsternis der anrückenden Wolkenbank und die Schatten der einbrechenden Nacht lieferten für einen solchen Unglücksfall den grimmigen Hintergrund, und nur der Vorsehung war zu danken, daß Georg im Sturz ein Ende zu fassen bekommen hatte. Er tauchte in Höhe der Wanten wieder auf und war schnell zurück an Deck, wo er wie ein großer glänzender Fisch dastand, während das Wasser an seinem gelben Ölzeug herabrann. Ich freute mich zu sehen, wie schnell Arnaud, die am Ruder stand, mit einem Rettungsring zur Hand war, und daß sie ihn fertig zum Wurf hatte, noch bevor George vorbeigeschwemmt worden wäre. Auf der MARY AIDAN wurden die Rettungsringe lose gefahren; sie standen griffbereit und aufrecht eingeklemmt zwischen Metallbändern und Cockpitsüll, so daß sie in Sekundenschnelle geworfen werden konnten. Das ist ein besserer Brauch, als den Rettungsring auf dem Achterschiff liegen zu haben, wo er dazu noch häufig leichtfertigerweise festgezurrt wird. Sekunden, die verlorengehen, wenn man erst einen Zurring aufschneiden oder einen Knoten lösen muß, können über Leben und Tod eines in schwerer Kleidung über Bord gegangenen Mannes entscheiden.

George ging wieder nach vorn, um seine Arbeit fertig zu machen, und bald stand die Fock; die Genua war so unter Deck verstaut, daß sie nicht störte. George kam fröhlich nach achtern und behauptete, er sei ganz warm; ich mußte sehr energisch werden, bevor er einwilligte, seine Kleider zu wechseln und ein Glas Rum zu sich zu nehmen.

Als das Casquets-Leuchtfeuer etwa 2 sm voraus lag, nahm der Wind so schnell zu und die allgemeine Wetterlage wurde so drohend, daß ich mich aus Gründen der Vorsicht entschloß, die Segel weiter zu verkleinern, auch wenn es noch nicht unbedingt erforderlich war. Wir drehten bei und banden zwei Reffs ein. Das dauerte einige Zeit, weil wir keine Taljen in den Reffkauschen hatten und es bei dem Winddruck schwierig war, das Segel dicht genug herunterzuholen. Als alles fertig war und Mary Aidan sicher unter kleinen Segeln lag, setzten wir unsere Fahrt zu den Casquets fort.

Wäre das Wetter einigermaßen beständig gewesen, hätte ich die Yacht hoch am Wind vorübergehend sich selbst überlassen, in westlicher Richtung weiterzusegeln, oder ich wäre auf Steuerbordbug beigedreht, so daß sie langsam Fahrt voraus machte, bis die Tide wechselte und wir nach St. Peter Port segeln konnten. Aber der Wind krimpte, und das Wetter sah so unheimlich aus, daß es klüger schien, leewärts Schutz zu suchen. Ich hatte keine Neigung, die Mary Aidan in den Hafen von Alderney zu lotsen (den ich damals noch nicht kannte); ich fürchtete den auf der Karte verzeichneten von Wasser überspülten Wellenbrecher und die starken Gezeitenströme, die eine Ansegelung in der Dunkelheit der Nacht schwierig machen würden. Cherbourg, 30 sm ostwärts, schien bei günstigem Wind und mitlaufendem Strom die besseren Chancen zu bieten.

So ließ ich die Mary Aidan abfallen und lief unter vollstehenden Segeln auf Ostkurs in die aufkommende Nacht hinein. Wir halsten, um gut von der Pommierbank und den Alderney westnordwärts vorgelagerten Klippen freizukommen. Die See wurde zusehends gröber, während Mary Aidan vor dem Wind durch die kurzen überbrechenden Seen des rauschenden Gezeitenstroms ablief.

Inzwischen war es richtig dunkel geworden. Der Wind wehte so hart und die See war so rauh geworden, daß wir, um es uns etwas leichter zu machen, das Großsegel bargen und unter Fock weiterliefen, ohne daß wir dadurch wesentlich an Geschwindigkeit einbüßten. Ich navigierte mit Hilfe des Casquets-Leuchtfeuers achteraus und des Alderney-Feuers an Steuerbord. Wir halsten noch einmal, da ich die Yacht aus einer Art Klippenpsychose unnötig weit nach Norden hatte laufen lassen. Auch hatte es mir widerstrebt, sie zu nahe an die Öffnung zwischen Alderney und dem Kap de la Hague heranzusteuern, durch die sich eine starke Meeresströmung (Race of Aldernay) in den Englischen Kanal hineindrängt. George übernahm die erste Wache, und ich ging unter Deck, um mich mit der Berechnung von Gezeitenströmen und anderen Navigationsproblemen zu beschäftigen. Der Tidenwechsel war eben nach 23.00 Uhr fällig, und da es Springtide war, mußte man mit dem Schauspiel einer hochgehenden See rechnen, sobald der westwärts setzende Ebbstrom gegen den Wind zu laufen begann.

Langsam änderte das Aldernay-Feuer seine Peilung, und wir gerieten in den Dampfertreck. Die Topplaterne eines der Dampfer wirkte genauso wie ein unterbrochenes Leuchtfeuer, so regelmäßig erschien und verschwand es in den Wellentälern. George als Rudergänger hatte eine schwierige Aufgabe. Obgleich wir nur unter der Fock segelten, bedurfte es größter Aufmerksamkeit, die Yacht genau vor den brechenden Seen zu halten, die von achtern aufmarschierten. Bald hörte man eine Regenflage herunterprasseln, und die Lichter von Alderney verschwanden in einer Regenbö. Es wehte, was das Zeug hielt.

Kurz darauf schrie George mir zu, daß das Wetter immer schlimmer würde. Er fragte mich, was wir tun sollten. Die Nacht war pechrabenschwarz, und das Zischen der brechenden Kämme übertönte das Heulen des Windes. Ich kroch nach vorn, holte die Fock herunter und band sie fest an das Vorstag. MARY AIDAN lief jetzt nur noch unter bloßem Mast. Selbst so machte sie weiter große Fahrt, aber George steuerte mit Vorsicht und achtete darauf, alle Seen mit dem Heck zu nehmen. Er verließ sich hierbei auf sein Ohr und die Bewegungen des Schiffes. Ich kletterte in die Kajüte zurück, schloß das Niedergangsluk hinter mir und öffnete zur Kontrolle der Abflußrohre des selbstlenzenden Cockpits die Hähne unter dem Brückendeck.

Wir mußten jetzt unsere Absicht, nach Cherbourg durchzulaufen, aufgeben, da zwischen der Yacht und ihrem Schutzhafen eine Seestrecke lag, die auf der Karte mit der Anmerkung versehen war: „7 kn bei Springtide, stärkster Teil der Gezeiten." Dieser Kartenvermerk, der mich seinerzeit beunruhigte, fehlt auf den neueren Karten. Die Geschwindigkeit ist wahrscheinlich geringer und liegt vielleicht zu Springzeiten bei 5 kn. Bei einem Wind, dessen Stärke ich auf über 7 Bft schätzte, hatte ich keine Lust zu Experimenten, selbst dann nicht, wenn Strom und Wind zusammenfielen. Außerdem war es mir klargeworden, daß wir nach unserem nördlichen Umweg keine Aussicht hatten, Cherbourg vor Tidenwechsel zu erreichen, und daß dann mit einer bösartigen See zu rechnen sein würde.

Kurz nach 23.00 Uhr gab es einen heftigen Krach, dem ein fremdartiges Geräusch von rasch sich ergießendem Wasser folgte. In der Kajüte wurden Arnaud und ich quer auf die andere Seite geschleudert. Ich öffnete das Niedergangsluk und blickte hinaus. Der Kamm einer See war an Deck gebrochen; George war von der Pinne weg über das Brückendeck geschleudert worden, und das Cockpit stand halb voll Wasser. Das ungewohnte Geräusch war durch das Wasser verursacht, das in dichten Strömen durch die Entwässerungsrohre des selbstlenzenden Cockpits abfloß. An Deck herrschte bei dem Heulen des Windes, dem Tosen der See und dem Prasseln des Regens ein Höllenlärm.

Mir kam der Gedanke, daß einiges Wasser nicht nur in das Cockpit, sondern auch in die Bilge gelangt sein könnte. Ich versuchte zu pumpen, aber es war zwecklos; die Bewegungen waren so heftig, daß das Wasser, von dem nicht viel vorhanden gewesen sein kann, quer über die Bilge erst nach der einen, dann nach der anderen Seite schwappte. Die Pumpe konnte daher nur von Zeit zu Zeit ansaugen, wenn das Wasser gerade über den Saugkorb lief.

Im Cockpit hatten die Lenzrohre das Wasser anfangs schnell ablaufen lassen, aber später ging es nicht mehr so rasch. Einige Minuten nachdem sich das Cockpit gefüllt hatte, stand das Wasser immer noch einige Zentimeter hoch über der Gräting, und es wäre übel gewesen, wenn eine zweite See eingestiegen wäre, noch bevor die Yacht sich von der ersten befreit hatte.

Selbst unter bloßem Mast lief die MARY AIDAN zu schnell. Nach Georges Schätzung machte sie immer noch über 5 kn. Ich eilte wieder unter Deck, schloß das Niedergangsluk sorgfältig hinter mir, kroch nach vorn in die Vorpiek und holte eine 50 m lange Schlepptrosse heraus. Als ich sie nach draußen gewuchtet hatte, stieg ich ins Cockpit und befestigte das eine Ende an einer mächtigen Klampe, deren massive Schwere schon oft bespöttelt worden war. Das andere Ende fierte ich meterweise über das Steuerbordheck aus. Das stützte die Yacht sofort. Darauf übernahm ich von George das Ruder und band es, ein wenig nach Steuerbord gelegt, fest. Die Yacht lag jetzt einen Nordkurs an und nahm die Seen von Backbord achtern.

„All right", sagte ich zu George, „jetzt ist es Zeit, zur Koje zu gehen." Wir kletterten in die Kajüte hinunter, schalteten die elektrischen Positionslampen ein (die wir bisher nur bei der Annäherung von Schiffen benutzt hatten) und schlossen die Niedergangstüren fest gegen den Sturm hinter uns zu.

Unter Deck war es schwer, sich vorzustellen, was für ein wildes Schauspiel wir an Deck zurückgelassen hatten. Die elektrische Beleuchtung erhellte den Raum und verlieh ihm einen häuslichen Frieden, der in seltsamem Kontrast zu den grimmigen Verhältnissen stand, die draußen herrschten. Die Bewegungen waren nicht so schlimm, wie man hätte erwarten können. Der Winddruck auf den Mast stützte das Schiff; es stieg und fiel zwar jeweils ein erhebliches Stück, aber es geschah weniger heftig als zuvor. Gewiß mußte man überall einen festen Halt suchen, aber hier ist ein Vorzug kleiner Schiffe: Immer kann man sich mit einer Hand gegen die Decke stemmen und läuft nie Gefahr, durch einen großen offenen Raum geschleudert zu werden. Es war auch möglich, sich auf den Kojen auszustrecken, die Kojensegel aus Leinwand hochgezurrt, um nicht herauszufallen. Das Schlimmste von allem war wahrscheinlich der Lärm – Gegenstände arbeiteten sich los, Kochgeschirre klapperten und überall ein Durcheinander von Sachen, die sich selbständig gemacht hatten. Ein Paket Waschpulver kam von irgendwoher geflogen und verstreute sich in einer glitschigen Masse am Fuß der Niedergangstreppe. Eine Dose roten Johannisbeergelees stürzte um, kurz hinterher gefolgt von einer Dose kondensierter Milch.

Das allgemeine Getöse wurde noch übertönt von dem Zischen rauschend verströmenden Wassers, wenn die aus der Nacht aufsteigenden Seen auf die Yacht herabstürzten. In Abständen erfolgte ein dumpfer Schlag, wenn eine massive Ladung Gischt in das Cockpit schlug, gefolgt von dem gurgelnden Geräusch des Wassers, das sich durch die Lenzrohre den Weg zurück ins Freie suchte.

George war bis auf die Haut durchnäßt (was ich zunächst gar nicht bemerkt hatte), hielt sich aber in Decken gehüllt einigermaßen warm. Arnaud fragte: „Wann kommen wir nach Cherbourg, Daddy?"

In der Frage lag ein gewisser Nachdruck, denn einige Zeit vorher war sie buchstäblich hochgehoben und aus ihrer Koje gegen den Tisch geschleudert worden. Trotzdem nahm sie die Nachricht, daß wir die Nacht auf See würden verbringen müssen, gutgelaunt entgegen und brachte es in den Morgenstunden sogar fertig, sich einigen Schlaf zu stehlen.

Unser Widerwille gegen die Kajüte rührte im wesentlichen von dem Geruch nasser Kleider und noch von einem anderen, sehr seltsamen Geruch her. Die Befürchtung, daß dieser durch ein Leck in der Propangasanlage verursacht sein könnte, veranlaßte mich, in der Vorpiek nachzusehen, fand dort aber, daß das Gasventil abgedreht war. Als ich zu meiner Koje zurückkehrte, bemerkte ich eine Bratpfanne, die auf den Boden gefallen war. Auf ihr hatten drei schöne, am Tag vorher gekaufte Hammelkoteletts gelegen, die sich gegenseitig über die Bodenbretter der Kajüte jagten. Es waren die schönsten Koteletts, die wir seit langer Zeit gesehen hatten, und wir hatten uns über das Entgegenkommen des Fleischers gewundert, sie uns als Fremden zu einer Zeit zu überlassen, wo Fleisch nach dem Krieg noch knapp war. Jetzt begriffen wir, warum. Das Fleisch war schlecht geworden.

Um Mitternacht trug ich MARY AIDANS annähernden Schiffsort in die Karte ein. Ich muß gestehen, daß ich ein wenig besorgt war. Allerdings sollte ein gut gebauter Siebentonner in der Lage sein, jeden Sturm durchzustehn, aber es gibt dabei eine Voraussetzung, nämlich daß man sich in tiefem Wasser, frei von Untiefen und Gezeitenstromschnellen befindet. Obwohl wir nordöstlich von Alderney standen, läuft hier der Tidenstrom zur Springzeit sehr stark. Der Strom war bereits gekentert, und bald würde er mit voller Kraft unmittelbar in die Zähne eines WSW-Sturms ebben. MARY AIDAN durfte sich auf etwas gefaßt machen.

Keiner von uns fühlte sich seekrank. Das war ein Glück, denn Seekrankheit würde bei verriegeltem Vorluk, fast zugeschraubten Bullaugen und bei den für den Fall einer einsteigenden großen See verschlossenen Niedergangstüren eine übelriechende Luft verursacht haben.

Von Zeit zu Zeit stieg ich an Deck, stieß die Niedergangstüren gegen den Wind auf und richtete meine Stablampe auf den Kompaß. Dann schaute ich ringsherum nach Dampferlichtern aus. In der Nähe war nichts zu entdecken, außer dem phosphoreszierenden Weiß der brechenden Wellenkämme. In den Böen schien die See zu kochen, und das zischende Brausen der Seen war schlechthin unheimlich.

So verging die Nacht, eine von gewaltiger Heftigkeit und tobendem Lärm erfüllte Nacht, begleitet vom Heulen des Windes, dem Zischen der überkämmenden Seen und dem regelmäßigen Gurgeln des durch die Lenzrohre aus dem Cockpit entweichenden Wassers. Ich schaltete die Kajütbeleuchtung aus. Etwa um 04.00 Uhr erhellte sich der Himmel. Durch die Bullaugen fiel das erste graue Licht herein und ließ die Umrisse des Mastes und Tisches erkennen. Die Morgendämmerung erblickte ein nasses kleines Schiff mit einer todmüden Besatzung. Etwa zur gleichen Zeit bemerkte ich, daß der Wind nachgelassen hatte. Die Musik in der Takelage war leiser geworden, aber die See lief höher und unregelmäßiger, und der Gischt schien in genauso dichten Flagen an Bord zu prasseln wie je zuvor. Immer noch herrschte ein hoher Seegang, aber um 06.00 Uhr lief die Tide aus, die Seen wurden länger und brachen nicht mehr. Bis um 07.00 Uhr ging ich zur Koje und setzte die Yacht dann wieder in Fahrt.

Schlußfolgerungen

An erster Stelle muß man sich überlegen, ob dies überhaupt ein Sturm gewesen ist. Hier hat man alle geeigneten Zutaten beisammen, die zu einer übertriebenen Darstellung verlocken. Erstens der Landfall an einer unbekannten Küste. Zweitens ein Mann über Bord bei den Casquets. Drittens das nächtliche Ablaufen vor zunehmenden Winden zur Springtidenzeit durch ein unbekanntes, für die Stärke seiner Gezeitenströme berüchtigtes Seegebiet.

Es wäre nur allzu leicht, ein überdramatisches Bild zu malen. Und doch gab es, wenn ich die vor vielen Jahren niedergeschriebenen Worte überlese, bestimmte Tatsachen, die sich nicht verleugnen lassen: „Wir machen gute 5 kn.“ Man erreicht keine solche Geschwindigkeit unter bloßem Mast, wenn es nicht mindestens mit 7 Windstärken weht. Ferner begegnet man normalerweise keinen Wellenkämmen, die „das halbe Cockpit füllen", bei Windstärken unter 8, schon gar nicht, wenn man unter bloßen Masten lenzt.

In einem Punkt muß ich mich jedoch einer Übertreibung für schuldig bekennen, die mir in einem früheren Bericht über den Sturm unterlaufen ist. Als ich mir vor 20 Jahren die Windgeschwindigkeit telefonisch von Thorney geben ließ, hielt ich die Angabe für die Durchschnittsgeschwindigkeit in Knoten. In Wirklichkeit aber muß es sich dabei um die Windgeschwindigkeit in der härtesten Bö, ausgedrückt in englischen Landmeilen pro Stunde und nicht in Knoten, gehandelt haben, weil ich jetzt, nachdem ich die Zahlen vom Wetteramt eingeholt habe, sehe, daß der Durchschnittswert pro Stunde in Thorney nur 5 Windstärken betrug, wenn auch um 23.50 Uhr und 00.20 Uhr MGZ Windstöße von 36 und 32 kn registriert wurden, was bedeutet, daß der Wind außergewöhnlich turbulent war. Wie im Kapitel „Meteorologie der Depressionen" erläutert, ist Thorney eine geschützte Küstenstation; Portland, wo der Stundenwert um Mitternacht Windstärke 7 lautete, ist ein besserer Anhaltspunkt. Dies ist meiner Ansicht nach eine angemessene Schätzung; gleichzeitig kann der Wind, der durch die trichterförmige Öffnung zwischen Kap de la Hague und Alderney hindurchweht, örtlich gut und gern 8 Windstärken, begleitet von heftigen Böen und Windstößen, erreicht haben, während die Front (auf dem Wege von den Scillies nach Spurn Head) durchpassierte. Ich gebe dazu den nachfolgenden Kommentar:

1. Gezeitenstörungen. Segelt man in starken Tidenströmen, vergrößern oder vermindern diese in beträchtlichem Ausmaß die Stärke des scheinbaren Windes. Beträgt der wahre Wind beispielsweise 31 kn (Windstärke 7), ergibt ein entgegengesetzt laufender Strom von 4 kn einen scheinbaren Wind von 35 kn (Windstärke 8) auf der Wasseroberfläche. Handelt es sich um einen nach Lee setzenden Strom, bewirkt er, daß sich der scheinbare Wind auf 27 kn (Windstärke 6) vermindert. Dieses Beispiel ist übertrieben, aber oft unterscheidet sich der scheinbare vom wahren Wind um einen vollen Grad der Beaufort-Skala, je nachdem, ob der Strom windwärts oder leewärts setzt.

Das ist noch nicht alles. Ein Tidenstrom verursacht ein Anwachsen der Wellenhöhe und -steilheit, wenn der Strom gegen die Wellen oder den Wind läuft, und eine Abnahme, wenn er in der anderen Richtung setzt. Die Wellenhöhe kann um 50 bis 100 Prozent anwachsen, und brechende Seen können selbst ohne starken örtlichen Wind auftreten.

Dies erklärt, warum Segler in Küstengewässern oder Stromgebieten, wie dem Golfstrom, auf Seegang treffen können, der in gar keinem Verhältnis zu der herrschenden Windstärke steht.

2. Schutzhäfen. Alderney ist ein guter Hafen, aber wir hatten recht, von einem Versuch Abstand zu nehmen, ihn zum erstenmal des Nachts und bei rauhem Wetter anzulaufen. Mein Instinkt, in einem Sturm vom Land freizukommen, war richtig. Es ist besser, beigedreht zu treiben und sich in der relativen Sicherheit tiefen Wassers in die Koje zu legen, als zu versuchen, einen unbekannten Hafen zu erreichen.

3. Unter bloßen Masten. MARY AIDAN lag gut unter bloßem Mast. Wir entdeckten die Technik des Treibenlassens auf Grund praktischer Erfahrung, fanden, daß sie sich bewährte, und übernahmen sie später in schwereren Stürmen. Aber ich möchte nicht verfehlen, zu bemerken, daß die Abflußrohre des selbstlenzenden Cockpits, auch wenn sie mit dem Gischt der Wellenkämme fertig wurden, einen größeren Durchmesser haben müßten, um auch dann wirksam zu sein, wenn größere Seen hineingeschlagen wären. Cockpitabflüsse sind fast immer unterdimensioniert.

4. Moral. Die Moral der Besatzung war erstklassig. Zugegeben, daß der Sturm nicht lange dauerte und kaum mehr als Windstärke 7 oder vielleicht 8 entwickelte, aber damals glaubten wir doch, daß es härter wehte. Es ist bei schwerem Wetter ein großer Unterschied, ob jeder bei guter Laune bleibt oder nicht.

5. Verstauung. In einem Sturm begibt sich alles, was lose ist, wie Kochutensilien, Proviant usw., auf die Reise. Droht schlechtes Wetter, sollte alles sofort fest verstaut werden, anstatt damit zu warten, bis der Sturm losbricht.

Erste Hochseeregatten

Schon in den Jahren vor dem Kriege habe ich mich stets für Hochseeregatten interessiert. Sie schienen mir die echteste Form des Sports darzustellen, denn wenn die Rennen auch nicht immer über den Ozean führten, so fanden sie doch wenigstens küstenfern auf offener See statt, über die Biskaya, nach Spanien, zur Ostsee, nicht zu vergessen das Fastnetrennen, das *Grand National* der Hochseewettfahrten überhaupt. Rennsegeln dieser Art, bei jedem Wetter, bei Sturm, Windstille oder Nebel, beeindruckte mich als die letzte Erfüllung des Segelsports und als härtester Prüfstein für Boote, Mannschaften, Material, navigatorisches und rennseglerisches Können.

Nach dem Kriege hatte ich wohl Lust, mich selbst darin zu versuchen, bevor es zu spät war, damit zu beginnen. Die Mindestlänge von Yachten, die zu Ozeanregatten zugelassen wurden, betrug damals 25 Fuß (7,62 m) in der Wasserlinie. MARY AIDAN vermaß nur 23 Fuß (7,00 m), darum verkaufte ich sie 1946 und kaufte mir an ihrer Stelle eine Yacht namens COHOE, die gerade bei A.H. Moody & Son Ltd. in Bursledon fertig geworden, also praktisch neu war, da sie nur zwei Wochenenden auf dem Solent gesegelt hatte. COHOE (benannt nach einer kleinen, schnellen kanadischen Lachsart) war eine von Knud Reimers entworfene vergrößerte Version des Tumlare-Typs, mit einem 30-m^2-Segelplan anstatt der 20 m^2 der ZEST und ZARA. Die Formgebung des Rumpfes war sehr ähnlich, mäßiger Überhang vorn, weinglasförmige Querschnitte und ein skandinavisches Spitzgattheck mit angehängtem Ruder. Das Heck war jedoch viel voller als bei dem kleineren Entwurf; es schuf größere Auftriebskraft achtern und lief infolgedessen geringere Gefahr, von Seen überrollt zu werden.

Ihre Abmessungen laut Entwurf betrugen 9,80 m Lüa, 7,70 m LWL, 2,25 m Breite und 1,55 m Tiefgang. Sie ergab 7 t nach Themsevermessung, verdrängte aber nach dem Entwurf nur 3,5 t und war in Wirklichkeit ein wesentlich kleineres Schiff als MARY AIDAN.

Ich unterstreiche das Wort „Entwurf", weil der frühere Eigner Umbauten vorgenommen hatte, durch die ihr ursprüngliches Deplacement beträchtlich vergrößert worden war. Man hatte die Bordwände erhöht und einen langen Kajütaufbau mit Deckshaus hinzugefügt. Unter Deck hatte man dadurch beträchtlich an Platz gewonnen. Es gab da eine Kajüte in voller Länge mit einer Sofakoje auf jeder Seite und achtern unter dem Deckshaus eine

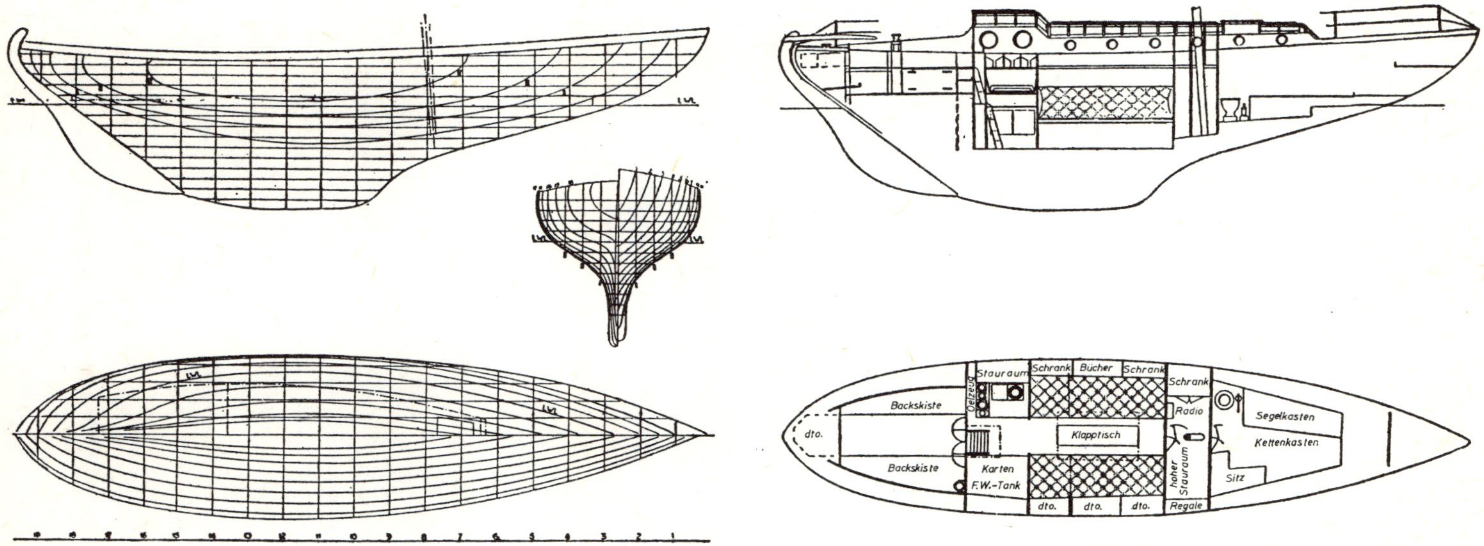

Linienriß und Einrichtungsplan der COHOE

Entwurf von Knud Reimers. Lüa 9,80 m, LWL 7,70 m, Breite 2,25 m, Tiefgang 1,55 m, Segelfläche 33,50 m², Verdrängung 3,5 t

Kombüse mit Primuskocher an Backbord und eine Hundekoje mit Kartentisch darüber an Steuerbord. Vor dem Salon lag ein Raum mit Schränken und Stauraum, durch eine Tür vom Vorschiff getrennt, in dem sich eine Gasrohrkoje, Stauraum für Segel und Anker und ein WC befanden. Obgleich COHOE ein schmales Schiff war (Humphrey Barton bezeichnete ihre Einrichtung als „Leben in einem Tunnel"), war das ganze Arrangement unter Deck bequem. Die Kopfhöhe war mit 1,80 m unter der Hundehütte und mit über 1,50 m im vorderen Teil der Kajüte angemessen.

Das selbstlenzende Cockpit war von bequemer Größe. Darunter stand ein 8-PS-Stuart-Turner-Motor, der eine dreiflügelige Schraube antrieb. Um dieses Zusatzgewicht auszugleichen, hatte man dem Vorderende des Kiels 250 kg Blei hinzugefügt. Manche meiner Freunde, vor allem die Fahrtensegler der alten Schule, betrachteten COHOE mit recht kritischen Augen. Sie hielten eine Yacht von so geringer Verdrängung für ungeeignet, außerhalb der Solent-Gewässer zu segeln. Ich überhörte sogar, wie man sie verächtlich als „Spielzeugyacht" bezeichnete. Sie war trotzdem ein gut gebautes Boot, ein Vollblüter, und ich denke immer noch mit Liebe an sie zurück.

Wir kauften COHOE im August 1946. Schon im September konnten meine Frau und ich uns für eine erste Reise Zeit nehmen, und es wurde eine genußreiche Fahrt zu den Kanalinseln und an die Küste der Bretagne. Im Winter traf ich alle Vorbereitungen für die Teilnahme an Hochseeregatten in der nächsten Saison. Die Schwierigkeit war, daß das Zusatzgewicht als Folge der gegenüber dem ursprünglichen Entwurf vorgenommenen Änderungen und der Einbau eines Hilfsmotors ihre Rennsegeleigenschaften verdorben hatten. Sie war lange nicht so schnell wie ihr Schwesterschiff JOSEPHINE, die einem unserer Freunde gehörte, der den ursprünglichen Entwurf unverändert gelassen hatte. Leichtdeplacement ist eine schöne Sache, solange es leicht bleibt, aber COHOE schwamm mehrere Zentimeter unter ihrer Konstruktionswasserlinie. Dadurch wurde sie zwar länger in der Wasserlinie, was ihr in der Theorie eine höhere theoretische Maximalgeschwindigkeit verlieh, aber überflüssiges Gewicht an der falschen Stelle macht eine Yacht, wie alle Rennsegler wissen, rank und auch langsamer bei allen Wasserverhältnissen außer beim Segeln vor starken Winden. Ihr wahres Deplacement in endgültigem Regattatrimm mag schätzungsweise 4,5 t betragen haben, aber der Ballastkiel wog einschließlich der hinzugefügten 250 kg nur 1,75 t. Dadurch ergab sich ein Ballastverhältnis von unter 40%, was für ein Schiff, das weder Breite noch Formstabilität besaß, niedrig war. Als sie 1950 in Amerika für die CCA-Formel vermessen wurde, bemerkte der offizielle Vermesser, das einzige, was ihn an ihr überraschte, sei, wie sie es fertigbrächte, aufrecht zu schwimmen.

Die einzige Möglichkeit, Gewicht einzusparen, war, die Maschine auszubauen. Ich tat es, sehr zum Ärger meiner Frau, denn es war ein guter Motor. Ich ersetzte ihn durch eine leichte 6-PS-Maschine mit einem Verstellpropeller. Eine andere Änderung, die ich vornahm, war, das Unterliek der Genua zu beschneiden, die nach den RORC-Vorschriften zu lang war und bestraft wurde. Auch das Unterliek des Großsegels wurde verkürzt. Die Verkleinerung der Segelfläche setzte den Rennwert der COHOE herunter, machte sie aber bei leichten Winden träge, denn um Übergewicht auszugleichen, braucht eine Yacht mehr und nicht weniger Segel. Ein niedriger Rennwert bietet dann keinen Vorteil mehr, wenn er sich durch einen entsprechenden Verlust an Geschwindigkeit erzielen läßt. Viele Jahre später lernte ich diese Lektion.

Im ersten Jahr unserer Teilnahme an Hochseeregatten hatten wir Gelegenheit genug,

1 Die Ketsch ANNETTE II *auf dem Stintsee, Riga, vor dem Start zu ihrer Reise nach England. Die estländlische Familie wünscht gute Reise.*

2 Die Tumlare-Yacht ZARA *mit einem extrem hohen Seitenverhältnis des Großsegels*

3 *Die* COHOE I, *von Knud Reimers entworfene, große Tumlare-Leichtdeplacement-Yacht, Siegerin des Transatlantikrennens 1950. Auf diesem Bild mit »falscher Nase«, da der Bug verlängert werden mußte, um am Bermudarennen teilnehmen zu können.*

4 *Die* COHOE II, *von C.A. Nicholson gezeichnete 10,70 m lange Yawl. Der Mast wurde später auf die Höhe der obersten Saling verkürzt, um auf Masttopprigg umzutakeln. Mit diesem verkleinerten Rigg wurde sie Siegerin der Klasse III im La-Coruña-Rennen und Gesamtsiegerin in den Schwerwetterregatten La Rochelle, Benodet und Cork.*

hartes Wetter mit Winden von 6 bis 7 Bft und gelegentlich mehr kennenzulernen, wie man es in den meisten Segelsommern erlebt, aber wir begegneten keinem der größeren Stürme von der Art, wie ich sie in späteren Kapiteln beschreiben werde.

Windstärke Sieben

Unsere erste Hochseeregatta war das Southsea-Brixham-Rennen, das über eine Strecke von etwa 200 sm von Southsea zum Le-Havre-Feuerschiff und von dort nach Brixham führte. Wir segelten mit drei Mann; zu meiner Mannschaft zählten Roger Heron und Jim Hackforth Jones. Unsere Einteilung war so, daß jeder zwei Stunden Ruderwache ging, sich anschließend zwei Stunden unter Deck in Bereitschaft hielt (auf Anruf sprungbereit) und zwei Stunden Freiwache hatte. Ein Boot von COHOEs Größe erforderte zu seiner Handhabung nur zwei Mann, außer beim Setzen und Bergen des Spinnakers. Ich machte außerdem die Navigation, während wir uns die Kocherei teilten. Es war ein gutes System, da jede Wache voll verantwortlich war und das Ergebnis der Regatta von guter Zusammenarbeit abhing, ein System, das wir bei allen unseren ersten Seeregatten beibehielten.

Für das Brixham-Rennen waren 28 Yachten gemeldet worden, davon acht in Klasse III, der kleinen Yachtklasse, zu der auch COHOE als die kleinste von allen Teilnehmern gehörte. Das Rennen startete am Freitag, dem 27. Juni, um 18.45 Uhr. Die erste Strecke zum Le-Havre-Feuerschiff verlief ereignislos, da nur ein leichter, raumer Wind wehte, obgleich während der Nacht Nebel herrschte. Das Le-Havre-Feuerschiff wurde am Sonnabendvormittag gerundet. Der nächste Schlag führte diagonal über den Englischen Kanal, WNW nach Brixham, eine Entfernung von 120 sm, die echtes Segeln auf offener See versprach und normalerweise 24 Stunden in Anspruch nahm. Auf dieser Strecke sollten wir unseren ersten Sturm oder Fast-Sturm während einer Regatta erleben.

Der Wind hatte nachts aus östlicher Richtung gestanden. Nachdem wir das Feuerschiff gerundet hatten, verlief der neue Kurs vor raumem Wind, aber das Barometer fiel, und in den Abendstunden des Sonnabends drehte der Wind rasch zurück und kam jetzt genau von vorn. Er frischte ständig auf, und um Mitternacht, als COHOE sich in der Mitte des Kanals befand, hatten alle Yachten ihre Segel gerefft. Als der Sonntagmorgen heraufzog, wehte es noch härter, und es wurde scheußlich ungemütlich an Bord, wie es immer der Fall ist auf kleinen Yachten, die bei rauher See gegenangehen.

Der Krängungswinkel der COHOE war extrem. Sie war eine empfindliche Yacht, die sich zunächst leicht weglegte; wenn aber ein bestimmter Punkt erreicht war, sorgte die Hebelwirkung des Kiels dafür, daß sie steif wurde und nicht weiter krängte. Es bedeutet jedoch harte Arbeit, eine Yacht zu segeln, die sich so schnell auf ihr Ohr legt. Die Bewegungen waren lebhaft, und an Deck fegte der Gischt in vollen Flagen nach achtern und dem Rudergänger in die Augen. Wir liefen dichtgerefft, und ich schätzte den Wind auf 6 bis 7 Bft. COHOE lag auf Steuerbordbug. Verschiedene Segel waren in Sicht, aber sie gehörten nicht zu unseren unmittelbaren Konkurrenten. Der beste Kurs, den COHOE anliegen konnte, würde sie in die Mitte der Bournemouth-Bucht bringen. Als wir unseren Landfall machten, kam die Sonne heraus und ergoß ihr Licht auf die Klippen der Isle of Wight an Steuerbord. Ich erinnere, daß die starken westlichen, gegen die Tide gerichteten Winde einen gewaltigen Seegang aufwühlten. Es war rauhe Seefahrt.

Der Englische Kanal und seine Ansteuerungen

Als wir endlich die Swanage Bay erreichten, hatten wir die Kreuzerei satt, und außerdem begann die Tide bald gegen uns zu laufen. Da ich mir ausrechnen konnte, daß mit Kreuzschlägen gegen den starken Wind und gegen die Tide kaum etwas zu gewinnen sei, entschlossen wir uns, in der Swanage Bay vor Anker zu gehen.

Dort genossen wir den Luxus, uns trockene Kleider anziehen und eine warme Mahlzeit verzehren zu können. Wir pumpten die Bilge leer und ließen den Primuskocher brennen, um die Kajüte auszutrocknen, denn unter Deck war alles feucht. Dann legten wir uns für einige Stunden in die Kojen, bevor wir wieder ankerauf gingen, um die erste einkommende Tide bei St. Alban's Head zu erwischen.

Wir hatten uns ein wenig geschämt, unter Schutz gelaufen zu sein, denn während wir in der Swanage Bay ankerten, hatten wir die RORC-Clubyacht GRIFFIN auf Backbordbug nach See hinausstehend beobachtet. GRIFFIN war ein Fahrzeug, dem wir in den späteren Regatten noch häufig begegnen sollten. Sie war eine Yacht der Klasse II von 24 t Themsevermessung. Als wir jedoch von Swanage bei St. Alban's Head aufgekreuzt waren, sichteten wir die GRIFFIN von neuem und stellten zu unserer Überraschung fest, daß sie von der Tide 2 oder 3 sm zurückversetzt worden war. Unser Wohlleben unter der Küste hatte sich bezahlt gemacht. Wären wir draußen geblieben, hätten wir nicht nur keine Fortschritte gemacht, sondern wären im Gegenteil von der Tide nach Osten zurückgetrieben worden. Es war ein lehrreicher Anschauungsunterricht, aus dem wir in der Zukunft Nutzen zogen.

Inzwischen hatte der Wind nachgelassen; der restliche Teil des Rennens bescherte uns noch eine weitere Nacht auf See, aber wir konnten anliegen. Der Zieldurchgang war jedoch interessant. Als wir einliefen, fühlten wir uns müde und mutlos; wir sahen einen Wald von Masten über dem langen Hafendamm von Brixham aufragen und mußten den Eindruck gewinnen, daß alle unsere Konkurrenten schon eingetroffen waren. Wir ankerten vor dem Yachtclub, und Roger Heron pullte mit dem Dingi an Land, auf die schlimmsten Nachrichten gefaßt.

Als er zurückkehrte, grinste er. „COHOE hat gewonnen", gab er bekannt; „kein anderes Boot der Klasse III hat die Regatta beendet." „Und", fügte er hinzu, „wir haben auch alle Yachten der Klasse II nach berechneter Zeit geschlagen."

So endete unsere erste Hochseeregatta. 16 Yachten hatten aufgegeben. Einige, weil ihre Eigner oder Besatzungen am Montagmorgen zurück sein mußten, andere, weil sie bei dem stürmischen Wetter Schäden erlitten hatten.

Schlußfolgerungen

Ich habe mir die Unterlagen vom Wetteramt besorgt. Nach den Aufzeichnungen wehte es bei Lizard zwei Stunden lang bis Sonntagmorgen um 00.30 Uhr mit 27 und 26 kn (gerade noch Windstärke 6). In der darauffolgenden Stunde steigerte sich die Windgeschwindigkeit auf 28 kn (also bereits Windstärke 7), um dann wieder auf 26 kn zurückzugehen. Der stärkste Windstoß wurde um 01.00 Uhr mit 35 kn registriert. Eine Front hatte das Gebiet der Isle of Wight später erreicht, und die Windstärke auf See kann etwas mehr betragen haben.

1. Schutz aufsuchen. Ein Leistungsvergleich zwischen der GRIFFIN, die es auf See durchstand, und der COHOE, die vorübergehend in der Swanage Bay Schutz suchte, beweist, daß die kleine Durchschnittsyacht, wenn sie gegen den Wind und gegen die Springtide vor einem Kap kreuzen muß, nicht vorwärtskommen kann. Dann ist es schon besser, Schutz aufzusuchen, notwendige Reparaturarbeiten vorzunehmen, die Mannschaft mit Essen zu versorgen und sich ausruhen zu lassen. Die GRIFFIN war gaffelgetakelt, und die COHOE war klein, so daß beide in ihren Kreuzeigenschaften bei schlechtem Wetter benachteiligt waren. Moderne, für Ozeanrennen konstruierte Yachten würden heutzutage kaum bei Winden von wesentlich unter 40 kn (Windstärke 8) unter Schutz laufen, außer wenn eine besondere Veranlassung dazu vorliegt.

2. Zur Geschichte. Da in diesem Buch indirekt die Entwicklung der kleinen Ozeanrennyacht verfolgt wird, ist es interessant, einen Ausschnitt aus der englischen Fachzeitschrift „Yachts and Yachting" zu lesen, in dem dieses Rennen behandelt wurde. Es heißt da: „Die Umstände . . . lassen von neuem einigen Zweifel aufkommen, ob die langen Rennstrecken über See sich für die sehr kleinen Yachten eignen, die jetzt zu den Veranstaltungen des RORC zugelassen werden."

„Yachts and Yachting" ist von jeher mit dem Ozeanrennsport eng verbunden gewesen, so daß man diese Bemerkung als einen gültigen Ausdruck der damals allgemein vertretenen Ansichten betrachten darf.

Gewittersturm in der Biskaya

Während des ersten Jahres, in dem wir uns dem Hochsee-Rennsegelsport widmeten, erlebten wir schweres Wetter in noch zwei anderen Regatten. Im Channel Race gab es heftig einsetzende Sturmböen aus Osten, die mehr als 7 Windstärken erreichten. Für unsere Dreiermannschaft war es eine harte Tour, die 70 sm gegen den Wind aufzukreuzen, aber nachdem wir Royal-Sovereign-Feuerschiff gerundet hatten, ließ der Wind nach, und COHOE hielt unter vollen Segeln quer über den Kanal Kurs auf Le Havre.

Wir waren alle guter Laune, und Gerald Harding, unser Bestmann, setzte den Primus in Gang und machte einen großen Topf Suppe heiß. Dann aber passierte ein scheußlicher Unfall: Bei noch hochlaufender Dünung sprang der Kochtopf aus dem Kardanring, und Gerald erlitt durch die verspritzte Suppe böse Verbrühungen. Ich leistete nach den Anweisungen in „Reed's Nautical Almanac" Erste Hilfe, aber er hatte während der nächsten zwei Stunden heftige Schmerzen auszuhalten. Wir segelten zur englischen Küste zurück und ankerten die Nacht über vor Eastbourne, wo eine Tante von ihm wohnte. Seine Schmerzen hatten inzwischen nachgelassen, und er schlief ruhig bis zum nächsten Morgen, als ein Küstenboot ihn am Strand absetzte und ein gefälliger Zollbeamter ihn zu seiner Tante begleitete. Leider stellten sich die Brandwunden als schlimmer heraus, als ich zuerst gedacht hatte.

Ich erwähne diese Regatta, weil man daraus zwei Dinge lernen kann. Die Möglichkeit, sich zu verbrennen oder zu verbrühen, ist bei schwerem Wetter infolge der heftigen Bewegungen einer Yacht im Seegang eine echte Gefahr. Als der Sturm vorbei war, löste sich die Anspannung, und genau in diesem Augenblick passierte das Unglück. Eine beträchtliche Dünung lief noch. Ein Koch auf See sollte niemals Shorts tragen, weil stets die Gefahr besteht, daß Kochtöpfe vom Herd geschleudert werden. Lange Hosen bieten einen gewissen Schutz. Ein zweiter Punkt ist noch wichtiger. Ein Laie ohne medizinische Kenntnisse neigt dazu, die Ernsthaftigkeit von Verbrennungen nach dem Zustand des Patienten zu beurteilen; er denkt, wenn der Schmerz vorbei ist und der Patient sich heiter gibt, bestehe kein Grund mehr zur Beunruhigung. Wie ich gelernt habe, ist das Gegenteil der Fall, und nur ein Arzt kann beurteilen, wie ernsthaft eine Verbrennung in Wirklichkeit ist. Es ist der nachfolgende Schock, auf den es ankommt, und wenn ein solcher Unfall geschieht, sollte der Patient so schnell wie möglich zur ärztlichen Behandlung an Land geschafft werden. In der Zwischenzeit darf man ihm heißen Tee und Zucker geben, aber keinen Alkohol.

Das letzte Rennen des Jahres 1947 ging von Plymouth nach La Rochelle, und in dieser Regatta erlebten wir einen Gewittersturm, von dem wir damals glaubten, er leitete einen schweren Sturm ein. Das Rochelle-Rennen war für uns ein aufregendes Ereignis, da die COHOE sich zum erstenmal in die Biskaya vorwagte. Die Entfernung betrug 355 sm, und nach Beendigung des Rennens segelten die Yachten durch die Einfahrt zwischen den mit Zinnen bewehrten Türmen in das mittelalterliche Hafenbecken.

Der Gewittersturm ereignete sich in der Biskaya, etwa 20 sm südlich der Belle Ile und in etwa der gleichen Entfernung von St. Nazaire. Am besten wiederhole ich die Darstellung des Sturms, wie sie im Frühjahr 1948 von Sir Ernest Harston in der Fachzeitschrift „Yachtsman" veröffentlicht wurde. Ihm gehörte damals die AMOKURA, die schönste Yawl der Klasse II.

„Um sechs wurde ich wach, weil ich hörte, wie Roger sich am Kartentisch zu schaffen machte, und ich fragte ihn, was los sei. Er sagte, er sei dabei, das gegißte Besteck in die Karte einzutragen. Der Sonnenaufgang sei schlimmer gewesen, als er es je zuvor erlebt hätte, so wie ein Trunksüchtiger sich die Hölle vorstellt: Rot, Grün, Purpur, Gelb und Schwarz. Da Roger sonst nicht gerade zu Übertreibungen neigt, wußte ich, daß ich aufstehen mußte. So verließ ich seufzend die Koje und ging an Deck, wo Bezüge über Luken und Oberlichter gezurrt wurden und die Mannschaft dabei war, die Genua gegen das Vorsegel Nr. 1 auszuwechseln, einen braven Lappen, der im Laufe seines Lebens schon einige harte Schläge eingesteckt hatte. Die Reffkurbel wurde an Deck gebracht, ich aber sah nur die herankommende Bö und schrie: ‚Zum Teufel mit dem Reff, herunter mit dem Großsegel!' Es war erst etwa halb herunter, als die Sturmbö zuschlug, und was für eine Bö es war! Es bedeutete harte Arbeit, den Rest des Segels einzuholen und auf den Baum festzuzurren, aber die Mannschaft benahm sich großartig.

Wie froh war ich über unseren feststehenden Galgen; ich steuerte so hoch am Wind, wie es ging, um zu sehen, wie die Yacht damit fertig würde. Wir lagen in der falschen Richtung an, aber niemand kümmerte sich darum. Der Wind legte zu, und der Regen prasselte in Gießbächen herunter, aber die See war glatt wie Glas. Ich wirbelte die Yacht herum und lief eine Weile vor dem Wind; sie manövrierte hervorragend unter Vorsegel und Besan. Schließlich ging ich, nachdem ich mich etwas mehr an den Zustand gewöhnt hatte, zurück auf den alten Kurs und beobachtete, mit halbem Wind laufend, wie sich der Geschwindigkeitsmesser ständig weiterdrehte, bis er 9,5 kn anzeigte. Das Boot fühlte sich an wie ein fliegender Lehnstuhl, und ich wünschte nur, wir hätten von Anfang an unseren Kurs eingehalten. Nun ja, wir haben alle noch etwas hinzuzulernen. Das Donnern und Blitzen war höchst eindrucksvoll. Um 07.45 Uhr hatten wir jedoch das volle Großsegel wieder hoch – die ganze Bö hatte eineinviertel Stunden gedauert. Es gab verschiedene Schätzungen der Windstärke, von 10 Bft bis Orkan – aber Windstärke 8 ist bestimmt weder über- noch unterschätzt. Wir hatten Glück gehabt und keine Havarie erlitten, während andere Yachten von zerrissenen Vorsegeln, gebrochenen Fallen und ähnlichen Schäden zu berichten wußten."

Schlußfolgerung

Alan Watts war so liebenswürdig, dazu die folgenden meteorologischen Erläuterungen beizusteuern:

Gewittertröge – dies war wahrscheinlich eine Kaltfront – sind gewöhnlich schmal und erstrecken sich quer zum Wind. Sie werden manchmal auch als Linienböen bezeichnet. Man muß schon sehr viel Pech haben, wenn ein Gewittertief zwei ganze Stunden dauert, vorausgesetzt, man ist nicht so töricht, davor abzulaufen, wodurch sich die Zeit des Durchgangs verlängert. Theoretisch erscheint der gewählte Kurs als der beste – Raumschotsfahrt mit dem scheinbaren Wind querein.

Es dürfte nicht schwerfallen, zwischen einem echten Sturmtief und stürmischen Winden als Folge eines Gewittertiefs zu unterscheiden, weil das erste, obgleich beiden ein fallendes Barometer vorausgeht, von einem langfristigen Aufbau der Wolkenbildung begleitet wird, der bei einem Gewittertief normalerweise entfällt. Dieselbe Art von Himmel, wie hier beschrieben, ging dem im Kapitel „Sturm im Englischen Kanal“ beschriebenen Sturm voraus, nur daß es in diesem Fall ein Sonnenuntergang und nicht ein Sonnenaufgang war, der die Hölle ankündigte.

Die Damenregatta

Zum Abschluß dieses Kapitels füge ich noch die Beschreibung eines Sturms hinzu, der sich im darauffolgenden Jahr (1948) während des Dinard-Rennens ereignete. Er soll meinen Bericht über die verschiedenen Formen normalen Schwerwettersegelns abrunden, das wir im ersten Jahr unserer Regattatätigkeit auf See erlebten.

Das Dinard-Rennen ist im allgemeinen als Damenregatta bekannt, da es die einzige Veranstaltung des RORC mit einer Distanz von unter 200 sm ist. Aber die Bezeichnung ist heutzutage falsch, da Frauen oft ebenso tüchtige Seeleute sind wie ihre Männer und manchmal sogar noch bessere. Auf jeden Fall nehmen an diesem Rennen mehr Ehefrauen, Sweethearts und Töchter teil als an irgendeinem anderen RORC-Ereignis. Die Regattabahn ist interessant. Sie beginnt in Cowes, führt die Flotte bei den Casquets vorbei zum Les-Hanois-Feuer auf der Südweststrecke von Guernsey und von dort in die Bucht von St. Malo; vorbei an den Miniquiers-Klippen und dann zum Ziel bei der Fahrwassertonne vor der Einfahrt in die Rance und nach Dinard hinein. Obgleich kürzer als die anderen RORC-Rennen, hat die Strecke es in sich, denn bei schlechtem Wetter entsteht vor den Casquets und entlang der Guernseyküste stark überbrechender Seegang. Bei Nebel wird die Kombination starker Gezeitenströme mit den zahlreichen Klippen zum Alptraum des Navigators. Sobald man den Englischen Kanal gekreuzt hat, segelt man die ganze Zeit nur noch in eingeengten Gewässern. Wie stets bei diesem Rennen gab es eine starke internationale Konkurrenz; allein in unserer Klasse starteten 18 Yachten aus England, von den Kanalinseln, aus Frankreich, Belgien und Kanada.

Für diese Wettfahrt hatte ich meinen Sohn Ross als Mannschaft angeheuert und Gerald Harding, der nach seiner Erholung von dem Unfall im Channel-Rennen ein reguläres Mitglied der COHOE-Mannschaft geworden war, und ein sehr beliebtes dazu, denn wir alle schätzten seine Entschlossenheit und gute Laune unter allen Wetterverhältnissen.

Die Wettfahrt startete in den Morgenstunden des Freitags, 16. Juli, bei leichten Winden und unter angenehmen Bedingungen, die auch nachmittags und nachts anhielten, während die Flotte hoch am Wind den Kanal überquerte. Landfall wurde an verschiedenen Punkten der Cherbourg-Halbinsel gemacht, je nach den Amwindeigenschaften der einzelnen Yachten. Hier fing es an aufzufrischen, und eine Wettervorhersage sprach von starken, auf SW rückdrehenden Winden, begleitet von schweren Regenfällen bei mittlerer bis schlechter Sicht. Schlechte Sicht ist, mehr als alles andere, etwas, was man sich in den klippenreichen Gewässern der Kanalinseln nicht gerade wünscht.

Am folgenden Morgen, Sonnabend, mußten wir bei den Casquets das Großsegel reffen und die Genua durch die Fock ersetzen. Der Seegang begann sich bereits aufzubauen, wie er es in diesen Gewässern immer sehr rasch tut. Die allgemeinen Wetterbedingungen sahen äußerst düster aus. Der Regen fiel in dichten Strömen und beschränkte die Sicht, und als wir uns von der Guernseyküste freikreuzten, war es auf dem landwärts gerichteten Schlag kaum möglich, Land auszumachen, bevor man sich schon in der Gefahrenzone der draußen verstreut unter Wasser liegenden Klippen befand.

Erst spätabends erreichte COHOE das Les-Hanois-Leuchtfeuer vor der Südwestecke von Guernsey, und es dauerte beträchtliche Zeit, bis wir uns gegen den Gezeitenstrom um das Leuchtfeuer herumgearbeitet hatten.

Etwa um 22.00 Uhr nahm der Wind rapide an Stärke zu. Die amtliche Wettervorhersage prophezeite starke bis steife Winde (also 6 und 7 Bft); meine eigenen Messungen ergaben beginnend Windstärke 7. Wir drehten drei Reffs in das Großsegel und setzten die Sturmfock. Der Regen peitschte in heftigen Güssen, die Nacht war schwarz und die Sicht so schlecht, daß Lichter nicht auszumachen waren. Die Tide lief gegen den Wind, und es herrschte ein wilder Seegang, so daß ich beschloß, zwischen Les Hanois und der gefährlichen Klippengruppe, bekannt als die Roches d'Ouvres, für die Dauer von drei Stunden beizudrehen, bevor wir in die engen Gewässer in der Nachbarschaft des Minquiers-Felsenplateaus hineinsegelten.

Mit backgesetzter Fock lag die COHOE ruhig und hob und senkte sich auf den Seen. Aller Tumult war gebannt, das Schlagen, der Gischt und die Bewegungen hörten auf. Ich verzog mich in die Hundekoje, wie ich es immer bei solchen Gelegenheiten tue, denn ein Skipper muß jederzeit auf dem Sprung sein, an Deck zu kommen; in der Hundekoje kann er hören, was vor sich geht, und von Zeit zu Zeit seinen Kopf hinausstrecken, bereit zum sofortigen Eingreifen, wenn die Umstände es verlangen. Aber bei rauhem Wetter ist es ein ungemütlicher Aufenthaltsort, da so viel Wasser auf den Insassen hinuntertropft; sein einziger Vorzug ist die geringe Gefahr, einzunicken.

Es war widersinnig, eine mitlaufende Tide zu verschwenden und auf Gegenstrom zu warten, aber in den Gewässern um die Kanalinseln herrscht eine ungewöhnlich steile brechende See, wenn der Wind gegen die Gezeiten steht. Dann ist es, als ob man inmitten von Brechern segelte.

Etwa drei Stunden später (zwischen 01.00 und 02.00 Uhr am Sonntagmorgen) kenterte der Strom und ging nun mit dem Wind, und infolge dessen mäßigten sich scheinbarer Wind und Seegang. Wohl waren die Seen höher, aber sie brachen weniger und hatten ihre Bösartigkeit verloren. Die Sicht muß immer noch schlecht gewesen sein, da keine Feuer auszumachen waren. Wir ließen die Segel ziehen und verfolgten weiter unseren Kurs, immer noch ohne etwas zu sichten, obgleich wir die Roches d'Ouvres sehr nahe passiert haben müssen, ohne das Feuer ausmachen zu können. Wir machten einen weiten Bogen um die Minquiers und setzten unseren Kurs ab zwischen diesem Felsenplateau und dem französischen Festland im Westen. Hier ist das tiefe Wasser 17 sm breit, wodurch die Navigation einfach sein sollte, gäbe es nicht die starken Stromversetzungen. Als die Morgendämmerung in den Tag übergegangen war, wurde das Wetter langsam besser, und die Sonne trat hervor, aber wir sichteten kein Land, bevor wir Cap Fréhel erreicht hatten und unseren Kurs für die letzten Meilen auf Dinard änderten. Wir hatten 50 sm abgesegelt und die Minquiers wie mit verbundenen Augen gerundet.

Merkwürdigerweise endete das Rennen genau wie die Brixham-Regatta. Nach Passieren der Ziellinie segelten wir den Fluß hinauf. Wir fühlten uns erschöpft und niedergeschlagen. Als wir uns der Dinard-Reede näherten, sahen wir Yachten vor Anker liegen. Als wir die erste passierten, preiten wir sie an und fragten, welche anderen Boote der Klasse III bereits eingetroffen seien. Die Antwort kam klar und deutlich: „Keine." COHOE hatte Boot gegen Boot gewonnen, ohne die Vergütung in Anspruch zu nehmen, auf die sie wegen ihrer geringen Größe Anspruch hatte, und trotz des erlittenen Zeitverlustes, als sie beidrehte.

Schlußfolgerungen

Nur 13 von insgesamt 42 in drei Klassen startenden Yachten beendigten die Wettfahrt. Auf SEAFALKE war ein Mann aus dem Cockpit geschwemmt worden, und von der SEAHORSE wurde berichtet, daß zwei Mann über Bord gegangen waren. Glücklicherweise wurden alle drei gerettet. Von den 20 Yachten, die aufgaben, erlitten viele Schäden an den Segeln (die im Jahre 1948 oft noch von vor dem Kriege stammten), Bruch der Stagen und andere Havarien. Andere gaben wegen des dreckigen Wetters auf, in dem eine Kreuzstrecke bei dem sehr rauhen Gezeitenseegang, der den Kanalinseln und der Bucht von St. Malo eigen ist, bewältigt werden mußte und die Minquiers-Felsen bei Sichtverhältnissen zu runden waren, die von der meteorologischen Station auf Guernsey am Sonntagmorgen um 06.00 Uhr (18. Juli) als „dicker Nebel" registriert worden waren. Nichtsdestoweniger wurden die Wetterverhältnisse damals als Sturm oder Fast-Sturm angesprochen, und man war übereinstimmend der Ansicht, daß der Wind Bft 7 (28 bis 33 kn) erreichte.

Ich war daher überrascht, als ich fast 20 Jahre später Berichte vom Wetteramt erhielt und feststellen mußte, daß man an der Küstenstation von Guernsey (nur etwa 10 sm in Lee von COHOES damaligem Schiffsort) und in der meteorologischen Station in Lizard nur höchstens Bft 5 (16 bis 21 kn) registriert hatte. Fahrtensegler könnten hieraus folgern, daß der Hochseesport wenig genau betrieben wird, aber ich möchte darauf hinweisen, daß ich unter den Skippern der 29 Yachten, die aufgaben, erfahrene Fahrtensegler einschließlich einiger wohlbekannter Ozeansegler befanden. Zu diesem Thema ist daher noch einiges mehr zu sagen.

Nimmt man sich die synoptischen Wetterkarten vor, wird man feststellen, daß eine sich langsam bewegende flache Depression nordwestlich von Irland lag und daß sich die Kanalinseln unter dem Einfluß gleichmäßiger Winde aus einem warmen Sektor befanden. Dies wird ausreichend durch die schlechte Sicht bestätigt, die ein Kennzeichen maritimer, ursprünglich aus den Tropen stammender Luft ist. Die Zwischenräume der Isobaren über dem Gebiet am Sonntag um 18.00 Uhr lassen unter diesen stabilen Bedingungen auf Winde von 20 bis 30 kn (Windstärke 5 bis 7) schließen. Der enge Isobarenverlauf über den Kanalinseln, als sich die

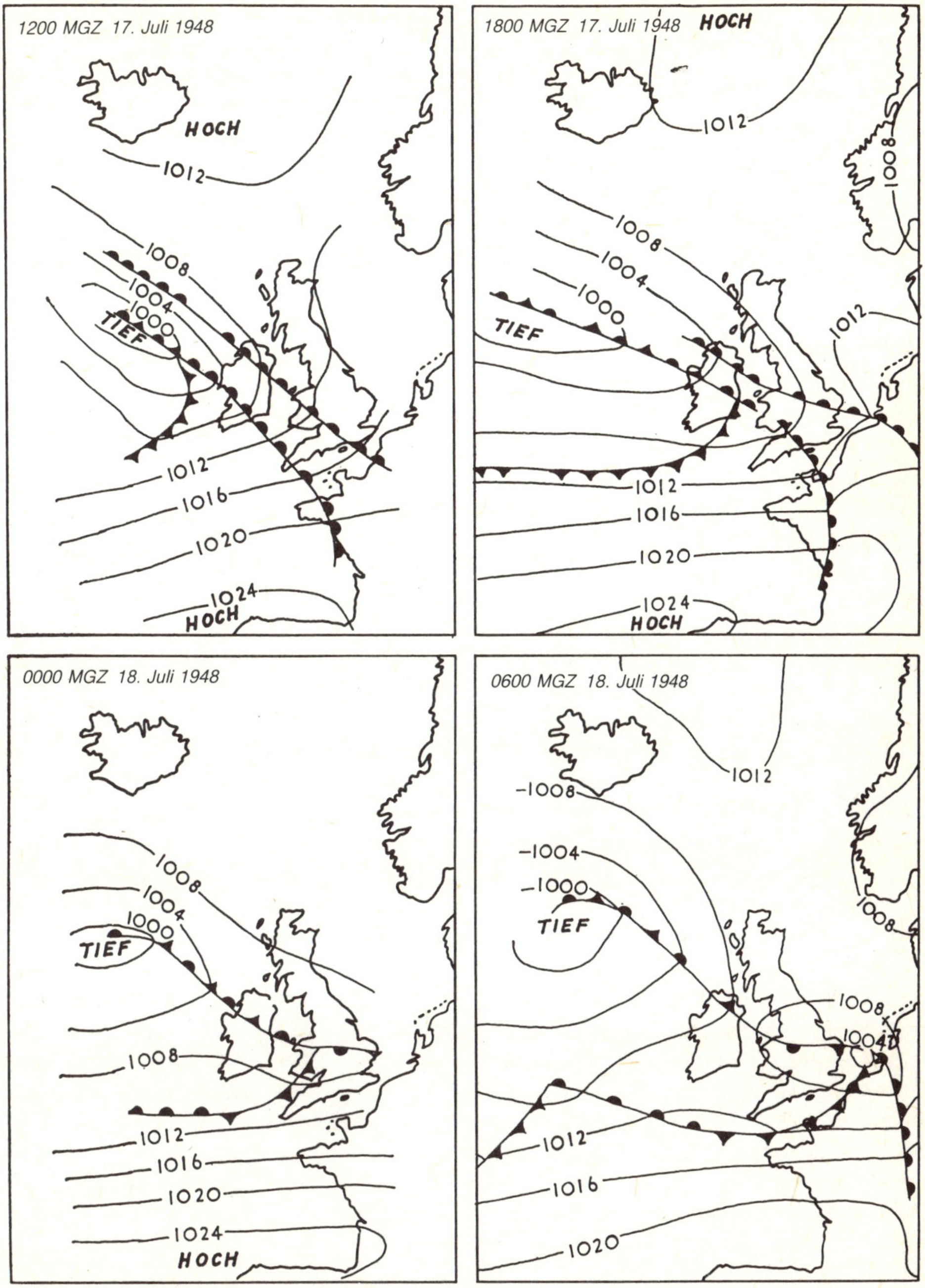

Wetterkarten zum Dinard-Rennen 1948

Kaltfront am Sonntag, 18. Juli, um etwa 06.00 Uhr über Guernsey bewegte, kann einer zeitweise konstanten Windstärke 7 (28 bis 33 kn) entsprechen. Legt man die auf Guernsey registrierte Windgeschwindigkeit zugrunde, berichtigt sie um die Höhe des Anemometers und multipliziert sie mit dem Vergrößerungsfaktor auf See im Vergleich mit einer Küstenstation, kommt man wieder auf Windstärke 7. Das wiederum stimmt mit meinem Logbuch überein und stellt meiner Ansicht nach eine wahre Schätzung dar. Diese Erfahrung unterstreicht die folgenden Punkte:

1. Windstärken. Bei Schwerwetterfahrten, begleitet von üblem Wetter, peitschendem Regen und schlechter Sicht, ist man geneigt, die Windstärken zu überschätzen. Gerade unter solchen Bedingungen (obgleich die meisten sich vor Auftreten des Nebels nach St. Peter Port geflüchtet hatten) erreicht die Anzahl aufgebender Yachten ihr Maximum. Wehte es nach Passieren einer Kaltfront bei Sonne und klarer Sicht genauso stark, würden sicher weniger Yachten aufgeben.

2. Tidengewässer. Eine kleine Yacht wird in Gewässern mit starken Gezeiten bei Windstärke 7 und gegen den Wind setzender Tide oder Strömung (wie dem Golfstrom) schwerer zu kämpfen haben als in einem echten Sturm.

3. Leichtdeplacement. Diese ersten Seeregatten haben bewiesen, daß eine kleine Leichtdeplacementyacht unter solchen Schwerwetterverhältnissen, wie man sie gelegentlich unterwegs auf Kreuzfahrten oder Ozeanregatten durchstehen muß, auf See durchaus sicher ist. Es zeigte sich, daß eine kleine, moderne, hochgetakelte Yacht es mit den traditionell schwer gebauten Yachten wie den Bristol-Lotsenkuttern oder den Brixham-Trawlern mehrfacher Größe aufnehmen und sie sogar Boot gegen Boot ohne Vergütung schlagen kann, vorausgesetzt, daß der Wind stark genug ist und genau von vorne kommt, wobei die gereffte Gaffeltakelage benachteiligt ist. COHOE war nicht die erste Leichtdeplacementyacht, die ihre seegehenden Fähigkeiten unter Beweis stellte, denn H.G. Hasler hatte im vorhergehenden Jahr mit TRE-SANG, einer 30-m^2-Kielyacht von noch leichterer Bauart als COHOE, die Klassenmeisterschaft errungen. Weder TRE-SANG noch COHOE haben jemals außer unter Schwerwetterverhältnissen eine Hochseeregatta gewonnen.

4. Beidrehen. Die Erfahrung bewies, daß auch Yachten mit kurzem Kiel beidrehen können. Lange Zeit hieß es, diese Taktik sei nur Yachten mit langem, geradem Kiel vorbehalten, aber Tatsache ist, daß die Fähigkeit, beizudrehen, in erster Linie auf der Ausgewogenheit von Rumpf und Segeln beruht; allerdings ist eine Yacht mit langem und geradem Kiel in dieser Beziehung immer noch im Vorteil.

5. Niedergeschlagenheit. Anfänger fühlten sich manchmal gegen Ende einer Hochseeregatta entmutigt. Es ist eine Geisteshaltung, zu der sogar erfahrene Mannschaften neigen, besonders dann, wenn sie keine anderen Yachten gesichtet haben. Sie wird durch Erschöpfung verursacht, aber wie die Ergebnisse der Brixham- und Dinard-Rennen beweisen, ist eine Wetterfahrt nie verloren, bevor sie vorbei ist. Immer und immer wieder haben wir erfolgreich abgeschnitten, wenn wir schon dachten, daß wir schlecht gesegelt hatten. Man sieht nur die eigenen Fehler, vergißt aber, daß die Gegner ebenfalls welche machen.

Stürmisches Santander-Rennen

Das erstemal, daß wir mit der COHOE von einem schweren Sturm auf hoher See richtig erwischt wurden, war in dem berühmt gewordenen Sturm während des Santander-Rennens 1948. Das letztemal lag weit zurück, 1925 mit der ANNETTE, was zeigen mag, daß ein echter Sturm wirklich selten ist.

Als ich COHOE zum erstenmal für dieses lange Rennen meldete, wußte ich nicht einmal genau, wo Santander eigentlich liegt. Natürlich war mir bekannt, daß es irgendwo an der spanischen Küste sein mußte, aber erst als ich die Karte herausholte, stellte ich fest, daß es etwa in der Mitte an der Südküste der Biskaya gelegen ist, ungefähr 440 sm auf direktem Kurs vom Starthafen Brixham entfernt. Unter den britischen Ozeanregatten gilt das Rennen nach Santander als eines der zünftigsten. Man nähert sich dem Land nur ein einziges Mal, nämlich wenn man Ushant rundet, den westlichsten Punkt Frankreichs und eine Insel, die wegen ihrer starken Gezeitenströme und vorgelagerter Riffe und Klippen und wegen des häufig auftretenden Nebels einen schlechten Ruf genießt. Der Rest der Reise, etwas über 300 sm quer über die Biskaya bei Tiefen von weit über 3500 m, unterscheidet sich, wenn der Wind aus Westen weht, in nichts von einem Atlantikrennen.

Wie gewöhnlich bestand die ganze Crew der COHOE aus drei Mann. Goeff Budden, ein Schullehrer, wirkte als astronomischer Navigator; er hatte diese Kunst als Instrukteur während des Krieges gelernt. Er kam damals als Neuling auf eine Hochseerennyacht, fand sich aber als erfahrener Jollensegler rasch bei uns zurecht. Als Bestmann und Koch hatte ich meinen Sohn Ross, ebenfalls einen Jollensegler, der mich schon vorher auf verschiedenen Seeregatten begleitet hatte. Wachen wurden in der üblichen Weise verteilt, aber in der Praxis überschneiden sich bei einer so kleinen Mannschaft die Pflichten und Verantwortlichkeiten, und wir segelten als ein Team, in dem jeder jeden Augenblick bereit ist, alles zu tun, was erforderlich ist, so daß für keinen von uns viel Zeit zum Schlafen übrigblieb.

Die drei Tage vor der Regatta waren ausgefüllt mit Arbeiten. COHOE war nicht in gutem Regattatrimm, denn in dem Dinard-Rennen hatte sich der Beschlag am Fuß des Vorstags verbogen, und wir hatten auch festgestellt, daß sich der Bolzen durch den Mast am oberen Ansatzpunkt des Vorstags wie ein stumpfes Messer durch das Holz abwärts gearbeitet hatte, so daß die Vorstage lose waren. Die Vorstagspannschrauben waren zwar angezogen worden,

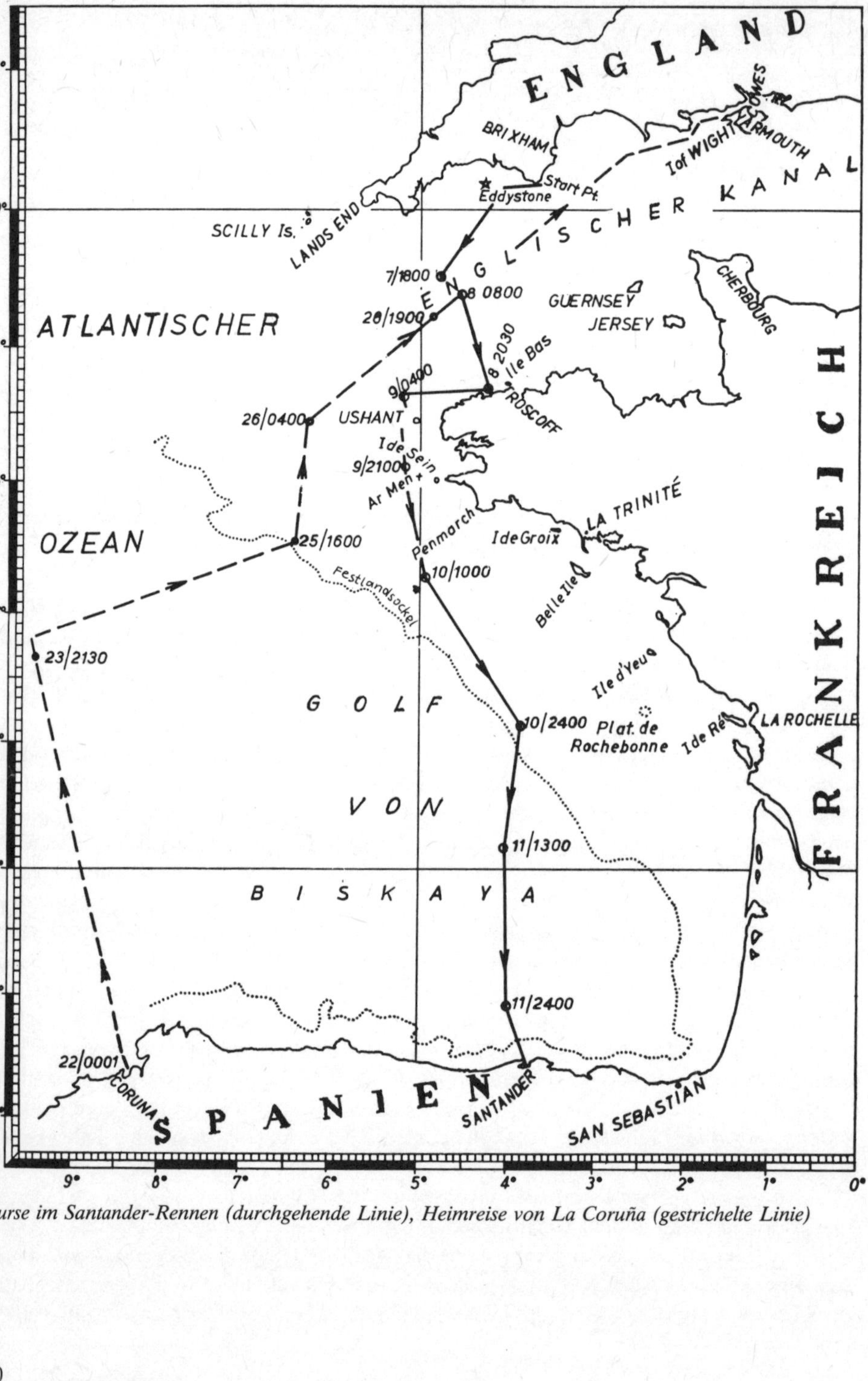

Kurse im Santander-Rennen (durchgehende Linie), Heimreise von La Coruña (gestrichelte Linie)

so weit wie es ging, aber es reichte nicht, um das Stück auszugleichen, um das der Bolzen im Mast heruntergezogen worden war. Zwischen den Regatten war keine Zeit gewesen, den Mast für eine gründliche Reparatur zu legen, aber wir hatten uns einen provisorischen Beschlag für ein neues Vorstag zusammen mit einem neuen Mastband besorgt, da die meisten Klampen gebrochen oder abgerissen worden waren. Ich hatte auch einen provisorischen Preventer oberhalb der Untersaling anbringen lassen, der im Bedarfsfall mit einer Talje an jeder beliebigen Klampe angesetzt werden konnte.

Es gab noch viele andere Dinge zu erledigen, einschließlich der Proviantierung. Eine kleine Yacht erreicht unter Umständen nicht mehr als ein Durchschnittsetmal von 100 sm und manchmal weniger, wenn sie langanhaltenden Windstillen oder stürmischen Gegenwinden begegnet. Wir brauchten nach meiner Schätzung Proviant, der für zehn Tage reichte, für den Fall, daß wir Havarie erleiden oder den Mast verlieren sollten. Bei etwa zwei Liter Wasserverbrauch pro Kopf und Tag benötigten wir ca. 60 Liter. Der Haupttank faßte ungefähr 45 Liter, und 15 Liter führten wir in einem Kanister an Bord, der unter den Kajütfußboden paßte.

Das Rennen sollte am Freitag, dem 6. August, um 15.30 Uhr vor dem Brixham Yacht Club starten. 31 Yachten waren gemeldet worden, darunter eine ganze Reihe wohlbekannter Ozeanrennyachten. Die morgendliche Wettervorhersage lautete nicht günstig. Ein Tief rückte von Westen heran, und in der Biskaya wehte ein Sturm aus Süden. Man mußte mit starken Winden rechnen, und keiner machte sich Illusionen über das, was zu erwarten war.

Beim Start war der Wind noch leicht, frischte aber bald auf. Während der ersten Stunden kreuzte die Regattaflotte unter der englischen Küste westwärts. Die Nacht war gewittrig und böig. Verschiedene Yachten schieden aus; sie berichteten von einem „Freitags-Sturm", doch wenn es wirklich ein Sturm war, muß er sehr lokaler Natur gewesen sein, da wir nirgendwo mehr als Windstärke 6 antrafen. Aber am Sonnabend, dem 7. August, begann es um 03.30 Uhr tatsächlich hart zu wehen. COHOE stürmte unter der Genua wie ein D-Zug dahin; überraschenderweise war sie unter diesem einen Segel luvgierig. Um 07.30 Uhr ließ der Wind jedoch eine Zeitlang nach, und wir lagen wieder unter vollen Segeln. Am späteren Vormittag krimpte der Wind, und ich stellte fest, daß das Barometer seit dem Start um 7 mb gefallen war. Wir segelten mit dichtgeholten Schoten hoch am Wind auf Steuerbordbug, und der beste Kurs, den wir anliegen konnten, war SW, der uns etwa 30 sm westlich von Ushant bringen würde.

Im Laufe des Sonnabendnachmittags frischte es von neuem auf. Wegen der Wettervorhersage und der langen Dünung, die sich aufbaute, machte ich mich wieder daran, zu reffen. Um 15.00 Uhr drehte ich ein zweites Reff ein und setzte die braune Fock an Stelle der Genua. Etwas später wurde die Fock gegen den kleinen weißen Klüver ausgetauscht, und ich schlug den Sturmklüver an Reservevorstag und Klüverfall an. Um 17.30 Uhr nahmen wir das Großsegel weg, schoren es aus seiner Nut und zeisten es fest. Dann setzten wir das Trysegel und den Sturmklüver. Um diese Zeit wehte es mit etwa 6 Windstärken, und es lief eine ziemlich grobe See. Das Reffen und der Segelwechsel waren Vorsichtsmaßnahmen in Erwartung der noch kommenden Ereignisse gewesen.

Es ist an dieser Stelle interessant, sich die Barographenkurve der GOLDEN DRAGON auf Seite 62 anzusehen. COHOE lag weit hinter der GOLDEN DRAGON, die zur Klasse II gehörte; infolge dessen muß die Depression COHOE eine oder drei Stunden später erreicht haben. Man sieht, daß der Fall rapide steiler wird, 10 mb in zwei Stunden, und daß dann ein fast vertikaler Sturz von 17 mb innerhalb zwei Stunden erfolgte. Ein Sekundärtief hatte sich morgens nordöstlich von Spanien gebildet, sich vertieft und war rasch über die Biskaya gezogen, obwohl wir damals nichts davon wußten.

Es war kurz vor 18.00 Uhr, als der Wind auf weit über 6 Bft aufbriste. Dies, zusammen mit dem fallenden Glas, dem peitschenden Regen und der drohenden Wetterlage, veranlaßte mich zu dem Entschluß, das Trysegel zu reffen und COHOE unter Sturmsegel zu bringen. Zu diesem Zeitpunkt stand Geoff am Ruder, und Ross war auf Freiwache unter Deck. Ich

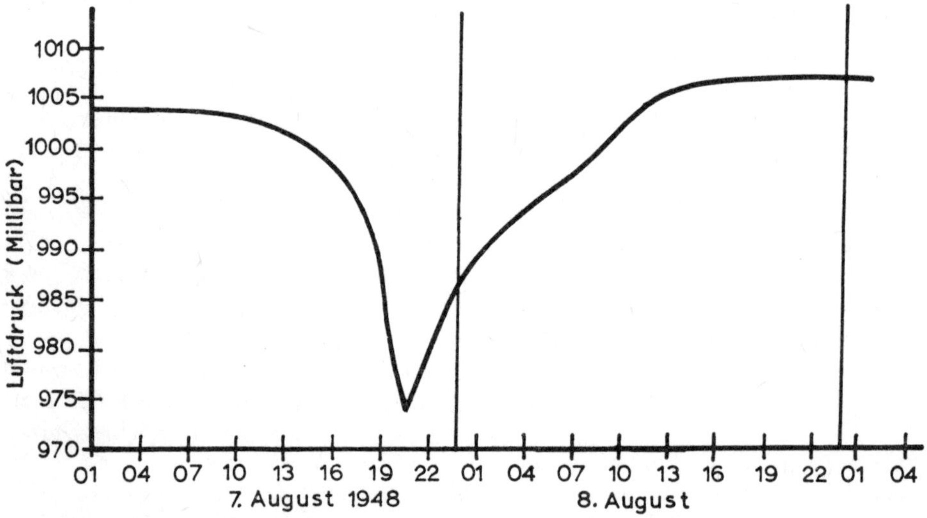

Barographenkurve der GOLDEN DRAGON

stand auf Bereitschaftswache, zog die vordere Reffkausch nach unten und band sie fest. Um den Druck vom Schothornstander zu nehmen, fierte ich die Großschot auf und kehrte dann auf das Kajütdach zurück, um die achtere Refftalje durchzuholen.

Im nächsten Augenblick fand ich mich außenbords. Glücklicherweise klammerte ich mich im Sturz an die Refftalje. Plötzlich begriff ich, daß Geoff ebenfalls über Bord war, denn ich sah ihn achteraus treiben und auch, daß er sich an etwas festhielt. Inzwischen hatte die Yacht sich unter Sturmklüver und aufgefiertem Großsegel einbalanciert und segelte sich allein mit 5 kn Fahrt in westliche Richtung.

In diesem Moment steckte Ross, da um 18.00 Uhr Wachwechsel war, den Kopf aus dem Niedergang. Sein Erscheinen war eine glückliche Fügung, denn er kam gerade zur rechten Zeit, um Geoff an Bord zu ziehen, dessen Lage gefährlich wurde, da er mit dem Kopf zuerst über Bord gegangen war und sein Kopf durch die Geschwindigkeit der Yacht unter Wasser gezogen wurde. Auf irgendeine wundersame Weise war es ihm gelungen, sich am Handläufer festzuklammern, der mitsamt den Relingsstützen über Bord gegangen war und im Wasser nebenherschleppte.

Meine Lage war weniger dringlich. Ich hatte es geschafft, einen Fuß an Deck zu bringen und ihn unter irgendein Drahttau zu klemmen, vermutlich unter das Backstag. Aber hängend zwischen der Refftalje an der Nock des ausgefierten Baums und meinem Fuß an seinem anderen Ende, schleppte mein Körper im Wasser, ohne daß ich fähig gewesen wäre, mich aus dieser Situation zu befreien. Anstatt meinen Fuß an Deck zu heben, hätte ich mich lieber an der Talje entlang bis zum Vorderende des Baums hanteln sollen, aber in solchen Augenblicken denkt man nicht überlegt – und so war ich heilfroh, als ich wieder an Deck gezogen wurde.

Um ein Haar hätte alles schlimm geendet, denn Geoff und ich trugen beide schweres Ölzeug. Hätten wir unseren Halt verloren, wäre unsere Überlebenschance nur gering gewesen, denn es ist zweifelhaft, ob Ross die Yacht mit dem halb weggerefften Trysegel und bei einer solchen See hätte manövrieren und Überlebende auffischen können (die keine Schwimmwesten trugen). Es ist einfach, solche Vorkommnisse, nachdem alles gutgegangen ist, zu bagatellisieren, aber es grenzt schon fast an ein Wunder, daß kein Unglück passierte. Der Vorfall wurde von einer besonders schweren See verursacht, die Geoff und mich gleichzeitig gegen den Handläufer katapultierte. Dieser gab unter dem Anprall unseres gemeinsamen Gewichts nach, nachdem eine Relingsstütze aus der Halterung gerissen war, wobei sie einen Teil der Reling mitnahm.

Alles in allem war der Schaden gering. Geoff hatte seine Brille verloren, und eine Zeitlang fürchtete er, einen Knochen in seiner Hand gebrochen zu haben. Ich hatte an Haut und Fußknöchel ein paar häßlich aussehende Abschürfungen davongetragen, die ein wenig bluteten. Ross erlitt wahrscheinlich den schlimmsten Schreck, denn es muß für ihn ein Schock gewesen sein, an Deck zu kommen und zu sehen, daß er allein an Bord war, und ein zweiter Schock, als er uns beide im Wasser erblickte.

An Bord zurück, beendete ich zunächst meine Reffarbeit (mit Ausnahme der Reffbändsel, die nicht so dringend waren) und ging dann mit Geoff unter Deck, um trockene Sachen anzuziehen und meinen Fuß zu verbinden. Ross blieb am Ruder, denn es war seine Wache. Es ist leicht genug, von trockenen Kleidern zu reden, aber wenn man 24 Stunden gegen den Wind im Rennen gelegen hat, ist oft recht wenig übrig, was noch trocken ist. Geoff hatte nichts mehr zum Wechseln, aber ich verfügte glücklicherweise noch über einen Reservekleidersack im Vorschiff, und auch Ross besaß noch einige trockene Ersatzkleidungsstücke. Ich zog mir meine Winterpyjamas an (was für warme, behagliche Dinger sind die auf See!), darüber Segelsachen und schließlich Ölzeug. Ich fühlte mich wie der bekannte aufgeblasene Michelinmann der Reifenreklame.

Inzwischen machte sich das Barometer an seinen spektakulären Fall, und der Wind nahm die ganze Zeit an Stärke zu. Ich beschloß, Anstalten für das Schlimmste zu treffen, und stieg zu Ross an Deck. Wir bargen das gereffte Trysegel und den Sturmklüver und machten beide Segel fest.

Für dieses Rennen hatte ich mir einen Treibanker besorgt. Um einen wirklichen Nutzen davon zu haben, braucht man auf See einen solchen von sehr großen Abmessungen, zu unhandlich zum Verstauen, aber COHOE besaß nur einen kleinen. Er reichte gerade dazu aus, die Bedenken aller jener zu zerstreuen, die fanden, daß COHOE zu klein war, um für sich selbst zu sorgen. Trotzdem entschloß ich mich, ihn auszuprobieren. Wir befestigten 55 m Nylontrosse an dem Treibanker, bekleideten die Trosse da, wo sie durch die Lippklampe lief, mit Segeltuch und belegten sie zuerst an der Klampe und dann zur Sicherheit auch am Mast.

Anfänglich experimentierten wir mit dem Anker in der konventionellen Lage nach vorn.

Hier nützte er gar nichts. Die Yacht lag weiter quer zur See, und der Anker zeigte windwärts schräg nach achtern. So brachten wir die Trosse nach achtern, wo der Anker eine ähnliche Wirkung hatte wie nachgeschleppte Trossen, schien aber zu stützen, und die Yacht lag mit ihrem Achterschiff breit zu den Seen. Sie fühlte sich dabei vollkommen wohl, nicht viel anders als ein Korken, obgleich ihre Bewegungen ohne den Halt der Segel natürlich extrem wild waren. Zu diesem Zeitpunkt fielen Regen und Hagel in dichten Schauern herab. Wir gingen dann unter Deck, da es nichts mehr gab, was wir tun konnten, außer unsere Kräfte für das Rennen aufzusparen, sobald der Sturm sich ausgeblasen hatte.

Nicht viel später kam ein Dampfer nahe an uns heran. Offenbar hatte man die Absicht, uns Hilfe anzubieten. Boote wie die COHOE sind von einem Dampfer aus betrachtet nur winzige Objekte, und wenn sie dazu unter nackten Masten treiben, fordern sie oft zur näheren Untersuchung heraus. Während der ersten beiden Segelsommer mit COHOE standen Schiffe bei vier verschiedenen Gelegenheiten zur Hilfeleistung bereit; auch wenn wir ihren Beistand nicht benötigten, so wußten wir doch diesen Beweis der Hilfsbereitschaft zu schätzen.

Der Liner dampfte davon, und bald befand COHOE sich wieder allein auf der sturmgepeitschten See. Ich blickte auf das Barometer. Es fiel schneller als je zuvor.

Bei Einbruch der Nacht gab es das Lichterproblem zu lösen. Meine große Fischkutter-Öllampe war in dem Dinard-Rennen zerbrochen und von den Herstellern nicht rechtzeitig für das Santander-Rennen aus der Reparatur zurückgeliefert worden. Außerdem bezweifle ich, daß sie unter solchen Verhältnissen brennengeblieben wäre. Dasselbe bezog sich auf die kleine Ankerlaterne, die ich als Reserve mitgebracht hatte. Möglich, daß sie nicht ausgeblasen wäre, aber Öllaternen halten, wie ich schon einmal erwähnt habe, nur selten die Schüttelei durch den Sturm aus; es ist in erster Linie die Vibration, die sie auslöscht, viel eher als der Wind. Außerdem hatte ich ein kleines, elektrisches Vollkreislicht. Ich brachte es an Deck, fand aber, daß es bei dem dichten Regen und den Schauern von Gischt nicht ausreichte, und schaltete daher auch die Navigationslichter ein; außerdem zeigte ich über dem Heck eine elektrische Handlampe. Das Risiko, überrannt zu werden, war klein, denn die Ansteuerungen des Englischen Kanals umfassen ein großes Gebiet, und die Schiffe halten sich gern im Norden oder Süden.

Ich bin häufig gefragt worden, wie man sich in der Kajüte einer kleinen Yacht im Sturm fühlt. Ohne einen Moment zu zögern, sage ich: scheußlich. Es ist eine Erfahrung, die sich niemand wünscht, die aber von Zeit zu Zeit unvermeidbar ist. Bis zu einem gewissen Grad ist sie beängstigend, denn ein heftiger Sturm ist ein so überaus gewaltiges Geschehen, daß er instinktiv Furcht auslöst. Auf der anderen Seite ist eine Yachtkajüte bei hartem Wetter ein unvorstellbar friedlicher Ort, verglichen mit dem Cockpit. Die Kajütlampen schwingen in ihrer kardanischen Aufhängung und erfüllen den kleinen Raum mit Licht und Wärme; dazu hat man Kameraden, mit denen man sprechen kann.

Als Geoff von der Wache kam, kroch er, mit zwei Stunden Bereitschaftswache vor sich, in die Hundekoje, um in Rufweite vom Cockpit zu bleiben. Hundekojen sind die nassesten Kojen im ganzen Schiff, und Ross und ich schätzten uns glücklich, die Kajütkojen zu haben, eine auf jeder Seite der Messe. Die Kojensegel waren hochgebunden, so daß wir nicht herausgeschleudert werden konnten. Die Hauptursache unserer Ungemütlichkeit war die Feuchtigkeit. Geoff war in seiner Hundekoje wieder durchnäßt worden, als ich die Niedergangstür geöffnet hatte, um an Deck zu gehen und mich um die Lampen zu kümmern. Ross

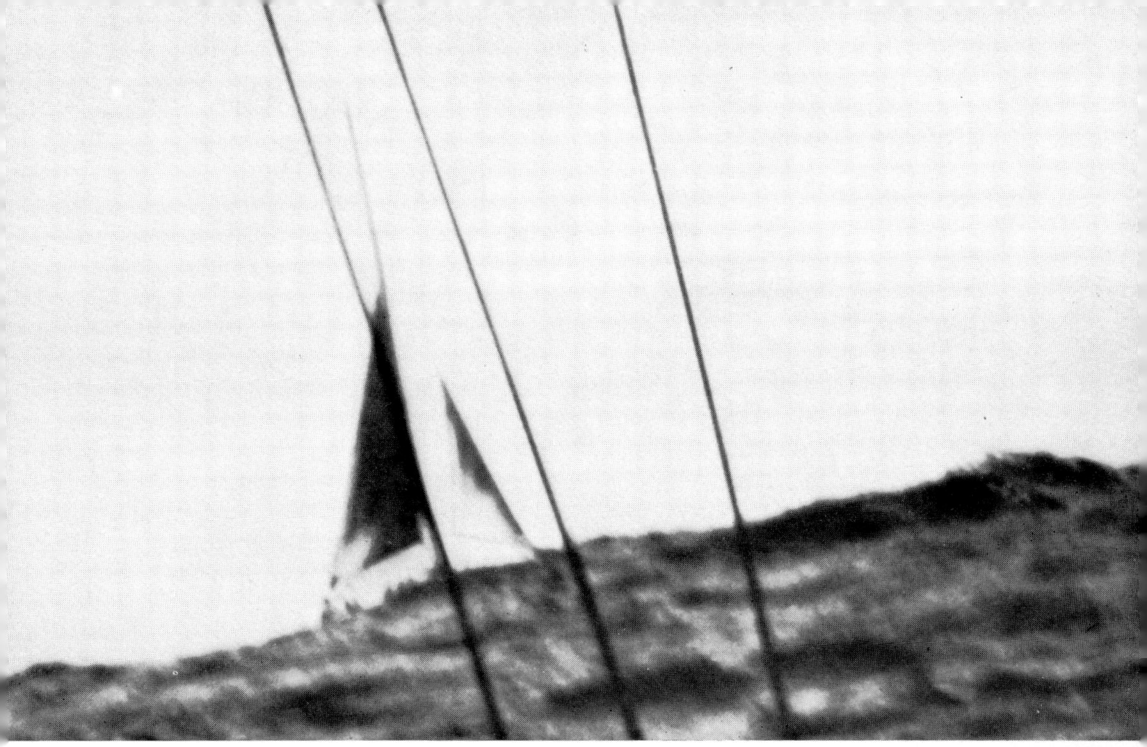

5 *Die* MEHALAH, *beigedreht nach dem Sturm im Santander-Rennen. Der Sturm ist vorbei, aber die Dünung bleibt.*

6 *Die im Santander-Sturm aus der Verankerung gerissene Relingsstütze an Deck der* COHOE

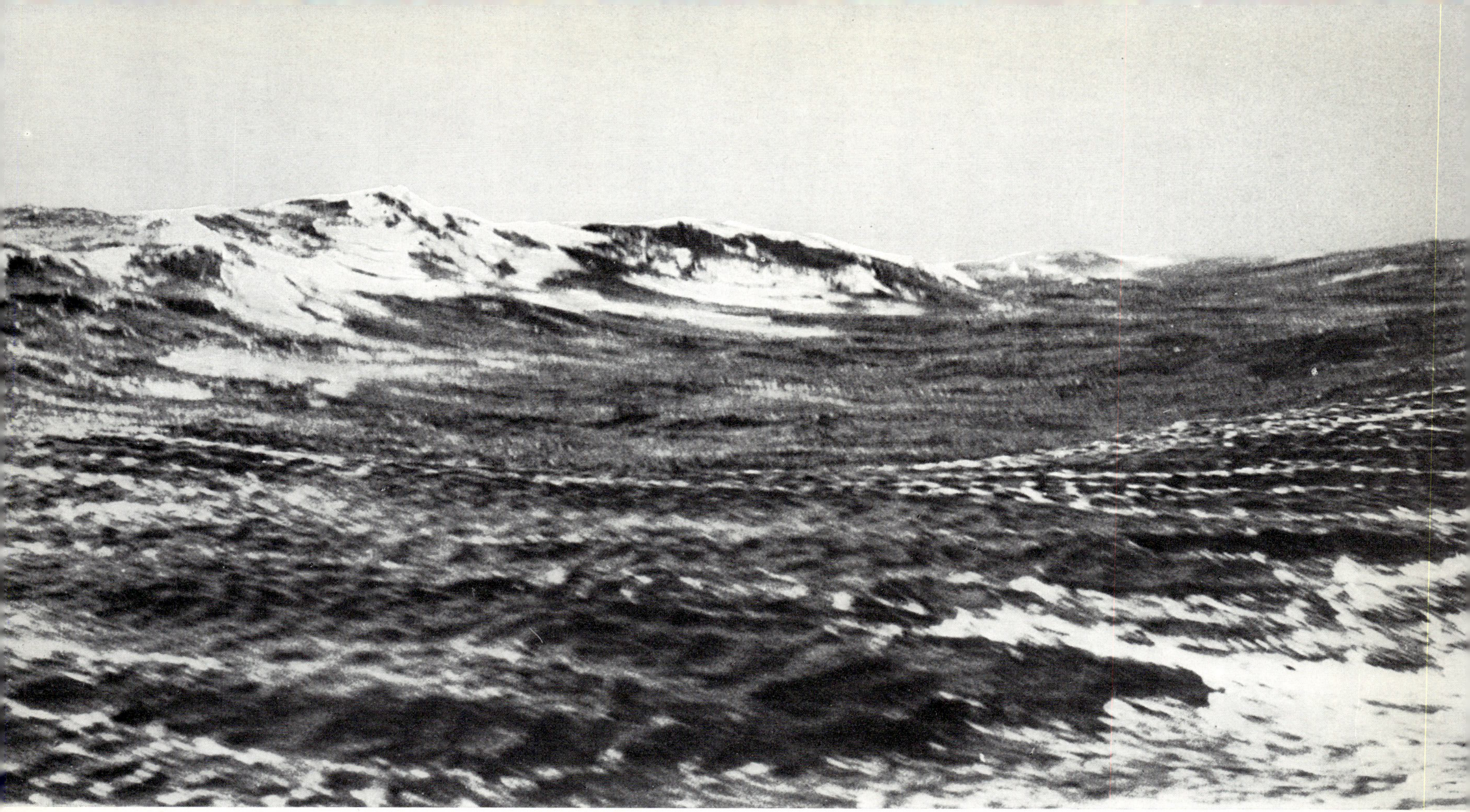

7 Schwerer Sturm im Nordatlantik. Der Wind weht von rechts nach links, wie die Schaumstreifen auf der Oberfläche im Vordergrund erkennen lassen. Das Bild wurde von Bord einer 19 m langen Ketsch aufgenommen, deshalb ist es etwas verwackelt.

und ich waren beim Segelbergen klitschnaß geworden, und weitere trockene Kleider standen nun nicht mehr zur Verfügung. Auch die Kajüte selbst war naß, nicht von Leckstellen, sondern von dem Wasser, das wir mit unseren Kleidern nach unten gebracht hatten, als Geoff und ich über Bord gegangen waren und uns umgezogen hatten. Hinzu kam die allgemeine Schwitzwasserbildung. Vorn gab es gelegentlich eine Sintflut von Gischtwasser durch das Vorluk, ungeachtet des darübergezogenen Sturmbezugs. Unsere schwerfällige Kleidung, vor allem das Ölzeug, das wir für den Fall, plötzlich an Deck benötigt zu werden, tragen mußten, vermehrte noch unser Unbehagen. Auch die Ventilation war schlecht, da die Windhutzen beider Ventilatoren beim Kreuzen von den schlagenden Vorsegelschoten erfaßt, von ihren Doradekästen abgehoben und über Bord geschleudert worden waren. Wir konnten jedoch ein Bullauge in Lee offenhalten, und auch das Niedergangsluk ließen wir zeitweise einen Spalt offen, bis der Gischt eines neuen Wellenkamms auf den protestierenden Geoff herabstürzte.

Das Glas fiel weiter. Seit wir Brixham verlassen hatten, war es um 34 mb gefallen; die amtlichen Aufzeichnungen, die man mir zeigte, als das Rennen vorbei war, gaben einen Fall von über 22 mb in drei Stunden an. Um Mitternacht fiel der Sturm in voller Stärke über uns her. Wind und Regen bügelten die See herunter. Die Yacht legte sich über, als trüge sie volle Segel. Über unseren Köpfen hörten wir den Regen in heftigen Wolkenbrüchen auf das Deck herabprasseln. Ich glaube, daß danach der Wind umsprang. Wie hoch die See lief, weiß ich nicht, denn nachts sieht man nichts von ihr außer den leuchtendweiß phosphoreszierenden Wellenkämmen. Bestimmt war sie wild und ging hoch. Eine ausnahmsweise hohe See riß uns etwas später aus dem Schlaf, als sie die Yacht fast auf die Seite legte. Einige Leute bezeichneten die See hinterher als turmhoch. Aber was den Wind anbetrifft, so war es der stärkste, den ich bisher kennengelernt hatte. Betrachtet der Leser die Barographenkurve auf Seite 62, kann er sich selbst sein Urteil bilden. Bei einem so steilen Verlauf sind Stürme weit über Bft 8 unvermeidlich, und die Böen dazwischen können ich weiß nicht was gewesen sein.

Angesichts aller dieser Umstände verhielt sich die COHOE ausgezeichnet. Die Yacht wurde buchstäblich hoch in die Luft emporgehoben, um dann in die Tiefe zu versinken. Immer tiefer und tiefer; mit angespannten Nerven erwartete man den Aufprall, aber unten angekommen, schlug sie nicht einmal auf, sondern verhielt sich einen Augenblick ganz ruhig, bevor sie den nächsten Wellenkamm erklomm. Keine See brandete über das Kajütdach oder ergoß sich kompakt über das Deck; trotzdem stand das Wasser im Cockpit nach Ross' Angaben allein vom Gischt der Wellenkämme und peitschenden Spritzwasser oft bis zu einen halben Meter hoch.

Als der Sonntagmorgen (8. August) heraufdämmerte, hatte der Wind nachgelassen, aber unten in der Kajüte merkte man kaum etwas davon. Nach einem Sturm ist der Seegang oft wilder als auf seinem Höhepunkt. Die Yacht wird nicht mehr von dem Zugriff des Windes gestützt, und infolge dessen ist die Bewegung schlimmer. Um 07.00 Uhr stand ich auf. Ich fühlte mich erstaunlich wohl und gestärkt, denn ich hatte mir eine ansehnliche Scheibe Schlaf abgeschnitten, mehr als uns zu irgendeiner anderen Zeit des Rennens übrigblieb. Ich kletterte durch die Kajüte nach vorn und probierte das Radio in der Hoffnung, einen Wetterbericht zu hören. Der Apparat reagierte nicht. Ich versuchte es auf verschiedene Weise – ohne Erfolg. Es blieb mir nichts anderes übrig, als das Radio in die Kajüte mitzunehmen, es zu trocknen und näher zu untersuchen. Ich schraubte es ab und brachte es nach achtern. In diesem Augenblick begann ich plötzlich seekrank zu werden. Ich übergab

Ross den Apparat und legte mich hin, worauf ich mich sofort wieder in Ordnung fühlte. Ross fingerte an dem inneren Mechanismus herum und setzte eine neue Röhre ein, aber kaum richtete er sich auf, übermannte auch ihn die Seekrankheit. Alle fühlten wir uns gut, solange wir lagen, aber sobald wir hochkamen, um etwas zu tun, war es vorbei. Trotzdem beschäftigte sich Ross weiter mit dem Radio, abwechselnd daran arbeitend und sich wieder niederlegend, wenn ihm schlecht wurde. Ich beschloß, vorläufig keine Segel zu setzen, bevor wir nicht den 08.00-Uhr-Wetterbericht erhalten hatten. Das Barometer stieg zwar, aber mit einer Plötzlichkeit, die noch mehr schlechtes Wetter bedeuten konnte. Um 08.00 Uhr bekam Ross den Wetterbericht, wenn auch nur sehr schwach; er mußte sein Ohr an das Instrument drücken, um überhaupt etwas zu verstehen. Der Bericht war ganz günstig, lautete aber für die vergangenen 24 Stunden: „Kräftiges Tief mit lokalen Stürmen in der Biskaya und im Westausgang des Kanals." Ein Sturm bedeutet Bft 9 mit einer durchschnittlichen Windgeschwindigkeit von 41 bis 44 kn.

Gleich nach dem Wetterbericht setzten wir Segel. Geoff und Ross brachten COHOE in Fahrt. Beide zusammen hievten sie die lange Trosse ein, an deren Ende der Treibanker hing. In Kenntnis der großen Zugbeanspruchung durch einen Seeanker ohne Trippleine holten sie mit aller Macht und bemerkenswertem Erfolg Hand über Hand die Nylontrosse ein, als ob nichts an ihrem Ende hinge. Mit dem letzten Zug entdeckten sie die Wahrheit: es hing nichts daran. Der Treibanker war in der Nacht verschwunden, und niemand hatte einen Unterschied verspürt.

Wir waren noch nicht lange unterwegs, als wir ein Segel sichteten. Einen Augenblick stand es hoch gegen den Himmel, im nächsten war es in einem Wellental verschwunden. Der Seegang war zwar weniger geworden, doch es stand immer noch eine klobige See. Als wir näher herankamen, holten wir unsere Kameras heraus und fotografierten uns gegenseitig, als wir dicht unter dem Heck der Yacht vorbeiliefen. Es war die MEHALAH, eine Konkurrentin der Klasse III, und das hier wiedergegebene Bild (Bild 5) ist eine der wenigen authentischen Aufnahmen von einer beigedreht liegenden Yacht, wenn auch nach und nicht während des Sturms aufgenommen. Leider gab unser Auftreten auf der Bühne das Zeichen zu einer fieberhaften Tätigkeit auf der MEHALAH; sie setzte Segel und jagte bald hinter uns her. Wir antworteten, indem wir noch mehr Segel setzten. Im Verlauf der Morgenstunden wurde es zunehmend handiger, und schließlich lag die COHOE wieder unter vollen Segeln.

Nachmittags benutzte ich die durch das ruhigere Wetter gebotene Gelegenheit zur Prüfung unserer Wasserbestände. Ich war bestürzt, festzustellen, daß sich nur noch etwa zwölf Liter im Tank befanden und daß Wasser durch den Verschluß ausgelaufen sein mußte, als die Yacht weit überkrängte. Ich war zunächst ärgerlich, als ich das entdeckte, aber eine nähere Untersuchung ergab, daß die Schuld nicht bei der Mannschaft lag. Es sah nur so aus, als ob die Verschlußkappe fest zugeschraubt gewesen sei; in Wirklichkeit war das Gewinde gebrochen, und wenn die Yacht krängte, lief das Wasser in die Bilge. Während des Sturms mußte eine Menge Wasser ausgeflossen sein. Da hatten wir also nur zwölf Liter im Haupttank und eine Reserve von etwa 14 Litern in einem Kanister. Vor uns lagen noch über 300 sm, auf denen wir mit Windstillen oder Stürmen rechnen mußten. Die Mannschaft nahm die Nachricht gefaßter auf als ich. Geoff rechnete sich aus, daß wir im Notfall eine Reihe von Tagen mit der Flüssigkeit überleben könnten, die in Suppen- und anderen Konserven enthalten war. Wir gelangten schließlich zu einem Kompromiß, indem wir das Wasser auf drei Viertelliter pro Tag und Kopf rationierten, verglichen mit einem Normalverbrauch von zwei Litern pro Tag und Kopf. Hielten wir diese Rationen ein, hatten wir genug für zehn Tage. Um zur Sparsamkeit zu ermutigen, wurden Tee, heiße Getränke und Orangeaden ganz gestrichen. Ross fertigte eine kleine Zeichnung an, die er an das Schott heftete. Wenn einer von uns einen Viertelliterbecher getrunken hatte, machte er einen Strich durch eine seiner Zuteilungen auf der Gemeinschaftskarte. Zum Nutzen aller, denen einmal das Wasser auf See auszugehen droht, sei berichtet, daß wir nicht nur unsere Rationierung einhielten, sondern darüber hinaus noch sparten. Als wir in Santander eintrafen, war die Reserve von 14 Litern noch unangebrochen.

Als wir beidrehten, standen wir etwa in der Mitte des Kanals, und da der Wind entgegen der Voraussage nicht rechtdrehte, machten wir unseren Landfall an der französischen Küste etwa 50 sm östlich von Ushant, das wir erst am Montagmorgen (9. August) rundeten, da nur leichter Wind wehte. So erreichten wir die Biskaya erst bei Nacht; die Ar-Men-Tonne blieb an Backbord liegen; sie bezeichnet das Ende der Saints, der Felsenriffe und Klippen, die sich von der französischen Küste aus 20 sm weit in den Atlantik hinaus erstrecken.

Dienstag (10. August) war ein Tag mäßiger Winde, an dem die Schiffsbesatzung sich in die Routine des Ozeansegelns fand, während die Yacht das Land weit hinter sich ließ und in die Biskaya hineinstrebte. Das einzige, was passierte, war ein Bums, den ich hörte, als ich auf Freiwache unten war. COHOE hatte flüchtig einen treibenden Baumstamm berührt. Eine Anzahl von ihnen trieb in der Gegend herum, und eine Zeitlang mußte der Rudergänger aufpassen, um ihnen aus dem Wege zu gehen. Wir hörten hinterher, daß ein mit Holz beladenes Schiff während des Sturms seine Deckfracht verloren hatte – eine reiche Ernte für die französischen Fischerfahrzeuge.

Frühnachmittags gab es einen heftigen Regenguß, und wir sammelten frisches Wasser zum Waschen aus den Pfützen in den Ecken der leeseitigen Cockpitsitze.

In den ersten Morgenstunden des Mittwochs (11. August) verließ COHOE den Kontinentalschelf mit seinen Tiefen von 180 bis 200 m und passierte in die 3000- bis 4000-m-Tiefen des Atlantiks. Um 02.00 Uhr wehte es mit 4 Bft, begleitet von einem ziemlich üblen Seegang, und um 03.00 Uhr banden wir zwei Reffs in das Großsegel. Es wehte sich ein zu einer guten, stetigen, aber steifen Brise.

Kurz vor 05.00 Uhr vernahmen wir ein scharfes „Päng". Geoff und ich stürzten an Deck, konnten aber keinen Bruch entdecken. Als es hell wurde, sahen wir, daß die Bolzen der Luvbackstagschiene abgeschoren waren. Ich reparierte das Backsteg provisorisch, indem ich es mit einem langen Drahtbändsel verlängerte und weiter achtern an einem heilgebliebenen Teil der Schiene neu ansetzte.

Um 07.00 Uhr ließ der Wind nach, und wir schütteten die Reffs aus, aber nur, um sie eine Stunde später von neuem einbinden zu müssen. Um 11.00 Uhr bargen wir die Genua und setzten den mittleren Klüver. Das Backstag drohte den verbleibenden Teil der Schiene aus dem Deck zu heben. Dies bedeutete eine ernste Sorge und kam ganz unerwartet, da ich die Schiene nach dem gleichen Vorfall im La-Rochelle-Rennen im vorangegangenen Winter hatte durchbolzen lassen.

Um 14.00 Uhr bargen wir die Arbeitsfock und setzten an ihrer Stelle den kleinen weißen 6-m-Klüver. Mit einem so unzuverlässigen Backstag konnten wir es uns nicht leisten, den Verlust des Mastes zu riskieren, der großen Beanspruchungen ausgesetzt war, wenn die Yacht tief einsetzte. COHOES Fahrt ging auf 6,5 kn zurück, ein sehr bedenklicher Zeitverlust in einem Rennen dieser Art. Währenddessen nahm der Seegang ständig zu.

Geoff hatte es fertiggebracht, eine Mittagsbreite zu nehmen, indem er sich während der Beobachtung an den Mast band. Nachmittags war der Himmel bewölkt, und eine Reihe von Regenböen zog durch, so daß weitere Beobachtungen entfielen. Um 18.00 Uhr passierten wir eine treibende Ginflasche, die uns eine Vorstellung von unserer Länge vermittelte; vermutlich stammte sie von einer anderen Yacht, die vor uns auf dem gleichen Kurs lag.

Abends war die See wirklich grob und das Wetter stürmisch. Später hörten wir, daß sogar die LATIFA, eine Yacht der Klasse I, zu dieser Zeit nur noch Sturmbesegelung führte. Der Wind war herumgegangen und raumer geworden; unter doppelt gerefftem Großsegel und Sturmklüver loggten wir bald, trotz des schadhaften Backstags, wieder 7 kn. Als Ross auf Wache stand, machte er häufig Bemerkungen über das Gleiten, wovon er als Jollensegler schon etwas verstehen sollte. Nicht nur daß die Seen groß waren, sie hatten auch sehr steile, brechende Kämme, und es war erstaunlich, daß keine von ihnen an Bord brach. Von jeder brechenden und schäumenden Pyramide, die ihr Heck erreichte, wurde COHOE emporgehoben und mitgerissen. Dann sackte sie den Wellenrücken herab, bis sie von der nächsten See von neuem angehoben wurde. Es wurde notwendig, den Rudergänger im Cockpit festzulaschen, und bei Einbruch der Nacht verkürzte ich die Wachen auf einstündige Rudertörns. Das war lange genug, denn das Boot verlangte Konzentration des Rudergängers, dessen Sicht zudem dauernd von fliegendem Gischt behindert war.

Nach unserer Koppelnavigation in Verbindung mit unserer Mittagsbreite wußten wir, daß wir um Mitternacht weniger als 30 sm von der spanischen Küste abstanden, aber außer dem Hinweis durch die Ginflasche kannten wir nicht unsere genaue Länge.

Am Donnerstag (12. August) machte Ross um 01.30 Uhr den Lichtschein des Doppelblitzfeuers von Cabo Major bei der Einfahrt nach Santander, weniger als 20 sm entfernt, aus. Wir änderten den Kurs, und mit raumem Wind segelte COHOE sehr schnell, so daß es nicht lange dauerte, bis das Lichtermeer von Santander in Sicht kam. Als wir um 03.55 Uhr die Ziellinie kreuzten, schossen wir zwei weiße Leuchtkugeln ab. Das Rennen war geschafft, und mit Hellwerden ging die Sonne über den Bergen Spaniens auf, 440 sm und fünfeinhalb Tage, seit wir von England ausgelaufen waren.

EILUN stellte sich als Gesamtsieger und erste der Klasse I heraus. Sie hatte den Sieg wohlverdient, denn sie war eine alte Fife-Yacht, die man für Hochseeregatten umgebaut hatte, und sie war das kleinste Boot ihrer Klasse. Pat Hall, ihr erfahrener Eigner, sagte mir, bevor das Rennen startete, seine Taktik würde sein, so viel West wie möglich zu machen, wenn der Wind zu Beginn des Sturms rückdrehte, und Süd, wenn der Wind ausschoß, und er behielt recht. ERIVALE gewann in Klasse II und MINDY in Klasse III. COHOE wurde zweite in ihrer Klasse, vor MEHALAH als dritte. Die gesamte Flotte von Hochseerennyachten war ganz gut mit dem Sturm fertig geworden. Von 32 gestarteten Yachten gaben nur elf wegen irgendwelcher Havarieschäden auf. Der einzige ernstere Unglücksfall ereignete sich auf der BENBOW, auf der ein Mann der Besatzung seinen Arm brach, und in derselben Nacht, in der Geoff und ich von der COHOE ins Wasser fielen, ging auch ein Mann der ERIVALE über Bord. Das passierte, als es anfing zu wehen. Es war sehr dunkel, und es regnete in Strömen. Das Vorsegel wurde gerade heruntergeholt, und Peter Padwick, Medizinstudent und Mitglied der Besatzung, holte an der Winsch die Schot ein, mit dem Eigner Dr. Grenville hinter sich. Das Schiff schien von einer See sozusagen auf falschem Fuß erfaßt worden zu sein, so daß Padwick über die Seereling hinwegkatapultiert wurde. Glücklicherweise gelang es ihm, auf dem Rücken liegend, seinen Arm um eine Relingsstütze zu klammern. Der Eigner bekam

Padwicks Fußknöchel zu fassen und zog ihn, von dem Rückschlingern der Yacht unterstützt, wieder an Deck, wo er an der Winsch weitermachte, als sei nichts geschehen. Die aus Nirosta bestehende Relingsstütze hatte sich um 45 Grad verbogen.

Schlußfolgerungen

Schätzen wir zunächst die Stärke des Sturms. Ein Tiefdruckgebiet wanderte westwärts Richtung Irland, und ein kräftiges Teiltief bildete sich in den frühen Morgenstunden des Sonnabends im Nordwesten Spaniens, zog über die Biskaya, lag um 18.00 Uhr vor Brest und zog weiter über den Kanaleingang auf Plymouth zu. Das Zentrum der Depression (das sich bis auf 976 mb vertieft hatte) passierte daher etwas nordwärts der in Führung liegenden Yachten der Flotte und unmittelbar über den in der Mitte des Kanals befindlichen Yachten, zu denen auch COHOE und MEHALAH gehörten und andere, die in der Nachbarschaft ebenfalls beigedreht hatten.

In der Biskaya gingen eine Reihe von Fischerfahrzeugen verloren, die abgelaufen waren, um Schutz zu suchen, und es gab weitere Unglücksfälle an der bretonischen Küste. Der Sturm wurde als einer der schwersten bezeichnet, an die man sich auf den Kanalinseln erinnern konnte. Die ISLE DE SARK, mit 750 Passagieren an Bord, lief St. Peter Port als Nothafen an. In diesem Hafen rissen sich sechs Sportfahrzeuge von ihren Verankerungen los und gingen unter. An der englischen Küste gerieten zahlreiche Yachten und andere Fahrzeuge in Seenot. Kapitäne von Kanalfähren berichteten von der schlimmsten Überfahrt des Jahres. Wie schon gesagt, wird ein starker Sturm stets in den Tageszeitungen erwähnt, aber dieser besondere Sturm lieferte Schlagzeilen für einen Leitartikel auf der ersten Seite des „Daily Telegraph", der ihm drei Spalten widmete – so groß waren die Schäden und Verluste.

Das Unwetter wurde in den Zeitungen als ein Sturm mit 61 kn Windgeschwindigkeit bezeichnet. Ein früherer Offizier der Clan-Linie schreib in einem Brief an „Yachting Monthly" im September 1966, er habe, auf der Rückreise von Australien, die Yachten während des Sturms passiert. Wenn er sich genau erinnere, wäre der Sturm auf seinem Dampfer zu einem bestimmten Zeitpunkt mit Windstärke 11 (56 bis 63 kn) ins Logbuch eingetragen worden.

Ich dachte, es könnte sich bei der Erinnerung an das Logbuch vielleicht um einen Irrtum handeln oder daß die Eintragung sich auf einzelne Böen bezog, aber als Meteorologe bemerkt Alan Watts im Kapitel „Meteorologie der Depressionen", die vom Clan-Liner berichteten 11 Windstärken seien unbedingt richtig, auch wenn eine solche Windstärke nicht lange habe anhalten können. Zur Bekräftigung seiner Ansicht stellt er barometrische Diagramme dar. Das einzige authentische Zeugnis aus der Ozeanrennflotte lieferte die THEODORA. Sie maß an Hand ihres Anemometers in den Böen 60 kn, die aber nicht das Maximum darzustellen brauchen, weil sie wahrscheinlich in Deckshöhe gemessen wurden. Dies ergibt eine niedrigere Ablesung als in 10 m Höhe, auf der die Beaufort-Skala beruht.

Bei Betrachtung des Isobarenverlaufs auf den Wetterkarten auf Seite 71 halte ich Bft 10 (48 bis 55 kn) für eine ziemlich gute Einschätzung des Sturms, als dieser über die Yachten hinwegfegte, vielleicht sogar während einer kurzen Zeitdauer Bft 11. Wenn diese Schätzung stimmt, würde es in den Böen mit Orkanstärke geweht haben. Ich schreibe dies mit allem Vorbehalt, weil ich offen zugeben muß, daß ich keine Windstärken über 8 und 9 beurteilen kann. Sie treten so selten auf, und in dem dann herrschenden allgemeinen Getöse ist es schwierig, die Durchschnittsgeschwindigkeit nach der Beaufort-Skala abzuschätzen oder zu unterscheiden zwischen Windstößen von 65, 60 oder 55 kn. 55 sind für mich schon mehr als genug.

1. Stürme. Ein Sturm mit 9 Windstärken kommt während der Sommermonate nur sehr selten vor. Acht Jahre vergingen, bevor Hochseerennyachten in heimischen Gewässern wieder von einem vergleichbaren Wetter überrascht wurden. Das war in dem Sturm im Englischen Kanal 1956, auf den wir noch zu sprechen kommen. Windstärke 10 tritt (außer in Wettervorhersagen) so selten auf, daß man auf Kreuzfahrten kaum damit zu rechnen braucht, obgleich sie natürlich theoretisch möglich bleibt.

Verluste an Menschenleben waren auf Fischerfahrzeugen zu beklagen, die versucht hatten, Schutz zu finden. Küstenfahrzeuge und Yachten in engen Gewässern gerieten in Seenot, aber alle Hochseerennyachten im tiefen Wasser des westlichen Kanaleingangs kamen heil durch den Sturm; sie verloren lediglich Segel oder erlitten geringfügige Havarien.

Dies bekräftigt die alte Regel, daß sich der sicherste Ort bei schwerem Wetter oder im Sturm draußen auf See befindet, so weit entfernt vom Land wie nur möglich.

2. Teiltiefs. Ein Teiltief ist manchmal intensiver als das dazugehörige Haupttief. Es ist etwas, auf das der Yachtsegler sein Augenmerk richten sollte, besonders, wenn sich das größere Tief nach Norden bewegt. Entwicklung und Marschrichtung von Teiltiefs sind nicht so leicht vorhersagbar wie die ihrer Haupttiefs, und daher kann die Warnung vor ihnen in der Wettervorhersage nur kurzfristig sein. Sie sind von verhältnismäßig kurzer Dauer (der Sturm, von dem die Rede ist, dauerte weniger als zwölf Stunden), und obgleich die Windstärken groß sind, wird der Seegang im Verhältnis zur Windstärke nicht seine Maximalhöhe erreichen, da der Sturm nicht lange genug weht, um ihn zur vollen Entfaltung zu bringen.

3. Treibanker. Der Versuch mit dem Treibanker war nicht schlüssig, da er zu klein war. Trotzdem bestätigte das Experiment die Erfahrung anderer Segler, wonach eine Yacht mit kurzem Kiel und ohne Stützsegel achtern nicht ohne weiteres vor einem Treibanker mit dem Kopf zur See liegenbleibt. Wichtig war die Feststellung, daß auch eine doch sehr kleine Yacht wie die COHOE verhältnismäßig sicher ist, wenn man sie unter bloßem Mast vor Topp und Takel treiben läßt.

4. Driftgeschwindigkeit mit dem Wind. Als die Yacht sich vor Topp und Takel treiben ließ, scheint der Leeweg nicht weniger als 1,5 kn betragen zu haben.

5. Wellenhöhe. Der Eigner eines 18-t-Fahrtenkreuzers, dessen Besatzung gerettet wurde, berichtete von „Seen, die 12 m hoch gewesen sein müssen“. Wie schon im Kapitel „Wind und Wellen“ zum Ausdruck gebracht, haben Yachtsegler die Gewohnheit, eine Welle nach ihrer scheinbaren Höhe im Vergleich mit dem Mast zu messen, was meiner Ansicht nach zu optischen Täuschungen führt. Die wahre Höhe ist nur drei Fünftel oder vielleicht die Hälfte der scheinbaren Höhe. Eine über 7 m (drei Fünftel von 12) hohe Welle wäre schließlich für den westlichen Kanal immer noch immens hoch.

6. Relingsstützen und Handläufer müssen sehr stark sein. Auf COHOE waren die Relingsstützen an Deck festgeschraubt und mit der Fußreling verbolzt, aber Geoffs und mein Gewicht brach die Stützen nicht nur aus dem Deck heraus, sondern riß auch die Fußreling weg. Der RORC hat strikte Bestimmungen über die Befestigung von Relingsstützen herausgebracht, aber ich halte es für unklug, sich zu sehr auf diese Sicherheitsvorrichtungen zu verlassen, außer wenn die Beschläge enorme Festigkeit besitzen, was auf vielen Yachten

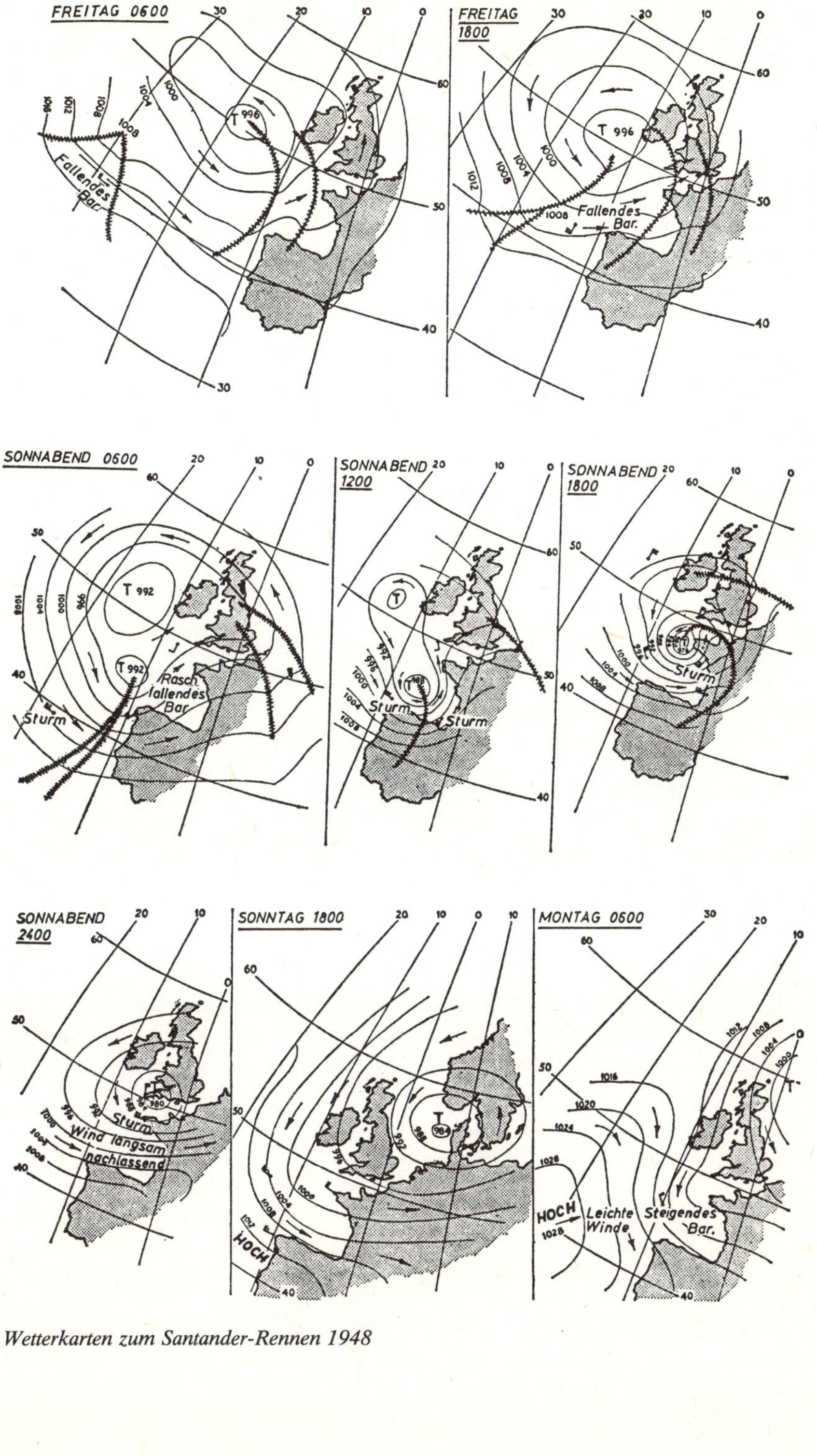

Wetterkarten zum Santander-Rennen 1948

nicht der Fall ist. Relingsstützen scheinen die Gewohnheit zu haben, entweder zu verbiegen oder zu brechen, wie es durch andere Zwischenfälle bestätigt wird, von denen später noch die Rede sein wird.

7. Schwimmwesten und Sicherheitsgurte. Wegen ihres Umfangs haben wir vor 1950 nie Schwimmwesten getragen. Wenn hieran Kritik geübt wird, möchte ich zu bedenken geben, daß auch die Besatzungen der Brixham-Trawler, mit denen ich nach dem 1. Weltkrieg segelte, keine trugen, auch nicht im Sturm, obgleich sie nicht schwimmen konnten.

Was vermieden werden muß, ist, überhaupt über Bord zu gehen, und dafür sind Sicherheitsgurte und -leinen von Nutzen. Sie kamen erst bei dem Transatlantikrennen 1950, auf das ich später zu sprechen komme, in allgemeinen Gebrauch. Sicherheitsgurte würden (wenn kräftig genug) für eine Verbindung mit dem Schiff gesorgt haben, als Geoff und ich über Bord gingen. Trotzdem glaube ich nach wie vor, daß Sicherheit auf See in erster Linie vom Selbstvertrauen abhängt und daß ein Sicherheitsgurt nur ein untergeordnetes Hilfsmittel darstellt, das man nicht überbewerten sollte.

8. Wasser. Ist nur ein Wassertank vorhanden, muß eine Wasserreserve auf Fernregatten oder -fahrten stets in getrennten Behältern mitgeführt werden.

9. Seekrankheit. Seekrankheit ist bei Sturm das größte Handikap. Vielen Yachtseglern wird übel, wenn sie unter Deck Arbeiten erledigen und sich dabei bücken müssen, um z. B. aus einem Haufen Proviant die richtige Dose herauszusuchen, oder über das Radio gebeugt irgend etwas daran reparieren. Der Seekrankheit läßt sich manchmal durch Aufenthalt an Deck oder durch Ausstrecken in der Koje entgehen. Heutzutage schützen Pillen vor Übelkeit, sind aber keine Garantie gegen schlimme Fälle von Seekrankheit.

10. Besorgnisse zu Hause. Das späte Eintreffen verschiedener Yachten einschließlich der COHOE, die als überfällig gemeldet worden waren, erregten Besorgnis bei den Angehörigen zu Hause. Eine kleine Yacht erzielt ein Durchschnittsetmal von nur etwa 100 sm. In einem Sturm kann sie lange aufgehalten werden, wenn sie beigedreht oder an einer Stelle Schutz gesucht hat, wo es vielleicht keine Kommunikationsmöglichkeit mit dem Land gibt. Oft folgt auf den Sturm eine Windstille, die die Reise verzögert. Kleine Schäden wie der Verlust von Segeln können weitere Verspätungen verursachen. Ernste Schäden wie Ruderhavarie oder sogar Mastbruch können die Ankunft um mehrere Tage verzögern. Dies trifft beim Rennsegeln nicht weniger zu als beim Fahrtensegeln, so daß die Besorgnisse zu Hause sich glücklicherweise nur zu oft als verfrüht herausstellen.

11. Vertrauen. Die wichtigste Erfahrung, die wir von dem Sturm im Santander-Rennen mit nach Hause brachten und die sich an unsere Erfolge in weniger schlimmen Stürmen anschloß, war, daß wir uneingeschränktes Vertrauen in die bisher vielumstrittenen Seeeigenschaften kleiner Leichtdeplacementyachten wie COHOE haben konnten.

Drei weitere Stürme

Die vorhergehenden Kapitel verleiten vielleicht zu der Annahme, daß die COHOE ausschließlich auf Hochseeregatten gesegelt wurde. Das war ganz und gar nicht der Fall, denn neben unserer Regattatätigkeit legten wir jede Saison 1000 bis 1500 und mehr Meilen auf Kreuzfahrten zurück. Allein in den ersten drei Saisons segelte COHOE wohl an die vierzigmal über den Kanal. Zahlreiche Hochseerennen endeten in einem ausländischen Hafen, wodurch sich ein guter Absprung für weitere Reisen ergab. Und neben allem diesem waren wir auch sonst noch viel unterwegs. Manchmal wurde die COHOE von Mannschaften gesegelt, die noch über freie Zeit nach Abschluß eines Rennens verfügten, aber meistens segelte ich mit meiner Frau oder Mitgliedern der Familie.

Da wir dauernd unterwegs waren, erlebten wir auch ein reichliches Maß an Schwerwettersegelei, aber wir wurden dabei niemals auf offener See in derselben Weise erwischt wie bei Ozeanregatten. Ich hoffe daher, der Leser wird mir verzeihen, wenn ich fortfahre, als wollte ich einen Katalog von Hochseeregatten zusammenstellen. Aber hierbei habe ich die Erfahrungen gesammelt, denen ich das meiste Wissen verdanke, das ich über Stürme besitze.

Vor Belle Ile beigedreht

Es war ein merkwürdiger Zufall, daß die COHOE in dem ersten Rennen, das Santander folgte, in eine andere Depression geriet, nur daß sie diesmal die zweifelhafte Ehre genoß, das Tief allein auszukosten.

Das Rennen von Santander nach Belle Ile wurde am 15. August nachmittags gestartet. Die Rennstrecke führte über 235 sm unmittelbar über die Südostecke der Biskaya (siehe Karte Seite 60). Geoffs Urlaub war inzwischen abgelaufen, und er war nach England zurückgekehrt. An seiner Stelle war Dick Trafford getreten, ein Freund von Ross aus Cambridge.

Während unseres dreitägigen Aufenthalts in Spanien waren wir königlich bewirtet und unterhalten worden, und nur wenige von uns hatten viel Zeit zum Schlafen gefunden. Als es an den Abschied ging, bedauerten wir, die Sonne und Wärme des Empfangs gegen die grausame See und Konservenverpflegung eintauschen zu müssen.

Einerlei, wir starteten an einem leuchtenden Sonntagnachmittag. Eine schöne, frische Brise sorgte dafür, daß wir uns rasch eingewöhnten. In den ersten Stunden des Montags drehte der Wind vorlicher, und bis 08.30 Uhr hatte es so aufgebrist, daß wir ein Reff einstecken mußten. Wir ließen die Genua stehen, aber der Bolzen, der die Backstagplatte hielt, war unter der Beanspruchung gebrochen, und der Schaden mußte behoben werden. Um 10.00 Uhr riß das Großsegel der Breite nach unterhalb des Kopfbrettes durch. Das Segel rauschte herab; Großfall und Kopfbrett rutschten in den Masttopp.

COHOES Mast war massiv, hoch und dünn und oberhalb des Jumpstags nicht viel dicker als ein schwerer Spazierstock. Angesichts der beachtlichen Dünung und ziemlich grober See war nicht daran zu denken, den Mast hochzuklettern und das Fall wieder herunterzuholen. Da das Standerfall über einen kräftigen Block lief, versuchten wir mit Hilfe dieses Falls ein Drahtende einzuscheren, aber die Versuche blieben erfolglos und endeten damit, daß das Standerfall brach.

Als nächstes schäkelten wir den Bootsmannsstuhl an das Fockfall und heißten Dick Trafford, der von uns dreien das kleinste Gewicht hatte, hinauf zum Vorstagblock. Oben im Mast waren die Bewegungen jedoch so wild und Dick wurde so sehr herumgeworfen, daß er den Topp nicht erreichte und das Großfall nicht zu fassen bekam. Als wir ihn wieder heruntergefiert hatten, mußte er sich erbrechen.

Des Großsegels beraubt, torkelte die Yacht entsetzlich im Seegang. Selbst an Deck war es schwierig, sich festzuhalten, und oben im Mast war es, auch wenn man sich festgebunden hatte, als hinge man am Ende eines Pendels und schwinge von der einen zur anderen Seite über das Wasser. Es war genug, um jedermann seekrank zu machen.

Wir gaben es auf, des Großfalls habhaft zu werden, und packten das Großsegel auf den Baum. Dann versuchten wir das Trysegel mit Hilfe des Spinnakerfalls zu setzen, aber auch das schlug fehl, weil wir nicht die richtige Fallführung finden konnten.

Jetzt gab es nur noch eine Möglichkeit, nämlich ein neues Fall durch einen Block zu scheren und den Block über der Obersaling an den Mast zu schlagen. Als Block und Fall fertig waren, meldete Ross sich freiwillig, damit in den Mast zu gehen. Dick und ich hatten jedoch wenig Lust, 180 Pfund Gewicht mit dem Vorsegelfall den Mast hochzuziehen, und auch der kleinen Mastwinsch konnten wir die Aufgabe nicht zumuten. Infolgedessen ging ich als der Zweitleichteste mit dem Bootsmannsstuhl nach oben. Mit Ross' und Dicks vereinigter Muskelkraft an der Winsch ging die Sache rasch vor sich. Nicht anders als Dick mußte ich feststellen, daß die Bewegung die Sache sehr erschwerte. Eigentlich brauchte ich beide Hände zum Festhalten, aber vorübergehend gelang es mir, den Mast mit meinen Knien zu umklammern, während ich den Block anbrachte. Die Befestigung war stark, und ich stand bald wieder auf Deck, wo ich sofort seekrank wurde. Jetzt waren wir alle drei seekrank gewesen, was schließlich ein Kompliment ist für die gewaltigen Feste, die wir in Spanien gefeiert hatten.

Da das Standerfall gebrochen und daher auch unsere Rennflagge heruntergekommen war, holte ich mir eine Segelnadel und etwas Takelgarn und nähte die Rennflagge an den Kopf des Trysegels, bevor wir es setzten. Es war eine Art Angabe, aber wir fühlten uns besser danach.

Der Kampf um das Großfall und die anderen Arbeiten, die sich in ein paar Zeilen schildern lassen, kosteten uns nicht weniger als vier Stunden. Glücklicherweise wehte es mit Bft 6, so daß wir trotz Verlustes des Großsegels und nur unter Genua und Trysegel ganz gut vorankamen.

Dienstagfrüh (17. August) ließ der Wind jedoch nach und blieb leicht. Unter der reduzierten Segelfläche wurde COHOE sehr langsam. Der Ausfall des Großsegels hatte uns bereits außer Konkurrenz gebracht, soweit es die Aussichten anbetraf, noch zu den Preisträgern zu gehören.

Erst um 04.00 Uhr am Mittwoch, 18. August, sichteten wir am Himmel den Widerschein des mächtigen Goulphar-Feuers auf der Belle Ile, nach Koppelort 22 sm entfernt. Das Barometer fiel, und der Wind hatte zurückgedreht und aufgefrischt, so daß wir wieder über 5 kn machten.

Um 07.00 Uhr fiel dichter Regen; die Sicht verringerte sich auf etwa 0,75 sm und häufig weniger.

COHOE segelte in einer grauen Umwelt allein für sich dahin. Weiß man Bescheid, ist die Ansteuerung von Belle Ile nicht schwierig, da die meisten vorgelagerten Gefahrenstellen vor Goulphar-Feuer oder am Nordende der Insel liegen. Die Gezeitenströme sind dagegen ziemlich stark, laufen dicht unter der Insel und sind kaum vorhersagbar. Außerdem liegt weniger als 5 sm ostwärts zwischen Basse des Cardinaux und Quiberon ein besonders gefährliches Gebiet von Unterwasserfelsen.

Als wir um 09.00 Uhr noch nichts in Sicht bekommen hatten und da die Insel uns damals noch vollkommen fremd war, entschloß ich mich, lieber den Kurs zu ändern und in das tiefe Wasser im Nordwesten der Insel zu laufen. Die Sicht war infolge des dichten Regens sehr schlecht, und es wehte so hart, daß wir den Sturmklüver setzen mußten. Das bedeutete, daß wir nunmehr angesichts des bereits gesetzten Trysegels nur noch unter Sturmbesegelung

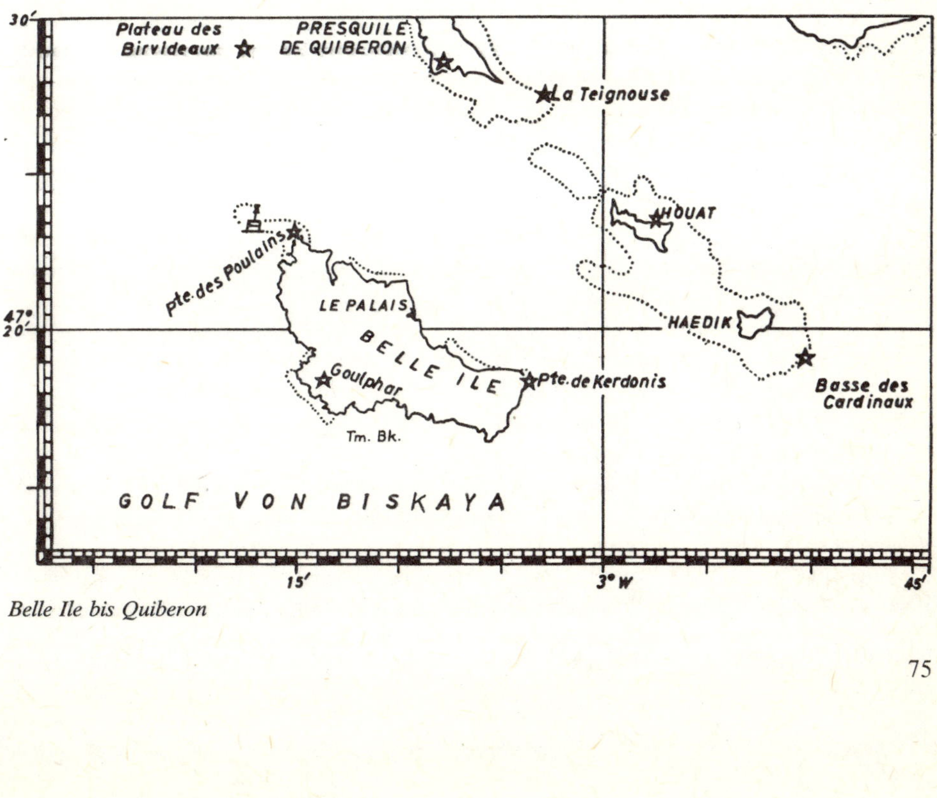

Belle Ile bis Quiberon

liefen. Wir fanden uns in Gesellschaft eines großen Thunfischfischers, dem wir eine kurze Weile folgten; wir konnten ihn halten, aber nicht überholen; immer wieder verschwand er in den Regenschauern, so daß wir schließlich auf unseren alten Kurs zurückfielen, um frei vom Land zu halten.

Um 10.30 Uhr drehten wir bei. Wir waren unter Sturmbesegelung 6,5 kn gelaufen, aber jetzt näherte der Wind sich Sturmstärke, und ein hoher Seegang baute sich auf. Die Yacht lag beigedreht auf Steuerbordbug WSW an, nur unter Trysegel, da der Sturmklüver schon zu viel für sie war, und mit der Pinne in Luv anstatt in Lee. Das war ein Versuch, der aber gelang. Sich selbst überlassen, lag COHOE stetig in der See, ritt die Wellen und machte nur ganz langsame Fahrt voraus.

Unser Schiffsort lag NW von Belle Ile, aber da ich, außer dem Lichtschein von Goulphar-Feuer, seit Spanien kein Land gesehen hatte, mußten wir die ganze Zeit Deckwache gehen für den Fall, daß in der Navigation irgendein Irrtum steckte. Ein Motortrawler tauchte aus dem dichten Regen auf und legte sich ganz in der Nähe längsseits, um zu fragen, ob wir Beistand benötigten. Als er sich davon überzeugt hatte, daß dies nicht erforderlich war, verschwand er wieder in der trüben Unsichtigkeit. Um 14.00 Uhr erfrischten wir uns mit einer Flasche Champagner, die wir in Spanien gekauft hatten. Etwas später gingen wir, nunmehr besseren Muts, unter Trysegel auf den anderen Bug, setzten den Sturmklüver und liefen unter ständigem scharfem Ausguck nach Belle Ile zurück.

Zwischen 17.00 und 18.00 Uhr wurde die Sicht schlechter als je zuvor, und von Belle Ile war nichts zu entdecken. Die Lotungen zeigen zwar tiefes Wasser an, doch steigt der Meeresboden vor der felsigen NW-Küste von Belle Ile sehr plötzlich an, und es gibt dort vorgelagerte Klippen. So blieben wir lieber nicht länger auf diesem Kurs. Außerdem wehte es härter als je zuvor. Wir legten uns daher auf den anderen Bug und drehten auf dem seewärts gerichteten Schlag wiederum bei. Ich beschloß, erst nach Einbruch der Dunkelheit einen neuen Versuch zu unternehmen, in Landnähe zu gelangen; dann sollten wir Goulphar-Feuer ausmachen können, das bei klarem Wetter eine Reichweite von 23 sm besitzt. Wir hatten gerade den Entschluß gefaßt, uns etwas Ruhe zu gönnen, da wir doch die ganze Nacht hindurch zu segeln hatten, als wir um 19.30 Uhr von lauten Zurufen aufgescheucht wurden. Es war ein anderer Thunfischfischer, der seinen Beistand anbot.

Keiner seiner Besatzung sprach Englisch, aber mir fielen die Worte ein, die eine Erzieherin oder ein Lehrer anzuwenden pflegte: „Allez vous en" – und wir konnten ihn mit einer leeren Flasche Champagner abwinken. Der Thunfischfischer hielt sofort ab und verschwand im Regen. Wir blieben beigedreht liegen, verzehrten unsere Abendmahlzeit und wuschen hinterher ab.

Um 21.00 Uhr wurde es dunkel, und wir sichteten das Pointe-des-Poulains-Feuer an der äußersten Nordspitze von Belle Ile; wir standen also nicht weit von unserem errechneten Schiffsort entfernt. Das Feuer peilte südlich, und der Hafen von Le Palais lag nur 5 sm südöstlich des Feuers und war bequem anzuliegen, da der Wind rechtgedreht hatte. In wenig mehr als einer Stunde hätten wir Schutz finden und eine Bauernnacht verschlafen können, aber die Wettfahrtregeln bestimmten, daß die Pointe de Kerdonis auf der Südostseite von Belle Ile an Backbord zu lassen waren. Das hieß, um Belle Ile fast wieder herumsegeln zu müssen, und bedeutete eine lange Kreuzstrecke und eine Distanz von 25 sm, bis wir die Ziellinie vor Le Palais von der richtigen Seite kommend passieren konnten. Es spricht für Ross und Dick, daß ihnen der Gedanke, aufzugeben, überhaupt nicht kam. Vielleicht war es der Rennflagge zu danken, die wir an das Segel genäht hatten, aber jedenfalls war diese Einstellung typisch für alle meine Besatzungen auf der COHOE.

Es wurde eine lange Reise. Erst mußten wir um die Nordspitze von Belle Ile herumkreuzen. Der Wind war weniger geworden, und wir setzten die Genua. Kaum war sie oben, frischte der Wind auf, und wir mußten sie durch die Fock ersetzen. Dann kam es noch härter, und wir mußten zum Sturmklüver übergehen.

Inzwischen hatte sich der Himmel aufgeklärt, und der Mond kam durch. In Lee des Landes hatte die schwere Dünung nachgelassen. Um Mitternacht fiel eine heftige Bö ein, und es wehte so wütig, daß das Boot fast auf das Wasser gedrückt wurde. Schnell bargen wir den Sturmklüver und machten allein unter Trysegel weiter. Es war eine mühselige Arbeit, aber glücklicherweise war die Tide günstig. Das Barometer zeigte einen scharfen Anstieg, und es dauerte nicht lange, bis der Wind handiger wurde. Zunächst konnten wir den Sturmklüver, später die Fock setzen. Bei Hellwerden am nächsten Morgen waren Goulphar-Feuer und Belle Ile in Sicht.

Um 09.00 Uhr setzten wir die Genua. Es wurde ein schöner Sommertag, aber der Wind starb, und nur unter Trysegel an Stelle des Großsegels kamen wir verzweifelt langsam voran. Erst am Donnerstag um 13.20 Uhr passierten wir an einem windlosen Sommertag unter Trysegel die Ziellinie vor Le Palais. Wir waren im Rennen die letzten, aber als COHOE in den Hafen humpelte, mehr als 36 Stunden überfällig, wurde sie von der ganzen Ozeanseglerflotte mit einem Hoch empfangen. Der RORC neigt nicht zu Gefühlsausbrüchen, und in 20 Jahren Regattasegelei habe ich nicht ein einziges Mal erlebt, daß irgendeiner Yacht ein so herzlicher Empfang bereitet wurde. Für uns war er schöner als jeder Preis.

Schlußfolgerungen

Mir fehlen alle Unterlagen für diesen Sturm, da wir weder Wetterberichte erhielten noch französische Zeitungen zu Gesicht bekamen. Die meteorologischen Stationen in England lagen zu weit ab, um herangezogen zu werden, aber die Wetterkarten auf Seite 78 lassen auf etwa 6 Windstärken schließen. Und doch muß der Wind stärker gewesen sein.

Zufällig fiel mir ein Ausschnitt aus „Yachting World" in die Hände, in dem über das Rennen berichtet wurde. Es hieß dort unter Bezugnahme auf Montagnacht (lange vor dem Sturm): „. . . frischte auf bis etwa Windstärke 6 mit gelegentlichen schweren Böen und einer sehr unangenehmen See . . ." „Fast jeder bezeichnete übereinstimmend die Nacht als eine der ungemütlichsten, die er je auf See erlebt hätte." „MYTH . . . hart am Wind mit einer Durchschnittsgeschwindigkeit von über 6 kn, einen Teil davon unter den abscheulichsten Verhältnissen."

Was also mag die Windstärke in dem Sturm am Mittwoch gewesen sein, als wir den Sturmklüver um 09.00 Uhr setzten, und bei der Bö des Nachts, als sogar der Sturmklüver geborgen werden mußte? Verbinden wir dies mit der Tatsache, daß eine Anzahl großer Schiffe auf Belle-Ile-Reede Schutz suchte und es für die Yachten im Hafen so ungemütlich wurde, daß viele von ihnen durch die Schleuse gingen, um im inneren Bassin Sicherheit zu finden.

Dieser Hinweis läßt auf Windstärke 8 schließen, aber man erinnere sich, daß COHOE ein ungewöhnlich rankes Boot war. Durch langjährige Erfahrung in meinem Urteil gereift, würde ich rückschauend sagen, der Wind hatte wahrscheinlich eine Stärke von Bft 7 und die

Bö am Mittwoch etwa 50 kn oder so ähnlich, wie es beim Durchzug einer Kaltfront nichts Ungewöhnliches ist.

Die gemachte Erfahrung bereicherte meine Lehrzeit im Schwerwettersegeln und ist vielleicht auch für die Eigner kleiner Yachten von 3 bis 4 t Verdrängung von Interesse; die Leistung als solche würde jedoch heute von kleinen Ozeanyachten übertroffen werden können, deren Entwurf und Konstruktion sich seitdem so sehr entwickelt und verbessert haben. Mein gegenwärtiges Boot zum Beispiel, COHOE III, hat dreimal die Stabilität der ersten COHOE, und ihre Führung ist mit Hilfe von elektronischen Instrumenten viel wissenschaftlicher fundiert. Bei Windstärke 7 nach Anemometeranzeige würde sie die kleine Genua und ein doppelt gerefftes Großsegel führen und, mit Speedometer gemessen, eine Geschwindigkeit von 6 kn gegen und von 7 kn mit dem Wind durchhalten. Die Verwendung eines Funkpeilers würde die Ansteuerung von Belle Ile zu einer Kleinigkeit machen. Ebenso würden mit einer fünf- anstatt dreiköpfigen Besatzung viele der aufreibenden Mühen des Hochseerennsports entfallen.

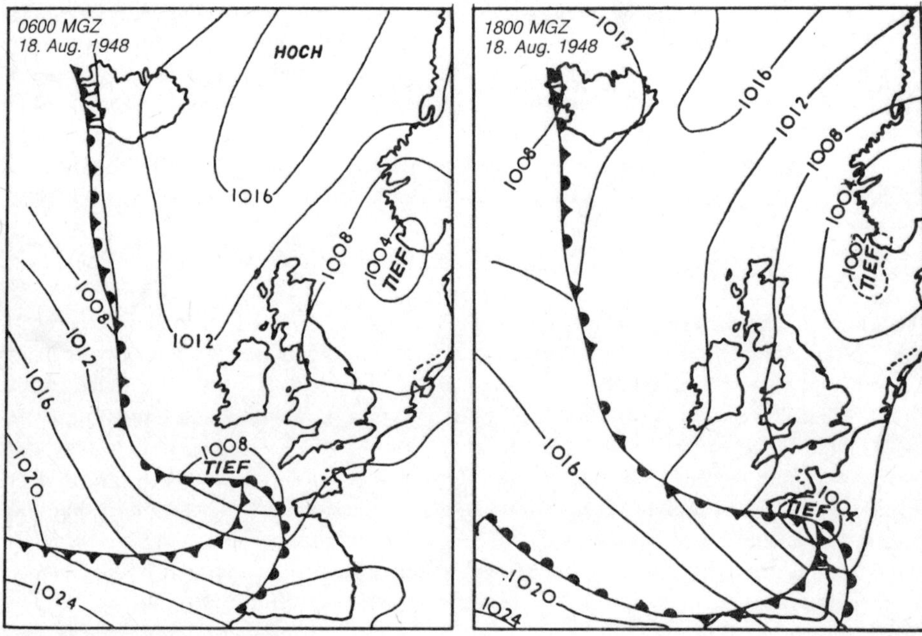

Wetterkarten zum Sturm vor Belle Ile, 1948

1. Schäden in der Takelage. Der Verlust des Großfalls war die Hauptursache der ganzen Schwierigkeiten, denn sonst wäre COHOE zusammen mit ihren Gegnern lange vor Ausbruch des Sturms im Hafen gewesen. Bei grober See in den Mast zu steigen, erwies sich als etwas ganz anderes, als dasselbe im Hafen zu tun. Möglich, daß wir uns dabei zu sehr angestellt haben, denn auf anderen Yachten sind erstaunliche Reparaturarbeiten auf See ausgeführt worden.

2. Irrtümer. Als ich nach Beendigung des Rennens den Kurs auf der Karte überprüfte, stellte ich fest, daß ich mich beim Absetzen der abgelaufenen Distanz um 10 sm vertan hatte. Der Widerschein des Goulphar-Feuers war in einer Entfernung von 32 und nicht von 22 sm ausgemacht worden. Daher war es nicht überraschend, daß wir Belle Ile fünf Stunden später nicht in Sicht bekamen, denn wir standen noch mehrere Meilen südlich der Insel, als wir wieder nach See hinaushielten.

Dieses lächerliche Versehen war zweifellos auf Ermüdungserscheinungen zurückzuführen. Der Regattaskipper auf einer kleinen mit zusammen nur drei Mann besetzten Yacht ist nicht nur verantwortlich für die Navigation, sondern er leistet auch seinen vollen Anteil an Wachegehen und Seemannschaft. Infolge dessen war ich hinsichtlich Schlaf während der ganzen zwölf Tage zwischen Brixham und Belle Ile (unter Berücksichtigung der Festlichkeiten in Spanien) reichlich kurz gekommen.

Die Moral der Geschichte ist, im Zustand der Ermüdung besonders sorgfältig zu sein und jedes und alles doppelt zu kontrollieren, denn zu leicht begeht man einen solchen Flüchtigkeitsfehler, wie er mir unterlief. Noch besser ist eine unabhängige Kontrolle durch ein Mitglied der Besatzung.

3. Beidrehen. Die Methode, nur unter Trysegel beigedreht zu liegen, war neuartig, aber arbeitete gut. Die Pinne wurde in Luv anstatt in Lee festgebunden, gerade ausreichend, um zu verhindern, daß die Yacht in den Wind ging und ihre Fahrt verlor. Wir probierten so lange, bis wir die beste Lage fanden.

4. Fallen. Es ist immer gut, ein Reservefall an Bord zu haben. Auch eine über den Topp laufende Dirk läßt sich verwenden, falls vorhanden, oder man kann die Standerfallscheibe groß und stark genug wählen, um als Fallblock zu dienen.

5. Sicht. Wenn unterwegs auf Kreuzfahrt, ist es eine gute Seemannschaft, lieber auf See hinaus zu stehen als eine unbekannte Küste bei schlechter Sicht anzusteuern, außer wenn man seines Schiffsortes absolut sicher ist. Dies ist ein Prinzip, an dem ich immer noch da festhalte, wo die Küsten klippenreich sind wie in der nördlichen Bretagne und wo man in Schwierigkeiten geraten kann, bevor das Land auch nur in Sicht kommt. Belle Ile selbst ist jedoch kein schwieriger Landfall, und ich war, gemessen an den Gepflogenheiten des Rennsegelsports, vielleicht übervorsichtig.

Windstöße mit über 60 kn Windgeschwindigkeit

Das erstemal, daß ich eine präzise Bestätigung der Windstärke für einen genauen Schiffsort der Yacht erhalten konnte, war auf dem Solent 1947 oder 1948. COHOE lag in Cowes, und es handelte sich um einen jener außergewöhnlichen Stürme, die nur alle paar Jahre einmal vorkommen. Nur unter Sturmklüver segelten wir nach Bursledon zurück, und ich telefonierte nach unserer Ankunft mit Calshot. Ich hörte, daß die Böen genau zu der Zeit, als COHOE Calshot passierte, mit 70 Meilen in der Stunde (61 kn oder volle Windstärke 11) gemessen worden waren. Das war interessant, denn obgleich sich COHOE schon unter gleichen Verhältnissen auf See befunden hatte, so trieb sie dort, auf freiem Seeraum, vor Topp und Takel, während sie sich bei dieser Gelegenheit unter Segel befand, wenn auch in den geschützten Gewässern des Solent.

Das Hauptmerkmal dieser Windstärke, wenn man sie unter Segel erlebt, ist die Vibration in der Takelage, wenn Stagen und Wanten nicht steif durchgesetzt sind. Bei der West-Bramble-Tonne mußten wir halsen. Der Klüver war winzig, aber trotzdem mußten wir, um Schäden zu vermeiden, beide Winschen benutzen, um das Segel umzuschoten. Selbst so war der Schock, als das Segel überkam, gewaltig und erschütterte den Mast vom Kiel bis zum Topp.

Obgleich die Windbahn im Solent verhältnismäßig kurz ist, lief in der Nachbarschaft von Calshot-Feuerschiff schon ein richtiger Seegang, und ich schloß die Niedergangstüren für den Fall, daß eine See bei uns einsteigen sollte. Selbst bei der Hamble-Spit-Tonne stand eine grobe See, aber sie war regelmäßiger, da Wind und Tide in gleicher Richtung standen. Wir fegten den Fluß mit unglaublicher Fahrt hinauf, wobei wir Jollen passierten, die an den Bojen vollgelaufen oder gekentert waren, und an Yachten, die sich losgerissen hatten und an Land getrieben waren. Als wir uns der Moody-Werft näherten, setzte ich die Maschine in Gang, weil wir in Lee der Marschen von Land's End den Kurs ändern mußten. Hier ist der Wind immer unzuverlässig. Da ich nur den Klüver stehen hatte, wollte ich nicht Gefahr laufen, die Kontrolle über das Boot zu verlieren. Ich ließ daher das Segel bergen und setzte die Fahrt unter Maschine fort. In Lee des hohen Ufers bei Jolly Sailor brachte ich COHOE auf Gegenkurs und motorte den Fluß hinunter zurück. Zwei Mann standen mit gezücktem Bootshaken auf dem Vorschiff, als ich auf die Muring zu anluvte.

Glauben Sie, daß COHOE anluvte? Keineswegs. Allein unter dem Schutz des niedrigen Marschlands zeigte sich der Sturm als zu stark für sie. Sie verlor Fahrt, das Ruder verlor seine Wirkung, und eine Bö bemächtigte sich der Yacht. Die auf dem Vorschiff aufrecht stehenden Gestalten der Mannschaft wirkten wie Segel, und der Bug wurde vom Sturm herumgeweht. In Sekundenschnelle trieb COHOE nach Lee weg direkt auf den Strand zu den anderen Yachten, die sich von ihren Vertäuungen losgerissen hatten.

Wenn ich also Anfängern Ratschläge erteile und ihnen empfehle, die Maschine zu benutzen, wenn sie vom Sturm erwischt worden sind, so frage ich mich selbst, an was für einen Sturm und an welche Maschine ich dabei denke. Ich kann mir nicht vorstellen, daß irgendeine 6-PS- oder sogar 10-PS-Maschine in einer kleinen Yacht von irgendeinem Nutzen wäre, wollte man damit auf offener See gegen einen der stärkeren Stürme, wie ich sie beschrieben habe, angehen. Windangriffsfläche und Seegang wären zu übermächtig. Trotzdem kann ich im Kapitel „Stürme auf Leben und Tod" von einem Fall berichten, wo eine Yacht, die in einen Orkan geraten war, eine Maschine benutzte.

Das Wolf-Rock-Rennen

Nach dem Kriege gab es nur wenige neue Yachten, die eigens für Ozeanregatten entworfen worden waren. Darunter galt die 1947 gebaute MYTH OF MALHAM von John Illingworth als die hervorragendste Yacht, die auch über eine Rekordzeit von Jahren eine der besten Ozeanrennyachten geblieben ist. 1949 wurde von der Royal Naval Sailing Association die RNSA-Klasse von 24 Fuß (7,32 m) Länge in der Wasserlinie eingeführt. Diese Boote waren von Laurent Giles in Zusammenarbeit mit John Illingworth entworfen worden und wurden allgemein als die RNSA-24er bekannt. Diese Boote hatten vorn und achtern kurze Überhänge, einen hohen Freibord und ein Spiegelheck. Im Vergleich mit COHOE war der RNSA-24er in der Länge über alles 40 cm kürzer; da er aber nicht so scharf geschnittene Querschnitte besaß wie COHOE, war das Deplacement beträchtlich größer. Außerdem konnte der RNSA-24er fast 10 m^2 mehr Segelfläche führen und lag darum höher im Rennwert.

Die RNSA-24er erwiesen sich als die bis dahin erfolgreichste Klasse. Die bekanntesten Boote waren die MINX OF MALHAM von John Illingworth, die BLUE DISA von Dick Schofield und die SAMUEL PEPYS, letztere als Clubboot der RNSA, das einige Jahre später eine der berühmtesten kleinen Ozeanrennyachten werden sollte.

Damals erhielten Yachten der Klasse III noch nicht die Erlaubnis, am Fastnetrennen teilzunehmen, da man sie für zu klein hielt. Die Wolf-Rock-Veranstaltung, die zur gleichen Zeit stattfand wie das Fastnet, war eine Art von Trostregatta für die Klasse III. Die Rennstrecke war gut. Sie verlief von Cowes zur C.H.-1-Tonne vor Cherbourg, von dort rund um Wolf Rock vor Land's End und zurück nach Plymouth als Ziel, eine Distanz von 305 sm, von denen ein großer Teil aufzukreuzen war.

Ich habe nicht die Absicht, den Verlauf dieses Rennens zu schildern, da es nicht anders verlief als viele andere auch. Vielmehr will ich mich auf den Sturm beschränken, der dabei ausbrach.

Das Rennen startete an einem Sonnabend (6. August) um 10.00 Uhr unter hochsommerlichen Verhältnissen, und erst um 08.00 Uhr am Sonntagmorgen, als wir vor den Casquets standen, erhielten wir eine Sturmwarnung, die mittags wiederholt wurde. Eine tiefe Depression bewegte sich in nordöstlicher Richtung, und man erwartete als Folge Stürme im westlichen Kanaleingang und in der Irischen See. Der Wind drehte auf Südost, und das Barometer begann langsam zu fallen. Aber erst am Sonntagnachmittag (7. August) verdunkelte sich der Himmel, und es fing an zu wehen. Die Yachten stürmten weiter über eine düstere See und durch schwere Regenwände und verkürzten nach und nach ihre Segel.

In den frühen Abendstunden, als wir südlich von Plymouth standen, erreichte der Wind Sturmstärke aus SSW. Wir folgten unserer üblichen Taktik, alle Segel wegzunehmen und vor Topp und Takel zu lenzen. Der Seegang erschien uns genauso hoch wie im Santander-Rennen, aber das lag vielleicht daran, daß es Tag war und wir die Seen sehen konnten, während der Sturm im damaligen Rennen seine höchste Gewalt in der Nacht erreichte, als wir uns unter Deck befanden und entweder schliefen oder zu schlafen versuchten. Auf der anderen Seite war der Wind nicht ganz so stark, jedenfalls nicht da, wo wir uns befanden. COHOE lag ganz handig, nur daß sie sich mehr überlegte, als sie es im Jahr zuvor getan hatte. Sie hatte einen stärkeren Mast erhalten, ähnlich denen der RNSA-Klasse. Der Querschnitt war erheblich größer, und Mast und Takelage waren auf die Beanspruchungen einer Sturmbö hin konstruiert worden, die das Schiff flach auf die Seite legen würde. Der Mast war hohl gebaut und hätte an und für sich leichter sein sollen als der alte, aber ich glaube, man hatte beim Bau dickere Wandungen stehen lassen als vorgesehen. Infolgedessen machten die zusätzliche Windangriffsfläche und das Extragewicht oben die Yacht ranker denn je, wobei nicht zu vergessen ist, daß der Ballastkiel nur 1,75 t wog.

Die stürmischen Wetterverhältnisse hielten etwas mehr als sechs Stunden an. Von den Teilnehmern am Wolf-Rock- und Fastnetrennen gaben zusammen 25 auf. Zwei Yachten brachen ihren Mast, eine brach das Ruder, und zahlreiche erlitten geringfügigere Schäden.

Die bei Lizard gemessene Windstärke betrug am Sonntag, 7. August, SWzS 8 in den

Morgenstunden, zunehmend auf SW 9 um 13.30 und 14.30 Uhr. Die stärkste Bö (58 kn) fiel um 13.40 Uhr ein. Von da an flaute der Sturm ab auf WSW 8 um 15.30 Uhr, WzN 7 um 17.30 Uhr und NWzW 6 um 19.30 Uhr.

Die Teilnehmer am Fastnetrennen bekamen die volle Gewalt des Sturms zu spüren, da sie von ihm zwischen Lizard und Land's End ereilt wurden. Myth of Malham war die einzige Yacht, die sich rücksichtslos hindurchkämpfte, ohne beizudrehen. Sie gewann das Rennen, und ich glaube, dieser Sieg war der schönste von den vielen Siegen, die John Illingworth auf Hochseeregatten errungen hat.

Im Wolf-Rock-Rennen bewiesen die RNSA-24er eine ebenso bemerkenswerte Leistungsfähigkeit. Blue Disa wurde unter dichtgerefftem Großsegel und unter Sturmklüver ohne Unterbrechung durch den Sturm gebügelt, wobei sie niemals weniger als 3 kn loggte. Sie gewann die Wolf-Rock-Bowl und hatte es verdient. Samuel Pepys und Minx of Malham (unter der Führung von Erroll Bruce) zeichneten sich mit einem zweiten und dritten Platz nicht weniger aus, und wenn sie in dem Sturm überhaupt beidrehten, kann es sich nur um eine kurze Zeit gehandelt haben.

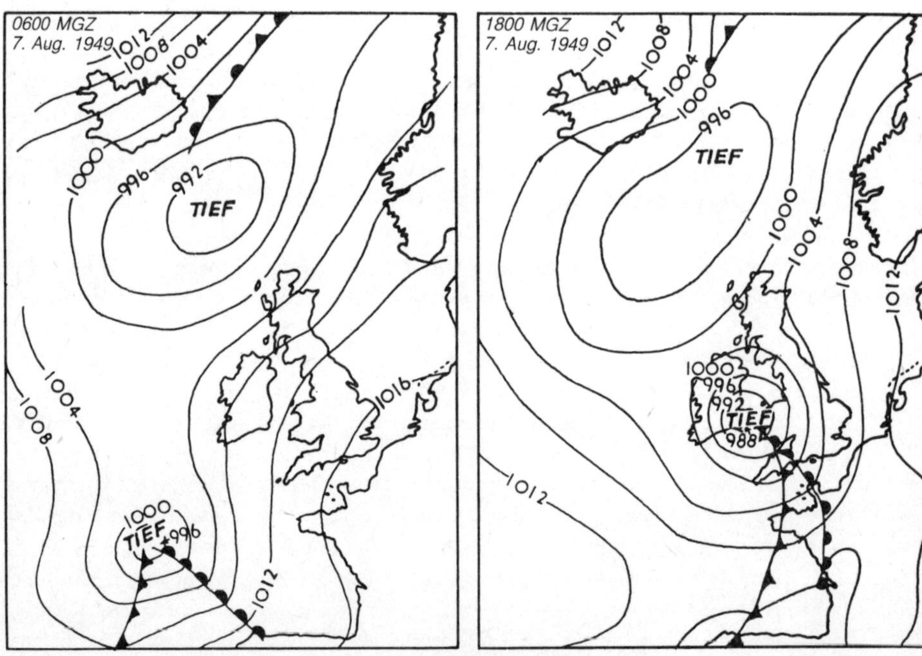

Wetterkarten zum Sturm in den Fastnet- und Wolf-Rock-Rennen 1949

Schlußfolgerungen

1. Durchhalten im Sturm. Das Wolf-Rock-Rennen des Jahres 1949 war eines der wichtigsten Ereignisse in den Annalen des Hochseerennsports. Bisher drehten kleine Ozeanrennyachten in Stürmen bei, und der Sieg fiel denen zu, die am schnellsten wieder Segel setzen konnten, wenn das Schlimmste vorbei war. In diesem Rennen hielten drei der kleinsten Boote (unter 5 t Deplacement) den ganzen oder doch den größten Teil des Sturms durch. Ihre Taktiken brachten, was das Rennsegeln auf offener See in Klasse III anbetrifft, eine neue Technik ins Spiel. Die Tage, wo man, jedenfalls bei gewöhnlichem Sturm, beidrehte, vor Topp und Takel lenzte oder sich vor Seeanker legte, waren gezählt, wenn nicht besondere Umstände dazu Veranlassung gaben.

Windmessungen an Küstenstationen. Eine merkwürdige Begleiterscheinung war, daß der höchste in Plymouth registrierte Stundenwert des Windes nur Bft 5 betrug, im Vergleich zu Bft 9 in Lizard, das weniger als 50 sm südwestlich liegt. Aus den Wetterkarten auf Seite 82 geht klar hervor, daß der Sturm südlich von Plymouth auf offener See mindestens Bft 8 erreicht haben muß. Mehr noch, es wird behauptet, daß man auf Eddystone-Leuchtturm, nur 10 sm südlicher, in einer Bö Bft 11 registriert hat.

Hierdurch wird bestätigt, daß man sich auf die Messungen einiger Küstenstationen als Hinweis auf die Windstärken auf See nicht immer verlassen kann, da sie lokalen Einflüssen und Wirbelbildungen unterliegen, die von der Windrichtung und der Aufstellung des Anemometers abhängen.

Sturm im Golfstrom

1950 plante der Royal Ocean Racing Club (RORC) eine Transatlantikregatta von Bermuda nach Plymouth im Anschluß an das vom Cruising Club of America (CCA) organisierte Bermudarennen. Die Hochseeyachten der Klasse III, die bisher als zu klein von dem Fastnetrennen ausgeschlossen waren, sollten zu dem Transatlantikrennen zugelassen werden, da die Seetüchtigkeit auch sehr kleiner Yachten in den drei vorhergehenden Segelsommern unter Beweis gestellt worden war. Die Transatlantikregatta ging weitgehend auf die Initiative von John Illingworth zurück, dem Kommodore des RORC und der Royal Naval Sailing Association (RNSA). Da die Herausforderung mich über alle Maßen reizte, meldete ich COHOE unverzüglich für das Bermuda- und Transatlantikrennen.

Die Yachten sollten nach Bermuda verladen werden und von dort nach Newport, Rhode Island, segeln. Von Newport sollten sie an der Wettfahrt zurück nach Bermuda teilnehmen und anschließend die Transatlantikregatta von 3000 sm nach Plymouth bestreiten. Ich versage es mir, die langen Vorbereitungen oder die Bermudaregatta selbst im einzelnen zu schildern, und beschränke mich lediglich darauf, zwei Umbauten zu beschreiben, die ich an der Yacht vornehmen ließ. Um die Stabilität zu verbessern, die im vorhergehenden Jahr (wegen des neuen Mastes) so viel zu wünschen übrig ließ, veranlaßte ich, daß während des Winters ein 15 cm breiter falscher Kiel zwischen dem bereits vorhandenen Totholzkiel und dem Bleikiel eingebaut wurde. Hiervon erwartete ich zwar kaum einen Einfluß auf die Anfangsstabilität, aber ich konnte damit rechnen, daß der verlängerte Hebelarm seine Wirkung tun würde, sobald die Yacht anfing zu krängen. Die zweite Änderung betraf die inzwischen berühmt gewordene falsche Nase, um die der Vorsteven verlängert werden mußte, um die Yacht auf die nach den Bestimmungen des CCA vorgeschriebene Mindestlänge über alles von 35 Fuß (10,67 m) zu bringen. Dieser Vorschuh bestand aus Aluminiumblech über einem engmaschigen Rippenwerk aus Holz. Die ganze Fertigung wurde von den Erbauern der Yacht, H. A. Moody & Sons Ltd., in der märchenhaft kurzen Zeit von 24 Stunden vorgenommen.

Der falsche Bug erwies sich als ein Erfolg. Er wirkte in ausgesprochen stützendem Sinne auf das Ruder und vermittelte das Gefühl, ein längeres, schnelleres und größeres Boot zu steuern, als es COHOE in Wirklichkeit war, ähnlich einer 8-m-Yacht. Ich fühlte mich nicht ganz wohl bei dem Gedanken daran, weil eine künstliche Verlängerung des Bugs nicht dasselbe ist wie ein langer Überhang vorn, der strukturell von vornherein mit passendem Steven und Spanten für diesen Zweck geplant war. Die Konstruktion sollte jedoch früher einer Probe unterzogen werden, als ich vorausgesehen hatte.

Nach ihrer Ankunft in Bermuda als Deckladung des 5000-t-Frachters ARABY wurden die drei kleinen englischen Yachten SAMUEL PEPYS, COHOE und die wesentlich größere MOKOIA entladen. Nach Überholung und Verproviantierung setzten sie Segel für die 630-sm-Passage nach Newport, von wo das Bermudarennen seinen Ausgang nehmen sollte.

Auf dieser Reise hatte ich bei mir an Bord Korvettenkapitän Basil Smith als Navigator und Flugkapitän Jack Keary, der im Bermuda- und Transatlantikrennen als Bestmann mitmachen sollte. Basil Smith war nur kurzfristig von H.M.S. GLASGOW, dem Mutterschiff der drei kleinen Yachten in Bermuda, beurlaubt worden; bevor er zur Königlichen Marine stieß, hatte er in der Handelsmarine gedient. MOKOIA wurde von ihrem Eigner, dem inzwischen verstorbenen Major James Murray, gesteuert; an seiner Seite Fliegeroberstleutnant Marwood Elton als Navigator und Major Murrays Tochter. SAMUEL PEPYS hatte ihre Rennbesatzung vollzählig an Bord und wurde geführt von Fregattenkapitän (damals noch Korvettenkapitän) Erroll Bruce, der als Kapitän des RNSA-Teams im Bermudarennen fungierte.

Die drei Yachten gingen am Mittwoch, dem 24. Mai, bei schönem, ruhigem Wetter von St. George's, Bermuda, aus in See. Die Wettervorhersage war gut. Wir sahen einer angenehmen, einfachen Passage von 630 sm entgegen. Vielleicht mußten wir beim Passieren des Golfstroms mit einer etwas rauheren Segelei rechnen, da der starke Strom oft eine steile, wilde See erzeugt.

Zunächst ging alles nach Plan. In der ersten Nacht drehten wir bei, während Jack das Essen kochte, und auch die Crew der MOKOIA machte sich das Leben angenehm. SAMUEL PEPYS lag vor uns, und bis zu unserer Ankunft in Newport kamen die drei Yachten nicht wieder miteinander in Berührung.

Donnerstagmittag, am folgenden Tag, krimpte der Wind auf ESE und frischte auf Windstärke 4 auf. Bis 16.30 Uhr drehte er noch weiter zurück auf rein Ost und wehte dann mit 5 Bft. Seegang baute sich auf, und eine halbe Stunde später refften wir das Großsegel und setzten den kleinen Klüver, da der Wind immer härter wurde. Die Wetterverhältnisse verschlechterten sich zunehmend. Um 20.00 Uhr hatte der Wind Sturmstärke erreicht, und die See wurde regelrecht grob. Wir bargen alle Segel und ließen uns unter bloßem Mast treiben. Als ich nach vorn mußte, um den Sturmklüver zu bergen, kroch ich nur noch auf Händen und Knien. Der Wind mußte also schon sehr stark sein, denn bisher hatte ich mich noch nie auf diese Weise bewegen müssen.

Bevor es dunkel wurde, ging ich an Deck, um mit dem Schalenanemometer die Windstärke zu messen. Es war äußerst schwierig, eine zuverlässige Ablesung zu erhalten, weil die Seen bereits so hoch liefen, daß die Yacht im Wellental meistens in ihrer Abdeckung lag. Nur auf den Kämmen konnte man die volle Kraft des Windes spüren. Die Anemometeranzeigen wechselten zwischen 33 und 38 kn, so daß Basil Smith die Windstärke als Bft 7 bis 8 im Logbuch vermerkte.

Windgeschwindigkeiten von 33 bis 38 kn ergeben einen Durchschnitt von 35 kn. Ich wußte damals noch nicht, daß man ein Drittel hinzuzählen muß, um auf den Gradientwind zu kommen, 10 m über der Oberfläche, der richtigen Höhe für die Beaufort-Angabe. Die

Wellenhöhe lieferte einen guten Teil der 10 m, aber wenn man nur ein Fünftel zu der Ablesung hinzuzählt anstatt eines Drittels, ergibt sich bereits ein Mittel von 42 kn oder Windstärke 9. Bei dieser Windstärke ist ohne weiteres mit Böen von 50 bis 60 kn zu rechnen, so daß die Berichte aller Yachten über die erste Sturmnacht annähernd übereinstimmten.

Die Taktik, die COHOE sich zu eigen gemacht hatte, war jetzt fast zur Routine geworden. Mit dem Ruder in Lee lag sie fast breitseits zur See zum Treiben. Der Wind war so stark, daß sie überlag, als sei sie unter Segel; das stützte sie und vergrößerte auch den Freibord auf der Luvseite, so daß sie den Seen ihren größten Auftrieb zuwandte. Ihr Kiel verhinderte übermäßige Abdrift, aber rank wie sie war, gab sie nach und krängte genug über, um einem Zusammenprall mit den Seen auszuweichen. Vielleicht verursachte ihre mäßige Abdrift leewärts genügend Wirbelbildung, um den brechenden Seen etwas von ihrer Bösartigkeit zu nehmen.

An Deck war es wegen des fliegenden Gischtes und wolkenbruchartigen Regens kaum noch möglich, zwischen Luft und Wasser zu unterscheiden. Ich kann mich an die See nicht mehr recht erinnern, denn es war, wie ich gestehen muß, sehr naß an Deck, und ich ging so schnell wie möglich wieder nach unten.

Später wurde es eine pechschwarze Nacht, und ein fast tropischer Platzregen prasselte wie Hagel aufs Deck. Trotzdem war es unten verhältnismäßig friedlich. Jack und Basil hatten sich, von ihren Kojensegeln festgehalten, in ihre Kojen gestopft. Ich schlief im Ölzeug in der Hundekoje, sprungbereit für den Notfall. Nur gelegentlich steckte ich meinen Kopf heraus, um mich zu vergewissern, daß alles in Ordnung war. Darüber hinaus gab es nichts, was wir tun konnten. Ich hatte Trossen bereit zum Ausbringen, falls erforderlich, ferner Ölbeutel und zwei Kanister schweren Öls in der Cockpitbackskiste.

Ich sagte, in der Kajüte sei es *verhältnismäßig* friedlich gewesen, und das stimmte auch im Gegensatz zu den Verhältnissen draußen. Aber die ganze Zeit herrschte ein ungeheuerlicher Lärm: Der Regen trommelte gewaltig auf das Deck, der Wind heulte in der Takelage, und die Seen brachen in Luv, überfluteten das Kajütdach und flossen in Lee wieder ab. Von Zeit zu Zeit versetzte eine See der Yacht einen harten Schlag, und manchmal fragte man sich, ob Rumpf und Kajütaufbau einem noch härteren Schlag würden widerstehen können. Aber sonst verging die Nacht, abgesehen von gewissen Sorgen, die man sich doch machte, einigermaßen erträglich. Das Schlimmste war die Nässe unten. Das Cockpit war dauernd von den brechenden Seen halb mit Wasser gefüllt, und das ganze Boot befand sich praktisch in einer Wolke fliegenden Gischtes. Unter solchen Bedingungen ist eine Yacht so gut wie überschwemmt von massiven Wassermassen, die durch jede schadhafte Stelle an Deck und den Aufbauten hindurchlecken, ohne daß man weiß, woher es kommt. Alle meine Boote mußten, auch wenn sie neu waren, bei stürmischem Wetter in regelmäßigen Abständen gelenzt werden. Viel Wasser sickerte gewöhnlich durch die Backskisten im Cockpit, obgleich es mir in späteren Jahren gelungen ist, diesem Mangel teilweise abzuhelfen.

COHOE trieb die ganze Nacht unter bloßem Mast. Ich glaube, nachts wurde der Wind noch stärker, denn ich bezeichnete ihn in meinem Buch „North Atlantic“ (in dem ich das Unternehmen und die Rennen schilderte) als stürmischen Wind, womit ich einen Durchschnitt von 38 bis 40 kn oder gute 8 Bft meinte. Trotz alledem gelang es uns, eine ganz ordentliche Portion Schlaf zu finden.

Freitag, der 26. Mai, dämmerte als ein garstiger Tag herauf mit dunklem Sturmhimmel, schwer verhangen von dichten Regenschauern. Um 07.30 Uhr drehte der Wind auf SE zurück und hatte sich genügend abgeschwächt, um den Sturmklüver setzen zu können. Das Glas stand auf 993 mb und verzeichnete immer noch einen langsamen Fall. Das Wetter sah so unheildrohend aus, daß Basil als Navigator sich entschloß, von einem tropischen Sturm auszugehen. So liefen wir mit dem Wind von Steuerbord achtern raumschots ab.

Im Laufe der Morgenstunden ließ der Wind weiter nach, und nachmittags (15.45 Uhr) waren wir in der Lage, bei südlichem Wind von vorübergehend Bft 3 das volle Großsegel zu setzen. Das Barometer war jedoch inzwischen um weitere 3 mb gefallen.

An jenem Abend briet uns Jack (der bei jedem Wetter kochte) eines seiner prächtigen Steaks, und das brachte neues Leben in unsere Knochen. Aber das Abflauen des Sturms war nur von kurzer Dauer. Um 20.30 Uhr frischte der Wind wieder auf, und unter gerefftem Großsegel und kleinem Klüver loggten wir 8 kn, was bestimmt übertrieben klingt, da es COHOES theoretische Maximalgeschwindigkeit überstieg. Einerlei, es war schneller, als COHOE je zuvor gelaufen war.

Ohne daß wir es wußten, stand Humphrey Barton mit seiner VERTUE XXXV nordöstlich der COHOE, als sie um 19.30 Uhr von einer Riesensee erfaßt wurde und fast unterging. Wir beobachteten eine Verschlechterung des Wetters und legten uns um 21.40 Uhr von neuem unter Sturmklüver. Ungefähr um Mitternacht lief COHOE in eine unregelmäßig bewegte, wilde See.

Am Sonnabend (27. Mai) stürmte es weiter mit unterschiedlichen Windstärken. Um 06.00 Uhr wurde das doppelt gereffte Großsegel gesetzt. Um 09.30 Uhr stieg das Barometer rapide, aber der Wind hatte bei 6 bis 7 Bft weiter auf ENE zurückgedreht. Um 11.00 Uhr war das Barometer bis auf 998 mb geklettert, und der Wind hatte so stark aufgefrischt, daß das Großsegel geborgen werden mußte. Eine halbe Stunde später mußten wir den Klüver bergen und an seiner Stelle den Sturmklüver setzen. Basil loggte eine Fahrt von 6 kn unter noch nicht einmal 3 m^2 Leinwand. Das war genau dieselbe Geschwindigkeit, die das Schiff in dem Sturm mit Böen von 60 kn vor Calshot gelaufen war. Um 12.30 Uhr machte es unter bloßem Mast 3 bis 4 kn. Die Logbucheintragung lautete: Sturm. Fünf Minuten später lag es erneut unter bloßem Mast beigedreht.

Erst am Sonnabend um 19.55 Uhr hatte der Sturm genügend nachgelassen, um den kleinen Klüver setzen zu können. Der weitere Verlauf der Reise fand unter sich langsam verbessernden Wetterverhältnissen statt und endete schließlich in dichtem Nebel vor der amerikanischen Küste. Bei der Ankunft in Newport stellten wir fest, daß COHOES falsche Nase heilgeblieben, daß aber die Seen während des Sturms viel von ihrer Farbe abgewaschen hatten.

Bis hierher habe ich von den Stürmen aus der Sicht der COHOE geschrieben, aber andere Yachten waren ebenfalls betroffen, und ihre Erfahrungen runden das Bild von dem Sturm als Ganzem ab.

MOKOIA scheint der COHOE am nächsten gelegen zu haben; sie drehte in dem Sturm am Donnerstagabend (25. Mai) um 16.30 Uhr bei. Ihre Erfahrungen deckten sich im wesentlichen mit denen der COHOE. Aber so nahe sie uns auch gewesen sein muß, so fiel ihr Barometer doch nicht in demselben Ausmaß, und am 26. Mai hatte sie andere Winde als wir: 09.15 Uhr leichte Winde aus Süd, 18.00 Uhr West 1 bis 3, 20.00 Uhr neue Winde aus Süd.

Die SAMUEL PEPYS lag am Donnerstag (25. Mai) etwa 60 sm nordwärts von uns. Sie war bis dahin unter Spinnaker gelaufen, den sie zur Teezeit herunternahm, um die Fahrt bei bis auf Bft 6 auffrischenden Winden unter Genua allein fortzusetzen. Der Sturm erwischte sie erst kurz vor Mitternacht (fast vier Stunden später als COHOE). Die Genua wurde geborgen, als, um Erroll Bruce zu zitieren, „der Himmel sich, bevor irgendein anderes Segel gesetzt werden konnte, ringsherum verfinsterte, der Regen in Sturzbächen von oben herabrauschte und der Wind mit voller Sturmstärke 10 aus Osten einfiel. Liefen unter bloßem Mast. Beschloß angesichts des so plötzlich zunehmenden Windes und der unheilverkündenden Wetterbedingungen, dies als einen tropischen Wirbelsturm anzusehen . . .“

Um 05.30 Uhr am Freitag (26. Mai) fegte der Wind bereits in den Böen mit 60 Meilen pro Stunde (etwa 54 kn) durch die Gegend, und die Seen brachen in der ganzen Breite ihrer Kämme die Wellentäler herab. Kurz darauf trat unvermittelt vollkommene Windstille ein, der Regen hörte auf, und es zeigte sich ein Stück blauen Himmels. Wahrscheinlich befand sich die SAMUEL PEPYS genau im Zentrum des Zyklons, aber die Stille dauerte nur sieben Minuten, bevor der Wind wieder mit voller Stärke aus Ost (derselben Richtung wie zuvor) über die Yacht herfiel und das Barometer, anstatt zu steigen, seinen langsamen Fall fortsetzte. Mit Ausnahme einer kurzen Pause um 16.00 Uhr, als der Wind auf Nordost zurückdrehte und sich etwas abschwächte, wehte der Sturm unvermindert bis zum nächsten Morgen weiter und wurde mit Bft 10 im Logbuch vermerkt. Die See baute sich nach 30 Stunden östlicher und nordöstlicher Winde stetig auf. Wir schätzten die Höhe der größten Seen auf etwa 10 m.

Am Sonnabend scheint die SAMUEL PEPYS mehr oder weniger dasselbe Wetter angetroffen zu haben wie COHOE. Die Crew berichtete von Bft 6 um 05.30 Uhr; um 09.30 Uhr hatte sie Bft 7 und eine Stunde später schwere Böen, die sie zwangen, das Großsegel gegen das Trysegel auszuwechseln. Damit lag sie von neuem unter Sturmbesegelung. Später setzte sie ihre Reise fort und erreichte Newport einen oder zwei Tage vor uns.

Die erste Nachricht, daß sich die VERTUE XXXV in der Nachbarschaft von uns drei Yachten befand, erreichte uns am folgenden Montagmorgen (28. Mai), als wir von dem US-Coast-Guard-Kutter CASTLEROCK angepreit wurden, der nach ihr suchte. Wir waren überrascht; wir wußten zwar, daß die VERTUE XXXV am 15. April auf ihre berühmt gewordene Fahrt von Ost nach West über den Atlantik gegangen war, aber es war uns nie in den Sinn gekommen, daß sie sich in unserer Nachbarschaft befinden könnte. Es war ein Schock zu erfahren, daß sie in dem Sturm Havarie erlitten hatte.

Donnerstag, der 25. Mai, war für Humphrey Barton und Kevin O'Riordan der 40. Tag, seit sie Falmouth verlassen hatten. VERTUE XXXV lief genau West, und frühmorgens krimpte der Wind und frischte auf. Um Mittag stand sie etwa 180 sm NNE von Bermuda und etwa die gleiche Entfernung NE von der COHOE, mit der sie rasch zusammenlief, da beide Yachten schnelle Fahrt machten. Die Crews berichtete, daß sie an diesem Tage den Golfstrom erreichte.

Der Wind kam aus Südost, und das Glas fiel langsam weiter. Humphrey Barton folgte nun dem Buys-Ballotschen Gesetz, das besagt: Wenn du dein Gesicht dem Wind zuwendest, so liegt das Zentrum des Tiefs etwa 100° (90° bis 135°) an deiner rechten Seite. Er stellt fest, daß das Zentrum demnach in etwa SWzW liegen mußte.

Das war die Richtung, in der COHOE lag. Um 22.00 Uhr nahm der Wind zu: „Es ist eine ekelhafte Nacht mit blind machendem Regen. Die Yacht tobt mit furchterregender Geschwindigkeit dahin.“ Humphrey Barton ist ein harter Segler, wie ich gut genug weiß, denn ich habe viel mit ihm gesegelt. Er hielt VERTUE die ganze Donnerstagnacht in Fahrt und steckte ein Reff nach dem anderen ein, bis das Großsegel um Mitternacht nur noch Trysegelgröße hatte. Der Regen war wolkenbruchartig.

Um 04.00 Uhr am Freitag (26. Mai) übergab Humphrey Barton das Ruder an Kevin O'Riordan. Er bezeichnete den Wind jetzt als „hart – Windstärke 8 oder 9, würde ich schätzen. Ich beabsichtige nicht, beizudrehen".

Um 06.05 Uhr war VERTUE auf den bloßen Mast herunter, aber typisch für Humphrey: Er hielt die Yacht immer noch mit 3 bis 4 kn in Fahrt voraus. „Es weht jetzt mit 56 kn, einer der härtesten Sturmwinde, in denen ich mich jemals auf See befunden habe . . . die See ist überall weiß. Die Kämme werden einfach abgerissen. Barometer fiel in der letzten Stunde um fast 3 mb." Um 13.00 Uhr beschreibt er die Wetterlage als einfach fürchterlich: „Ein Wind, der einen Zustand sinnloser Raserei erreicht hat. Es ist mühsam, auszumachen, wo die Wasserfläche beginnt oder wo sie endet."

Um 16.00 Uhr erwies es sich als nicht länger möglich, weiter vor dem Wind zu steuern. „Einerseits waren wir 45° aus unserem Kurs, andererseits war die geistige und physische Beanspruchung recht hart." Humphrey Barton ist ein Meister der Untertreibung.

Ein Admiralitätsanker mit einem Durchmesser von 53 cm wurde Steuerbord achtern über Bord gefiert. Man erwartete, daß die Yacht damit besser liegen würde, anstatt breitseits in die Wellentäler zu taumeln, aber um 15.00 Uhr brach eine See auf VERTUE XXXV herab, von der Humphrey Barton berichtete, sie sei mit Abstand die schlimmste gewesen, die er je gesehen hätte. Das Barometer war auf 994 mb gesunken und fiel immer noch weiter.

Es war etwas 19.30 Uhr an diesem grimmigen Freitagabend, als sich der Unglücksfall ereignete. Ich zitiere Humphrey Bartons eigene Worte:

„Es passierte, als wir gerade unsere Abendmahlzeit beendeten, etwa um 19.30 Uhr am 26. Mai. Wir hatten gebratene Sardinen mit Kartoffeln gegessen, dazu Pfirsiche aus der Dose, und ich hatte gerade heißes Wasser auf den Nescafé gegossen. Draußen stürmte es mit der gleichen Härte wie zuvor, aber wir saßen in unserer behaglichen, trockenen kleinen Kajüte mit brennender Petroleumlampe, da es schon dämmrig, eigentlich schon dunkel war. Es geschah mit vernichtender Plötzlichkeit; ein Unhold von Riesensee erfaßte die Yacht, warf sie auf ihre Backbordseite und brach dann über sie hinweg. Holz splitterte mit furchtbarem Lärm, zersprungenes Glas krachte herab, und ein brausender Katarakt von Wasser stürzte herein."

Man bemerke den Kontrast. In dem einen Augenblick war Humphrey Barton noch in der Geborgenheit der Kajüte damit beschäftigt, Kaffee aufzugießen, und im nächsten sah er sich einer Katastrophe gegenüber, Auge in Auge mit den Elementen, die in dieser fürchterlichen Nacht auf Deck tobten.

Was war geschehen? Eine ungeheure See hatte die VERTUE XXXV getroffen und sie mit solcher Gewalt auf das Wasser hinuntergedrückt, daß das Süll in fast der ganzen Kajütlänge zersplitterte und das Fenster des Deckshauses eingedrückt wurde, so daß sich das Wasser jetzt bei jeder See in hellen Kaskaden in die Messe ergoß.

Die Yacht wurde mit knapper Not vor dem Untergang bewahrt, indem sie platt vor den Wind gelegt wurde; gerettet wurde sie durch die hervorragende Seemannschaft und ungeheure Energie ihrer Mannschaft, die die Pumpen bediente und die Ausbesserungsarbeiten rechtzeitig vornahm. Wäre das Schiff quergeschlagen und dann von einer zweiten See erfaßt worden, wäre es zweifellos verlorengegangen.

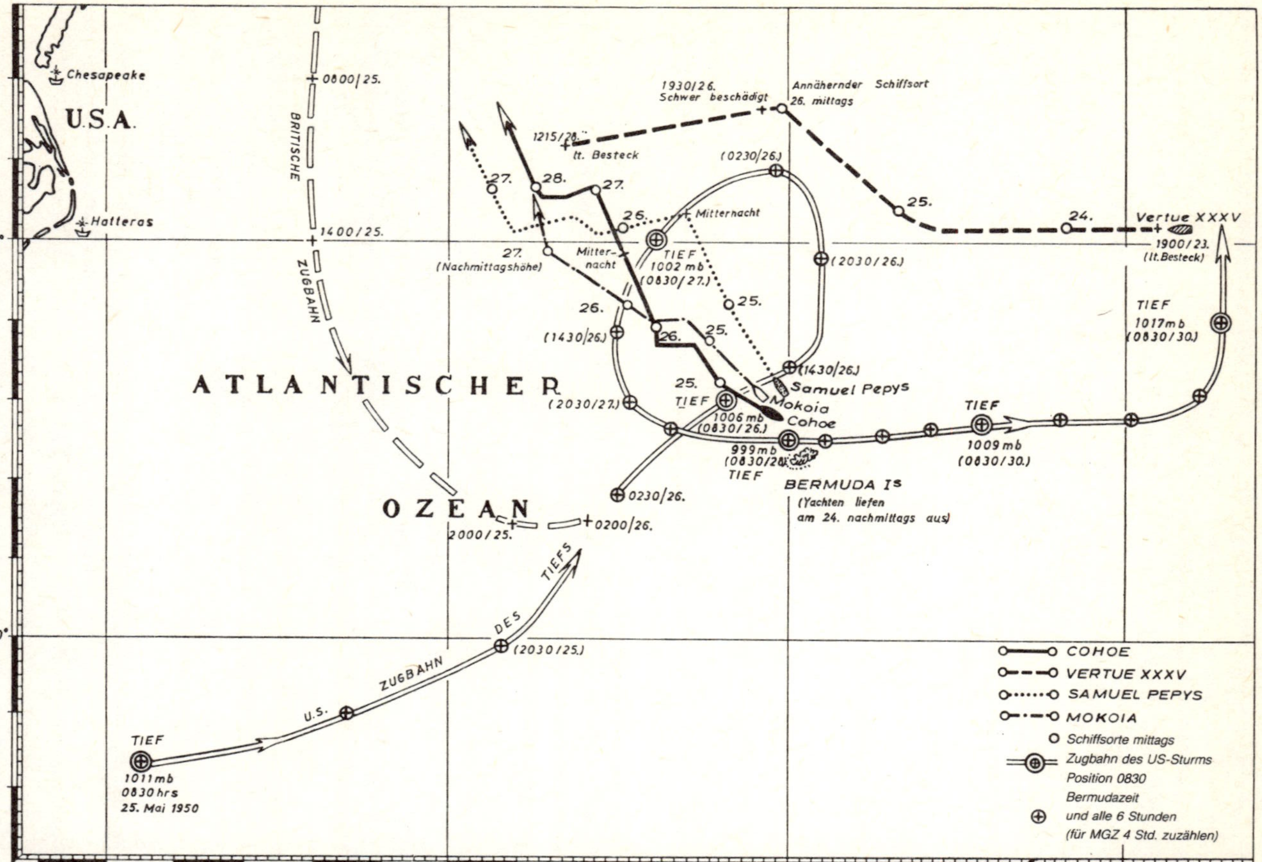

Bahn des außergewöhnlichen Zyklons nördlich Bermuda, 1950

Das Loguch ist unvollständig geführt während der Stunden, als die Besatzung an der Arbeit war und sich danach erschöpft ausruhte; erst am Sonnabendmorgen hatte der Sturm soweit nachgelassen, daß das Großsegel gesetzt werden konnte.

Schlußfolgerungen

Wegen der verschiedenartigen Erfahrungen der von ihm ereilten Yachten ist dieser atlantische Sturm immer ein Rätsel geblieben. Nach der einen Theorie hatte die Depression zwei Zentren, während es sich nach der anderen um eine intensive Depression handelte, die fast stationär über den Yachten blieb.

Es dauerte über 15 Jahre, bis mir vom amerikanischen Wetteramt die Bahnrichtung des Sturms mitgeteilt wurde; er erwies sich als ein außergewöhnlicher tropischer Wirbelsturm, der nordwestlich von Bermuda eine gegen den Uhrzeigersinn gerichtete Schleife beschrieb, in dessen annäherndem Mittelpunkt die Yachten standen.

Kapitän C. Stewart, eine Kapazität auf dem Gebiet der Hydraulik- und Wellenforschung, studierte das Problem, und zwar unter Heranziehung aller beim britischen Wetteramt zur Verfügung stehenden einschlägigen Daten.

Er weist darauf hin, daß, wenn das System der Druckverteilung im ganzen auf den synoptischen Karten richtig wiedergegeben ist, man mangels weiterer Informationen (besonders solcher aus dem Zentrum eines Sturms) nicht mehr tun kann, als die niedrigsten Isobaren einzuzeichnen, für die definitive Angaben vorliegen. Der Durchmesser eines so umschlossenen Gebiets kann 300 sm und mehr betragen, und darin kann vielleicht ein tieferes Zentrum liegen. In einem solchen „Gebiet der Ungewißheit" begegneten die Yachten ihrem schweren Sturm, aber mangels regelmäßiger Barometerablesungen sowie Angaben der Windrichtungen und -stärken seitens aller Yachten ist es unmöglich, die genaue Bahn des Sturms zu bestimmen. Es lagen Berichte vor von zahlreichen Schiffen weiter westwärts zwischen Bermuda und Kap Hatteras und anderswo, aber keine aus dem Gebiet, in dem die Zyklone ihre Schleife beschrieb.

Kapitän Stewart kommt zu dem Schluß, daß sich das Zentrum die Tiefs rasch aus Nordwest von der Höhe der Chesapeake Bay in Richtung Bermuda bewegte, während die von den Amerikanern angenommene Bahn das Zentrum aus einer südwestlichen Richtung heranrücken ließ. Es ist unmöglich, die beiden Ansichten auf einen Nenner zu bringen, ohne die Daten zu kennen, auf die sich die amerikanische Bahn stützt, aber es ist sowieso einerlei, da sich die Bahnen vom 26. Mai, 02.00 Uhr Bermudazeit, an mehr oder weniger innerhalb der gegen den Uhrzeigersinn gerichteten Schleife in dem Gebiet decken, durch das die Yachten segelten. Diese amerikanische Bahn ist auf der Zeichnung auf Seite 90 dargestellt, zusammen mit der anderen möglichen Annäherung von Nordwest, die in unterbrochener Linie eingezeichnet ist. Kapitän Stewart hat ferner die jeweiligen Positionen der Yachten eingetragen, gestützt auf die ihm zur Verfügung stehenden Informationen, wobei er alle Zeitangaben auf Bermudazeit umgerechnet hat.

Der erste Sturmtag (Donnerstag, 25. Mai) stellte kein Problem. Einerlei, ob das Tief von NW oder SW herankam, das Zentrum rückte zuerst in südwestlicher Richtung und damit in die Nähe von COHOE und MOKOIA vor und bewegte sich am nächsten Tag und in der darauffolgenden Nacht in Richtung SAMUEL PEPYS und VERTUE XXXV in nordöstlicher Richtung.

Mein eigener Sturmbericht erwies sich weitgehend als eine Untertreibung, da ich dem Einfluß verschiedener Umstände unterlag. Ich hatte keine Ahnung, daß der mit einem Anemometer vom Cockpit aus gemessenen Windgeschwindigkeit ein Drittel hinzuaddiert werden mußte; daher war der Sturm wahrscheinlich um einen Grad oder mehr der Beaufort-Skala stärker. Zweitens war kein spektakulärer Barometersturz wie in dem Santander-Rennen zu verzeichnen, und ich war daher auf so starke Winde nicht vorbereitet. Erst kürzlich habe ich erfahren, daß ein Barometerfall in niedrigeren Breiten eine viel größere Windstärke im Gefolge hat als in höheren. Ein Druckabfall zum Beispiel, der bei den Scillies in etwa 50° N einen 30-kn-Wind hervorruft, würde auf 35° N, nordwärts von Bermuda, einen Wind von etwa 40 kn verursachen.

Erst am zweiten Sturmtag (26. Mai) beginnen die Erfahrungen der Yachten stark voneinander abzuweichen.

Um 07.30 Uhr hatte der Wind sich auf Südost 5 abgeschwächt, und um 15.45 Uhr lief COHOE vor südlichen Winden Stärke 3 unter vollen Segeln. Erst um 21.30 Uhr legte der Wind wieder zu, und es war eben nach Mitternacht, als sie in ein Gebiet sehr durcheinanderlaufender Dünung und See einlief. Sie hatte sich etwa 17 Stunden lang von dem Sturm erholen können, während MOKOIA weiter nordwestlich bessere Wetterverhältnisse antraf und eine Pause genoß, die etwa 36 Stunden dauerte, denn sie gewann Distanz von dem Zentrum und brauchte bis 17.30 Uhr am Sonnabend nicht wieder beizudrehen.

Hier ist das Rätsel: SAMUEL PEPYS und VERTUE XXXV im Norden kämpften bei Winden, die in Stößen Orkanstärke erreichten, um ihr Leben, während COHOE von dem Sturm bis kurz nach Mitternacht verschont blieb.

Hieraus folgerte ich, daß die erste Theorie richtig war und daß sich, während COHOE vor zunehmenden südlichen Winden ablief, ein kräftiges Teiltief entwickelt hatte, in das SAMUEL PEPYS und VERTUE XXXV nordwärts gerieten. Kapitän Stewart ist anderer Meinung; er glaubt nicht, daß es zwei ausgesprochene Depressionszentren gab, obgleich er die Möglichkeit nicht ausschließen will. Er nimmt vielmehr an, daß das Tief sich, wie in der Abbildung dargestellt, schleifenförmig bewegte, obgleich die Kurve möglicherweise oben flacher und die Schleife rhombusförmiger verlaufen sein mag, wobei das Zentrum wanderte und sich, hin und her pendelnd, gleichzeitig vertiefte. Es scheint ziemlich klar zu sein, daß das Zentrum herumschwenkte und zwischen den Yachten hindurchpassierte, und zwar nördlich der COHOE am 26. Mai und südlich der SAMUEL PEPYS und VERTUE XXXV.

Aus der annähernden Bahn läßt sich schließen, daß das Zentrum nach der ersten Nacht in der Weise nach Osten und Nordosten herumschwenkte, daß SAMUEL PEPYS und VERTUE XXXV davon ununterbrochen und viel länger betroffen wurden, während das Zentrum der Störung einen Kreis in südlicher Richtung von ihnen beschrieb, wodurch die Strecke länger wurde, auf der sich der Seegang aufbauen konnte. Kapitän Stewart nimmt, wie bereits erwähnt, an, daß sich die Depression auf ihrem Wege vertiefte; ihre Isobaren verliefen viel enger auf der Nordseite des Zentrums, was erklären würde, warum SAMUEL PEPYS und VERTUE XXXV Winden von Sturm- und Orkanstärke ausgesetzt waren. An zweiter Stelle lege ich der dramatischen Änderung im Charakter des Seegangs Bedeutung bei, den COHOE am 26. Mai um Mitternacht antraf. Das kann auf die Seen zurückzuführen sein, die das Zentrum des Tiefs nach seinem Durchgang hinter sich zurückließ, aber es ist auch denkbar, daß COHOE den Rand des Golfstroms erreicht hatte und daß sich VERTUE XXXV und SAMUEL PEPYS während des ganzen Sturms in einer Windung des Golfstroms befunden haben. Dies würde gefährlichere Seen verursachen, und die plötzlich steigende Temperatur des Golfstroms könnte die Intensivierung des Sturms und die Windstöße von Orkanstärke erklären.

Für VERTUE XXXV und SAMUEL PEPYS war es bestimmt ein Sturm auf Leben und Tod, für COHOE und MOKOIA ein knappes Entrinnen. Das einzige, was sich mit Sicherheit sagen läßt, ist, daß die Störung sehr komplexer Natur und von fast orkanartiger Heftigkeit war.

1. Treibanker. Der Treibanker, der von der COHOE während des Santander-Sturms und von der VERTUE XXXV im Atlantik verwendet wurde, scheint vom gleichen Typ gewesen zu sein. COHOE verlor ihren Anker, weil der Ring brach; das Versagen auf VERTUE XXXV war darauf zurückzuführen, daß sich die zweizöllige Manilatrosse an der Reling durchscheuerte.

Der Verlust der Treibanker bestätigt die Erfahrungen anderer Tiefwassersegler, daß Treibanker und ihr Geschirr gewaltigen Beanspruchungen unterliegen. Beides sollte daher sehr stark sein.

Übrig bleigt die Frage, ob die Treibanker überhaupt gut taten. Ich habe meine Zweifel, und Humphrey Barton geht sogar darüber hinaus mit seiner Annahme, die mißliche Lage sei überhaupt nur dadurch entstanden, das VERTUE XXXV an einen Treibanker gefesselt war. Es muß allerdings erwähnt werden, daß keine der beiden Yachten ein Stützsegel führte.

2. Vor dem Sturm lenzen mit Trossen achteraus im Schlepp. Diese Taktik machte sich SAMUEL PEPYS mit vollem Erfolg zu eigen. Bei schwerem Wetter stellt sie allerdings an eine kleine Besatzung große Ansprüche, da das Steuern vor dem Wind Konzentration erfordert und das Cockpit nur zu oft voller Wasser ist. Trotz alledem scheint sich diese Taktik am besten bewährt zu haben.

3. Vor Topp und Takel lenzen. Diese Methode, mit den Stürmen fertig zu werden, war auf COHOE schon fast eine Routineangelegenheit geworden. Dabei muß man allerdings bedenken, daß wir bisher nur Windstärke 9, vielleicht auch 10 (mit Windstößen von über 60 kn) in dem Santander-Sturm kennengelernt hatten. Stürme im Englischen Kanal von kurzer Dauer sind etwas anderes als langwährende Stürme in den Weiten des Atlantiks, in denen sich eine viel gewaltigere See aufbaut.

Meiner Ansicht nach war die von der COHOE in dem Bermudasturm befolgte Taktik, vor Topp und Takel zu lenzen, die angemessene Methode für eine Yacht, die achtern weniger Auftrieb besitzt als eine Yacht mit Plattgattheck.

Daß sie ungeschoren blieb, schreibe ich ihrem leichten Deplacement und dem beträchtlichen Krängungswinkel zu, unter dem sie lag, der sie eher ausweichen als den Seen Widerstand entgegensetzen ließ. Humphrey Barton hält allerdings Treiben nur bis etwa Windstärke 9 als sicher. Bei Windstärken darüber empfiehlt er, vor dem Wind abzulaufen und gleichzeitig, so wie es SAMUEL PEPYS tat, Trossen achteraus zu fieren. Beim Treiben liefe man Gefahr, durch einen Brecher angeschlagen oder sogar über die Seite gerollt zu werden, wie es schon Yachten unter extremen Sturmverhältnissen passiert ist.

4. Wellenungetüme. Offensichtlich wurde VERTUE XXXV von einem dieser Ungetüme erfaßt, die sich in den meisten Stürmen hochtürmen. Im Kapitel „Biskayastürme" beschreibe ich eine Parallelerfahrung, wo eine Yacht, obgleich es in der Biskaya nur mit 7 bis 8 wehte, um ein Haar untergegangen wäre. Windturbulenzen haben großen Einfluß auf die Gestaltung des Seegangs, und in beiden Fällen muß der Wind in seinen Böen weit über der nach Beaufort bestimmten Durchschnittsgeschwindigkeit gelegen haben.

5. Deckshaus und Aufbauten. Man beachte, daß die VERTUE XXXV keinen Schaden durch das Gewicht der einsteigenden Wassermassen erlitt; sie wurde vielmehr mit solcher Gewalt auf die Seite geschleudert, daß sie in Lee aufsplitterte, als hätte man sie auf Straßenpflaster fallen lassen. Wie später noch gezeigt wird, ist es gewöhnlich die Leeseite, die bei Schäden betroffen wird.

6. Barometer. Solange es stürmt, neigt man dazu, das Barometer nur gelegentlich abzulesen, etwa frühmorgens, mittags und um 18.00 Uhr. Auf diese Weise ist es unmöglich, sich ein wahres Bild der Depression zu machen, besonders dann nicht, wenn die niedrigste Ablesung verpaßt wurde. Ich führe daher auf meinen Yachten seit vielen Jahren einen Barographen an Bord. Die hiermit aufgezeichnete Kurve zeigt die jeweilige Steilheit des Gefälles und liefert so die einzige vollständige und bleibende Darstellung des Druckverlaufs.

Im Atlantik von achtern überrollt

Für unseren nächsten Sturm springen wir hinüber zu der zweiten Woche des Transatlantikrennens. Zu diesem Ereignis hatten die drei kleinen Yachten MOKOIA, SAMUEL PEPYS und COHOE gemeldet, zusammen mit zwei größeren Yachten: Jack Rawlings neue GULVAIN der Klasse I und G. C. L. Paynes skandinavischer Spitzgatter KARIN III. Vor dem Start zu diesem Transatlantikrennen hatte ich COHOES falschen Bug entfernen lassen. Er hatte uns zwar keine Schwierigkeiten bereitet; dennoch dachte ich, das Boot würde sich besser ohne ihn machen. Ich hätte mir keine Gedanken zu machen brauchen; er erwies sich als so kräftig, daß uns der Abbau, selbst mit der Hilfe von zwei Schiffszimmerleuten von der Werft, unverhältnismäßig lange Zeit kostete. Hunderte von Schrauben waren zu lösen, und wir waren dankbar, als die Arbeit schließlich getan war und das Ding in Stücken auf dem Boden lag. Es hätte einen Orkan ausgehalten.

An Bord der COHOE hatte ich Jack Keary als Bestmann, Tom Tothill als Navigator und John Halstead, einen jungen Amerikaner, der in der Marine gedient hatte und sich nun seinen Weg nach drüben erarbeiten wollte, um in Frankreich eine Ferienarbeit anzunehmen. Sie waren eine zähe und robuste Mannschaft, die ich auch brauchen konnte, denn das Rennen entwickelte sich zu einer Art Durchhaltetest. Mit zusammen vier Mann wurde die Wacheinteilung geändert. Am Tage gingen wir Wachen von drei Stunden, des Nachts sechs Stunden, damit die Freiwache, jedenfalls theoretisch, sechs Stunden Schlaf hintereinander genießen konnte, wenn sie in Wirklichkeit auch selten dazu kam. Zwei Mann waren jeweils auf Wache; wer nicht am Ruder stand, durfte nach unten gehen, sofern er nicht für Spinnakerarbeit und andere Aufgaben benötigt wurde.

Das Rennen begann bei fast vollkommener Windstille am Sonntag (2. Juli); erst am vierten Tag, als COHOE schon über 100 sm hinter der Flotte herbummelte (wie sie es bei leichten Winden immer tat), frischte der Wind auf; er brachte Wetterverhältnisse mit sich, wie sie in den Passatregionen herrschen: eine kräftige achterliche Brise, eine weite blaue See unter strahlendem Himmel, Würze in der Luft und Bewegung im Schiff, Spieren und Segel voller Leben. Als die Yachten in der zweiten Woche die Breiten des mittleren Atlantiks erreichten, über denen die Depressionen eine nach der anderen ostwärts ziehen, wich das passatähnliche Wetter nach und nach einem grauen Himmel, und die rauhe Fahrt begann.

Am Dienstag (11. Juli) lagen SAMUEL PEPYS und COHOE, ohne freilich voneinander zu wissen, nahe beisammen, und zum erstenmal hatte COHOE vorübergehend die Führung übernommen. Auf beiden Yachten wurde Windstärke 5 und 6 registriert und auf beiden Yachten begannen die Mannschaften als Folge des pausenlosen Vorantreibens und der Spinnakerarbeit Ermüdungszeichen zu spüren. Auch am Mittwoch (12. Juli) herrschten dieselben Wetterverhältnisse, nur daß der Wind nach Westen zurückdrehte und das Barometer um 7 mb auf 1009 mb fiel.

Infolge des hohen Seegangs war die Nacht sehr anstrengend für die Mannschaften; auf beiden Yachten hatte man den Spinnaker geborgen.

In den ersten Morgenstunden wehte es mit nur 4 Windstärken, und COHOE loggte 6 kn, aber um 07.30 Uhr frischte es auf, und die von achtern auflaufende See erschien uns so gewaltig, daß wir das Großsegel bargen und unter Genua weiterliefen. Unsere Fahrt verminderte sich auf 4 kn, da wir die Segelfläche weniger mit Rücksicht auf die Windstärke als wegen der hohen See verkleinert hatten.

Im Laufe des Vormittags legte der Seegang immer weiter zu, ebenso wie der Wind, aber es blieb sonnig und warm, und ich machte Aufnahmen von der steiler werdenden See. Um 15.00 Uhr wurden die Bewegungen der COHOE so unkontrollierbar, daß wir die Genua mit dem Sturmklüver, einem noch nicht einmal 3 m^2 großen Taschentuch, ersetzen mußten.

Der folgende Auszug aus meinem Tagebuch schildert die dann folgenden Ereignisse:

„Eine halbe Stunde später nahmen wir sogar den Sturmklüver weg und liefen unter bloßem Mast weiter. Es weht noch lange nicht mit Bft 8, aber die Atlantikseen sind so riesig, daß sie die Yacht hin und her werfen und ihr hart zusetzen. Rudergehen ist eine schwere Arbeit.

Unter bloßem Mast machen wir in den Wellentälern nur noch 2 kn, aber auf den Wellenkämmen läuft die Yacht 4 kn und scheint auf den überkämmenden Wellenbergen zu gleiten.

Um etwa 16.30 Uhr wurde ich an Deck gerufen, um mir den italienischen Passagierdampfer SATURNIA anzusehen, der ganz in der Nähe auf Gegenkurs westwärts vorbeipreschte. Er gab nicht zu erkennen, ob er uns gesehen hatte. Unser Rudergänger entdeckte den Dampfer tatsächlich erst, als er ganz nahe war.

Ich stieg wieder nach unten und ließ Jack und Tom allein an Deck zurück. Dann hörte ich plötzlich das Brausen herannahender, brechender Seen. Die Yacht neigte sich heftig über, um sich gleich darauf vollständig auf die Seite zu legen. Es wurde dunkel in der Kajüte, Wasser sprudelte durch die dicht angezogenen Bullaugen. Die Luft war erfüllt von dem gewaltigen Getöse herabstürzender Wassermengen, und es erfolgte ein lauter Knall, als sei der Rumpf aufgesprungen. COHOE war von einer mächtigen achterlichen See überrollt worden und quergeschlagen.

Die Yacht richtete sich wieder auf und kam auf geraden Kiel zu liegen. John und ich versuchten das Luk zurückzuschieben, um zu sehen, ob an Deck alle in Sicherheit waren, aber es dauerte ein oder zwei Minuten (die uns wie Stunden vorkamen), es zu öffnen, da jemand drauf saß.

Jack und Tom waren wohlbehalten und erzählten uns, was geschehen war. Eine große See (aber nicht viel größer als die anderen) hatte uns mit ihrem riesigen brechenden Kamm von achtern erfaßt. Dieser Brecher war in erster Linie schuld daran, daß COHOE querschlug, auf die Seite geworfen wurde und daß das Cockpit sich halb voll Wasser füllte.

8 Schwerer Sturm im Nordatlantik. Die Wetterbedingungen scheinen etwa die gleichen zu sein wie nördlich Bermuda, wo die englischen Yachten von einer gegen den Uhrzeigersinn gerichteten Schleife eines außergewöhnlichen Zyklons eingekreist wurden.

9 Mitten auf dem Atlantik, am Morgen, bevor eine achterliche See auf COHOE *einstieg. Seegang 6 bei nur 6 bis 7 Windstärken. Man beachte den aus der Biegung ersichtlichen Druck auf die Pinne, wahrscheinlich verursacht durch Unterbesegelung.*

Während die Yacht noch unter diesem Hieb taumelte, kam eine zweite noch höhere See als die erste herangeorgelt. Diese zweite See war es, die ihr einen so gewaltigen Schlag versetzte. Sie überflutete das ganze Cockpit und stieg bis unter Toms Arme hinauf, da, wo er sich am Backstag anklammerte; sie legte die Yacht bis über den Decksaufbau flach aufs Wasser.

Sie richtete sich wieder auf, und Jack am Ruder brachte sie zurück auf ihren Kurs vor der See. Ernsthafter Schaden war nicht entstanden, und die Pumpe schaffte das eingedrungene Wasser schnell nach draußen.

Kurz darauf beobachteten wir, wie die SATURNIA wendete. Wahrscheinlich war es ihr Kielwasser gewesen, daß die große See zum Brechen gebracht hatte.

Einen großen Kreis beschreibend, kam sie zurück. Gut manövriert lief sie langsam an uns vorbei. Die Passagiere drängten sich an der Reling; sie schien gut besetzt zu sein. Wir signalisierten: ‚Bitte meldet uns an Lloyds, London', und zeigten gleichzeitig einen Streifen Leinwand, auf dem der Name COHOE gemalt stand.

Wir setzten unsere Nationale; der Dampfer bestätigte Empfang unseres Signals und beschrieb einen vollständigen Kreis um uns herum, wie um sich zu vergewissern, daß wir keinen Beistand benötigten."

Der Seegang war mir ein Rätsel. Gewiß, der Wind war stark, aber nicht einmal 8, und doch waren die Seen hoch genug, um die Handhabung der Yacht fast unmöglich zu machen. Oben auf den „ganz dicken" reitend, wurde sie buchstäblich ergriffen und vorwärtsgeschleudert. Auf den Kämmen kam sie ins Gleiten.

Dreimal schlug sie um ein Haar quer, und am Ende meiner zweiten Wache um 20.00 Uhr willigte ich in den Vorschlag meines Steuermanns ein, endlich beizudrehen.

Wir warteten auf einen günstigen Augenblick zwischen zwei Seen und legten dann die Pinne in Lee. COHOE ging ruhig in den Wind und fiel dann breitseits zur See wieder ab. Wie gewohnt, fühlte sie sich in dieser Lage wohl und ritt die Seen wie eine Ente.

Allerdings verminderte sich dadurch unser Etmal am nächsten Tag auf 65 sm gegenüber einer Distanz von 158 sm, die SAMUEL PEPYS machte, ihr drittbestes Etmal während des ganzen Rennens. Doch diesen Ausfall machten wir später wieder gut.

Am folgenden Abend setzten wir unseren Spinnaker bei Windstärke 6 und führten ihn eine aufregende, tosende Nacht hindurch mit dem Erfolg, daß COHOE am nächsten Mittag ein Etmal von 177 sm vorweisen konnte. Die Yacht ritt auf den Kämmen der großen Seen, die Bugwelle brandete auf beiden Seiten neben dem Mast herauf. Wie ein großer Keil schoß das schäumende Wasser fächerförmig einen Meter über der Reling empor, und am Heck folgte eine hohe See, die fast bis zum Ruderkopf hochkochte. Unsere Geschwindigkeit war nur zu raten, vielleicht 10 bis 12 kn mehrere Augenblicke lang, bis die Fahrt sich nach Vorbeirauschen der Wellenberge verlangsamte. Die Geschwindigkeit war höher, als ich sie jemals vorher oder nachher erlebt habe – der Speedometer blockierte bei der 10-kn-Anzeige. Es folgte ein zweites Rekordetmal von 174 sm. Stunde um Stunde, Tag um Tag und Nacht um Nacht, in einem nie aufhörenden Getöse wie im lärmenden Brausen eines Wehrs oder Wasserfalls, verkleinerte COHOE den Vorsprung der SAMUEL PEPYS, bis die beiden Gegner fünf Tage später fast gleich standen. Dann begann die SAMUEL PEPYS wieder abzuziehen, um schließlich die Ziellinie in Plymouth nach 21 Tagen und 9 Stunden zu passieren.

COHOE blieb mit zwei Stunden innerhalb ihrer Vergütung und gewann das Transatlantikrennen, aber SAMUEL PEPYS war zuerst im Ziel und hatte die schnellste Zeit gesegelt, die jemals von einem so kleinen Fahrzeug erreicht worden ist, ein Rekord, der ungeschlagen geblieben ist.

Schlußfolgerungen

Auf der Wetterkarte auf Seite 99 für den 12. Juli, 12.00 Uhr MGZ (etwa 09.00 Uhr Schiffszeit, also etwas mehr als sechs Stunden, bevor wir alle Segel bis auf den Sturmklüver geborgen hatten), gibt es nichts, was das Herannahen eines Sturms anzeigt.

Die Warmfront könnte vielleicht starke Winde und Böen hervorrufen, aber die Isobaren liegen weit auseinander und lassen auf einen geostrophischen Wind von nur 20 kn (Windstärke 5) 100 sm nordnordöstlich bei dem Wetterschiff schließen. Auf einer anderen Karte ist ein in die Augen fallendes Wellentief mit einem scharfen Knick in den Isobaren angegeben, und die Front wird als okkludiert gezeigt, aber da sind keine bemerkenswerten Unterschiede im Barometerdruck, und nach Kapitän Stewarts Untersuchungen zeigte COHOES Barometer etwas tief an.

Die einzigen Anzeichen für starke Winde sind jenen Wetterkarten zu entnehmen, die den ganzen Atlantischen Ozean umfassen. Eine tiefe Depression mit Windstärke 10 im Gefolge hatte den Atlantik überquert und lag am 12. Juli südwestlich von Island. Dieses würde mäßige bis frische westliche Winde für COHOE und ihre unmittelbaren Gegner bedeuten. Diese Winde würden verstärkt an der Nordseite des Hochs in Südwest und durch das Tief nordöstlich von Neufundland. Dann gab es noch ein anderes Tief (996 mb) östlich der Hudson Bay mit einer Okklusion zwischen den beiden Zentren. Hat sich erst eine Familie von Depressionen versammelt, von denen sich einige bilden, andere auffüllen, kann sich die Wettersituation von einer Stunde auf die andere ändern und selbst in der Mitte des Ozeans örtliche Abweichungen zeigen.

Sehen wir uns nach weiteren Zeugnissen um. MOKOIA verzeichnete, etwa 90 sm nordöstlich von COHOE liegend, Windstärke 8 und drehte bei. SAMUEL PEPYS, in gleicher Entfernung, aber südwestlich, berichtete von Windstärke 6 und lief unter doppelten Vorsegeln. Auf beiden Yachten befanden sich erfahrene Skipper und Mannschaften, und da COHOES Schiffsort etwa in der Mitte zwischen ihren beiden Gegnern lag, erscheint es vertretbar, ihren Wind auf 7 zu schätzen, wie es auch meiner Logbucheintragung entsprach.

Das ausschlaggebende Zeugnis stammt jedoch von dem Kapitän des italienischen Passagierdampfers SATURNIA, der in sein Logbuch eintrug: „Seegang 6, Windstärke 6 nach Beaufort." Seegang 6 ist üblicherweise verbunden mit Windstärke 7; ich denke daher, eine angemessene Schätzung der Windstärke würde einen Durchschnitt von etwa 25 bis 30 kn (Windstärke 6 bis 7) ergeben, in den Böen vielleicht bis 40 kn, was in der Ausdrucksweise von Alan Watts einen „Yachtseglersturm" bedeutet.

Ich habe diesen Einschätzungen der Windstärken besondere Sorgfalt gewidmet, weil sie die Tatsache beleuchten, daß die Beschaffenheit der See, selbst auf offenem Meer, nicht ausschließlich nach der durchschnittlichen Windstärke auf Grund der Beaufort-Skala beurteilt werden kann und daß eine kleine Yacht gelegentlich in Schwierigkeiten geraten kann bei Winden unter Sturmstärke, bei welchen sie normalerweise nur mäßig reffen würde. In einem anderen Kapitel werde ich ein entgegengesetztes Beispiel geben, wo der Seegang in einem kräftigen Teiltief mit nachgewiesenen Windstärken von 9 bis 10 niemals so hoch ging, um besondere Aufmerksamkeit zu rechtfertigen.

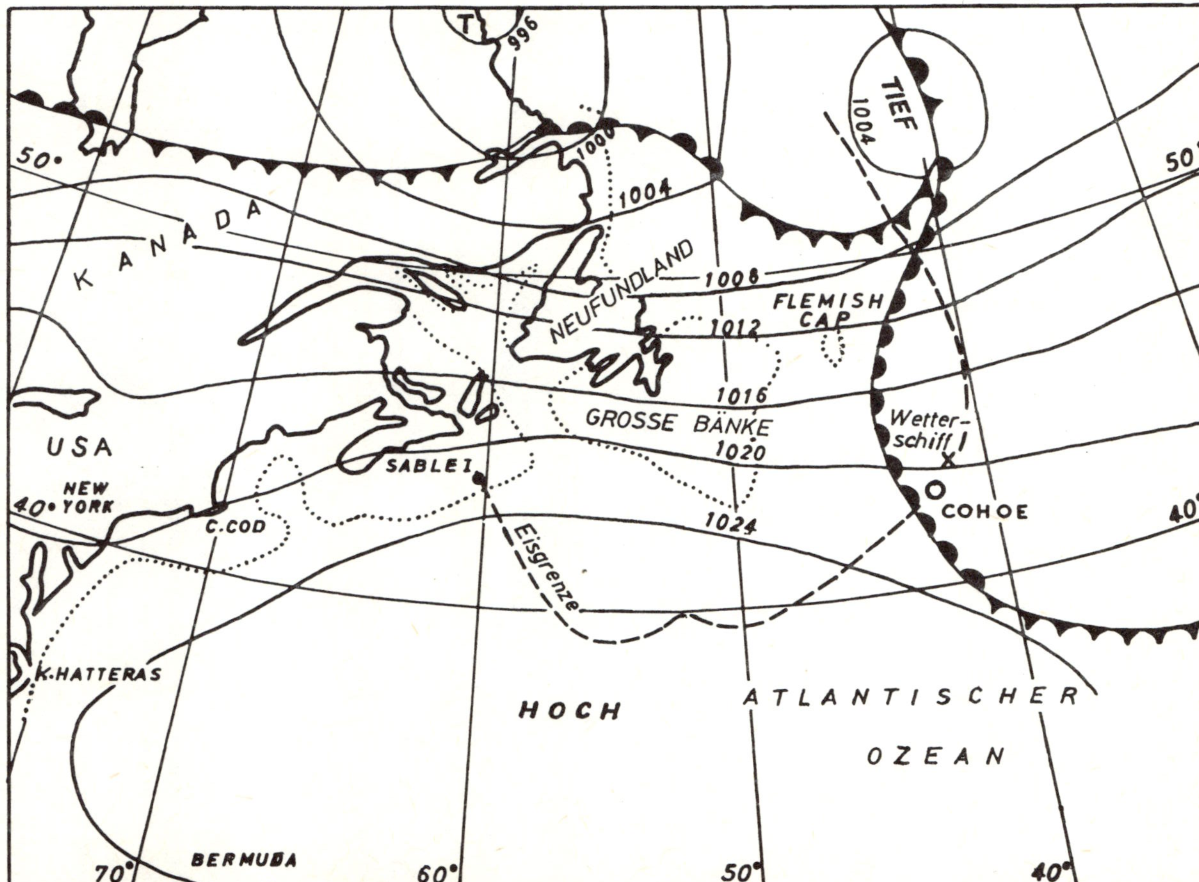

Wetterkarte, Westatlantik, 1200 MGZ am 12. Juli 1950

Es besteht kein Zweifel, daß der Seegang am 12. Juli in keinem Verhältnis zu dem Wind stand, der in den frühen Morgenstunden von NNW auf W zurückgedreht war. Im Laufe des Nachmittags war die Wellenhöhe von jedem von uns und unabhängig voneinander auf 9 m im Verhältnis zu der bekannten Masthöhe geschätzt worden. Solche Augenschätzungen von Deck aus sind ungenau, einerlei wie sorgfältig und kühl man an die Aufgabe herangeht, und sollten üblicherweise halbiert werden. Das ergäben 4,50 m, aber da diese Schätzung mir seinerzeit als zu konservativ erschien, registrierte ich 5,50 m oder drei Fünftel der Schätzung nach Augenmaß. Dieses wurde, wie es sich traf, von der SATURNIA bestätigt, denn Seegang 6 bedeutet „grobe See" und eine durchschnittliche Wellenhöhe von 6,00 m. Tom Tothill, unser Navigator, schätzte die Länge der Seen auf 75 m, was aber wahrscheinlich zu wenig war; Ozeanographen behaupten, daß im Gegensatz zur Wellenhöhe, die gewöhnlich übertrieben wird, die Länge oft unterschätzt wird. Die Größe der Seen ließe sich erklären durch die Dauer des Sturms und die unbegrenzte Anlaufstrecke entlang den gerade verlaufenden Isobaren nördlich des riesigen Hochs im Südwesten, aber das bezeichnende Merkmal der See war ihr regelloser Verlauf, der verursacht gewesen sein muß durch Winddrehung, Frontalböen und die Kombination von Wellenzügen, ausgelöst durch die Fortbewegung der Tiefs.

1. Von achtern überrollt werden und Geschwindigkeit. Daß wir von einer achterlichen See überrollt wurden, war meiner Ansicht nach auf das Kielwasser des uns in ziemlicher Nähe und mit hoher Geschwindigkeit passierenden Dampfers zurückzuführen. Das Kielwasser überlagerte die bereits hochgehenden und durcheinanderlaufenden Wellenzüge, vereinigte sich mit ihnen und formte zwei pyramidenförmige, hochbrechende Seen, die COHOE von achtern erfaßten und den Schaden anrichteten. Wellenungetüme können durch jede Störung des normalen Richtungsverlaufs der See entstehen.

Dies erklärt jedoch noch nicht die Schwierigkeiten, die alle Rudergänger der COHOE erlebten, wenn sie an jenem Tage steuerten. Man kann zu Recht fragen, warum die SAMUEL PEPYS imstande war, unter doppelten Vorsegeln zu einer Zeit erfolgreich weiterzusegeln, als COHOE unter bloßem Mast laufen mußte. Warum machte sich COHOE soviel besser, als sie nördlich von Bermuda vor dem Sturm ablief, der unvergleichlich stärker war?

Nach der Wetterkarte auf Seite 99 und nach ihrem Logbuch zu urteilen, hatte die SAMUEL PEPYS möglicherweise mit weniger harten Wind- und Seegangsverhältnissen zu kämpfen; aber ich glaube, daß ihre Unangreifbarkeit vielmehr darauf zurückzuführen war, daß sie mehr Segel trug. Sie erzielte einen Durchschnitt von 6,5 kn. Ganz ähnlich machte auch die COHOE durchschnittlich 6,5 kn, als sie unter Sturmklüver in dem Bermudasturm ablief, und am Ende des Transatlantikrennens hielt sie ohne Anstrengung die gleiche Geschwindigkeit in einer Depression, für die eine Sturmwarnung ausgegeben worden war.

Ich bin überzeugt, daß an dem Tage, als wir von achtern überrollt wurden, COHOE nicht genug Segel führte. In demselben Maße, wie der Seegang schlimmer wurde, refften wir die Segel in traditioneller Weise, bis sie unter bloßem Mast lief. Als die Seen eine Höhe von 5,50 m erreichten, lag die Yacht in den Wellentälern bis auf den Masttopp im Windschatten. Auf diese Weise verlangsamte sich ihre Fahrt im Wellental, und wenn die nächste See heranrauschte, reichte die Fahrtgeschwindigkeit nicht aus, um das Ruder so schnell wirksam werden zu lassen, wie es in hohem und durcheinanderlaufendem Seegang notwendig ist. Sie hätte mehr, nicht weniger Segel führen müssen, weil unter den schweren Verhältnissen auf dem Ozean Geschwindigkeit erforderlich ist, damit ein Boot sensitiv reagieren und mit einer schnellen Bewegung des Ruders so gesteuert werden kann, daß es einen „dicken Brummer" mit dem Heck annimmt.

Um eine sekundenschnell wirkende Kontrolle aufrechtzuerhalten, würde ich eine Geschwindigkeit von etwa 5 kn für wünschenswert halten, aber die angemessene Geschwindigkeit läßt sich nur experimentell bestimmen, da zu viel von den Eigenschaften und der Größe der betreffenden Yacht im Verhältnis zu dem System (oder der Systemlosigkeit) des Seegangs abhängt. Es kann jedoch ein Zeitpunkt eintreten, zu dem Geschwindigkeit gefährlich wird. Auch dann ist es notwendig, das Heck zur See zu halten, und dies wird erreicht durch das Nachschleppen von Trossen, die die Yacht stützen und die Ruderarbeit entlasten. Mit anderen Worten: Läuft eine Yacht auf hoher See bei schwerem Wetter vor einem Sturm, muß sie entweder genügend Fahrt behalten, um lebendig und reaktionsfreudig zu bleiben, oder sie muß im Gegensatz dazu Sturmtaktiken anwenden und Trossen achtern anbringen.

2. Heckform. Nur zweimal in meinem Leben war ich auf einer Yacht, als sie im wahrsten Sinne des Wortes von einer achterlichen See überrollt wurde. In beiden Fällen wehte es mit weniger als Sturmstärke, und die Yacht war ein Spitzgatter mit angehängtem Ruder. Die norwegischen Lotsenkutter und die Colin-Archer-Konstruktionen mit ihren spitzen Hecks sind berühmt für ihre Fähigkeit, gut vor stürmischen Winden zu laufen; Vito Dumas bewies die Leistungsfähigkeit dieses Bootstyps, als er mit LEGH II die Welt in den Brüllenden Vierzigern umsegelte. Bei diesen Fahrzeugen aber war das Spitzheck verbunden mit großer Breite, die den Auftrieb nach achtern verlagerte. Dieses kann in schmalen Leichtdeplacementyachten wie ZARA und COHOE nicht so wirksam geschehen. Ich hatte wenig Veranlassung, mich darüber bei der COHOE zu beklagen; daß sie überrollt wurde, war wahrscheinlich nur ein Zufall, hervorgerufen durch das Kielwasser des Dampfers. Aber ich bin doch der Ansicht, daß ein Plattgatt- oder gut konstruiertes Spiegelheck besser ist, da es achtern für einen größeren Auftrieb sorgt.

3. Schaden. In meinem Buch „North Atlantic" erwähnte ich einen „lauten Knall, als ob der Rumpf gesprungen wäre", als die See COHOE traf. Lange nachdem das Buch geschrieben und veröffentlicht war, untersuchten die Erbauer der COHOE, A. H. Moody & Sons Ltd., die Yacht und entdeckten zwei Eichenspanten Backbord achtern innerhalb der Achterpiek genau da gebrochen, wo die See zugeschlagen hatte.

Bietet eine Yacht einer großen, brechenden See Widerstand, entsteht fast immer Schaden.

4. Sicherheitsgurte. In den Bermuda- und Transatlantikrennen benutzten wir auf der COHOE zum erstenmal Sicherheitsgurte. Vorher hatten wir uns im Cockpit mit einem Schotende oder einem anderen kurzen Ende begnügt, wenn wir bei ausnahmsweise schlechtem Wetter am Ruder saßen.

Inzwischen nahm der RORC Sicherheitsgurte in die obligatorische Ausrüstung auf, und heutzutage sind fast alle seegehenden Yachten, Renn- oder Kreuzyachten damit ausgerüstet.

Rückkehr von La Coruña

1952 ließ ich mir eine neue Yacht bauen, einmal, weil meine Frau sich ein komfortableres Schiff wünschte, zum anderen, weil die COHOE für eine Regattatätigkeit in heimischen Gewässern allmählich veraltete.

COHOE II, wie wir sie aus Anhänglichkeit an ihre Vorgängerin tauften, war eine nach Entwürfen von Charles A. Nicholson bei A. W. Souter in Cowes gebaute Yawl. Für den Fall, daß ich den Wunsch verspüren sollte, sie für das Bermudarennen zu melden, ohne die Gesichtsoperation wiederholen zu müssen, sie durch einen falschen Bug zu verlängern, wurde sie in Übereinstimmung mit den Mindestvorschriften mit einer Länge über alles von 35 Fuß (10,70 m) und einer Länge in der Wasserlinie von 26 Fuß (7,90 m) gebaut. Bei einer Breite von 2,60 m ergab sich eine Themsevermessung von 8¼ t. Sie hatte einen volleren Rumpf als COHOE und eine Wasserverdrängung von 6⅔ t. Wie die meisten damaligen Entwürfe von Nicholson hatte sie breite Schultern und einen fein geschnittenen Heckverlauf in der traditionellen Kabeljaukopf-Makrelenschwanz-Form. Aber die Kimm war runder als sonst bei diesem Konstrukteur, der Linienverlauf hatte experimentellen Charakter: also eine Art Kreuzerversion der ehemaligen 8-m-Klasse.

Die Einrichtung unter Deck war konventionell: Vorschiff mit einer Klappkoje, Segellast, Stauraum und WC. Ein großer Schrank für Geräte und Kleider trennte Vorschiff und Messe, die je eine Sofakoje auf jeder Seite und in der Mitte einen Klapptisch hatte. Der Mast stand auf Deck, das durch Stahlträger versteift wurde. Für eine weitere Verstärkung sorgte unter dem Mast ein Stahlrohr, das bis zu dem Kiel reichte. An die Messe, aber abgeschlossen durch einen auf Rutschern und Schiene laufenden Vorhang, schlossen sich an Backbord die Kombüse und Anrichte und Geschirrschrank gegenüber an. Unmittelbar achtern davon lagen die beiden Hundekojen. Das Arrangement war einfach, aber zweckmäßig, außer bei sehr schwerem Wetter, wenn die Hundekojen trotz ihrer Schutzverhänge aus Segeltuch immer naß waren. Ein wegnehmbarer Kartentisch paßte über die Steuerbord-Hundekoje, und ein leichter Benzinmotor mit horizontalliegenden Kolben stand unter dem Niedergang. Das Innere war geräumig und luftig.

1952 war eine Saison frischer und starker Winde. Als wir anfingen, mit COHOE II Regatta zu segeln, erwies sie sich bei leichten und mittleren Winden als schnell, aber bei starkem

Wind war sie übertakelt, und was rhythmisches Rollen anbetrifft, hätte sie die Weltmeisterschaft gewinnen können. Das war teilweise darauf zurückzuführen, daß sie für einen Bleikiel konstruiert war, aber statt dessen einen Eisenkiel erhalten hatte, da Blei in dem Jahr, als sie gebaut wurde, Höchstpreise erreichte.

Nach Rücksprache mit dem Konstrukteur ließ ich daher im folgenden Winter den Segelplan verkleinern, indem ich den Mast verkürzte und das Großsegel herunterschnitt. Die Verkleinerung der Segelfläche war drastisch und entsprach etwa zwei Reffs. Wie es sich so traf, hatten wir in den beiden folgenden Fastnetjahren 1953 und 1955 (in welchen auf Grund geänderter Regeln die kleine Klasse von Hochseeyachten zugelassen wurde) Sommer mit leichten Winden, wo COHOE II unter ihrer ursprünglichen Takelage besser abgeschnitten hätte. Trotzdem gewann die Yacht erheblich durch diese Änderung. Aus einem ranken Schiff wurde eine steife Yacht, nicht nur als Folge der verkleinerten Segelfläche, sondern auch des verminderten Gewichtes und der Windangriffsfläche in der Takelung. Verschwunden waren die rhythmischen Rollbewegungen, verschwunden auch die übermäßige Abdrift. Und was für eine gute Fahrtentakelung hat doch eine toppgetakelte Yawl! Man braucht sich um keine Backstagen mehr zu kümmern – ein großer Vorteil bei Unterbesetzung –, und das Unterliek des Großsegels ist so kurz, daß das Halsen, einerlei wie hart die Wetterverhältnisse sind, seinen Schrecken verliert. COHOE II ließ sich, selbst bei schwachen Winden, wunderbar leicht nur unter kleiner Genua und Besan manövrieren. Bei starken Winden brauchten meine Frau und ich niemals zu reffen. Wir nahmen einfach das Großsegel weg. Obgleich vielleicht für ein längeres Boot besser geeignet, verleiht die Yawltakelage in diesen Tagen, wo fast jede Yacht eine Slup ist, einem Boot so etwas wie Charakter. Sie ist für die Hochsee auch eine sichere Takelage, weil die Segelfläche in kleinere Einheiten aufgeteilt ist, und das Besanstagsegel ist insofern ein praktisches Segel, als es sich schnell setzen und bergen läßt. Außerdem ziehe ich zwei Masten (unabhängig voneinander abgestagt) einem Einzelmast vor, weil man, wenn ein Mast bricht, immer noch die Chance hat, sich mit Hilfe des anderen eine einigermaßen vernünftige Notbesegelung zusammenzubauen. Dieses Argument mag angreifbar sein, aber die Tatsache bleibt bestehen, daß ich Yawls nun einmal liebe und immer noch eine besitzen würde, wenn sie nicht unter den Wettfahrtbestimmungen für Hochseeregatten fühlbar bestraft würden.

Das Erlebnis, das ich jetzt schildern will, trug sich 1954 zu, und zwar nicht bei einem Rennen, sondern auf unserer Heimreise.

Wir hatten an einer Wettfahrt von Cowes nach La Coruña teilgenommen. Es war ein langsames Rennen mit einer 200-sm-Kreuzstrecke bis nach Ushant, meist unter rauhen Bedingungen bei Regen und schlechter Sicht. Es folgten Flautenperioden in einem sich riesig weit erstreckenden Gebiet der Biskaya und schließlich, als wir vor der spanischen Küste anlangten, dichter Nebel. Zu meiner Besatzung gehörten Alan Mansley, Jim Kentish, Mike Awty und Barrie Kendall. Nach dem Rennen, das wir in unserer Klasse gewannen, ließen wir es uns in La Coruña gutgehen, einer sonnigen, flotten Stadt, wo wir von dem Real Club Nautico gastfreundlich aufgenommen wurden. Drei volle Tage weilten wir in dieser beglückenden Umgebung, bis unser Frieden von einem unserer Crewmitglieder gestört wurde. Er hatte seinem Abteilungsleiter ein Telegramm mit der Bitte um Verlängerung seines Segelurlaubs gesandt und die Bitte mit den Unbilden des Wetters begründet. Die Antwort kam prompt und unmißverständlich: „Urlaub genehmigt, Trennung anhängig.“

Diese mit Sorgfalt formulierte Botschaft schlug bombenähnlicher ein, als wenn die Antwort einfach gelautet hätte: „Auf der Stelle entlassen", und meine gesamte Besatzung verriet einen plötzlichen Eifer, an die Arbeit zurückzukehren. Wie ich schon bei früherer Gelegenheit bemerkte, ist die am Ferienende knapp werdende Zeit die am häufigsten vorkommende Ursache, daß der Fahrtensegler sich von Schlechtwetter erwischen läßt, und unsere Heimreise sollte keine Ausnahme bilden.

Unseren letzten Abend in Spanien verbrachten wir im Club, wo wir unser Abendessen an einem Tisch auf dem Balkon mit Blick auf die unmittelbar unter uns ankernden Yachten verzehrten. Das Essen verlief in angeregter Stimmung, und wir saßen noch lange bei Kaffee und Kognak, so daß die Zeit schon vorgerückt war, als wir unsere Rechnung bezahlten und in das Beiboot sprangen, um zu unserer Yacht hinüberzurudern.

Sobald wir an Bord waren, wechselten wir in Vorbereitung unserer Nachtfahrt von unseren Landanzügen in die Seglerkluft. Fünf Mann in einer winzigen Kajüte – Kleider und alles miteinander überallhin verstreut. Es wurde fast Mitternacht, bis wir fertig wurden, die Ordnung wieder hergestellt war und der Anker eingeholt werden konnte. Unsere Reise begann am Donnerstag (22. Juli) um 01.00 Uhr (siehe Karte auf Seite 60).

Als wir 10 sm draußen und außerhalb des Schutzes von Cabo Priorino waren, begannen wir zu spüren, wirklich wieder auf See zu sein. Der Wind hatte einige Tage lang frisch aus Nordost geweht, und die Wettervorhersage um Mitternacht verhieß starke Winde in der Biskaya und Regen. Die Nacht war sehr dunkel und der Himmel über der Küste ostwärts noch schwärzer. Unheilverkündende Wolken zogen heran, und bald goß es in Strömen, während der Wind gleichzeitig an Härte zunahm. Wir bargen das Großsegel (einer der Vorteile der Yawltakelage), segelten unter Genua und Besan weiter und machten dabei etwa 6 kn Fahrt. Bis auf den Mann am Ruder gingen alle in die Koje, denn jetzt waren wir unterwegs und brauchten nur eine Hand an Deck. Mit fünfen von uns an Bord bedeutete das zwei Stunden Wache und acht Stunden Freiwache, außer Segelwechseln, Kochen un-d Navigation.

Was mich, selbst nach vielen Segeljahren, immer wieder von neuem überrascht, ist der Kontrast zwischen dem Leben an Land und auf See. Nur wenige Stunden zuvor waren wir ein Teil der Landwelt gewesen. Der Tisch, an dem wir saßen, war fest, Wein und Essen waren ausgezeichnet und schön angerichtet, und der hellerleuchtete Club erzeugte Fröhlichkeit. Es war eine wohlgeordnete und behagliche Existenz. Aber kaum wieder auf See, wurde die Yacht zu der begrenzten, ureigenen Welt, um die alle unsere Tätigkeit kreiste. Das Leben an Land war so weit von uns entfernt wie das Leben auf einem anderen Planeten. An Deck ist der Rudergänger allein. Blickt er über die See, unterbricht nichts die undurchdringliche Finsternis der Nacht außer dem phosphoreszierenden Kamm einer brechenden Welle und vielleicht dem Blink eines Leuchtfeuers. Die Yacht pflügt weiter auf ihrem Kurs und wirft Flagen von Gischt nach achtern.

Die ganze Nacht hindurch wurde der Wind stetig steifer. Ein starker auflandiger Wind bringt fast immer rauhe See mit sich, bis man in tieferes Wasser gelangt. Ich übernahm die Wache um 02.00 Uhr. Wir standen 3 sm westlich von Cabo Prior und waren jetzt der vollen Wucht des Windes ausgesetzt. Es wehte mit etwa Bft 7, und der Regen kam in dichten Schauern von oben. Wir hatten die Wachzeit auf jeweils eine Stunde verkürzt. Auch das war lange genug, denn der dem Rudergänger unaufhörlich in das Gesicht fliegende Gischt wirkte schnell ermüdend. Am Ende meiner Wachzeit brannte das Salz in den Augen, und ich freute mich, abgelöst zu werden und zum Frühstück in die Kajüte hinuntersteigen zu können.

Obgleich der Wind stark blieb, wurde der Seegang gleichmäßiger, je weiter wir in das tiefe Wasser des Atlantiks hinauskamen. In der zweiten Nacht waren die Verhältnisse nicht ganz so rauh, und um 04.00 Uhr am nächsten Morgen (Freitag, 23. Juli) mäßigte sich der Wind, so daß wir unser Großsegel wieder setzen konnten. Es wurde ein angenehmer Tag. Die Sonne brach rechtzeitig für eine Mittagsbreite durch die Wolken, und nachmittags bekamen wir unsere Länge. Die Beobachtung versetzte uns 30 sm West von unserem Koppelort; wir mußten daher annehmen, daß der starke Nordostwind eine westlich setzende Strömung vor der spanischen Küste hervorgerufen hatte.

Nachmittags wurde der Wind langsam weniger, und COHOE II blieb schließlich bekalmt in der langen Ozeandünung liegen. Ihr Kurs hatte die Yacht zusammen mit der Strömung aus der Biskaya heraus und ein gutes Stück in den Atlantik hineingebracht. Um 21.00 Uhr war unsere Position 46°40′ N, 9°20′ W – über 300 sm von der Biskayaküste und fast gleich weit, 200 sm, von La Coruña und Ushant entfernt, mit über 3500 m Wasser unter dem Kiel. Die See blieb die ganze Nacht hindurch unbewegt, aber der Wetterbericht am folgenden Morgen (Sonnabend, 24. Juli) sagte südwestliche Winde im Norden der Biskaya voraus. Und richtig: der Himmel im Norden war bewölkt. Um 04.00 Uhr legten wir uns auf den anderen Bug, und eine Stunde später erhob sich eine leichte Brise aus WzN; endlich segelten wir wieder, aber jetzt in der gewünschten Richtung nach Ushant anstatt hinaus auf den Atlantik.

Am Sonntagmorgen (25. Juli) frischte es auf. Im Norden war der Himmel immer noch bezogen, aber wir kamen der Bewölkung rasch näher. Das Barometer mit einem Stand von 1016 mb zeigte eine fallende Tendenz. Während der Morgenstunden legte der Wind stetig zu, und wir holten das Großsegel herunter. Mittags gelang es mir noch gerade rechtzeitig, die Sonne zwischen den sich zusammenziehenden Wolken zu schießen, und früh nachmittags bargen wir den Spinnaker, da die Yacht heftig rollte, und setzten an seiner Stelle die kleine Genua. Die Wettervorhersage mittags war schlecht. Es gab eine Sturmwarnung für das Gebiet genau nordwärts von uns und eine Ansage von starken Winden, lokaler Sturmgefahr, Küstennebel und allgemein schlechter Sicht für den Nordteil der Biskaya und für Plymouth im Osten von uns.

Der Wetterbericht um 18.00 Uhr klang noch drohender. Eine Depression vertiefte sich vor Irland, und ein starkes Tief lag vor Island. Die Yacht lief hohe Fahrt und machte fast 8 kn allein unter Genua und Besan. Bevor die Nacht hereinbrach, wurden beide Segel geborgen und der Sturmklüver gesetzt. Er stand schlecht; wir hatten feststellen müssen, daß die Beanspruchung durch das Genuafall die Winsch fast aus dem Mast gezogen hatte, so daß das Sturmklüverfall an einer Klampe festgesetzt werden mußte, die sich ebenfalls losgearbeitet hatte. Die Geschwindigkeit unter nur 4,50 m^2 Tuch verminderte sich auf etwa 4,5 bis 5 kn, aber die Yacht war unvergleichlich leichter zu steuern, und wenn der stürmische Wind sich zu etwas Ernsthaftem entwickeln sollte, waren wir unter der richtigen Besegelung, ohne nachts die Segel wechseln zu müssen.

Ushant, der westlichste Punkt Frankreichs, ist eine schlechte Ecke, um sie nachts bei rauhem Wetter zu runden. Der Navigator muß auf die Möglichkeit gefaßt sein, daß die Feuer durch Nebel und Regen verborgen bleiben, und der Seegang kann infolge der starken Gezeitenströme in der nahen Umgebung bei Südweststurm aus dem Atlantik furchtbar sein. Daher entschloß ich mich, so gern ich den Schiffsort an Hand der Feuer an der französischen Küste, sofern sie zu sehen waren, bestimmt hätte, mit weitem Abstand an Ushant vorbeizulaufen. Wir halsten und gingen auf nördlichen Kurs.

Wie erwartet, wurde es eine unangenehme Nacht. Infolge des peitschenden Regens war es ungewöhnlich dunkel, ohne eine Andeutung von Mond oder Sternen. Das einzige Licht kam von den phosphoreszierenden Wellenkämmen, die nun in jeder Richtung brachen, und von dem schimmernden Kielwasser. Die in der Entfernung brechenden Kämme leuchteten so stark, daß man sie leicht für den Widerschein eines weitweg stehenden Feuers hätte halten können. Das Barometer fiel kräftig weiter: 24 mb in 24 Stunden. Das Boot benahm sich wunderbar. Der Ablauf der langen, weichen Linien hinterließ ein sauberes, wenn auch phosphoreszierendes Kielwasser. Die Yacht folgte der leisesten Berührung des Ruders, und es kam kein grünes Wasser an Bord. Trotzdem blieb das Rudergehen eine verantwortungsvolle Aufgabe, und von neuem wurden die Rudergänger stündlich abgelöst. Da die Sicht so schlecht war und wir uns den Dampferrouten näherten, wurde ein Radarreflektor in den Mast gesetzt und eine Pistole mit weißen Leuchtkugeln in einem wasserdichten Säckchen für den Notfall in Griffnähe des Rudergängers gelegt.

An Deck bot sich den Augen ein turbulenter Anblick, während unter Deck die übliche Ungemütlichkeit herrschte, wenn vier Mann auf kleinem Raum zusammengepfercht sind – nasses Ölzeug, Zigarettenstummel und abgebrannte Streichhölzer trugen dazu bei. Die Bewegung machte es unmöglich, an Schlaf auch nur zu denken. Es bedrückte uns auch die Ungewißheit über unsere Position, denn wir waren, seit wir außer Landsicht gekommen waren, über 300 sm gesegelt.

Obgleich rauh, verlief die Nacht ohne größere Ereignisse. Selbst das schlemmerhafte Spaghetti-au-gratin-Mahl vom Abend vorher hatte sich gesetzt. Bei Morgengrauen (Montag, 26. Juli) schätzten wir, daß COHOE II gute 30 sm westlich von Ushant stand. Wenn die Sicht auch immer noch verhüllt blieb, so hatten wir doch jetzt genug Seeraum, um den Englischen Kanal anzusteuern. Wir setzten daher unseren Kurs ab auf Portland Bill, wohin die Distanz immer noch 200 sm betrug. Jetzt, wo es hell geworden war, konnten wir die Seen beobachten und die ihnen innewohnende Gewalt einschätzen. Gemessen an der Stärke des Windes und der langen Anlaufstrecke, lief die See nicht übermäßig hoch. Natürlich brach sie schwer, und gelegentlich bildeten sich weißmähnige Wasserberge, die sich gegen den dunklen Himmel abzeichneten; aber da sie nicht unhandig waren, setzten wir den Besan in dem Wunsch, die Ecke so schnell wie möglich zu passieren und in den Englischen Kanal zu gelangen, sollte sich das Wetter noch weiter verschlechtern.

Die Sicht verbesserte sich nicht in den Morgenstunden, aber wir sichteten einen kleinen Tanker, der sich schwertat, als er uns ganz nahe passierte. Mittags lugte die Sonne gerade rechtzeitig für eine Beobachtung durch die Wolken. Gleichzeitig erhielten wir durch Funkpeilungen einen Standort, der uns weit in den Englischen Kanal vor der französischen Küste, etwas über 40 sm NzE von Ile-Vièrge-Leuchtfeuer, versetzte.

Das Glas fiel jedoch weiter. Bis jetzt war es von 1016 mb auf 989 mb zurückgegangen. Der Wetterbericht an diesem Abend wurde von der Crew mit Heiterkeit zur Kenntnis genommen. Bis der Ansager seine Sturmwarnungen durchgegeben hatte, war kaum noch ein Gebiet übrig, wo normales Wetter herrschte. Eine schwere Depression zog ostwärts über Schottland, und Sturmwarnungen wurden, wenn ich mich recht erinnere, für Rockall, Malin, Shannon, Fastnet, Lundy, Sole, nördliche Biskaya, Plymouth, Portland, Wight und Teile der Nordsee ausgegeben. Es gab also kein Entrinnen vor einem Unwetter, das ein so weites Seegebiet erfaßte.

Wir richteten uns daher für eine weitere ungemütliche Nacht ein, obgleich wir uns inzwischen schon an diesen Zustand gewöhnt hatten. Die Yacht erwies sich wiederum als ein seetüchtiges Fahrzeug; dazu hatte sie eine starke Besatzung. Eine Stunde auf Wache und vier Stunden unter Deck ist keine schwere Arbeit, auch wenn es nicht leicht ist, Schlaf zu finden. Die Nacht verging nicht viel anders als die vorhergehende, aber am nächsten Morgen (Dienstag, 27. Juli) hatten wir das Glück, die Sonne erscheinen zu sehen. Zugegeben, es war eine ungesunde Art von Sonne, und über der See (die, wenn sie sich überhaupt geändert hatte, allenfalls noch höher lief) lag ein Dunstschleier, aber es genügte für eine Sonnenhöhe. Für eine normale Reise machten wir durchaus genügend Fahrt, aber die Trennungsdrohungen ihrer Vorgesetzten wurden wiederum Hauptunterhaltungsthema der Besatzung. Um die Dinge zu beschleunigen, setzten wir das gereffte Großsegel. Sofort ging die Yacht wieder auf Maximalgeschwindigkeit; zwar wurde das Steuern schwieriger, aber sie blieb unter vollkommener Kontrolle. Es wehten stürmische Winde, aber nicht mehr. Wir passierten einen Trawler, einen Tanker und ein Küstenmotorschiff und kamen daher zu dem Schluß, daß wir den Dampfertreck vor der Südküste Englands kreuzten.

Es war unser sechster Tag auf See. Unter Berücksichtigung der Gegenwinde in der Biskaya hatte die Yacht fast 600 sm durchs Wasser zurückgelegt, den letzten Teil davon bei dickem Wetter, so daß es ein aufregender Augenblick war, als um 10.30 Uhr Land an Backbord gesichtet wurde. In der Ferne zeichnete sich die englische Hügellandschaft ab, und dann wanderte ein Sonnenstrahl über das gelbe Vorland, das nichts anderes sein konnte als Golden Cap in der Lyme Bay. Nicht lange darauf ließ sich Portland Bill erkennen. Es war gar nicht so weit entfernt gewesen, aber lange durch niedrige Wolken verborgen geblieben. Unser Landfall war also genau, und Barrie, der den größten Teil der Navigation erledigt hatte, verdiente volles Lob.

Da die Tide gegen uns lief, halsten wir, um das Bill in einem Abstand von 5 sm passieren zu können. Die berüchtigten Stromkabbelungen von Portland Bill erstrecken sich an und für sich nur wenige Meilen nach draußen, aber bei schlechtem Wetter ist die See sogar 10 sm weit draußen noch gestört, und man sollte, außer im Rennen, einen weiten Bogen um das Portland Race machen. Da die Sonne wieder schien, war es ein günstiger Tag für Fotos vom Seegang, und Alan und ich nahmen die Gelegenheit wahr.

Als sich die Yacht von Süden her dem Bill näherte, wurde der Seegang schwerer. Alan übernahm einen Rudertörn und genoß das Erlebnis, mit einer Yacht wellenzureiten. Der Geschwindigkeitsmesser zeigte 9 kn an, was zweifellos zu hoch gegriffen war, aber nichtsdestoweniger löste das Verhalten der Yacht Begeisterung aus. Wir hatten wieder Glück mit der Tide, denn es war Stauwasser bei unserer Ankunft vor Portland Bill. Wäre die Tide gegen den Wind westwärts gelaufen, hätte eine wirklich gefährliche See gestanden. Auch so baute sich ein Seegang auf, der furchterregend wirkte.

Es ist immer schwer, die Windstärke richtig zu beurteilen, solange man vor dem Wind läuft. Sie wird unter solchen Umständen oft unterschätzt, genauso wie sie leicht überschätzt wird, wenn man gegenan kreuzen muß. Die Urteilskraft des Beobachters wird durch solche Faktoren beeinflußt wie die Höhe und Heftigkeit des Seegangs und im besonderen durch die Wetterverhältnisse, ob es sonnig ist oder bewölkt oder vielleicht sogar Regen auf der Stimmung lastet. Die Schwankungen sind subtil, und erst auf der nächsten Wache, als Barrie am Ruder stand, merkte ich, daß der Wind endlich Sturmstärke erreicht hatte. Wir standen zu diesem Zeitpunkt vor St. Alban und kreuzten den Ausläufer der Bank, als Barrie nach Ablösung rief. Das Boot war in Gefahr, aus dem Ruder zu laufen. Es hatte mehrere Tage hart aus dem Atlantik geweht, und der Seegang hatte inzwischen eine achtbare Höhe erreicht. Die ganze See war nur noch eine Masse von Schaum. Es war Zeit, die Fahrt herabzumindern, und ich nahm sofort das Großsegel herunter.

Nach Passieren von Anvil Point wurde der Seegang weniger; wir überquerten die Bournemouth Bay und liefen sicher durch den North Channel, der zum Teil von der Shingles Bank geschützt ist, in den Solent ein.

Als wir uns Yarmouth auf der Isle of Wight näherten, sahen wir die Reede voller Küstenschiffe vor Anker, die dort vor dem Wetter Schutz gesucht hatten. Der Anblick bestätigte uns, daß wir die Windstärke, als wir vor dem Wind liefen, nicht überschätzt hatten. Vor 20.00 Uhr lagen wir im Hafen festgemacht; sofort kam der Zoll an Bord und klarierte uns ein, früh genug für drei Besatzungsmitglieder, an Land zu eilen und an ihre Arbeit zurückzukehren. Bevor sie uns verließen, hatten die Zollbeamten uns noch eine Neuigkeit mitzuteilen: eine weitere Sturmwarnung!

Schlußfolgerungen

Aus den Wetterkarten auf Seite 109 ist zu ersehen, daß eine ziemlich tiefe Depression im Süden von Island rasch über Nordschottland hinwegzog, wo sie sich verlangsamte und auf 980 mb vertiefte. Sie war begleitet von kleineren Trögen niedrigen Luftdrucks, die sich über England und den Englischen Kanal bewegten. Das Wetter bietet ein typisches Bild für das, was sich im Englischen Kanal tut, wenn ein Tief nordwärts wandert und Windstärken 6 und 7 und lokale stürmische Winde von 8 auslöst. Diese besondere Depression war die Ursache für eine längere Schlechtwetterperiode als sonst, da sie über Schottland fast stationär blieb und lange genug dauerte, um den Seegang sich zur vollen Höhe aufbauen zu lassen.

Die nächste Küstenstation, von der mir Berichte vorliegen, ist Lizard. Die dort am Montag (26. Juli) aufgezeichneten Windstärken waren mehr oder weniger den ganzen Tag durchgehend Bft 6, sich zwei Stunden lang bis 12.30 Uhr verstärkend auf 7 und eine Stunde lang bis 15.30 Uhr auf 8. Am Dienstag (27. Juli) hielt sich der Wind nahe der oberen Grenze von 6, verstärkte sich aber in den frühen Morgenstunden von 02.30 bis 05.30 Uhr auf 7. Beide Tage waren charakterisiert durch häufig auftretende Böen. Am Montag um 20.25 Uhr wurde ein Windstoß von 43 kn (Windstärke 9) gemessen, also fast das Doppelte der durchschnittlichen Windgeschwindigkeit von Bft 6 (22 bis 27 kn); am Dienstag wurde ein ähnlicher Windstoß von 43 kn um 03.35 Uhr verzeichnet, als der Durchschnitt bei Bft 7 lag. Auf See würde es noch härter geweht haben; zweifellos gab es dort längere Zeiträume, in denen der Wind die 34 bis 40 kn der Windstärke 8 erreichte.

1. Flachwerdendes Wasser. Vor Portland Bill begegneten wir hohen Seen. Ich habe bei stürmischem Wetter in dieser Gegend vorher und seitdem beobachtet, daß die Seen die Form einer sehr hohen, steilen Dünung annehmen und sich buchstäblich genauso auftürmen, wie wenn sie sich einer steil aufsteigenden Küste nähern. Bei einer nach Lee setzenden Strömung purzeln sie mehr als daß sie brechen, wenn auch mit weißem Kamm. Solche Seen sind ganz eindrucksvoll, aber harmlos, solange nichts da ist, was sie veranlaßt, schwer zu brechen. Es wäre gefährlich, wenn eine von ihnen dies täte. Bei Tide gegen stürmischen Südwestwind würden sie bestimmt brechen, und dann ist die ganze Gegend gefährlich. Besser ist es, sich 10 sm südlich von Portland Bill zu halten.

Der schwerste Seegang stand südöstlich von St. Alban's Head, wo der Meeresgrund

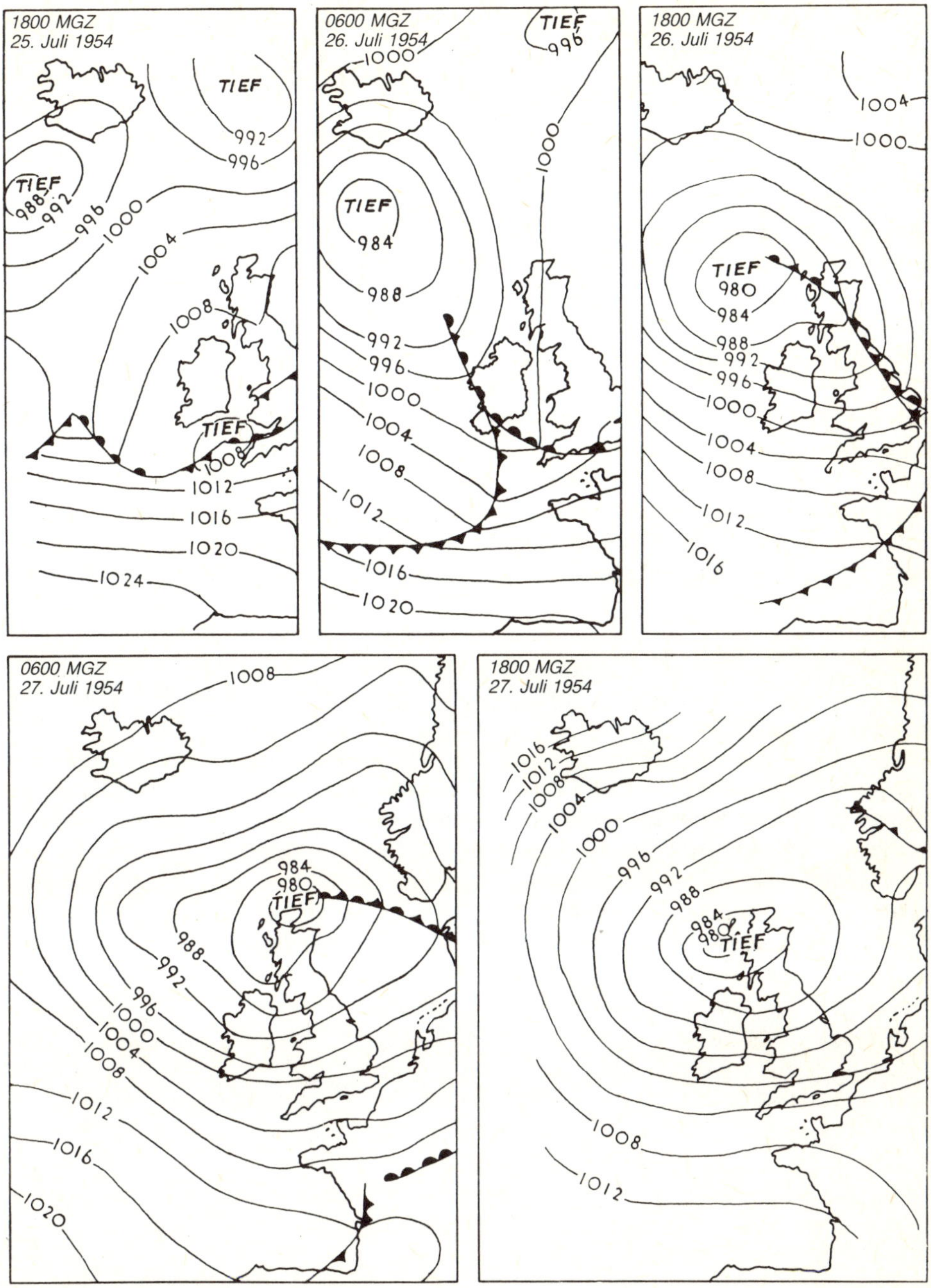

Wetterkarten, Heimreise von La Coruña, 1954

unregelmäßig auf 5 sm seewärts nicht tiefer als 16 m ist und wo außerdem starke Gezeitenströme setzen. Nach Passieren von St. Alban's ging der Seegang nach und nach zurück. Bei Ansteuerung des Solent durch den North Channel wurden die Seen steiler und weißer, aber sie blieben viel kleiner als draußen auf See, wahrscheinlich weil wir in Lee der Dolphin Bank kamen, die auf den Seegang einschränkend wirkt, obgleich sie 10 bis 16 m unter Wasser liegt.

2. Ablaufen vor stürmischen Winden. Wie bereits früher erwähnt, ist es erstaunlich schwierig, die Stärke von achterlichen Winden zu schätzen. Läuft eine Yacht mit 6 kn oder mehr, wird schon dadurch der scheinbare Wind um einen Grad der Beaufort-Skala vermindert. Ein stürmischer Wind von 8 Bft fühlt sich, wenn man achteraus blickt, auf dem Gesicht an, als wehte es mit nur 7. Eine mit dem Wind setzende Tide, wobei die Yacht wahre 10 kn Fahrt über Grund machen kann, vermindert weiter die Stärke des scheinbaren Windes.

Interessant ist es, das Verhalten der COHOE I in dem an Sturm grenzenden Wind im Atlantik (wie im letzten Kapitel geschildert) zu vergleichen mit jenem der COHOE II bei noch stärkeren Winden, wenn auch in nicht ganz so schlimm durcheinanderlaufender See.

Als COHOE I damals immer schwerer zu handhaben war, verminderte ich nach und nach die Segelfläche, bis sie schließlich nur noch unter bloßem Mast lag. Wir machten vielleicht 4 kn Fahrt auf den Wellenkämmen und nur 2 kn in den Wellentälern. Die Geschwindigkeit der COHOE II betrug dagegen unter Großsegel, Besan und Sturmklüver 7,5 kn, und wären wir in einer Regatta gewesen, hätten wir mit der Fahrt auch nicht heruntergehen dürfen, selbst wenn es schwierig geworden wäre, die Yacht zu steuern. Unter Besan und Sturmklüver ermäßigte sich die Geschwindigkeit auf der Strecke von Portland bis St. Alban's (als der lokale Wind wahrscheinlich Bft 8 erreichte) auf 6 kn, und die Yacht war fügsam und viel leichter auf dem Ruder. Wellenkämme stiegen häufig an Bord, und der Gischt flog pausenlos über das Cockpit, aber zu keinem Zeitpunkt bestand irgendwelche Gefahr, eine Sturzsee über das Heck zu bekommen. Ich habe den Eindruck, daß jede Yacht, die bei stürmischen Winden oder einem normalen Sturm auf See unterwegs ist, eine natürliche Geschwindigkeit besitzt, bei welcher sie leicht zu steuern ist und jederzeit reagiert. Es lohnt sich bei Kreuzfahrten nicht, diese natürliche Geschwindigkeit viel zu über- oder zu unterschreiten, außer natürlich, wenn man durch Wind und Seegang gezwungen wird, auf Sturmtaktiken zurückzugreifen und z. B. Trossen auszubringen. Dieser Punkt würde etwa bei echten 9 Bft erreicht werden, je nach den Seeigenschaften der betreffenden Yacht und anderen Faktoren wie Seegang, Gezeitenstrom und flacher werdenden Gewässern.

Eine Regatta nach Cork

Als COHOE II zurück war und wieder an ihrer Muring in Bursledon lag, blieb kaum mehr als eine Woche Zeit, um sie für das Cowes-Cork-Rennen am Sonnabend, dem 7. August, zu überholen, neu auszurüsten und zu verproviantieren.

Für diese Veranstaltung hatte ich zwei Mitglieder meiner Coruña-Besatzung an Bord, Alan Mansley und Jim Kentish, während für Mike Awty und Barrie Kendall der Urlaub zu Ende war. An ihrer Stelle kamen Dr. A. Hudson, der das vorige Fastnet mit mir gesegelt hatte, und John Webster, damals Leutnant der Royal Navy, mit, so daß wir zusammen fünf waren. Der Kurs führte unmittelbar von Cowes durch den Needles Channel und dann weiter nach Cork an der Südküste Irlands, eine Gesamtdistanz von 330 sm. Nur zehn Yachten hatten gemeldet, drei in Klasse I, sechs in Klasse II und die COHOE II, die mangels anderer Kleinbootmeldungen in der Klasse II mitsegelte. Da es am Sonnabend stürmisch aus Südwesten wehte, wurde der Start bis Sonntag (8. August) verschoben; es erschien als zu riskant, unter solchen Wetterbedingungen durch den Needles Channel zu kreuzen. Am Sonntag hatte sich das Wetter gebessert, und nach Passieren der Startlinie machten sich die Boote bei leichtem SW-Wind an die Kreuzstrecke. Den ganzen Tag über blieb es schön, bis die abendliche Wettervorhersage ein weiteres Tief erwähnte, das sich auf dem Anmarsch vom Atlantik befand.

Bis 22.00 Uhr frischte der Wind auf. Die Hochseeyachten arbeiteten schwer in dem rauhen Wasser vor Portland Bill, aber dann drehte der Wind auf SE zurück, so daß sie quer über die Lyme Bay anliegen konnten.

Am Montag (9. August) legte der Wind weiter zu, und um 07.00 Uhr fiel dichter Regen; später raumte der Wind aber, und es wurde ein freundlicher Tag, wenn das Segeln auch rauh und naß blieb. Um 18.00 Uhr kam eine Sturmwarnung durch, verursacht durch ein kräftiges Tief mit Zentrum über dem Themsegebiet und ein anderes vor den Hebriden. Zwei Yachten der Klasse II, mit denen wir den ganzen Tag über Kreuzschläge gewechselt hatten, liefen nach Plymouth ein.

Um 19.30 Uhr hatten wir das Eddystone-Feuer querab. Der Himmel war klar, aber der Wind war härter geworden; obgleich er nur einen Anlauf von 20 sm hatte, stand eine grobe, steile See.

Dann brach der Sturm los mit einer heftigen Bö, die das Boot auf die Seite legte, bis das Deck vom Wasser überspült wurde. Sofort wurde das Großsegel geborgen, und COHOE II setzte die Fahrt unter Besan und kleiner Genua fort. Die Zubereitung des Abendessens, das nur aus Suppe und Eiern bestand, war eine böse Aufgabe, der sich Alan mit der ihm eigenen Entschlossenheit widmete. Die Yacht segelte unter einem erheblichen Krängungswinkel und bolzte in einer Wolke von Gischt gegen den Wind an.

Unter Deck war es stickig, da die Dorade-Lüfter geschlossen bleiben mußten, denn die vorn brechenden Seen sandten von Zeit zu Zeit dichte Wassergüsse wie aus einem Gartenschlauch durch die Öffnungen in die Messe. Alle Bullaugen waren fest verschraubt, und die einzige Luftzufuhr kam aus dem Niedergang herein, begleitet von Wasserduschen. Zwei Besatzungsmitglieder waren seekrank, ohne jedoch arbeitsunfähig zu werden.

Die Nacht, in der wir einen langen Schlag zur Küste Richtung Fowey und einen zweiten seewärts machten, war kalt und unfreundlich. Bei Tagesanbruch (10. August) herrschte bei uns eine gewisse Enttäuschung, als wir feststellen mußten, daß Lizard immer noch 10 sm im Westen vor uns lag. In einem Sturm gegenanzukreuzen, ist für alle Beteiligten eine Strafe. Die Yacht mußte ziemlich voll und bei gesegelt werden, um Geschwindigkeit und Fahrtmoment zu bewahren und den Anprall der Seen zu durchbrechen. Unter solchen Bedingungen war die Abdrift erheblich. So ermüdend und langsam es uns auch vorkam, so machte COHOE II doch in zwölf Stunden genau gegen den Wind 30 sm gut; es gibt wohl nur wenige kleine Yachten ihrer Größe, die imstande sind, bei solchem Wetter mehr als 6 kn durchs Wasser zu laufen und 3,5 kn beim Kreuzen gutzumachen.

Als wir uns vom Land entfernten und in den Englischen Kanal hineinhielten, nahm die Höhe des Seegangs beträchtlich zu. Obgleich hoch geschnitten, begann die Genua schwer Wasser zu schöpfen, wenn das Boot die Nase in die Seen steckte. Nicht nur, daß das Segel zu bersten drohte, es bestand auch Gefahr für den Mast, die Takelage und das Geschirr, denn das Gewicht und die Kraft, die hinter einer großen See stecken, sind ungeheuer. Es wehte jetzt mit Sturmstärke, und da die morgendliche Wettervorhersage eine neue Sturmwarnung gebracht hatte, war es jetzt an der Zeit, die Besegelung zu ändern. Alan und ich refften das Großsegel und setzten es wieder und holten an Stelle der Genua den Sturmklüver hoch. Das bedeutete zwar keine Verkleinerung der Segelfläche, aber der Sturmklüver war schmal und stand hoch, so daß die Seen ihn vorn nicht erreichen konnten wie die Genua, und das Großsegel war ein sicheres Segel. Heruntergeschnitten wie es war, entsprach es vor unserem Start einem doppelt gerefften Segel, und das Extrareff verkleinerte es auf die Größe eines Trysegels.

Unter Sturmklüver, gerefftem Großsegel und Besan war die Yacht jetzt bequem besegelt und gut ausbalanciert. Der winzige Sturmklüver schöpfte kein Wasser, und aller Druck war auf drei Segel bei kleinem Segelplan verteilt. Der Sturmklüver war allerdings von konventionellem Schnitt, ringsherum eingeliekt und ungeheuer stark, aber voll geschnitten und daher kein Rennsegel, mit dem die Yacht nicht so hoch anliegen konnte wie unter Genua und Besan.

Unter stürmischen Verhältnissen läuft die See in Landnähe, zumal bei den starken Gezeitenströmen vor dem Lizard Race, sehr hoch, höher als weiter östlich in Richtung Portland Bill. Wir blieben daher bis weit in das tiefe Wasser des Englischen Kanals hinein weiter auf Backbordbug liegen. Der Wind war sehr ungestüm mit gewaltigen Böen, denen aber verhältnismäßig ruhige Perioden folgten. Aubrey Hudson bereitete Porridge und Eier

10 Mitten auf dem Atlantik. Obwohl auf derselben Filmspule wie das vorhergehende Foto, wurde diese Aufnahme wahrscheinlich später unter Spinnaker bei Windstärke 6, aber regelmäßigem Seegang gemacht. Die COHOE *ritt mit 12 kn und mehr auf den Wellenkämmen; was sie jedoch auf den Kämmen gewann, verlor sie in den Wellentälern. Etmal 177 sm mit einer Yacht von einer CWL von 7,75 m, durch Übergewicht verlängert auf 7,90 m.*

11 *Auf der Heimreise von La Coruña. Selbst unter Sturmfock muß die Schot auf der* COHOE II *in vielen Törns um die Winsch genommen werden, wenn der Wind in den Böen 43 kn erreicht und das Speedometer zeitweise 9 kn anzeigt.*

zum Frühstück, aber ein Teil des Porridge ging bei einem besonders heftigen Überholen auf Reise und ergoß sich über die ganze Kombüse und das Kochgeschirr. Der Zustand unten war alles andere als komisch: Porridge auf dem Fußboden um den Herd, in jeder Ecke Zigarettenstummel, abgebrannte Zündhölzer und Fusseln von den Decken, Wasser, das beim Krängen aus der Bilge über den Fußboden schwappte, und Feuchtigkeit überall. Nasse Kleider, nasse Decken, alles naß! Auch die Luft war unangenehm, da wir unter uns einen ziemlich starken Raucher hatten, und schaler Tabakrauch hinterläßt in einem engen, feuchten Raum einen scheußlichen Geruch.

Nachdem wir von Lizard 20 sm nach Süden gesegelt waren, gingen wir auf den anderen Bug und waren erfreut, festzustellen, daß wir Newlyn anliegen konnten.

Um 19.00 Uhr standen wir vor Newlyn und befanden uns damit bereits teilweise unter Landschutz, da der Wind rechtgedreht hatte. Wir gingen wieder über Stag und liefen bei mitlaufendem Strom dicht unter den Klippen entlang. Der abendliche Wetterbericht lautete verhältnismäßig günstig; die Vorhersage sprach von steifen anstatt von stürmischen Winden. Solange wir unter Landschutz lagen, beschäftigte Alan sich eifrig mit der Kocherei, und wir genossen eine heiße Suppe und Eier. Dann bargen wir den Sturmklüver und setzten statt dessen die Fock, mit der wir einen Strich höher anliegen konnten.

Um 23.00 Uhr hatten wir Land's End passiert und näherten uns dem Wolf-Rock-Feuer. Sein Lichtstrahl erleuchtete die Segel, und wir fragten uns, ob sich wohl irgendeine Yacht in der Nähe befand, denn wir hatten den ganzen Tag über niemanden zu Gesicht bekommen. Vor Wolf Rock hatte ich eine schwere See erwartet, nachdem es so lange aus westlicher Richtung geweht hatte und der Wind immer noch frisch bis stark war, aber in Wirklichkeit war der Seegang viel angenehmer. Die Seen waren länger, und das Boot ritt die großen Seen viel besser ab als den kürzeren Seegang vor Lizard. Beim Wolf gingen wir über Stag und liefen nun auf Irland zu, obgleich wir nur die Küste östlich von Cork anliegen konnten. Es war eine sternklare Nacht. Das Longship-Feuer lag an Steuerbord voraus, das Seven-Stones-Feuerschiff und das Round-Island-Feuer an Backbord.

Das war der Abschluß des Schwerwetterteils des Rennens. Am folgenden Morgen (Mittwoch, 11. August) war der Wind mäßig, und die Sonne brach durch. Es ist überraschend, wie schnell sich die Lebensgeister an einem strahlenden Morgen wieder regen. In kürzester Zeit erschienen die nassen Decken und Kissen an Deck, und die feuchten Kleider hingen in der Takelage. Alle waren wir in ausgelassener Stimmung, aber leider hatte das Wetter in diesem ungewöhnlichen Rennen noch eine weitere Karte im Spiel. Um 17.30 Uhr fing es an zu regnen, und um Mitternacht verwandelte sich der Regen in dichten Nebel. Gleichzeitig hatte der Wind zurückgedreht und kam raumer. Die ganze Nacht machten wir schnelle Fahrt, und beim ersten Tageslicht (Donnerstag, 12. August) bekamen wir das Daunt-Richtfunkfeuer, auf das sich John Webster mit dem Funkpeiler so genau einpeilte, daß wir, als das Feuerschiff wie ein schwarzer Schatten vor uns auftauchte, schnell unseren Kurs ändern mußten, um eine Kollision zu vermeiden. Als wir uns der Küste näherten, hob sich der Nebel, und um 09.24 Uhr kreuzten wir die Ziellinie vor der Einfahrt zum Hafen von Cork. Wir waren zweites Boot am Ziel. Nur zwei andere Yachten (JOCASTA und MARABU, beide Klasse I) segelten das Rennen zu Ende. COHOE II war Sieger nach berechneter Zeit. Es war das erstemal, daß eine Yacht der Klasse III bei stürmischem Wetter die Klasse I schlug; bisher hatten die kleinen Yachten höchstens bei leichtem Wetter gesiegt.

Schlußfolgerungen

Die Schwerwetterperiode war von ausgedehnter Dauer. Wie bei unserer Rückreise von La Coruña war sie durch eine Depression ausgelöst, deren Zug über dem Norden von Schottland sich verlangsamte. Der grundlegende Unterschied zwischen unseren Erfahrungen auf der Heimreise von La Coruña und denen im Corkrennen bestand darin, daß es auf der ersten Reise ein Vergnügen gewesen war, vor den stürmischen Winden abzulaufen, während wir im Corkrennen gegenbolzen mußten, was Schiff und Besatzung einer echten Prüfung unterzog.

Am 10. August meldete Lizard Windstärke 7 bis 05.30 Uhr, gefolgt von Windstärke 6 durchgehend für den Rest des Tages, aber auf See würde es härter geweht haben, teilweise bis 8 Windstärken. Wieder, wie auf der Rückreise von La Coruña, war das bezeichnende Merkmal des Windes seine Böigkeit. Der stärkste Windstoß erfolgte um 3.35 Uhr, als COHOE II noch östlich von Lizard stand. Merkwürdigerweise war es genau dieselbe Windgeschwindigkeit wie in der damaligen Bö – 43 kn (Windstärke 9). COHOE II wurde mit 5 bis 6 kn vorangepreßt, was eine Verbesserung gegenüber den von den kleinen Yachten erzielten Geschwindigkeiten bedeutete, aber schließlich war COHOE II auch ein größeres und kräftigeres Boot als die 24er der RNSA.

1. Die Yawltakelage. Dies ist eine gute Takelage beim Kreuzen gegen stürmische Winde. Sie gestattet, die Segelfläche auf Sturmklüver, gerefftes Groß- (oder Try-)segel und Besan zu verteilen, alles niedrigstehende Segel, aber im Unterliek hoch genug, um kein Wasser zu schöpfen, außer im Fall eines einzelnen Wellenungetüms. Die andere Möglichkeit, den Besan mit einer Genua aus starkem Tuch zu kombinieren, ist bis Windstärke 7 anwendbar; sobald der Wind aber Bft 8 erreicht und der Seegang Zeit gehabt hat, sich aufzubauen, wird jedes tiefgeschnittene Segel wie eine Genua gefährlich. Es kann von dem Kamm einer großen brechenden See mit unwiderstehlicher Kraft getroffen werden, so daß irgend etwas zu Bruch gehen muß.

2. Sturmklüver. Der altmodische Sturmklüver aus schwerem Tuch und auf allen Seiten eingeliekt reicht aus für Kreuzfahrten und eignet sich zum Beidrehen, aber das Liektau neigt dazu, sich zusammenzuziehen mit der Folge, daß das Segel für Rennzwecke zu sackig wird. Seit kurzer Zeit verwende ich Terylene und knalle das Segel so hart an, daß es bei stürmischen Winden genauso wirksam ist wie eine Fock bei frischem Wind. Terylene ist so stark und die Segelfläche so klein, daß Sturmklüver nicht mehr aus schwerem Tuch zu sein brauchen. Was sich als erstes abnutzt, sind die Nähte.

3. Umrunden von Landzungen. Wenn es heißt, beim Kreuzen gegen stürmische Winde eine Landzunge zu runden, scheint man nur langsam voranzukommen. Für eine erschöpfte Mannschaft ist es entmutigend, zu beobachten, wie man dem Ziel nach stundenlangen Kreuzschlägen, durchnäßt und halbblind vom Gischt, nicht näher zu kommen scheint. Eine kleine Yacht macht, selbst wenn sie mit 5 oder 6 kn Fahrt vorangetrieben wird, kaum mehr als 3 sm in einer Stunde gut. Hat sie außerdem noch eine starke Gegenströmung totzusegeln, erzielt sie überhaupt keinen Fortschritt; läuft die Tide mit, aber gegen den Wind, hat die Yacht beim Kreuzen mit grobem Seegang zu tun, in dem sie mehr oder weniger voll und bei gesegelt werden muß.

Im Englischen Kanal sind es die Vorgebirge und Landzungen Portland Bill, Lizard und andere, die die Ausdauer auf die Probe stellen. Trotzdem schafft man etwas, auch wenn es

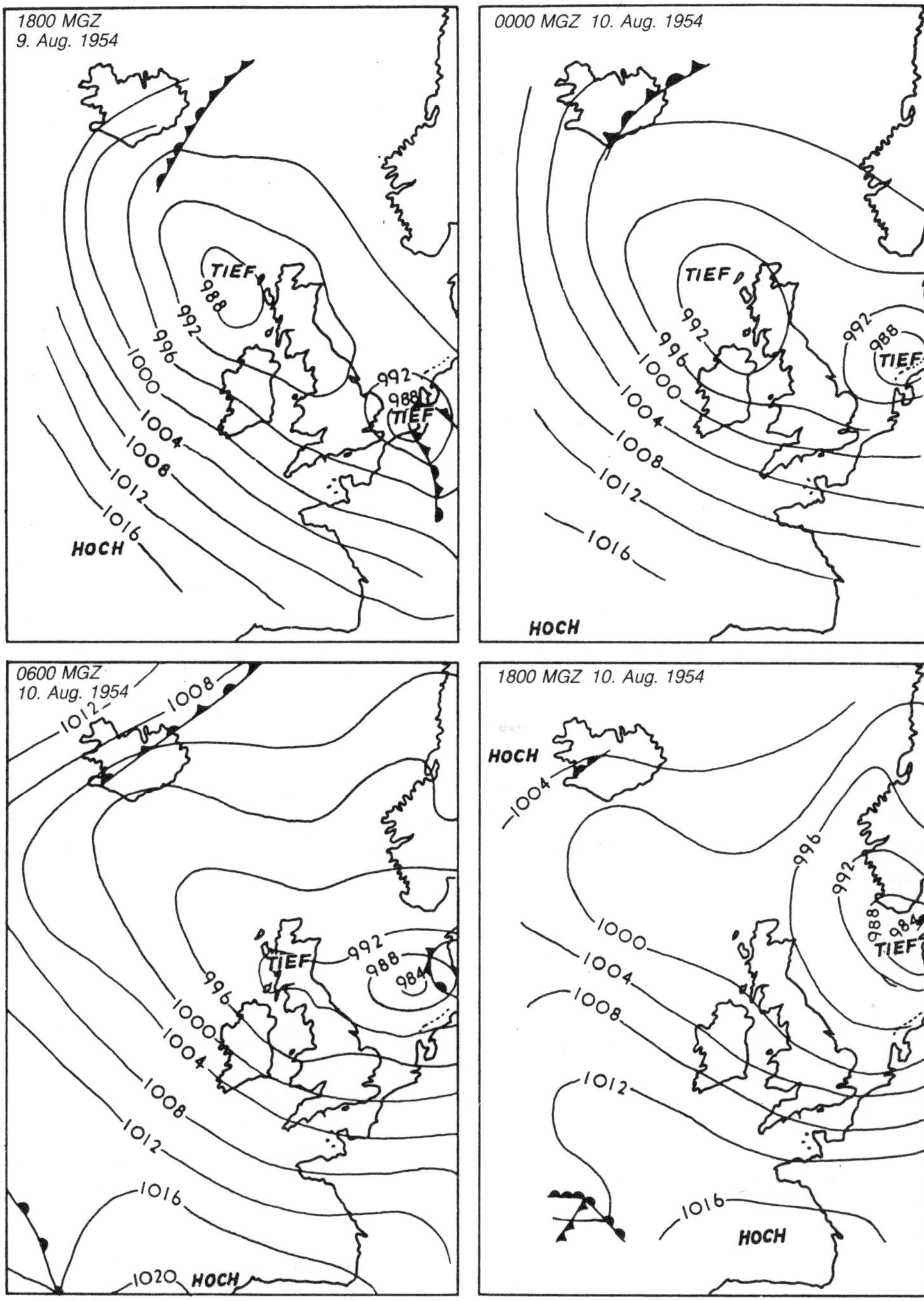

Wetterkarten zum Corkrennen 1954

nicht gleich so aussieht. Zehn Stunden erschöpfender Arbeit bedeuten einen Fortschritt von 20 oder 30 sm, und Stürme dauern nicht ewig. Unter bestimmten Voraussetzungen kann es sich für eine kleine Yacht bezahlt machen, Schutz aufzusuchen, solange die Gegentide läuft, worüber ich im Kapitel „Die Fastnetstürme 1957“ noch mehr zu sagen habe.

Sturm im Englischen Kanal

Der Kanalsturm von 1956 erreichte bei Lizard 11 Windstärken (orkanartiger Sturm), und es war das erstemal, daß man einen Überblick über alle beteiligten Yachten erhielt und eine Vorstellung davon, wie sie mit den verschiedenen Situationen fertig wurden, die sich von der offenen See bis zu einer gefährlichen Leeküste erstreckten. Die Redaktion der Zeitschrift „Yachting World“ sandte an alle Eigner einen Fragebogen, und ein Unterkomitee des RORC wurde damit beauftragt, die Berichte auszuwerten. Viele Lehren lassen sich aus ihnen ziehen, und die vom Komitee festgehaltenen Ergebnisse liefern einen wertvollen Beitrag zu der Kenntnis von der Handhabung großer und kleiner Yachten bei schwerem Wetter und der dazu notwendigen Vorbereitungen.

Von dem Sturm selbst kann ich nicht aus erster Hand berichten, da ich 1956 an keinen Regatten teilnahm. Der RORC verschaffte mir jedoch Zugang zu allen Unterlagen. Informationen aus anderen Quellen und meine persönliche Bekanntschaft mit den betreffenden Yachten und ihren Eignern kamen mir ebenso zustatten. Im ersten Teil dieses Kapitels beschränke ich mich auf diejenigen Yachten, die von dem Höhepunkt des Sturms an einer Leeküste erwischt wurden; im zweiten Teil werde ich mich mit den Erfahrungen der übrigen Boote und mit allgemeinen Problemen beschäftigen, die der Sturm aufwarf.

23 Yachten, die sich auf die üblichen drei Klassen verteilten, gingen im Channel Race 1956 an den Start. Der Kurs führte über eine 220-sm-Strecke von Southsea zum Royal-Sovereign-Feuerschiff vor Eastbourne, von dort zum Le-Havre-Feuerschiff (das durch eine Tonne ersetzt worden war) und zurück über den Kanal bis zum Ziel zwischen den Forts von Spithead.

Das Rennen startete am Freitagabend (27. Juli), und außer zwei heftigen Böen war auf der Fahrt bis Royal-Sovereign-Feuerschiff, das in den frühen Morgenstunden des Sonnabends gerundet wurde, nichts von Interesse zu vermerken. Der Wind hatte inzwischen aus Südwest aufgebrist, und der nächste Schlag der Regattabahn zur Le-Havre-Tonne bedeutete anfangs eine Kreuzstrecke genau gegen den Wind, aber gegen Abend drehte der Wind nach Süd zurück.

Erst am Sonnabend (28. Juli) begann der Wind in den späten Abendstunden zuzulegen. Es scheint, daß die großen Yachten zu diesem Zeitpunkt die Le-Havre-Tonne bereits

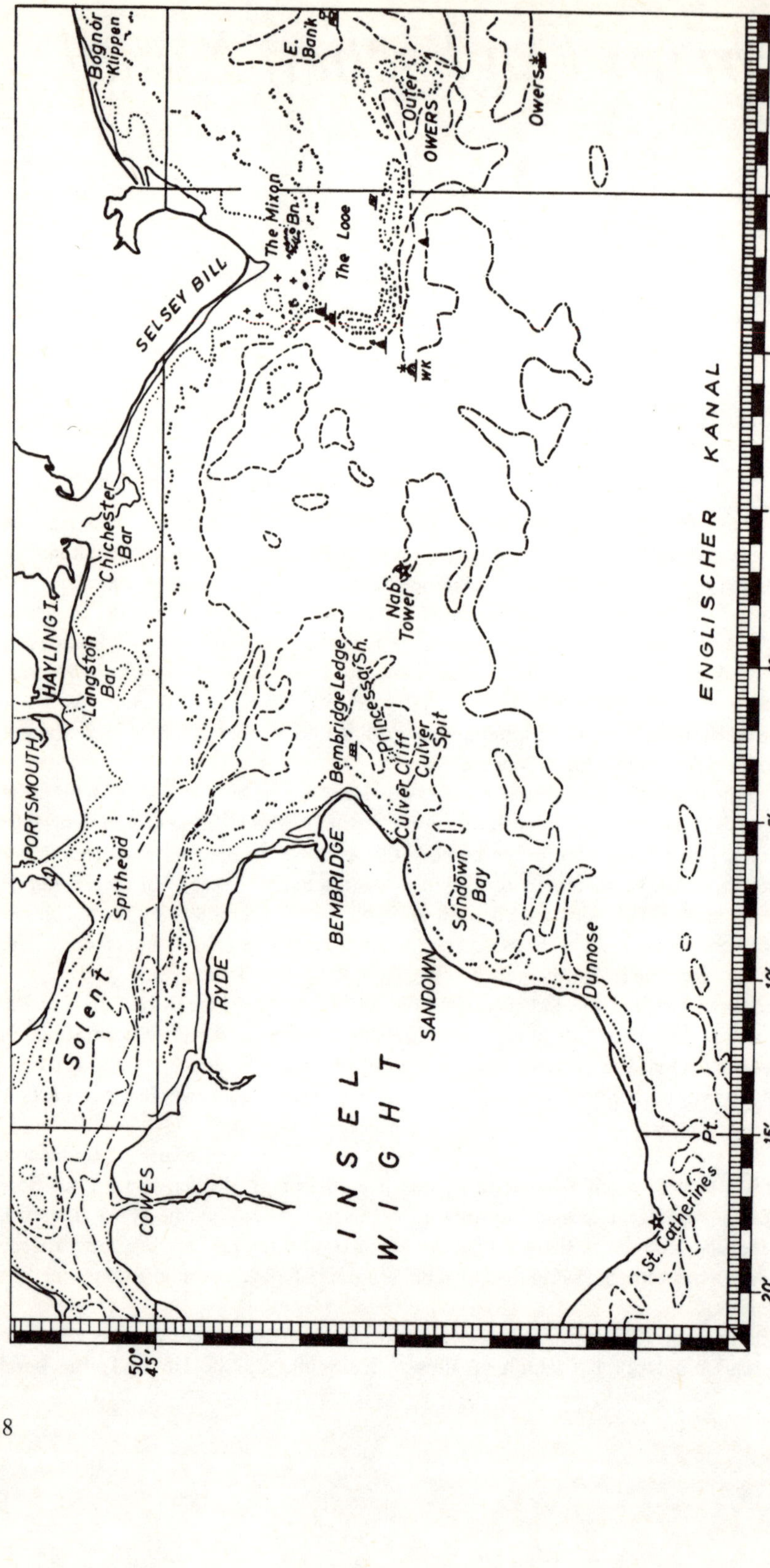

St. Catherine's Point bis Owers-Feuerschiff

gerundet hatten, aber die kleineren befanden sich noch auf der falschen Seite, und viele von ihnen rundeten die Tonne erst um 09.00 Uhr und später am Sonntagmorgen (29. Juli).

Der Wetterbericht um Mitternacht hatte für Portland und Plymouth stürmische Winde aus Südwest angesagt, die auf Nordwest ausschießen würden. Für Dover und Wight verkündete er nicht mehr als starke, südliche Winde, die auf 7 Bft aufzufrischen und nach Südwest zu drehen versprachen. Eine Depression näherte sich jedoch dem Englischen Kanal, und eine Kaltluftfront bewegte sich auf den Nordwest-Sektor ihres Zentrums zu, das sich rasch auf 976 mb vertiefte. Am Sonntagmorgen (29. Juli) lag das Zentrum des Tiefs über Wales. Sobald die Fronten durchgezogen waren, folgte ein phänomenal schneller Anstieg des Barometers, und mit ihrer Rechtsdrehung verstärkten sich die Winde auf der englischen Seite des Kanals zu Sturmstärke und mehr.

Nachstehend die Zahlen, die ich vom Wetteramt erhalten habe:

Station	Windstärke	Dauer von Windstärke 8 und mehr	stärkste Bö
Scillies	45 kn (Bft 9)	7 Stunden	68 kn
Lizard	57 kn (Bft 11)	10 Stunden	81 kn
Dungeness	42 kn (Bft 9)	2 Stunden	70 kn

Das bezeichnende Charakteristikum dieses Sturms war seine extreme Turbulenz, mit Böen von Orkanstärke und mehr. An der weniger exponierten Küstenstation von Thorney Island, wo der Wind nur 37 kn erreichte, wurde eine Bö von 67 kn oder fast der doppelten Durchschnittsstärke registriert. So waren die Wetterverhältnisse beschaffen, mit denen die führenden Yachten zu kämpfen hatten, während die Winde weniger wurden, je größer die Entfernung in südlicher Richtung von der Depression war. Beiden Seiten des Englischen Kanals gemeinsam war die lange Dauer des harten Wetters (fast vier Tage), da sich die Zuggeschwindigkeit des Tiefs verlangsamte und es am Montag (30. Juli) fast stationär über der Nordsee verharrte, ohne sich viel aufzufüllen.

Wir wollen jetzt untersuchen, wie es den führenden Yachten erging, als sie sich dem Leeufer der englischen Küste zwischen St. Catherine's Point und Owers-Feuerschiff näherten.

Die führenden Yachten

Die 21,30-m-Yacht Lutine des Lloyd Yacht Clubs traf als erste ein. Sie wurde von einem erfahrenen Skipper geführt und hatte eine unter keinerlei Seekrankheit leidende Besatzung an Bord. Sie berichtete von Windstärke 4 bis 5 um 06.00 Uhr am Sonntag (29. Juli), ständig zunehmend bis 8 vor 09.00 Uhr, mit Böen von 44 bis 52 kn. Sie machte ihren Landfall mit dem Wind in Lee des Nab Tower, wo sie für den letzten Schlag der Rennstrecke ein Trysegel setzte und den Schutz der Isle of Wight gewann, bevor der Sturm seinen Höhepunkt erreicht hatte. Sie beendigte das Rennen um 11.00 Uhr.

Bloodhound, ebenfalls eine der großen Yachten, lag etwa 10 sm hinter der Lutine und weiter östlich. Bis etwa 10.00 Uhr hatte sie ungefähr die gleichen Windstärken, als der Wind ganz plötzlich stärker wurde und Böen von Orkanstärke einsetzten. Der Wind muß nach rechts gedreht haben, als sie östlich des Nab Tower eingetroffen war, denn man sah sie unter Fock und Besan westwärts aufkreuzen, als der Wind an Stärke zunahm. Die Sicht nach Luv wurde infolge Regens und Gischt als Null und nach Lee nur als kaum 50 m weit bezeichnet. Bei 5 Strich am Wind machte die Bloodhound dabei 3,5 bis 4 kn Fahrt. Um 10.30 Uhr begann die Schiene des Besanbaums auszureißen, so daß die Yacht allein unter Fock weitersegeln mußte. So konnte sie nur noch 7 Strich anliegen und machte geringe Fahrt voraus. Um 11.00 Uhr riß die Fock, und der Sturmklüver wurde an ihrer Stelle gesetzt. Kaum eine halbe Stunde später flogen alle Stagreiter weg.

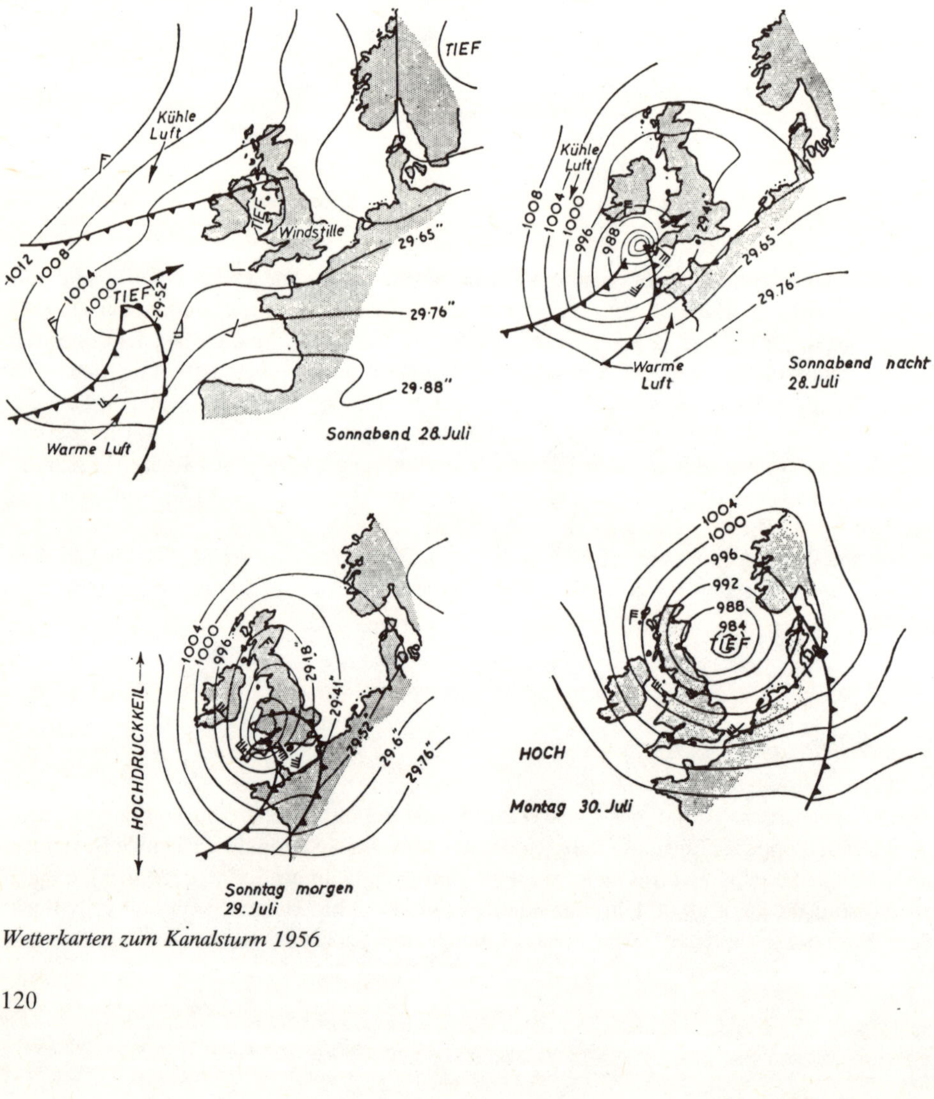

Wetterkarten zum Kanalsturm 1956

12 *Die* Cohoe II *auf der Heimreise von La Coruña. Es weht mit 7 bis 8 Windstärken, in den Böen mit 43 kn. Der Kamm der nachfolgenden See liegt weit über dem oberen Bildrand.*

13 Fastnetregatta 1957. Das Bild wurde ein Jahr früher bei Tageslicht aufgenommen, aber bei derselben Wetterlage und Windstärke 7 bis 8 wie nachts südlich von Portland Bill. Die Seen stehen bei einer leewärts gehenden Tide wie Mauerwälle, würden aber schwer brechen, liefe Strom gegen Wind. Das Bild läßt begreifen, warum Yachten manchmal Havarien erleiden, wenn sie mit 6 kn Fahrt auf die Seite des Wellenkamms stürzen. Man braucht viel Segelfläche, um sich hier durchzuboxen.

14 Die Cohoe III *(Entwurf C.A. Nicholson), Klassensiegerin im Fastnetrennen 1957 und Punktmeisterschaft RORC im gleichen Jahr.*

15 Die Cohoe IV, *eine Nicholson 36 aus Kunststoff. Klassensiegerin im Fastnetrennen 1963 und Gesamtzweite. Punktmeisterschaft im gleichen Jahr.*

16 Überbrechende Seen zwischen St. Catharine's und Dunnose. Die Windstärke ist hier nur Bft 6 bis 7, aber in dem Kanalsturm machte sie Bft 10 aus, mit 80 kn in den Böen, und das ganze Gebiet war gefährlich.

Aller Segel beraubt, trieb Bloodhound leewärts auf die Owers-Klippen zu. Als letztes Hilfsmittel warf sie ihren 120pfündigen Anker über Bord, und diese Maßnahme brachte sie schließlich kurz vor den Brandungsbrechern vor Selsey Bill zum Stehen. Sie befand sich jetzt in einer Situation äußerster Gefahr, aber ihre Besatzung wurde wohlbehalten von dem Selsey-Rettungsboot abgeborgen, das am nächsten Morgen, als sich das Wetter gebessert hatte, zurückkehrte, um die Yacht selbst auf den Haken zu nehmen. Hinterher entdeckte man, daß beide Ankerflunken abgebrochen waren. Wie durch ein Wunder muß irgend etwas gehalten haben; möglich, daß sich ein Flunkenstumpf unter einem Felsbrocken festgeklemmt hatte und das Schiff hielt, bis das Rettungsboot erschien, um es abzuschleppen, oder vielleicht brachen die Flunken auch erst, als der Anker mit Hilfe der starken Winsch des Rettungsbootes eingehievt wurde.

Der Kutter Uomie der Klasse II brach einen Backstagsbeschlag und riß als nächstes seinen Vorstagsbeschlag aus dem Deck. Er lief unter bloßem Mast ab, aber dann brach die Spannschraube eine seiner Wanten. Es war zwar eine Leewant und der Schaden nur durch die Heftigkeit seines Schlingerns verursacht, aber dafür, daß so etwas unter bloßem Mast passieren konnte, muß es wirklich „junge Hunde" geweht haben. Als weiterer Beweis für die ungeheure Heftigkeit dieses Sturms möge dienen, daß die Seen Schlamm und Kieselsteine auf Uomies Deck schleuderten, als sie in Lee von Owers abtrieb. Eine Fregatte erschien, und da Gefahr bestand, daß die Yacht an der Leeküste strandete, mußte sie verlassen werden. Ihre Besatzung wurde von der Fregatte übernommen, die so manövriert wurde, daß ihr niedriges Achterdeck längsseits der Uomie zu liegen kam und die Crew die Kletternetze hinaufklimmen konnte. Die Fregatte muß ausgezeichnet geführt worden sein. Glücklicherweise trieb die Yacht von Selsey Bill klar und wurde später von einem französischen Fischerfahrzeug auf den Haken genommen und nach Dieppe eingeschleppt.

Das erstaunlichste Erlebnis in diesem Sturm blieb der Tilly Twin vorbehalten, einer Laurent-Giles-Konstruktion von 10 t nach Themsevermessung, ein Leichtdeplacementtyp mit einer Wasserlinie von 9,75 m Länge, hohem Freibord, schmaler Breite und einem tiefen Flossenkiel. Ihr Eigner war W. F. Cartwright. Als sich die Tilly Twin am Sonnabendabend (28. Juli) etwa 12 sm nordöstlich der Le-Havre-Tonne befand, kam die Wettervorhersage von starken südlichen und stürmischen Winden aus mehr westlicher Richtung durch. Da Eigner und Besatzung am Montagmorgen zurück sein mußten, beschlossen sie, aus dem Rennen auszuscheiden und den südlichen Wind nach Kräften zu nutzen, bevor er gegenandrehte. Der Kurs wurde direkt auf St. Catherine's Point abgesetzt, und es sollte der Funkpeiler eingesetzt werden, um den Schiffsort der Yacht zu kontrollieren. Die Absicht war, bei Annäherung an die Isle of Wight abzufallen oder bei Beginn des nach Osten setzenden Tidenstroms, der am Sonntagmorgen um etwa 09.00 Uhr fällig war, vor dem Wind an der Ostküste entlangzulaufen. Der Beschluß war logisch, führte aber die Tilly Twin infolge eines abrupten Wetterwechsels zusammen mit den großen Yachten in den Höhepunkt des Sturms.

Tilly Twin hatte noch am Sonnabend Vollzeug geführt, aber als der Wind zunahm, wurde der Yankee geborgen; um etwa 07.00 Uhr am Sonntagmorgen (29. Juli) drehte der Wind rechtsherum nach Südwest und steigerte sich auf Windstärke 8 (34 bis 40 kn). Die Yacht lief so schnell und wild, daß das Großsegel heruntergeholt und die Fahrt unter Fock allein fortgesetzt werden mußte.

Bis 08.00 Uhr hatte die Tilly Twin mit einer Durchschnittsgeschwindigkeit von 7 kn bei rasch aufkommendem Seegang und in einer Wolke von Gischt den Kanal überquert. Sie stand zu dieser Zeit schätzungsweise 7 oder 8 sm südöstlich von St. Catherine's Point; die Entfernung kann aber auch geringer gewesen sein, denn die Sicht war schlecht und das Land über dem Vorgebirge nur wenige Augenblicke auszumachen gewesen. Der 07.40-Uhr-Wetterbericht hatte noch bedenklicher geklungen: in Dover/Wight Süd 8 rechtsdrehend Südwest und für Portland Südwest bis Windstärke 10. Die Yacht änderte ihren Kurs auf weiter nördlich mit der Absicht, etwa in der Mitte zwischen Bembridge-Ledge-Tonne und dem Nab Tower einzusegeln. Inzwischen lag sie nur noch unter der Fock. Diese Taktik war durchaus richtig, und es schien keine Gefahr zu drohen, denn sie würde etwa bei Niedrigwasser die Höhe Ost von Dunnose erreichen und konnte dann bald auf eine günstige Tide rechnen.

Um 09.30 Uhr mußt die Yacht sich irgendwo östlich der Isle of Wight und von Dunnose befunden haben. Die Sicht war so schlecht, daß man kein Land sehen konnte. Plötzlich schoß der Wind noch weiter aus und legte auf Windstärke 10 (48 bis 55 kn) und mehr zu. Genauso heftig entwickelte sich ein steiler Seegang. Es wurde beschlossen, die Fock zu bergen und vor Topp und Takel weiterzulaufen.

Zwei Mann waren vorn mit dem Herunterholen des Segels beschäftigt, als die Yacht von einer Riesensee erfaßt wurde. Als es geschah, schien sie genau vor dem Wind zu laufen, aber die See schlug breitseits zu und warf sie nach Steuerbord über, bis der Mast unter die Horizontale wies.

Ein Mann auf dem Vorschiff brach sich das Handgelenk und wurde über Bord gewaschen. Gleichzeitig gingen das Beiboot, zwei Rettungsringe und das elektrische Nachtrettungslicht außenbords. Eine der leichten Relingsstützen aus Aluminium war wie eine Mohrrübe durchgeknackt. Der Rahmen des Deckshausfensters war auf der einen Seite gesprungen, und das Wasser ergoß sich durch die unter Wasser gedrückten Lüfter. Ein Mann im Cockpit wurde über den 1,50 m über dem Cockpitboden festgezurrten Großbaum geschleudert, die anderen beiden gerieten unter Wasser, wurden aber durch ihre Sicherheitsgurte vor dem Überbordgehen bewahrt.

Das Schiff richtete sich wieder auf. Der über Bord gegangene Vorschotmann hatte es trotz seines gebrochenen Handgelenks fertiggebracht, sich an die Fockschot zu klammern. Er wurde von dem anderen Vorschotmann, wenn auch mit den größten Schwierigkeiten, wieder an Deck gezogen.

Zu diesem Zeitpunkt hatte der Wind eine geradezu phänomenale Stärke erreicht und hielt sich mindestens eine Stunde lang mit der gleichen Gewalt mit Windstößen und Böen von über Orkanstärke. Das Barometer war auf einen so tiefen Stand gefallen, wie er angeblich noch nie zuvor in diesem Gebiet, winters wie sommers, registriert worden war, und der Wiederanstieg war als Folge des Hochdruckkeils im Westen, nachdem die Front passiert war, ebenso abrupt. Die Seen waren von außergewöhnlicher Höhe und Steilheit; ohne daß die Entfernung von Kamm zu Kamm groß gewesen wäre, brachen sie schwer und schlugen von verschiedenen Seiten über einen Radius bis zu 90° zu, zweifellos weil der Wind gedreht hatte. Die Tatsache, daß die Yacht von der Seite her erfaßt wurde, während sie vor dem Wind lenzte, läßt vermuten, daß der Wind bis nach Westsüdwest ausgeschossen war.

Die Tilly Twin befand sich in einer gefährlichen Situation. Ein Tanker von etwa 5000 t passierte ganz in der Nähe und schien sie wahrgenommen zu haben, aber er war selbst in Schwierigkeiten und hatte in dem Sturm Mühe, zu manövrieren, so daß er schließlich seine

Fahrt fortsetzte. Es gab auch nichts, was er hätte tun können, außer vielleicht etwas Öl abzulassen. Die See ging so hoch, daß der Tanker jedesmal, wenn er sich im Wellental befand, außer Sicht geriet.

TILLY TWIN lenzte vor dem Sturm weiter. Alle verfügbaren Trossen wurden achteraus gebracht, um ihr Halt zu geben. Auch ihr CQR-Anker wurde achtern über Bord gegeben und an einer 50-m-Nylontrosse nachgeschleppt. Das verminderte ihre Fahrt, aber es wurde schwer, sie zu steuern und mit dem Heck auf den riesigen, brechenden Seen zu halten. Ihre Prüfung war noch keineswegs vorbei.

Zeitweise betrug die Sicht weniger als 50 m, ohne erkennbare Trennlinie zwischen Himmel und See. Um die Yacht mit dem Heck zu den Seen zu halten, wechselte der Kurs zwischen Nord und Ost, da der Wind ständig drehte. Wasser ergoß sich über den ganzen Rumpf, während die Yacht vor den Seen dahinjagte, dabei war die Bilgepumpe verstopft. Etwa um 11.00 Uhr befand sich TILLY TWIN über den Selsey Shoals (Untiefen), die Looe-Channel-Tonne etwa 200 m an Backbord. Der Anker hatte die Fahrt der Yacht ein wenig abgestoppt, als sie die Untiefe passierte, hatte aber wenig Wirkung, als sie wieder tieferes Wasser erreichte. In Lee der Boulder Bank waren die Seen kürzer und lange nicht mehr so hoch, wenn sie auch nach wie vor brachen. Es gab kein Nachlassen des Windes.

Inzwischen mußte sich die Sicht verbessert haben, denn bald darauf kam die Mixon-Bake in Sicht und eine Weile später der Strand von Bognor Regis. TILLY TWIN jagte weiter, bis sich der CQR-Anker an der Nylontrosse, 200 m vor der Linie, wo der Strand bei halber Tide anfängt, an Felsbrocken verfing, kaum eine Kabellänge vor der Brandung.

Während die Yacht vor dem achtern ausgebrachten Anker ritt, brachen die Seen über das Cockpit, so daß es die ganze Zeit bis zum Rand voll Wasser stand. Alles deutete darauf hin, daß die Yacht schließlich vollaufen und sinken würde. Vielleicht wäre es möglich gewesen, den anderen Anker auszubringen, der in der Vorpiek verstaut lag, aber es war ein zu gefährliches Unterfangen, das Vorluk zu öffnen und den Anker an Deck zu bringen. Selbst wenn man es hätte bewerkstelligen und damit die Yacht mit dem Kopf in den Wind hätte bringen können, würde sie sich später bei ablaufendem Wasser an den Steinen in Stücke geschlagen haben. Inzwischen war es dringend notwendig geworden, das verletzte Besatzungsmitglied an Land und in ein Krankenhaus zu schaffen. Wie man später erfuhr, war das Handgelenk so schwer verletzt, daß die Heilung über ein Jahr in Anspruch nahm.

Der Eigner-Skipper faßte den Entschluß, auf den Strand zu laufen. Entsprechend wurde der Anker entschlossen gekappt. TILLY TWIN lief weiter. Der Kiel schlug mit heftigen Stößen auf einigen Steinen auf, trieb aber schnell darüber hinweg. Mit ihrem tiefen Kiel, der breitseits liegend wie eine Bremse wirkte, wurde die Yacht allmählich seitwärts auf die Küste und deren Strand geschwemmt, ohne daß der Rumpf selbst den Grund berührte. Die Besatzung verließ das Schiff in etwa 50 bis 80 cm Wasser. Ein Polizist und Leute am Strand leisteten alle nur mögliche Hilfe. Der Verletzte wurde eilends ins Krankenhaus gebracht, und um 16.30 Uhr, kurz vor Hochwasser, wurde die Yacht vorn und achtern vertäut, während sie mit ihren Bordwänden auf dem steilen Kieselstrand ruhte. Einige Tage später wurde die TILLY TWIN mit einem Kran auf einen Lastwagen gesetzt und auf dem Landwege nach Emsworth gebracht.

Am schlimmsten scheint sich der Sturm zwischen St. Catherine's Point und Owers-Feuerschiff ausgetobt zu haben. Der 10-Tonner DANCING LEDGE, der sich nicht im Rennen, sondern auf einer Kreuzfahrt befand, ging vor St. Catherine's unter. Meine Frau und ich hatten das Schiff einst gesegelt, und wir kannten es daher gut, eine starkgebaute Schwerdeplacementyacht, die etwa einer großen VERTUE ähnelte und seetüchtig genug war, überallhin zu segeln. Als sie verlorenging, war sie an einen erfahrenen Segler verchartert und wurde von ihm, seiner Frau und zwei Freunden gesegelt.

Sie waren am Donnerstag (26. August) bei Sonnenuntergang von Salcombe ausgelaufen und überquerten den Kanal nach Ushant, von wo sie ihren Kurs des herrschenden Nebels wegen änderten und ostwärts in Richtung der Kanalinseln liefen. Am 28. 8. banden sie um 17.30 Uhr ein Reff ein und hielten nach Cherbourg, da der Wetterbericht zwei flache Tiefs meldete. Um etwa 23.00 Uhr standen sie vor der Einfahrt nach Cherbourg; inzwischen hatte es aber so hart zu wehen angefangen, daß es ihnen bei dem aus dem Hafen stehenden Wind unmöglich war, die Einfahrt zu erzwingen. Jede Kombination von Segeln und Maschine wurde wieder und wieder probiert, aber die Böen packten die Yacht am Bug und bliesen sie herum. Um Mitternacht wurde der Entschluß gefaßt, unter Sturmklüver abzulaufen.

Der Skipper saß die ganze Nacht hindurch am Ruder, unterstützt von dem einen oder anderen der beiden Männer. Die meiste Zeit sang er und schrie gelegentlich, daß es draußen einfach märchenhaft schön sei. Das klang sehr ermutigend für seine Frau, die inmitten des Getöses in der dunklen Kajüte eingesperrt saß und besorgt den so nahe an ihrem Ohr vorbeirauschenden Seen lauschte, von denen sie nur durch eine 25 mm dicke Planke getrennt war.

Der ungefähre Kurs war auf die Bembridge-Ledge-Tonne abgesetzt, aber den tatsächlichen Kurs bestimmten Wind und See, da die Yacht vor den Seen gehalten werden mußte, um nicht von achtern überrollt zu werden. Dies gelang, und das Schiff hielt dicht; es brauchte nicht ein einziges Mal gelenzt zu werden.

Bei Tagesanbruch (Sonntag, 29. Juli) wurde St. Catherine's Point ausgemacht, aber es wehte bereits mit 8 Bft, und der Wind nahm weiter zu. Die Notwendigkeit, die Yacht mit dem Heck zur See zu halten, und der westlich setzende Strom machten es unmöglich, sich auf der Ostseite der Stromkabbelungen von St. Catherine's zu halten.

Der Sturm mit Böen von 80 kn muß bald darauf seinen Höhepunkt erreicht haben, denn um 09.30 Uhr schoß der Wind plötzlich aus und nahm auf 10 bis 11 Bft zu. Die DANCING LEDGE wurde kurz darauf von einer See gepackt, die sie flach aufs Wasser drückte.

Um 10.20 Uhr barst der Sturmklüver mit einem lauten Knall, gerade in dem Augenblick, als die überbrechenden Seen der St.-Catherine's-Stromkabbelungen mehr als je zuvor die Erhaltung der Steuerfähigkeit erforderten, um auf einem östlicheren Kurs bleiben zu können. Die Maschine war so gut wie nutzlos, da sich der Propeller meist über Wasser befand.

Die Frau des Skippers beschrieb die Situation in einem Brief wie folgt: „Fast im gleichen Augenblick wurden wir von einer achterlichen See überrollt (der Wecker fiel um 10.20 Uhr auf meine Knie). Auf Steuerbord ergoß sich Wasser durch den Kajütaufbau, der eingedrückt worden war. Zwei und anschließend weitere gegeneinanderlaufende Seen türmten sich in die Höhe und brachen mit Tonnen von Wasser auf uns herab, und dann ging DANCING LEDGE sehr schnell unter. Ich selbst befand mich unten in der Kajüte, die sich von allen Seiten zu füllen schien. Dann muß das Vorstag gebrochen sein, denn ich sah noch, wie sich der Mastfuß aus dem Mastschuh hob. DANCING LEDGE neigte sich vorwärts und abwärts. Die Maschine lief dabei noch eine ganze Weile weiter; es erschien mir wie eine Ewigkeit. Wir stießen auf Grund oder sonst etwas Hartes; das Motorschott und die Niedergangstreppe rissen sich los und fielen mir auf die Füße. In der Finsternis der mit Wasser gefüllten Kajüte schüttelte ich meine Schuhe ab und suchte tastend meinen Weg nach oben. Der Baum war mit dabei im Weg, erinnere ich mich. Sobald ich das Cockpit erreicht hatte, machte sich der Auftrieb der Rettungsweste bemerkbar, und ich stieg schnell einen langen, langen Weg nach oben.

Sobald ich mich wieder in frischer Luft befand, sahen wir einander bald, und ich entdeckte auch das Dingi, das sich von seinen Auflageklötzen auf dem Kajütdach losgerissen haben mußte. Es schwamm kieloben, aber von unseren Schwimmwesten getragen, klammerten wir uns fast vier Stunden daran fest, während wir nach und nach so weit küstenwärts getrieben wurden, daß wir schon die Fenster der Häuser von Ventnor erkennen konnten. Wir hatten Angst, in die Brandung zu geraten. Aber die Tide trieb uns ostwärts weit in die Sandown Bay hinein. Die See dort war weniger grob, nur noch eine riesige Dünung, deren Wellenkämme abgeweht wurden. In einer dichten Schaumschicht bedeckten sie das Wasser. Wir wußten, daß wir darin nicht zu sehen sein würden. Die Tide kenterte – wir konnten es fühlen – um etwa 14.00 Uhr.

Mein Mann bestand darauf, daß wir mit unseren Beinen ständig ‚radfuhren', um uns warmzuhalten und Magenkrämpfe zu vermeiden, was wir auch mit Erfolg taten."

Das jüngste Besatzungsmitglied besaß nur eine Kapokweste, die sich als völlig unzureichend erwies; als es kalt wurde und die Kräfte nachließen, fand sein Kopf keine Stütze mehr. Der Skipper und seine Frau hielten sich mit der einen Hand am Dingi fest und stützten mit der anderen seinen Kopf. Das vierte Mitglied der Besatzung war bereits gestorben.

Ungefähr um diese Zeit näherte sich eine Fregatte, H. M. S. KEPPEL. Der Skipper nahm seine orangefarbene Weste ab und schwenkte sie über dem Gischtschaum, um Aufmerksamkeit zu erregen, und dieser winzige Farbfleck wurde von der Deckswache wahrgenommen. Er versuchte dann, die Schwimmweste dem erschöpften Besatzungsmitglied überzustreifen, um dessen Kinn Halt zu geben, und blieb daher selbst ohne Jacke.

Als die Fregatte längsseits kam (kein einfaches Kunststück), warf man der Frau ein Ende zu. Sie ließ das Dingi mit einer Hand los, um das Tau zu ergreifen, aber ihre Hand war so klamm und steif, daß die Finger sich nicht um das Tau schließen wollten. Darauf ließ sie das Dingi ganz fahren, um mit beiden Händen zugreifen zu können, aber es war ihr unmöglich, das Tau festzuhalten; es lief ihr einfach durch die Finger. Eine vom Rumpf der Fregatte zurückprallende Welle schwemmte sie achteraus, und sie verlor, nur von der Schwimmweste über Wasser gehalten, das Bewußtsein. Die Fregatte kehrte zurück, und die Frau wurde schließlich von einem Mann gerettet, der mit einer Rettungsleine gesichert ins Wasser sprang und sie über das Kletternetz an Bord brachte. Die Suche nach anderen Überlebenden wurde fortgesetzt, aber Dingi und Männer waren spurlos verschwunden.

Die Royal Humane Society verlieh dem Skipper nach seinem Tode die seltene Auszeichnung der Stanhope-Gold-Medaille. Es wäre anmaßend von mir, wollte ich dem noch irgend etwas hinzufügen, aber erwähnen möchte ich, daß die Frau des Skippers mir empfahl, den folgenden Überlegungen Beachtung zu schenken, wenn es ums Überleben geht:

- Wirst du unten in der Kajüte von einer ähnlichen Situation überrascht oder unter Wasser gedrückt, atme tief ein, solange du es noch kannst, so daß die Lungen gefüllt sind, wenn es soweit ist.
- Treibst du bereits im Wasser, atme auch dort ein, bevor eine See auf dich herabzubrechen droht.
- Schwimmwesten müssen von heller Orangefarbe sein oder Leuchtkraft besitzen, um im

Wasser gesehen werden zu können. Schwimmwesten müssen eine Stütze für den Kopf haben und eine Stütze für das Kinn, sollen sie auf längere Zeit und nicht nur für einen kurzen Augenblick ihren Zweck erfüllen (ohnmachtsicher).

- Sobald du im Wasser liegst, „radfahre" unentwegt mit den Beinen, um dich warm zu halten und Magenkrämpfe zu vermeiden. Halte dich in Bewegung.

Nach neuen medizinischen Erkenntnissen ist das falsch. Die Ärzte empfehlen jetzt für den Fall, daß man eine Schwimmweste trägt und keine andere Wahl hat, als über Bord zu springen, wenn irgend möglich vorher alles erreichbare Zeug anzuziehen. Im Wasser sollte man sich ganz ruhig verhalten, um Wärmeverluste durch Berührung mit dem kalten Seewasser zu vermeiden. Im übrigen verbraucht jede Bewegung Energie und zehrt dadurch am Wärmevorrat des Körpers.

Schlußfolgerungen

Die genaue Windstärke vor St. Catherine's Point am Sonntag (29. Juli) vermag ich nicht zu bestimmen, es fehlen mir jegliche Anemometer-Aufzeichnungen. Die Messungen in Lizard und Dungeness ergeben einen Durchschnitt von 50 kn, also Windstärke 10, durchsetzt mit Böen von 76 kn, also mehr als Orkanstärke. Das Unwetter wurde als das schlimmste seit 1922 bezeichnet.

Südlich von St. Catherine's Point, das sehr exponiert liegt, kann der Wind sogar noch steifer geweht haben, und es ist anzunehmen, daß er weiter nordöstlich, verstärkt durch das hohe Land hinter St. Catherine's und Dunnose, beim Durchzug der Kaltfront Böen von noch größerer Heftigkeit hervorgerufen hat, möglicherweise Windstöße bis zu 100 kn. Alan Watts hat im Kapitel „Meteorologie der Depressionen" einige höchst aufschlußreiche Erläuterungen zu den meteorologischen Besonderheiten dieses Sturms gegeben.

Die mit der Plötzlichkeit von Kanonenschüssen einfallenden Böen sind die Ursache für die Turbulenz und die steile, brechende Kreuzsee, die so überaus gefährlich ist. Es besteht kein Zweifel, daß die führenden vier Rennyachten und die DANCING LEDGE einmalige Wetterbedingungen und Seeverhältnisse antrafen, denen man sonst in einem ganzen Seglerleben vielleicht nie begegnet.

1. Schutz aufsuchen. Unter normalen Umständen hätte es keine große Gefahr bedeutet, abzulaufen, um unter der Isle of Wight Schutz zu suchen, da keinerlei Zeichen auf eine plötzliche Vertiefung der Depression und noch weniger auf Winde hindeuteten, die in den Böen Orkanstärke erreichen sollten. Die Wetterverhältnisse waren ohne Beispiel in früheren Hochseeregatten. Übergangslos wuchs der Wind zur Sturmstärke an, mit Frontalböen, deren Einsetzen mit der Ankunft der führenden Yachten vor einer Leeküste zusammenfiel. Hätte man das alles voraussehen können, würden die führenden Yachten und die DANCING LEDGE die übliche Sturmtaktik angewandt haben und in der Mitte des Kanals geblieben sein, denn die Erfahrungen bestätigen die Regel, daß es bei ungewöhnlich schwerem Wetter immer sicherer ist, draußen zu bleiben und sich von der Küste fernzuhalten. Aber dies ist eine nachträgliche Erkenntnis; niemand konnte damals voraussehen, was sich noch ereignen würde.

2. Stürme verlaufen nicht einheitlich. Als DANCING LEDGE ihren Versuch, Cherbourg anzulaufen, aufgeben mußte und am Sonnabend um Mitternacht unter Sturmklüver ablief, wurden auf Guernsey im Westen und von TILLY TWIN im Osten nur 7 Windstärken registriert. Man kann also annehmen, daß der Wind in Cherbourg mit der gleichen Stärke wehte. Im Gegensatz dazu berichteten französische Fischer, daß sie lokal 10 Windstärken gemessen hätten. Außerdem gibt es noch ein anderes, ganz unabhängiges Zeugnis: Eine neue 20-t-Slup, die WAWPEEJAY, wurde vor Cherbourg in ähnlicher Lage überrascht wie die DANCING LEDGE, nur eine Stunde später. Ihr erfahrener Eigner berichtete mir, es sei nur seiner starken Dieselmaschine zu verdanken gewesen, daß es ihm in „Unterseebootsmanier", das heißt, mehr unter als über Wasser, gelang, gegen die Gewalt des Sturms anzudampfen. Die See war flachgebügelt und sah aus, als ob sie kochte. Es wehte so hart, daß das Gewicht des Windes, der vom Tal herunter wie durch einen Trichter in den Innenhafen von Cherbourg blies, sich mit solcher Gewalt auf den Mast der WAWPEEJAY legte, daß die Yacht in den Böen bis über das Schandeck weglag, obgleich sie fest an der Muring verankert war.

Hierdurch wird die wichtige Tatsache unterstrichen, daß Stürme sich in einem gegebenen Gebiet nicht mit gleichmäßiger Stärke auswirken und daß die Windstärken örtlich viel höher liegen können. Das trifft besonders in Landnähe zu, wo heftige Böen und Windstöße die Täler hinunterpressen können wie in diesem Sturm in Cherbourg bei südlichem und vor der Ostküste der Isle of Wight bei südwestlichem Wind. Dieselben Abweichungen finden gelegentlich auch auf offener See statt.

Die Tragödie der DANCING LEDGE ist eine Warnung, daß es bei extremen Stürmen mit vom Tal zur See herunterfächernden Windstößen von Orkanstärke unmöglich werden kann, schutzsuchend gegenanzugehen, auch wenn man nur ein oder zwei Meilen von einem Hafen oder von einer landgeschützten Bucht entfernt ist.

3. Die Stromkabbelungen vor St. Catherine's Point und Dunnose. Wird man im Gebiet südlich der Isle of Wight draußen auf See von einem Sturm aus Süden oder Südwesten überrascht, ist es üblich, St. Catherine's Point anzusteuern. Sein starkes Richtfunkfeuer ist eine Hilfe für die Navigation, solange der Seegang nicht so hoch ist, daß er den Empfang stört. Außerdem hat das Feuer bei Nacht eine Reichweite von 16 sm. Bei Annäherung an St. Catherine's (und vor Erreichen der Stromkabbelungen) ist theoretisch nichts anderes erforderlich, als ostwärts abzufallen, um das Gebiet zu meiden und in Leeschutz der Isle of Wight zu gelangen, um dann in Ruhe einen Hafen anzusteuern.

In der Praxis kann diese Ansteuerung aber bei stürmischen Winden Gefahren in sich bergen, weil a) die Gezeitenstörungen dann viel ausgedehnter sind, als auf der Karte verzeichnet steht. Grobe See muß streckenweise den ganzen Weg SW von St. Catherine's bis NE von Dunnose und darüber hinaus erwartet werden, weil der Grund uneben ist und es Unterwasserriffe gibt, über denen nur 13 bis 17 m, vor Culver Cliff sogar nur 9 m Wasser stehen. b) Meiner Ansicht nach erhalten die Böen durch das hohe Land der Isle of Wight zusätzliche Gewalt. c) Es kann sich als unmöglich herausstellen, Schutz in Lee des Landes zu finden, ohne in die Gebiete der Gezeitenstörungen zu geraten. Als ich 1965 mit COHOE III von Le Havre kommend Dunnose ansteuerte, und zwar zu Beginn eines mit Windstärke 8 angekündigten Sturms und bei dichtem Regen und Nebel, gerieten wir bereits in die überbrechenden Seen, noch bevor wir Land gesichtet hatten. Besser ist es dann, die Ansteuerung näher zum Nab Tower hin zu verlegen, wobei die Princess-Untiefen an Backbord bleiben.

Etwa die gleichen Schwierigkeiten können sich bei der Ansteuerung anderer Vorgebirge im Englischen Kanal ergeben, wo starke Gezeitenströmungen laufen und Stromkabbelungen mit überbrechenden Seen auftreten wie zwischen Anvil Point und Swanage.

4. Achterliches Seeübernehmen und Geschwindigkeit. Über die Zeit, als TILLY TWIN vor dem Sturm lenzte und 50 m Nylontauwerk, Trossen und einen CQR-Anker auchterausschleppte, äußerte sich der Eigner dahingehend, daß es hierdurch „sehr schwer wurde, das Fahrzeug im Ruder und mit dem Heck vor den großen Brechern zu halten". Dies stimmt überein mit den gleichen Schwierigkeiten, denen VERTUE XXXV in dem Bermuda-Sturm begegnete, als sie mit 1 kn Fahrt vor einem achtern ausgebrachten Seeanker lenzte, oder mit COHOES Erfahrung, als sie im Atlantik mit zu langsamer Fahrt vor einem halben Sturm ablief. Überraschenderweise sieht es so aus, als ob eine Mindestgeschwindigkeit erforderlich wäre, um beim Lenzen vor stürmischen Winden die Steuerfähigkeit zu bewahren. In den Kapiteln „September-Hurrikan" und „Stürme auf Leben und Tod" wird hierauf noch näher eingegangen werden.

5. Ankern bei Sturm. Der Entschluß, auf der BLOODHOUND als letzten Ausweg den Anker zu werfen, beweist, daß ein Anker, so überwältigend Seegang und Wetterverhältnisse auch sein mögen, halten kann. Der fragliche Anker war ein 54-kg-Thomas-und-Nicholson-Typ an einer 80 m langen, 13 mm starken kurzgliedrigen, verzinkten Stahlkette mit Lloyd-Zertifikat. Als Anker und Kette wieder geborgen waren, stellte sich heraus, daß einige Glieder kurz vorm Nachgeben gestanden haben müssen und andere am oberen Ende der Kette sich so in die Länge gezogen hatten, daß sie sich gegenseitig bekniffen und ein kurzes Stück der Kette vollkommen steif machten. Es ist erstaunlich genug, daß die Glieder einer so anhaltenden Beanspruchung überhaupt widerstanden, und der Vorfall beweist, daß Anker, Kette, Schäkel und Führungen immens stark sein müssen, wenn sie eine Yacht auf Legerwall vor der Strandung bewahren sollen. Wahrscheinlich wäre eine 100-m-Nylontrosse mit Kettenvorlauf am unteren Ende noch besser gewesen, da ihre größere Elastizität die ruckartigen Beanspruchungen der Yacht beim Erklimmen der Seen abgemildert hätte.

Die von der Besatzung der TILLY TWIN gemachten Erfahrungen waren nicht weniger interessant. Man beachte, daß ihr Anker hielt, bis die Trosse gekappt wurde. Als ich zuerst davon hörte, daß sie absichtlich auf Strand gesetzt worden sei, ohne Schaden zu nehmen, traute ich meinen Ohren kaum. Ich habe die See während eines Sturms an offenen Küsten branden sehen und wollte nicht glauben, daß ihre Mannschaft es fertigbrachte, trotz des Unterwassersogs heil an Land zu gelangen. Drei Umstände sollten jedoch herausgestellt werden:

Wenn der Sturm aus WSW wehte oder der Wind, als TILLY TWIN auflief, sogar noch weiter rechtsgedreht hatte, muß es östlich von Selsey Bill schon etwas wie Leeschutz gegeben haben, obgleich von dem vorhergehenden südlichen Wind noch genug auflandige Dünung stehengeblieben sein mag. Außerdem glaube ich, daß der Skipper mit der Gegend wohlvertraut war und genau wußte, was er tat und wohin er seine Yacht dirigierte. Unter gewöhnlichen Umständen halte ich es für undurchführbar, eine Yacht bei Sturm auf offenen Strand auflaufen zu lassen, außer als letzten Ausweg und auch nur dann, wenn wenigstens teilweiser Landschutz gegeben ist. Drittens ist zu beachten, daß TILLY TWIN eine Leichtdeplacementyacht mit negativem Sprung und hohem Freibord war. Ihr tiefer Flossenkiel wirkte wie ein Anker, und ihr Auftrieb war bei breitseitiger und weit überliegender Lage so stark, daß der Rumpf selbst in 0,50 m tiefem Wasser noch aufschwamm. Als sie sich auf den Strand packte, berührte die Kimmrundung tatsächlich niemals den Grund, und der Rumpf blieb infolgedessen (dank seiner doppeldiagonalen Multistringer-Bauweise von ungeheurer Stärke) unbeschädigt. Die obenbeschriebene Taktik ist ohne Rumpfbeschädigung nur von Leichtdeplacementyachten von ungewöhnlicher Stärke und mit einem sehr tiefreichenden Kiel anwendbar. Der Eigner, der über eine reiche Erfahrung auf beiden Gebieten, Leicht- und Schwerdeplacement, verfügt, ist der Ansicht, daß eine normale Schwerdeplacementyacht bei dieser Art Strandung in tausend Stücke auseinandergebrochen wäre.

Die anderen Yachten

Die von den anderen Yachten im Kanalrennen am Sonntagmorgen angetroffenen Wetterbedingungen unterschieden sich nach ihrem jeweiligen Schiffsort. Winde von Sturmstärke scheinen sich im wesentlichen auf ein Gebiet nahe der englischen Küste beschränkt zu haben. Yachten, die sich diesem Gebiet näherten, wie die MAID OF MALHAM und die THETA, haben wahrscheinlich Windstärken von 9 bis 10 (etwa 40 bis 50 kn) und heftige Böen über sich ergehen lassen müssen, aber weiter vom Zentrum des Tiefs entfernt, vor der französischen Küste, hatte der Wind nur noch Stärke 8 bis 9. Auf Guernsey, wo die Messungen fast immer niedriger ausfallen als anderswo, wurde, wie schon erwähnt, Windstärke 7 registriert, aber auf See muß es viel härter geweht haben.

Die Berichte der Yachtbesatzungen sind sachlich und lehrreich. Natürlich weichen die Schätzungen der Windstärken bis zu einem gewissen Grade voneinander ab, da man stets dazu neigt, sich der Windstöße und Böen zu erinnern und die Windpausen zu vergessen. Die niedrigsten Schätzungen stammen von Robin Foster, Skipper der SEEHEXE, mit 7 bis 8 und von J. M. Tomlinson, Eigner der RONDINELLA, der schrieb, daß er dem Sturm nicht mehr als Windstärke 8 (34 bis 40 kn) zubilligen könnte. Beide sind Skipper mit reicher Erfahrung und waren Klassensieger in diesem Rennen, aber zweifellos gab es andere Yachten, die zum mindesten örtlich stärkere Winde erlebten, da Stürme nur selten mit gleichmäßiger Stärke in einem so großen Seegebiet auftreten.

Auch die Schätzungen der Höhe des Seegangs weichen voneinander ab. Die beiden höchsten Angaben beliefen sich auf 9 bzw. 10 m. Wenn man diese Messungen nach Augenmaß im Verhältnis zur Masthöhe vorgenommen hat, würden sich nach meiner Dreifünftel-Faustregel Höhen von 5,50 bis 6 m ergeben. Die niedrigsten Schätzungen lieferten SEEHEXE mit 4 bis 5,50 m und RONDINELLA mit 4,50 bis 5,50 m. Fast alle Besatzungen berichteten, daß in der Nähe befindliche Schiffe in den Wellentälern verschwanden. Das erklärt sich natürlich daher, daß die Visierlinie eines Beobachters vom Wellental zum Kamm der nächsten See einen weiten Winkel mit der Horizontale bildet, so daß die Sicht über den nächsten Wellenkamm hinaus bis zu einer beträchtlichen Höhe abgedeckt wird. Aber selbst so beweisen die Aussagen, daß ein ungewöhnlich hoher Seegang herrschte.

Alles in allem kam der Hauptteil der Rennflotte in diesem Sturm mit überraschend geringen Schäden davon. Die Slup RIGHT ROYAL wurde in der Nähe der Le-Havre-Tonne am Sonntagmorgen (29. Juli), 01.15 Uhr, bei Süd 3 bis 4 und mäßiger See entmastet. Das Backbord-Backstag brach dicht über dem Haken, und der Schock war so stark, daß der Mast 3 m über Deck wegbrach und mit dem gesamten Geschirr und allen Segeln über Bord ging.

Darauf wurde vorn ein Treibanker ausgebracht; bis 03.00 Uhr waren der Mast und die ganze Takelage wieder geborgen und an Deck verzurrt. Drahtscheren wurden benutzt, um das stehende Gut, wo immer notwendig, freizuschneiden. Anschließend wurde der Seeanker wieder eingeholt und die Yacht unter dem bloßen Maststumpf vor den Wind gelegt, was ihr noch gerade Steuerfähigkeit verlieh. Da der Stumpf allein nicht genug Windwiderstand bot, um die Yacht wirklich auf Kurs zu halten, wurde ein Vorsegel in den Bugkorb gepackt und damit genug Windangriffsfläche erzeugt, um das Schiff kontrollieren zu können. Die Absicht war, den stehengebliebenen Maststumpf abzustagen und, sobald es hell wurde, aus Fock und Trysegel eine Notbesegelung zu bauen und dann zu versuchen, zum Nab Tower zurückzulaufen.

Der Wind nahm zu, drehte um 05.00 Uhr auf Südwest und erreichte bald Sturmstärke, so daß sich jede Arbeit an der Nottakelung als unmöglich erwies. Right Royal lief vor dem Maststumpf und dank der vom Rumpf und von dem Vorsegel im Bugkorb gebildeten Windangriffsfläche mit 4 bis 4,5 kn weiter, woraus sich schließen läßt, daß der Wind, zum mindesten örtlich, mit gut über 8 Windstärken wehte. Alle Anstrengungen konzentrierten sich nunmehr darauf, die Yacht mit dem Heck voraus zu den Seen zu halten, um zu verhindern, daß ein Brecher von achtern einstieg, auf die Arbeit an den Pumpen und auf eine so genaue Besteckrechnung, wie es unter den Umständen nur möglich war. Das Cockpit füllte sich verschiedene Male randvoll mit Wasser, bis der Sturm um die Mittagzeit (ein oder zwei Stunden später als vor St. Catherine's Point) seinen Höhepunkt erreichte. Zu diesem Zeitpunkt bestand die Wasseroberfläche nur noch aus einer dichten Schicht fliegenden Gischtes.

Die Gefahr, die Right Royal drohte, war, daß der Wind noch weiter nach Westen oder sogar Nordwesten drehte, wodurch sie auf Legerwall geraten würde. Es gelang aber, nachmittags und die ganze Nacht hindurch den Kurs zu halten und die Enge von Dover zu passieren. Allerdings mußte in den ersten Morgenstunden des Montags (30. Juli) eine Notfock gesetzt werden, um von Kap Gris Nez klarzukommen.

Right Royal war mit verschiedenen Dampfern in Verbindung, die Beistand anboten. Wegen der damit verbundenen Kollisionsgefahr mußte darauf verzichtet werden, während der Versuch unternommen wurde, eine Schlepptrosse herüberzugeben. Um 05.00 Uhr am Montag wurde der Tanker Caltex Delft gesichtet. Er wurde mit einer Stablampe angemorst und gebeten, das Calais-Rettungsboot herbeizurufen. Right Royal befand sich in einem engen Fahrwasser, wurde aber sicher durch die Straße von Dover hindurchmanövriert und erreichte schließlich das Dyck-Feuerschiff, an dem sie vertäut werden konnte. Später wurde sie von dem Dünkirchner Rettungsboot nach Dünkirchen eingeschleppt. Right Royal hatte unter ihrem Maststumpf und nur mit Hilfe des vorn untergebrachten Vorsegels 130 sm zurückgelegt. Es war eine bemerkenswerte Leistung, aber nicht die Art Reise, die man sich gerade für ein sommerliches Wochenende wünschte, auch nicht unter Berücksichtigung der hervorragenden Seemannschaft, die Skipper und Besatzung bewiesen.

Obgleich sich eine ganze Menge Bruch von nebensächlicher Bedeutung ereignete, gab es nur eine andere Yacht, die ebenfalls strukturellen Schaden erlitt: die Maid of Malham. Sie war eine der größeren Yachten der Klasse II und hatte, gemeinsam mit der Theta, die Le-Havre-Tonne am Sonntag um 03.25 Uhr gerundet. Sie lief von dort unter Großsegel und Fock ab und loggte 36 sm in vier Stunden. Als der Wind zunahm, wurde das Großsegel geborgen, das Schiff lief unter der Fock allein weiter, wobei sich die Geschwindigkeit lediglich von 10 auf 7 kn verlangsamte. Als sich der Sturm um 09.00 Uhr seinem Höhepunkt näherte, hatte es kein Segel mehr stehen und lief unter bloßem Mast 3,5 bis 4 kn. Eine schwere See brach über das Heck, und die Yacht muß wohl eine Tonne Wasser an Bord genommen haben.

Danach lenzte sie etwa 18 sm südsüdwestlich von Owers-Feuerschiff vor Topp und Takel. 50 m Grasleine wurden an 50 m Manilatrosse, mit einer Segeltuchpütz am Ende, über Bord gegeben; praktisch lag sie so quer zum Wind. Als sie in Gefahr geriet, stand sie weniger als 20 sm südlich der führenden Yachten in der Nähe von Owers. Die Seen wurden als spektakulär bezeichnet.

Um 10.30 Uhr wurde MAID OF MALHAM, als sie fast dwars zur See lag, von der einzigen wirklich schweren See erfaßt, die sie in der Zeit des Treibens ereilte. Die See war ungewöhnlich groß, schlug auf den Backbordbug und zerschmetterte das Schandeck auf fast 5 m Länge. Glücklicherweise brachte der Schaden die Yacht nicht in Gefahr, aber das Beispiel zeigt, was eine einzige See anrichten kann. Wäre sie über das Achterschiff hereingebrochen und hätte sie den Aufbau aufgerissen und die Niedergangstüren eingedrückt, hätte die Sache sehr viel ernster werden können. Erleidet eine Yacht im Sturm Schaden, ist dieser gewöhnlich darauf zurückzuführen, daß die Yacht, von einer See gepackt, buchstäblich mit ihrer Leeseite in das Wellental hinuntergeschleudert wird, mit der Folge, daß Deckshaus oder Kajütaufbau von Lee aus eingedrückt werden. Im Fall der MAID OF MALHAM ereignete sich der Schaden in Luv.

Drei Yachten der Klasse II beendeten das Rennen. Die SEEHEXE wurde erste; sie passierte das Ziel am Montag um 18.35 Uhr. Trotz des Handikaps alter Segel war sie die ganze Zeit in Fahrt gehalten worden. Drei Vorsegel rissen (eines dreimal), und eine beträchtliche Zeitspanne lag sie unter dichtgerefftem Großsegel. Die SEEHEXE nahm eine schwere See an Bord, die so hoch war, daß das Kajütdach den Augen entschwand, aber die Yacht richtete sich sofort wieder auf, ohne beschädigt worden zu sein.

THETA, die beim Höhepunkt des Sturms in Sichtweite der MAID OF MALHAM vor Topp und Takel lenzte, passierte das Ziel eine Stunde nach SEEHEXE und gewann in ihrer Klasse den zweiten Preis. Dritte wurde JOLIETTE. Sie ist eine von nur zwei Yachten, auf denen das Anemometer abgelesen wurden. Die schwersten Böen 1,20 m über dem Deck wurden mit 44 kn gemessen, was 50 bis 60 kn am Masttopp entspricht und auf eine mittlere Windgeschwindigkeit von Bft 9 schließen läßt.

Eine staunenswerte Leistung vollbrachte die RONDINELLA, die einzige Yacht der Klasse III, die das Rennen zu Ende führte. Sie hielt den ganzen Sturm durch und kreuzte die Ziellinie nach LUTINE als zweite. RONDINELLA ist eine 1952 von Allanson in Freckleton nach einem Entwurf von Peter Brett gebaute 9-t-Yacht. Sie ist ein breites Boot mit kurzen Überhängen, einem langen Kiel und nur 1,40 m Tiefgang – alles Merkmale, von denen man annehmen sollte, daß sie bei wirklich schwerem Wetter Nachteil bedeuteten. Die Yacht ist schlicht und einfach, ohne viel Aufwand, aber sehr gut gebaut und auf das Sorgfältigste instand gehalten. Es waren keine Verluste an Segeln oder Geschirr zu beklagen, außer daß das Schothorn der Amwindfock ausriß und sich eine Reihe von Schlittenbefestigungen aus Rohleder lösten. Die Besatzung war sehr erfahren und immun gegen Seekrankheit.

RONDINELLA rundete die Le-Havre-Tonne am Sonntag um 09.30 Uhr. Die Windstärke war 7 plus (eine ganz vernünftige Beschreibung, wenn man der Stärke nicht ganz gewiß ist, aber es härter weht, als einem lieb ist). Nur unter Sturmklüver blieb sie auf ihrem Kurs und kreuzte schließlich allein mit diesem Segel von Owers zur Ziellinie auf. „Unser einziger

Anflug von Sorge war die Größe der Brecher", sagte der Skipper; tatsächlich schlug das Cockpit nur ein- oder zweimal voll Wasser.

Der 6-t-Sperrholzkreuzer AWEIGH, eines der kleinsten Boote in dem Rennen, wurde bei drei Gelegenheiten von Seen flach aufs Wasser geschmettert. Trotz starker Verlaschungen wurde das Dingi vom Vordeck weggespült; die Bewegungen waren so heftig, daß der Petroleumkocher aus den Kardanringen sprang und gegen die Kajütdecke knallte, bevor er auf dem Kartentisch gegenüber landete. Besorgniserregender war der Umstand, daß die Yacht fast so schnell Wasser machte, wie sich ausschöpfen ließ. Der Eigner konnte die Leckstelle auf das Auspuffrohr zurückverfolgen, das vom Spiegel abgeschoren war. Als das Loch gestopft war, fühlte sich die Besatzung wesentlich glücklicher.

Allgemeine Schlußfolgerungen

Auszüge aus den Ergebnissen des RORC-Unterausschusses sind im Anschluß an dieses Kapitel wiedergegeben. Obgleich es schon viele Jahre her ist, daß sie veröffentlicht wurden, sind sie im Prinzip immer noch gültig.

Zwei der Boote, die den Sturm erfolgreich überstanden, die AWEITH und FIZZLET, waren sogar kleiner als COHOE. Die im Kanal-Sturm 1956 und im Santander-Rennen 1948 gemachten Erfahrungen bestätigen daher, daß sogar kleine Yachten sich bei wirklich hartem Wetter behaupten können.

Der Bericht des Ausschusses besagt unter anderem, daß die gemachten Erfahrungen keinen Hinweis auf eine bestimmte bevorzugte Taktik ermöglichen, also entweder beizudrehen, vor Seeanker vom Bug oder Heck aus zu liegen, vor Topp und Takel zu lenzen oder Trossen vorn oder achtern auszubringen. Diese Meinung, die sich auf Erfahrungen eines der schlimmsten Sommerstürme stützt, klingt ermutigend für jeden, der sich zum erstenmal in einem Kanal-Sturm hat erwischen lassen, aber sie erfordert, wie ich in späteren Kapiteln aufzeigen werde, ein großes Können, wenn es sich um Ozeanstürme handelt. Zum Ozean zähle ich auch die Biskaya bei stürmischen Winden aus Westen.

1. Hoher Freibord. Die Yachten mit hohem Freibord und negativem Sprung scheinen am trockensten gesegelt zu haben. TILLY TWIN wurde der allerschlimmsten Prüfung unterworfen, aber ihr Eigner scheint mit der Konstruktion ihres Rumpfes zufrieden gewesen zu sein; er ist sogar der Ansicht, daß die TILLY TWIN ihr Überleben allein der Kombination von Leichtdeplacement und Konstruktionsstärke zu verdanken hat. Auch der Skipper der PETASUS berichtete, daß seine Yacht mit ihrem hohen Freibord und auftriebstarken Rumpf sehr trocken war. CALLISTOS Skipper erzählte, daß er überhaupt kein Wasser in massiven Mengen übergenommen hätte.

2. Navigation. Auf der TILLY TWIN und DANCING LEDGE mußte man die Erfahrung machen, daß es, als der Sturm am heftigsten tobte, unmöglich wurde, eine präzise Navigation zu betreiben. Vielmehr schrieb die Notwendigkeit, die Seen mit dem Heck anzunehmen, um nicht überlaufen zu werden, zwangsweise die Wahl der Kurse vor.

Die Skipper mehrerer Yachten berichteten, daß die Sicht nach Luv auf Cockpithöhe durch den fast horizontal peitschenden Gischt und Regen auf fast Null eingeschränkt wurde. Eine andere Schwierigkeit bestand darin, daß die Wellenhöhe die Sicht entfernter Objekte verdeckte, was tagsüber die Aufgabe des Navigators komplizierte und nachts die Identifizierung der Kennungen erschwerte. Der Skipper der RIGHT ROYAL und verschiedene andere äußerten sich in der gleichen Weise. Die Seen waren so gewaltig, daß die Lichter nur auf den Wellenkämmen zu sehen waren, zu kurz, um die Wiederkehr auszuzählen.

Die meisten Skipper bestätigten die Schwierigkeiten der TILLY TWIN, Funkpeilungen zu erhalten, selbst bei dem sehr starken Funkfeuer von St. Catherine's Point.

3. Relingsstützen und Bugkörbe. Ein Eigner berichtete, es sei ihm bei zwei Gelegenheiten passiert, daß Relingsstützen aus Metall wegbrachen. Wird ein Mann gegen eine Relingsstütze geschleudert, sei sie aus Eisen, Bronze oder rostfreiem Stahl, ist die Hebelwirkung so groß, daß es meiner Ansicht nach verfehlt wäre, sich auf ihre Stärke zu verlassen.

Der Bugkorb auf THETA brach weg, weil der Yankee daran festgezurrt war. Die an Bord brechenden und wieder abflutenden Seen übten auf das Segel einen solchen Druck und Sog aus, daß der Bugkorb aus seinen Halterungen gerissen wurde. An und für sich ist es bei schwerem Wetter allgemein üblich, Segel am Bugkorb und an Relingsstützen auf dem Vorschiff festzuzurren, teils weil man ein großes nasses Segel nicht gern nach unten schaffen und in der Enge des Vorschiffes verstauen möchte, teils aber auch, um das Segel zum sofortigen Setzen bereit zu haben, sobald der Wind wieder nachläßt. Ein so auf dem Vordeck verstautes Segel bietet brechenden Seen einen riesigen Widerstand. Die von der THETA gemachte Erfahrung läßt es geraten erscheinen, die Vorsegel lieber unter Deck zu verstauen, wenn besonders starke Stürme zu erwarten sind.

4. Backskisten im Cockpit. Aus dem RORC-Bericht geht hervor, daß auf einigen Schiffen große Wassermengen durch die Backskisten ins Innere gelangten. Ich glaube, dies ist der Hauptgrund, warum bei schwerem Wetter so häufig gelenzt werden muß. Hohlkehlen und Entwässerungsleitungen unter den Backskistendeckeln sind gewöhnlich wertlos, wenn es hart zugeht. Die Sitzklappen müssen wasserdicht sein, auf Gummi gebettet, mit Verschlüssen, die für Druck auf die Gummidichtung sorgen; oder sie müssen auf andere Weise lecksicher gemacht werden.

5. Trysegel. Der Eigner der JOLIETTE gab eine nützliche Anregung, die Trysegellieken mit Augen zu versehen, so daß sich eine Reihleine um den Mast unterhalb der Untersaling führen läßt als Sicherheitsmaßnahme für den Fall, daß Schiene und Schlitten nachgeben.

6. Treibanker. Der Skipper der RIGHT ROYAL gibt in seinem Bericht der Überzeugung Ausdruck, daß, wenn er den Treibanker ausgebracht hätte, als der Sturm am schlimmsten wütete, das Schiff überflutet und überwältigt worden wäre. Dies ist die einzige Ansicht, die zu diesem Thema geäußert wurde, aber sie kommt von einem erfahrenen Yachtsegler.

7. Hecksee von Schiffen. Die ANN SPEED bekam nur eine einzige, wirklich schwere See an Deck, die das Skylight und ein Bullauge zerschmetterte, als die Yacht auf die Seite gerollt wurde. Ihr Skipper glaubt, daß die ausnahmsweise hohe und steile See vielleicht durch die Hecksee eines passierenden Dampfers verursacht worden sei. Dies bestätigt die von COHOE gemachte Erfahrung, als sie von achtern überrollt wurde, daß die Hecksee eines Schiffes, die den Marsch von großen Wellen in einem Sturm kreuzt, ihren Aufbau stört und sie zum Brechen bringt.

8. Segelbefestigungen. Der RORC-Bericht weist mit besonderem Nachdruck auf die schwachen Stagbefestigungen der Segel hin. In dem Kanal-Sturm brachen einer Anzahl von Yachten die Stagreiter an den Sturmklüvern. Diese Erfahrung, die auch ich gemacht habe, läßt klar erkennen, daß für Sturmsegel große und starke Stagreiter erforderlich sind. Einige Skipper vertreten sogar die Ansicht, daß alle Sturmklüver Schäkel anstatt Stagreiter haben müßten, zum mindesten am Kopf und am Fuß.

Die mangelhafte Bändselung der Mastschlitten war eine andere, weitverbreitete Ursache von Ausfällen. Ich selbst verwende lieber Schäkel für die Großsegelschlitten. Beschädigungen der Stagreiter oder Schlitten waren fast immer darauf zurückzuführen, daß man die Segel entweder beim Kreuzen, Setzen oder Bergen zu lange schlagen ließ.

9. Schwimmwesten und Sicherheitsgurte. Kapokwesten waren nicht imstande, den Kopf eines Mitseglers auf der DANCING LEDGE nach langen Stunden im Wasser zu tragen. Der Eigner der TILLY TWIN geht sogar noch weiter und bezeichnet Kapokwesten als völlig nutzlos. Infolge der hohen Geschwindigkeit, mit der der Gischt über das Wasser fegte, wurde die Kapokweste nach zwei bis drei Stunden schwer wie Wasser.

Noch im Jahre 1956 war eine Schwimmweste eine Schwimmweste, und ich könnte mir denken, daß wenige Yachteigner viel über sie nachdachten. Ich muß gestehen, daß ich selbst auf meinen Booten Kapokwesten mitführte. Seitdem hat man dem Thema Schwimmwesten größere Aufmerksamkeit geschenkt, und ihr Standard hat sich gewaltig verbessert. Zwei Typen sind zu unterscheiden. In die erste Gruppe fallen die Auftriebshilfen, die sich ohne Unbequemlichkeit tragen lassen, da sie nicht voluminös sind. Sie erfüllen ihren Zweck, indem sie helfen, einen Mann unter normalen Wetterverhältnissen über Wasser zu halten, bis er herausgezogen wird, vorausgesetzt, daß dieses einigermaßen rasch geschieht. Um bei schwerem Wetter oder für einen längeren Zeitraum im Wasser durchhalten zu können, braucht man Rettungswesten, die den erforderlichen Auftrieb gewährleisten und den Kopf abstützen.

Verschiedene Skipper, die sich in diesem Sturm befanden, äußerten sich positiv über den Sicherheitsgurt, der im Ernstfall ohne Zweifel geeignet ist, Menschenleben zu retten. Ich vertrete die Auffassung, daß ein Sicherheitsgurt draußen auf See das erste Erfordernis überhaupt ist, da er verhindert, daß ein über Bord gefallener Mann die Verbindung mit seiner Yacht verliert und so wieder gerettet werden kann. Trägt er dagegen lediglich eine Schwimmweste, muß er erstens wiedergefunden und zweitens an Bord gezogen werden, was viel Zeit kosten kann, zumal wenn das Schiff unter Spinnaker läuft.

Es gibt viele bewährte Fabrikate von Sicherheitsgurten und Schwimmwesten. Unter dem Eindruck der DANCING LEDGE-Tragödie habe ich selbst kürzlich einen Satz Sicherheitsgurte kombiniert mit Schwimmweste gekauft, die einen ständigen Auftrieb von 9 kg und aufgeblasen von 18 kg gewährleistet. Die Schwimmweste ist mit Nylon umkleidet und daher angenehmer zu tragen. Nylon ist auch besser als PVC, das manchmal brüchig wird, leicht reißt oder löcherig wird.

10. Unter Sturmsegeln gesteuerte Kurse. Die Wirksamkeit der Segel bei schwerem Wetter hängt ab von dem Typ der Yacht und der Stellung des oder der noch stehengebliebenen Segel, die verschieden ist, je nachdem, ob es sich um Slups, Kutter oder Yawls handelt. Folgendes beleuchtet einen sonst etwas vernachlässigten Sachverhalt:

Die Yawl LUTINE segelte nur unter Trysegel 6 bis 7 Strich am Wind und kreuzte zur Ziellinie auf. Die Yawl BLOODHOUND machte bei etwa Windstärke 8 unter Fock und Besan und 5 Strich am Wind 3,5 bis 4 kn Fahrt und auf dem Höhepunkt des Sturms allein unter Fock 3 kn bei 7 Strich am Wind. Nach Verlust der Fock auf den Sturmklüver beschränkt, segelte sie nur noch 8 Strich am Wind und kam kaum noch voran.

Die MAID OF MALHAM erreichte nur unter Fock 7 kn, bevor alles Zeug heruntergenommen und nur noch unter bloßem Mast gesegelt wurde. Sie machte dann noch 3,5 kn, bis sie vor Topp und Takel lenzte.

Die Slups RONDINELLA und GALLOPER, beide von moderner Konstruktion, zeigten bemerkenswerte Segeleigenschaften unter Sturmklüver. GALLOPER rundete die Le-Havre-Tonne um 05.00 Uhr am Sonntag. Fast hätte sie ihre Vergütung gegen die RONDINELLA herausgesegelt, wären nicht alle Rutscher am Großsegel ausgerissen, so daß sie ausscheiden mußte. Als der Sturm am schlimmsten wütete, machte sie unter Sturmklüver 3 kn Fahrt und segelte dabei 70 Grad am Wind. Ihre Abdrift betrug etwa 20 Grad; sie machte also 90 Grad gut. RONDINELLA unter Sturmklüver steuerte 55 Grad am Wind, und ihre Abdrift betrug 20 Grad. Dies ist ganz gut zu wissen, um die Abdrift einer kleinen Yacht schätzen zu können, die in einem Sturm unter Sturmklüver gegenangeht. Natürlich hängen Abdrift und Amwindwinkel von dem jeweiligen Boot ab und mindestens ebensoviel auch von dem Schnitt des Sturmklüvers; die altmodischen Sturmsegel waren im Vergleich zu den modernen, flacher geschnittenen Terylenesegeln zu sackig für wirksame Amwindarbeit.

Die SEEHEXE segelte während des schlimmsten Sturms nur unter Großsegel. Sechs bis zehn Ringe weggerefft, lag sie 60 bis 70 Grad am Wind und machte 1,5 kn Fahrt, lag also praktisch beigedreht. Sie war benachteiligt, da sie alte Segel führte, die nicht für die Yacht gemacht worden waren. Ihr Skipper meinte, ein guter Sturmklüver sei viel wertvoller als ein Großsegel, wenn es sich darum handele, in Stürmen Luvraum zu gewinnen. Die ANN SPEED drehte unter Großsegel bei, reffte sechs Ringe weg, setzte den Sturmklüver und machte knapp 3 kn Fahrt voraus.

Skipper von Yachten, die vor Topp und Takel lenzten, fanden heraus, daß dabei noch genügend Steuerfähigkeit vorhanden war, um sich vor den Wind zu legen, wenn sie wollten; sie konnten dann 25 bis 30 Grad auf jeder Seite des Windes steuern. Als THETA sich treiben ließ, wurde ihre Abdrift auf 1 kn geschätzt, aber ich glaube, der Navigator einer vor Topp und Takel lenzenden Yacht sollte, wenn die Gefahr droht, auf Legerwall zu geraten, lieber mit der Möglichkeit einer größeren Abdrift rechnen. THETA machte 0,5 kn Fahrt voraus, aber der Eigner der MAID OF MALHAM sagte mir, daß sein eigenes Boot beim Treiben wohl mehr Fahrt voraus machte. Hieraus geht hervor, daß die Fahrt voraus bis 1 kn oder sogar mehr betragen kann, was bedeutet, daß bei langer Sturmdauer beträchtliche Entfernungen bewältigt werden können.

Bericht des Unterausschusses des RORC

Die folgenden wichtigsten Erkenntnisse aus dem Sturm im Englischen Kanal im Jahre 1956 gelten auch heute noch:

Die grundsätzliche Lehre, die aus dieser Begebenheit zu ziehen ist, lautet, daß es unter Schwerwetterverhältnissen weit besser ist, sich weit weg von den Einwirkungen des Landes draußen auf See in offenem Seeraum zu befinden, wo das Fahrzeug, vorausgesetzt, daß es gut gebaut ist und seine Führung nicht durch menschliches Versagen beeinträchtigt wird, die beste Aussicht hat, ohne ernsthafte Schwierigkeiten durchzukommen. Allgemein legen die Berichte Zeugnis ab von den bemerkenswerten Eigenschaften einer modernen Segelyacht und ihrer Fähigkeit, trotz menschlicher Irrtümer für sich selbst zu sorgen. Nur drei Yachten, die in den schlimmsten Teil des Unwetters gerieten, als sie sich in den beengten und gefährlichsten Gewässern nahe der englischen Küste befanden, gerieten in wirkliche Gefahr.

Gegen Ende einer Regatta und kurz vorm Ziel wird mancher Skipper zweifellos lieber Risiken eingehen und durchhalten als seine Gewinnchancen dadurch beeinträchtigen, daß er nach See hinaushält, um Seeraum zu gewinnen. Dieser Entschluß kann sich unter Umständen als unklug erweisen, aber das sind Entscheidungen, die allein dem Skipper vorbehalten bleiben.

Das Gros der Yachtflotte scheint irgendwo zwischen Kanalmitte und bis zu 12 sm vor der französischen Küste gestanden zu haben. Keines dieser Fahrzeuge scheint ernsthafte Schäden erlitten zu haben oder in wirkliche Schwierigkeiten geraten zu sein. Die Erfahrungen dieser Yachten beantworten nicht die Frage, welchen Maßnahmen der Vorzug zu geben sei, beizudrehen, vor Treibanker zu liegen, sei es vom Bug oder Heck aus, vor Topp und Takel zu lenzen oder Trossen vorn oder achtern auszubringen.

In einigen Fällen waren Sturmgeschirr und Segelbefestigungen von ungenügender Stärke. Die Eigner sollten darauf hingewiesen werden, daß alles Geschirr, insbesondere Sturmsegel und Zubehör, häufig zu überholen ist, um sicher zu sein, daß es keine Beschädigungen erlitten hat. Die meisten Segelschäden waren auf das Schlagen loser Segel zurückzuführen mit dadurch verursachtem Verlust der Stagreiter. Kopf und Hals der Vorsegel am Vorstag festzuschäkeln, ist eine vernünftige Vorsichtsmaßnahme.

Einige Fahrzeuge gerieten in Schwierigkeiten, weil sehr viel Wasser durch die Backskisten im Cockpit ins Innere gelangte, selbst da, wo es selbstlenzende Cockpits gab.

In einem Fall wurde festgestellt, daß die Notsignale unter den vorherrschenden Bedingungen nicht funktionierten. Man darf sich nicht auf Leuchtsignale verlassen, die vielleicht der Luft oder der Feuchtigkeit ausgesetzt gewesen sind. Die Anweisungen der Hersteller sind genau zu lesen, und irgendwelche nicht hundertprozentig einwandfreie Leuchtsignale müssen ersetzt werden.

Die Erfahrung der RIGHT ROYAL bei Verlust ihres Mastes unterstreicht den Wert einer brauchbaren Drahtschere.

Eine Yacht mußte auf Legerwall Anker werfen. Einige Besatzungsmitglieder erlitten Verletzungen, als sich die Ankerkette selbständig machte, weil es keinen Kettenstopper gab.

Yachten müssen mit einer zweiten Pumpe ausgerüstet sein. Am wichtigsten ist, daß sich der Saugkorb bei jedem Wetter reinigen läßt.

Die Fastnetstürme 1957

Die Fastnetrennen sind berüchtigt wegen des schlechten Wetters. Sie beginnen, ebenso wie die Rennen nach Spanien, am letzten Sonnabend der Cowes-Woche, Anfang August, und meistens weht es ausgerechnet an diesem Tag mit halber Sturmstärke aus Südwest.

Das Fastnet ist im wesentlichen ein Rennen gegen den Wind. Ist man, streckenweise nur zu oft gegen stürmische Winde, bis Land's End hochgekreuzt und durch die Enge zwischen Longships- und Seven-Stones-Feuerschiff schließlich in die westliche Einsteuerung in den St. George's Channel und die Irische See gelangt, kann der Wind pl-ötzlich ausschießen und dem Segler eine Kreuzstrecke von weiteren 180 sm genau gegen den Wind bis zum Fastnet Rock bescheren. Hat man diese Wendemarke einmal gerundet, folgt gewöhnlich eine bewegte Raumschots- oder Vorwindstrecke über die verbleibenden 230 sm, bis Bishop Rock vor den Scillyinseln vorbei bis zu dem Ziel vor Plymouth. Eine amerikanische Autorität auf diesem Gebiet, Alf F. Loomis, faßte das Ganze in die Worte zusammen: „Auch wenn das Fastnet kein Ozeanrennen ist, so zeigt es doch dessen schlimmste Merkmale plus seelische Belastungen, die man erlebt haben muß, um sie richtig einzuschätzen.“

Aber nicht immer ist das Fastnet rauh. Es kann so friedlich verlaufen, daß man auf ein 14-Fuß-Dingi setzen möchte, wenn die Vorschriften seine Teilnahme zuließen. Und genauso friedlich verlief es in den Jahren, als ich COHOE II dafür meldete. Mit ihrem heruntergeschnittenen Rigg war sie bei leichten Winden träge, und wir konnten von Glück sagen, daß wir das Ziel immerhin noch innerhalb der ersten Hälfte der Yachtflotte erreichten.

1956 (im Jahr des in die Annalen eingegangenen Kanal-Sturms) verkaufte ich COHOE II und gab ein schnelleres, für vielerlei Zwecke geeignetes Boot in Auftrag, das wir auf den Namen COHOE III tauften. Die Yacht wurde in Poole bei Newman & Sons Ltd. gebaut und war wie ihre Vorgängerin von Charles A. Nicholson entworfen worden. Ihre Abmessungen: 9,90 m Lüa, 7,90 m LWL, 2,75 m Breite und 1,80 m Tiefgang. Ebenso wie bei COHOE II, war der Rumpf vom Typ „Kabeljaukopf/Makrelenschwanz“ mit einem schlanken Linienverlauf des Unterwasserschiffes achtern. Obgleich 72 cm kürzer als COHOE II, war sie viel größer, da sie in ein breites Spiegelheck auslief, mit dem sie in mancher Beziehung einer größeren Yacht ähnelte, der man das überhängende Heck abgehackt hat. Verglichen mit der ersten COHOE von etwa der gleichen Lüa und LWL, war sie mit ihrem Deplacement von 8 t mehr als doppelt so groß. Entworfen war sie als Slup mit einer Segelfläche von 50 m². Als sie

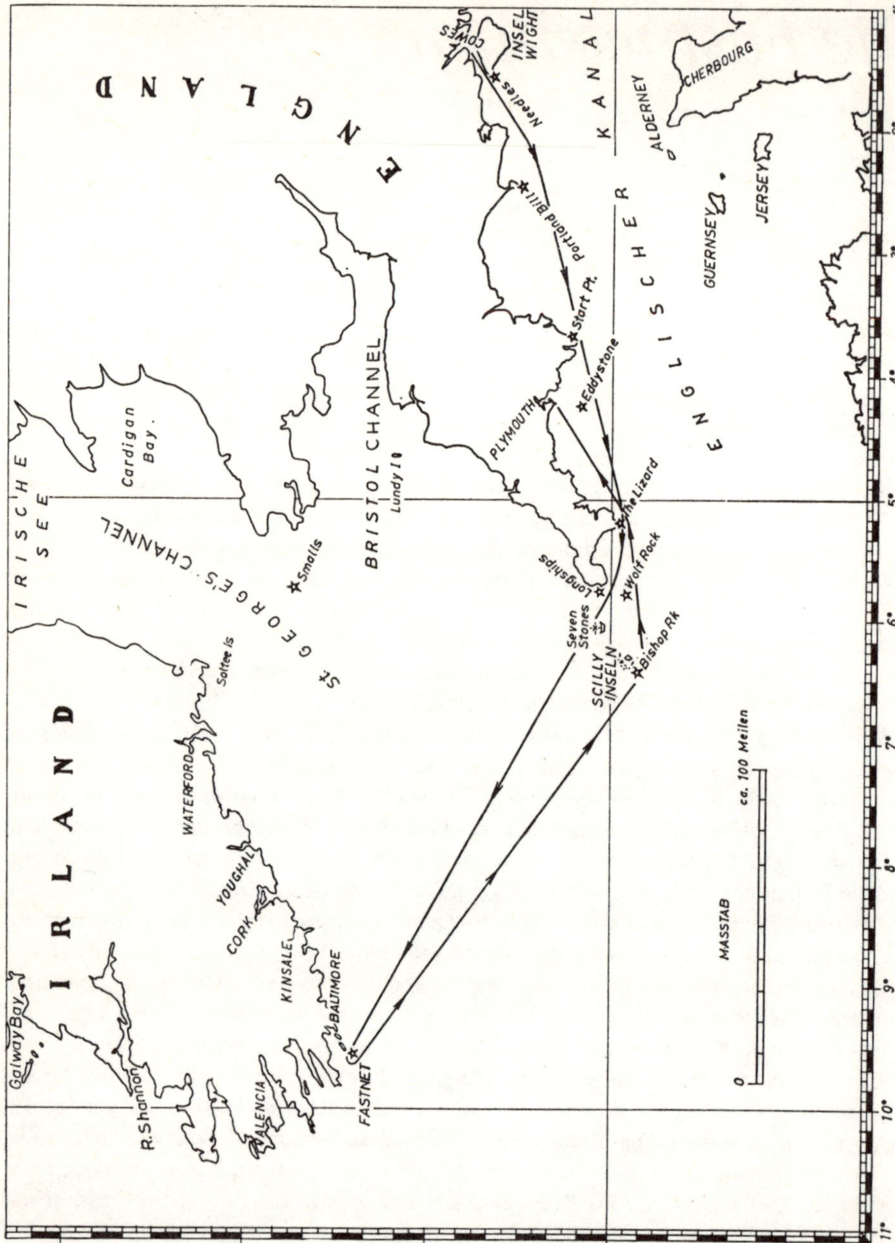

Die Fastnetrennstrecke

später toppgetakelt wurde und dazu einen Bugspriet aus Nirosta erhielt, vergrößerte sich die Segelfläche auf 57 m^2. Die Hauptmerkmale dieser Yacht waren Steifheit, Segeltragvermögen bei hartem Wetter, Geräumigkeit und starke Bauweise. Die ganze Konstruktion, ob Rumpf, Mast oder Takelage, war überdurchschnittlich kräftig, und das Kajütdach war mit Stahl versteift. Alles das bedeutete eine gewisse Einbuße an Geschwindigkeit, aber ich hoffte, die Yacht zur Teilnahme an der Bermudaregatta nach drüben segeln zu können, und dachte dabei an Humphrey Bartons Ratschläge bezüglich der Decksaufbauten, nachdem seine VERTUE XXXV im Atlantik fast untergegangen war. Mit ihren kurzen Überhängen und ihrem derben Aussehen war und ist COHOE III immer noch eine der stärksten und dauerhaftesten kleinen segelnden Yachten, die jemals gebaut worden sind.

Das erste Fastnetrennen, an dem ich mit COHOE III teilnahm, war das von 1957. Es blieb seinem Ruf treu, denn es gilt als eines der rauhesten Rennen in der Geschichte der Fastnetregatten. Als Mitsegler hatte ich meinen Sohn Ross an Bord, ferner Alan Mansley, Patrick Madge und Peter Nicholson, einen brillanten Rudergänger und Sohn des bekannten Konstrukteurs.

41 Yachten kreuzten am Sonnabendmorgen (10. August) bei Südweststurm die Startlinie vor Cowes. Die Scillies meldeten Windstärke 8, zwei benachbarte inländische Wetterstationen 6 und 7. COHOE III startete unter Fock und einem nur um wenige Ringe weggerefften Großsegel. Ich glaube daher nicht, daß die Windstärke, auch wenn COHOE III angeblich mehr Segel führte als die anderen, mehr als 25 bis 30 kn (Bft 6 bis 7), in den Böen vielleicht 40 kn betragen haben kann.

Das Wetter schien COHOE III zu behagen. Rasch übernahm sie die Führung ihrer Klasse, und bis sie die Needles erreichte, hatte sie zahlreiche Yachten der Klassen II und III überholt. Bei dem gegen den Südwestwind anlaufenden Ebbstrom war der ganze Solent eine wilde Masse kurzer brechender Seen, und die Rennflotte steckte eine tüchtige Tracht Prügel ein. Vor den Needles und über der Bridge, wo man in den Englischen Kanal gelangt und der Seegang sich türmt, wenn der reißende Ebbstrom auf die ganze Gewalt eines Südwesters trifft, hatte ich eine schwere See erwartet. Tatsächlich ging die See hoch und brach, aber auf ungefährliche Weise, und während COHOE III sich schmetternd ihren Weg in den offenen Kanal bahnte, wurde der Seegang länger, und die Fahrt nahm wieder zu. Trotzdem blieb es eine harte Segelei unter scheußlichen Wetterverhältnissen, und Regen und peitschender Gischt taten ein übriges, die geringe Sicht noch weiter zu verschlechtern.

Schlag auf Schlag und Wache auf Wache kämpfte COHOE III sich westwärts, die Besatzung halb blind vom prasselnden Gischt, so daß die Rudergänger sich nach nur kurzen Törns ablösen mußten.

Spätabends und in eine Wolke von Wasserstaub gehüllt, hatte COHOE III die Bucht von Bournemouth geschafft, St. Alban's Head, das sich hinter Regenschleiern verbarg, passiert und stand nun vor Portland, um dort genau die Tide zu verpassen. MYTH OF MALHAM und noch eine andere Yacht waren voraus in Sicht. Es war Springtide, und bei 4 kn Gegenstrom verlangsamte sich unsere Fahrt über Grund. Es dauerte nicht lange, und die Nacht brach herein. An Deck war alles dunkel, bis auf den gelblichen Schimmer des Kompaßlichtes und den Widerschein der Positionslaternen. Die vier weißen Blitze von Portland Bill zuckten in unbeirrbarer Regelmäßigkeit an Steuerbord. Die Wache an Deck trug Sicherheitsgurte und hatte sie auch dringend nötig, denn jede See brach über das Vorschiff hinweg, und in den Böen lag die Yacht weit über.

Unter Deck ähnelte die Kajüte achtern einem von der Flut halb überspülten Unterwasserfelsen. Jede See, die auf den Kajütaufbau vorn brandete, ergoß sich in Strömen nach achtern, flutete durch die Niedergangskappe und die zerbrochene Kabinentür nach unten, da wir damals noch kein Spritzverdeck fuhren. Beide Hundekojen standen ständig unter Wasser, und der Kartentisch war nicht zu gebrauchen. So breitete ich die Karte auf dem Tisch im vorderen Teil der Messe aus.

Die Navigation war, als wir am Portland Race vorbeischrammten, eine Aufgabe, die alle Zeit in Anspruch nahm, während gleichzeitig der Reservemann an Deck Handpeilungen von Portland-Leuchtfeuer nahm. Schon rein körperlich war meine Tätigkeit anstrengend, da ich dauernd hin und her geschleudert wurde. Ließ ich die Karte einen Augenblick aus dem Auge, rutschte sie zusammen mit Parallellineal und Zirkel quer durch die Messe auf die Leekojen. Unser Fortschritt war verzweifelt langsam, wie es einem immer vorkommt, wenn man ein Feuer rundet, aber Stunde auf Stunde wanderte die Peilung aus, und jedesmal konnte ich den Schiffsort ein wenig westlicher eintragen als das vorige Mal.

In regelmäßigen Abständen mußte die Yacht gelenzt werden. Wasser fand in Mengen seinen Weg in die Bilge. Es muß durch die Ritzen der Backskisten im Cockpit ins Innere eingedrungen sein, während das Spritzwasser seinen Weg durch die Niedergangskappe, die zerbrochene Kabinentür und die Ventilatoren fand. Es ist immer wieder erstaunlich, wieviel Wasser bei stürmischem Wetter in ein Schiff gelangt. Die gleiche Erfahrung habe ich mit allen meinen Yachten gemacht, sogar mit COHOE IV, deren Rumpf aus Kunststoff bestand und daher unmöglich lecken konnte. Wir besaßen zwei Lenzpumpen, aber die in Gebrauch befindliche Pumpe stand in der Kajüte mit einem langen Schlauch ins Cockpit, von wo das Wasser durch die selbstlenzenden Abflußrohre wieder in die See zurückfloß. Ich wechselte mich mit der Reservewache an der Pumpe ab. Es war eine ermüdende Arbeit und jedesmal eine Erleichterung, wenn das Wasser sank und die Pumpe trockenschlug.

Ich ließ jeweils nur einen Mann an Deck zurück, außer wenn Peilungen genommen werden mußten, denn ich halte es für einen Fehler, zwei Mann dem peitschenden Gischt und der Nachtkälte länger auszusetzen als nötig. Im allgemeinen gingen wir vier Stunden Wache, aber vor Portland dauerten die Törns am Ruder immer nur 15 Minuten. Kaum am Ruder abgelöst, eilte der freigewordene Mann unter Deck, um sich eine Zigarette anzuzünden und damit die Rauchschwaden meiner eigenen Zigaretten bei der Kartenarbeit zu verdichten. Die Luft war unbeschreiblich dick. Peter als einziger Nichtraucher muß Qualen ausgestanden haben, äußerte aber nie ein Wort der Klage.

COHOE III knallte nicht auf die Wellen herunter, wenn sie bei grobem Seegang gegenanging, wie ANNETTE es tat und, wenngleich weniger schlimm, auch COHOE I. Aber als wir sie vor Portland Bill mit 6 kn Fahrt gegen den Wind voranprügelten, kam es gelegentlich vor, daß sie in eine unregelmäßige Wellenbildung hineingeriet und der Steven dann mit einem fürchterlichen Schock aufprallte. Das ganze Schiff erzitterte, die Kochtöpfe rasselten, und der Teekessel sprang aus seiner kardanischen Aufhängung. Dies war nicht das übliche, regelmäßige Stampfen, wie man es bei vielen Yachten kennt, sondern die Wirkung von fast 8 t Schiffsgewicht, das sich mit 6 kn Fahrt über den Kamm einer großen See warf und in steilem Winkel aufs Wasser hinabstürzte, das so hart klang, als sei es Steinpflaster. In der Messe sitzend fragte man sich wundernd, wieso eine Holzkonstruktion einer solchen Belastung standhalten konnte, und nach jedem Aufprall hob ich die Bodenbretter an, um nachzusehen, ob irgendwo durch ein vorn entstandenes Leck Wasser hereinsprudelte, aber meine Besorgnis war unbegründet. Peter meinte, Hochseerennyachten sollten für diese Art von Beanspruchung mit doppeldiagonalen Planken gebaut werden.

Während wir so gegen beides, Wind und Tide, ankämpften, kam uns unser Weiterkommen verzweifelt langsam vor, aber Meter für Meter arbeiteten wir uns an der Kante der Stromkabbelungen entlang, bis zu ihrem Ende, und bei Ablösung der Wache um Mitternacht waren wir durchgebrochen und standen etwa 2 sm südwestlich von Portland.

Kurz nach Mitternacht und Wachwechsel wurde ich an Deck gerufen, da der Rudergänger meinte, wir führten zuviel Tuch. Als ich das Ruder in die Hand nahm, stellte ich fest, daß er recht hatte. Der Wind hatte bis auf 8 aufgefrischt (34 bis 40 kn) und wehte in den Böen noch härter, und wenn auch die Yacht großartig Fahrt machte, wurde sie doch schwer gepreßt, und Gefahr drohte, daß irgend etwas brach.

Es war Zeit, zu reffen. Patrick und Peter rollten das Großsegel ein, bis der Kopf in Höhe der oberen Saling stand, die Fock wurde geborgen und der Sturmklüver gesetzt. Das ganze Manöver wurde so durchgeführt, als befänden wir uns bei hellichtem Tage auf dem Solent. Aber schade! Die Yacht war jetzt zu stark gerefft, und ich hatte ganz vergessen, daß der von allen Seiten eingeliekte Sturmklüver, der noch von COHOE II stammte, zu voll geschnitten war, um als Rennsegel von Nutzen zu sein. COHOE III trieb bedenklich nach Lee ab, wo unbeleuchtete Tonnen westlich von Portland Bill liegen. Unter gerefften Segeln kamen wir nicht mehr frei von ihnen, und es war wenig wahrscheinlich, daß wir sie in der Dunkelheit rechtzeitig würden ausmachen können, um einen Zusammenstoß zu vermeiden. So waren wir gezwungen, uns auf Backbordbug zu legen, wodurch wir die nachlassende Gegentide von der Seite erhielten und so einen guten Teil der so hart erkämpften Distanz wieder verloren.

Ich kann mich noch deutlich verschiedener Eindrücke während dieses seewärts führenden Schlages erinnern. Der Mond brach durch die am Himmel entlangjagenden Wolken durch, und zeitweise waren die Yacht und die umgebende See in Licht gebadet. Die See ging hoch, aber unter seiner gerefften Segelfläche wurde das Boot leicht mit ihr fertig. Nahe voraus passierte uns eine Yacht. Sie lief unter bloßen Masten nach Osten ab; ihr Backbordlicht brannte hell. Auch ein Rettungsboot passierte uns auf gleichem Kurs.

Wir lagen 5 sm auf demselben Bug. Dann gab ich das Ruder ab und ging unter Deck. Da beide Hundekojen klitschnaß waren, flüchtete ich mich in die Klappkoje im Vorschiff, die bei Sturm als unbenutzbar gilt. Bei jedem Eintauchen des Bootes hatte ich das Gefühl, in der Luft schwebenzubleiben, und streckte meine Hand aus, um zu verhindern, mit dem Kopf an die Decke zu schlagen. Schlaf kam nicht in Frage, aber es gelang mir immerhin, ein bescheidenes Maß an dringend benötigter Ruhe zu finden.

In den frühen Morgenstunden des folgenden Tages (Sonntag, 11. August) ließ der Wind nach bis auf Bft 7; so wurde die Fock nach Wachwechsel wieder gesetzt und das Großsegel einige Törns ausgedreht. Es blieb den ganzen Weg über die Lyme Bay eine rauhe Fahrt bei schüttendem Regen über eine einsame, graue See, aber mit mehr Segel kamen wir besser voran. Um eine lange Geschichte kurz zu machen: Daß wir westlich von Portland Bill zu viel refften, kostete uns einen großen Zeitverlust, denn es ließ uns unsere Tide bei Start Point verpassen. Während der Gegentide lief ich Dartmouth zum Schutz an. Dies gab uns die Gelegenheit, eine heiße Mahlzeit an einem geraden Tisch zu uns zu nehmen und das Innere der Yacht und einen Haufen nasser Kleider mit Hilfe von zwei Primuskochern zu trocknen.

Wichtiger war, daß wir eine Anzahl kleiner, aber zweckmäßiger Ausbesserungen vornehmen konnten. Einige Schrauben der Mastschiene hatten angefangen, sich loszuarbeiten, und mußten festgezogen werden, die gebrochene Niedergangstür wurde repariert, und ich nagelte Leinwand über das Achterende des Kajütaufbaus und die Niedergangskappe, um etwas von dem Wasser von Hundekojen und Kartentisch abzuhalten.

Wenn man endlich Schutz gefunden hat, zögert man manchmal mit dem Wiederauslaufen, aber diesesmal gab es keinen Verzug. Teilweise war das Alan zu danken, der uns in Form hielt. Kurz vor Einsetzen der Tide liefen wir aus und schafften Start Point beim ersten Stillwasser, nahe unter den Felsen entlang segelnd. Der Wind hatte nachgelassen, und am nächsten Morgen (Montag, 12. August) sichteten wir ELSELI IV, die schwedische Teilnehmerin, die in ihrer Klasse an erster Stelle lag. Das Rennen war wieder in Gang und wurde während der restlichen 500 sm der Regattastrecke mit aller Zähigkeit ausgefochten, ohne daß die beiden Yachten sich dabei kaum jemals aus den Augen verloren.

Westlich von Lizard wehte der Wind nur noch leicht, und ELSELI IV holt mit ihrer großen Hochtakelung Schlag für Schlag stetig auf. Bis sie Land's End passiert hatte, waren wir weit achterausgesackt.

Zum Glück für COHOE III frischte es wieder auf, und für einen großen Teil der 180-sm-Strecke über die Irische See lagen wir hart am Wind. Es wehte mit 6 bis 7 Windstärken (manche schätzten sogar 8), so daß es unter dem Preß von Fock und ungerefftem Großsegel eine harte Passage wurde. Beide Yachten trafen am Mittwochmorgen (14. August) fast gleichzeitig vor der irischen Küste ein. Inzwischen war der Wind auf Nordwest ausgeschossen und stand gegenan, so daß unser Landfall etwa 20 sm östlich von Fastnet stattfand, während die größeren Yachten den Felsen mit einem Schlag hatten anliegen können.

Einige Meilen gewannen wir der ELSELI IV dadurch ab, daß wir nahe an die irische Küste heransegelten und innerhalb der Stag Rocks aufkreuzten; dort fanden wir früher als sie günstigen Tidenstrom und im Schutz des Landes glatteres Wasser. Vor Baltimore sandten wir alle sehnsuchtsvolle Blicke zu den sanften Konturen Irlands hinüber, die sich so verlokkend nahe an Steuerbord abzeichneten, aber es gab keine Muße für so nutzlose Gedanken, denn ELSELI IV lag nicht weit achteraus, und bis wir um 13.40 Uhr Fastnet Rock gerundet hatten, war sie COHOE III bereits wieder auf den Fersen.

Die Vorwindstrecke von 150 sm vom Fastnet bis zum Bishop Rock lieferte ein hart umstrittenes Rennen zwischen den beiden Yachten. ELSELI IV hatte ihren Spinnakerbaum verloren, aber unter Großsegel und ausgebaumter Genua holte sie trotzdem auf und konnte dabei einen direkteren Kurs steuern als wir. COHOE III trug alle Segel, und ihr größter Spinnaker blähte sich gegen den hellblauen Himmel und die dunkelblaue, von weißem Schaum gekrönte See. Um 16.10 Uhr halsten wir; bei zunehmendem Wind war die Yacht vor der hohen, auflaufenden See manchmal kaum noch zu bändigen, und wir wurden gezwungen, vor dem Wind kreuzend westlicher zu halten, als wir eigentlich wollten. Aber zwei Stunden lang loggten wir über 8 kn, weit mehr als die theoretische Maximalgeschwindigkeit eines Bootes mit kurzen Überhängen und einer Wasserlinienlänge von kaum 8 m. Eine Zeitlang muß ELSELI IV noch besser gelaufen sein, denn ihr Log zeigte stetige 8 oder 9 kn an, und wenn sie auf den Wellenkämmen ins Gleiten kam, stieg die Nadel auf 11 kn. Gustav Plym beschreibt das Wellenreiten als „einfach phantastisch und etwas, was keiner von uns in einem doch verhältnismäßig großen Boot je zuvor erlebt hatte . . . es war hinreißend und, um die Wahrheit zu sagen – ein wenig beängstigend“.

Bei Einbruch der Nacht bargen wir den Spinnaker und setzten die Genua. Es wehte mit gut 7 Windstärken und mehr in den Böen, und der Seegang nahm zu. Die Nacht wurde ruppig, und um 05.15 Uhr am nächsten Morgen wurden alle Mann gerufen, um für einen östlichen Kurs auf Bishop Rock zu halsen. Es war in einer See, die Gustav Plym als „hohe brechende Wasserberge“ beschrieb, wegen des Winddrucks auf dem vollstehenden Großsegel und der Gefahr, beim Übergehen des Baums etwas zu brechen oder querzuschlagen, ein heikles Manöver, mit dem die Besatzung aber in patenter Weise fertig wurde.

Als es wieder hell wurde, war von ELSELI IV nichts mehr zu sehen, und weiter ostwärts ging die Jagd. Wenn überhaupt, war der Wind noch stärker geworden und wehte nun mit gut Bft 7, vielleicht 8. Die Wetterberichte meldeten sogar Windstärke 9. Die Geschwindigkeit der COHOE III war wieder auf über 8 kn gestiegen. Das war gut so, denn die beiden Gegner trafen eben westlich von Bishop Rock wieder aufeinander. ELSELI IV hatte Zeit eingebüßt, als ihr zwei Rutscher des Großsegels gebrochen waren. Sie hatte ihre Segel verkleinern müssen, um nicht von achtern überlaufen zu werden, hatte aber einen direkten Kurs anliegen können, während COHOE III gezwungen gewesen war, zu kreuzen. Westlich von Bishop Rock stand eine gewaltige See, denn hier traf die volle Wucht des aus der Weite des Atlantiks heranrollenden Seegangs auf den entgegenlaufenden Tidenstrom. Die See war nur noch als wild zu bezeichnen. ELSELI IV wurde mitten hindurchgejagt. Sie bot ein tolles Schauspiel und war manchmal fast in den Wellen verschwunden. Gustav Plym, ihr Eigner, erzählte mir später, daß sie zweimal querschlug, ohne daß die Yacht irgendwelchen Schaden erlitt.

Südlich der Scillies beruhigte sich der Seegang, und den ganzen Tag hindurch flaute der Wind auf der 80-sm-Strecke nach Plymouth langsam ab, obgleich mittags eine neue Sturmwarnung gegeben wurde. Vor Land's End hatte der Wind sich genügend abgeschwächt, um den Spinnaker wieder setzen zu können. ELSELI IV konnte uns wegen des verlorenengegangenen Spinnakerbaums nicht folgen, und so passierte COHOE III die Ziellinie mit einer halben Stunde Vorsprung und wurde damit Sieger der Klasse III mit vier Stunden Vorsprung nach berechneter Zeit.

Es war ein großartiger Kampf zwischen der britischen und schwedischen Yacht gewesen, die, wie sich herausstellte, die beiden einzigen Yachten der kleinen Klasse waren, die noch im Rennen lagen. Gustav Plym, Eigner der ELSELI IV, wurde in Schweden zum „Yachtsegler des Jahres“ erklärt, und ich erhielt eine ähnliche Ehrung in England.

Die MYTH OF MALHAM wurde Sieger der Klasse II, und den ersten Platz aller Klassen gewann die amerikanische Yawl CARINA der Klasse I. Eine großartige seemännische Leistung ihres Eigners, Dick Nye, und seiner Besatzung, denn als sie zu Beginn des Rennens bei der Bridge-Tonne vom Solent in den Kanal einlief, stürzte CARINA von einer See in ein Wellental hinab und erlitt nicht unbeträchtlichen Schaden am Vorschiff; gleichzeitig brach sie den Halsstrecker der Fock. Als die CARINA nach Beendigung des Rennens die Ziellinie passierte, sagte ihr Eigner: „All right, boys, wir haben es geschafft; jetzt laß sie ruhig absaufen.“ Ich bewundere diesen Geist.

Schlußfolgerungen

J. A. N. Tanner, damals meteorologischer Mitarbeiter bei der Zeitschrift „Yachting World“, sagt, das Fastnetrennen von 1957 sei unter veränderlichen Wetterverhältnissen gesegelt worden, die von zwei Depressionen bestimmt waren. Am Freitag, dem Tag vor dem Start, zog eine sich vertiefende Depression (982 mb im Vergleich zu 976 mb im Santander-Sturm von 1947 und dem Kanal-Sturm von 1956) ostwärts. Beim Start zum Rennen am Sonnabend bewegte sie sich die westliche Kanalansteuerung herauf, gefolgt von einem anderen Trog von 300 sm weiter auchteraus. Die Winde waren in dieser Phase sogar noch stärker als die der vorausgegangenen. Die stürmischen Verhältnisse hielten 36 Stunden lang an; ihnen folgten leichte und wechselnde Winde am Montag und Dienstagfrüh. Das nächste Tief

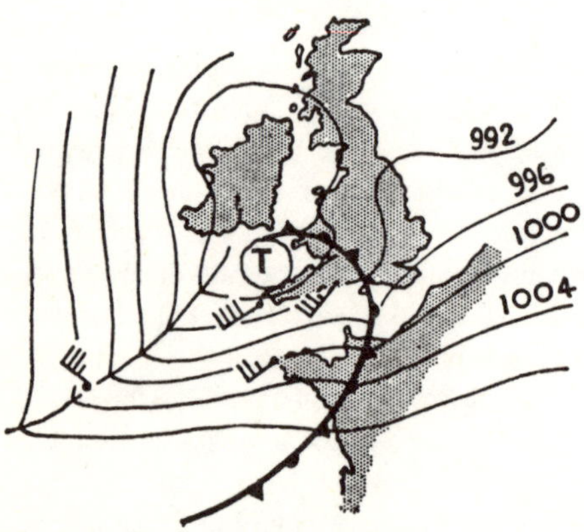

Sonnabendabend, 10. August

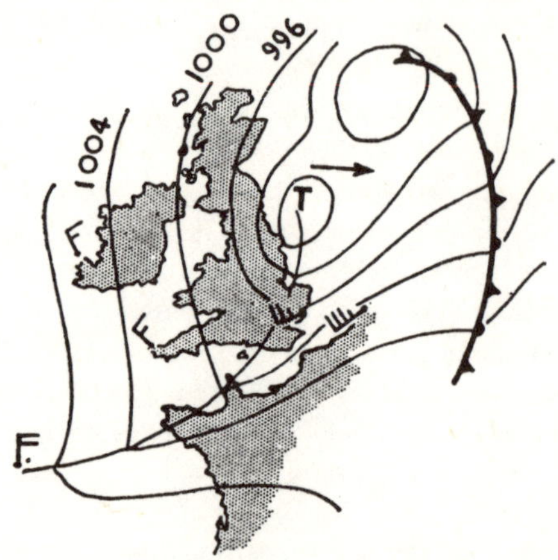

Sonntagabend, 11. August

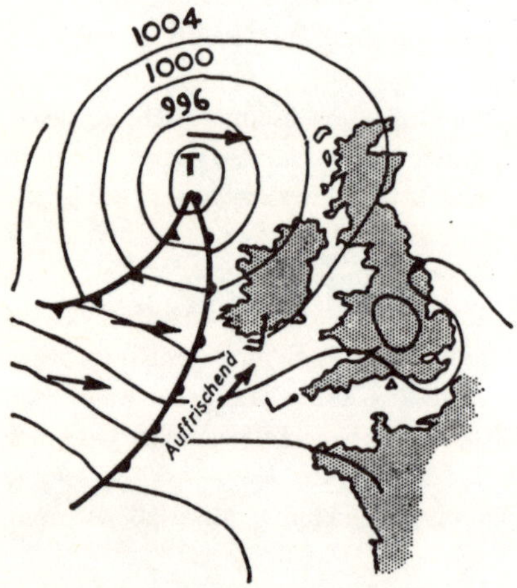

Dienstagabend, 13. August

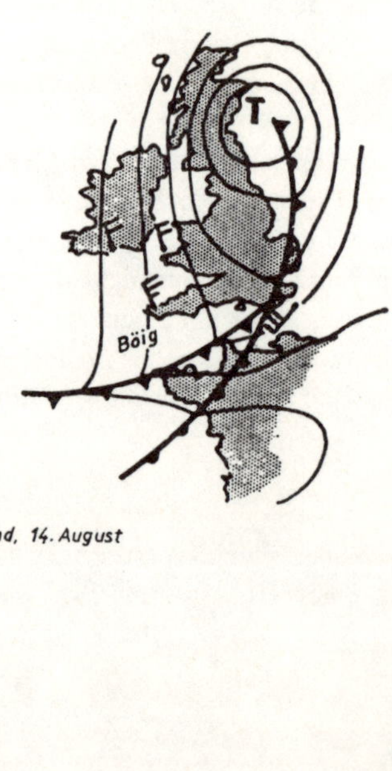

Mittwochabend, 14. August

Wetterkarten zu den Fastnetstürmen 1957

(992 mb) zog westlich von Irland heran, und der Wind begann am Mittwoch aus Nordwest zu wehen, „heftig genug, um sagen zu können, daß das in einem Sturm begonnene Rennen auch mit einem Sturm endete, ohne daß dazwischen viel Unterschied war".

Von den 41 Teilnehmern aller Klassen am Start beendeten nur zwölf das Rennen. GALLOPER verlor einen Mann über Bord. Er war ohne Sicherheitsgurt an Deck gestiegen, um einen Abfalleimer zu leeren, und ein plötzliches Überholen hatte ihn über die Reling stürzen lassen. Der eine ihm nachgeworfene Rettungsring war so leicht, daß er vom Wind abgetrieben wurde, bevor der Mann ihn zu fassen bekommen konnte, aber es gelang ihm, sich an einen zweiten Ring, einen schweren, vollgesogenen Rettungsring in Hufeisenform, zu klammern. Nur einer unter solchen tobenden Verhältnissen wirklich hervorragenden Seemannschaft hatte er seine Rettung zu verdanken.

Auf der INSCHALLAH wurden etwa 2 sm seewärts von Portland Bill von einer See die Fenster des Deckshauses eingedrückt. Sie zeigte Notsignale und wurde von dem Rettungskreuzer in den Hafen von Weymouth geleitet. Vielleicht war dies die Yacht gewesen, die uns auf der Höhe von Portland entgegengekommen war. Auf der MAZE hatte sich ein Unterwant aus der Preßhülse gezogen, und der Mast war gebrochen. Die EVENLODE erlitt eine Ruderhavarie, auf der DRUMBEAT brachen fünf Winschen unter der Beanspruchung, und auf der

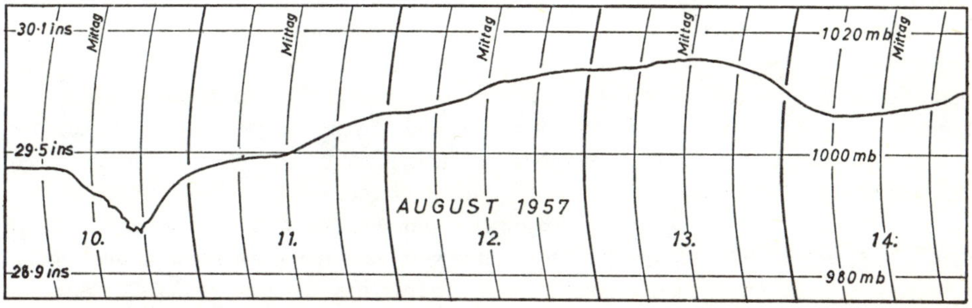

Barographenkurve, Fastnetrennen 1957

SANTANDER entwickelte sich ein bedenkliches Leck, dessen Ursache, wie sich später herausstellte, ein gebrochener Kielbolzen war. Gebrochene Stagen und gerissene Segel gab es überall und erklärten das Ausscheiden einer Reihe von Yachten, aber die Hauptursache blieb zweifellos das alte Seefahrerübel, die Seekrankheit. Nachstehende Lehren wurden gezogen:

1. Mann über Bord. Der Unfall auf der GALLOPER zeigt, daß Sicherheitsgurte selbst bei vorübergehender Tätigkeit an Deck erforderlich sind, wenn eine Yacht bei stürmischem Wetter gegenangeht. Eine See muß GALLOPER von Luv erfaßt haben, und ich nehme an, daß das betreffende Besatzungsmitglied, ganz ähnlich wie es Geoff und mir im Santander-Rennen passierte, über Bord katapultiert wurde. Die Leeseite des Cockpits ist ein besonders gefährdeter Platz, und Mitsegler, die von unten an Deck steigen, um einen Abfalleimer auszukippen, oder die herausstürzen, um nicht in der Kajüte seekrank zu werden, vergessen oft ihren Sicherheitsgurt, der mühsam anzulegen ist. Der erwähnte Unfall weist ferner auf die Notwendigkeit hin, zwei Arten von Rettungsringen bereitzuhalten, einen leichten für

Verwendung unter normalen Verhältnissen und einen schweren bei viel Wind. Andernfalls sollte ein Rettungsring an einen kleinen Schleppsack befestigt werden.

2. Schäden. Bei Kreuztouren von langer Dauer gegen stürmische Winde stellen sich alle Schwächen des Rumpfes, der Takelage, der Segel und des Geschirrs heraus. Da bei den meisten Ozeanrennen mäßige Winde vorherrschen, neigen viele Konstrukteure dazu, alles über Deck so leicht wie möglich zu halten. Diese Leichtigkeit mag sich bei gewöhnlichen Regattasegeln bezahlt machen, aber wenn man sich gegen solche Stürme, wie ich sie beschrieben habe, durchkämpfen will, ist eine ganz beträchtliche Sicherheitsmarge erforderlich.

3. Stampfen und Abstürzen von einem Wellenkamm. Bei den alten internationalen Meter-Klassen neigte die Rumpfform zum Aufschlagen des Vorschiffes beim Einsetzen in die See, ohne daß die Konstruktionen viel darunter gelitten zu haben scheinen. Bei Hochseerennyachten mit ihren kürzeren Überhängen kommt das weniger häufig vor, aber wenn es einmal passiert, so ist oder so scheint die Erschütterung um so heftiger zu sein.

Ferner gibt es einen Unterschied zwischen Stampfen oder Schlagen beim Einsetzen in schwere Seen und Abstürzen von einem Wellenkamm, das heißt, mit 6 oder 7 kn Fahrt durch den Kamm einer großen See hindurchzubrechen, so daß die Yacht mit ihrem Vorsteven buchstäblich in ein Wellental hinabfällt. Dieser Umstand war es, der der CARINA Schaden zufügte. Ähnliches passierte der BLOODHOUND, als sie vor Berry Head von einem Wellenkamm abstürzte. Der Aufprall beschädigte die Stevenlaschung und verursachte ein Leck. Sie drehte bei, bis das Ausmaß des Schadens festgestellt werden konnte, und konnte dann das Rennen fortsetzen, ohne häufiger als alle vier Stunden lenzen zu müssen. ELSELI IV brach auf der Höhe von Portland drei Spanten, und es sah zunächst so aus, als hätte sie außerdem sieben Planken gebrochen, aber wie sich später herausstellte, beschränkte sich der Schaden auf oberflächliche Splitterungen an den Nagelköpfen. Andere Yachten erlitten andere Schäden, aber es war dieses Abstürzen vom Wellenkamm, das auch mir auf der COHOE III gelegentlich Sorge bereitete. Viel hängt vom Rudergänger ab, der auf die Kämme zuluven und, oben angekommen, abfallen muß, um dann das Boot sanft in das Tal gleiten zu lassen. Ein geschickter Rudergänger gibt der Freiwache unter Deck eine Chance, sich zu entspannen und zu erholen, aber bei einem unerfahrenen Mann am Ruder kann der Aufprall auf die Seen fürchterlich sein, genug, um die Nietköpfe im Vorschiff springen zu lassen. Man muß die Yacht zwischen den Seen in sozusagen hin und her „webender" Bewegung halten, gewissermaßen „tanzend".

Früher pflegte man zu sagen, eine Yacht könne mehr aushalten als ihre Crew, aber heutzutage ist es durchaus möglich, daß es eher das Boot ist, das bei einer ausgesuchten, regelmäßig abgelösten, jedem Sturm gewachsenen Besatzung Schäden erleidet. Es ist nicht mehr gesagt, daß das Schiff stärker sein muß als seine Mannschaft. Die vorderen Sektionen einer Hochseerennyacht und solche Dinge wie Laschungen, Spanten und Kielbolzen verdienen bestimmt die erhöhte Aufmerksamkeit der Konstrukteure.

4. Schutz aufsuchen. Kein Fahrtensegler, der seine fünf Sinne beisammenhat, wird längere Zeit gegen 8 Windstärken anbolzen wollen, wenn er in der Nähe Schutz finden kann. Yachten im Rennen müssen freilich weitermachen, aber trotzdem glaube ich, daß es sich manchmal mehr lohnt, Schutz aufzusuchen, wie COHOE III es tat, als gegen eine starke Springtide anzukreuzen, um eine Landzunge oder ein Kap zu runden. Nehmen wir einmal an, daß der Gegenstrom etwa vier Stunden lang in voller Stärke läuft. Wir brauchen dann nur an Hand des Tidenkalenders die Distanz zu berechnen, um die er die Yacht zurücksetzen würde, und diese mit der Distanz zu vergleichen, die man möglicherweise gutmachen könnte, wobei zu berücksichtigen ist, daß man wegen grober See, Oberflächenströmung und Abdrift bestenfalls nur voll und bei segeln kann. Die Antwort hängt ab von Größe, Stabilität und Konstruktion des betreffenden Bootes, aber wenn nicht viel damit zu gewinnen ist, daß man draußen bleibt, mag es sich auf einem langen Rennen auszahlen, der Besatzung eine Erholungspause zu gönnen, vorausgesetzt, daß man keine Zeit verliert und wieder unter Segel geht, sobald die Tide schwächer zu laufen beginnt.

Dünung östlich Ushant

Dünung wird definiert als eine Wellenbildung außerhalb ihres eigenen, ursprünglichen Entstehungsgebietes. Sie kann das Wellensystem während eines Sturms durcheinanderbringen, steht aber sonst in keinem Zusammenhang mit Schwerwettersegeln. Im Gegenteil, der Wind ist oft leicht, wenn die Dünung am schlimmsten ist.

Auf dem Ozean oder auf offener See bedeutet Dünung keine Gefahr. Die Yacht hebt und hebt und senkt und senkt sich. Der Baum schlägt wild durch die Gegend, wenn nicht durch einen Bullenstander gesichert. Der Verschleiß von Segeln und Geschirr bei hoher Dünung kann in einer langandauernden Windstille größer sein als bei einem Sturm. Nichts ist mehr seekrankheitserregend als Schwell an einem heißen, windlosen Tag. Jeder ist glücklich, wenn es vorbei ist. Die Dünung wird jedoch von schlechtem Wetter verursacht, das irgendwoanders herrscht. Oft erscheint sie als Vorläufer eines Sturms oder bleibt stehen, wenn ein Sturm vorbeigezogen ist; sie hat daher einen berechtigten Platz in diesem Buch.

In Küstengewässern ist Dünung nicht ganz gefahrlos. Es gibt drei Arten von Gefahren. Hohe Dünung findet ihren Weg bis in ansonsten sichere Ankerplätze; sie erhebt sich zu einer Höhe, daß sie in flachen und klippenreichen Gewässern fast brechen kann; sie beeinträchtigt die Sicht und erschwert die Orientierung beim Landfall.

Grundschwell ist an bestimmten Küsten stärker ausgeprägt, wie beispielsweise an denen des Atlantiks. Ich habe niemals eine wirklich hohe Dünung an der Südküste des Englischen Kanals ostwärts von Start Point erlebt; dagegen begegnet man ihr häufig auf der französischen Seite. Westlich der Casquets und von Guernsey ist sie an der Tagesordnung. Auf der Höhe von Ushant steht oft eine schwere Dünung, und in der Biskaya bilden sich häßliche Schwells an den atlantischen Küsten von Belle Ile, Ile d'Yeu und den anderen Inseln. An der Nordwestküste von Belle Ile gibt es einen Ankerplatz bei Ster Wenn, den wir manchmal aufsuchen; er liegt in einem engen Fjord, der südwärts in die felsige Bucht von Port du Vieux Château abzweigt. Hier würde man erwarten, daß eine Yacht im Schutz des hohen Landes sicher und geborgen gegen alle Winde von Ost über Süd bis nach Nordwest liegt, jedenfalls solange normales Wetter herrscht. Trotzdem sagt man, daß selbst an schönen Tagen eine durch einen weitentfernten Sturm im Atlantik hervorgerufene Dünung unvermittelt einsetzen und durch Brechung und Ablenkung ihren Weg in den Fjord finden kann. Die Dünung soll solche Schwere erreichen, daß angeblich kein Anker hält.

Die ausgeprägteste Dünung habe ich an der bretonischen Küste zwischen Ushant und der Ile Vièrge vor dem Hafen von l'Abervrach angetroffen. Ich habe gedacht, dies könnte Zufall gewesen sein, bis ich in Roscoff einen erfahrenen französischen Yachtsegler kennenlernte, der mir bestätigte, daß es sich um ein bekanntes lokales Phänomen handele. Er fügte hinzu, daß ein anderes für seine Dünung bekanntes Gebiet die Bucht von Lannion sei, die weiter ostwärts zwischen Morlaix und den Sept Iles liegt. Ich denke daher, wir können es als Tatsache hinnehmen, daß Dünungen in manchen Gebieten häufiger anzutreffen sind als in anderen.

Ich will jetzt einen kurzen Bericht über eine Dünung folgen lassen, wie man sie östlich von Ushant antreffen kann.

Im September 1957 waren meine Frau und ich mit COHOE III unterwegs. Wir lagen auf dem geschützten Ankerplatz von L'Aberildut, östlich Ushant, nahe der Nordeinfahrt zum Chenal du Four. Es hatte frisch geweht, als wir mittags einliefen. Im Laufe des Nachmittags (6. September) briste es weiter bis auf 6 Windstärken auf, und in der Nacht heulte der Wind in unserer Takelage, so daß wir froh waren, an einem geschützten Ankerplatz zu liegen. Um

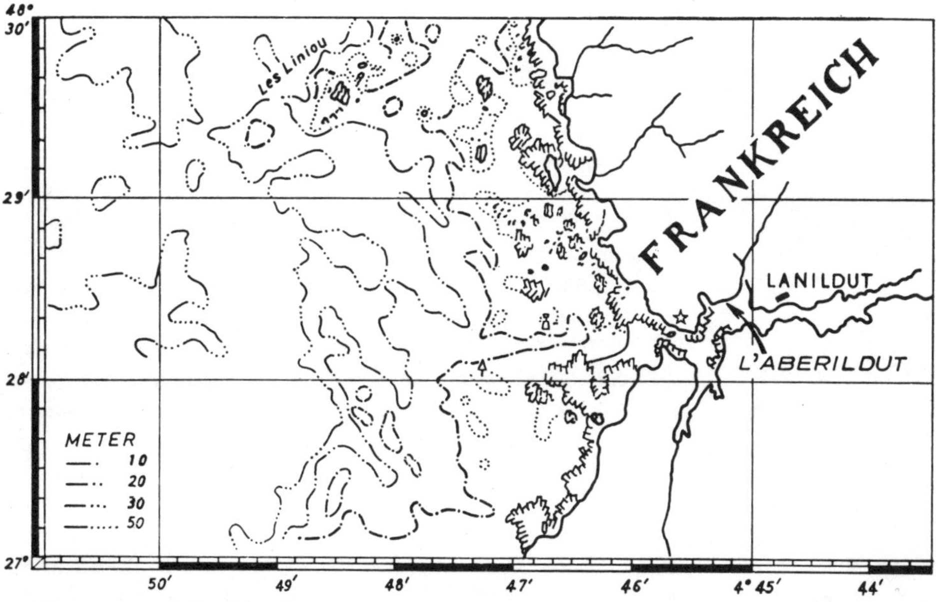

Ansteuerung von l'Aberildut

11.00 Uhr am folgenden Morgen (7. September) war der Sturm vorbei. Die Sonne schien, und der Wind ließ nach. Es gab eine Starkwind- und Sturmwarnung für das Gebiet von Sole westwärts und für das Fastnetgebiet viele Meilen nordwestwärts, aber keine Warnung für die Biskaya oder Plymouth und Umgebung, wovon wir südlich lagen.

Damals kannte ich l'Aberildut noch nicht gut, und so ruderte ich morgens im Dingi zur Einfahrt, um sie mir bei Niedrigwasser anzusehen.

Die Einfahrt dort ist eng wie ein Flaschenhals zwischen einem Vorgebirge an der Südküste und einer hohen Klippe (Le Crapaud) an der Nordseite. Hier liegt eine steinige Barre, die bei Niedrigwasser fast trockenfällt. Westlich der Barre ist der Ansteuerungskanal, etwa 1 sm lang und abwechselnd 1 bis 3 Kblg. breit, im Norden und im Süden von Felsenriffen begrenzt. An der Nordseite liegt der Turm von Le Lieu; auf den außen liegenden Klippen der Südseite steht eine eiserne Bake. Ich stellte fest, daß die Barre vollkommen geschützt war, aber von Land aus konnte ich sehen, daß vom Atlantik her eine spektakuläre Dünung hereinstand. Riesige Wellen brachen sich höher als die draußen liegenden Felsen.

Ich hatte COHOE III an einer Muring vertäut, aber mittags kehrte der rechtmäßige Besitzer in Gestalt einer *gabarre* (eines Ballastbootes) unerwartet zurück, so daß wir die Muring räumen und vorübergehend längsseits festmachen mußten. Es war ein Fahrzeug von etwa 50 t mit einer Besatzung von drei Mann.

Als sie hörten, daß wir im Begriff waren, unter Segel zu gehen, versuchten sie, uns wegen der Dünung davon abzubringen. „La houle“, riefen sie und unterstrichen ihre Warnung mit dramatisch rollenden Handbewegungen.

„Difficile, mais elle n'est pas dangereuse“, erwiderte ich mit meinem besten Schulbuch-Französisch. „Sie ist nicht gefährlich.“

„Mais les rochers“ („Aber die Felsen“), argumentierten sie weiter. Als meine Frau ihnen erklärte, daß wir nach l'Abervrach segeln wollten, um Post abzuholen, wurden sie noch dringlicher wegen „les rochers dangereux“. „Demain“, sagten sie. „Restez à demain.“ „Wartet bis morgen.“

Ich habe eine große Hochachtung vor den bretonischen Fischerleuten, aus denen sich die Besatzung des Ballastbootes wahrscheinlich zusammensetzte. Sie sind zäh wie Schafsleder. Ich frage sie oft nach ihrer Ansicht über das Wetter, aber diesmal hatten wir einen leichten oder mäßigen günstigen Wind, die Tide mit uns und weniger als 20 sm weit zu segeln.

So legten wir nach dem Lunch planmäßig um 14.00 Uhr (7. September) ab. Obwohl es mit dieser Geschichte nichts zu tun hat, muß ich gestehen, daß wir die Maschine gegen den Strom mitlaufen ließen, was eine angenehme Beigabe war, da sie keineswegs immer ansprang.

Bald erreichten wir die Einfahrt. Sie war eng, aber ganz ruhig und geschützt. Draußen im Ansteuerungskanal gewährten uns die Felsen im Süden anfangs Schutz, aber der Schwell brach schwer an der Nordseite. An der Küste standen Fischer und machten einen aufgeregten Eindruck. COHOE III muß an diesem sonnenbeschienenen Sommernachmittag in dem engen Kanal zwischen den leuchtendweißen Brechern ein hübscher Anblick gewesen sein.

Der heikle Teil der Passage lag im Außenende des Ansteuerungskanals. Der Schwell donnerte gegen die Felsen an Backbord, und der Gischt sprühte in Wolken himmelwärts. Schlimmer noch war es an Steuerbord, wo die gewaltigen Seen hoch über den vom Le-Lieu-Turm gekennzeichneten Felsen hinwegbrachen.

Auf beiden Seiten boten die Seen einen dramatischen Anblick, aber meine Frau entdeckte bald den schmalen Kanal, der zwischen den wilderregten Wassermassen auf beiden Seiten hindurchführte. Er war über und über mit weißem Schaum bedeckt. Ich habe nie etwas Ähnliches gesehen.

Die Yacht war sicher genug, weil sich das Wasser in der Fahrrinne nicht brach, obgleich sie in der ständig zunehmenden Dünung schwer stampfte. Es war noch nicht alarmierend, aber ich wollte so schnell wie möglich von den Felsen freikommen und setzte daher Großsegel und Genua. Das beschleunigte COHOES III Fahrt. Der Wind war Süd zu West, und wir konnten gerade unseren Kurs gegen den westlichen Schwell anliegen, so daß wir uns unter Segel und Motor bald in offenem Wasser befanden.

Erst als wir draußen waren, kam uns die volle Höhe der Dünung, in die wir hineinhielten, zum Bewußtsein. Wir stellten die Maschine ab und segelten weiter, hinweg über die Wasserberge und hinab in die Täler. Alles war jedoch noch nicht im Lot. Als wir weiter hinauskamen, fanden wir die Dünung so steil, daß sie hier und da im Begriff war zu brechen.

An Steuerbord tat sie es wirklich, und weniger als 0,5 sm nordwestlich drohte die finstere Gruppe der Les-Liniou-Klippen. Der Anblick, wie die Dünung im Anprall gegen sie und die Felsen in der ganzen küstenseitigen Gegend hoch in die Luft brandete, war einfach atemberaubend. Ich lese eine Notiz in meinem Tagebuch: „Bei Les Liniou erzeugte der Gischt einen feinen Nebel, der sich von den Felsen bis hin zu der 2 sm entfernt gelegenen Küste ausbreitete, mit Regenbogeneffekten im Licht der Sonne.“ Es war alles in höchstem Maße beeindruckend.

Die Fahrt verlangsamte sich durch die Dünung, und wir stellten bald fest, daß wir rasch und sehr gegen unseren Willen nach Lee in Richtung „Regenbogeneffekte“ versetzt wurden. Die Strömungen aus der Four-Durchfahrt setzen sehr hart an dieser Küste.

Schnell setzte ich den Motor wieder in Gang, und er sprang bei dem ersten Druck auf den Knopf an. Mit seiner Hilfe passierten wir die gefährlichen Stellen in ausreichendem Abstand. Der Schwell erforderte jedoch weitere Aufmerksamkeit. In dieser Gegend ist der Grund felsig und uneben, auch wenn das Wasser tief ist. Infolgedessen wird die geradewegs aus dem Atlantik hereinstehende Dünung ungewöhnlich steil; sie schien jeden Augenblick überkippen zu wollen, ohne es tatsächlich zu tun.

Sobald wir frei von Les Liniou waren, gingen wir auf NW-Kurs, um ein gutes Stück in tiefes Wasser zu gelangen und die Felsen in der Nähe des Four-Feuers in gebührendem Abstand passieren zu können.

Bei diesem Kurs hatten wir den Wind schon fast querab und fierten die Schoten entsprechend. Merkwürdig dabei war, daß sich das Großsegel als völlig nutzlos erwies, obgleich wir den Baum mit einer Bullentalje gesichert hatten. Die Yacht rollte in dem Schwell mit einer solchen Heftigkeit, daß jedes Überholen nach Lee Winddruck gegen die Leeseite des Segels verursachte, das so nicht mehr zog. Wir mußten es bergen. Es wehte zu der Zeit mit nur etwa 2 Windstärken.

Wir segelten unter der Genua allein weiter, die infolge ihres leichteren Gewichtes den Wind nicht so rasch verlor, aber wir mußten die Maschine wieder mitlaufen lassen.

Bei mitlaufender Tide machten wir gute Fahrt bis zu der draußen liegenden Porsal-Tonne, wo wir unseren Kurs änderten und auf die Einfahrt zum l'Abervrach-Kanal zuhielten, eine Distanz von nur 5 sm. 2 sm an Steuerbord lagen die Roches de Porsal, eine besonders finster aussehende Gruppe von sich etwa 2 sm seewärts erstreckenden Klippen. Der Schwell brach sich in prachtvollen Gebilden über den Klippen, und wenn die Brandungswogen den Leuchtturm an der Seeseite trafen, schossen sie drei Viertel seiner Höhe von 16 m empor.

Nachdem wir die Dünung nun hinter uns gebracht hatten, wurden die Verhältnisse eine Weile sehr viel angenehmer, aber wir hatten doch noch einige sorgenvolle Augenblicke beim Einlaufen nach l'Abervrach durchzustehen. Die Ansteuerung wird an der Nordseite von einem Felsenriff namens Le Libenter flankiert und an der Südseite von einer ausgedehnten Felsengruppe, die sich von der Küste über 2 sm weit nach See hinauserstreckt und die mit einer spinnenbeinigen schwarz-weißen Boje, La Petite Fourche, bezeichnet ist. Der

Kanal selbst hat Leitmarken und ist gut ausgetonnt. Er gilt als sicher unter allen Wetterverhältnissen, und l'Abervrach ist für die meisten Yachten, die nach Süden in die Biskaya wollen, ein regulärer Anlaufhafen.

Unsere Schwierigkeit war, daß die Höhe der Dünung uns die Sicht auf den beabsichtigten Landfall verdeckte. Gewiß, oben auf dem Kamm hatten wir einen Blick aus der Vogelperspektive, aber nur kurz, bevor uns die Sicht wieder durch die weiterrollende Dünungswoge verdeckt wurde und die Yacht in dem Wellental versank. Das Fernglas war nutzlos; bevor man es auf irgendeinen Punkt richten konnte, war das Objekt wieder den Augen entschwunden. Der lange, schlanke Leuchtturm von Ile Vièrge (75 m) ragte hoch an Backbord empor, aber voraus war nichts zu sehen außer riesigen Brechern, zwischen denen keine Lücke auszumachen war.

Die Yacht lief weiter, während die See schwer auf den außenliegenden Klippen an Steuerbord brandete und der weiße Gischt der Seen voraus um so höher zu spritzen schien, je mehr wir uns näherten. Ich glaube, wir waren bereits 0,5 sm heran, bis wir endlich La Petite Fourche und bald darauf die Le-Trepied-Tonne in Sicht bekamen, die zwischen den blauen Seen und der weißen Brandung rot leuchtete.

Sobald wir beide Tonnen ausgemacht hatten, war der Rest einfach. Bald befanden wir uns im Kanal, aber inzwischen hatte die Ebbe eingesetzt, so daß der Schwell, wenn auch niedriger, bemerkenswert steil wurde und sich mit aller Wildheit und in einem Durcheinander von weiß leuchtenden Brechern auf die Libenterfelsen warf. Westlich der Ile de la Croix, die die erste Biegung des Kanals bezeichnet, liegt ein großes Plateau von Unterwasserfelsen,

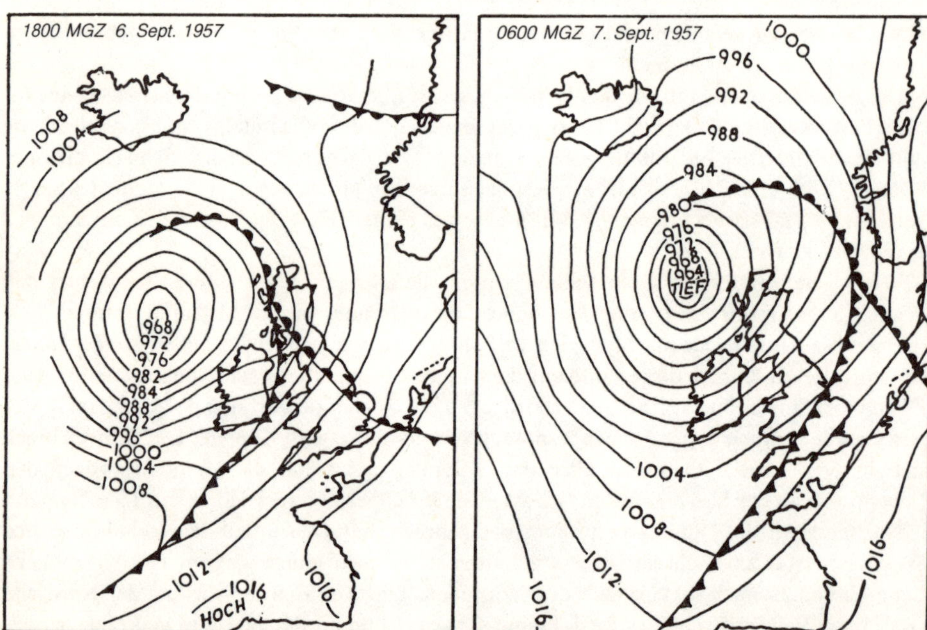

Wetterkarten, Tief von 964 mb

über denen die See heftig brandete. Im Kanal selbst wurde die Fahrt recht holprig, und die kleineren Seen brachen sich den ganzen Weg zwischen La Croix und der Leuchtbake von Petit Pot de Beurre und nordwärts quer über den Kanal von Malouine. Für COHOE III, in der Mitte des Hauptkanals, waren jedoch alle Sorgen vorüber; sie eilte weiter, um bald geschütztes Wasser und einen passenden Ankerplatz zu finden und dort einen angenehm warmen und sonnigen Abend zu verbringen.

Schlußfolgerungen

Möglich, daß dieser Bericht so übertrieben klingt, wie die Dünung hoch war. Schließlich war der Tag sonnig, der Wind schwach, und es kam kein Wasser an Deck. Wenn wir überhaupt Besorgnis verspürten, war es vielleicht nur wegen unseres schlechten Gewissens, weil wir die Warnungen der Ortskundigen in den Wind geschlagen hatten. Nichtsdestoweniger gewährte uns die Passage einen Blick aus nächster Nähe auf eine Dünung, die auf Felsenriffe und seichter werdendes Wasser aufläuft. Die ganze Szenerie war so eindrucksvoll und zeitweise so schön, daß wir unter keinen Umständen auf sie hätten verzichten mögen.

Aus den Wetterkarten auf Seite 152 ist ersichtlich, daß ein Tief (964 mb, niedriger als irgendein anderer in diesem Buch erwähnter Barometerstand) vom Nordwesten Irlands herangezogen war und sich am 7. September, 06.00 Uhr MGZ, nordöstlich von Schottland zentrierte. Die Kaltfront würde demnach ein oder zwei Stunden später l'Aberildut passiert und der Wind bald danach nachgelassen haben, denn wie man sieht, rückten die Isobaren in der Nähe von Ushant weit auseinander. Aber die von dem ungewöhnlich schweren Sturm in Nordwesten übriggelassene Dünung konnte nur langsam nachlassen.

Unser Erlebnis brachte uns zwei wertvolle Erkenntnisse: 1. Bei hoher Dünung und leichtem Wind kann eine reine Segelyacht fast manövrierunfähig werden und jede Fahrt verlieren. Das bedeutet eine gefährliche Situation in klippenreichen Gebieten, wo die Gezeitenströme stark sind und keine Motorhilfe verfügbar ist. 2. Hohe Dünung erschwert, selbst bei gutem Wetter, die Navigation infolge zeitweiser Unterbrechung der Sicht.

Weitere Fastnetstürme

Eine bemerkenswerte Sturmart entwickelte sich im Fastnetrennen von 1961. Dieser Sturm erfaßte den größten Teil der Flotte zwischen der Mount's Bay (Cornwall) und den Longships vor Land's End. Er war rein lokaler Natur; die führenden unter den großen Yachten lagen weit genug voraus, um Windstärken von mehr als 6 oder 7 zu entgehen, doch das Gros der Flotte wurde zwischen Land's End und den Scillyinseln überrascht.

Die Ursache der Störung war ein kleines, aber intensives Nebentief, das rasch von der Biskaya heranzog. Sturmwarnungen wurden rechtzeitig vorher empfangen. Das Barometer fiel tüchtig, der Wind hatte auf SE zurückgedreht und der Himmel sich mit schweren Regenwolken bezogen, als wir an Bord der COHOE III zusammen mit einigen anderen Yachten am Montagnachmittag (7. August) vor der Mount's Bay standen.

Erst am späten Abend, als wir uns etwa 5 sm nördlich von Wolf-Feuer befanden, bekam der Sturm uns richtig zu fassen. Das Rigg der COHOE III war im Jahr zuvor geändert worden. Sie war jetzt toppgetakelt und hatte einen Klüverbaum aus rostfreiem Stahl erhalten, mit dessen Hilfe sie einen riesigen Spinnaker führen konnte. Wir hielten an diesem großen Segel fest, weil meine beherzte Crew an Bord optimistischerweise hoffte, noch in die Irische See entwischen zu können, für die die Wettervorhersage nur 6 Windstärken prophezeite. Den führenden großen Yachten, die vielleicht 20 sm vor uns lagen, gelang es, aber wir hatten nicht soviel Glück.

Der Wind nahm rasch zu, und die COHOE III mit ihrer Länge von nur 10 m und unter dem Preß von über 90 m^2 am Spinnaker war nur noch mit Mühe zu halten. Kaum hatte ich um 18.35 Uhr MGZ das Kommando zum Bergen des Spinnakers gegeben, und gerade stürzte die Freiwache an Deck, als COHOE III querschlug. In Sekundenschnelle riß der Spinnaker in seiner ganzen Breite, und wir mußten das Fall fliegenlassen, um die Yacht von der Beanspruchung zu befreien. Der Druck (wahrscheinlich an die zwei Tonnen) war so gewaltig, daß sich die 4 × ½-zölligen galvanisierten Stahlbolzen, an denen die Schotblöcke hingen, durchbogen, sich einen halben Zoll aus dem Schandeck und dem darunter liegenden Plankengang herauszogen und eine halbzöllige Bruchstelle in der obersten Planke zurückließen.

Der Spinnaker war schnell geborgen, aber während das Großsegel eingedreht wurde, geriet die Achterliekleine mit in das aufgerollte Segel, das noch einmal heruntergefiert werden mußte. Es wurde von Tim Laycock, einem unserer Mitsegler, gefährlich auf dem äußersten Heck balancierend, klariert. Innerhalb dieser wenigen Minuten hatte der Wind eine solche Heftigkeit erreicht, daß wir den neuen Sturmklüver aus Terylene setzen mußten und unter diesem kleinen Segel genauso schnell liefen wie vorher unter Spinnaker.

Die ganze Welt verschwand unter den Regengüssen. Zwischen den Longships und dem Seven-Stones-Feuerschiff liegen 12 sm. Wir nahmen Kurs und jagten in der zunehmenden Dunkelheit dahin, ohne irgend etwas sehen zu können, obgleich wir das Seven-Stones-Feuerschiff (wo der Tanker TORREY CANYON 1967 verunglückte) ganz in der Nähe passiert haben müssen, bevor wir in der Ansteuerung zur Irischen See offenes Wasser erreichten. Das Barometer fiel etwa um Mitternacht auf seinen tiefsten Stand, der Wind drehte auf SSW und schoß zwei Stunden später auf NNW aus.

Diese Nacht werde ich nie vergessen. Es war stockdunkel. Der Regen stürzte schier wolkenbruchartig herab, und die Sicht war gleich Null. Der Wind war von ungewöhnlicher Heftigkeit und erreichte in den Böen weit über Sturmstärke. Das Merkwürdige dabei war, daß der Seegang niemals hoch wurde. Das kam daher, daß die Depression, obgleich intensiv, nur ein kleines Gebiet umfaßte und sich so schnell voranbewegte, daß der Seegang keine Gelegenheit hatte, sich aufzubauen. Auch der heftige Regenfall schlug ihn nieder.

Ferner erinnere ich mich, daß ich mir Gedanken darüber machte, was wohl passieren würde, wenn eine der vor uns liegenden Yachten beigedreht läge. Die Sicht war so schlecht, daß wir sie ohne weiteres überrannt hätten. Und hätten wir beigedreht, wären wir in Gefahr gewesen, von einer überholenden Yacht gerammt zu werden. Wir behielten unseren Kurs bei, da ich auf jeden Fall und so schnell wie möglich vom Land freikommen wollte. Ich fragte mich auch, was wohl geschehen würde, wenn einer der für Bristol bestimmten Tanker unseren Weg kreuzte, und wünschte mir den falschen Bug von COHOE I zurück, um wenigstens einen Teil des Anpralls abfangen zu können. Für mich, der ich unter Deck meiner Navigation nachging, war dieser Sturm ganz behaglich, da die Kajüte trocken und die Bewegung bei der achterlichen See erträglich war, aber er war die Hölle an Deck für die Besatzung, die sich in dem blind- und die Augen wundmachenden Regen abmühte, Ausguck zu halten. Ein blendender Blitzstrahl zuckte herab, aber er erhellte nichts als eine regengepeitschte, rauchende See.

Als der Tag anbrach, ließ der Wind nach, und der Rest des Rennens verlief ohne besondere Vorkommnisse.

Schlußfolgerungen

Dieser Sturm verursacht durch ein kräftiges Teiltief von 996 mb, das sich auf der Höhe der Biskaya bildete, rasch in Richtung der Scillyinseln voranbewegte und sich auf dem Wege vertiefte. Sein Zentrum zog mit einem Druck von 992 mb unmittelbar über die Yachtflotte hinweg und hatte für eine kurze Weile anhaltende 9, zeitweise vielleicht sogar 10 Windstärken zur Folge, durchsetzt von Böen, die sich Orkanstärke näherten. Der Sturm rief bei dem Komitee des Royal Ocean Racing Club einige Besorgnis hervor, weil die Yachten in den engen Gewässern zwischen Land's End und den Scillyinseln überrascht worden waren. Als das Zentrum der Depression durchzog, bestand immerhin die Gefahr, daß der Wind seine Richtung wechselte und einige der Yachten, die unter bloßen Masten lagen, auf Legerwall trieb. Glücklicherweise ging alles gut, und die Nachhut der Flotte war vernünftig genug, entweder vorübergehend unter Schutz zu laufen oder aufzugeben, als durch die Enge zu laufen, wo die Sicht gleich Null war und die Gefahr drohte, auf Legerwall zu geraten.

Nachstehend habe ich die Windrichtung und -stärke für jede Stunde des Sturms (das heißt die Durchschnittsgeschwindigkeiten während der vorangegangenen Stunde), wie sie auf den Küstenstationen von Scilly und Lizard mit dem Windmesser aufgezeichnet wurden, tabellarisch geordnet:

Montag, 7. August 1961

Stündliche Werte, wie vom Windmesser aufgezeichnet

	SCILLY			LIZARD		
MGZ	Windrichtung	Knoten	Stärke	Windrichtung	Knoten	Stärke
1800	SE	17	5	EzS	21	5
1900	ESE	18	5	EzS	23	6
2000	SEzE	23	6	ESE	25	6
2100	SEzE	23	6	ESE	26	6
2200	SEzE	21	5	SEzE	33	7
2300	SSW	21	5	SEzS	32	7
2400	SWzS	21	5	SzE	26	6
Windrichtung wechselte plötzlich 2330 und 2345						
Stärkster Windstoß 2359, 52 kn				Stärkster Windstoß SE, 49 kn		
Dienstag, 8. August 1961						
0100	NzW	35	8	S	24	6
0200	NNW	34	8	SWzS	15	4
0300	NWzN	32	7	WNW	40	8
0400	NW	29	7	NWzW	41	9
0500	NW	26	6	NWzW	35	8
0600	NWzW	27	6	WNW	28	7
0700	NWzW	24	6	WNW	30	7
0800	WNW	21	5	WzN	28	7
Windrichtung änderte sich plötzlich um 0155						
Stärkster Windstoß 0100, NNW, 53 kn				Stärkster Windstoß 0235, NWzN, 63 kn		

Diese Aufzeichnungen der Küstenstationen sind hochinteressant, aber was wir letzten Endes brauchen, ist die Windstärke auf See, im Seegebiet zwischen Land's End und den Scillies. Wenn ich die von Alan Watts in seinem Kapitel „Meteorologie der Depressionen“

empfohlene Methode anwende, nämlich 25% für Höhe abziehe und das Resultat mit dem angemessenen Faktor multipliziere, erhalte ich den Wind auf See des Nachts, wie in der rechten Spalte der nachstehenden Tabelle aufgezeigt.

Zeit 8. August	Wind an Küstenstation Knoten	Stärke	Wind an Küstenstation ⁒25% für Höhe Knoten	Stärke	Multiplikationsfaktor für Wind auf See	geschätzter Wind auf See Knoten	Stärke
Scilly							
0100	35	8	26	6	1.8	47	9
0200	34	8	26	6	1.8	47	9
0300	32	7	24	6	1.8	43	9
0400	29	7	22	6	1.8	40	8
0500	26	6	19	5	1.6	30	7
0600	27	6	20	5	1.6	32	7
Lizard							
0300	40	8	30	7	1.6	48	10
0400	41	9	31	7	1.6	49	10
0500	35	8	27	6	1.8	48	10
0600	28	7	21	5	1.6	34	8

Dies ergibt auf der Höhe der Scillies drei Stunden lang bis 03.00 Uhr einen Durchschnitt von 44 kn (Windstärke 9). Die volle Gewalt des Sturms wurde bei Lizard etwa zwei Stunden später bemerkbar. Der Durchschnitt für die drei Stunden bis 05.00 Uhr betrug 48 kn (Windstärke 10), aber das kann auch eine Überschätzung sein, verursacht durch die große Höhe des Anemometers in Lizard von 73 m über Meereshöhe. Windstärke 9 kommt der Wahrheit wahrscheinlich näher.

Leider liegt mir nur eine einzige auf See gemachte Aufzeichnung vor, nämlich von Seven-Stones-Feuerschiff in der Mitte der Enge. Sie datiert vom 8. August, 06.00 Uhr, nachdem das Schlimmste vorbei war, aber der stündliche Wert betrug Windstärke 8, was nach der Beaufort-Skala zwei Grade höher ist als an der Küstenstation von Scilly, die nur 10 sm weiter westlich liegt; eine Angabe übrigens, die genau der Berechnungsformel von Alan Watts entspricht. Hierdurch wird von neuem die Tatsache bekräftigt, daß der Wind auf See stärker weht als an den Küstenstationen, zumal des Nachts, obgleich der Wind in den Böen auf See nicht unbedingt stärker zu sein braucht als über dem Land. Dies erklärt auch, warum die Yachten im Dinard-Rennen 1948 Windstärke 7 meldeten, während an der Küstenstation von Guernsey-Flughafen, nur 10 sm weiter leewärts, nicht mehr als 5 Windstärken gemessen wurden.

Die besonderen Merkmale des Sturms, als der Wind ausschoß, waren die Windstöße und Böen, wie aus der tabellarischen Aufstellung und auch aus den Windmesser-Aufzeichnungen auf Seite 156 hervorgeht. So gab es z. B. im Anschluß an die Windwechsel bei den Scillies kurz vor Mitternacht am 7. August Böen bis zu 52 kn, ohne daß diese aber anscheinend ausreichten, um den Durchschnitt der vorangegangenen Stunde auf über 21 kn

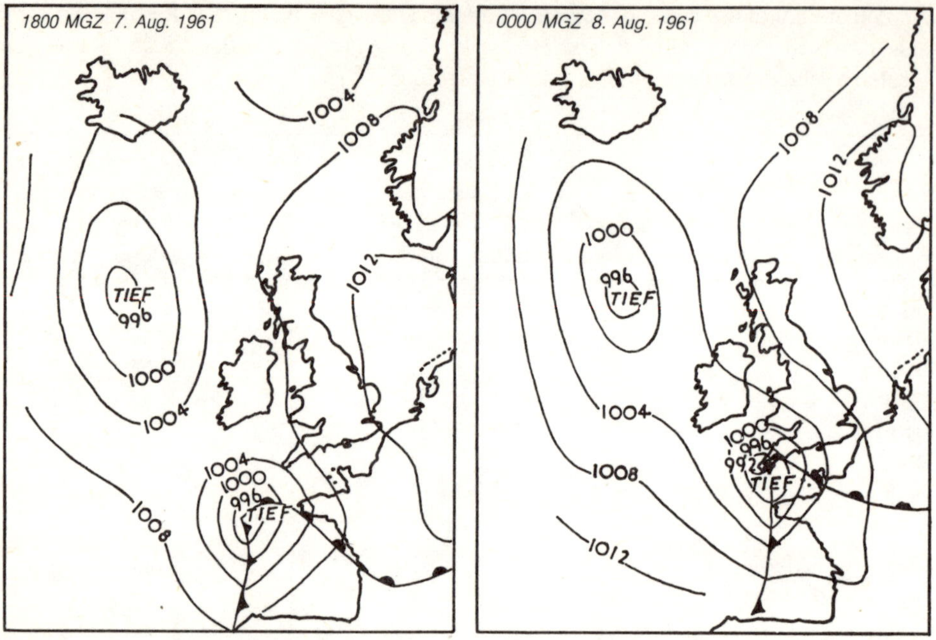

Wetterkarten zum Fastnetrennen 1961

zu heben, obgleich der Wind in der dann folgenden Stunde bis zu durchschnittlich 8 Windstärken zunahm. Bei Lizard erreichte eine Bö beim Umspringen des Windes 63 kn (also fast Orkanstärke) und mehrere andere fast die gleiche Geschwindigkeit. Diese Böen hatten mehr als die doppelte Durchschnittsgeschwindigkeit jener der vorhergehenden Stunde, mögen aber auf See, wo der Wind stetiger weht, schwächer gewesen sein, wenngleich die Durchschnittsstärke höher ist als über dem Land.

Der Seegang nahm zu keinem Zeitpunkt besondere Ausmaße an. Die Zahlen des Seven-Stones-Feuerschiffs besagen, daß die Wellenperioden am 8. August um 06.00 Uhr, nachdem der Sturm einige Stunden lang aus Nordwest geweht hatte, acht bis neun Sekunden und die *Durchschnittshöhe* der Wellen 3 m betrugen.

Die folgenden Punkte sind von Interesse:

1. Jedes Boot, das wegen der dem Windwechsel vorausgegangenen leichteren Winde mehr Segel fuhr, wäre in den heftigen Böen, die sich unmittelbar darauf entluden, böse erwischt und möglicherweise flach aufs Wasser gelegt worden.

2. Die Windmesser-Aufzeichnungen zeigen, wie unmöglich es ist, die durchschnittliche Windstärke nach der Beaufort-Skala zu bemessen. Je nach dem Temperament des Skippers hätte der Wind als „fast von Orkanstärke", als Windstärke 11, 10 oder 9 in das Logbuch eingehen können.

Die Aufzeichnungen geben ein Beispiel davon, warum Stürme selbst von erfahrenen Seglern öfter nach der Stärke der Böen als nach der durchschnittlichen Windstärke auf Grund der Beaufort-Skala bewertet werden. Ohne ein Anemometer bedeuten solche Schätzungen reine Raterei.

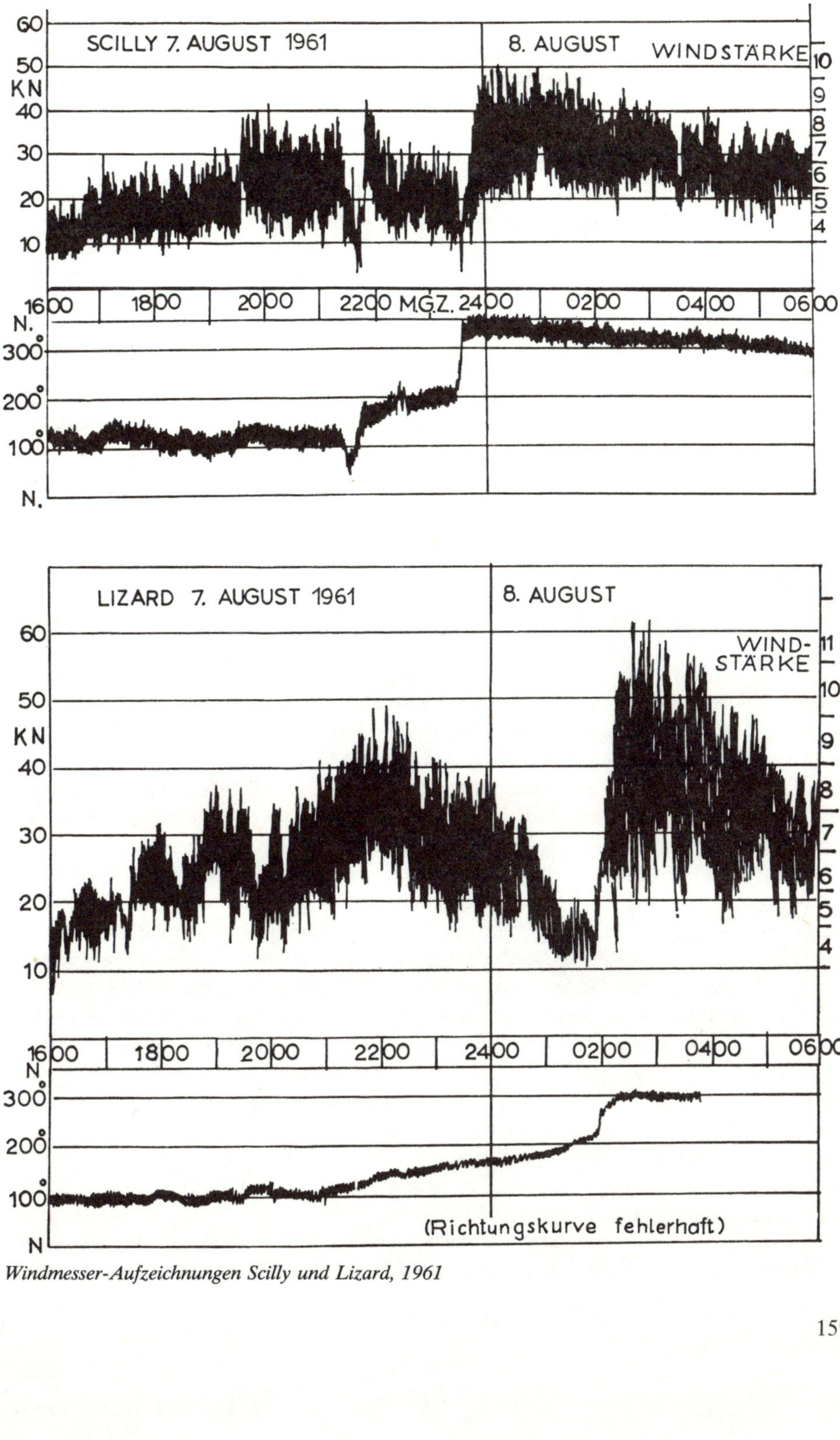

Windmesser-Aufzeichnungen Scilly und Lizard, 1961

3. *Schnelle Verringerung der Sicht.* Die Schnelligkeit, mit der der Wind bei einer kleinen, intensiven Depression zunehmen kann, ist bemerkenswert. Genauso rasch kann sich die Sicht durch die das Tief begleitende Regenfront vermindern.

4. *Segelfläche.* Obgleich COHOE III allein unter Sturmklüver ihre Höchstgeschwindigkeit erreichte, hätten wir lieber ein kleines Großsegeldreieck stehenlassen sollen. Sie hätte es tragen können und wäre damit in der Lage gewesen, höher an den Wind zu gehen, als dieser umsprang. Dies wäre von Wichtigkeit gewesen, hätte der Windwechsel die Yacht nach Durchzug der Depression auf Legerwall gebracht, aber glücklicherweise befanden wir uns zu diesem Zeitpunkt bereits auf offener See.

1963 – Innerhalb des Portland Race

Alle bisherigen Rekorde wurden in dem Fastnetrennen 1963 überboten, als die Meldungen zum erstenmal die Zahl Hundert weit überstiegen und England den Admiral's Cup gegen heißeste internationale Konkurrenz von Amerika zurückeroberte.

Beim Start wehte ein Südwest mit halber Sturmstärke – reichlich genug für 40 bis 50 Yachten in jeder Klasse, die im Kampf um die schmale Zone günstigen Gegenstroms auf der Höhe von Cowes Green herumirrten. Es konnte nicht überraschen, daß es in dem Getümmel zu zwei Kollisionen kam, von denen eine ernsthafte Folgen hatte. Die Wind- und Segelverhältnisse ähnelten denen zu Anfang des Fastnetrennens 1957, nur mit weniger Wind.

Ich segelte die Regatta mit einer neuen Yacht der Klasse III, der 11-t-COHOE IV. Sie stammte aus der erfolgreichen Serie der Nicholson 36-Fußer aus Kunststoff, ein Boot von etwa der gleichen Verdrängung und Wasserlinie wie COHOE III, aber mehr in die Länge gezogen, um einen schlankeren Rumpf zu gewinnen. Mit ihrer größeren Länge über alles, ihrer größeren Breite und dem höheren Freibord war sie ein viel geräumigeres Boot, und ihre längere benetzte Wasserlinie beim Überliegen verschaffte ihr theoretisch eine höhere Maximalgeschwindigkeit, ohne daß ihre Renneigenschaften darum wesentliche Unterschiede aufwiesen. Der Hauptunterschied war, daß man sie mit einer Crew von sechs anstatt fünf fahren konnte. Das erleichterte die Arbeit auf Hochseeregatten, zumal die Segelfläche kleiner war. Eigentlich hatte ich COHOE IV für die Teilnahme am Bermudarennen 1964 gekauft, aber dann wurde die CCA-Formel geändert mit der Folge, daß sie zu klein war. Ich mache immer wieder den Fehler, zu nahe an der Minimumgröße zu bauen. Also verkaufte ich COHOE IV zum Ende der Saison und behielt COHOE III, die meine Frau zum Fahrtensegeln bevorzugte, da sie für zwei Mann handlicher und bequemer war.

Im Fastnetrennen 1963 startete COHOE IV unter kleiner Genua und zwei Reffs im Großsegel. Es wehte mit etwa 6 Windstärken. In dem groben, steilen und brechenden Seegang der gegen den Wind laufenden Tide im West-Solent, vor Anvil Point und S. Alban's Head, erkämpfte sie sich die Führung, genau wie COHOE III es im Jahre 1957 getan hatte. In Wirklichkeit erwies sie sich sogar als noch besser, denn auf der Höhe von Portland Bill lag sie nach gesegelter Zeit an sechster Stelle der Gesamtflotte.

COHOE IV gewann jedoch mindestens eine Stunde durch Benutzung der Innenpassage in der Enge zwischen Portland Bill und dem Portland Race. Diese Passage ermöglicht einer

17 Die Ketsch Melanie *bei der Ansteuerung des Needles Channel, als die durchschnittliche Windgeschwindigkeit bei den Needles und St. Catherine's 40 kn, in den Böen 52 kn betrug.*

18 Die COHOE III *bei Windstärke 8. Das Wasser ist geglättet, weil sie in Lee der* MELANIE *liegt. Das Vorstag ist am Stevenkopf angesetzt worden, weil der Klüverbaum in der Spanienregatta weggeknickt war. Es fehlt der Sicherheitsstropp, da der Mastbeschlag des Baums gebrochen war.*

westwärts bestimmten Yacht bei gemäßigtem Wetter und einem zwischen einer Stunde vor und zwei Stunden nach Hochwasser in Dover mitlaufenden Strom eine Abkürzung. Was nicht alle wissen, ist, daß diese Passage (mit Vorsicht und unter geeigneten Bedingungen) auch bei entgegenlaufendem Strom benutzt werden kann. An der Südostseite von Portland bis zum Bill hinaus läuft ein südlicher Neerstrom; hier liegt die Gefahr, da dieser Strom stark in das Race hineinsetzt.

Außer meinem Sohn Ross (der Portland und den Inner Channel gut kannte) hatte ich mit Alan Mansley, Dr. Rex Binning, David Colquhoun und Keith Hunt eine tüchtige Besatzung, und so fühlte sich niemand von der Idee beunruhigt, diese Abkürzung nachts durch den unbeleuchteten Kanal zur falschen Tidenzeit zu wählen.

Als COHOE IV sich um 22.36 Uhr dem Portland-Wellenbrecher näherte, hatten wir Glück: Der Wind flaute bis auf etwas über 5 Windstärken ab, so daß wir das Großsegel ungerefft lassen und bei glattem Wasser im Schutz der Halbinsel die große Genua setzen konnten. Die Feuer auf dem Wellenbrecher waren zum Greifen nahe, als wir über Stag gingen, und hinter ihnen leuchteten die hellen Lichter von Castletown vor der hohen, dunklen, sich im Himmel verlierenden Landmasse von Portland im Süden. Vier von uns waren an Deck: zwei Mann auf Wache mit Ross, der die Genuaschoten um den Mast herumholte und als Ortslotse wirkte, während ich navigierte.

Anfangs kamen wir nur langsam voran, da wir eine schwache Tide gegen uns hatten, aber auf der Höhe von Grove Point kamen wir in den mitlaufenden Neerstrom und liefen durch geringfügige Kabbelungen. Die interessante Strecke lag zwischen Grove Point und dem Bill, als wir zwischen Portland und dem Race aufkreuzten. Abgesehen von gelegentlichen Brechern war der Seegang unter Land nicht grob, da die Stromkabbelungen des Portland Race eine Art von Wellenbrecher bildeten. Auf den Schlägen von der Küste weg lieferte uns der helleuchtende Blitz von Portland-Leuchtfeuer ein gutes Peilobjekt. Die Schläge unter Land waren schwieriger. Je näher wir an die Klippen herangehen konnten, um so besser, aber hier war Portland-Feuer verdeckt, und es war schwierig, in der Dunkelheit die Entfernungen zu schätzen. Wir ließen das Echolot ununterbrochen laufen. Bald trafen wir auf einen mitlaufenden Neerstrom von mehr als einem Knoten, aber je weiter wir nach Süden gelangten, um so näher mußten wir unter Land halten.

Als wir uns dem Bill näherten, kamen wir zunehmend schneller voran, aber jeder Schlag mußte verkürzt werden, da das Race dicht im Süden lag. Beim Bill kamen wir dicht an die Felsen heran. Niemals habe ich den Leuchtturm des Nachts aus solcher Nähe gesehen. Er bot einen wunderbaren Anblick mit seinen großen Fenstern, dem oberen mit einem weißen, dem unteren mit einem roten Licht. Im Hintergrund waren Autoscheinwerfer und ein hellerleuchtetes Gebäude zu sehen. Seewärts war alles in Dunkelheit gehüllt.

Es war nur ein flüchtiger Eindruck, weil wir kurz vor Mitternacht nahe an den Leuchtturm herangekreuzt waren und nur einen kurzen Schlag machten, bevor wir wieder über Stag gingen. Hier liegt der kritische Moment einer Innenpassage gegen den Flutstrom. Zu diesem Zeitpunkt der Tide wird das ganze Gewicht des ostsetzenden Stroms an der Westseite von Portland abgelenkt und fließt beschleunigt südwärts; mit 5 kn und mehr ergießt sich die Strömung am Bill vorbei und direkt in das Portland Race, weniger als 0,5 sm in südöstlicher Richtung entfernt.

Wir warfen COHOE IV auf Steuerbordbug herum und hielten auf die Landspitze des Bills so nahe zu, wie wir in der Dunkelheit wagten; aber sehr rasch wurde die Yacht von dem nach

Süden setzenden Strom erfaßt. Wir reagierten durch Auffieren der Schoten und Raumschotsfahrt mit Höchstgeschwindigkeit, aber selbst bei dem starken Wind vor dem Bill und auf Leebug laufend wurden wir fast 1 Kblg. auf das Race versetzt, bevor wir allmählich zu dem schwächer laufenden Strom durchbrachen. Der Seegang südwestlich von Portland Bill war zwar gröber, aber wir hatten nur noch mit Wind Stärke 5 aus SW und einer von den 6 Windstärken übriggebliebenen See fertig zu werden.

Das Paradoxe bei Benutzung der Innenpassage gegen die Tide besteht darin, daß man einen frischen oder starken Wind und ein schnelles Boot braucht, um es mit der Strömung vor dem Bill aufzunehmen (die bei einer richtigen Springtide 7 kn, in Richtung des Race setzend, erreichen kann), aber daß der Seegang um so gröber wird, je stärker der Wind ist, was bei stürmischem Wetter gefährlich werden kann. Alles hängt ab von dem Zeitpunkt und den Gezeitenströmen, und den Schlüssel hierzu liefert der Stromatlas.

Portland Bill markierte, was uns anbetraf, das Ende des Schwerwetterteils dieses Rennens, denn während der restlichen Regatta hatten wir nur noch mäßige Winde, und vor der irischen Küste und in der Nähe von Fastnet Rock herrschte fast Windstille. Wir brachten es zu einem Sieg in unserer Klasse, aber wir verloren den Fastnet Cup für den ersten Platz aller Klassen.

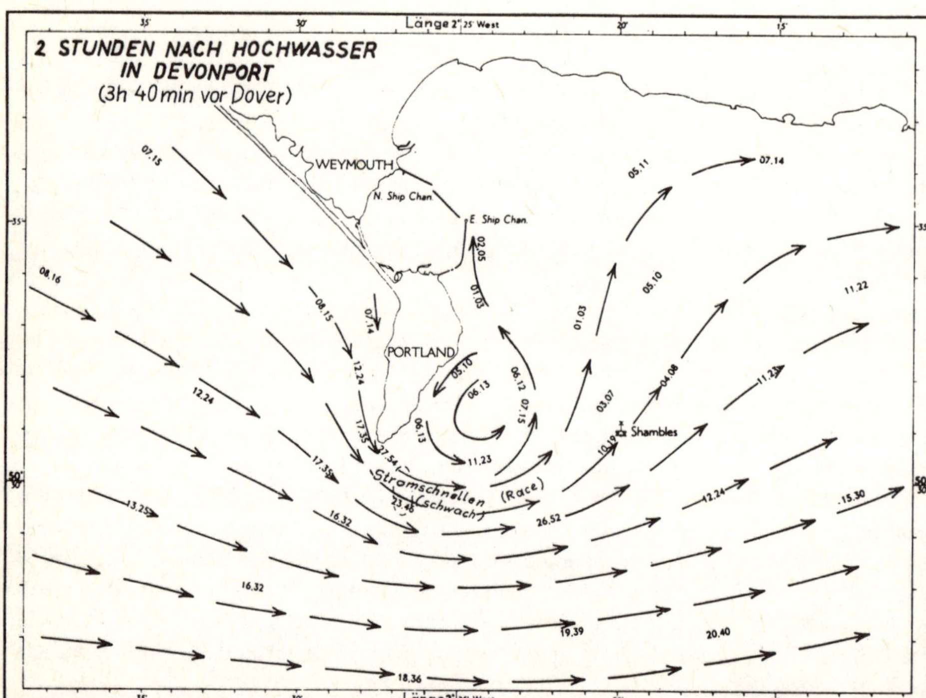

Gezeitenstrom vor Portland – 3 h 40 min vor Dover

Schlußfolgerungen

Aus den Unterlagen, die mir das Wetteramt zur Verfügung stellte, ergibt sich, daß die Windstärke beim Start des Rennens 6 und die Maximalstärke um 16.00 Uhr 7 betrug. Die stärkste Bö erreichte 34 kn. Der Gezeitenstrom läuft durch den Needles Channel und draußen mit etwa 3 kn, so daß der *scheinbare* Wind zeitweise mit Stärke 7 geweht haben mag. Da Wind gegen Strom stand, dürfen die Verhältnisse wohl mit Recht als rauh bezeichnet werden.

In diesem Teil des Rennens, wo alle Yachten unter den gleichen Bedingungen kämpften, überraschten die Ergebnisse. Angesichts der Tatsache, daß diese, zum erstenmal seit 40 Jahren, zu einer Änderung der Vergütungssätze des RORC beitrugen, ist es notwendig, sie hier im einzelnen aufzuführen. Die gesegelten Zeiten der ersten zehn Yachten bei Portland, ohne Berichtigung für Vergütungen, lauteten:

1. BOLERO (Klasse I) 7.05; 2. CAPRICIA (Klasse 1) 7.30; 3. DYNA (Klasse I) 8.45; 4. OUTLAW (Klasse I) 9.35; 5. STORMVOGEL (Klasse I) 9.40; 6. COHOE IV (Klasse III) 9.50; 7. CLARION OF WIGHT (Klasse II) 10.05; 8. STRIANA (Klasse I) 10.00; 9. MARTLET (Klasse II) 10.15; 10. FIGARO (Klasse I), KAY (Klasse I) und BELMORE II (Klasse III) 10.30.

Hieraus ist ersichtlich, daß von 127 gestarteten Yachten zwei verhältnismäßig kleine der Klasse II und zwei der Klasse III auf der Strecke, wo es rauh zuging, mit in Führung lagen, und zwar Boot gegen Boot, ohne Handikapvergütung. Schon seit mehreren Jahren hatte man in Kreisen des RORC und vor allem unter den Eignern der größeren Yachten zunehmend das Gefühl, daß die kleineren Boote unter dem bestehenden Handikapsystem am besten abschnitten. Die Ergebnisse des Fastnetrennens 1963 haben die Dinge vielleicht zur Entscheidung gebracht. Das Argument war, daß die Zeitvergütung die kleinen Yachten bei leichten und launenhaften Winden begünstigte (was stimmt), daß aber gleichzeitig die größeren Konkurrenten bei schwerem Wetter nicht mehr die Vorteile genossen, die sie bisher ihrer Größe und ihrem Durchhaltevermögen verdankten.

In den Worten des RORC-Komitees ausgedrückt: „Es ist jetzt offensichtlich, daß die Leistungsfähigkeit der kleinen Yachten innerhalb eines Vierteljahrhunderts mehr verbessert wurde als die der großen, so daß diese nur noch unter außergewöhnlichen Umständen die Chance haben, zu gewinnen.“ Entsprechend wurden die von den großen an die kleinen Yachten zu gewährende Zeitvergütung herabgesetzt. Ich will mich an dieser Stelle nicht über die Berechtigung dieser Entscheidung oder sonstwie auslassen, da wir uns hier nicht mit Rennvorschriften zu beschäftigen haben. Wichtig ist nur die hiermit offiziell ausgesprochene Anerkennung der erhöhten Leistungsfähigkeit moderner kleiner Yachten.

Es war ein weiter Weg von 1949, als Yachten der Klasse III als zu klein und zu langsam vom Fastnetrennen ausgeschlossen wurden, bis 1963, als die Zeitvergütung geändert wurde, weil man sie für zu schnell hielt.

Stürme bei Bermudarennen

Die bedeutendste Hochseeveranstaltung auf der anderen Seite des Atlantiks ist das Bermudarennen. Es führt 630 sm weit über den Ozean, mit dem Golfstrom als Hauptrisikofaktor. Das rauheste Bermudarennen vor dem Kriege fand im Jahre 1936 statt, als ein Sturmtief eine lang andauernde Periode schweren Wetters im Golfstrom auslöste.

Erst 1960, 24 Jahre später, gab es einen ebenso schweren Sturm während einer Bermudaregatta. Ich berichte darüber unter Verwertung dessen, was ich in der amerikanischen Zeitschrift „Yachting“ gelesen habe, weil es ein bedeutender Sturm war, von dem 135 Teilnehmer überrascht wurden.

Das Bermudarennen 1960 startete am Sonnabend (18. Juni) bei Nebel und leichter südsüdwestlicher Brise. Der Wind blieb weiter schwach, und der erste Teil des Rennens brachte nur langsame Fortschritte. Das Hauptziel war, den Golfstrom an der richtigen Stelle, etwa 45 sm westlich des Großkreises, anzusteuern, um die günstige Windung zu finden.

Erst am 22. Juni änderte sich das Bild. Eine Kaltfront war langsam südwärts gezogen, und zwar als Folge eines Hochs, das sich aus dem Gebiet der Großen Seen ostwärts bewegt hatte und am 22. Juni die atlantische Seeküste erreichte. Die Kaltfront nahm eine Lage ein, die sich in mehr oder weniger östlicher Richtung nahe dem 35. Breitengrad erstreckte. Inzwischen zog ein mäßiges Tiefdruckgebiet, das am 20. Juni auf der Höhe von Charleston lag, langsam in nordöstlicher Richtung und vertiefte sich dabei. Früh am 22. Juni lag es südöstlich von Kap Hatteras und zog von dort mit beschleunigter Geschwindigkeit und sich auf dem Wege weiter vertiefend südlich der Kaltfront ostwärts und damit über die Yachtflotte hinweg.

Die Stärke der daraus entstehenden stürmischen Winde sollte je nach den örtlichen Frontalböen beträchtlich wechseln, und ihre Auswirkung auf die Rennflotte mußte abhängen von den Positionen der einzelnen Yachten in bezug auf das Zentrum des Tiefs, als es vorbeizog. Eine erhebliche Anzahl von Yachten lief durch das Auge des Sturms, wobei sie unvermittelte Winddrehungen von SE auf SW erlebten; andere entgingen dem Schlimmsten.

Die Schätzungen der Windstärke wichen beträchtlich voneinander ab. Die Windge-

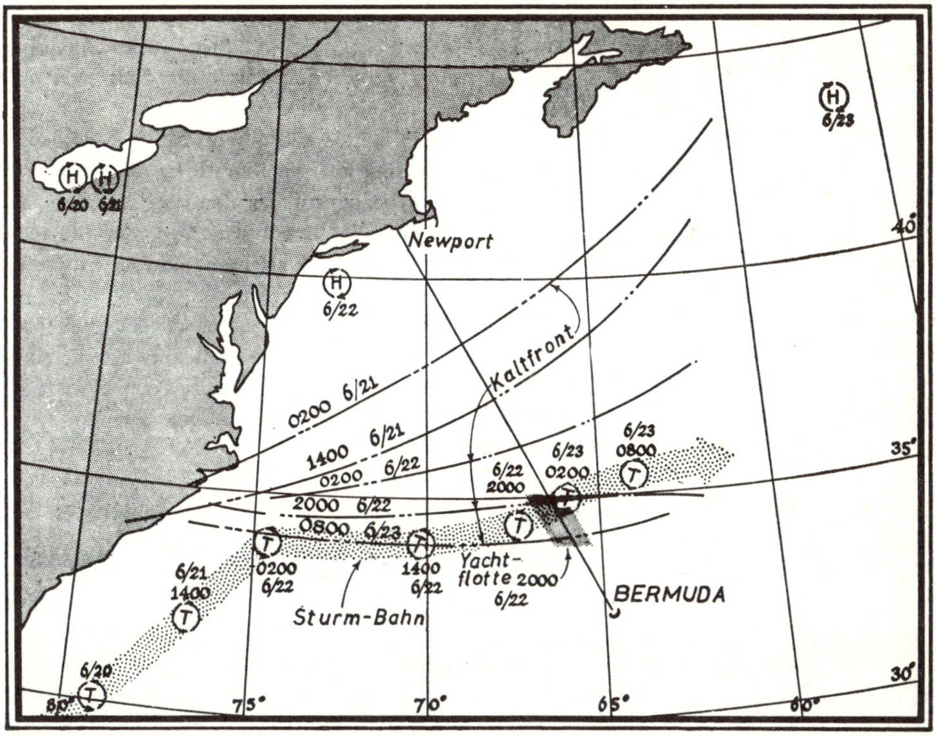

Wetterentwicklung beim Bermudarennen 1960

schwindigkeiten in den Böen werden örtlich verschieden gewesen sein, aber es ist offensichtlich, daß die niedrigsten Schätzungen von Skippern stammten, die in ihren Klassen siegreich waren und unter denen sich einige (aber bestimmt nicht alle) der erfahrensten befanden. Die höchsten Schätzungen kamen von Yachten, die beigedreht hatten; nicht weniger als 24 von diesen meldeten Böen von fast oder mehr als Hurrikanstärke. Es hieß in „Yachting", daß es „für den Durchschnittssegler, selbst für einen erfahrenen Seemann, schwierig ist, den Wind genau abzuschätzen." Das ist genau das, worauf ich früher schon aufmerksam gemacht habe; ist kein Masttopp-Anemometer vorhanden, muß die Schätzung der Windstärke, sobald sie das übliche Maß übersteigt, reine Raterei bleiben. Wenn ich die Schätzungen der Klassen-Preisträger herausgreife und ihren Durchschnitt errechne, komme ich auf eine Durchschnittsgeschwindigkeit von 42,5 kn, was der unteren Grenze von Bft 9 entspricht, mit Böen von 55 bis 59 kn.

Wenige Yachten gaben auf, und darin ähnelt der Atlantik der Biskaya: daß es keine Nothäfen gibt, in die man sich flüchten könnte. Rühmenswerter ist die Tatsache, daß die große Mehrzahl von Yachten das Rennen fortsetzte und während des ganzen Sturms hart vorangepreßt wurde. Abgesehen vom Golfstrom scheint die beste Taktik gewesen zu sein, auf Backbordbug zu bleiben, da der Wind zeitig genug raumte und die Yachten, die dieser Taktik gefolgt waren, rasch an die Ziellinie brachte.

Schlußfolgerungen

Die Lehren, die sich aus dem Bermudarennen von 1960 ziehen lassen, waren im allgemeinen die gleichen wie im Kanalrennen 1956. Sie sollen hier lediglich als Bestätigung wiederholt werden, erweitert durch einige andere den Berichten entnommenen Hinweise.

1. *Mann über Bord.* Die DJINN wurde flach aufs Wasser gedrückt, wahrscheinlich unter den gleichen Umständen wie die TILLY TWIN im Kanalrennen. Sechs Mann wurden aus dem Cockpit ins Meer gespült. Mit Hilfe der Sicherheitsgurte, die sie alle trugen, gelang es ihnen, zurück an Bord zu gelangen. Die ROYONO verlor ebenfalls einen Mann, der aber an seinem Sicherheitsgurt wieder zurückgeholt werden konnte. Er war durch die Relingsdurchzüge über Bord geschleudert worden, als die Yacht unversehens von dem Sturm überrascht worden war. Gefährlicher war der Unfall, der sich auf der SCYLLA zutrug. Ein Mitglied der Besatzung befreite sich nach Ende seiner Wache in der üblichen Weise von seinem Sicherheitsgurt und schickte sich an, unter Deck zu gehen. In diesem Augenblick holte die Yacht über, und er fiel außenbords. Es war Nacht, aber glücklicherweise war die SCYLLA mit einer elektronischen Leuchtboje ausgerüstet, deren Schein angeblich so stark leuchtet, daß er aus der Luft auf 50 sm Distanz sichtbar ist. Diese Boje wurde sofort hinterhergeworfen, und dann wurden die Segel geborgen. Bevor aber der Motor angelassen werden konnte, mußten die Kabel an eine neue Batterie angeschlossen werden. Alles in allem verging etwa eine halbe Stunde, bevor die Yacht, geleitet von dem hellstrahlenden Blitzlicht, an den Ort des Unfalls zurückkehren konnte. Der Mann wurde aufgefunden. Daß er gerettet wurde, war ein Wunder, um so mehr, als Haifische in diesen Gewässern nicht unbekannt sind. Es spricht für den Geist der SCYLLA-Besatzung, daß sie das Rennen sofort nach der Rettungsaktion fortsetzte und mit einem sechsten Platz in ihrer Klasse beendete. Außer daß er nachts passierte, war der Vorfall auf der SCYLLA identisch mit dem auf der GALLOPER im Fastnetrennen. Auf jeder der beiden Yachten befand sich einen Augenblick lang ein Mann ohne angelegten Sicherheitsgurt.

Diese Fälle knappen Entrinnens vor einer Katastrophe mögen daran erinnern, daß in einem Sturm, auch wenn alles in Ordnung zu sein scheint, stets die Möglichkeit besteht, daß eine außergewöhnlich harte Bö oder ein Ungetüm von Welle oder beide gleichzeitig das Boot flach aufs Wasser legen und die Mannschaft über Bord spülen. 135 Yachten waren unterwegs, und dieser Unfall ereignete sich ausgerechnet auf der DJINN, einer der größten Teilnehmerinnen. Er unterstreicht die Notwendigkeit, Sicherheitsgurte zu tragen, so hinderlich und ungemütlich sie auch sein mögen.

2. *Masten und Ruder.* Offensichtlich wurden im Bermudarennen nur zwei Yachten entmastet und eine schwer beschädigt – eine kleine Anzahl, wenn man bedenkt, daß 135 Yachten von dem Sturm betroffen wurden. Ich nehme an, daß eine oder beide unter Notbesegelung und mit Motorhilfe St. David's Head erreichten.

Ungewöhnlicher war, daß zwei Yachten ihr Ruder verloren. Die HIGHLAND LIGHT gehorchte ihrem Ruder nicht mehr. Eine lange Reservepinne wurde aufgesetzt und von zwei Mann abwechselnd bedient. Für die letzten Meilen wurde ein Spinnakerbaum an die Heckreling gelascht und mit acht oder zehn Mann besetzt, um die Steuerung zu unterstützen. In der Zwischenzeit war die Yacht hauptsächlich durch entsprechendes Trimmen der Segel auf Kurs gehalten worden.

Die COTTON BLOSSOM IV wurde von Lee erwischt, versagte in der Wende und trieb über ihr

Ruder achteraus, wobei es brach. Bei Durchzug einer Kaltfront in einer plötzlichen Winddrehung von Lee erfaßt zu werden, ist nichts Seltenes, aber es kommt vielen Yachtseglern wahrscheinlich nicht in den Sinn, daß dieser Vorgang eine so große Beanspruchung des Ruders hervorrufen kann, daß es bricht. Diese Erfahrung unterstreicht außerdem die Behauptung, daß das Liegen vor Treibanker in einem Sturm eine echte Gefahr für das Ruder bedeuten kann.

Die ermutigende Seite dieser Havariefälle ist, daß es beiden ruderlosen Schiffen gelang, ohne Inanspruchnahme fremder Hilfe nur durch sorgfältigen Trimm der Segel den Hafen zu erreichen.

3. *Schaden am Heck.* Die STORMY WEATHER erlitt Schaden an ihrem Spiegel. Die Havarie ereignete sich anscheinend, als sie von Lee erfaßt wurde, das Achterstag den Ausleger enorm beanspruchte und dieser wiederum den Spiegel übel zurichtete. Der Schaden wurde provisorisch dadurch behoben, daß man Stahldrahttrossen um den Überhang legte und das Achterstag daran befestigte.

4. *Regen.* Wieder einmal ist festzustellen, daß heftige Regenfälle den Seegang, wenn auch nur vorübergehend, niederschlagen. Der Skipper der BARLOVENTO berichtete, daß das größte Problem die Sicht war, wenn der Regen horizontal ins Gesicht peitschte. Heftige Regengüsse unterwerfen den Rudergänger einer solchen Beanspruchung, daß die Wache auf kurze Törns beschränkt werden muß.

5. *Beidrehen.* 26 Teilnehmer lagen während des Sturms beigedreht. Es scheint, daß die Mehrzahl von ihnen beidrehte, während im Kanalsturm die meisten unter bloßen Masten lenzten, durchweg mit Trossen achteraus.

Das Bermudarennen 1972

Nach dem Bermudarennen von 1960 vergingen zwölf Jahre, bevor bei diesem großen Tiefwasser-Unternehmen erneut ein schwerer Sturm auftrat.

Genau wie 1960 begann das Rennen 1972 bei gutem Wetter. Es war eine Kaltfront vorausgesagt worden, die mit einem Nordwester im Rücken auf dem Großkreis entlang zog. Erst in den beiden letzten Tagen trat eine plötzliche Änderung auf, denn inzwischen hatte sich südwestlich von Bermuda eine zwar nur langsam wandernde, aber starke tropische Depression gebildet, die stürmische Winde von 40 kn mit sich brachte und im Gebiet um Bermuda zu Südostwinden führte. Das Umspringen des Windes um 60° begünstigte die Boote, die östlich anstatt westlich vom Großkreis geblieben waren. Indessen beunruhigten der Hurrikan Agnes über Georgia (im Juni ungewöhnlich) und die wenigen Meldungen von den Booten in See die Leute, die die Ankunft der Yachten an den sonst immer sonnigen Gestaden Bermudas erwarteten.

Der Wind war vielleicht etwas weniger stark als 1960, aber das Rennen wurde zu einem weitaus größeren Test für Navigation und Seemannschaft, wenn man die ungewöhnlich schlechten Sichtverhältnisse berücksichtigt, in denen die erste Hälfte der Yachtflotte das Rennen beendete.

Das Fehlen von Sonnenbeobachtungen, die bei der groben See unzuverlässigen Funkpeilungen und die Ungewißheit, mit welchen örtlichen (nach Norden setzenden) Strömen zu rechnen war, machten die Ansteuerung Bermudas zu einem Risiko, denn die Boote machten ihren Landfall bei Sturm an einer Leeküste mit weitreichenden Riffen und durcheinanderlaufender See über flachem Wasser. Noch riskanter war der eigentliche Zieldurchgang, denn das Land war im windgepeitschten Regen nicht zu sehen, und das Zielschiff auf See war damit beschäftigt, in Seenot befindlichen Fahrzeugen zu helfen. Unter solchen Bedingungen gewann die britische NORYEMA IV das Bermudarennen 1972. Es war das erstemal, daß dieses Rennen von einer ausländischen Yacht gewonnen wurde.

Schlußfolgerungen

Aus dem Rennen des Jahres 1972 ließen sich kaum andere Lehren ziehen als aus dem des Jahres 1960. Es gab drei Mastbrüche und die üblichen kleineren Schwierigkeiten wie Bruch von Stagen, gerissene Segel, Bruch von Schienen und Rutschern. In LA FORZA DEL DESTINO löste sich der Ruderquadrant, und außerdem brach das Notruder. Es traten Schäden auf, als Boote von großer Wellenhöhe herunterfielen; die WINDWARD PASSAGE brach dabei ein Unterwant, die CRUSADER ein Mittelwant, außerdem wurde ein Schott eingedrückt. Die NEPHENTE krachte von drei Seen nacheinander herunter und brach beim drittenmal den Mast.

Zusammenfassend kann man sagen, daß das Bermudarennen 1972 eine Regatta für große Boote war. Obwohl die kleineren später auch ihren Teil vom schlechten Wetter abbekamen, entgingen sie doch der furchtbaren Unsichtigkeit am Ziel. Es gab verhältnismäßig wenige Unfälle, und das Rennen bewies die Qualitäten moderner Yachten und ihrer Skipper und Besatzungen.

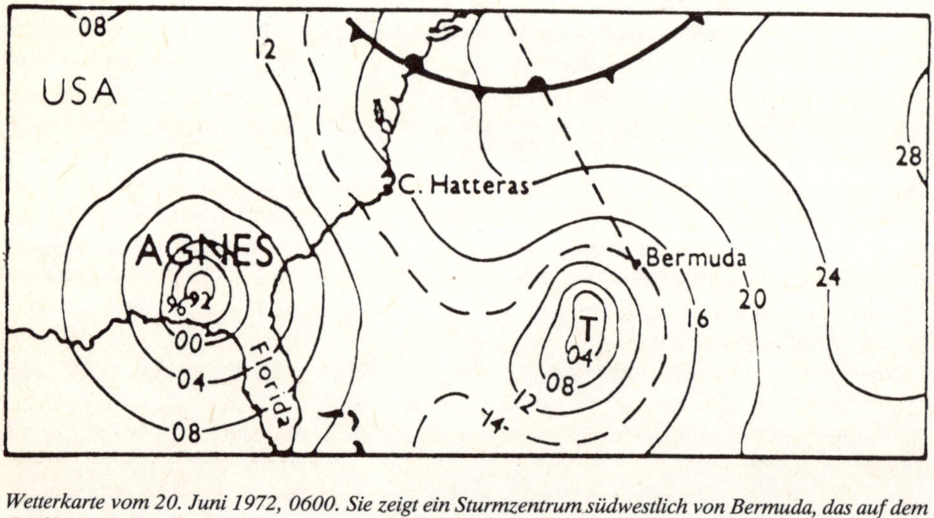

Wetterkarte vom 20. Juni 1972, 0600. Sie zeigt ein Sturmzentrum südwestlich von Bermuda, das auf dem Großkreis Südostwinde mit sich brachte. Hurrikan Agnes war inzwischen über Georgia (USA).

Biskayastürme

In der ersten Fassung dieses Buches ließ ich die Beschreibung eines an Sturm grenzenden Unwetters in der Biskaya aus, weil ich fand, daß es bereits zu viele Stürme enthielt. Aber aus Anlaß eines ganz ähnlichen Sturms, der seitdem stattfand und mit einem tragischen Verlust an Menschenleben verbunden war, glaube ich, daß beide Stürme wegen der Lehren, die sich daraus ziehen lassen, eine Schilderung rechtfertigen.

Am Cowes-La-Coruña-Rennen 1960 nahmen 24 Yachten teil. Im Süden der Biskaya begegneten wir Winden von fast Sturmstärke, aber eigentlich keinem wirklich schweren Wetter, und auch die Wettervorhersage lautete eher auf starke Winde als auf Sturm.

Ich segelte das Rennen mit COHOE III. Am Mittwoch (10. August) trafen wir in der südwestlichen Biskaya auf starke südwestliche Gegenwinde. Die Windstärke wurde mit etwa 25 bis 30 kn (Bft 6 bis 7) im Logbuch vermerkt. Die See lief durcheinander, und das Boot, das unter Fock und zweimal eingedrehtem Großsegel gute Fahrt machte, stürzte gelegentlich mit einem solchen Aufprall von einem Kamm herunter, daß es tunlich schien, eine Weile beizudrehen. Die Yacht lag sehr ruhig, aber abends rollten wir zwei weitere Törns in das Großsegel ein und ließen es jetzt ziehen.

Wir hatten eine bewegte Fahrt in jener Nacht, begleitet von dichten Regenschauern. Ich vermerkte im Logbuch zwei Böen mit über Windstärke 8. Hagel und Regen, gelegentlich auch Donner und Blitz, begleiteten die Böen. Solange sie andauerten, drehte COHOE III bei, und ich erinnere noch meine Überraschung, wie ruhig sie lag, obgleich wir so viel Segel gesetzt hatten.

Nachdem die schlimmsten Böen vorbei waren, refften wir das Großsegel bis unter die untere Saling und setzten den Sturmklüver. Ich befand mich zu diesem Zeitpunkt an Deck, rollte das Großsegel ein und übernahm dann das Ruder. Wir ließen die Segel ziehen, und ich erinnere noch, wie eindrucksvoll und schön es war, mit der Yacht durch den Sturm dahinzujagen. Schwarze Wolken fegten über den Himmel; ein helleuchtender Mond brach zwischen den Wolken hervor und versilberte ihre Ränder.

Auch am nächsten Morgen (11. August) blieb das Wetter ruppig. Wir segelten große Fahrt, aber zeitweise nicht so hoch am Wind, wie wir hätten sollen. Gelegentlich fielen schwere Böen ein.

Mittags maß ich wieder Windstärke 7, aber der Wind war auf Nordwest herumgegangen. Es stand eine hohe Dünung und eine durcheinanderlaufende See, mit kleinen, unregelmäßigen Kämmen. COHOE III lief immer noch schnell, Gischt flog über sie hinweg, und gelegentlich brachen Wellenkämme an Bord, aber sonst fühlte man sich im Cockpit ziemlich wohl. Um 14.00 Uhr drehten wir wieder bei, machten aber zwei Stunden später, als das Barometer stetig blieb und der Wind nachgelassen hatte, wieder Fahrt unter Segel. In der Nacht mußten wir uns zum Treiben legen, aber der mitternächtliche Wetterbericht gab lediglich anhaltende 7 Windstärken für die Biskaya bekannt. Bei Tagesanbruch kamen die Berge an der nordwestlichsten Ecke von Spanien in Sicht. Von 24 gestarteten Yachten beendeten nur sieben das Rennen und ließen ihre Anker vor dem Real Club Nautico von Coruña fallen. Wenn es auf See auch harte Stunden gegeben hatte, so waren sie in dieser schönen Umgebung bald vergessen.

Erst als ich nach England zurückgekehrt war, erfuhr ich, daß eine Yacht während des Sturms ernsthafte Havarie erlitten hatte, und zwar die TANDALA. Sie war ein gut ausgerüstetes Fahrzeug von 12,20 m Lüa mit einer Besatzung von sechs Mann. Ihr Skipper berichtete:

„Am 11. August um 02.45 Uhr standen wir etwas über 100 sm nordöstlich von La Coruña, und es wehte mit 6 Windstärken aus SE, als der Mastbeschlag des Großbaums brach. Der Baum selbst hatte bereits gelitten, war an Leimstellen aufgesplittert, und die Baumschiene hatte sich kurz vorher gehoben.

Ich gab daraufhin das Rennen auf, reparierte den Großbaum behelfsmäßig durch Anbringen einer Lasching und setzte dazu das stark gereffte Großsegel und die kleine Fock 1.

Um 13.00 Uhr wehte es mit voller Sturmstärke 8, und ich beschloß, Kurs auf Santander abzusetzen, nachdem der Wind auf NW umgesprungen war. Um 14.00 Uhr wehte es in den Böen mit 9 Windstärken, und ich faßte den Entschluß, vor Topp und Takel zu lenzen; zwei Mann der Besatzung blieben, mit Sicherheitsgurten versehen, im Cockpit auf Wache.

Ich selbst lag mit drei Mann der Besatzung in der Koje und schlief, als es um etwa 22.30 Uhr einen fürchterlichen Schlag gab. Eine See hatte die Steuerbord-Leeseite des Deckshauses zertrümmert und das Setzbord des Cockpits wie auch das Beiboot weggerissen.

Im Innern der Yacht stand das Wasser 50 cm über den Bodenbrettern.

Die Öffnung des zertrümmerten Deckshauses dichteten wir mit dem Sturmklüver ab und bohrten in das Segel, um es festzuzurren, vier Löcher, die sich mit der Zeit infolge der Spannung vergrößerten. Darauf legten wir die Yacht mit dem Heck auf die nachfolgenden Seen und brachten achtern eine Trosse in einer Bucht aus. Mit der Zeit wurde auch das Wasser ausgeschöpft und die Bilge leergepumpt, während der Wind in dieser Zeit bis auf Bft 7 nachließ. Etwas später setzten wir ein kleines Stück Großsegel und die Fock 1 und liefen schließlich am 13. August in den frühen Morgenstunden in den Hafen von Santander ein, wo wir sofort Vorkehrungen für provisorische Reparaturarbeiten trafen.

Wir fuhren das 2,10 m lange Dingi auf dem Kajütdach. Es war überkreuz mit Gurten festgezurrt. Die Gewalt des Wassers schor die Lasching ab, spülte das Dingi über Bord und verbog gleichzeitig den metallenen Unterbau des Kompasses, der in das Cockpit geschleudert wurde.“

Dies ist ein knapper, seemännischer Bericht. Die TANDALA war schwer beschädigt (ich sah sie später), und Yacht und Besatzung wären um ein Haar untergegangen. Die Begebenheit war ein Parallelfall zur VERTUE XXXV, als diese in dem atlantischen Sturm nordwestlich von Bermuda von einer See getroffen wurde, nur daß es in der Biskaya nicht so hart wehte und daß es auf der TANDALA mehr Hände gab, um mit dem hereingeströmten Wasser fertig zu werden. Zu beachten ist, daß auf beiden Yachten der Schaden von Lee erfolgte.

Das zweite Biskayarennen, auf das ich zu sprechen kommen möchte, fand 1964 von Santander nach La Trinité statt, eine Distanz von 240 sm über offene See. Ich selbst war an diesem Rennen nicht beteiligt. Vielmehr gründet sich dieser Bericht auf die vom RORC vorgenommene Analyse des Rennens in Verbindung mit Informationen über die Wetterlage vom Wetteramt sowie auf Auskünfte, die ich von anderen Quellen einholte.

46 Yachten starteten am Sonntag (16. August) bei leichten Winden in Santander. Bis Montag hatte es auf 7 Windstärken mit schweren Regenböen aufgebrist, und am Abend gab es für zahlreiche Seegebiete im Norden Sturmwarnung. Verschiedene Yachten gaben das Rennen auf; der Rest machte weiter. Es lief eine sehr hohe See, als sich die führenden Yachten der Ziellinie näherten, was es, zusammen mit den Regenböen, erschwerte, in den Morgenstunden des Dienstag die Feuer in der Bucht von Quiberon auszumachen. Trotzdem erreichten die meisten Teilnehmer im Laufe des Tages ohne Zwischenfall La Trinité.

Drei Yachten der Klasse III, LUNDY LADY, ZEELUST und VAE VICTIS, drehten mit reichlich Seeraum bei, statt sich bei der beschränkten Sicht der Küste zu nähern. Diese Yachten bekamen den schlimmsten Teil des Wetters auf den Kopf. Sie gingen erst Mittwochnachmittag durchs Ziel und waren die letzten, die eintrafen. Zweifellos herrschte eine gewisse Beunruhigung wegen der Yachten, die sich bisher noch nicht gemeldet hatten, aber bei schwerem Wetter dauert es manchmal zwei oder drei Tage nach Beendigung eines Rennens, bis alle ermittelt sind; es gibt zu viele Umstände, die eine Verspätung herbeiführen können. Das Trinité-Rennen sollte hier leider eine Ausnahme machen, da eine Yacht und fünf Menschenleben verlorengingen.

Am Montagabend um etwa 18.00 Uhr lenzte die kleine französische Yacht ALOA vor Topp und Takel; sie lag auf Steuerbord etwa Nord an, mit dem Wind dwars, wahrscheinlich aus westlicher Richtung. Ihre Position war zu diesem Zeitpunkt schätzungsweise etwa 25 sm südwestlich der Rochebonne-Untiefen, und sie ließ sich so weitere fast 24 Stunden treiben. Erst am Dienstag (18. August) um 17.00 Uhr (als das schlimme Wetter seinen Höhepunkt erreichte) geschah es: Eine Riesensee warf die Yacht auf die Seite, drückte einen Teil des Kajütaufbaus in Lee ein und riß einen Teil des Setzbordes im Cockpit weg. Das Boot wurde überflutet; ein Bericht besagte, daß der Motor ausfiel, was entweder bedeuten könnte, daß die Yacht, als sie von der See erfaßt wurde, unter Maschine lief (was übrigens unwahrscheinlich ist, weil der Propeller dauernd außer Wasser gekommen wäre), oder, mehr wahrscheinlich, daß das Wasser die Zündung durchnäßt hatte, so daß die Maschine sich nicht mehr starten ließ.

Die Besatzung pumpte das Boot aus und versuchte, das Loch im Kajütaufbau mit Segeln und Matratzen zu verstopfen.

Etwa um 18.00 Uhr nahm die ALOA einen zweiten Brecher über, der wiederum die ganze Yacht flutete. Abermals wurde gelenzt, und der Skipper entschloß sich, unter bloßen Masten ostwärts abzulaufen. Da Trossen nicht erwähnt werden, ist anzunehmen, daß keine ausgebracht wurden.

Zwei Stunden später, etwa um 20.00 Uhr, wurde die ALOA an Backbord achtern von einem anderen Brecher erfaßt, und diesmal ging sie kopfüber. Beweis hierfür ist, daß Windanzeiger und Anemometer im Masttopp verbogen waren und das Dingi (vermutlich ein Gummiboot) sich in den Salingen verfing.

Die drei Mann im Cockpit wurden in die See geschleudert. Zweien gelang es, mit Hilfe ihrer Sicherheitsgurte wieder an Bord zu kommen. Der Sicherheitsgurt des Eigners war nicht am Schiff eingepickt, weil er wahrscheinlich gerade in diesem Augenblick aus der Kajüte hochkam, wo er vermutlich navigiert hatte, da die Küste nur 35 sm entfernt in Lee lag. Als das Boot sich wieder aufrichtete, schwamm er 50 m achteraus, bekleidet mit einer aufblasbaren Schwimmweste schwedischer Herkunft.

Die übrige Mannschaft pumpte das Schiff leer, führte Notreparaturen aus, setzte das Großsegel und drehte bei. Raketen wurden abgefeuert, aber es bestand wenig Hoffnung, den Eigner noch zu retten, der zu diesem Zeitpunkt und bei dem herrschenden Seegang weit außer Sicht und Reichweite getrieben sein mußte. Er war verloren. Die ALOA wurde erst am folgenden Abend (Mittwoch) um 18.00 Uhr ungefähr 10 sm südwestlich von Rochebonne von einem französischen Trawler gesichtet und in Schlepp genommen.

Die MARIE GALANTE II, eine der kleinsten Rennyachten der Klasse III, gab das Rennen am Montagabend auf und nahm Kurs auf die etwa 80 sm in Lee befindliche Gironde-Mündung. Sie erreichte am Dienstagabend (18. August) die Ansteuerungsrinne, unter bloßen Masten laufend und mit zwei Trossen achteraus. Um 18.00 Uhr jedoch, als sie 4 bis 5 sm nordnordwestlich vom Cordouan-Leuchtturm stand, wurde sie von drei schweren brechenden Seen erfaßt. Die erste zerschmetterte den Spiegel, drückte die Niedergangstüren ein und flutete die Yacht. Die zweite brachte sie zum Kentern und ließ den Mast brechen; die dritte füllte sie mit Wasser und brachte sie zum Sinken. Der Eigner trug einen Sicherheitsgurt, der an einem Want eingepickt war; entweder konnte oder wollte er sich nicht freimachen (ein Bericht besagt, daß er des Schwimmens unkundig war); er ging mit seiner Yacht unter. Inzwischen hatte die Besatzung versucht, das Gummiboot aufzupumpen. Es war durchlöchert, aber man konnte es zu Wasser bringen und sich daran festklammern. Ein Mann der Besatzung war, als die MARIE GALANTE II bei dem zweiten Brecher über Kopf ging, von der Eisbox lebensgefährlich verletzt worden, und er und ein zweiter Mann starben kurz darauf. Die beiden übrigen trugen Taucheranzüge, dank derer sie in dem kalten Wasser überlebten. Sie wurden am Mittwochmorgen an Land gespült.

Eine dritte Yacht der Klasse III geriet ebenfalls in Schwierigkeiten: Die L'ESQUIROL II hatte versucht, Schutz hinter der Ile de Ré zu finden. In einigen Berichten wird behauptet, die Yacht habe aus Versehen den Pertuis Breton (das heißt den Kanal an der Nordseite der Ile de Ré nach La Rochelle) angelaufen, während das üblicherweise benutzte Fahrwasser der Pertuis d'Antioche an der Südseite der Insel ist. Wahrscheinlicher ist jedoch, daß der Skipper (der sich an dieser Küste gut auskannte) das Breton-Fahrwasser wählte, um den groben Seegang an der Einfahrt zum Pertuis d'Antioche und die Klippen auf Höhe des Baleines zu vermeiden. Die L'ESQUIROL II fand Schutz in Lee der Ile de Ré, wo sie auch die Nacht über bleib. Am folgenden Morgen aber, als sie wieder unter Segel war, brach eine Klüverschot, und während diese ausgewechselt wurde, oder aus anderen Gründen, lief sie östlich des Leuchtturms von Grouin de Coup und etwa 5 sm nördlich der Ile de Ré auf Strand. Ihre Besatzung konnte bei Niedrigwasser an Land waten, und die Yacht erlitt keine schweren Schäden.

Schlußfolgerungen

Das gemeinsame Merkmal beider Biskayarennen war, daß Havarien auftraten bei Winden von Bft 7, also unter Sturmstärke, außer an örtlich begrenzten Stellen, wo es vielleicht mit 8 wehte, mit Böen und Windstößen von wahrscheinlich 40 bis 50 kn. Weder in dem einen noch dem anderen Rennen erwartete das Regattakomitee irgendwelche Havarien. Erst nachdem alles vorüber war, trafen Meldungen von Schäden und Unglücksfällen ein.

Wie aus den Wetterkarten auf Seite 174 ersichtlich, näherte sich am Morgen des 10. August 1960 eine flache Depression dem Englischen Kanal. Sich ein wenig vertiefend, zog sie langsam in südöstlicher Richtung mit ihrem Zentrum vor Ushant am 11. August mittags. Ein vielteiliges Frontensystem erstreckte sich gleichzeitig quer über die Biskaya und kreuzte den Kurs der Rennyachten, die nordöstlich von La Coruña lagen. Die Isobaren verliefen in ziemlich weitem Abstand voneinander und ließen auf nicht mehr als steife Winde von durchschnittlich 7 Bft außer in den Frontböen schließen.

Das schlechte Wetter im La-Trinité-Rennen 1964 rührte von einer tiefen Depression her, die vom Atlantik herangerückt war und am Montagabend (17. August) bei einem niedrigsten Druck von 979 mb mit ihrem Zentrum nahe der Isle of Man lag. Hierdurch wurden schwere Stürme in der Irischen See und im Englischen Kanal ausgelöst und Winde bis 7 Bft Hunderte von Meilen südlicher in der Biskaya verursacht. Wie ich erfuhr, meldete keine der französischen Küstenstationen in der Biskaya mehr als 7 Bft, aber auf See weht es härter, und am Dienstagabend herrschte vor der Küste wahrscheinlich Windstärke 8; die See in der Biskaya muß bei westlichem Wind sehr hoch gewesen sein.

Was man aus diesen Stürmen lernen kann, bekräftigt im wesentlichen frühere Erfahrungen.

1. TANDALA. Im La-Coruña-Rennen von 1960 starteten 24 Yachten. Von ihnen erlitt nur die TANDALA Havarie, und dabei war sie ein neues und gut gebautes Boot. Schäden dieser Art sind glücklicherweise selten. Alles hängt ab von dem Aufbau und der Beschaffenheit des Wellenungetüms und von dem Winkel, unter dem es die Yacht erfaßt. Labile (und daher potentiell gefährliche) Seen treten leicht beim Umspringen des Windes auf, wenn eine Kaltfront passiert, begleitet von heftigen Böen von möglicherweise 50 kn und mehr, die ihrerseits neue Wellenzüge quer zu dem bisherigen Wellenverlauf bilden.

2. ALOA. Man hat den Tod des Eigners und die Beschädigung der Yacht dem Umstand zugeschrieben, daß diese sich in der Nähe des Rochebonne-Flachs befand.

Das Plateau de Rochebonne liegt in der Biskaya, ungefähr 35 sm westlich der Ile de Ré, der Insel vor der Einfahrt nach La Rochelle. Rochebonne ist eine felsige Untiefe mit Erhebungen, über denen nur 4 bis 7 m Wasser stehen, mit tieferem Wasser dazwischen. Das Flach erstreckt sich etwa 5 sm weit von NW nach SE und ist annähernd 2 sm breit. Es ist mit vier Tonnen bezeichnet, die aber im Sturm kaum auszumachen sein dürften, da die hohe See die Sicht einschränkt. Im Segelhandbuch „Bay of Biscay Pilot“ wird das Rochebonne-Flach als eine der gefährlichsten Untiefen vor der Westküste Frankreichs bezeichnet.

Auf dem Flach steht häufig schwere Brandung, und es ist für Schiffe, die sich ihm bei stürmischem Wetter von Westen her nähern, höchst gefährlich. Auf der Seekarte von der Biskaya liegt die 30-m-Linie ein gutes Stück innerhalb der Tonnen, und die nächste Tiefenangabe jenseits dieser Grenze lautet 80 m. Es wird aber behauptet, daß die Ansteuerung der Bank aus WSW bei schlechtem Wetter bis auf 4 bis 5 sm an die Bank heran

Wetterkarten zum La-Coruña-Rennen 1960

besonders gefährlich sei. Dies geht wahrscheinlich auf Lokalkenntnisse zurück, die von Fischern stammen und eine Warnung sind, denn obgleich ich diesen Teil der Biskaya kenne, würde ich in so großer Entfernung von den tatsächlichen Untiefen keine Gefahr erwartet haben.

Nach allgemeiner Auffassung wurde der Unfall der ALOA durch ihre Nähe zu den Rochebonne-Untiefen verursacht, aber immerhin besteht die Möglichkeit, daß sie sich die ganze Zeit in tiefem Wasser befunden hat, denn als sie von dem Trawler auf den Haken genommen wurde, trieb sie angeblich 10 sm südwestlich der Untiefen. Ähnlich wie die TANDALA ist sie vielleicht, als der Wind bei Durchzug der von heftigen Böen und Windstößen begleiteten Kaltfront umsprang, von einem Wellenungetüm erfaßt und flach aufs Wasser gedrückt worden. Ein Umstand, den ich nirgendwo erwähnt fand, ist, daß sich der

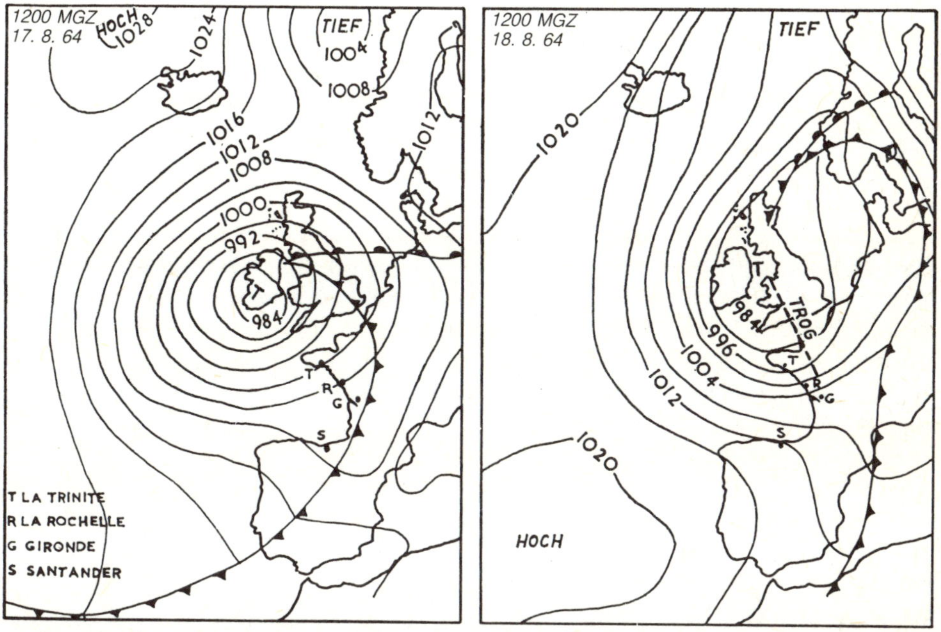

Wetterkarten zum La-Trinité-Rennen 1964

Gezeitenstrom gegen den Wind gewandt hatte, was (wie im Kapitel „Theorie und Tatsachen der Wellenbildung" erklärt) die Höhe und Steilheit der Wellen erheblich gesteigert hätte, selbst wenn der Strom nur mit 0,5 kn lief. Das Resultat wäre ein Tumult von hohen, brechenden und gefährlich unregelmäßigen Kreuzseen in einem Gewässer gewesen, das man bei westlichen Winden getrost als Atlantischen Ozean bezeichnen kann. In diesem Fall wäre der Schaden durch die Gewalt des Wetters und nicht durch das flacher werdende Wasser verursacht worden. Genau wird man es niemals wissen, aber auf jeden Fall bekräftigt die Tragödie eine Reihe von Lehren:

- Bei Stürmen können Gebiete mit unregelmäßiger Bodenbeschaffenheit oder felsigen Riffen (selbst in großen Tiefen) die See zum Brechen bringen. Sie können fast so gefährlich werden wie Leeküsten.
- Das Beispiel der ALOA bestätigt die Erfahrungen auf der TANDALA, daß Wellenungetüme Dimensionen erreichen können, die für kleine Yachten bei 8 Windstärken (im Durchschnitt 34 bis 40 kn) und sogar darunter gefährlich sind, wie im nächsten Kapitel ausgeführt wird.
- Der Schaden tritt fast immer in Lee auf. Er wird dadurch verursacht, daß ein brechender Wellenkamm die Yacht auf die Seite wirft und sie in das Wellental hinabstürzt, wo sie leewärts auf Wasser hart wie Straßenpflaster fällt. Gewöhnlich ist es das Deckshaus, das den Schaden davonträgt und dessen Konstruktion häufig der schwache Punkt ist.
- Eine Yacht kann trotz solcher Schäden durchkommen, vorausgesetzt, daß provisorische Reparaturen zeitig genug ausgeführt werden. VERTUE XXXV, TANDALA und ALOA sind Beispiele dafür.
- Der Unglücksfall der ALOA veranschaulicht ein weiteres Mal, daß die Gefahr, einen Mann über Bord zu verlieren, dann am größten ist, wenn der Sicherheitsgurt vorübergehend, entweder beim Andecksteigen oder bei Ablösung des Rudergängers, ausgepickt wird.

3. MARIE GALANTE II. Als der Skipper dieser Yacht beschloß, aus dem Rennen auszuscheiden, wehte es mit Windstärke 7. Er nahm Kurs auf den nächsten Hafen, in diesem Fall die Gironde. Die Yacht scheint gut navigiert worden zu sein, aber ihre Ankunft vor der Gironde-Mündung fiel zusammen mit dem Höhepunkt des Sturms, der vor der Küste mit Windstärke 8 und von heftigen Böen begleitet geweht haben muß. Die Ansteuerungsrinne ist bei auflandigem Sturm selbst für große Frachtschiffe gefährlich, und die Verhältnisse dort werden kurz vor Niedrigwasser, mit Wind gegen Ebbstrom, am schlimmsten gewesen sein. Vielleicht hat die MARIE GALANTE II bei der schlechten Sicht die tiefe Rinne auch verpaßt oder war gezwungen, quer über die Untiefen zu laufen, um mit dem Heck vor den Seen zu bleiben.

Vielleicht waren die Wellen in der Rinne schon so hoch, um den Untergang zu erklären, aber wahrscheinlicher ist, daß die Yacht den Brechern auf den Corduan-Untiefen zum Opfer fiel.
In beiden Fällen steht folgendes fest:

- Die MARIE GALANTE II erlitt keine Havarie, als sie vor dem Sturm in tiefem Wasser lenzte und Trossen achteraus schleppte.
- Es ist sicherer, einen Sturm auf See abzureiten als leewärts unter Schutz zu laufen. Selbst die tiefe Ansteuerung von La Rochelle weiter nördlich kann sehr rauh sein, wenn Wind gegen Strom steht.
- Man nimmt an, daß der Eigner der MARIE GALANTE II nicht mehr in der Lage gewesen ist, den Haken an der Leine seines Sicherheitsgurtes auszuklinken. Vielleicht waren seine Hände vor Kälte erstarrt, aber es kommt auch vor, daß die Haken schwer aufgehen, weil sie verrostet oder durch seltenen Gebrauch unbeweglich geworden sind. Die Tragödie mag an die Notwendigkeit erinnern, die Haken unter Kontrolle und eingefettet zu halten, so daß sie sich leicht aufmachen lassen.
- Ferner dient der Unglücksfall als Mahnung, daß Rettungsflöße die ganze Besatzung

19 Typische See im Englischen Kanal bei von den Küstenstationen bestätigter Windstärke 8. Der brechende Kamm ist auf der anderen Seite der Welle. Bei Strom gegen Wind stünde eine sehr grobe See.

20 Die 12 m lange Yawl Puffin, *Entwurf Sparkman & Stephens. Nach Überquerung des Atlantiks, wo sie in den Tropensturm Becky geraten war, wurde sie im Mittelmeer von einem Wellenungetüm erfaßt, seitwärts aufs Wasser geschmettert und schwer beschädigt.*

21 Die 12 m lange toppgetakelte Slup Force seven, *Konstrukteur William Tripp. Unter bloßen Masten lenzend, stand sie den Hurrikan Cleo durch. Ein in der Nähe befindlicher Tanker meldete Böen von 83 kn.*

aufnehmen können müssen, wie es in den Sicherheitsvorschriften des RORC vorgeschrieben ist.

- Wenn eine Yacht überrollt und von einer See über die Horizontale hinaus herumgeworfen wird, droht Gefahr von jedem schweren Gegenstand wie Kühlschränken oder Batterien, die ohne starke Sicherung losbrechen und die Besatzung verletzen können.

Mistral im Mittelmeer

Ich habe nie im Mittelmeer gesegelt, aber die folgende Geschichte von Edward R. Greeff, die in „Yachting“ erschien und in der er beschreibt, wie er mit seiner Yacht PUFFIN in einen Mistral geriet, ist lehrreich, nicht nur in bezug auf lokale Verhältnisse, sondern auch was das Thema Schwerwettersegeln im weiteren Sinne betrifft, wo immer es sein mag.

Die PUFFIN ist eine toppgetakelte Yawl mit einer vermessenen Gesamtsegelfläche von 72 m^2. Sie hat eine Lüa von 12,20 m und 8,90 m LWL. Die Breite beträgt 3,20 m. Die Yacht hat einen Bleikiel von 3720 kg, eine verhältnismäßig gerundete Kimm und einen recht schräg einfallenden Rudersteven. Das Gesamtgewicht ist 11,5 t. Die Rumpfform entsprach Olin Stephens' Auffassung im Jahre 1963 von einer leistungsfähigen Hochseeyacht.

Edward Greeff hatte an dem Bermudarennen 1966 teilgenommen, wo die PUFFIN dritte in ihrer Klasse und zwölfte in einer Flotte von 176 Yachten wurde. Er überquerte dann den Atlantik und segelte nach Mahón auf Menorca, der östlichsten Insel der Balearen. Die Besatzung bestand aus dem Eigner und seiner Frau Betty sowie zwei Ehepaaren.

Die PUFFIN verließ Mahón am 15. August 1966 um die Mittagszeit und nahm Kurs auf Bonifacio auf Korsika, eine Distanz von 240 sm. Der Wetterbericht vom Flugplatz meldete freundliches Wetter, gute Sicht und Winde von 10 bis 12 kn aus NNE, die aber bei der Annäherung an die Küsten von Korsika und Sardinien veränderlich zu werden drohten, bei Seegang nicht über 0,50 m hoch. Ich zitiere Edward Greeff:

„Wir hatten einen schönen, aus dem Hafen herausstehenden Wind und stellten fest, daß wir den Kurs von 070° fast anliegen konnten; später raumte der Wind. Wir hatten die große Genua 1 hoch und machten etwa 5,5 bis 6 kn Fahrt. Um 20.00 Uhr legte der Wind sich, und wir starteten unsere Maschine. Wir blieben auf Kurs und machten 5 kn Fahrt.

Bei Sonnenuntergang sah ich im Westen eine ziemlich dunkle Wolkenbank aufkommen mit ihr vorausziehenden hohen Zirruswolken. Das schaute nicht gut aus, aber das Barometer zeigte unverändert 1018 mb, wo es seit Wochen mit nur geringen Schwankungen gestanden hatte. In Erinnerung an den Wetterbericht hielt ich es für unnötig, irgend jemanden zu beunruhigen.

Um 20.50 Uhr kehrte der Wind zurück und begann aufzufrischen. Auch eine große Dünung aus NNW begann sich bemerkbar zu machen. Bis Mitternacht hatten wir von

Genua 1 zu Genua 3 und anschließend zur Arbeitsfock übergewechselt, und bald darauf entschlossen wir uns, ein Reff in das Großsegel zu drehen und den Besan zu bergen. Wir konnten bei NzE-Wind immer noch unseren Kurs anliegen, mit einem kleinen Schrick in den Schoten. Um 02.00 Uhr rollten wir ein zweites Reff ein und liefen in etwas Regen hinein. Ich fand nur schwer Schlaf, da mich dieser Wetterwechsel beunruhigte, aber da das Glas sich nicht veränderte, nahm ich an, daß es nicht sehr lange dauern würde. Um 04.00 Uhr beschloß ich, das Großsegel zu bergen, und wir segelten unter Arbeitsfock und Besan weiter; der Wind wehte jetzt mit 35 bis 40 kn aus Nord und stand von etwas vorlicher ein als dwars. Inzwischen war es uns klargeworden, daß wir auf Unheil gefaßt sein mußten, da ein französischer Sender die Existenz eines sehr schweren Sturms bestätigte, der sich vom Golfe du Lion ostwärts bewegte. Die ganze Zeit über baute sich der Seegang mit großer Geschwindigkeit auf. Eine Eigentümlichkeit war die Kürze und Steilheit der Seen.

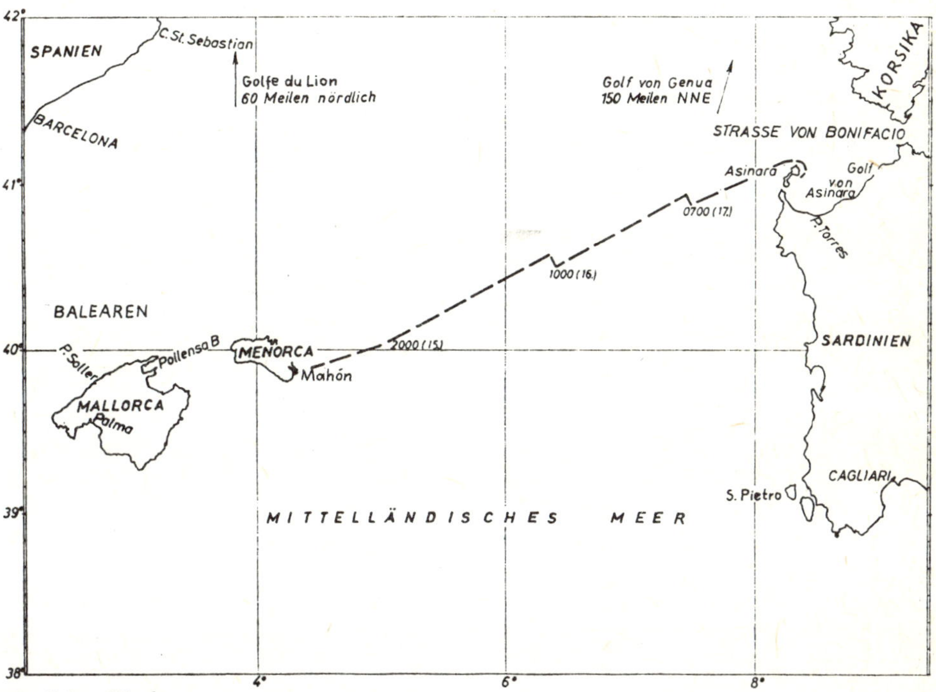

Westliches Mittelmeer

Bei Sonnenaufgang am Dienstag (16. August) lief die PUFFIN unter Fock und Besan wieder zu schnelle Fahrt. Wir wechselten daher zum Sturmklüver über. Ich fand, daß das Schiff, wenn ich die Geschwindigkeit auf 5 oder 5,5 kn beschränkte, kaum arbeitete; ich wollte die Situation für die Frauen an Bord nicht schwieriger und ungemütlicher machen als nötig. Bei Tagesanbruch klarte der Himmel auf, aber der Wind, der jetzt westlicher als Nord wehte, hatte sich auf gute 40 bis 45 kn, in den Böen vielleicht noch mehr, verstärkt und schien im Laufe der Morgenstunden weiter zuzulegen. Ich muß gestehen, es war ein herrlicher Anblick, wie die Wellenkämme im Sonnenlicht vom Wind davongetragen wurden. Inzwischen hatte ich die Segelanweisung des Hydrographischen Instituts über Mistrals nachgelesen. Es hieß dort, daß ein Mistral 25 Tage andauern kann, mit Winden bis zu 60 und 70 kn. In der Sommerzeit ist sein Auftreten jedoch selten und seine Dauer durchschnittlich nicht länger als drei bis sechs Tage. In einer Situation wie dieser fragt man sich immer, was man tun soll: alles herunternehmen und vor dem Wind ablaufen oder beidrehen. Mit dem Wind NzW dwars hatten wir Afrika in Lee vor uns, und ich beschloß daher, weiterzulaufen. Um 12.00 Uhr setzten wir das Trysegel und bargen den Besan. Unter dieser Besegelung setzten wir unsere Fahrt fort mit glücklicherweise nur einem Fall von Seekrankheit an Bord; sonst war jeder in bester Stimmung. An Deck wurden Sicherheitsgurte angelegt. Unter Deck war die PUFFIN trocken.

Im Laufe des Nachmittags nahm der Wind noch weiter zu; er wehte jetzt bestimmt mit 50 kn und noch stärker in den Böen. Um 18.00 Uhr wurde der Sturmklüver geborgen, und wir behielten nur das Trysegel oben. Der Wind drehte mehr und mehr auf NW, und in den frühen Abendstunden kam er bereits aus WNW. Ich beschloß, das Trysegel ganz dichtzuholen und beizudrehen, dabei aber einen Mann als Wache am Ruder zu lassen. Die PUFFIN ritt die Seen in aller Gemütlichkeit ab und machte etwa 1,5 kn Fahrt durchs Wasser, aber bestimmt nicht über Grund. Die Seen waren, wie ich schon erwähnte, sehr steil, und gelegentlich brach wohl ein Kamm an Deck und füllte einen Teil des Cockpits, was alles aber nicht mehr bedeutete, als daß man naß wurde. Ich war jetzt ganz schön müde und holte mir meine ersten vier Stunden Schlaf.

Dienstagnacht verging verhältnismäßig ruhig, außer daß der Himmel von schweren Wolken verhüllt war und etwas Regen fiel, der einer gewaltigen Blitzentfaltung im Norden folgte. Um 04.00 Uhr gab Monaco-Radio bekannt, daß dieser schlimme Sturm über dem Golf von Genua steckengeblieben sei und an den französischen und italienischen Küsten große Schäden anrichtete.

Als ich für die Wache von 04.00 bis 08.00 Uhr an Deck kam, hatte der Wind sich etwas gemäßigt, aber zwischendurch gab es immer noch Böen von großer Härte. Wir hatten aber nach einiger Zeit das Gefühl, daß die Böen seltener wurden, und dazwischen ging der Wind auf vielleicht 20 kn zurück. Um 06.00 Uhr am Mittwoch (17. August) schienen Seegang und Wind endgültig weniger geworden zu sein, und ich fand es an der Zeit, abzufallen und wieder auf Kurs zu gehen. Dienstag war es fast unmöglich gewesen, Gestirnsbeobachtungen zu machen, und da es keine Funkfeuer an der Westküste von Sardinien gab, konnten wir unseren Schiffsort nur schätzen und berechneten ihn auf ungefähr 40 sm westsüdwestlich von Punta Scorno.

Der Wind, raum von Backbord, hatte inzwischen beträchtlich abgeflaut. Da wir unter Trysegel kaum 3 kn Fahrt machten, setzten wir dazu den Sturmklüver, in der Hoffnung, damit auf 5 kn zu kommen. Bald sah alles so ermutigend aus, daß ich beschloß, erst einmal den Besan zu setzen, bevor ich die Leute aus dem Schlaf riß, um den größeren Klüver hochzuholen. Etwa um 06.45 Uhr ging ich unter Deck, weil ich versuchen wollte, meinen geschätzten Schiffsort zu berichtigen, aber während ich unten war, hatte ich das Gefühl, daß der Wind wieder ein wenig zugenommen hatte, und ging daher an Deck. Er war tatsächlich mehr geworden, aber ich glaubte, daß es noch immer nicht mit mehr als höchstens 30 kn in den Böen wehte.

Um 07.15 Uhr stand ich auf der Leeseite des Großbaums, beobachtete die See und plauderte mit Braman, der mit mir die Wache teilte, als ich achteraus ein Brausen vernahm. Ich wandte mich um und erblickte eine riesenhafte See, viel gewaltiger als alles, was wir bisher gesehen hatten, deren brechender Kamm an der Frontseite herabstürzte. Die Breite muß annähernd 70 m und die Höhe des Kamms 2,50 bis 3 m betragen haben. Ich schrie Braman irgend etwas zu wie ‚Warschau!, die kommt an Bord, fall' ab und stütz sie!" Im Grunde war ich gar nicht ernsthaft besorgt, weil ich alles fest verschalkt hatte, alle Luken geschlossen und die Querschotten im Niedergang eingesetzt waren.

Als die See über unser Heck hinwegbrach, verschränkte ich meine Arme um den Großbaum. Die See ging über uns beide hinweg, und das nächste, was ich wußte, war, daß der Wassersog um meine Hüften herum so gewaltig wurde, daß es mich von dem Baum wegriß. Sekunden später befand ich mich unter Wasser und wurde an meinem Sicherheitsgurt mitgeschleift. Offensichtlich war die Puffin quergeschlagen, mit der Steuerbordseite nach unten, und wurde auf der Seite liegend mit den Masten im Wasser von der brechenden See mitgerissen. Ich zog mich hoch, bis ich mit meinen Händen die Reling zu fassen bekam, und inzwischen hatte sich das Boot auch wieder aufgerichtet. Braman war immer noch an der Pinne.

Einer der Mitsegler stürzte an Deck und half mir, wieder an Bord zu klettern. Ich schrie Braman zu, wieder abzufallen. Ohne Schwierigkeiten, wenn auch etwas träge, fiel die Yacht auf ihren alten Kurs zurück. Betty, die aus ihrer Koje geschleudert worden war und ihr Nasenbein gebrochen hatte, rief mir zu, daß das Wasser unten fast einen halben Meter über den Bodenbrettern stünde. Ich traute meinen Augen nicht, als ich entdeckte, daß 2,50 m des Kajütaufbaus auf der Steuerbordseite zersplittert waren. Das Wasser war offenbar mit solcher Gewalt durch dieses Loch hineingeflutet, daß es die Plexiglasschotten aus dem Niedergang herausgerissen und in das Cockpit gedrückt hatte.

In der Erkenntnis, daß es jetzt hieß, schnell zu arbeiten, da die Puffin sich in einer gefährlichen Lage befand, bargen wir sofort den Besan und laschten die Laufplanke (die man in den meisten Mittelmeerhäfen braucht, wo man durchweg mit dem Heck zum Land ankert) über der Steuerbordseite des Kajütaufbaus fest. Ich hoffte, dies würde genügen, eine andere See abzuhalten, bis wir das Wasser aus dem Boot gepumpt hatten.

Die Puffin besitzt zwei handbetriebene Bilgepumpen, eine, die sich auf Deck bedienen läßt, die andere unter Deck. In der Kajüte herrschte jedoch ein furchtbarer Zustand. Alles mögliche war in die Bilge geraten und hatte die beiden Saugstutzen vollgesetzt. Wir machten uns daher mit Eimern an die Arbeit, bis wir genug herausgepützt hatten, um unsere Hände um den Saugstutzen zu legen und ihn freizuhalten, ohne den Kopf ins Wasser stecken zu müssen. Bald hatten wir die Bilge lenz.

Die nächste Aufgabe war, die Laufplanke richtig am Kajütaufbau zu befestigen. Die Planke war 4 m lang, 45 cm breit und etwas über 3 cm dick. Wir nahmen zu diesem Zweck die Trittleisten ab, bohrten Löcher durch die Planke, brachten die Trittleisten an der Innenseite des Kajütaufbaus in vertikaler Lage an und führten dann Leinen durch die Löcher und um die vertikalen Trittleisten herum, wodurch die Planke fest an ihrem Platz gehalten wurde. Da die Planke zu dick war, um sich zu biegen, ließ sie sich nicht genau anpassen, und wir mußten uns damit begnügen, Handtücher in die offenen Stellen zu stopfen. Um 09.00 Uhr war diese Arbeit getan.

Betty blutete böse, und ich funkte daher „Mayday". Da ich niemanden erreichte, wiederholte ich mein Signal eineinhalb Stunden lang in regelmäßigen Abständen. Endlich antwortete eine italienische Yacht und versprach, die Botschaft weiterzuleiten. Inzwischen hatten wir den Fall in die Hand bekommen, und ich konnte mitteilen, daß keine unmittelbare Gefahr mehr bestünde und wir nach Bonifacio laufen würden; wir hätten jedoch gern, daß uns ein Fahrzeug erwartete, da wir bei Ankunft ärztliche Hilfe benötigten.

Einer der Mitsegler, der in der unteren Backbordkoje geschlafen hatte, war herausgeworfen worden und in der oberen Steuerbordkoje gelandet. Er hatte sich den Kopf und die Schultern gestoßen, sich aber glücklicherweise nicht verletzt. Ein anderer hatte in der Steuerbordkoje in der Vorderkajüte gelegen und nichts Schlimmeres davongetragen als einige Beulen. Betty, die gegenüber geschlafen hatte, war ebenfalls herausgeschleudert worden und mit dem Gesicht auf etwas gefallen – auf was, weiß sie nicht.

In der Zwischenzeit verfolgte die PUFFIN mit 4 bis 4,5 kn Fahrt ihren Kurs. Nach meiner Schätzung standen wir jetzt ungefähr 20 sm westnordwestlich der Insel Asinara an der Nordwestspitze Sardiniens.

Nach einem schnell eingenommenen Frühstück ging ich an Deck, um mir den Schaden genau anzusehen. Die Besichtigung ergab, daß fast alles an Steuerbord weggerissen oder beschädigt worden war, als die PUFFIN querschlug, einschließlich des auf Holzklötzen auf dem Kajütdach gelagerten Spinnakerbaums und der Dorade-Lüfter, von denen einer auf der Steuerbordseite des Großmastes, der andere auf dem Achterluk stand. Die Relingsstützen an Steuerbord waren verbogen, und der Rettungsring und die Elektronenblitzleuchten samt Schwimmern fehlten. Diese kann aber auch ich abgerissen haben, als ich über Bord stürzte. Die Besanwanten waren vollkommen locker, was uns zunächst rätselhaft war. Bei Nachprüfung stellten wir fest, daß der Mast das Spurlager, eine Bronzeplatte, zertrümmert hatte und nunmehr auf dem Gillungsholz ruhte. Der Besanmast selbst schien heilgeblieben zu sein, ebenso wie der Hauptmast. Ich glaube, es waren zwei Umstände, die dazu beitrugen, das Spurlager des Besanmastes zu zerbrechen: Die in den Besan hineinbrechende See erzeugte eine ungeheure Drucklast, und auch die Gewalt der von oben auf den Großbaum herabstürzenden Wassermassen trug dazu bei, da der Großbaum in einem Drahtstropp am Besanmast hing. Wir hatten Glück, daß der Besanmast selbst nicht brach, und das war, glaube ich, dem Umstand zu verdanken, daß ich Besanbackstagen führte. Übrigens blieb ein Backstag immer gesetzt, wenn wir unterwegs waren, einerlei ob der Besan stand oder nicht.

Das Dingi lag festgelascht auf Klötzen auf dem Kajütdach. Diese Klötze waren mit dem Kajütdach verbolzt, und die Zurrings des Dingis liefen durch die Klötze und mehrfach kreuzweise über das Dingi. Die Fangleine war um den Mast herum befestigt. Es ist interessant, daß sich das Dingi in seiner Aufklotzung nicht gerührt hatte, aber beide Seiten waren dergestalt eingedrückt, daß die Duchten den Kunststoff durchstoßen hatten. Das vermittelt eine Vorstellung, welche Kraft an dem Dingi am Werk gewesen sein muß.

Bis 11.00 Uhr hatte sich unsere Fahrt bei nachlassendem Wind so verringert, daß ein Mitsegler die Frage stellte, warum wir es nicht unter Motor versuchten. Der Gedanke war mir gar nicht gekommen, weil ich wußte, daß das Wasser über der Batterie gestanden hatte – ein halber Meter über den Bodenbrettern war genug, um sie zu bedecken. Aber es geschehen Zeichen und Wunder – die Maschine startete tatsächlich. Wahrscheinlich war es ein glücklicher Zufall, daß die Polklemmen an der Batterie dick eingefettet waren, aber wichtiger war, daß wir einen Dieselmotor hatten. Mit laufender Maschine beschleunigte sich unsere Fahrt wieder auf über 5 kn; bald kam die Küste in Sicht, und wir konnten Punta Scorno, die Nordspitze der Insel Asinara, ausmachen. Kurz nach Mittag funkte uns die italienische Yacht von neuem an und bat um unsere letzte Position. Zu diesem Zeitpunkt standen wir annähernd 3 sm westlich von Punta Scorno. Der Italiener wies uns in die Bucht von Asinara, wo wir einen Schlepper mit einem Arzt an Bord treffen würden. Wir liefen dorthin und ankerten um 14.30 Uhr in der Bucht. Der Schlepper kam längsseits und setzte einen Arzt an Bord, der keinerlei Ausrüstung bei sich hatte, um irgendwelche Untersuchungen anzustellen. Natürlich waren wir alle sehr verärgert. Wir verstanden jedoch seine Aufforderung, nach Porto Torres – 13 sm entfernt – weiterzulaufen, damit Betty in seine Praxis kommen und in ein Krankenhaus gehen könnte. Um Zeit zu sparen, baten wir den Schlepper, uns auf den Haken zu nehmen, da er uns mit 9 kn gegenüber unseren eigenen 5 schleppen konnte. Um 17.30 Uhr trafen wir in Porto Torres ein, und kurz darauf befand sich Betty in ärztlicher Obhut.

Wie konnte so etwas geschehen – was muß man in einer solchen Situation tun, und wie läßt sich eine ähnliche Situation vermeiden? Wenn die Segelei wirklich ruppig wird, es mit aller Härte weht und die See gefährlich aufläuft, ist man normalerweise geneigt, alles Zeug herunterzunehmen und vor dem Wind abzulaufen, manchmal unter Ausbringung von Trossen achtern, um die Fahrt zu verlangsamen. In unserem Fall blieben wir unter Segel, weil es nicht so hart wehte, und besaßen gute Steuerfähigkeit. Ich muß allerdings zugeben, daß es Augenblicke gab, wenn nämlich die Seen unter uns hinwegliefen, daß die PUFFIN nicht so schnell dem Ruderdruck gehorchte, aber sonst hatten wir sie fest in der Hand.

Meiner Ansicht nach gibt es zwei Gründe, warum wir querschlugen. Einer ist, daß die See so hoch und steil war, daß sie in das Besansegel hineinbrach und so einen gewaltigen Schub verursachte, der die PUFFIN herumwirbelte. Der zweite Grund ist, daß der an Bord steigende Brecher den Rudergänger so schwer im Rücken traf, daß er über die Pinne hinweggeschleudert wurde und an Steuerbord liegenblieb. Obgleich er die Pinne niemals losließ, riß er sie doch mit nach Lee hinüber, und wir schlugen nach Backbord quer. Glücklicherweise war

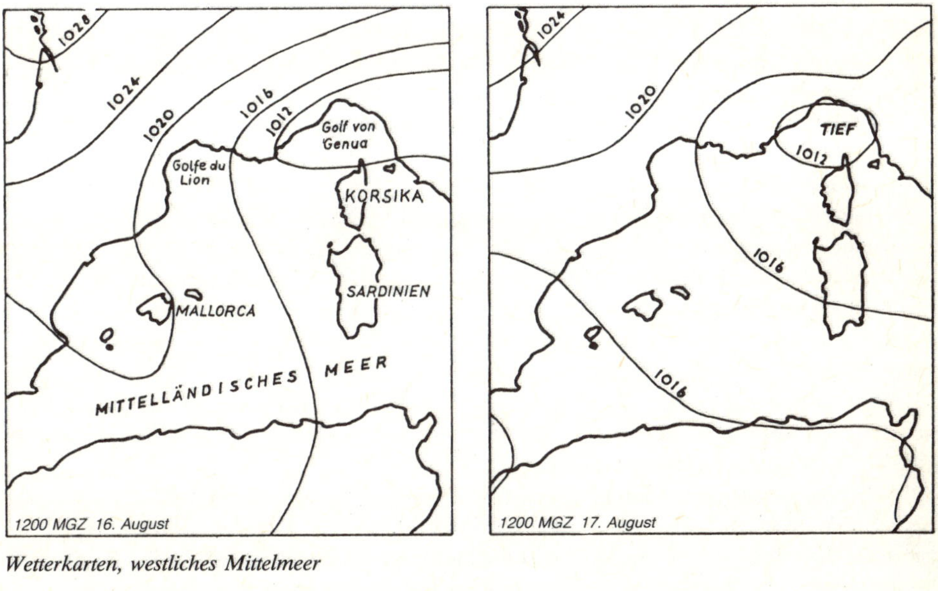

Wetterkarten, westliches Mittelmeer

sein Sicherheitsgurt angehakt, hätte aber vielleicht weniger Lose haben sollen. Ohne diese Lose hätte er kaum so weit weggeschleudert werden können.

Ich hege keinen Zweifel, daß alles dies nur im Mittelmeer passieren konnte, wo die Seen sehr kurz und steil sind. Wir hatten einen schweren Sturm im Atlantik durchgemacht, aber zu keinem Zeitpunkt gab es dort irgendwelche Seen, die uns dies hätten antun können. Ich möchte die Behauptung wagen, daß die Seen im Mittelmeer nur halb so lang sind wie die Atlantikwellen, aber dafür zweimal so steil. Ich glaube, es war nur diese Steilheit, die eine See zum Brechen bringen konnte, wie es diese bei abflauenden Winden von kaum mehr als 25 bis 30 kn tat.

Ein Hauptgrund für unsere Havarie war jedoch, daß die Seiten des Kajütaufbaus nicht, wie es in den Bauvorschriften von Sparkman & Stephens vorgeschrieben ist, durchgehende Bolzen besaßen. Diese Bolzen gehen durch die Seiten des Kajütaufbaus nach unten durch das auf dem Deck sitzende Süll, durch das Deck und durch die Balkenschlinge unter Deck, und zwar vierzöllige Bolzen aus Silikonbronze. Hiervon hätten wenigstens sechs auf die 2,50 m des eingedrückten Kajütaufbaus entfallen müssen. Es ist klar, daß diese Bolzen den Aufbau ganz wesentlich verstärkt hätten.“

Schlußfolgerungen

Das auffällige Merkmal dieser Erfahrung ist, daß die See, die den Schaden anrichtete, auftrat, nachdem der Sturm vorbei war und es nur noch mit höchstens 25 bis 30 kn und bestimmt nicht mehr als 30 kn in den Böen wehte, was Bft 7 entspricht. Dies wird durch die Tatsache bestätigt, daß die PUFFIN unter Sturmklüver, Trysegel und Besan nur 4 bis 4,5 kn Fahrt machte; hätte mehr als ein starker Wind geweht, würde man wenigstens 6 kn erwarten. Es war eine riesige Welle mit einem 2,50 bis 3 m hohen, an der Frontseite herabbrechenden Kamm, viel größer als irgendeine andere vorher, als der Mistral in Böen von über 50 kn tobte und die Wellenkämme in dem gleißenden Sonnenschein weggeweht wurden, oder während des schweren Wetters, das die PUFFIN im Atlantik erlebt hatte. Im vorhergehenden Kapitel wurden Beispiele von Wellenungetümen bei nur 7 oder 8 Windstärken gegeben, aber diese Erfahrung beweist, daß eine bösartige See sogar schon bei Windstärke 6 vorkommen kann. Ich glaube nicht, daß das Mittelmeer hierfür verantwortlich gemacht werden kann. Es kann überall passieren, obgleich zum Glück nur selten. Auch hier war es wiederum die Leeseite, die Schaden erlitt.

Für diesen Sturm gab es keine Vorwarnung, weder durch Wetterbericht noch durch Barometer. Wie aus den Wetterkarten auf Seite 183 ersichtlich, entwickelte sich die Depression sehr rasch. Es ist dieselbe Geschichte wie bei verschiedenen anderen Stürmen, die in diesem Buch geschildert werden. Wenn auch selten, so kann es doch vorkommen, daß die Wetterexperten von plötzlichen und unvorhersehbaren Änderungen der Wetterverhältnisse, zumal örtlicher Art, überrascht werden.

Unter den Beobachtungen, die Edward Greeff in seinem Artikel in „Yachting“ machte, befinden sich die folgenden, denen ich meine eigenen Anmerkungen, wo es angebracht erschien, in Kursivschrift beigefügt habe.

1. Wäre die PUFFIN ein Kielschwerter gewesen, hätte ich meine ernsten Zweifel, ob sie sich bei den Wassermengen, die wir im Schiff hatten, wieder aufgerichtet hätte. Sie kam dagegen sehr schnell wieder hoch. Ich empfehle dringend ein Kielboot für jeden, der die

Absicht hat, eine Ozeanreise in einem kleinen Boot von der Größe der PUFFIN zu unternehmen. *Dies ist interessant, weil eine ganze Anzahl von Hochseeseglern zu derselben Überzeugung gelangt ist.*

2. Lenzt man vor einer hohen See, darf achtern niemals ein Segel gesetzt werden. *Ich habe das Yawlrigg empfohlen, weil die COHOE II so sehr gut unter Besan und Klüver lief, aber die Erfahrung des Skippers der PUFFIN ist ein logischer Einwand gegen die Verwendung eines Besans, den ich nicht vorgesehen hatte, der aber nur gilt, wenn die Seen wirklich gefährlich werden.*

3. Sicherheitsgurte sollten mit Schulterriemen versehen sein. Die Karabinerhaken müssen sehr stark sein, nicht die übliche Art aus Bronze, sondern geschmiedete, galvanisierte Karabinerhaken.

4. Sperrholzbretter, so breit wie der Kajütaufbau hoch ist, müssen sich unbedingt an Bord befinden; dazu reichlich Schrauben und Bolzen jeder Größe und Nägel, wenn es sich um ein Holzschiff handelt. *Dies bekräftigt bereits gegebene Ratschläge, aber es sei gleichzeitig vermerkt, daß ich diese Materialien über 20 Jahre mitgeschleppt habe, ohne sie jemals zu gebrauchen.*

5. Ich würde starke Leinen an Steuerbord und Backbord von vorn nach achtern, sehr steif gesetzt, innerhalb der Wanten spannen und sie auf Vorschiff und Heck an Augplatten oder Pollern anschlagen, um daran den Karabinerhaken des Sicherheitsgurtes einpicken zu können. Diese Art Befestigung gewährt genügend Spielraum, um sich nach vorn und achtern zu bewegen und doch die ganze Zeit gesichert zu bleiben. *Man beachte auch, daß Edward Greeff empfiehlt, die Sicherheitsleine des Rudergängers kurzzuhalten und zuviel Lose zu vermeiden.*

6. Die Vorschriften für das Bermudarennen sind sehr zweckmäßig – zwei handbetriebene Pumpen. Verlasse dich nicht auf eine elektrische Pumpe, denn wenn du in Schwierigkeiten kommst, brauchst du den Strom vielleicht dringender, um Hilfe herbeizurufen oder die Maschine zu starten.

7. Der Raum zwischen den Bodenbrettern auf einem Holzschiff oder da, wo der Saugstutzen der Bilgepumpe liegt, sollte mit einem Drahtnetz abgedeckt sein, um zu verhindern, daß Gegenstände die Saugrohre verstopfen. *Es ist selbstverständlich von entscheidender Wichtigkeit, daß Pumpen nicht verstopfen können. Dies läßt sich erreichen durch die Anbringung von Saugkörben aus Kupferdraht am Ende des Saugrohres oder durch Befolgung des Ratschlages von Edward Greeff oder, besser noch, durch Anwendung beider Methoden.*

8. Starke Holzplatten eignen sich vorzüglich als Leisten, um Segeltuch fest anzupressen, und außerdem für eine ganze Reihe anderer Zwecke. Ein voller Werkzeugsatz für Holz- und Metallbearbeitung muß vorhanden sein, ebenso wie drei Bohrertypen: elektrischer Bohrer, Spiralbohrer und Kurbelbohrer mit Schneideneinsatz.

9. Reserve-Positionslaternen und Kompaßbeleuchtung – Batterietyp – sollten vorhanden sein.

10. Führe mindestens zwei Pützen an Bord: eine darf aus Kunststoff, die andere aus Segeltuch sein.

Die folgenden Anmerkungen möchte ich noch hinzufügen:

- *Beidrehen.* In der schlimmsten Phase des Sturms drehte die PUFFIN bei, und zwar unter dem flachgetrimmten Trysegel und mit einem Mann am Ruder, der steuerte. Edward

Greeff hatte sich diese Methode zu eigen gemacht, als die PUFFIN in den Hurrikan Becky geriet, fünf Tage nachdem sie Bermuda verlassen hatte. Die Yacht war auf diese Weise gut genug zu manövrieren, um die von bösartig brechenden Seen drohende Gefahr auf ein Mindestmaß zu beschränken. Die PUFFIN bewältigte den Sturm im Atlantik ohne Schwierigkeiten, da die Seen so viel länger und daher weniger steil waren als diejenigen im Mittelmeer.

- *Kajütaufbau.* Edward Greeffs Empfehlung, die Seiten des Kajütaufbaus zu verstärken, ist interessant und überall da anwendbar, wo die Seiten aus einzölligem Teakholz bestehen wie auf der PUFFIN. Die Alternative wäre eine Versteifung des gesamten Kajütaufbaus und der Setzborde mit Stahl-, Bronze- oder Aluminiumbügeln bis zu den Decksbalken und Spanten hinunter, wodurch Aufbau und Rumpf eine gute Verbindung miteinander eingehen würden. Die Art der Verstärkung ist Sache des einzelnen Konstrukteurs, aber es unterliegt keinem Zweifel, daß Kajütaufbauten und Deckshäuser sich als verwundbar erweisen können, wenn man das Pech hat, von Wellenungetümen ereilt oder von einer Bö flach aufs Wasser gedrückt zu werden.

Zweimal durchgekentert

Daß eine Yacht um 360 Grad herumgerollt wird, ist ein seltenes Vorkommnis, aber es findet doch gelegentlich auf dem Ozean statt. Die beiden klassischen Beispiele sind die 5,80 m lange SEA QUEEN von Voß im Nordpazifik und die 13,70 m lange TZU HANG, die sich im Südpazifik erst überschlug und dann durchkenterte.

Nachstehend folgt der Bericht über eine Yacht, die vor der Küste von North Carolina zweimal kenterte und dabei vollständig herumschlug. Dies ist darum von besonderem Interesse, weil es sich bei dem Schiff um einen normalen Ocean Racer mittlerer Größe handelte und der Vorfall sich ereignete, als es sich auf einer normalen Reise befand, auf der es lediglich mit den besonderen Launen des Golfstroms zu rechnen hatte.

Die DOUBLOON, eine 11,90 m lange Kielschwertyawl, wurde 1957 von Aage Nielsen konstruiert. Ihre Abmessungen: 8,50 m LWL, Breite 3,25 m, Tiefgang 1,35 m, Segelfläche 76,50 m^2, Wasserverdrängung 9 t, davon der Ballastkiel etwa 2,5 t.

Die Yacht verließ St. Augustine, Florida, am Sonnabendmorgen (2. Mai 1964) mit dem Ziel Morehead City, von wo sie über den Intracoastal Waterway nach Newport segeln wollte, um rechtzeitig für den Start zum Bermudarennen einzutreffen. Die Distanz von St. Augustine nach Morehead City (etwas mehr als 50 sm südlich des berüchtigten Kaps Hatteras) beträgt ungefähr 360 sm, und da der Kurs auf der Achse des Golfstroms verlief, sollte die Reise unter gewöhnlichen Umständen mehrere Tage in Anspruch nehmen.

Die DOUBLOON wurde von ihrem Eigner, Joe C. Byars, geführt. Seine Besatzung bestand aus Gene Hinkel und zwei anderen jungen Leuten, Mel Burnet und Roger Ryall, die beim Start unerfahrene Segler waren, aber, wie der Eigner sich ausdrückte, die Reise beendeten als „promoviert in einigen der rauheren Lehrgänge, die die See anzubieten hat". Als die Yacht St. Augustine um 06.00 Uhr verließ, war kein Wind. Man hatte die Seewetterberichte nicht verfolgt. Im Daytona-Rundfunk wurde schlechtes Wetter nicht erwähnt; der einzige Hinweis auf eine Störung erfolgte von einem anderen Rundfunksender, der für das Gebiet von Charleston eine Sturmwarnung für Kleinfahrzeuge brachte.

Der Motor wurde bis 08.00 Uhr benutzt, als ein mäßiger Wind aus SE aufkam, der aber um 11.00 Uhr wieder einschlief. Er kam wieder als voller Segelwind aus Osten, drehte aber später herum auf SE und briste so weit auf, daß es erforderlich wurde, tüchtig einzureffen.

Die Nacht hindurch lief DOUBLOON unter Besan und Klüver 8 kn. Am Sonntagmorgen (3. Mai) flaute der Wind auf 12 bis 14 kn (Windstärke 4) ab und sprang um auf West. In den späteren Morgenstunden traf man auf eine Dünung, die Joe Byars als die höchste bezeichnete, die er jemals erlebt hätte. Sie kam aus NNE, und die Wellenhöhe wurde auf etwa 4,50 m geschätzt. Der Wind wehte ihre Kämme in großen Gischtflagen rückwärts ab, und es war für DOUBLOON trotz des guten Windes fast unmöglich, ihre Segel voll zu halten, da diese zum Teil von der gewaltigen Dünung abgedeckt wurden. Es war notwendig, eine Bullentalje anzuschlagen, um den Großbaum draußen zu halten; die Fahrt durchs Wasser war kümmerlich. Dies ist eine interessante Bestätigung meiner eigenen Erfahrungen und unterstreicht die wenig bekannte Tatsache, daß eine sehr hohe Dünung es bei leichten oder sogar mittleren Winden unmöglich machen kann, zu segeln.

Byars nahm zuerst an, daß die Dünung von einem Sturm nordwärts stammte, der sich ausgeweht hatte, aber bis 15.00 Uhr war das Barometer auf etwa 999 mb gefallen, und als der Wind auf Nordost umsprang (also auf die gleiche Richtung, woher die Dünung setzte), beschloß er, den Kurs auf Charleston zu ändern, das ungefähr 105 sm westnordwestlich lag. Es war genau 17.00 Uhr, als der Skipper im Norden etwas bemerkte, was aussah wie eine Regen- und Hagelbö oder eine Einbruchsfront. Vorbereitungen für schweres Wetter wurden getroffen, alle Segel geborgen und der Sturmklüver fertig zum Setzen angeschlagen. Alle Luken und Öffnungen wurden verschalkt.

Einige Minuten später drehte der Wind auf Nord zurück und steigerte sich auf 35 bis 45 kn (Windstärke 8 bis 9), und die DOUBLOON wurde unter bloßen Masten vor den Wind gelegt. Ein Nordoster hatte zu wehen begonnen und erreichte bald 50 bis 70 kn (Windstärke 10, in den Böen über Hurrikanstärke). Die Wellenkämme wurden horizontal davongeweht und erfüllten die Luft mit Gischt.

Bei Sonnenuntergang schätzte Byars die Wellenhöhen auf 4 bis 5 m und am folgenden Morgen auf 5 bis 7 m. Die Seen, größer als er sie je zuvor gesehen hatte, waren sehr steil und von weißem Schaum gekrönt. Ab und zu nahm die DOUBLOON eine See von achtern über, die das Cockpit halb füllte. Das ist bei Yachten im Sturm normal, aber was dann in der Nacht folgte, grenzte an eine Katastrophe. Der Sturmklüver wurde gesetzt, um die Yacht stetiger auf Ruder zu halten, und ihr Skipper meinte auch zunächst, daß es helfe, aber da das Boot zu gleiten begann, wurde der Klüver wieder geborgen. Später und im Laufe der Nacht erfolgten „fünf ausgewachsene Schmetterschläge von brechenden Seen", die wir im einzelnen untersuchen wollen.

Erster Schlag. Die erste See kam um 18.00 Uhr genau von achtern und begrub das Cockpit unter sich. Byars wurde vom Ruder weggerissen und hart gegen die Achterseite des Deckshauses geschleudert. Burnet wurde an Backbord über Bord gespült, aber sein Sicherheitsgurt hielt, und er war schnell zurück an Bord. Keiner von beiden war verletzt. Das Cockpit war randvoll mit Wasser, und wie üblich erwiesen sich die Abflußrohre als zu eng. Fast alle Yachten sind in dieser Beziehung gleich. Ein großer Schmortopf trat in Aktion: Das Cockpit wurde geleert und die Bilge gelenzt.

Es wurde dann beschlossen, die DOUBLOON auf Südwestkurs zu legen, was Wind und See auf Steuerbord achtern brachte. Sie lag ganz gut so, und dieser Kurs schien die besten Aussichten zu bieten, sich aus dem Sturm und dem Golfstrom herauszuarbeiten.

Zweiter Schlag. Dieser Kurs wurde fast drei Stunden lang bis ungefähr 21.00 Uhr gehalten, ohne daß weitere Seen überkamen. Dann wurde die DOUBLOON von einem zweiten ausgewachsenen Brecher erfaßt. Wieder wurde das Cockpit vollständig unter der See begraben und die Yacht flach aufs Wasser gelegt. Byars und Burnet wurden aus dem Cockpit und über Bord geschwemmt, aber ihre Sicherheitsgurte hielten. Sie wurden zurück an Bord gespült, als die Yacht sich wieder aufrichtete. Schmortopf und Pumpe traten von neuem in Aktion. Ein zerschmettertes Bullauge wurde repariert, indem sie die Klappe eines Kojenkastens mit großen Nägeln darauf festhämmerten, um später ein Stück Sperrholz von außen dagegenzunageln.

Der Skipper entschloß sich darauf zu dem Versuch, die DOUBLOON höher an den Wind zu bringen, und legte hart Ruder. Das beste, was sie jetzt anliegen konnten, waren 60 bis 70 Grad am Wind, Kompaßkurs etwa 300 Grad. Sie fierten dann das Schwert, um noch höher an den Wind zu kommen. Die Yacht schien sich treibend und bei einer Krängung von etwa 20 Grad besser handhaben zu lassen und nahm vier Stunden lang keine Seen mehr über.

Erste Durchkenterung. Etwa um 01.00 Uhr am folgenden Morgen (Montag, 4. Mai) erfolgte ein ungeheurer Schlag, und krachend wurde das Boot auf seine Backbordseite herumgeworfen. Zunächst schien es so, als ob es dort einen Augenblick verharrte, aber anstatt sich wieder aufzurichten, ging es ganz herum. Die Besatzung wurde zuerst nach Backbord, dann gegen das Kajütdach geschleudert. Bevor sie einen Gedanken fassen konnten, standen sie wieder aufrecht. Die ganze Drehung um 360 Grad hatte schätzungsweise nur drei bis fünf Sekunden gedauert.

Joe Byars befand sich in diesem Moment gerade unter Deck, aber er begriff sofort, was geschehen war, und sein erster Gedanke galt seiner Besatzung. Er war überzeugt, daß die DOUBLOON verloren war, und eilte den Niedergang hinauf. Noch kann er sich des grauenhaften Anblicks erinnern, wie die Pinne hin- und herschlug, ohne daß jemand am Ruder stand. Er schrie nach Gene Hinkel, der dort gestanden hatte, erhielt aber keine Antwort. Ein schneller Rundblick zeigte, daß Großmast, Besanmast und beide Bäume verschwunden waren. Byars stürzte ans Heck und versuchte den U-förmigen Rettungsring loszumachen, aber der Heckkorb war so verbogen, daß es ihm nicht gelang. Eine Leuchtboje, die zu dem anderen Rettungsring gehören mußte, tanzte in Lee, und da sie nicht abtrieb, bestand Hoffnung, daß Gene sie möglicherweise erreichte. Immer wieder rief Byars Genes Namen, aber keine Antwort kam.

Von unter Deck wurde gemeldet, daß das Wasser in der Bilge nicht mehr stiege. Der Wasserstand wurde mit Hilfe einer tragbaren Pumpe unter Kontrolle gehalten. Gene mußte als verloren angesehen werden, denn es gibt keine Überlebenschance für einen Mann, der nachts von einer manövrierunfähigen Yacht über Bord gegangen ist.

Die erste Aufgabe war, Masten und Takelage freizuschneiden. Sie lagen längsseits, das meiste davon in Luv; da sie aber nicht gegen das Boot stießen, nahmen sie bis Tagesanbruch von dem Versuch Abstand, die Takelage zu klarieren. Byars stieg nach unten, aber vorher bemerkte er noch, daß das Rettungsfloß, an das zwei weitere Flöße angelascht gewesen waren, ebenfalls verschwunden war. Die Augplatte an Steuerbord war ausgerissen, wodurch sich die Laschings gelöst hatten.

Roger Ryall und Mell Burnet fragten, wo Gene geblieben sei, und Joe Byars mußte ihnen gestehen, was passiert war. Sie waren wie niedergeschmettert über diesen Verlust, aber da gab es nichts, was man zu seiner Rettung noch weiter hätte unternehmen können.

Eine Viertelstunde später erschien plötzlich Gene im Niedergang. Die Überraschung und Freude kannten keine Grenzen.

„Ich hörte dich, Joe", sagte Gene, „aber du konntest mich nicht hören. Ich hielt die Pinne auf Kurs 300 Grad und bekam die Rettungsflöße zu fassen." Er war nach Luv über Bord gegangen, wo er das Hauptfloß, mit zwei aufblasbaren Flößen drinnen festgelascht, vorfand, festgeklemmt zwischen der ineinander verschlungenen Masse von Takelageteilen. Seine Rettungsleine hing noch fest an der DOUBLOON, aber es gelang ihm nicht, sich freizumachen. Das Heulen des Windes, das Brausen der See und die Dunkelheit der Nacht hatten ihn unerreichbar gemacht; seine Rufe verhallten ungehört, aber es gelang ihm schließlich, sich allein wieder an Bord zu ziehen.

Gene machte sich sofort an die Arbeit. Die Batterien waren beim Durchkentern aus den Halterungen gefallen, und er setzte sie wieder an ihren Platz, womit wieder Licht in der Kajüte war. Er wollte gleich wieder an Deck, um die Takelage freizuschneiden, aber der Skipper ließ ihn nicht. Alle gingen zur Koje, um neue Kräfte zu sammeln.

Vierter Schlag. Kurz nach Tagesanbruch erhielt das Schiff einen weiteren fürchterlichen Schlag. Es legte sich ganz auf die Seite, kam aber schnell wieder hoch. Die ganze Masse der über Bord gegangenen Takelage war über die Yacht weg von Luv nach Lee gespült worden. Der Großmast war in drei Stücke zerbrochen, ein großes Stück schwamm aufrecht im Wasser gegen die Leeseite gerichtet und ragte über zwei Meter aus dem Wasser hervor, ohne jedoch gegen die Yacht zu stoßen.

Zum zweitenmal durchgekentert. Zwischen 08.00 und 10.00 Uhr erhielt die DOUBLOON den härtesten Schlag von allen. Sie wurde flach auf die Seite gerollt und rollte immer weiter. Die Kajüte verdunkelte sich für einen Augenblick, aber dann kam das Schiff wieder hoch. Alle Mann befanden sich zu diesem Zeitpunkt unter Deck. Als die Yacht durchkenterte, schlug Byars zweimal hart auf, einmal mit dem Kopf, das andere Mal mit dem ganzen Körper. Er blutete im Gesicht und glaubte verletzt zu sein, hatte sich aber, wie sich später herausstellte, nur eine Rippe gebrochen. Jeder erlitt Schnitte und Beulen, und Roger Ryall hatte sich drei Rückenwirbel angeknackt, wie sich auch erst später ergab.
Überraschenderweise bekam die DOUBLOON, obgleich sie durchkenterte, nur sehr wenig Wasser ins Schiff, was für die Güte ihrer Konstruktion und die Dichtigkeit ihrer Luken spricht. Es sammelten sich nie mehr als 7 bis 10 cm Wasser in der Bilge unter den Bodenbrettern an, eine Menge, die sich leicht von der Crew bewältigen ließ.

Anscheinend war die DOUBLOON imstande, alles auszuhalten, was ihr noch bevorstehen könnte, und entsprechend belebte sich die Stimmung der Crew. Die nächste Aufgabe war jetzt, nachdem es hell geworden war, die Takelage zu klarieren. Die Drahtscheren, die im Cockpit gelegen hatten, waren auf den Grund des Meeres gesunken. Trotzdem gelang es Gene, die Fallen durchzuschneiden, alle Splinte zu entfernen und die Bolzen des stehenden Guts herauszuziehen mit Ausnahme derjenigen des Vorstags, an dem ein ansehnliches Stück des Mastes hing, das so als Treibanker wirkte. Er riggte dazu einen weiteren Treibanker aus der Genua 2, einem Segelsack und einem Anker. Die DOUBLOON lag damit etwa 60 Grad am Wind. Noch ein dritter Treibanker wurde ausgebracht, aus dem Klüver bestehend, dessen Kopf mit dem Hals zusammengebunden wurde, um den Schleppwiderstand zu erhöhen. An den Resten des Heckkorbs wurden zwei Matratzen festgelascht, um achtern Windwiderstand zu erzeugen und die Yacht so besser am Wind zu halten, mit dem Erfolg, daß sie jetzt 50 anstatt 60 Grad zu Wind und See liegen konnte.

Alles was zu tun übrigblieb, war, die sonst noch eingetretenen Beschädigungen zu ermitteln. Beide Ventilatoren waren abgerissen worden, und die Löcher wurden dichtgestopft.

Beide Spinnakerbäume waren auf Drift gegangen; die einzig übriggebliebenen Spieren waren die einen halben Meter hohen Stümpfe der beiden Masten. Eine Steuerbordwinsch war teilweise herausgerissen, und alle Relingsstützen an Deck waren verbogen, ebenso wie Bug- und Heckkorb. Die Pinne war an ihrem Ansatz abgebrochen, die Kompaßhaube verschwunden.

Das Barometer war auf 1005 mb gestiegen, aber Wind und See blieben noch mehrere Stunden lang in Aufruhr. Die DOUBLOON kam jedoch wesentlich besser mit dem Wetter zurecht und erhielt keine weiteren Knockoutschläge von brechenden Seen. Ihr Skipper glaubt, daß es an den Treibankern lag, die das Boot jetzt mit dem Kopf am Wind hielten. Die erschöpfte Besatzung legte sich in der Kajüte, die aussah wie ein Schlachtfeld, zur Ruhe.

Das war das Ende des Abenteuers, aber es blies auch am Dienstagmorgen immer noch hart. Erst am Mittwoch um die Mittagszeit holte die Besatzung die Treibanker ein und riggte aus einer 2 m langen Aluminiumstrebe einen Notmast, dessen Aufgabe es war, die Achtergei des Spinnakers von den Wanten abzuweisen. Die Strebe wurde im Stumpf des Großmastes befestigt und ergab einen Notmast von etwa 3 m Höhe über Deck. Hieran wurde der Besanspinnaker gesetzt, der die DOUBLOON auf westlichen Kursen 4 bis 5 kn Fahrt machen ließ.

Um eine lange Geschichte kurz zu machen: Im Abstand von nur 1 sm passierten zwei Schiffe, ohne die Notsignale wahrzunehmen. Erst am Mittwochnachmittag um 16.00 Uhr stoppte ein Frachter und bot Hilfe an. Joe Byar wurde dringend ersucht, die DOUBLOON zu verlassen, was er aber ablehnte, da sie kein Wasser machte, sich unter Notbesegelung in Richtung Küste bewegte und reichlich Verpflegung an Bord war. Der Frachter beschrieb dann einen weiten Bogen, manövrierte sich von Lee dicht heran und nahm die Yacht in Schlepp, um sie später an einen Kutter der Küstenwache abzugeben, der sie mit munteren 12 kn Fahrt nach Charleston einbrachte.

Die Schleppfahrt der DOUBLOON ging über 160 sm von ostwärts Charleston; als sie am 6. Mai von dem Frachter aufgefunden worden war, stand sie auf 32° 41′ N, 76° 36′ W. Der Golfstrom hatte die Yacht trotz der entgegenstehenden stürmischen Winde nach Nordosten vertrieben. Zweifellos sind die Treibanker ganz wesentlich dafür verantwortlich.

Die DOUBLOON wurde mit großer Entschlossenheit geführt, denn trotz der schweren Prüfungen hatte Joe Byars sich geweigert, sein Schiff zu verlassen. Ungeachtet ihrer zwei Saltos und gebrochener Masten brachte er es fertig, die Yacht nach Newport zu bringen und die Reparaturen so rechtzeitig auszuführen, daß er im Juni am Bermudarennen teilnehmen und dabei sogar den zweiten Preis in seiner Klasse erringen konnte.

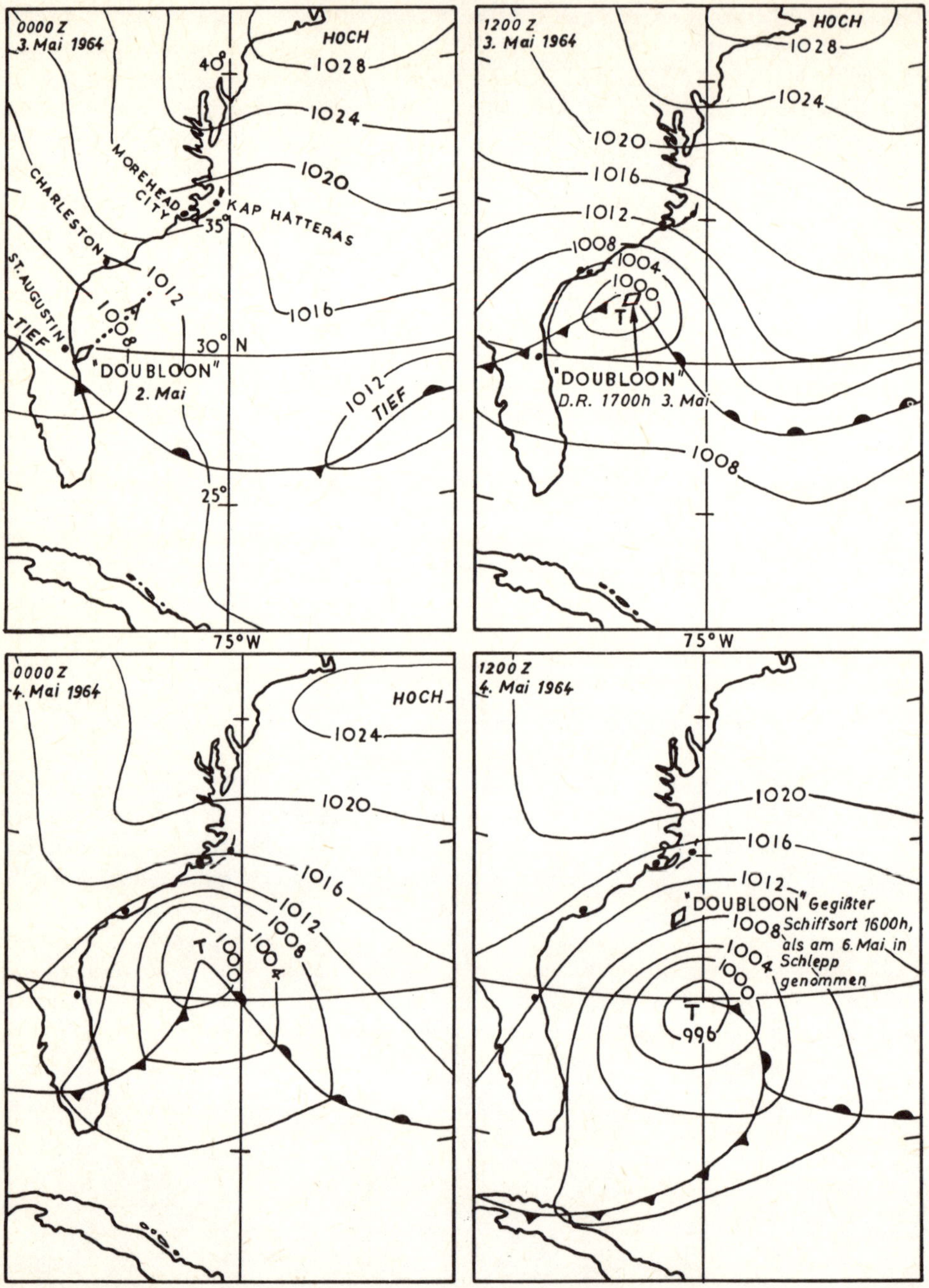

Wetterkarten zum Golfstromsturm 1964

22 Die DOUBLOON *im Hafen, nachdem sie in einem atlantischen Sturm zweimal um 360 Grad durchgekentert war. Ein Jahr zuvor waren ihre vier festen Fenster, die zweifellos eingedrückt worden wären, durch die auf diesem Bild erkennbaren kleinen rechteckigen Schlitze ersetzt worden.*

23 Der Schoner Curlew *in Seenot in dem atlantischen Sturm nördlich von Bermuda, bei Winden, die in den Böen 85 kn erreichten.*

Schlußfolgerungen

Ich habe mir von der amerikanischen Wetterzentrale Einzelheiten über diesen Sturm geben lassen. Es handelte sich um einen außergewöhnlichen tropischen Zyklon, der sich als eine Welle an der Polarfront über Nordflorida und den benachbarten Gewässern des Atlantiks bildete. Von verschiedenen Schiffen wurden Winde von voller Sturmstärke gemeldet, und zwar aus den Gebieten der Zyklon-Entstehung über dem warmen Wasser des Golfstroms. Auf dem Dampfer SANTA RITA wurde am 3. Mai um 18.00 Uhr bei einem Barometerstand von 1009 mb auf Position 34,1° N 75,7° W Ostwind von 50 kn registriert; auf dem Dampfer PLATANO maß man am 4. Mai um 12.00 Uhr auf 33,0° N 75,5° W bei einem Barometerstand von 1009 mb 50 kn Wind aus ENE.

Die DOUBLOON muß sich näher am Zentrum des Tiefs befunden haben, als ihr Barometer 999 mb anzeigte, und hat wahrscheinlich stärkere Winde erlebt, etwa 55 bis 60 kn. Eine angemessene Schätzung würde Bft 10 bis 11 sein, in den Böen Hurrikanstärke.

Der Sturm scheint eine ausgesprochene Ähnlichkeit mit dem Unwetter gehabt zu haben, dem die britischen Yachten nördlich von Bermuda ausgesetzt waren (siehe Kapitel „Sturm im Golfstrom"). Bei beiden Stürmen handelte es sich um außergewöhnliche tropische Zyklone mit vorwiegend östlichen und nordöstlichen Winden. In keinem von beiden fiel das Barometer ungewöhnlich tief, auf nur 993 mb 1950 und auf 999 mb 1964.

Der Hauptunterschied zwischen den Erfahrungen der Yachtbesatzungen ergab sich aus dem Golfstrom. Von den britischen Yachten scheinen sich zu Beginn des Sturms nur VERTUE XXXV und SAMUEL PEPYS im Strom befunden zu haben (nahe seiner südlichen Begrenzung), während die DOUBLOON auf der Achse des Golfstroms segelte, wo die Strömung mit annähernd Höchstgeschwindigkeit direkt gegen den Wind setzte, so daß sie Seen von phänomenaler Größe ausgesetzt gewesen sein muß.

Joe Byars schätzte die Wellenhöhe auf 5 bis 7 m, was bemerkenswert genau ist, denn seine Schätzung wurde durch die Angaben von den Dampfern PLATANO mit 5 m und SANTA RITA mit 7 m bestätigt.

Ich habe dazu folgendes anzumerken:

1. *Sturmtaktiken.* Der Skipper der DOUBLOON lehnte es ab, vor dem Sturm abzulaufen, aber er machte auch nicht den Versuch, Trossen achteraus zu schleppen, was bestimmt hilft. Das Ausbringen von Trossen hätte die DOUBLOON in den außerordentlich hohen Seen des Golfstroms wohl kaum vor einer Durchkenterung bewahrt, aber nach Meinung ihres Skippers hätten sie sich beim Ablaufen vor einem Sturm mit normaleren Seen durchaus bewähren können. Trotz seiner Erfahrungen ist er der Ansicht, daß die DOUBLOON, sobald der Sturm einmal 10 Windstärken erreicht hatte, beim Lenzen, ob mit oder ohne Trossen achteraus, in größerer Gefahr gewesen wäre. Er ist fest davon überzeugt, daß er in einem Sturm lieber alles daransetzen würde, so hoch am Wind wie möglich beizudrehen. Für ein Boot von DOUBLOONS Größe ist ein Sturmbesansegel mit einem Vorliek von 2,50 m und einem Unterliek von 1,20 m Länge aus 12-Unzen-Dacron zu empfehlen, mit Mastringen aus Draht mit Korallen, die um den Besanmast festgeschäkelt werden können. Eine Slup könnte an ihrem Großfall einen Sturmklüver heißen, dessen Vorliek am Backstag angeschlagen und dessen Schothorn flach nach vorn geschotet wird. Byars glaubt, daß ein solches Sturmsegel den Bug auf 30 bis 50 Grad ohne Treibanker am Wind halten und das Boot dabei, den Seen nachgebend, die gewünschte Abdrift machen würde, obgleich vielleicht ein kleiner Treiban-

ker notwendig wäre, um die Fahrt voraus zu vermindern, die Abdrift zu beschränken oder den Bug näher am Wind zu halten.

Das Ruder müßte so eingestellt werden, wie die betreffende Yacht und die Wetterverhältnisse es erforderten, indem man es mittschiffs festbände oder in einem kleinen Winkel frei schwingen ließe. Seiner Ansicht nach sollte dies bei allen Yachten funktionieren, ohne das Ruder durch Rückwärtstreiben zu gefährden.

Zweifellos ist der Bug einer Yacht das stärkere Ende, weniger durch Seen verwundbar als das Heck mit einem Cockpit, das den Kamm eines jeden Wellenungetüms geradezu einlädt, es zu überfluten und die Besatzung über Bord zu spülen, wie es bei schwerem Wetter und in Stürmen immer und immer wieder vorkommt. Gewöhnlich kann die Besatzung sich mit Hilfe ihrer Sicherheitsgurte retten, aber besser wäre es, sie ginge gar nicht erst über Bord. Es ist lehrreich, festzustellen, daß kein Mast mehr stand, als die DOUBLOON zum zweitenmal durchkenterte. Das widerspricht der Theorie, daß ein mastloser Rumpf auch das Schlimmste überstehen kann und stets wie ein Korken oben schwimmen bleibt.

2. *Kielschwerter.* Nach der Schilderung sieht es so aus, als hätte das Schwert dazu beigetragen, DOUBLOONS Kopf höher am Wind zu halten. Dagegen meint ihr Eigner, daß es für die beiden Durchkenterungen möglicherweise insofern mitverantwortlich ist, als es die Yacht „stolpern" ließ. Das Schwert war aus Bronze; wie sich später herausstellte, hatte es sich um etwa 30 Grad verbogen, wahrscheinlich beim Aufschlagen auf das Wasser, als die Yacht sich nach ihrer Rolle wieder aufrichtete.

Der Typ der sehr breiten Kielschwertyawl hat sich als gutes, in vielen Stürmen bewährtes Seeboot bewiesen, wie zum Beispiel im Fastnetrennen 1957, aus dem die amerikanische Yawl CARINA als Sieger hervorging. Es ist jedoch möglich, daß in Stürmen, in denen es nur noch ums nackte Leben geht, die Krängung einen Punkt erreicht, wo die Stabilität im Gegensatz zu der Yacht mit tiefgelagertem Kiel verlorengeht. DOUBLOONS Tiefgang beträgt 1,35 m, und ihr Kiel wiegt 2,5 t. Wird sie erst einmal so weit auf die Seite geworfen, daß die Hauptstabilität, die sie ihrer Breite von 3,25 m verdankt, verlorengeht, wäre das aufrichtende Moment ihres Ballastkiels viel geringer als das eines schmaleren Bootes mit beispielsweise 3,5 t Blei unter einem 1,80-m-Kiel. Es ist eine Sache reiner Mutmaßung, denn Stürme, in denen es ums Überleben geht, sind selten, und es gibt Autoritäten, die einen geringen Tiefgang in vernünftigen Grenzen für kein Handikap halten. Auf der anderen Seite kann ein Schwert oder ein tiefer Flossenkiel zu einer Art Drehpunkt werden, um den ein Boot herumgerollt wird.

3. *Deckshausfenster.* Ein Jahr vor dem Sturm waren DOUBLOONS vier feste Fenster durch kleinere Bullaugen ersetzt worden. Die Seen schlugen mit ungeheurer Gewalt zu und erweckten den Eindruck einer an Deck stattfindenden Explosion. Es ist mehr als zweifelhaft, ob die Yacht überlebt hätte, wäre sie noch mit den großen Fenstern ausgerüstet gewesen, die sich in den Deckshäusern der Durchschnittsyacht befinden. Auf meinen eigenen Booten führe ich seit 1950 zugeschnittene, mit Bohrlöchern versehene Platten an Bord, die sich rasch über ein zerbrochenes Fenster oder Bullauge nageln lassen. Ich habe sie nie verwenden müssen, aber sie sind leicht und lassen sich bequem unter den Matratzen verstauen. Im Notfall können sie sich als unschätzbar erweisen.

4. *Die Wache unter Deck.* DOUBLOONS Eigner empfiehlt, unter Deck zu bleiben und sich auszuruhen, nachdem an Deck alles beschlagen und gesichert ist, um das Risiko zu vermeiden, an Deck verletzt oder über Bord gewaschen zu werden.

5. *Andere Empfehlungen.*

- Backskisten müssen erhöht, stark gebaut sein und wirklich wasserdicht schließen. Lecks in den Backskisten lassen beachtliche Wassermengen ins Schiff laufen und vermehren die Arbeit, das Schiff lenz zu halten. Die üblichen Abflußleitungen und Entwässerungsrohre sind unter solchen Verhältnissen so gut wie nutzlos. Nach dem Sturm wurden zwei zusätzliche Lenzrohre im Cockpit eingebaut.
- Die Bilgepumpe wurde geändert und entleerte sich dann nicht mehr ins Cockpit, sondern aufs Deck. Die Notpumpe wurde ausgewechselt gegen eine Membranpumpe größerer Leistung, die fast hundertprozentig gegen Verstopfung gesichert ist.
- Alles an Deck muß zuverlässig gesichert sein. Die Lüfter sind zu entfernen, und die Durchlässe müssen mit Lumpen dichtgestopft werden, wenn sie nicht mit Decksplatten versehen sind, die sich wasserdicht festschrauben lassen.

September-Hurrikan

Tropische Stürme werden im nördlichen Teil des Indischen Ozeans schlicht als Zyklone bezeichnet, in Australien als Willy-Willies, im West- und Nordpazifik als Taifune und in Amerika und dem Karibischen Meer als Hurrikane. Hurrikane sind selbst in europäischen Gewässern nicht ganz unbekannt. Der Hurrikan Carrie zum Beispiel beendete 1957 seine Reise in Südirland, nachdem er Tausende von Meilen ziellos hin und her gewandert war, allerdings über einen Monat zu spät, um noch zur Belebung des Fastnetrennens im gleichen Jahr beizutragen. 1958 entwickelte sich der Hurrikan Helene östlich Westindiens und zog vor der Küste Neuenglands vorbei nach Neufundland. Anschließend begab er sich auf eine Ozeanwanderung nach Grönland, bevor er noch einen Besuch in Cardiff abstattete. Glücklicherweise haben die Hurrikane, bis sie unsere Gewässer erreichen, ihre schlimmste Kraft eingebüßt; sie „bellen mehr als daß sie beißen".

Hurrikane werden von den amerikanischen Wetterfachleuten mit Sorgfalt verfolgt. Warnende Hinweise auf ihre erwartete Bahn werden wiederholt erteilt. Indes: Ihre Bahnen sind manchmal unberechenbar. Hier folgt die Geschichte eines solchen Hurrikans, die in der amerikanischen Zeitschrift „Yachting" erschien.

Die davon betroffene Yacht hieß FORCE SEVEN, eine von William Tripp konstruierte Hochseerennyacht, und gehörte Warren Brown aus Bermuda. Ihre Abmessungen: 12,20 m Lüa, 8,40 m LWL, Breite 3,50 m, Tiefgang 1,80 m. Sie ist eine der typischen modernen Hochseeyachten, die auf beiden Seiten des Atlantiks Regatten segeln.

Die FORCE SEVEN lief am 30. August 1964 von Bermuda aus. Ihr Ziel war Newport. Der Eigner war Skipper und Navigator zugleich, als Crew hatte er Herbert Williams als Bestmann und vier Studenten angeheuert. Außerdem befanden sich noch zwei Kinder an Bord, die Tochter des Bestmanns und ein Schuljunge. Skipper und Bestmann hatten jahrelange Erfahrung im Hochseesegeln, und die Yacht war in erstklassigem Zustand und gut ausgerüstet.

Der September-Hurrikangürtel lag zwischen Bermuda und den Vereinigten Staaten, und es hieß ein sorgfältiges Augenmerk auf die Entwicklung von Stürmen richten, die vom Süden heraufzogen, obgleich die meisten von ihnen mit Hilfe der Wettersatelliten genauer verfolgt werden können als früher.

Die Abreise hatte sich um einen Tag verzögert, weil der Hurrikan Cleo zwischen Bermuda und dem amerikanischen Kontinent stand. Am Sonntagmorgen (30. August) wurde jedoch gemeldet, daß die Windstärke auf Bft 9 zurückgegangen und Cleo nach North Carolina abgeschwenkt und dabei sei, sich aufzulösen. Ohne Hinweis auf weitere Störungen verließ die FORCE SEVEN daher Bermuda bei schönstem Wetter.

Man beschloß, den Golfstrom etwa 30 sm westlich anzusegeln in der Überlegung, daß der Strom die Yacht etwa gleich viel zurückversetzen würde, um wieder auf den Großkreis zu gelangen. An Bord war genug Diesel für einen Aktionsradius von ungefähr 400 sm, da es im September manchmal Windstillen gibt, die zwei oder drei Tage andauern können. Der Wind war leicht aus wechselnder Richtung, so daß zeitweise die Maschine mithelfen mußte, um so rasch wie möglich voranzukommen.

Das erste Anzeichen eines sich nähernden Sturms war, als am Mittwochmorgen (2. September) um etwa 08.00 Uhr das Barometer rasch zu fallen anfing. Die FORCE SEVEN befand sich zu diesem Zeitpunkt unter vollem Großsegel und Genua und machte etwa 7 kn Fahrt mit Ostwind querein von Steuerbord. Mit fallendem Barometer legte der Wind zu, so daß um 10.30 Uhr das Vorsegel geborgen werden mußte. Unter Großsegel allein setzte die Yacht mit praktisch unverminderter Geschwindigkeit ihre Fahrt fort. Hier will ich Warren Brown einschalten, damit er mit eigenen Worten schildern kann, was jetzt folgte.

„Bald darauf begann der Himmel sich zu verfinstern, und an die Stelle der hohen Zirren traten niedrig treibende Wolken und Regenböen. Der Wind nahm rasch von 30 auf 45 kn zu, und am Mittag bargen wir unser Großsegel, eben bevor eine bösartige Bö mit über 50 kn einfiel. Inzwischen hatte sich ein beachtlicher Seegang aufgebaut, und angesichts des beunruhigenden Barometersturzes wurde mir klar, daß uns etwas bevorstand, was ich anfangs nur für eine starke Depression von verhältnismäßig kurzer Dauer gehalten hatte. Nach unserem Besteck und den Wassertemperaturen, die wir seit frühmorgens genommen hatten und die einen Anstieg von sechs Grad zeigten, befanden wir uns an der Südkante des Golfstroms.

Kurz nach 13.00 Uhr, nachdem wir eine Stunde lang unter bloßen Masten gelaufen waren, hörte ich eine Radiomeldung aus den Vereinigten Staaten, daß der Hurrikan Cleo vor der Küste umgekehrt sei und gleichzeitig an Geschwindigkeit und Intensität zugenommen habe. Cleo hatte sich wieder zu einem ausgewachsenen Hurrikan entwickelt. Ihr geschätzter Standort deckte sich nach meinem Besteck fast genau mit unserem eigenen Schiffsort! Jetzt begriff ich, warum das Barometer so rapide gefallen war, und wußte, daß uns eine tüchtige Tracht Prügel bevorstand.

Da ich meine Besatzung nicht beunruhigen wollte, erzählte ich unten nichts davon, um so weniger, als wir Kinder an Bord hatten. Aber wir machten uns sofort an die Arbeit, das Schiff auf schweres Wetter vorzubereiten. Alle Lüfter wurden abgenommen und unter Deck verstaut, die entsprechenden Verschlußplatten an ihrer Stelle angepaßt und festgeschraubt. Was beweglich war, verschwand von Deck, und der Großbaum wurde mit Hilfe kleiner Handtaljen mittschiffs so festgesetzt, daß er sich nicht mehr bewegen konnte. Alle Vorsegel wurden unter Deck gebracht und das Großsegel selbst so fest beschlagen, daß es sich, einerlei wie hart es wehte, nicht losschütteln konnte. Alle Luken wurden verschalkt.

Um 16.00 Uhr erreichten die Seen Masthöhe, der Wind nahm immer noch an Stärke zu, und die Sicht hatte sich beträchtlich verschlechtert. Wellenkämme brachen bereits über uns hinweg. Sorge bereitete uns das auf dem Kajütdach festgelaschte Dingi. In der Erkenntnis, daß das Dingi so, wie es jetzt befestigt war, das Kajütdach zusätzlich beanspruchte, verlegten wir die Laschings an die Sockel der Relingsstützen. Um 17.00 Uhr fanden wir uns der vollen Gewalt des Sturms gegenüber und loggten durchschnittlich 6 bis 7 kn vor dem Wind. In der einen Minute schwebten wir hoch oben auf dem Kamm einer Riesensee, in der nächsten waren wir tief unten im Wellental in völliger Abdeckung vom Wind. Sehen konnten wir nur etwas, wenn wir oben waren. Spätnachmittags sichteten wir einen mächtigen Tanker, der ebenfalls vor dem Sturm mit dem Wind von Backbord achtern lief.

Inzwischen versuchten wir, die Seen von Steuerbord achtern zu nehmen. Zu diesem Zeitpunkt war der Wind von Ost auf Nord umgesprungen, so daß wir annähernd Südwestkurs liefen, und ich begriff, daß der Sturm sehr nahe von uns im Süden vorbeiziehen mußte.

Da ich schon manche Stürme vor der amerikanischen Küste und im Nordatlantik abgewettert hatte, wußte ich, daß die Force Seven es hier mit ganz anderen Seegangverhältnissen zu tun hatte. Der Grund dafür war, daß der Wind der Golfströmung entgegenwehte und die Seen zwischen den Wellenkämmen infolgedessen viel kürzer und viel tiefer waren als auf dem offenen Ozean. Jede einzelne See war außerordentlich steil und jeder Wellenkamm brach.

Wie hart wehte es? Offen gesagt, ich weiß es nicht. Wenn die Windgeschwindigkeit über 65 kn hinauswächst, ist es unmöglich, vom Deck einer kleinen Yacht aus zu beurteilen, ob es mit 70, 80 oder 90 kn weht. Die Sicht war so eingeschränkt, der Himmel so düster, daß die Welt nur noch aus einem Aufruhr von See, Wind, Gischt und peitschendem Regen zu bestehen schien. Später hörten wir jedoch von der Küstenwacht in New London, daß der Tanker, den wir sichteten, Windgeschwindigkeiten von 83 kn gemeldet hatte.

Bald wurde es äußerst schwierig, das Boot im Ruder zu halten, und die Deckswache machte sich Sorgen. Wir überspannten das Cockpit kreuz und quer mit Tauwerk als zusätzliche Sicherheitsmaßnahme außer den Sicherheitsgurten, so daß man bei jeder Bewegung innerhalb des Cockpits festen Halt fand. Wir gingen zweistündige Wachen; ein Mann beobachtete die See, der andere saß am Ruder. Das zu bewältigende Problem bestand darin, genug Fahrt im Schiff zu behalten, um den riesigen brechenden Seen aus dem Wege gehen zu können, indem wir an ihren Wänden hinunterglitten und sie seitlich achtern hielten. Reagierten wir nicht schnell genug, würden die Seen über uns hinwegbrechen. Nahmen wir die Seen andererseits direkt von achtern, gerieten wir in die gefährliche Lage, eine Viertelmeile weit und mit einer Geschwindigkeit von 15 kn wellenreitend in das Tal hinunterzujagen. Das war ein heikles Unterfangen, da eine dieser Seen mit vollem Gewicht auf uns herabbrechen könnte.

Angst war ein Gefühl, das in unserer mißlichen Lage nicht einen Augenblick aufkam; es war mehr eine Frage der Besorgnis. Wir wußten, daß wir beim ersten Querschlagen leicht unseren Kajütaufbau, den verwundbarsten Teil des Schiffes, verlieren konnten.

Um 17.45 Uhr erfaßte uns eine außergewöhnlich bösartige See am Heck und warf uns flach auf die See; das Cockpit füllte sich von Lee aus mit Wasser, als wir über die Seite gingen. Glücklicherweise richtete sich das Boot rechtzeitig genug auf, um der nächsten See aus dem Wege zu gehen.

Wir erhielten dadurch eine wertvolle Lektion. Um unsere Manövrierfähigkeit zu bewahren, hätten wir größere Cockpitabflüsse haben sollen. Unsere beiden ließen das Wasser nicht schnell genug ablaufen, und das Boot wurde träge, wenn sich das Cockpit füllte. Nach dieser Erfahrung würde ich nie wieder ein Boot mit einem großen Cockpit bauen lassen, dessen Vorderteil unmittelbar an die Kajüte angrenzt. Sollte der Einstieg jemals von einer schweren See zertrümmert werden, würde sich der Inhalt des voll Wasser stehenden Cockpits unmittelbar nach unten entleeren.

Um 18.00 Uhr war die Situation so wild geworden, daß wir uns schon daran gewöhnt hatten, dauernd unser Cockpit voll Wasser zu haben und wieder und wieder von Brechern auf die Seite gepackt zu werden. Die Blechhalterungen am Heck, in denen die Rettungsringe hingen, wurden nutzlos, da die Ringe von den Seen herausgehoben wurden. Einer wurde weggespült, den anderen bekam ein wachsames Besatzungsmitglied noch gerade zu fassen, als er über Bord wusch. Es war offensichtlich, daß unsere Rettungsringhalterungen nicht für solches Wetter gedacht waren.

Die Porzellan-Isolatoren am Achterstag begannen unter der Beanspruchung zu brechen, aber zum Glück bekam das Achterstag nicht so viel Lose, daß der Mast ruckte. Unsere größte Gefahr bestand darin, querzuschlagen und durchzukentern oder mit dem Bug in den Wind zu schießen. Kein Segelboot hätte unter den Verhältnissen, denen wir an jenem Abend ausgesetzt waren, beidrehen können, ohne vollständig auseinandergerissen zu werden. Die Wellen waren so steil und folgten einander so rasch, daß die Seen über unser Deck hinweggebrochen wären und alles mitgenommen hätten.

Ein zweites großes Risiko war unser Dingi. Wir fühlten uns versucht, es einfach über Bord zu werfen, aber wir nahmen davon Abstand in der Befürchtung, es könnte aufgegriffen und wir als auf See verschollen erklärt werden. Wenn ich noch einmal in die gleiche Lage geriete, würde ich nicht zögern, es zu tun, da das Dingi nicht nur für das Boot eine Gefahr darstellte, sondern auch für die Besatzung, wenn eine See es nach achtern spülte. Ich würde auch jedem, der zu dieser Jahreszeit eine Seereise unternimmt, empfehlen, zwei Rettungsinseln mitzunehmen anstatt eines Dingis.

Hätten wir Trossen nachgeschleppt, wären wir nicht mehr in der Lage gewesen, die Geschwindigkeit des Bootes zu kontrollieren, um den gewaltigen Brechern aus dem Wege zu gehen, und es hätte nicht lange gedauert, bis wir das volle Gewicht eines Brechers an Deck kennengelernt und bestimmt schweren Schaden davongetragen hätten.

Von 18.00 bis 22.00 Uhr ging der Kampf ununterbrochen weiter, mit jeweilig einem Mann an Deck, der die See beobachtete, und einem zweiten am Ruder. Dauernd wurde das Boot von den brechenden Wellenkämmen überspült oder das Cockpit von Lee geflutet, wenn wir von den Seen auf die Seite heruntergeknockt wurden. Jeder kleinste Riß im Aufbau leckte, und trotz schmalstem Lukenspalt war es ein ständiges Rennen, das eimerweise nach unten stürzende Wasser abzufangen. Um 11.00 Uhr am folgenden Morgen (3. September) hatte der Wind bis auf 45 kn abgenommen, aber erst mittags setzten wir wieder das erste Segel, da der Seegang noch nicht weniger geworden war. Gegen die See anzukommen, wäre unmöglich gewesen.

Während des Sturms waren wir unter bloßen Masten annähernd 120 sm in südwestlicher Richtung abgelaufen, hatten aber über Grund kaum mehr als 70 oder 80 sm zurückgelegt, da wir gegen den Golfstrom anliefen.

Erst am Sonnabend (5. September) befanden wir uns gegen 16.00 Uhr endlich auf der Höhe von Block Island, wo die Küstenwacht unsere schwache Funkmeldung auffing. Sie leitete die Nachricht nach Bermuda weiter und sandte uns ein Flugzeug entgegen, das uns einige Stunden vor unserer Ankunft in Newport überflog.

Bei unserer Rückkehr nach Bermuda verglichen wir, zusammen mit der örtlichen Küstenwacht, unsere Positionen im Verhältnis zu der Bahn, die der Hurrikan genommen hatte. Die Kartendarstellung bestätigte, daß Cleo in der Tat eine launische Lady war. Nicht nur, daß sie umkehrte und sich in einen ausgewachsenen Hurrikan zurückverwandelt hatte, sondern sie war tatsächlich nach Süden gezogen und hatte an Geschwindigkeit zugenommen. An einer Stelle hatte der Hurrikan sich in sechs Stunden über mehr als 100 sm fortbewegt. Als er am 2. September gegen 18.00 Uhr auf seinem Höhepunkt unseren Kurs kreuzte, lag unser Schiffsort etwa 45 sm vom Zentrum entfernt. Die Tatsache, daß der Hurrikan sich so rasch voranbewegte, bewahrte uns wahrscheinlich vor einer schlimmeren Tracht Prügel, als wenn er auf seiner Bahn stehengeblieben wäre."

Schlußfolgerungen

Dies ist einer der bescheidensten und lehrreichsten Berichte, die ich jemals von den Erfahrungen mit einer mittelgroßen Yacht in einem Hurrikan gelesen habe. Wir wollen versuchen, die Windstärke zu ermitteln, als der Hurrikan Cleo in der Nähe der Yacht vorbeizog.

Es wird der Aufmerksamkeit des Lesers nicht entgangen sein, daß Warren Brown offen bekennt, er wisse nichts über die Windstärke. Ich habe seit langem den Standpunkt vertreten, daß man keine Windstärken beurteilen kann, die über diejenigen hinausgehen, mit

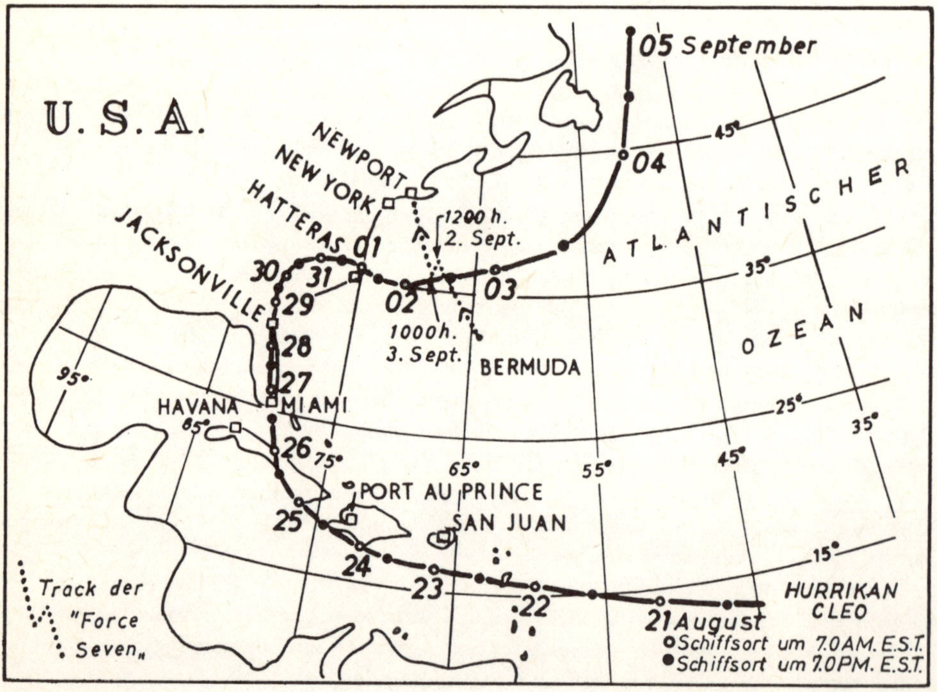

Zugbahn des Hurrikans Cleo, 1964

denen man vertraut ist. Das ist für den durchschnittlichen Fahrten- und Hochseerennsegler Windstärke 7 oder 8. Oder, mit Warren Browns Worten: Wie ist es möglich, von Deck eines kleinen Bootes aus beurteilen zu wollen, ob es mit 70, 80 oder 90 kn weht?

Ich habe mir von der amerikanischen Wetterzentrale alle Einzelheiten über Cleo besorgt und auf die Zugbahnkarte die annähernden Schiffsorte der FORCE SEVEN projiziert.

In den ersten Stadien seiner Entwicklung bewegte sich der Hurrikan am 15. August von der westafrikanischen Küste südlich von Dakar weg mit einem Minimumdruck von 1006 mb. Die Störung verstärkte sich rasch mit einem Druckfall im Zentrum auf 992 mb und Winden von Hurrikanstärke am 21. August. Er fegte über die Westindischen Inseln hinweg, und die Tagesberichte beschrieben ihn als einen kleinen, aber höchst gefährlichen Hurrikan. Die stärksten Winde in der Nähe des Zentrums wurden auf 120 kn geschätzt, mit Hurrikanwinden bis zu einem Umkreis von 40 sm vom Zentrum in allen Richtungen und stürmischen Winden bis auf eine Entfernung von 150 sm nach Norden und 100 sm nach Süden. Cleo erreichte die Küste von Florida am 27. August, und während der Wirbelsturm die Küste hinaufzog, wurden in Miami an der westlichen Kante seines Zentrums anhaltende Winde von über 80 kn gemessen. Am 28. August zog Cleo landeinwärts in die Gegend von

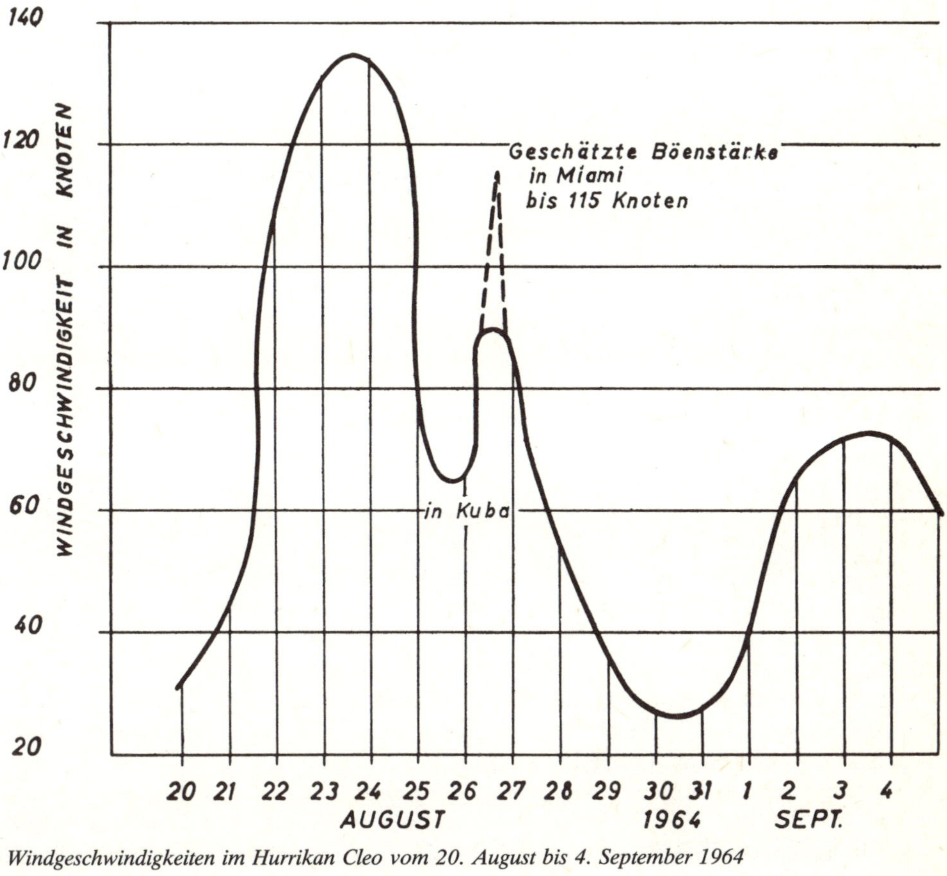

Windgeschwindigkeiten im Hurrikan Cleo vom 20. August bis 4. September 1964

Savannah, Georgia, und der Wind ließ nach. Am Sonntag (30. August) waren die Starkwinde verschwunden, aber zu Beginn des 1. September zog die Depression zwischen Norfolk und Hatteras wieder seewärts. Bis zum Nachmittag desselben Tages hatte sie wieder Wirbelsturmstärke angenommen. Am 2. September vertiefte sich Cleo weiter und erlangte über den warmen Gewässern des Golfstroms den Status eines Hurrikans zurück. Die stärksten Winde im Zentrum, eben außerhalb des Auges, hatten eine Geschwindigkeit von 80 kn, und stürmische Winde erstreckten sich 200 sm vom Zentrum in alle vier Himmelsrichtungen. Am 3. September bog Cleo dann in nordöstlicher und nördlicher Richtung ab, ohne daß sich die Wetterverhältnisse viel änderten. Der Wetterbericht vom 4. September meldete um 11.00 Uhr immer noch 80 kn nahe dem Zentrum und stürmische Winde in einem Umkreis von 250 sm in allen Richtungen. Eine Abnahme der Windstärke im Zentrum wurde vorausgesagt, aber Winde von Sturmstärke erwartete man bis auf 500 sm in südöstlicher Richtung vom Zentrum.

Der Ausdruck „stärkste Winde", der in amerikanischen Wetterberichten Verwendung findet, scheint anhaltende Windstärken zu bezeichnen und nicht nur die höchste Windgeschwindigkeit in Böen. Die amtlichen Meldungen bestätigen daher Warren Browns Bericht in allen Einzelheiten. Als die FORCE SEVEN sich dem Auge des Hurrikans am nächsten befand, war sie wahrscheinlich Winden ausgesetzt, die nach der graphischen Kurve eine Durchschnittsstärke von etwa 68 kn (Hurrikanstärke) mit Windstößen von 83 kn erreichten, wie auch von dem in der Nähe befindlichen Tanker gemeldet worden war.

Ich habe eine Liste mit Beobachtungen von Schiffen eingesehen, die Cleo in der Nähe passierten, aber leider ist da eine Lücke zwischen dem 29. August und 4. September. Nachdem der Hurrikan den Kurs der FORCE SEVEN gekreuzt hatte und in nordöstlicher Richtung weitergezogen war, erfolgte am 4. September eine Meldung des Dampfers AMERICAN CHALLENGER, Position 45,5° N und 50,0° W, über westliche Winde von 80 kn. Der Kapitän der QUEEN MARY berichtete, es sei der schlimmste Sturm gewesen, den er seit 1939 erlebt habe, und daß die Stabilisatoren der QUEEN MARY beim Rollen aus dem Wasser gekommen seien.

Die beobachtete Wellenhöhe entsprach etwa der Masthöhe der FORCE SEVEN von 15 m. Wenn man meine Formel von drei Fünftel der beobachteten Höhe als eine angemessene Schätzung der wahren Wellenhöhe annimmt, ergeben sich 9 m, und da sich die Yacht im Golfstrom befand, waren die Seen ausnahmsweise steil, durcheinanderlaufend und gefährlich.

Die Hauptlehren, die sich aus den Erfahrungen der FORCE SEVEN ableiten lassen, lauten wie folgt:

1. *Sturmtaktik.* Warren Brown hatte sich eingehend mit der Frage beschäftigt, was er tun würde, geriete er einmal mit einer Yacht in einen so außergewöhnlichen Sturm wie diesen. Er schlug Wege ein, die mir wie eine neue Taktik erscheinen, um in einem Hurrikan zu überleben. Er hielt die Seen des Golfstroms für zu gefährlich, um beizudrehen oder vor Topp und Takel zu lenzen. Er versuchte auch nicht, mit der allgemein anerkannten Praxis, Trossen achteraus zu schleppen, zu experimentieren. Zwar hatte er zwei sehr lange und schwere Trossen im Cockpit liegen, er machte aber keinen Gebrauch davon, in der Befürchtung, die notwendige Manövrierfähigkeit zu verlieren, um den schlimmsten Seen aus dem Wege zu gehen. Mit Trossen im Schlepp, sagte er, hätte es nicht lange gedauert, bis ein Brecher mit seinem Tonnengewicht große Schäden angerichtet hätte. Er stellte fest, daß die

Yacht beim Lenzen vor einer genau achterlichen See den Abhang einer großen Welle eine Viertelmeile weit mit etwa 15 kn Fahrt hinabritt und dabei Gefahr lief, von achtern überrollt zu werden. Warren Brown ist ein Meister der Untertreibung, wenn er schreibt: „Dies war keine ungefährliche Angelegenheit . . . wir riskierten, daß eine dieser Wellen mit ihrem ganzen Gewicht auf uns herunterbrach." Dementsprechend änderte er seinen Kurs, um die Seen von seitlich achtern zu nehmen, obgleich ich den Eindruck habe, daß er in erster Linie versuchte, die Fahrt der FORCE SEVEN unter bloßen Masten auf 5 bis 7 kn zu halten. Er unterstreicht, daß er Geschwindigkeit als wesentliche Voraussetzung der Sicherheit betrachte, denn wenn der Rudergänger nicht schnell genug reagiere, brächen die Seen über die ganze Yacht hinweg und füllten das Cockpit.

Im Kapitel „Im Atlantik von achtern überrollt' heißt es, daß die COHOE in einem mäßigen Sturm von achtern überrollt wurde, weil sie nicht schnell genug lief, um das Heck vor den größeren Seen halten zu können. Aber dies ist das erste Mal, daß ich von einer Yacht höre, die mit solcher Geschwindigkeit und unter bloßen Masten einen Hurrikan abwetterte, ohne Trossen achteraus zu schleppen. Manche mögen dies natürlich für krasse Ketzerei halten, dem ich jedoch entgegenhalten möchte, daß die FORCE SEVEN den Hurrikan unversehrt überlebte, und zwar unter Bedingungen, die manche andere Yacht auf den Grund des Meeres gesandt hätten. Weiteres Material zur Unterstützung dieser Taktik in außergewöhnlichen Stürmen liefert die JOSHUA, die im Südpazifik in einen Sturm geriet. Im nächsten Kapitel werde ich mehr darüber berichten.

2. *Vorbereitung auf einen Sturm.* Sobald die Sturmwarnung von der FORCE SEVEN empfangen worden war, wurde alles an Bord vorschriftsmäßig gesichert und die Yacht darauf vorbereitet, den Kampf mit dem heranrückenden Sturm aufzunehmen. In diesem Zusammenhang sind zwei Punkte von besonderem Interesse.

Der erste betrifft das auf dem Kajütdach festgelaschte Dingi. Wegen der Beanspruchung des Kajütaufbaus im Falle einer schweren überkommenden See und weil das Dingi, einmal weggerissen, die Crew hätte gefährlich verletzen können, wurde das Beiboot als eine potentielle Gefahr betrachtet. In zahllosen Stürmen mit 8 und 9 Windstärken haben Yachten ihre Dingis ohne Schwierigkeiten auf dem Kajütdach liegengehabt, aber die mögliche Gefahr, die ein Dingi in einem Sturm, in dem es ums Ganze geht, bedeuten kann, mag noch nicht jedem aufgegangen sein. Dies ist ein Punkt, den sowohl Joe C. Byars als auch Warren Brown betonen. Zum Glück sind die meisten Yachten jetzt mit Gummibooten ausgerüstet, die weniger Widerstand bieten als das starre Dingi.

Der zweite Punkt betrifft einen nützlichen Hinweis, den Warren Brown als Sicherheitsmaßnahme in einem Sturm gibt. Durch Leinen, die er kreuz und quer über das Cockpit spannte, verschaffte er seiner Besatzung einen festen Halt, wann immer die FORCE SEVEN aufs Wasser hinuntergeboxt wurde. Es kommt gar nicht so selten vor, daß ein Teil der Besatzung aus dem Cockpit gespült wird, wenn eine Yacht bei schwerem Sturm auf die Seite geworfen wird, und bei dem Sturm während des Bermudarennens 1960 gingen sogar mehrere Männer über Bord. Meistens werden sie durch ihre Sicherheitsgurte gerettet, aber besser ist es natürlich, überhaupt nicht erst über Bord zu gehen. Die kreuzundquerweise Verspannung des Cockpits scheint eine praktische Sache zu sein, um Unglücksfälle dieser Art zu verhindern.

3. *Furcht.* Einen schweren Sturm oder einen Hurrikan in einer kleinen Yacht abwettern zu müssen, ist an sich schon eine qualvolle Prüfung. Ich denke jedoch, Warren Brown trifft

den Nagel auf den Kopf, wenn er sagt: „Angst war ein Gefühl, das nicht einen Augenblick aufkam; es war mehr eine Frage der Besorgnis." Das Wort „Besorgnis" ist richtig, weil ein echter Sturm stets das Element der Ungewißheit in sich birgt.

4. *Kajütniedergang.* Warren Brown schreibt, daß er niemals und unter keinen Umständen ein kleines Schiff bauen würde, dessen Niedergang (mit Türen oder Schotten versehen) unmittelbar an das Cockpit anschließt. Die FORCE SEVEN hat einen sehr engen Niedergang, in den man von oben her einsteigt, und dies war wahrscheinlich ihre Rettung, da die sich immer wieder in das Cockpit ergießenden Seen die vom Cockpit zum Niedergang führenden Türen, wie sie die meisten Yachten haben, leicht hätten einschlagen können.

5. *Arbeit an Deck.* Die ungeheure Heftigkeit des Hurrikans läßt sich aus der Bemerkung entnehmen, daß es 25 Minuten in Anspruch nahm, das Rettungsfloß von seiner Lagerung vor dem Mast ins Cockpit zu bringen, wo es vielleicht gebraucht werden konnte. Ein Mann mit zwei Sicherheitsgurten mußte zentimeterweise nach vorn kriechen. Auch Leinen mußten nach vorn ausgebracht werden, damit das Floß nicht unterwegs über Bord gewaschen wurde. Die Schwierigkeit, Arbeiten an Deck zu verrichten, beginnt bei Windstärke 10 (wie die TILLY TWIN es in dem Kanalsturm von 1956 erlebte), während bei Windstärke 12 jede Bewegung an Deck gefährlich wird.

6. *Andere Punkte.* Die Erfahrungen des Skippers der FORCE SEVEN bestätigen solche aus vielen anderen Stürmen geringerer Bedeutung: die schlechte Sicht, wenn die See sehr hoch geht, die Art und Weise, wie das Wasser seinen Weg nach unten findet, und die Unzulänglichkeit der üblichen Abflußrohre aus sogenannten „selbstlenzenden" Cockpits. Ferner ist es interessant, festzustellen, daß die Rettungsringe der FORCE SEVEN genauso weggewaschen wurden wie die der DOUBLOON, als sie durchkenterte. Normale Halterungen für Rettungsringe oder -bojen scheinen in dieser Art Wetter zu versagen, obgleich es schwierig ist, sich eine andere Möglichkeit auszudenken, da festgezurrte Rettungsbojen nicht schnell genug hinterhergeworfen werden können.

Stürme auf Leben und Tod

Der Unterschied zwischen einem gewöhnlichen Sturm und einem solchen, in dem es nur noch ums Überleben geht, besteht darin, daß Skipper und Besatzung in einem normalen Sturm, bei 8 oder vielleicht 9 Windstärken (etwa 30 bis 45 kn mittlerer Windgeschwindigkeit), Herr der Lage bleiben und Maßnahmen ergreifen können, die sie für angemessen halten, während in einem Überlebenssturm bei 10 und mehr Windstärken und Böen, die vielleicht Orkanstärke erreichen, Wind und See die Herrschaft ergreifen. Für Skipper und Besatzung wird dann Segeln zu einem reinen Kampf, ihre Yacht über Wasser zu halten. Jede Navigation, mit Ausnahme des gröbsten Bestecks, fällt aus, weil der Kurs von dem Zwang diktiert wird, die brechenden Wellenkämme im günstigsten Winkel abzufangen.

In diesem Kapitel werde ich ausführlich die Erfahrungen einiger weiterer Yachtskipper behandeln, die in solche Stürme und Orkane gerieten, und mich mit den Lehren beschäftigen, die sich daraus ziehen lassen.

Am häufigsten werden Yachten von Stürmen und Hurrikanen auf der Westseite des Atlantiks überrascht. Aus diesem Grunde habe ich mich um Informationsmaterial über Überlebensstürme in Amerika bemüht und mich dort an die amerikanische Zeitschrift „Yachting" gewandt, denn das Hauptgefahrengebiet liegt auf den Routen zwischen den Yachtzentren Neuenglands und Bermuda, Florida und dem Karibischen Meer. Tropische Stürme bilden die Hauptgefahr, Stürme mit enggebündelten Isobaren und durchschnittlichen Windstärken von 34 bis 63 kn, ferner die Hurrikane mit Windgeschwindigkeiten von 64 kn und mehr, die sich in den Böen bis auf 170 kn steigern können. Die Höchstgeschwindigkeit ist nicht bekannt, da die meisten Anemometer bei etwa 125 kn aussetzen. Hurrikane treten in der Regel zwischen Juni und November und mit erhöhter Wahrscheinlichkeit im September auf, aber sie kommen auch außerhalb dieser Periode zu praktisch jeder Jahreszeit vor.

In einem durchschnittlichen Hurrikan sind Wellenhöhen von 10 bis 12 m nichts Ungewöhnliches; in Riesenstürmen können die Wellen sich sogar bis zu einer Höhe von 15 m aufbauen. Es wurde sogar von noch höheren Wellen berichtet, die aber glücklicherweise selten vorkommen.

Yachtsegler aus Bermuda erzählen mir, daß im Atlantik im Winter schwere Stürme wüten können, die zwar nicht als Hurrikane bezeichnet werden, aber nicht minder fürchterlich sind. Sie können drei Tage lang wehen, mit Winden, deren Geschwindigkeit an 85 kn heranreicht, also Hurrikanstärke weit übersteigt. Nicht immer überleben Yachten so schwere Stürme. So verließ beispielsweise der 21-m-Schoner MARGOT an einem Januarabend um 17.00 Uhr Bermuda auf südlichem Kurs. Die Wettervorhersage für 50 sm südwärts war gut, und doch wehte es um 20.00 Uhr desselben Abends örtlich mit 85 kn, und in der darauffolgenden Woche betrug die geringste in Bermuda gemessene Windgeschwindigkeit immer noch 50 kn. Von dem Schoner hat man nie wieder etwas gehört. Es wird angenommen, daß er schon am ersten Abend, unter bloßen Masten lenzend, untergegangen ist und daß das besonders geräumige Cockpit in Verbindung mit einem unzureichend gesicherten Niedergang daran schuld ist, daß die Yacht von einer achterlichen See überrollt wurde, vollief und wegsackte. Niemand weiß, ob der Schoner Trossen achteraus schleppte oder ob der Untergang, wäre dies der Fall gewesen, hätte abgewendet werden können.

Was die Mannschaft des 20,70-m-Schoners CURLEW erlebte, liefert ein weiteres Beispiel eines Wintersturms. Die Yacht lief am Sonntag (11. November 1962) bei frischem Nordwestwind aus Mystic, Conn., aus. Ihr Ziel war das Karibische Meer, wo sie Charterzwecken dienen sollte. Sie wurde von einem Engländer, Kapitän David Skellon, geführt; Maat war Ed Lowe, ein Seemann aus Connecticut. Diese beiden waren die einzigen Tiefwassersegler an Bord; in dem schlechten Wetter, das bald über sie hereinbrach, lösten sie sich nächtelang am Ruder ab. Mittwochmorgen wehte Nordwind, etwa Bft 10, und die Yacht lenzte unter bloßen Masten. Mehrere Komplikationen hatten sich bereits eingestellt; die ernsthaftesten waren der Ausfall der Bremsschraube, die das Drehen der Propellerwelle verhindern sollte, und ein böses Leck in der Wellenpackung. Die mit der Hauptmaschine betriebene Bilgepumpe konnte mit dem einströmenden Wasser gerade noch fertigwerden.

Der Sturm nahm im Laufe des Mittwochs und in der darauffolgenden Nacht stetig an Stärke zu. Die CURLEW hatte inzwischen den Golfstrom erreicht, wo die Seen gefährlicher wurden. Auf der zweiten Wache am nächsten Morgen geschah es zum erstenmal, daß die CURLEW querschlug und fast drei Minuten lang flach auf das Wasser gepreßt liegenblieb, bevor sie sich wieder aufrichtete. Die Crew brachte die Yacht erneut vor den Sturm und fierte achtern eine Trosse in einer großen Bucht mit daran befestigten Schleppwiderständen über Bord.

Am Donnerstag ging die See höher als je zuvor, und es wehte in den Böen mit schätzungsweise 75 bis 80 kn. Um 07.00 Uhr brach eine himmelhohe See über das ganze Schiff hinweg und zerschmetterte das Oberlicht des Salons. Der daraufhin ausgesendete „Mayday";-Ruf der CURLEW wurde in Bermuda aufgefangen. Ein entsandtes Suchflugzeug fand das Schiff, und um 14.00 Uhr kam der Dampfer COMPASS ISLAND in Sicht.

Unter kahlen Masten verfolgte die Yacht weiter ihren Kurs nach Bermuda. Die COMPASS ISLAND stand in Bereitschaft und erteilte über Sprechfunk Anweisungen. Dies zeugt in hohem Maße von David Skellons zähem Willen und Durchhaltevermögen. Fast bis zu den Hüften im Wasser stehend, bediente er das Sprechfunkgerät und machte, über Karten und Kartentisch gebeugt, seine Navigation. In dieser Nacht gelang es der CURLEW, unter dem Leeschutz, den ihr die COMPASS ISLAND verschaffte, bis auf eine Viertelmeile an die Ansteuerungstonne des Hafens von St. George's heranzukommen. Schutz war endlich zum Greifen nahe. Aber der Wind mußte gedreht haben und war von einer solchen Heftigkeit, daß es selbst mit Hilfe der kräftigen Maschine kein weiteres Vorankommen gab. Wie in dem

Fall der DANCING LEDGE vor Cherbourg erwies es sich als unmöglich, den Hafen zu erreichen, und die CURLEW war gezwungen, wieder abzulaufen. Inzwischen war der Zustand der Yacht kritisch geworden, und da der Wetterbericht eine Fortdauer des Sturms für weitere 24 Stunden ankündigte, blieb keine andere Wahl, als abzulaufen und die Yacht ihrem Schicksal zu überlassen.

In Leeschutz der COMPASS ISLAND manövrierte die CURLEW sich längsseits, brach sich dabei aber ihren Klüverbaum und verlor bei dem Anprall gegen die Bordwand Fockmast und Wanten. Dennoch wurde die Besatzung durch die COMPASS ISLAND mit Hilfe von Klettertauen abgeborgen – eine beachtenswerte Leistung bei Nacht und Winden wenig unter Hurrikanstärke.

Jetzt kommt das seltsame Ende dieser Geschichte. Drei Tage später wurde berichtet, die CURLEW sei gesichtet worden. Sie wurde aufgefunden und sicher in den Hafen von St. George's eingeschleppt. Inzwischen stand das Wasser eineinhalb Meter über den Bodenbrettern, und die gesamte Einrichtung war zertrümmert. Die Besichtigung ergab jedoch, daß der Rumpf unbeschädigt war. Alle Nähte und Befestigungen waren noch so gut wie neu. Die Yacht hatte eine Mahagonibeplankung über weißer Eiche und Teakdecks.

Daß die CURLEW einen Sturm überlebte, der in dieser Gegend als der schwerste seit vierzig Jahren galt, ist einzigartig. Von dem 17-m-Schoner WINDFALL, der Mystic um die gleiche Zeit verließ wie die CURLEW und ebenfalls auf dem Wege nach Bermuda war, hat man nie wieder etwas gehört, da das Schiff auseinanderbrach. Alle vier Mann der Besatzung verloren ihr Leben. Als sie zuletzt von einem Frachter gesichtet wurden, klammerten sie sich noch an die Wrackteile, aber das Wetter war zu schwer, als daß der Frachter imstande gewesen wäre, Beistand zu leisten. Neun andere Schiffe befanden sich zur gleichen Zeit wie die CURLEW in Seenot. Alles zusammen forderte die See das Leben von mehr als 144 Seeleuten.

Die in diesem Sturm gemachten Erfahrungen bestätigen die Erkenntnis, daß, wenn Wind und See zu Hurrikanstärke angewachsen sind, kein Mensch mehr sagen kann, was geschehen wird. Die WINDFALL ging unter, aber die CURLEW überlebte, obgleich halb voll Wasser. Vielleicht rettete sie die Taktik, abzulaufen und Trossen achteraus zu schleppen, und doch schlug sie mehrere Male quer. Wahrscheinlich hatte auch die WINDFALL Trossen achteraus gebracht, weil das nun einmal die anerkannte Methode ist, mit den nachfolgenden Seen fertig zu werden.

Kapitän Skellons Bericht von CURLEWS schwerer Prüfung erschien 1963 in „Yachting". Dazu möchte ich einige Anmerkungen machen:

1. Der Wert *mechanischer Hilfsmittel.* Es war der motorbetriebenen Bilgepumpe zu verdanken, daß das Leck unter Kontrolle blieb, und der Sprechfunkanlage, daß Hilfe angefordert werden konnte.

2. Die Schwäche vieler *Ruderräder.* Fünf Speichen von CURLEWS Ruderrad zerbrachen, als ein Mann von einer brechenden See dagegengeschleudert wurde. Schäden an Ruderrädern sind bei Sturm keineswegs selten.

3. *Querschlagen* muß in einem noch so heftigen Sturm nicht unausweichlich zur Katastrophe führen.

4. Eine Yacht kann überleben, auch wenn sie *halb voll Wasser geschlagen* ist. Beweise dafür sind die TZU HANG (auf die ich in diesem Kapitel noch zurückkomme) und die CURLEW, die sich beide in Situationen befanden, denen zu entrinnen man für unmöglich

gehalten hätte. Die CURLEW muß, nachdem sie von der Mannschaft verlassen worden war, in die volle Gewalt des Sturms hinausgetrieben sein; sich selbst überlassen, vor Topp und Takel treibend und halb voll Wasser, blieb sie trotzdem schwimmen.

5. Die Schwierigkeit oder praktisch die Unmöglichkeit für ein *Beistand leistendes Schiff*, längsseits zu gehen, um die Mannschaft abzubergen, ohne die Yacht zu beschädigen. Ein Schiff muß unmittelbar längsseits liegen, um die Rettung zu gewährleisten, und in schwerer See ist die Gefahr dann groß, daß der Mast der Yacht gegen die Bordwand schlägt und

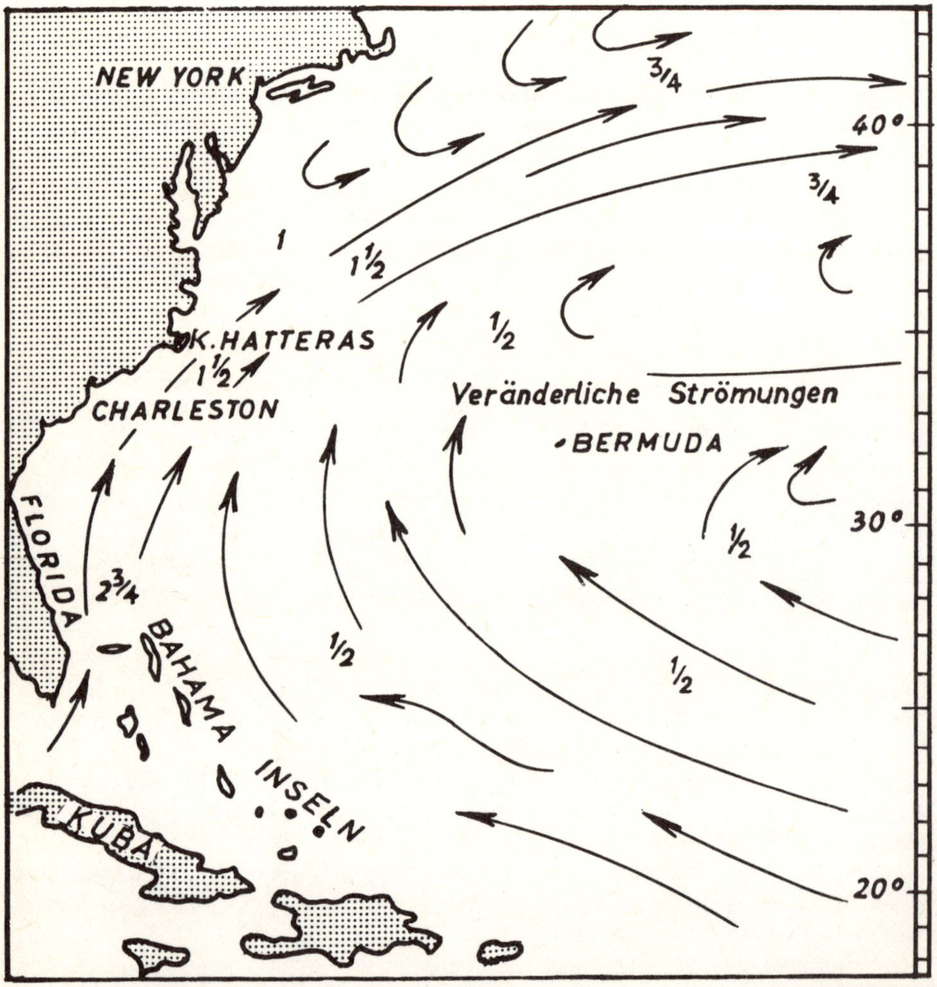

Strömungen im Golfstrom (annähernde Geschwindigkeit in Knoten). Die Karte zeigt durchschnittliche Sommerverhältnisse, aber der Strom wechselt in Richtung und Geschwindigkeit und ist oft viel stärker als gezeigt. Er verursacht ungewöhnlich hohen Seegang, wenn Wind gegen Strom steht, und seine Windungen bescheren den Navigatoren im Bermudarennen von jeher die Möglichkeit zu Spekulationen.

24 Sturm aller Stürme! Dieses und die folgenden unglaublichen Bilder wurde von Kapitän de Lange im Nordatlantik, zwischen 35 und 45 Grad nördlicher Breite, in Stürmen von 10 bis 11 Windstärken aufgenommen. Riesenwellen wie auf diesem Bild werden von Frachtern im Westindien-Dienst vielleicht einmal in vier Jahren angetroffen, und daher kann es leicht angehen, daß eine Yacht ihnen niemals begegnet, selbst wenn sie ein Lebenlang Reisen unternimmt. Die Bilder zeigen die Höhe, die Wellen erreichen können. Eine Yacht mag imstande sein, die gewaltigen Seen im Vordergrund auszureiten, aber man sehe sich das Wellenungetüm an, das von achtern heranorgelt.

25 Bernard Moitessier beschreibt die Seen, denen die JOSHUA *im Südpazifik begegnete, als Wellen, die sich »pausenlos 200 bis 300 m weit brachen«. Er lenzte unter bloßen Masten und nahm sie in einem Winkel von 15 bis 20 Grad von achtern, um nicht kopfüber zu gehen. Die* JOSHUA *war aus Stahl gebaut und wurde aus einer Stahlkuppel heraus gesteuert.*

bricht. Außerdem kann der Mast eine weitere Gefahr heraufbeschwören, wenn nämlich Masttrümmer und Teile der Takelage in der Gegend herumschwingen und tödliche Waffen bilden, die Retter und Gerettete gleichermaßen bedrohen, wenn sie die Kletternetze emporklimmen. Ich habe mir sagen lassen, die einzige andere Methode für ein Rettungsunternehmen (wie für die an Wracktrümmern hängenden Überlebenden der WINDFALL) bestünde in dem Versuch, Leeschutz zu erzeugen und dann Rettungsflöße aus Gummi zu den Schiffbrüchigen hinübertreiben zu lassen, da die üblichen Rettungsboote unter solchen Verhältnissen nutzlos sind. Die Schwierigkeit wäre nur, daß das Hilfe bringende Schiff zu rasch leewärts auf die Yacht treibt, so daß große Geschicklichkeit bei der Handhabung des Schiffes erforderlich ist.

Die CURLEW hat den Golfstrom vielleicht noch nicht einmal in seiner schlimmsten Form erlebt, da der Wind quer zum Strom und nicht gegenan geweht zu haben scheint, obgleich man mir sagte, daß es keine festen Regeln für Richtung und Geschwindigkeit des Stroms gäbe. Normalerweise findet man den stärksten Strom in der Straße von Florida und da, wo er nordwärts in Richtung Kap Hatteras fließt. Hier sind die Seen in der Stromachse bei stürmischen Winden aus Nord gegen den Strom unter gewöhnlichen Sturmverhältnissen gefährlicher als bei einem schweren Sturm oder sogar Hurrikan auf offenem Atlantik. Hierdurch erklärt sich das, was der DOUBLOON widerfuhr, die zweimal durchkenterte, und vielleicht auch das Verschwinden der REVENOC, eine der beklagenswertesten Yachttragödien auf der amerikanischen Seite des Atlantiks.

Die REVENOC war eine Sparkman & Stephens-Konstruktion mit Außenballast und Schwert, yawlgetakelt. Ihre Abmessungen: Lüa 13 m, LWL 9 m, Breite 3,50 m, Tiefgang 1,35 m, Segelfläche 82 m^2. Sie besaß eine besonders reichhaltige Ausrüstung für Kreuzfahrten und Ozeanregatten.

Am 1. Januar 1958 machte die Yacht sich auf den Weg von Key West nach Miami. An Bord befanden sich ihr Eigner und Skipper Harvey Conover, sein Sohn Lawrence, ihre beiden Frauen und William Fluegelman. Die Crew besaß reiche Erfahrungen. Harvey Conover war ein Veteran des Hochseesegelsports und segelte seit seiner frühesten Jugend. Sein 26jähriger Sohn war mit Booten aufgewachsen und ein erstklassiger Seemann. William Fluegelman hatte viel mit den Conovers gesegelt und war früher bei der Küstenwacht gewesen. Die beiden Frauen galten als tüchtige und erfahrene Hände.

Am 2. Januar wurde das Gebiet ohne vorherige Warnung von einem NNE-Sturm überfallen, der in den Böen 65 kn erreichte. Das Wetteramt berichtete darüber zusammenfassend: „Ein großes Hochdruckgebiet über dem südöstlichen Teil der Vereinigten Staaten drängte eine breite, gar nicht besonders schlimme Kaltfront in südöstlicher Richtung über Florida, die Straße von Florida und die Bahamas zurück. Inzwischen entwickelte sich am Mittwoch über Westkuba plötzlich ein intensives Tiefdruckzentrum (das erst am Donnerstag, als man die REVENOC in Miami erwartete, gemeldet wurde) und kreuzte, in nordöstlicher Richtung ziehend, die Bahn der Front. Als sich beide einander näherten, wirkten das rechtsdrehende System der Front und der um das Tiefdruckzentrum linksdrehende Wind, beide aus einer allgemein nordnordöstlichen Richtung kommend, zusammen und entfesselten am Donnerstag vor Tagesanbruch in der Floridastraße einen plötzlichen schweren Sturm mit fürchterlichen Böen.“

Der Seegang mitten in der Achse des Golfstroms muß unter solchen Umständen phantastisch gewesen sein. Das war der Sturm, in dem die REVENOC mit Mann und Maus verlorenging. Nie hat man wieder eine Spur von ihr gefunden, mit Ausnahme eines vollgeschlagenen Dingis, das am 6. Januar in der Nähe von Jupiter Inlet anschwemmte, wohin es von dem nordwärts setzenden Strom getrieben war.

Der Verlust kann durch zahlreiche Umstände verursacht worden sein. Die wahrscheinlichste Erklärung ist, daß die REVENOC nachts von einem Schiff überrannt wurde, da in dem Gebiet, wo sie unterging, dichter Schiffsverkehr herrscht und die Lampen einer Yacht, wie schon erwähnt, im Sturm von See und Gischt leicht verhüllt werden können. Möglich auch, daß der Mast brach, über Bord ging und den Rumpf, bevor die Takelage gekappt werden konnte, so schwer beschädigte, daß an Reparaturen nicht mehr zu denken war; oder daß die Yacht auf Korallenriffe getrieben wurde oder eine bösartige See die Aufbauten einschlug, das Deck zertrümmerte oder die Yacht, ähnlich wie die DOUBLOON, herumrollte.

Eine Antwort auf diese Fragen werden wir nie erhalten, aber wir können mutmaßen, welche Taktiken die REVENOC anwandte. Ein Artikel von Carlton Mitchell, der im Juni 1956 in „Yachting“ erschien, enthielt den Auszug eines Briefes von Harvey Conover, nachdem er mit REVENOC schon einmal im Golfstrom von einem Sturm überrascht worden war. In diesem Sturm (der in den Böen 56 bis 65 kn erreichte) war er mit 2 bis 3 kn unter bloßen Masten und mit Trossen im Schlepp achteraus so gut abgelaufen, daß er überzeugt war, seine Yawl könne auf diese Weise fast alles aushalten. Es ist daher, wenn sie genügend Seeraum hatte, höchst wahrscheinlich, daß die REVENOC auf ihrer letzten Reise mit Trossen (oder vielleicht Segeln) im Schlepp vor dem Sturm lenzte. Dies ist nur eine Vermutung, und die einzige Lehre, die wir aus dieser Tragödie ziehen können, ist, daß keine Yacht, einerlei wie gut gebaut, und keine Besatzung, wie erfahren sie auch sein mag, vor den Gefahren der See gefeit sind.

Zurückkehrend zu unserem Thema Hurrikane, wollen wir jetzt den Fall von Jean Gaus 9-m-Ketsch ATOM untersuchen, die im September 1957, etwa 360 sm südlich von Montauk Point, Long Island, in die Bahn des Hurrikans Carrie geriet. Sie kam durch, indem sie vor Topp und Takel lenzte; eine Trosse war ausgebracht und Ölsäcke an den Wantenspannern in Luv befestigt worden. Es gibt vier Umstände, die ihr geholfen haben mögen, den Sturm abzuwettern. Nach Überquerung des Atlantiks war ihr Boden so bewachsen, daß sie fast tot im Wasser lag. Ihr Tiefgang betrug nur 1,40 m, und sie hatte 2 t Eisen im Kiel und 2 t Innenballast. Sie war also ein Typ, der nur schwer kenterte, und die Gefahr zu „stolpern“ wäre bei einem langen flachen Kiel weniger gegeben als bei einem schmalen tiefen. Anzunehmen ist auch, daß sie ein niedriges Rigg hatte, obgleich ich keine Einzelheiten hierüber weiß. Die ATOM befand sich in der Zugbahn des Wirbelsturms Carrie, doch etwa 160 sm nördlich von Bermuda eilte er ostwärts über den Atlantik und machte schließlich einen präzisen Landfall auf Fastnet Rock vor der Südostküste Irlands. Da ich den Kurs der ATOM im einzelnen nicht kenne und ihn daher nicht mit der Zugbahn des Hurrikans vergleichen kann, weiß ich nicht, ob sie sich irgendwann und irgendwo in der Nähe des Zentrums befand, aber selbst wenn sie dem Schlimmsten entging, muß sie sich doch in so schweren Stürmen befunden haben, daß diese wohl der Kategorie der Stürme auf Leben und Tod zugerechnet werden können.

Das Beispiel der ATOM spricht also zu Gunsten des Lenzens vor Topp und Takel. Indes: Am 26. Februar 1966 wurde die Ketsch zwischen Durban und Kapstadt von neuem erwischt. Sie lag mit Wind und See querein von Backbord zum Treiben, wurde aber bei dieser Gelegenheit um 360 Grad herumgerollt. Sie verlor dabei alle Masten, Spieren und

Segel. Jean Gau war gerade unter Deck und schlief, erlitt aber keine Verletzungen, die ihn außer Gefecht gesetzt hätten. Die nächsten 14 Stunden war er damit beschäftigt, die Bilge zu lenzen (die voll war bis zu den Bodenbrettern), die Spieren, die den Rumpf gefährdeten, zu kappen, die Takelage zu klarieren und sich schließlich an die scheußliche Arbeit zu machen, die Maschine zu trocknen. Anschließend gelang es ihm, die 75 sm entfernte Mossel Bay mit Motorkraft zu erreichen.

Die Atom besaß ein zuverlässiges Anemometer, das die Windgeschwindigkeit mit 60 kn anzeigte. Ob dies die Windstärke in den Böen war oder der Durchschnitt nach der Beaufort-Skala (was bei 60 kn Windstärke 11 entspräche), entzieht sich meiner Kenntnis.

Jean Gaus Erlebnisse zeigen, daß man die Ozeane viele Male überqueren kann, ohne Schaden zu nehmen, daß es aber nur eines einzigen Wellenungetüms von besonderer Größe und Form bedarf, das sich in einem ungeeigneten Moment auf das Schiff stürzt, um handfesten und manchmal katastrophalen Schaden anzurichten. In diesem Zusammenhang ist es interessant, sich mit dem Kapitel „Wellenungetüme" zu beschäftigen, in welchem der Autor auf die Erfahrungen großer Schiffe zwischen Durban und Kapstadt verweist und erklärt, wie es zu Wellenungetümen ebenso wie zu außergewöhnlichen Wellentälern, regulären „Löchern" im Ozean, kommt.

Eine der bemerkenswertesten Geschichten von einer Yacht, die einen Hurrikan überlebte, war die der Pendragon, die 1954 in den Wirbelsturm Carol geriet.

Die Pendragon befand sich in dem etwas unzuverlässigen Hafen von Gosport auf den Isles of Shoals, die nordöstlich von Boston im Atlantik liegen. Sie ist ein Kutter von 12,50 m Lüa, 9,15 m LWL, 3,10 m Breite und 1,90 m Tiefgang, 1935 bei Nevins gebaut. Ihre Besatzung bestand aus William H. Mathers, seiner Frau Myra und zwei Freunden.

Inzwischen war Hurrikan Carol über North Carolina zum Stillstand gekommen, doch am Dienstagmorgen (31. August) kam die alarmierende Nachricht, daß der Wirbelsturm wieder in Bewegung geraten sei und die Küste Neuenglands heraufzöge. Die Warnung kam zu spät, um noch einen besseren Hafen aufsuchen zu können. Auf der Pendragon wurden daher alle Vorbereitungen getroffen, aber beim Höhepunkt des Sturms geriet eine Ketsch ins Treiben, und Pendragons Ankertrosse mußte gekappt werden, um von ihr freizukommen. Der Wind war zu stark, als daß man gegen den Wind unter Maschine in Lee des Wellenbrechers wieder Schutz hätte finden können, und so lief die Pendragon, um nicht auf die Klippen getrieben zu werden, im gefährlichen Quadranten des Hurrikans hinaus auf See.

Kaum in offenem Wasser, traf die Yacht auf eine himmelhohe See und bekam die volle Gewalt der Hurrikanwinde zu spüren. Womit wir uns hier beschäftigen wollen, ist jedoch, welches Verfahren angewandt wurde, um die Yacht vor dem Untergang zu bewahren. Das Außergewöhnliche daran ist, daß sie unter Maschine lief.

Dies ist der einzige Fall, von dem ich gehört habe, wo auf einer Segelyacht auf offener See während eines Sturms der Motor zu Hilfe genommen wurde, noch dazu in einen Hurrikan. Ich habe den Eindruck, daß die durchschnittliche Hilfsmaschine schon bei Windstärke 7 nutzlos zu werden beginnt, obgleich ich den Versuch auf See noch nie gemacht habe. Ich schrieb daher an den Eigner der Pendragon, und aus seiner Antwort geht hervor, wie er es schaffte.

Bei der Maschine handelte es sich um einen Vierzylinder von 25 PS, mit einem Übersetzungsgetriebe von 2:1 und einer Propellerdrehzahl im Hurrikan von 800/min. Der Propeller maß 45 cm im Durchmesser mit einer verhältnismäßig flachen Steigung. Während des

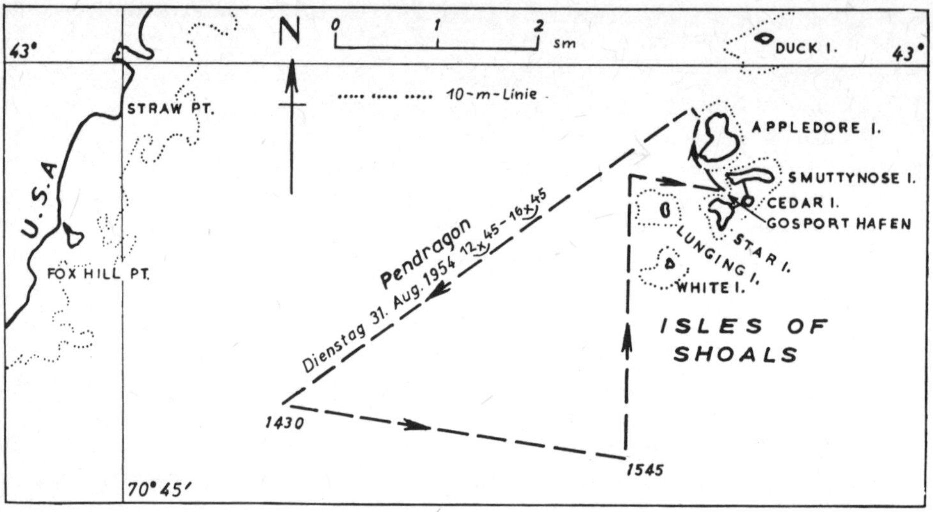

Kurs der PENDRAGON *im Hurrikan Carol*

Hurrikans wurde die PENDRAGON in den Wellentälern breitseits zur See gesteuert. Die Wellenkämme lagen 90 bis 120 m auseinander. In den Wellentälern (wo die Yacht teilweise von den Wellen abgedeckt wurde) war unter Maschine eine Geschwindigkeit von etwa 2,5 kn zu erreichen. Das gab dem Skipper genügend Steuerfähigkeit, um vor den brechenden Wellenkämmen anzuluven und so zu verhindern, daß sein Schiff überrollt wurde.

Der Kurs der PENDRAGON ist auf obiger Zeichnung dargestellt. Anfangs lief sie vor dem Sturm ab, wobei ihr scharf geschnittener Vorsteven unterzuschneiden drohte und „ihr Heck sich hob, so daß das Ruder fast wirkungslos wurde. Unten angelangt, wandte sie sich, wie es ihr paßte, nach der einen oder anderen Seite und rollte schwer. In einem der Wellentäler rollte sie so weit, daß sie grünes Wasser über das Cockpitsüll nahm."

Mit Rücksicht auf die Gefahren und die Duck Island vorgelagerten Klippen konnte die PENDRAGON nicht nach Osten oder Nordosten ablaufen und sich damit vom Zentrum des Hurrikans entfernen. Darum wendete William Mathers nach Passieren von Appledore Island und legte sich auf Steuerbordbug mit Kurs SW, obgleich er sich so dem Zentrum des Hurrikans näherte. Um etwa 14.00 Uhr lichtete sich der Himmel im Westen beträchtlich, und der Wind ließ entschieden nach. Eine halbe Stunde später schralte der Wind von SE auf S und SW, und die PENDRAGON konnte E und SE anliegen. Ein winziger Fleck blauen – herrlich tiefblauen – Himmels erschien und verschwand und spendete einige Augenblicke lang Wärme und bessere Sicht. Um 15.45 Uhr kam der Leuchtturm auf einer der Inseln der Shoals-Gruppe in Sicht. Die Yacht wurde auf Nordkurs gebracht, und eine Stunde später war sie heil zurück im Hafen. Um mit Myra Mathers eigenen Worten zu sprechen: „Es erschien als etwas widerspruchsvoll, vier Stunden lang draußen herumzubolzen, ohne etwas sehen zu können, und genau wieder da anzukommen, von wo wir aufgebrochen waren."

Der einzige Unfall ereignete sich, als eine See von Backbord achtern gerade in dem Augenblick zuschlug, als der Rudergänger abgelöst wurde und die Yacht vorübergehend vom Kurs abgekommen war. Myra Mathers hatte ihrem Mann die Pinne übergeben und schlängelte sich an ihm vorbei, als sie kopfüber ins Wasser katapultiert wurde und 7 bis 8 m weit nach Lee abtrieb. Beim Überbordgehen schlug sie mit dem Kopf gegen eine Relingsstütze.

Durch einen Glückszufall hatte eine See die Yacht zum Stillstand gebracht, und der Hurrikan trieb sie auf Myra Mathers zu, die dann an Bord gezogen wurde. Fast das gleiche passierte, als die TZU HANG im Pazifik über Kopf ging, worauf ich später zu sprechen komme, und Beryl Smeeton fast 30 m weit nach Lee geschwemmt wurde. Entmastet und zum Teil mit Wasser gefüllt, lag die Yacht bewegungslos im Wasser. Trotz ihrer Verletzung schwamm Beryl Smeeton auf die schwimmenden Trümmer des Besanmastes zu und zog sich an ihnen an die TZU HANG heran.

Auf beiden Yachten war es schwierig, den Überlebenden in seinen schweren, durchnäßten Kleidern aus dem Wasser zu ziehen und in die Geborgenheit des Cockpits zu bringen. Myra Mathers verfing sich vorübergehend an einer Decksstütze, wurde aber rasch an Bord geholt, sobald man merkte, woran es lag. Die Rettung von Beryl Smeeton auf der TZU HANG war sogar noch schwieriger, da sie wegen ihrer verletzten Schulter nur mit einem Arm mithelfen konnte. Es bedurfte der vereinten Anstrengungen der beiden Männer, um sie an Bord zu bekommen.

Der Hurrikan Carol, in den die PENDRAGON geriet, war ein schwerer Sturm, der beträchtliche Verwüstungen anrichtete. Auf seinem unerwarteten Sprung die Neuenglandküste hinauf wehte er den 192 m hohen Fernsehturm um, der auf dem Dach der Radiostation von Lynn, Mass., stand, so daß von dort keine Wetterberichte mehr empfangen werden konnten. Ferner stürzte er den Krahn auf dem Wellenbrecher der Isles of Shoals um, eben bevor die PENDRAGON zu ihrer Hurrikanfahrt auslief. Erstaunlich bleibt, daß die PENDRAGON, obgleich auf die Seite gerollt, bis ihre Salinge das Wasser berührten und das Cockpit voll Wasser lief, mit nicht mehr Schäden davonkam, als sich in einem gewöhnlichen Sturm auch einstellen können. Es erging ihr in dem Hurrikan auf See auf jeden Fall besser als den meisten anderen Yachten, die sich in die Häfen geflüchtet hatten, wo sich Häuser von ihren Fundamenten lösten, auf die vor Anker liegenden Fahrzeuge trieben und Bretter, Planken und anderes durch die Luft flogen, gegen die Takelage prallten und die Besatzungen gefährdeten. Eine große Anzahl von Yachten riß sich von ihren Murings los, viele schleppten ihre Anker und trieben auf Land.

Die folgenden Punkte verdienen Beachtung:

- Nur William Mathers' schneller Entschluß, auszulaufen, bewahrte die PENDRAGON vor dem Schicksal, das zahlreiche andere Yachten im Hafen ereilte. Große Schiffe verlassen manchmal den Hafen, wenn ein Hurrikan droht, da sie in tiefem Wasser und weit von Land entfernt sicherer sind, aber ich habe noch nie von einer Yacht gehört, die das auch tat. Da ich selbst mit Hurrikangebieten nicht vertraut bin, ist meine Ansicht nicht maßgeblich.
- Hinzuweisen ist auf die Schwierigkeit, einen über Bord Gegangenen an Deck zu ziehen, selbst wenn er sich schon längsseits befindet. Das durch nasse Kleider erhöhte Gewicht und die heftigen Bewegungen einer Yacht im Sturm machen diese Aufgabe unerwartet schwer. Das trifft besonders dann zu, wenn die Besatzung nur aus zwei Mann besteht, wie zum Beispiel dem Eigner und seiner Frau. Geht einer von beiden über Bord, kann das

Gewicht selbst dann, wenn der Betroffene sich noch am Schiff anklammert, zu schwer für den auf Deck Zurückgebliebenen werden. In einem solchen Fall würden eine Tauleiter oder Stufen eine große Erleichterung bedeuten.

- Eine Yacht mit starkem Motor und einer großen, langsam drehenden Schraube kann vielleicht, wie die PENDRAGON, einen Hurrikan abwettern. In ihrem Fall scheinen die Seen so riesig und so lang gewesen zu sein, daß sie im Wellental genügend Fahrt aufnehmen konnte, um zu den Wellenkämmen anluven zu können, aber ich bezweifle, daß dies in einem kurzen und sehr stark durcheinanderlaufenden Seegang durchführbar gewesen wäre. Außerdem glaube ich nicht, daß die von der PENDRAGON verfolgte Taktik von einer Yacht mit schnelldrehender Schraube übernommen werden könnte; die Beanspruchung der Welle durch eine Schraube, die abwechselnd über Wasser durchdreht und unter Wasser mit voller Belastung arbeitet, wäre zu groß.

Die meisten Stürme, von denen ich berichtet habe, fanden in Gewässern statt, die von Yachten häufig befahren werden; sie sind daher praktische Beispiele für das, was bei normalen Kreuzfahrten auf der amerikanischen Seite des Atlantiks jedem passieren kann. Die schlimmsten Stürme jedoch und die höchsten Seen finden sich in den hohen südlichen Breiten, wohin Yachten, mit Ausnahme vereinzelter Welt- oder Kap-Hoorn-Umsegler, nur selten gelangen.

Das klassische Beispiel eines Sturms von allergrößter Heftigkeit im südpazifischen Ozean erlebte William Albert Robinson, als er 1952 von einem solchen Sturm ereilt wurde. Robinson hat die Welt umsegelt und gilt als einer der bekanntesten und erfahrensten Tiefwassersegler seiner Generation. Er hat manche andere Stürme und Hurrikane abgewettert, aber der Sturm, den er in einem Buch als den Sturm aller Stürme beschreibt, war der schwerste, den er während eines ganzen, auf Tiefwasserfahrten verbrachten Lebens durchgemacht hatte.

Seine Yacht hieß VARUA. Sie war eine Brigantine von 21 m Lüa, konstruiert von Starling Burgess. Für Ozeanreisen gedacht, sollte sie auch außergewöhnlich schweres Wetter und Stürme abwettern und auch vor orkanartigen Winden lenzen können, ohne zu großes Risiko, querzuschlagen. Sie war ein großes Schiff, und daß sie durchkam, war ihrer Größe, Konstruktion und der Erfahrung ihres Eigners zuzuschreiben. Ich glaube nicht, daß irgendeine gewöhnliche Yacht, wie unsereins sie besitzt, die schwere Prüfung hätte bestehen können, der die VARUA unterzogen wurde.

Während des Sturms lag die VARUA unter Vorsegeln beigedreht, bis die Seen eine solche Höhe und Steilheit erreichten, daß die Segel abwechselnd in den Wellentälern abgedeckt wurden und sich auf den Wellenkämmen in den Böen mit einem Knall wieder füllten. Sie wurden dann geborgen, und man ließ die VARUA treiben. Anstatt das Ruder in Lee festzubinden (wie ich es, zu Recht oder Unrecht, mache), wurde es mittschiffs festgelascht, und man überließ es dem Schiff, seine eigene Treiblage zu finden. Die Brigantine fiel mehrere Strich ab und trieb mit dem Wind und vor der achterlichen See. Dabei wurde Öl über Bord gegeben. Robinson berichtet, daß die glatten Ölstellen bei dieser Treiblage wirksamer waren, als wenn das Boot beigedreht lag und der größte Teil der Ölfläche nach Lee weggeweht wurde.

Der Sturm drehte allmählich von Nordost auf Nord, und gegen Mitternacht begann die VARUA, außer Kontrolle zu geraten. „Die Seen waren jetzt so riesenhaft und hohl, daß das obere Drittel einzustürzen und senkrecht auf uns herabzukrachen schien. Unser Öl hatte jetzt nur noch wenig oder gar keine Wirkung, da das Wasser an der Oberfläche einfach nach Lee weggeblasen wurde."

Robinson band das Ruder los und legte die Yacht genau vor den Sturm, womit sich die Fahrt unter bloßen Masten auf 6 bis 7 kn steigerte. Da er dies für gefährlich hielt, fierte er fünf Trossen von je 25 m Länge aus und dazu 180 m dünnere Leinen. Hierdurch wurde die Fahrt auf 3 bis 4 kn vermindert, und die Yacht lag wieder tadellos auf dem Ruder; auch die Ölfläche schien bei dieser langsamen Fahrt wieder besser zu wirken. Trotzdem kam es von Zeit zu Zeit vor, daß die Yacht eine See hinunterjagte und ihren Klüverbaum im Wellental vergrub, bevor sie wieder hochkam. Robinson sagt, daß die VARUA, hätte sie nichts achteraus geschleppt, einfach untergeschnitten wäre. Und er fügte hinzu: „Wenn ein Fahrzeug von 50 t Gewicht und 21 m Länge, in allen Planken bebend, auf einem brechenden Kamm wellenreitend in die Tiefe schießt, dann hat man was erlebt."

Hier sind in Kürze Robinsons Schlußfolgerungen:

- Konventionelle Verfahren, einen durchschnittlichen Sturm abzuwettern, sind völlig unzureichend gegenüber außergewöhnlichen Stürmen auf dem Ozean. Robinson verurteilt ohne Einschränkung Treibanker für tiefgehende Yachten unter extremen Bedingungen. Er sagt: „Die größte Wirkung von Wind und Wellenkämmen wird auf den vorderen Teil des Schiffes ausgeübt, der den geringsten Halt im dichteren Wasser besitzt. Wenn das Schiff also achteraus Fahrt macht, wie es vor Treibanker nicht anders sein kann, fällt der Bug ab und schwenkt um den Rumpfachterteil mit dessen tieferem Griff im Wasser herum." Dies erklärt einen Vorgang, den Fahrtensegler schon bei weniger heftigen Stürmen festgestellt haben. Er stellt auch den Wert eines Stützsegels bei einem Ozeansturm in Frage, da dieses Segel, selbst wenn es den Sturmböen hoch auf dem Wellenkamm widersteht, im Wellental abgedeckt seine Wirksamkeit verliert. Auch macht er auf die Gefahr des Ruderbruchs aufmerksam, sobald das Schiff Fahrt über den Achtersteven macht.
- Robinson schreibt, kein Schiff wäre imstande gewesen, in solchen Wellen, wie er sie erlebte, den Bug gegen die See zu halten, ohne böse Schäden davonzutragen. Seine Theorie habe sich bestätigt, daß eine Yacht, die einen solchen Sturm überleben wolle, die Chance erhalten müsse, eine ihr natürliche Lage einzunehmen, indem man sie unter bloßen Masten genau vor den Seen laufen ließe, „gerade schnell genug, um gute Steuerfähigkeit zu behalten und mit Schleppwiderständen als Bremse, um eine zu schnelle Fahrt zu verhindern." Für die VARUA bedeutete das 3 bis 4 kn. Ich zitiere Robinson: „Das Schiff war lebendig und reaktionsfreudig . . . wir besaßen Flexibilität, freie Wahl zu tun, was wir für richtig hielten, wenn der Wind schralte, Freiheit, vom Kurs abzuweichen, wenn es galt, einer großen See zu begegnen, die außer der Reihe auf uns zurollte. Und wenn wirklich einmal ein Monstrum von Welle des Weges kam und auf uns herunterzubrechen drohte, nahmen wir sie mit dem Heck zuerst. So boten wir den geringstmöglichen Widerstand und gingen nachgiebig mit."
- Öl wurde mit nur mäßigem Erfolg benutzt, als die Yacht bei Ausbruch des Sturms beigedreht lag; sie machte zu viel Vorausfahrt, und das Öl trieb großenteils achteraus. Als sie sich treiben ließ, war die See so hohl, daß das Oberflächenwasser mitsamt dem Öl darauf vom Sturm nach Lee davongetragen wurde. Beim Lenzen mit Trossen achteraus im Schlepp scheint Öl geholfen zu haben, aber dabei verbrauchte man auch beträchtliche Mengen, da Öl außer aus den beiden Ölbeuteln auf jeder Seite auch durch das vordere WC gepumpt wurde.

In fast den gleichen südlichen Breiten wie die VARUA wurde auch die TZU HANG bei ihrem Versuch, Kap Hoorn auf dem Wege vom Pazifik in den Atlantik zu runden, von Stürmen ereilt, in denen es nur noch um Tod und Leben ging. Beim erstenmal befand sich eine dreiköpfige Besatzung an Bord, der Eigner, Miles Smeeton, seine Frau Beryl und John Guzwell, bekannt durch seine Fahrten mit der TREKKA. Beim ersten Versuch, Kap Hoorn zu umsegeln, überschlug die Yacht sich Heck über Bug, während sie vor einer über 100 m langen, dicken Trosse lenzte. Beim zweitenmal waren Miles Smeeton und seine Frau allein, als sie in einen neuen Sturm gerieten. Diesmal ließen sie die TZU HANG vor Topp und Takel lenzen, was sie allerdings nicht davor bewahrte, über die Seite vollständig herumgerollt zu werden. Beide Male wurde die Yacht entmastet, schwer beschädigt und teilweise voll Wasser geschlagen. Die Seen, die das Unheil anrichteten, müssen wahre Monstren gewesen sein, die sich durch das Zusammenwirken verschiedenartiger, aus den unendlichen Weiten des Pazifiks heranrollender Wellenzüge gebildet hatten. „Manchmal", schreibt Miles Smeeton in seinem Buch „Once is enough", „scheint eine Welle mit ihrer ganzen Vorderfront herabzubrechen, eine tobende Kaskade weißen Gischtes, die sich in der Gesamtbreite der Wellenfront heruntergießt, wie die Lawine von einer Berglehne."

Es gibt wohl nur wenige Yachten, die so geartete Wetterverhältnisse durchstehen können, ohne Schäden zu erleiden, einerlei von welchem Typ sie sind und welche Abwehrmaßnahmen an Bord ergriffen wurden. Erstaunlich bleibt, daß die TZU HANG überhaupt durchkam. Sie hatte zwar eine harte und zähe Crew, und in beiden Fällen wurden sofort provisorische Ausbesserungsarbeiten durchgeführt. Wären aber den Seen, die den Schaden anrichteten, andere, ebenso furchteinflößende Wellenungetüme gefolgt, hätte sie untergehen müssen. Möglich, daß der Verlust der Masten sie instand setzte, die Seen besser abzureiten, und sie so vor einer Katastrophe bewahrt blieb. Auf der anderen Seite wurde die DOUBLOON nach Verlust ihrer Masten ein zweites Mal seitwärts herumgerollt, so daß man seiner Sache in dieser Beziehung nicht ganz sicher sein kann.

Dagegen gibt es zahlreiche Yachten, die durch die Brüllenden Vierziger und um Kap Hoorn ohne Zwischenfälle und drohende Katastrophen gesegelt sind. Dies war der „unmögliche Kurs", dem sich der Argentinier Vito Dumas auf seiner großen Einhandreise verschrieben hatte. Seine Yacht LEGH II war ein 9,50 m langer norwegischer Spitzgatter, konstruiert von Manuel M. Campos, und eine modernisierte Version des alten Rio-de-la-Plata-Walbootes, nicht unähnlich einem Colin-Archer-Doppelender. Die LEGH II war ausdrücklich für Ozeanreisen gedacht und hatte daher einen langen Kiel, um bei jedem Wetter leicht steuerbar zu sein. Der Ballastkiel bestand aus 3,5 t Eisen, und der Entwurf sah ein hohes Maß an Reserveauftrieb vor. Sie führte keinen Innenballast. Der Erfolg der Konstruktion fand seine Bestätigung in der offensichtlichen Mühelosigkeit, mit der die LEGH II sich einhand ohne Selbststeueranlage auf Kurs halten ließ. In ihrem Spitzgattheck muß eine Menge Auftriebskraft gesessen haben, um die Seen durchstehen zu können, die Dumas unterwegs erlebte. Es war auf seiner Reise nicht die Frage eines Sturms hier und da, sondern eines durchgehenden, fast nie unterbrochenen schweren Wetters schlimmster Art, mit Winden, die sich gelegentlich in den Böen bis auf schätzungsweise 70 kn steigerten. Seine taktische Verhaltensweise bei stürmischem Wetter war neuartig. „Was Treibanker anbetrifft", schreibt er in seinem Buch „Auf unmöglichem Kurs", „vertrete ich einen Standpunkt, der das ganze Problem für mich erledigt; einem solchen Apparat würde ich niemals Platz an Bord opfern. Vielmehr bin ich überzeugt, daß ein Boot unter Segel ziemlich mühelos jeder See gewachsen ist. Es hat Freiheit der Bewegung und kann auf die See hinaufreiten. Sollte die Windgeschwindigkeit 50 kn überschreiten, muß ich, entgegen der Ansicht, daß nachfolgende Seen brechen und Verwüstungen an Deck anrichten, gestehen, daß es zu meinen ganz besonderen Vergnügen gehörte, Böen auf einem Brett von Gischt zu durchjagen. Meine Geschwindigkeit bei dieser Art von Wellenreiten überstieg 15 kn; dann zeigte ich das Heck der nächsten Welle, und das erregende Spiel begann von vorne."

Manche Leser mögen 15 kn für übertrieben halten, aber die genaue Geschwindigkeit ist unwichtig; fest steht, daß die LEGH II auf dem Ozean die richtige Wellenlänge fand, die sie in die Lage versetzte, längere Zeit und weit über ihre theoretische Höchstgeschwindigkeit hinaus auf den Wellenkämmen zu reiten. Dumas gibt keine genaue Schilderung und auch keinen Hinweis, wie er das Wellenreiten zustande brachte, was man ja gerne wissen würde. Wellenreiten in ozeanischen Seen kann wegen des Risikos, in das Wellental hinuntergerissen zu werden und über Kopf zu gehen, eine gefährliche Sache sein. Wie immer es gewesen sein mag, Dumas lenzte vor Stürmen mit etwa 5 kn Fahrt, und es gelang ihm, die Welt auf den wohl gefährlichsten Gewässern zu umrunden und die Reise mit einem Boot zu beendigen, das sich immer noch in tadellosem Zustand befand.

Es gibt noch mehr Yachten, die in der Vergangenheit die gefährlichen Gewässer des Südpazifiks durchsegelt und das Hoorn umrundet haben, ohne zu nachgeschleppten Trossen oder anderen konventionellen Verfahren zur Abwetterung von Stürmen Zuflucht zu nehmen. Als Sir Francis Chichester nach einem bemerkenswert genauen Landfall ohne Sonnen- oder Sternbeobachtungen seit drei Tagen und wenig Schlaf seit einer Woche im März 1967 das Hoorn mit der GYPSY MOTH IV rundete, lenzte er unter Sturmfock. Berichte über Wetter und Windstärke, als er Kap Hoorn passierte, weichen voneinander ab, aber sicher ist, daß es sehr hart wehte. Das Cockpit der GYPSY MOTH wurde fünfmal voll Wasser gespült, und einmal dauerte es volle 15 Minuten, bis das Wasser ablief – ein weiterer Beweis für die Unzulänglichkeit der Abflüsse in selbstlenzenden Cockpits.

Die GYPSY MOTH lief unter Sturmfock, und es werden keine nachgeschleppten Trossen erwähnt. Ihre Geschwindigkeit scheint zwischen 5 und später 7 kn betragen zu haben, ein weiteres Beispiel dafür, daß eine Yacht eine ansehnliche Geschwindigkeit durchhielt, während sie in schwerem Seegang vor stürmischen Winden lenzte.

Höchst wertvolle Informationen über das Thema Lenzen vor stürmischen Winden verdanken wir Bernard Moitessier, der für seine außergewöhnliche Reise von Moorea nach Alicante via Kap Hoorn mit der *Blue Water Medal* des Cruising Club of America und der *Wren Medal for Seamanship* des Royal Cruising Club ausgezeichnet wurde.

Die JOSHUA, mit der er die Reise machte, ist eine von Jean Knocker konstruierte 12 m lange Bermuda-Spitzgattketsch von 3,70 m Breite und 1,60 m Tiefgang. Sie ist aus Stahl gebaut und hat einen festen Kiel. Die Segelfläche von fast 90 m^2 ist beträchtlich für eine Yacht, die so weite Reisen unternimmt. Ein besonderes Merkmal dieser Konstruktion ist der „Führersitz", eine metallene Kuppel, von der aus gesteuert wird. Die JOSHUA verließ Moorea (die westlich von Tahiti gelegene Insel) am 23. November 1965 und passierte Kap Hoorn am 11. Januar 1966, 49 Tage später. Wie der Zufall es wollte, wehte es mit nur mäßiger Stärke aus NW, als Kap Hoorn gerundet wurde. Es gab keinerlei Schwierigkeiten, aber ebenso wie die TZU HANG war die JOSHUA vorher im Südpazifik von einem Sturm auf Tod und Leben ereilt worden und wäre beinahe untergegangen. Dieser Sturm dauerte sechs Tage an und war durch zwei Tiefdrucksysteme ausgelöst worden. Moitessier besaß kein

Anemometer, aber er schätzt, daß der Wind in Böen Hurrikanstärke erreichte, was bedeuten würde, daß die Durchschnittsstärke bei Bft 10 oder vielleicht 11 lag. Wenn man sich ferner überlegt, daß der Seegang im Südpazifik sechs Tage Zeit gehabt hatte, sich aufzubauen, kann man wohl mit Fug und Recht von einem Überlebenssturm sprechen. Nach den Berichten müssen die Seen gigantisch gewesen sein. Ihre Länge wurde auf etwa 150 bis 200 m geschätzt, und sie brachen pausenlos in Fronten von 200 bis fast 300 m Breite. Hinter sich ließen sie weite Felder weiß schäumenden Wassers zurück. Ihre Gewalt wurde als „absolut unfaßlich" geschildert.

Zunächst lief die JOSHUA vor diesem Sturm mit fünf Trossen von 30 bis 90 m Länge achteraus in Schlepp. Daran war Eisenballast befestigt und zur Ergänzung eine schwere Netzbrook, wie man sie beim Beladen von Schiffen verwendet. Hierdurch bildete sich ein so großer Schleppwiderstand, daß die Yacht dem Ruder nicht mehr schnell genug gehorchte. Trotz alledem konnte nicht verhindert werden, daß sie auf den Kämmen der gewaltigen Seen ins Wellenreiten geriet. Auf einer See, die nach Moitessier gar nicht einmal besonders groß, aber genau von der richtigen Größe und Form zum Wellenreiten war, schoß die JOSHUA wie ein Pfeil davon, als wären die Trossen achteraus nicht mehr als Angelleinen, und steckte den Kopf in einem Winkel von 30 Grad in die See, so daß das Vorschiff bis zu den Ventilatoren achtern vom Mast im Wasser verschwand.

Wäre gleich noch eine zweite See gleicher Art gefolgt, hätte sie die JOSHUA genauso über Kopf gehen lassen wie die TZU HANG, und sie wäre entmastet worden, aber glücklicherweise erwischte die nächste, wirklich gefährlich brechende See die Yacht unter einem Winkel, und Moitessier glaubt, daß ihn dieser Umstand davor bewahrte, wellenreitend über Kopf zu gehen. In diesem Augenblick erinnerte er sich der von Dumas angewandten Technik, mit ungefähr 5 kn Fahrt vor dem Wind zu laufen und beim Herannahen jeder Welle gerade genug anzuluven, um die Seen in einem Winkel von 15 bis 20 Grad von achtern zu nehmen. Auf diese Weise wird eine Yacht nicht mehr nach vorn gerissen und wellenreitend in Gefahr gebracht, über Kopf zu gehen, weil sie in einem Winkel zur See läuft; sie kann auch nicht seitwärts herumgerollt werden, weil sie nicht quer zur See liegt, aber es wird das Risiko des Querschlagens bleiben.

Kurz entschlossen kappte Moitessier daher die Trossen und befreite so die JOSHUA von der Bürde des Schlepps. Das bedeutete ihre Rettung. Jetzt folgte Moitessier der Dumasschen Technik, Fahrt zu machen und die Seen in einem Winkel von 15 bis 20 Grad von achtern zu nehmen. Er meint, sonst hätte die JOSHUA den Sturm unmöglich überstehen können. Diese Ansicht stimmt weitgehend mit Warren Browns Erfahrungen überein, der mit der FORCE SEVEN vor einem Hurrikan mit Fahrt voraus lenzte und die Seen schräg von achtern nahm.

Aus der von Moitessier auf Grund seiner Erfahrungen beim Lenzen vertretenen Theorie ist viel zu lernen. Ich fasse wie folgt zusammen:

- In extremen Stürmen im Südpazifik reichen die üblichen Methoden nicht aus, um sie abzuwettern. Ein Treibanker ist nutzlos. Beidrehen kommt nicht in Frage.
  Das Nachschleppen von Trossen bietet keine Garantie, auf den Wellen reitend nicht mit 15 kn Fahrt fortgerissen zu werden, und es bannt nicht die Gefahr, kopfüber zu gehen.
- Die JOSHUA war aus Stahl gebaut und würde nach Ansicht ihres Eigners sonst nicht durchgekommen sein. Sie lag ununterbrochen unter dem Anprall von Seen, die das ganze Fahrzeug bis zum Mast überfluteten und jedes Deckshaus aus Holz weggerissen hätten,

mit den sich daraus ergebenden katastrophalen Folgen. Die JOSHUA wurde von einer stählernen Lotsenkuppel aus gesteuert. An Deck gab es, selbst mit Rettungsgurt, keine Sicherheit, da die Yacht manchmal vollständig unter den Wellen verschwand. Moitessier empfiehlt auch ein Glattdeck für jede Yacht, mit der eine Weltreise geplant wird.

- Es wird empfohlen, die Sturmsegel klein zu halten und nicht zu schwer und unhandlich. Ich glaube, das versteht sich für alle Segel, einschließlich der Trysegel. Die altmodischen Segel pflegten aus Gründen der Stärke sehr schwer zu sein, aber unförmige Segel sind lästig zu handhaben und mühsam zu setzen. Es besteht keine Notwendigkeit mehr für sehr schweres Tuch, seit es Terylene gibt, weil die Segelfläche so klein ist, daß sogar Tuch mittleren Gewichts immer noch kräftig genug im Verhältnis zur Fläche ist.
- Moitessier sagt wiederholt: „Niemand darf behaupten, er würde in diesen Breiten nicht untergehen.“ Dieser Ausspruch bestätigt die Ansicht anderer Tiefwassersegler, daß ein Zeitpunkt eintreten kann, wo man nicht mehr sicher sein kann zu überleben, einerlei wie groß oder wie besegelt die Yacht ist.
- Moitessier sagt nicht sehr viel über die Wellenform, die er als am gefährlichsten erachtete. Er beschreibt solche Seen als „verrückt“, was natürlich dasselbe bedeutet wie „Ungetüm“ oder „Monstrum“. Gewöhnlich haben solche Seen Kämme, die in schweren Kaskaden herabstürzen, aber nach Moitessier ist dies nicht unbedingt der Fall; vielmehr seien die gefährlichsten Seen im Südpazifik die sehr steilen, die nicht zu brechen brauchen, aber das Boot erfassen, ins Wellental stürzen und über Kopf gehen lassen. Er erwähnt auch Wellen, die noch viel gewaltiger sind als ihre Nachbarn und aus verschiedenen Richtungen kommen. Um jedoch eine Yacht über Kopf gehen zu lassen, bedarf es einer See von immenser Größe, der man wahrscheinlich sehr selten begegnet, außer in Stürmen von besonderer Gewalt, und dann nur in der grenzenlosen Weite des Ozeans.

Der Verlust der Morning Cloud

Dieser Bericht handelt von dem tragischen Unglücksfall, dem am Abend des 2. September 1974 die dritte Morning Cloud des einstigen britischen Premierministers Edward Heath zum Opfer fiel und bei dem zwei Mitglieder der Besatzung ihr Leben verloren.

Die Morning Cloud war wie ihre Vorgängerinnen eine Sparkman & Stephens-Konstruktion von 13,60 m Länge. In ihr segelte Edward Heath als Mitglied des britischen Admiralty Cup Teams von 1973. Die Yacht wurde von Lallows in Cowes gebaut. Der Rumpf bestand aus kaltverformtem mehrschichtigem Honduras-Mahagoni, eine Beplankung, die als sehr kräftig angesehen wird. Das Schiff war darüber hinaus in jeder Beziehung gut ausgerüstet.

Nach Abschluß einer erfolgreichen Regattawoche in Burnham-on-Crouch wurde die Yacht wie immer einer siebenköpfigen Amateurbesatzung mit Don Blewett als Skipper übergeben, um nach Cowes zurückgesegelt zu werden. Alle außer Christopher Chadd waren schon bei allen drei Morning Clouds auf solchen Überführungstörns an Bord gewesen. Die ganze Besatzung bestand aus erfahrenen Seglern.

Die Casse Tête iv (ein GFK-Serienbau von Nautor, eine Swan 41 von Sparkman & Stephens) machte die gleiche Reise in sehr kurzer Zeit, denn sie wählte die kürzeste Route zwischen den Sänden der Themse-Mündung. Während des schweren Sturms, der später aufkam, hielt sie mit zwölf Ringen im Groß und unter Sturmfock eine Fahrt von 6 bis 7 kn durch; dies ermöglichte ihr, ohne Schaden unter den Schutz der Isle of Wight zu gelangen.

Die Morning Cloud hatte eine gute, aber weniger schnelle Reise, da Don Blewett keine Eile hatte und sich zweifellos auch der Verantwortung bewußt war, am Ruder einer so berühmten Yacht zu stehen. Er wählte den sicheren Weg östlich von den Gefahren im Themse-Mündungsgebiet und reffte stets früher, als er sonst wohl getan hätte.

Das ungewöhnlich schwere Wetter, das gegen Ende der Reise eintrat, war die Folge einer starken Depression, die in den St. George's Channel zog, halbwegs zwischen den Scillyinseln und Irland. Es war ungefähr 04.00 Uhr britische Sommerzeit am 2. September. Um 19.00 Uhr lag das Zentrum der Depression vor der Küste von Wales und bewegte sich auf einem Nordostkurs über England auf die Nordsee zu. Im Mittelpunkt hatte sie sich auf 972 mb vertieft, was später im Ostteil des Ärmelkanals zu starken bis stürmischen Winden führte, aber die unstabilen Verhältnisse zeigten sich an erheblichen Unterschieden in den Windgeschwindigkeiten innerhalb nur geringer Abstände. Am schlimmsten war es in der Nähe von Beachy Head und dem Royal-Sovereign-Leuchtturm ostwärts von den beiden Yachten. Dies ergibt sich aus der Wetterkarte von 22.00 Uhr, eine Stunde bevor die MORNING CLOUD das erstemal umgelegt wurde, etwas, auf das ich später zurückkomme. Ihre Position lag ungefähr auf halbem Weg zwischen dem Royal Sovereign im Osten, wo um 23.00 Uhr Stärke 10 gemeldet wurde, und St. Catherine's Point auf der Isle of Wight, wo stündlich meteorologische Daten zeigen, daß zu keiner Zeit Winde von mehr als Stärke 8 auftraten und auch diese nur zwei Stunden lang.

Auf MORNING CLOUD und CASSE TÊTE wurden Windgeschwindigkeiten zwischen 45 und 50 kn gemessen. Berücksichtigt man die Unterschiede zwischen wahrem und scheinbarem Wind, herrscht allgemein Übereinstimmung mit den 43 bis 47 kn, Sturmstärke 9, der Wetterkarte.

Der BBC-Seewetterbericht, der früher am Tage für das Gebiet Wight gegeben wurde, sprach von südlichen Winden 6 bis Starkwind 8, auf SW drehend, *vielleicht* später Sturm 9 und um 13.55 Uhr: „Süd 6 bis stürmische Winde 8, *örtlich* Sturm 9, auf SW drehend. Zeitweise starker Regen." Die Vorhersagen waren richtig. Ich habe die Wörter „vielleicht" und „örtlich" hervorgehoben, weil sie Warnungen vor den stärksten wahrscheinlichen Winden, aber keine eindeutige Vorhersage beinhalten. Sowohl Blewett auf der MORNING CLOUD wie John Irving auf der CASSE TÊTE trafen unabhängig voneinander die Entscheidung, weiterzusegeln, denn es bestand jede denkbare Aussicht, unter den Schutz der Isle of Wight zu gelangen.

Zurück zur MORNING CLOUD. Die Yacht stand um ungefähr 18.30 Uhr etwas westlich von Brighton und steuerte unter Berücksichtigung der Abdrift auf einem Kurs mißweisend West auf die Superleuchttonne Owers Lanby zu. Das Wetter verschlechterte sich. Blewett ließ zum zweitenmal Segel kürzen, um sich auf weitere Wetterverschlechterung einzustellen. Zunächst wurde die kleine Genua geborgen, aber nicht durch die Sturmfock ersetzt, weil man sie nicht finden konnte. Dies beunruhigte ihn nicht, denn er wollte nicht, daß jemand bei Dunkelheit im Wind liegend auf dem schmalen Vordeck arbeitete, wenn sich herausstel-

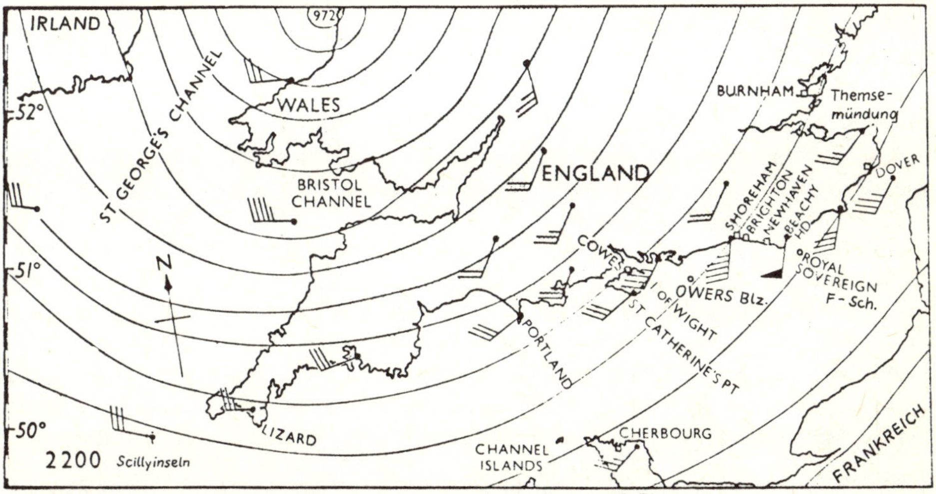

Eine Stunde bevor die MORNING CLOUD *das erstemal umgelegt wurde*

len sollte, daß das Segel später doch geborgen werden mußte. Das Groß wurde dann, soweit es ging, gerefft, so daß nur noch ein Drittel übrigblieb. Die Yacht war jetzt darauf vorbereitet, auch einem Sturm zu trotzen. Unter der verkleinerten Besegelung ging die Fahrt auf 4 bis 5 kn zurück, aber betrug über Grund weit weniger, weil eine ungünstige Tide lief, die nach Ost setzte und vor Mitternacht kaum wesentlich nachlassen würde.

Es war gut, daß die Segel drastisch gekürzt worden waren, denn eine halbe Stunde später legte der Wind auf 7 bis 9 Bft zu, und die See wurde wild. Die Wellenkämme wurden in den Böen abgerissen, und es war schwer, etwas zu sehen oder zu hören.

Bei Anbruch der Nacht wurde das Licht der Owers-Tonne gesichtet. Der Wind war stärker geworden und wehte mit 40 bis 50 kn, durchschnittlich also 45 kn, was Sturmstärke 9 entsprach; er war sehr böig. Die MORNING CLOUD segelte in der wildbewegten See weiter und lag allein unter dem stark gerefften Großsegel gut ausbalanciert. Das Luk über dem Niedergang war geschlossen, aber es kam achtern so wenig Wasser an Bord, daß nicht einmal die Steckbretter vor dem Eingang eingesetzt zu werden brauchten.

Um 22.00 Uhr übernahm der erfahrene Nigel Cumming mit Gardner Sorum die Wache. Gerry Smith, der Wachführer der anderen Wache, kam alsbald an Deck zurück und legte sich eingeklemmt in dem engen Zwischenraum außerhalb der Oberkante der Niedergangskappe zum Schlafen hin. Gegen 23.00 Uhr waren drei Mann, darunter Christopher Chadd, das jüngste Crewmitglied, unter Deck im Salon, wo sie sich hingelegt hatten, und Don Blewett arbeitete vorn zwischen den Segelschapps.

Alles ging gut bis etwa 23.00 Uhr, als plötzlich eine riesige See die MORNING CLOUD an Backbord traf. Die Yacht wurde so heftig umgelegt, daß eine Menge Schäden entstanden, aber sie richtete sich schnell wieder auf.

Gerry Smith, der aufwachte, als er plötzlich von Wasser überspült wurde, sah Gardner Sorum, der an seiner Sicherheitsleine achteraus nachgeschleppt wurde. Er gab sofort den Alarm „Mann über Bord!“. Zwei Mann der Crew stürzten an Deck. Don Blewett blieb einen Augenblick im Niedergang, um den Motor anzulassen, bevor er ihnen folgte. Bei der Dunkelheit und der groben See brauchten die Männer fast fünf Minuten, um Sorum über das Heck ins Cockpit zu ziehen, wo er schwer niederfiel. Erst dann realisierte man, daß Nigel Cumming fehlte. Seine Sicherheitsleine war gebrochen, und er war inzwischen weit achteraus.

Die Yacht war immer noch auf Kurs und unter Kontrolle. Bob Taylor nahm das Ruder und ging über Stag (beim Halsen wäre wahrscheinlich der Baum gebrochen), wobei ihm der Motor half, der aber bald stehenblieb. Die MORNING CLOUD segelte dann auf Gegenkurs zurück, und die vier Männer hielten nach Cummings Ausschau, der bei der brechenden See nur ein winziger Punkt sein konnte.

Don Blewett ging unter Deck. Er entdeckte, daß einige der laminierten Decksbalken zersplittert waren und daß das Wasser etwa 30 cm über den Bodenbrettern stand. Er holte die Peitschenantenne aus der Vorpiek und richtete sie auf. Dann versuchte er Notsignale abzugeben, aber der Schalter am Griff des Hörers setzte den Sender nicht in Betrieb. Als nächstes versuchte er Fallschirmraketen zu zünden. Die erste und zweite versagten; die dritte kam nicht hoch und wurde horizontal über die Wasseroberfläche geweht. Nachdem die Position, wo die MORNING CLOUD umgelegt worden war, überlaufen war, wurde das Boot erneut auf den anderen Bug gebracht, wodurch es wieder auf Westkurs lag, während die Suche fortgesetzt wurde.

Als man an der Stelle angekommen war, wo die erste Welle die MORNING CLOUD getroffen hatte, erschien Christopher Chadd im Cockpit. Er trug eine aufgeblasene Schwimmweste, aber keinen Sicherheitsgurt. Es wurde ihm eine Warnung zugerufen, aber bei dem Lärm von Wind und See hörte er sie offenbar nicht.

In diesem kritischen Augenblick wurde die MORNING CLOUD von einer neuen gewaltigen See voll getroffen. Diesmal wurde sie so weit umgelegt, daß der Masttopp ein gutes Stück unter Wasser kam. Wasser rauschte mit jeder See durch den Niedergang und durch das große Vorluk, dessen Deckel weggeschwemmt worden war, als der Sicherheitsbolzen brach. Dann richtete sie sich auf einmal wieder auf.

Die See hatte Christopher Chadd über Bord gerissen. Man sah ihn im Wasser, nur etwa 6 m entfernt. Bob versuchte einen Rettungsring zu werfen, aber die Leine zur Markierungsboje hatte sich unter der Fußraste des Rudergängers verfangen, die von der See angelüftet worden war. Darauf wurde alles mögliche versucht, ihm eine Leine zuzuwerfen, aber innerhalb weniger Sekunden war er in der wildbewegten See verschwunden.

Die drei Mann an Deck waren in Sicherheit, aber die Salinge waren etwa 45 Grad aus ihrer normalen Lage verdreht, der vordere Kompaß war weg, der Deckel der Cockpitbackskiste fehlte und mit ihm die Sechs-Mann-Rettungsinsel, die darin gestaut gewesen war. Das Leesüll mit dem Namen der Yacht auf Höhe des Luks und ein Stück der Fußrasten hatten sich gelöst. Unter Deck waren weitere Decksbalken aufgeplatzt oder zersplittert; das Wasser stand beinahe hüfthoch. Dies war mehr Wasser, als allein durch die Luken hereingekommen sein konnte.

Don Blewett hatte ein Schulterblatt und drei Rippen gebrochen, eine davon hatte die Lunge durchstoßen. Sorum hatte ebenfalls drei Rippenbrüche, und sein rechter Arm war an drei Stellen gebrochen. Gerry Smith hatte einen gespaltenen und drei verschobene Wirbel. Von den sieben Mann, die am Tag zuvor aus Burnham ausgelaufen waren, waren nur noch zwei verhältnismäßig unverletzt.

Das Leben der fünf Mann stand auf dem Spiel, und Blewett befürchtete, daß eine weitere See von der Art der ersten die MORNING CLOUD auf den Grund der See schicken würde. Er gab Befehl, das Schiff zu verlassen.

Die Vier-Mann-Rettungsinsel war in Ordnung. Sie wurde an Deck aufgeblasen und über Bord gegeben. Es war nicht übermäßig schwierig, sie zu besteigen, weil die MORNING CLOUD bereits so tief im Wasser lag, daß das Floß auf Höhe des Freibords war. Sorum, der sich nicht bewegen konnte, wurde ins Floß bugsiert, dann wurde losgeworfen.

Fünf Mann, die in einem Vier-Mann-Floß bei Nacht und schwerem Sturm auf eine Leeküste zutreiben – das sind schlechte Aussichten. Don erzählte mir später, daß er kaum auf ein Überleben rechnete. Die See war zunächst so alarmierend, wie er befürchtet hatte, aber seltsamerweise erwies es sich als glücklicher Umstand, daß sie im Vier-Mann- statt im Sechs-Mann-Rettungsfloß saßen, denn das in der Mitte konzentrierte Gewicht von fünf Mann wirkte als Ballast. Sie gaben den Treibanker über Bord, der die Geschwindigkeit mäßigte und das Floß gegenüber den nachfolgenden Seen stabiler liegen ließ; der Dom wirkte als Segel. Nach einiger Zeit wurden die Wellenbewegungen etwas schwächer, die Bewegungen des Floßes verursachten Seekrankheit.

Mit dem Wind und der Tide, die im Begriff war, nach West zu kentern, trieb das Floß auf Shoreham zu. Um 05.00 Uhr, noch bevor es hell geworden war, wurde eine Handfackel gezündet, doch auch späterc Versuche mit Fallschirmsignalen waren ergebnislos, denn alles war durch das Wasser im Floß naß geworden. Die Gefahr, auf den Wellenbrecher von Shoreham getrieben zu werden, war inzwischen immer größer geworden, aber um diese Zeit drehte der Wind, und der nach Osten setzende Neerstrom unter der Küste setzte ein, so daß das Floß ziemlich schnell ostwärts an der Küste entlanggesetzt wurde. Es passierte Hove und geriet auf halbem Wegen zwischen Brighton Palace Pier und den Marinabauten, etwa eine viertel Meile von der Küste entfernt, in die Brandung.

Der erste Brecher warf das Floß um, und die Insassen wurden durch den Dom ins Meer geschleudert, aber sie konnten sich an die Rettungsgriffe klammern. Die nächste Brandungswelle richtete es wieder auf, und zweien der verletzten Männer wurde wieder hineingeholfen. Don Blewett blieb trotz seiner Verletzungen mit zwei anderen Männern im Wasser. Sie hielten das Floß an den Rettungsleinen und schwammen neben ihm, um es an Land zu bringen. Schließlich wurde es geschleppt, bis es auf dem Strand festkam und hilfsbereite Kräfte hinauswateten. Die Überlebenden landeten um 07.33 Uhr. Eine Ambulanz war schnell zur Stelle, um sie ins nächste Krankenhaus zu bringen.

Unmittelbar nach der Landung und nachdem Alarm gegeben worden war, lief eine Suchoperation nach der Morning Cloud an, an der das Shoreham-Rettungsboot, ein Rettungshubschrauber und der leichte Kreuzer Glamorgan teilnahmen. Indessen wurde außer dem Stück des Sülls mit dem Namen, das noch am gleichen Morgen in Shoreham angespült wurde, nichts gefunden.

Erst eine Woche später (am 10. September) berichtete die Presse, daß zwei kleine Schleppnetzfischer ungefähr 2 sm von Shoreham entfernt (5 sm westlich von Brighton, wo das Floß landete) mit ihren Netzen an einem Unterwasserhindernis festgekommen waren. Der Skipper eines Fischkutters, der gleichzeitig Taucher war, wurde herbeigeholt. Er fand heraus, daß sie an dem beschädigten Rumpf einer Yacht festhingen. Er schlug eine Leine am Rumpf an, und das Wrack wurde an Land geschleppt, gehoben und an einer Tonne außerhalb des Hafens festgemacht. Es war die Morning Cloud, von der fast die gesamte Steuerbordseite weggebrochen war, ohne Masten und ohne Kiel und Motor. Es war wenig von ihr übriggeblieben, mit Ausnahme der Außenhaut an Backbord, auch der Bugabschnitt vor dem fehlenden Lukendeckel war intakt. Es ist anzunehmen, daß sich hier eine Lufttasche gebildet hatte, die es zusammen mit dem Holz der übriggebliebenen Außenhaut möglich machte, das Wrack nach Shoreham einzuschleppen.

Es gibt viele Theorien, wie die schweren Schäden entstanden sein können. Meine eigene ist, daß die Yacht nach der Aufgabe auf die Küste zutrieb und dabei langsam vollief, bis sie in der Brandung sank, irgendwo in der Nähe der Stelle, wo das Wrack gefunden wurde. Die Stöße gegen den Meeresboden könnten leicht ausgereicht haben, um die Schäden zu verursachen, als die Yacht eine Woche lang, sogar während eines erneuten schweren Südweststurms am nächsten Wochenende, auf der Seite lag.

Ich komme jetzt zur Position der Morning Cloud zu der Zeit, als sie von der ersten besonders hohen See etwa 9 bis 10 sm östlich der Owers-Tonne getroffen wurde.

Die Sicht zwischen den Regenschauern war gut, und Don sagte mir, daß er die Owers-Tonne mit absoluter Sicherheit ausgemacht hätte, denn sie sendet unverwechselbare sehr kurze, aber sehr helle Blitze aus. Der Gezeitenstrom hatte die Morning Cloud ebenso wie die Casse Tête leicht nördlich versetzt; die Leuchttonne war gut an Backbord. Diese Feststellung wird von den zwei Crewmitgliedern, die an Deck waren, bestätigt. Beide sind sehr erfahrene Segler.

Wenn ich auf die Seekarte blicke, die das Stück zwischen Owers und Beachy Head abdeckt, sehe ich, daß die MORNING CLOUD auf ihrer Position etwa 20 m Wasser unter dem Kiel hatte, wenn man den Tidenhub berücksichtigt. Bei einer solchen Tiefe können die Wellen wohl kaum stark von der Beschaffenheit des Meeresbodens beeinflußt gewesen sein. Eine ungewöhnlich hohe Welle oder Wellengruppe konnte nur durch zufällige Überlagerung zustande gekommen sein. Bei 9 bis 10 m Wassertiefe kann gelegentlich ein überkippender Brecher auftreten, ähnlich denen, die man sehen kann, wenn Sturmsee oder Dünung auf einen Strand läuft. Dies ist ein wichtiger Punkt, den der Leser für zukünftige Fälle in Erinnerung behalten sollte. Indessen können in tiefem Wasser unvorhersehbare hohe Wellengebilde entstehen, wie man an der 13-m-Welle beim Daunt-Feuerschiff sieht, auf die noch im Kapitel „Wellenungetüme“ eingegangen wird. Sie trat bei 30 m Wassertiefe auf. Andere Beispiele sind bekannt.

Die beiden Wellen, die die MORNING CLOUD trafen, müssen anormal hoch und steil gewesen sein. Sie entsprechen den Monsterseen, die überall in diesem Buch auftauchen, wenn eine Yacht von einer brechenden Wellenkante gepackt und massiv gegen das Wasser darunter geschleudert wird, wobei die *Lee*seite Schaden nehmen kann, die auf das Wasser aufprallt. Dies widerfuhr Humphrey Bartons VERTUE XXXV im Jahre 1950 und danach noch anderen Yachten. In früheren Beispielen passierte Booten älterer Bauart nicht mehr, als daß die Fenster des Ruderhauses eingeschlagen wurden und daß das Süll am Dach zertrümmert wurde. Im Falle der MORNING CLOUD war der Schaden durch die beiden Seen viel gefährlicher, denn er erstreckte sich auf tragende Teile.

Schlußfolgerungen

Bei der gerichtlichen Voruntersuchung wurde der Seeunfall nach allen Seiten ausgeleuchtet. Der Untersuchungsrichter sprach Blewett von jeder Schuld frei, sowohl was den Verlust der MORNING CLOUD als auch den der beiden Crewmitglieder anbetrifft.

Leeküsten. Auch unter Berücksichtigung der Tatsache, daß die CASSE TÊTE die Fahrt ohne Zwischenfall durchstand, meine ich, daß beide Yachten sicherer gewesen wären, wenn sie einen Schlag nach See zu gemacht hätten, sobald die Owers-Leuchttonne an Backbord frei kam. Der Unglücksfall unterstreicht die RORC-Empfehlungen nach dem Sturm im Kanal 1956. Hier heißt es: „Es ist besser, draußen auf See zu sein, entfernt von Landeinwirkungen, wo ein Boot die besten Aussichten hat, einen Sturm ohne ernsthaften Schaden abzuwettern.“

Rettungsinseln. Das Durchkommen einer Vier-Mann-Insel an eine Leeküste durch sehr grobe See und zum Schluß durch Brandung beweist einmal mehr den großen Wert von Rettungsinseln an Bord von Yachten. Fünf Menschen verdanken ihr ihr Leben. Die Befestigung des Doms war nicht ganz befriedigend. Der Dom mußte häufig mit der Hand geschlossen gehalten werden; auch so kamen beträchtliche Mengen an Wasser und Gischt in die Insel.

Sicherheitsgurte. Der Bruch der Leine eines Sicherheitsgurtes kostete auf der MORNING CLOUD einen Mann das Leben. Es gibt noch andere Meldungen über Fehler an Gurten, Leinen und Karabinerhaken. Die Maximalbelastung kann offenbar größer sein als gedacht. Nichts ist gefährlicher als Sicherheitsausrüstung, auf die man voll und ganz vertraut und die dann im entscheidenden Augenblick versagt. Hier zeigt sich eine absolute Notwendigkeit,

Sicherheitsgurte und ihre Beschläge zu testen, denn es gibt inzwischen eine ganze Reihe von Erzeugnissen auf dem Markt.

Notsignale. Einige Fackeln und Fallschirmraketen erwiesen sich auf der MORNING CLOUD als nutzlos, weil zu Anfang die Wind- und Wetterverhältnisse extrem waren und weil sie später naß geworden waren. Das Versagen der Notsignale führte zwar nicht zu Verlusten an Menschenleben, aber es verhinderte die Abgabe von Notsignalen im entscheidenden Augenblick.

Vorschiffsluken. Auf modernen Ozeankreuzern müssen die Vorschiffsluken groß sein, um einen schnellen Segelwechsel zu ermöglichen. Während des schweren Sturms brach auf der CASSE TÊTE eine Schraube, und drei hatten sich gelockert. Bei normalem Wetter ist so etwas leicht zu reparieren, aber bei starkem Sturm ist es ein Risiko, weil Männer dabei auf dem Vordeck arbeiten müssen. Auf der MORNING CLOUD wurde das Luk durch die zweite See weggerissen, und ein Quadratmeter blieb offen, in den sich jede See ergießen konnte. Die Verstärkung von Vorschiffsluken und -beschlägen verdient jedenfalls größte Aufmerksamkeit.

Pumpen. Bei einem Boot, das keine Bilge hat, ist es schwierig, bei sehr schwerer See Wasser loszuwerden, weil die Pumpen nur ganz kurze Zeit arbeiten, während der Saugkopf unter Wasser ist, nämlich wenn das Wasser gerade von einer Seite auf die andere strömt. Die beste Bilgepumpe ist eine Pütz in der Hand eines Mannes, der Angst hat.

Schlußbemerkung. Es ist geltend gemacht worden, daß die Überlagerung von Wellenzügen bei sehr schwerem Wetter nicht als Monstersee oder Wellenungetüm bezeichnet werden sollte, weil sie eben kein Monster ist, sondern eine natürliche Erscheinung. Da nun ja alle Wellen natürlich entstehen, ist das etwas zu pedantisch. Den Schaden bewirkt die Form und die Steilheit einer gelegentlichen Monstersee (anormale Welle). Der Bericht über das MORNING CLOUD-Unglück mag Besorgnisse wecken, aber ich muß betonen, daß solche Umstände überaus selten sind und daß ihre Zahl fast unmeßbar klein ist verglichen mit den zahllosen sicheren Fahrten über See, die Yachten in der ganzen Welt unternehmen.

Meteorologie der Depressionen

Von Alan Watts

Der Kanalsturm von 1956 war ein höchst merkwürdiger Sturm. Er wäre auch ohne den Hintergrund der im Kapitel „Sturm im Englischen Kanal“ beschriebenen Erlebnisse ein Phänomen gewesen. Meteorologisch sah die Depression gar nicht nach so viel aus; die Abbildung auf Seite 229 zeigt das Tief am Sonnabend, dem 29. Juli (00.01 Uhr MGZ), als der Druck im Zentrum 985 mb betrug und ein stärkerer Wind von 35 kn lediglich bei Ushant wehte. Es sah nach einem simplen, kleinen Tief aus, das vielleicht im Westausgang des Kanals stürmische Winde von Bft 8 zu verursachen drohte, aber sonst nicht viel mehr. Bis 02.00 Uhr vertiefte sich die Depression um 6 mb, aber das ist nichts Ungewöhnliches, und während Scilly und Cork durchschnittliche Windgeschwindigkeiten von 35 kn registrierten, wehte es im Kanal entsprechend der Wettervorhersage mit nur 25 bis 35 kn (Bft 6 bis 7).

In den frühen Phasen waren verschiedene Frontalstörungen erkennbar, jede begleitet von der üblichen Winddrehung. Zwischen 02.00 und 04.00 Uhr intensivierte sich das Tief langsam um etwa 1 mb pro Stunde. Das auffallende und bezeichnende Merkmal dieser Depression in ihrem Fortschritt war der Umstand, daß sie sich während der ganzen Zeit, als sich über dem Kanal wirklich ungewöhnlich starke Winde entwickelten, überhaupt nicht vertiefte. Es bedarf also einer anderen Erklärung für den Sturm, der das englische Küstengebiet an jenem Morgen peitschte. Um 04.00 Uhr gerieten das Zentraltief und seine mittlere Region in Konflikt mit den Höhen von Cornwall, Devon und Wales. Dazwischen lag der Einschnitt des Bristol Channel. Man könnte annehmen, daß sich eine Depression, deren Zirkulation sich viele hundert Meter in die Höhe erstreckt, nicht von Landformationen beeinflussen läßt, die sich nur wenige hundert Meter erheben. Und doch ist dies nicht immer der Fall. Die ausgesprochene Tendenz der Depression war, auf ihrer ursprünglichen Bahn in EzN-Richtung weiterzuziehen, aber um 06.00 Uhr glitten die Isobaren ganz langsam ostwärts, und das Tief hatte zwei Zentren gebildet. Die Energie des Oberflächentiefs, durch das hohe Land an seiner führenden Seite gebremst, begann, sich ihren Weg in einen Windkorridor an seiner mitschleppenden Seite zu bahnen, so daß sich ganz unglaubliche Dinge ereigneten, wie zum Beispiel, daß der Wind südöstlich von Hartland Point nur mit ein paar Knoten, aber in Watergate Bay, nur 45 sm entfernt an der Küste in südwestlicher Richtung, mit 60 kn von der entgegengesetzten Seite wehte. Der Grund, warum es bei den Kanalinseln mit nur 25 bis 30 kn wehte und die LUTINE gleichzeitig nur Windstärke 4 meldete, liegt, wie man sehen wird, darin, daß diese an der Grenze des Windkorridors lagen, und Portland, genauso weit entfernt an der nördlichen Seite des Korridors gelegen, registrierte daher auch nur 30 kn.

In der nächsten Stunde wurde es deutlich, daß es der Depression nicht gelingen würde, ihr zweites Zentrum über die Barriere der Waliser Berge zu zwingen; sie begann daher, alle ihre Energie zum Hauptzentrum zurückzuverlagern und die Berge, die sie nicht kreuzen konnte, unter Mitnahme des Windkorridors zu umgehen.

Um 08.00 Uhr hatte ein wahrer Ansturm von 40- bis 45-kn-Winden mit Böen bis über 60 kn die Rückseite des behinderten Tiefs abgebaut. Und doch verliefen die Isobaren über der Kanalflotte immer noch trügerisch weit auseinander. Plymouth hatte jedoch jetzt Windstärke 9, ebenso wie die exponierten Küsten der Cardigan Bay und des Bristol Channel.

Zwischen 08.00 und 09.00 Uhr nahm die Depression den Weg des geringsten Widerstandes und zog durch das Severn Valley, während der Windkorridor, der außenherum herunterschwenkte, Wales verließ und seine Energie auf die Seegebiete von Portland und Wight zu konzentrieren begann. In dieser Phase wurden die in der Gegend von Owers schwer kämpfenden Yachten überwältigt. Der Korridor zog mit Winden in Sturmstärke über seine Opfer hinweg.

Um 10.00 Uhr konzentrierten sich die Hauptenergien des Windes auf das Seegebiet zwischen Portland und Beachy Head, in der Gegend von Owers mit Durchschnittsgeschwindigkeiten von 50 bis 60 kn (Bft 10 bis 11). Die damit verbundene traurige Geschichte wird im Kapitel „Sturm im Englischen Kanal“ geschildert.

Es ist wichtig, sich anhand dieser Reihenfolge die ungeheure Wirkung von Landhindernissen nahe der Erdoberfläche klarzumachen, die zunächst nur unbedeutend erscheinen. In der Stunde zwischen 09.00 und 10.00 Uhr übersprang der Wind die Moore und war gleich mit aller Gewalt im Kanal, da sich die 600 bis 900 m hohen Hügelketten südlich von Snowdon verbissen weigerten, die Isobaren passieren zu lassen.

Um 11.00 Uhr endlich bahnte sich die Depression ihren Weg über die Waliser Berge, und die Winde begannen wieder normaler zu werden, auch wenn sie ihren Einflußbereich von neuem vom Bristol Channel bis zur Themse-Mündung über ganz Südengland ausdehnten. Aber das Schlimmste war dann vorbei, wenn es auch immer noch mit 45 kn bei St. Catherine's Point und mit 40 bei Boulogne und 45 in Dungeness wehte. Der Sturmkorridor – am besten beschrieben als Oberflächen-Jetstream – hatte sich um sein Hauptzentrum, dessen Druck jetzt anstieg, herumgeschwungen und seine Kraft verloren. Die RIGHT ROYAL brachte es während dieser Zeit fertig, ständig in dem Sektor mit Bft 8 bis 9 zu liegen und in ihm abzulaufen, so daß sie lange Zeit unter seinem Einfluß blieb, selbst wenn sie dem Schlimmsten, was ihr hätte passieren können, entging.

Dieser Sturm ist hier ziemlich eingehend behandelt worden, weil er eine Menge über Stürme dieser Art auszusagen vermag. Er zeigt zum Beispiel, warum in Küstengewässern, die hügeliges oder gebirgiges Land bespülen (über das hinweg örtliche Tiefzentren ihren Weg suchen müssen), Stürme besonders stark sein können. Das Kanal-Tief ist ohne Frage eine Angelegenheit, die die Hochsee- und Fahrtenseglergemeinschaft unmittelbar angeht, und wenn das Tief in den Schlund des Bristol Channel schwenkt, dann treten die in

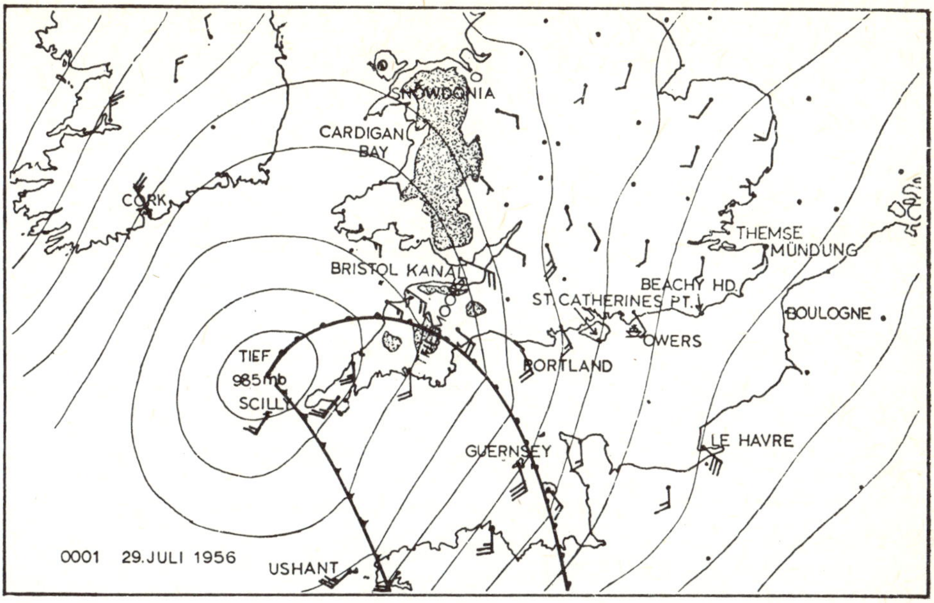

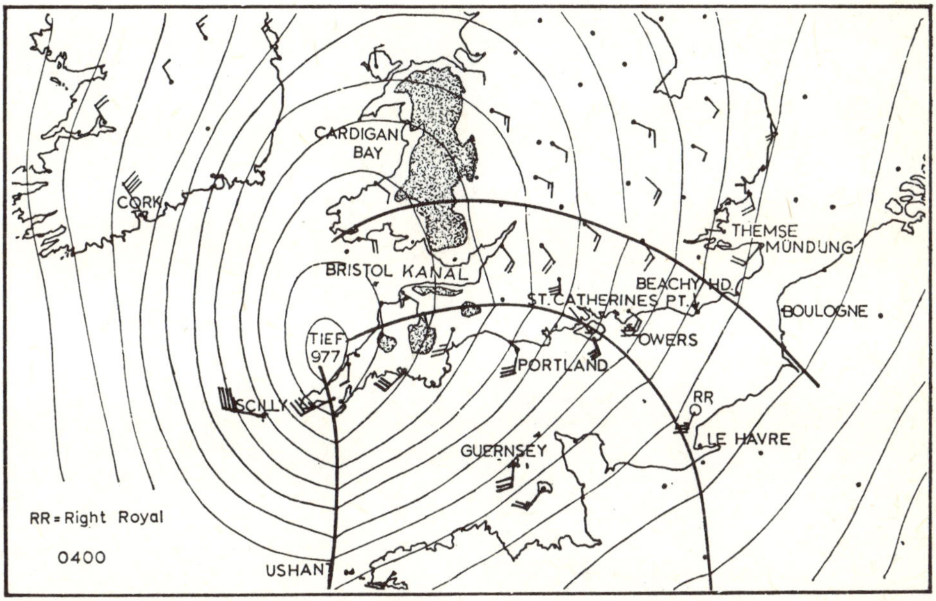

Wie sich der Kanalsturm entwickelte, zeigen diese und die folgenden Wetterkarten. Alle angegebenen Zeiten sind MGZ, und die Positionen der Yachten zu diesen Zeiten sind nur annähernd genau. Die 12-Uhr-Karte zeigt die Bahn des Tiefs von Mitternacht (28. Juli) bis 09.00 Uhr (29. Juli) und von dann an die Rückbildung des Zentrums und seine Bewegung von 09.00 bis 12.00 Uhr. Die Isobaren verlaufen in Abständen von 2 mb; volle und halbe Federn an den Windpfeilen bedeuten 10 bzw. 5 kn. Dreiecke bezeichnen 50 kn.

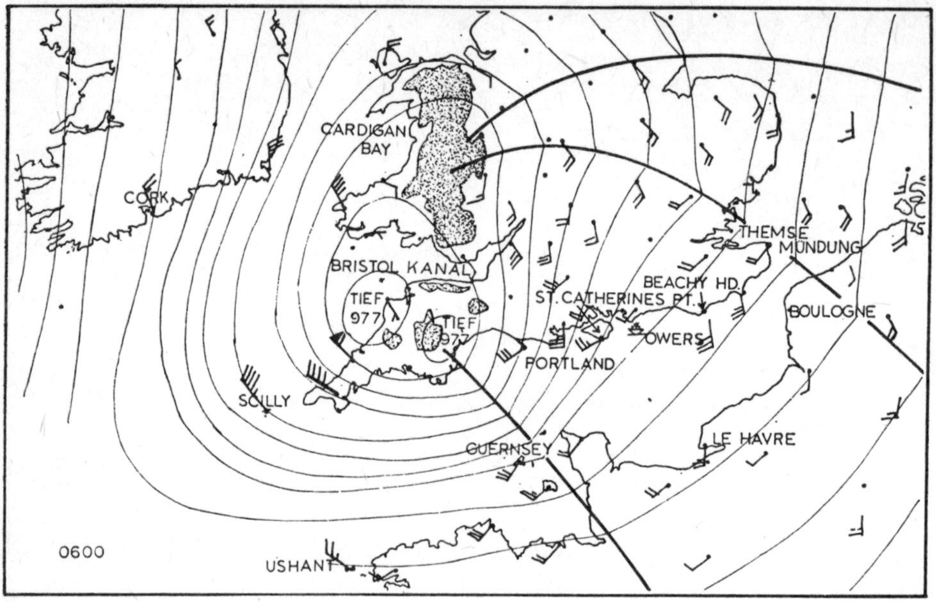

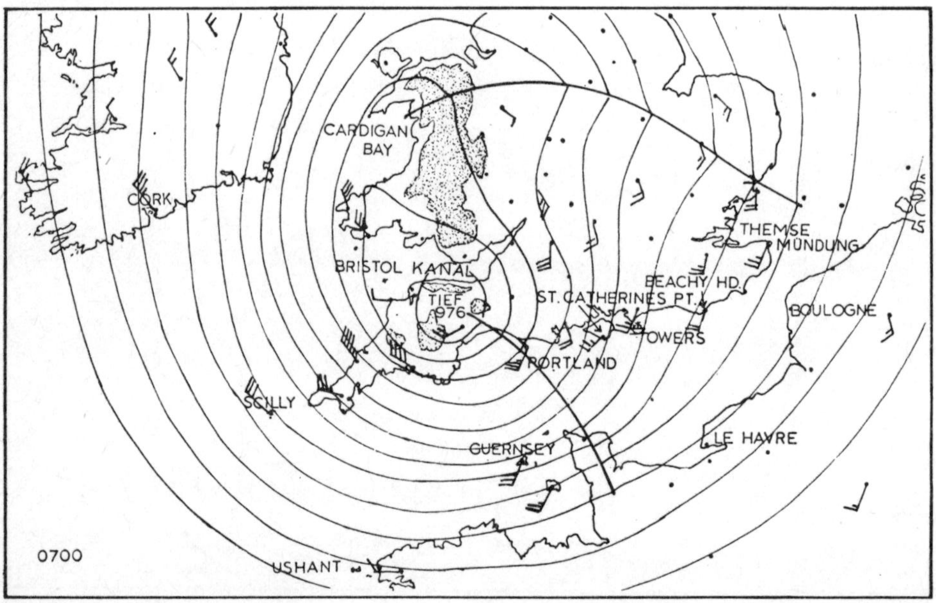

Wie sich der Kanalsturm entwickelte

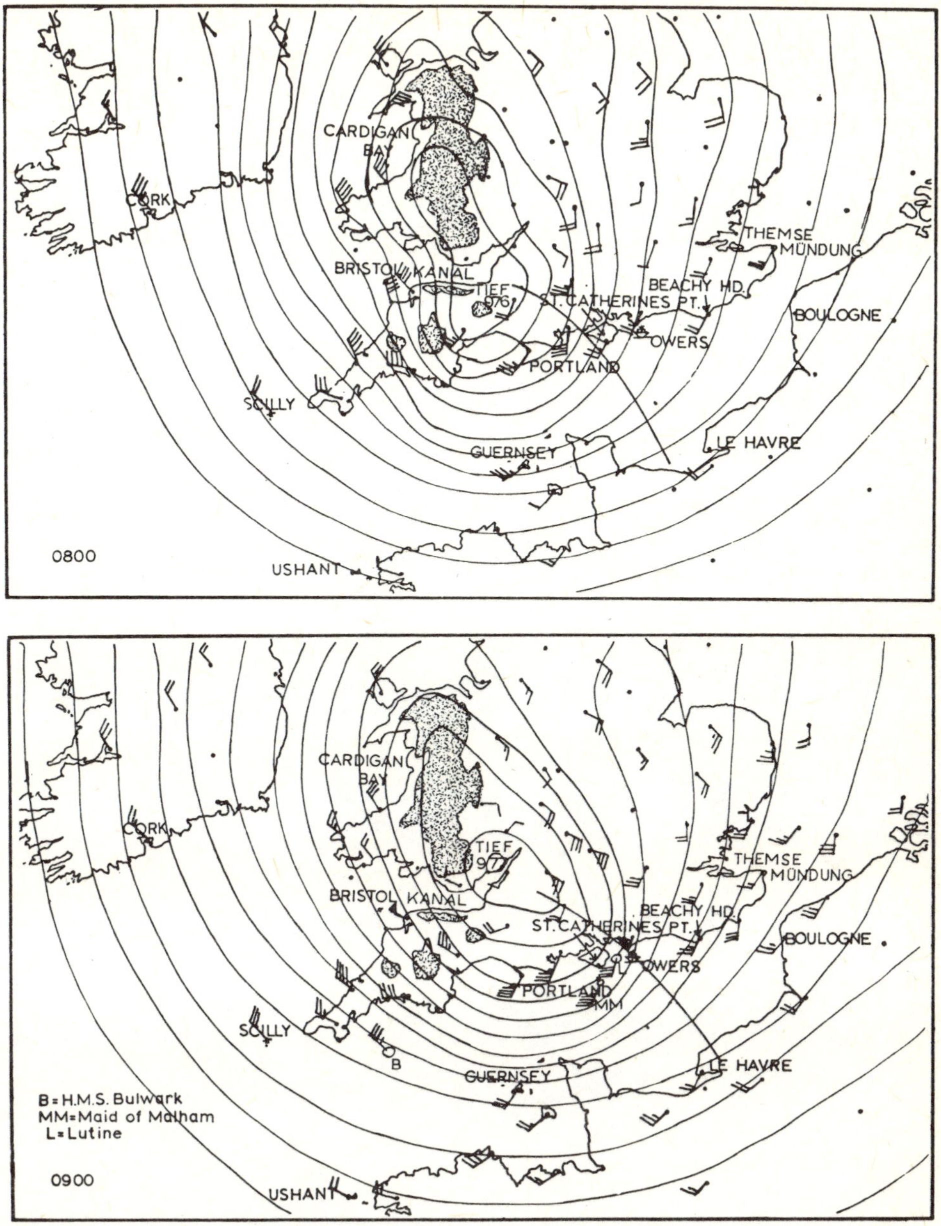

Wie sich der Kanalsturm entwickelte

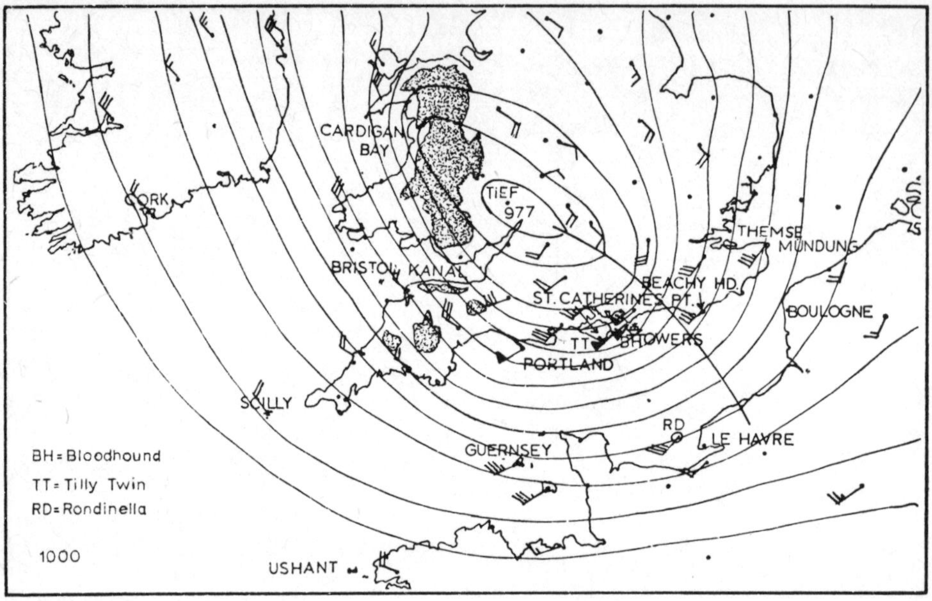

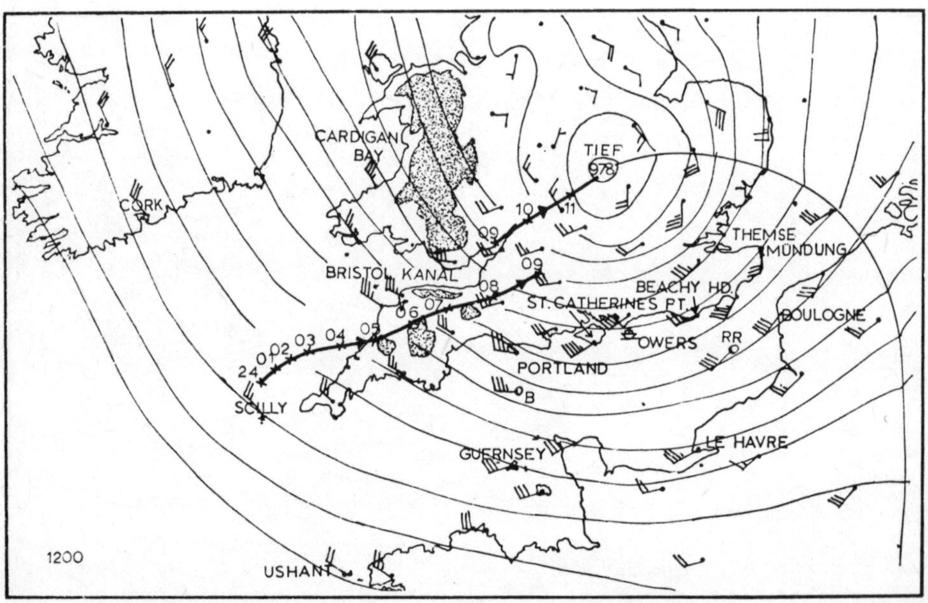

Wie sich der Kanalsturm entwickelte

Verbindung mit dem Kanalsturm beschriebenen Wirkungen mit Wahrscheinlichkeit ein, so daß der westliche Kanal und seine unmittelbare südwestliche Ansteuerung zu Gebieten schwerer Stürme werden, die dem Zorn gebremster, vorher harmloser Tiefs entspringen.

Was die Wetterkarten ebenfalls aufzeigen, ist der extreme Einfluß des Landes auf die Windstärke. So sehen wir zum Beispiel auf der 09.00-Uhr-Karte auf ein und derselben Zugbahn des Windes das 50 kn bezeichnende Sturmsymbol bei Chivenor (nahe Ilfracombe), während der Wind in Exeter, zwischen denselben Isobaren, mit nur 35 kn weht. Ähnlich verhält es sich in Aberporth an der Küste der Cardigan Bay, wo der Wind 30 kn Geschwindigkeit erreicht, während er in Swansea auf der anderen Seite der Cambrian-Berge mit nur 20 kn weht.

Wind auf See und an Küstenstationen

Wie allgemein bekannt, nimmt der Wind unter den extremen beschriebenen Verhältnissen mit der Höhe an Stärke zu. Infolgedessen müssen nicht nur der Standort, sondern auch die Höhe jeder Anemometerablesung in Betracht gezogen werden. Die Standardhöhe für Windmessungen ist 10 m, was nicht viel über oder unter der durchschnittlichen Masthöhe von Yachten liegt. Wenn die Effektivhöhe eines Anemometers etwa diesem Wert entspricht, dann sind die registrierten Winde die Durchschnittswinde, die eine Yacht zu erwarten hat. Die auf den Wetterkarten eingezeichneten Winde haben jedoch die wirklichen, zur Zeit der Beobachtung abgelesenen Stärken. Oft ist das einerlei, aber wenn es sich um ein Anemometer wie das auf Portland-Bill-Leuchtturm handelt (jetzt in einer effektiven Höhe von 47 m), dann bewirkt die Höhe, daß stärkere Winde gemessen werden, als man 10 m über dem Meeresspiegel spüren würde. In diesem Fall müssen volle 25 Prozent von der Windgeschwindigkeit in Portland abgezogen werden, um den Wert vergleichbar zu machen mit einer Höhe von 10 m auf einer Portland nahe passierenden Yacht oder weiter draußen auf See, abgesehen von lokalen Einflüssen wie einem Windkorridor und der Tatsache, daß der Wind auf See manchmal stärker ist als nahe unter Land.

Wenn wir uns einmal die tatsächlichen Winde der Sommermonate 1965 vornehmen und sie miteinander in Portland und Hurn Airport (landeinwärts von Bournemouth) verglei-

Windstärke auf See, wenn Küstenstationswinde auflandig sind	Faktor, mit dem Küstenstationswinde zu multiplizieren sind, um den Wind über See zu erhalten	
	bei Tag	bei Nacht
4	1,1	1,7
5	1,3	1,6
6	1,4	1,8
7	1,3	1,6
8	1,3	1,6
9	keine Angabe	1,6

chen, und zwar bei Tage (08.00 bis 17.00 Uhr) wie bei Nacht (18.00 bis 07.00 Uhr), wie sie von den Anemographen (schreibende Anemometer) aufgezeichnet wurden, kommen wir zu dem Ergebnis, wie es die Tabelle auf Seite 233 zeigt. Bei Seewinden in Hurn (120 bis 240 Grad) muß der Hurner Wind mit den angegebenen Faktoren multipliziert werden, um den Wind auf See in der Nähe von Portland Bill zu erhalten. Alle Windstärken sind auf die gleiche Standardhöhe von 10 m umgerechnet worden.

Man sieht, daß die Faktoren bei Nacht größer sind als bei Tag und daß Winde der Stärke 6 am meisten von der Reibung mit dem Land beeinflußt werden. Diese Zahlen stellen die Faktoren dar, mit denen ein vorsichtiger Skipper den Wind, den er im Hafen hat (oder von der örtlichen meteorologischen Station erhält), multipliziert, um den Wind auf See zu errechnen. Allerdings gibt es Häfen, die so dicht in Lee hohen Landes oder hoher Gebäude gelegen sind, daß es überhaupt schwierig ist, den Wind draußen abzuschätzen.

Die Windrichtung bedeutet eine weitere Komplikation. Windrichtungen lassen sich bei Küstenstationen in drei Sektoren aufteilen: 1. Seewinde; 2. Landwinde, aber unter Ausschluß östlicher Winde; 3. östliche Winde. Natürlich ist ein Ostwind an der Ostküste ein Seewind, aber an den Süd- und Westküsten erfüllt diese Unterteilung ihren Zweck, die verschiedenen Winde voneinander zu trennen.

Wenn wir noch einmal Portland und Hurn auf die Winde hin vergleichen, die zwischen SW und NW lagen (das heißt über Land, aber von Westen kamen), ergibt sich folgendes Resultat:

Windstärke auf See, wenn Küstenstationswinde über Land kommen	Faktor, mit dem Küstenstationswinde zu multiplizieren sind, um den Wind über See zu erhalten	
	bei Tag	bei Nacht
5	1,2	1,6
6	1,4	1,9
7	1,6	1,6
8	1,7	1,8
9	keine Angabe	1,8

Wir sehen, daß die Wirkung auf Winde der Stärke 5 bis 6, die über Land kommen, nicht viel anders ist, als wenn sie von See wehen, daß aber die Wirkung auf Winde von Sturmstärke größer ist. Tatsächlich werden diese über Land mehr abgebremst, als es bei Seewinden der Fall ist.

Abschließend die Ostwinde. Östliche Winde sind in England berüchtigt für Unbeständigkeit und böigen Charakter, und es muß darauf hingewiesen werden, daß die Zahlen auf Seite 235 das Ergebnis des über eine Reihe von vollen Stunden gemessenen Durchschnittswindes darstellen, so daß böige Windstöße den Zahlen hinzuzurechnen sind.

Aus diesen Zahlen geht klar hervor, daß das, was auf einer Wetterkarte nach einer Küstenstation aussieht, keineswegs vom örtlichen Gelände unbehindert zu sein braucht. So mögen sich auf der einen oder anderen Seite Klippen erheben, und nur ein bestimmter Richtungssektor gewährt dem Wind ungehinderten Zugang. So lassen sich zum Beispiel die Winde bei Scilly und Lizard nur so lange miteinander vergleichen, wie der Wind nicht auf

Windstärke auf See bei östlichen Winden	Faktor, mit dem Küstenstationswinde zu multiplizieren sind, um den Wind über See zu erhalten	
	bei Tag	bei Nacht
4	1,5	2,1
5	2,0	2,5
6	2,0	2,5
(östliche Winde über Windstärke 6 Durchschnittsgeschwindigkeit sind selten)		

den nördlichen Quadranten (315 bis 045 Grad) dreht, weil Lizard in dieser Richtung geschützt liegt. Wir haben bereits erwähnt, daß nicht alle Anemometer auf gleicher Höhe stehen und daß man für echte Vergleiche ihren wahren Standort kennen muß. Das Anemometer auf dem Dach des Hauptquartiergebäudes auf Thorney Island, in der Mitte des Hafens von Chichester, ist ein typisches Beispiel. Auf der Karte sieht es so aus, als läge es vollkommen frei; in Wirklichkeit ist seine effektive Höhe von 12 m aber durch Gebäude gestört, die darum gruppiert liegen, und noch unmittelbarer durch Bäume, die den Ausblick einschränken. Thorneys Windverhältnisse ließen niemals auf die Winde draußen schließen, aber inzwischen ist der Windmesser in die Mitte des Flugplatzes verlegt worden, wo er frei steht.

Es gibt daher nur verhältnismäßig wenige Anemometer, deren Meßergebnisse auf Karten erscheinen, die für den Wind auf See wirklich Geltung haben. Die Anemometer auf den Feuerschiffen sind zuverlässig, die auf Leuchttürmen können es sein; die Abbildungen in den Handbüchern vermitteln oftmals eine Vorstellung, bis zu welchem Grad sie wirklich freistehen. Wenn daher die an der Küste gemessenen Winde in ihrer Stärke nicht denen gleichkommen, die man auf See erlebt (und genau geschätzt) hat, kann es viele Gründe dafür geben, und der nicht geringste von ihnen ist der Windkorridoreffekt, der in Verbindung mit dem Kanalsturm geschildert wurde.

Andere Depressionen

Wir wollen uns jetzt anderen Arten von Depressionen zuwenden, welche die in diesem Buch zusammengefaßten Erkenntnisse ermöglicht haben. Sie gliedern sich auf in drei deutlich getrennte Hauptgruppen, dazu kommt eine kleine verschiedenartige Gruppe.

Die erste Gruppe läßt sich mit „tiefe Depressionen" bezeichnen. Die Wetterkarten vom 6. und 7. 9. 57 im Kapitel „Dünung östlich Ushant" (Seite 152) liefern klassische Beispiele für ein tiefes Tief. Das Zentrum ist mit unter 970 mb für Sommerverhältnisse ziemlich tief und ganz ungewöhnlich im Monat September, der nach den Statistiken als die schwachwindigste Zeit in der südlichen Hälfte Englands gilt. Aus dieser Depression entwickelt sich ein sich langsam voranbewegender Luftwirbel, dessen Fronten dem Kreislauf enteilen und dann liegen bleiben. Das Tief blieb die ganze nächste Woche unbeweglich, woran ich mich gut erinnern kann, da ich gerade im Begriff war, meine segelungewohnte Frau in die Freuden einer Hochzeitsreise auf einer Segelyacht einzuweihen. Das Tief war nicht das einzige, was sich in jener Woche nicht bewegte; auch wir beschlossen, an unserer Muring in Wootton zu bleiben – und verlebten so eine sehr erholsame Woche!

Bemerkenswert ist, daß zahlreiche Tiefs, die stürmische Winde verursachen, nicht viele Millibar unter der magischen Zahl von 1000 liegen (der Normaldruck beträgt 1013 mb) und daß solche Tiefstände überhaupt keine Bestandteile von Depressionen zu sein brauchen. Fällt aber das Barometer unter 980 mb, dann haben wir es mit einer tiefen Depression zu tun. Dies ist keine Definition des Ausdrucks „tief", sondern eine praktische Zahl, die den Tatsachen weitgehend entspricht. Solche Luftdrucke müssen von einem Spinnennetz von Isobaren umgeben sein, wenn der Druck zu den Hochs ansteigt, innerhalb welcher die Tiefs existieren. Sie müssen daher heftige Böen hervorrufen, und diese bedeuten oftmals langanhaltende Perioden starker, wenn nicht sogar stürmischer Winde. Neben diesem ungewöhnlichen Septembersturm finden wir andere Beispiele von tiefen Depressionen, die dem Santander-Sturm 1948, dem La-Coruña-Sturm 1954 und den Fastnetstürmen 1957 zu Grunde lagen.

Diese spiegeln den Kanalsturm insofern wider, als die Wetterkarte vom Sonnabendabend (10. August) eine andere dieser Bristol-Channel-Depressionen zeigt mit dem allerstärksten Wind im westlichen Kanal und einem großen Gebiet schwachen Drucks und leichter Winde in der Irischen See. Wir können solche Depressionen, einerlei, ob sie durch das Severntal ziehen oder nicht, als landverstärkte Tiefs bezeichnen. Ihre Merkmale in der schlimmsten Phase sind bereits behandelt worden. Es bleibt nur noch aufzuzeigen, wie vorherrschend sie in den Beispielen dieses Buches sind. Wir finden zwei Beispiele im Kapitel „Drei weitere Stürme": das Belle-Ile-Rennen 1948 und der Wolfsturm im darauffolgenden Jahr, während die Fastnetregatta 1957, der Kanalsturm 1956 und die Fastnetstürme 1961 diese Liste erweitern. Da gibt es eine Wetterkarte, die beides, tief- und landverstärkt, ist, und zwar die vom La-Trinité-Sturm 1964 (Seite 175). Der Rest ist verhältnismäßig flach.

Die dritte Hauptgruppe ist das Vielfrontensystem, von dem die Wetterkartenfolge zum La-Coruña-Rennen 1960 ein typisches Beispiel gibt. Für alle, die mit den Lehrbuchzeichnungen klassischer Frontaldepressionen aufgewachsen sind, ist das Doppelfrontalsystem nicht recht verständlich. Wetterkarten, die von professionellen Meteorologen gezeichnet sind, haben jedoch selten Lehrbuchcharakter, und wie sie müssen wir hinnehmen, was die Natur uns liefert. Fronten trennen Luftmassen von stark unterschiedlichen Temperaturen. Die Luft hinter einer Kaltfront ist beispielsweise kälter als die Luft vor ihr. Wenn wir also in dem Tiefdruckgraben zwischen den Tiefs auf der 18.00-Uhr-Karte am 10. August 1960 (Abbildung Seite 174) beginnen und uns südwärts bewegen, kreuzen wir eine Warmfront und gelangen in wärmere Luft über den Kanalinseln und Brest. Dann kreuzen wir eine weitere Warmfront und gelangen in noch wärmere Luft über der Biskaya. Wenden wir uns dann westwärts quer über den Ansteuerungsweg von Südwesten, kreuzen wir eine Kaltfront in kühlere und dann eine weitere in kalte Luft. Da eine Depression ihre Windkraft aus dem Temperaturunterschied zwischen kältesten und wärmsten Bestandteilen bezieht, haben solche Systeme eine starke Neigung, sich zu entwickeln und zu steifen Winden zu führen.

Wir haben Anzeichen einer ähnlichen Situation in den Wetterkarten vom Kanalsturm am Sonnabend, 28. Juli (Abbildung Seite 120) und vom 1960er Bermudarennen (Abbildung Seite 165), wo ein Tief auf eine bereits wartende Kaltfront zuzieht und wiederum die kalte Luft im Norden davon in den Kreislauf hineingezogen wird und die Energie der Temperaturkontraste zu einem starken Wind führt. Für die Sonnabendabend-Karte vom 10. August

1957, die das Fastnetrennen dieses Jahres umfaßt (Abbildungen Seite 144), hat die gleiche Überlegung Geltung. Die quer über Frankreich herunterreichende Okklusion trennt kühle und kalte Luft, aber hinter einer scharfen Kaltfront (von Cork in südwestlicher Richtung) muß sogar noch kältere Luft kommen, im Vergleich zu der die Luft hinter der Okklusion noch verhältnismäßig warm ist. Wie immer die Synthese der nachfolgenden Fronten beschaffen ist, diese Art Wetterkarte deutet an, daß sich potentiell kalte Luft in der Nähe befindet, die, hineingezogen in den Kreislauf des bereits bestehenden Tiefs, irgendwann später zu dessen Intensivierung führen muß. Es gibt noch mehr Beispiele für dieses Prinzip in anderen Wetterkarten, wie z. B. Belle Ile (Abbildung Seite 78). Manchmal läßt sorgfältige Verfolgung der Meldungen für die Schiffahrt und anderer Wettervorhersagen auf das Vorhandensein eines Vielfrontensystems schließen, das wahrscheinlich zu einem ausgewachsenen Sturm führen wird.

Schließlich gibt es noch andere Systeme, die nicht in diese Kategorien hineinpassen. So sehen wir auf den Wetterkarten auf Seite 27 ein seltsames Paar von Tiefs in einer Tiefdruckrinne, das eine Verengung der Isobaren über den Gewässern an der Südküste Englands zur Folge hat, und eine „Zwei Spiegelei"-Situation auf Seite 115.

Indes: Die Haupteinteilung paßt auf fast alle Beispiele, mit Ausnahme natürlich der Hurrikane.

Hurrikane

Ein Hurrikan unterscheidet sich grundsätzlich von einer noch so kräftigen Depression; auf Seite 238 zeigen wir den Querschnitt eines typischen Exemplars. Was einen Hurrikan ausmacht, ist nicht so sehr, was sich an der Erdoberfläche abspielt (wenngleich das wichtig ist), sondern was in der Höhe vor sich geht. Der im Entstehen begriffene Hurrikan unterscheidet sich an der Oberfläche wahrscheinlich nicht viel von jeder gewöhnlichen unentwikkelten Depression, aber er erzeugt mächtige, tiefgestaffelte Cumulonimbuswolken über den warmen Ozeanen, und diese verstreuen Ambosse zu der Peripherie des sich entwickelnden Systems hin. Dies geschieht unterhalb der Tropopause (der permanenten Inversion, die Troposphäre und Stratosphäre voneinander scheidet), die im Sommer 15 000 m und mehr über der Tropenzone liegt. Eine solche Ausbreitung in großen Höhen führt zu einer Rotation in der gleichen Richtung wie die der Oberfläche näheren Winde. So weisen die Winde in jeder Höhenlage eine kräftige Kreisdrehung in der gleichen Richtung auf.

Die Depression hat andererseits Winde hoch oben, deren Rotation ihrer Oberflächenrotation entgegengesetzt ist, und dieser Gegensatz übt eine Kontrolle über den Aufbau der Oberflächenwinde aus. Es gibt keine ähnliche Kontrolle über die Winde eines Hurrikans, bei dem außerdem noch die Versorgung des wolkenfreien Hurrikanauges mit Luft hinzukommt, die aus der Stratosphäre herabgezogen wird. Depressionen stehen mit der trockenen Luft der Stratosphäre in keiner so unmittelbaren Verbindung und besitzen im Zentrum kein so merkwürdig und unheilverkündend von Wolken freies Gebiet, obgleich die 06.00-Uhr-Karte der Kanalsturmfolge (Abbildung Seite 230) zeigt, daß solche Depressionen in ihren Zentren leichte Winde von 5 kn und Winde von 60 kn Geschwindigkeit nur 10 sm entfernt haben können.

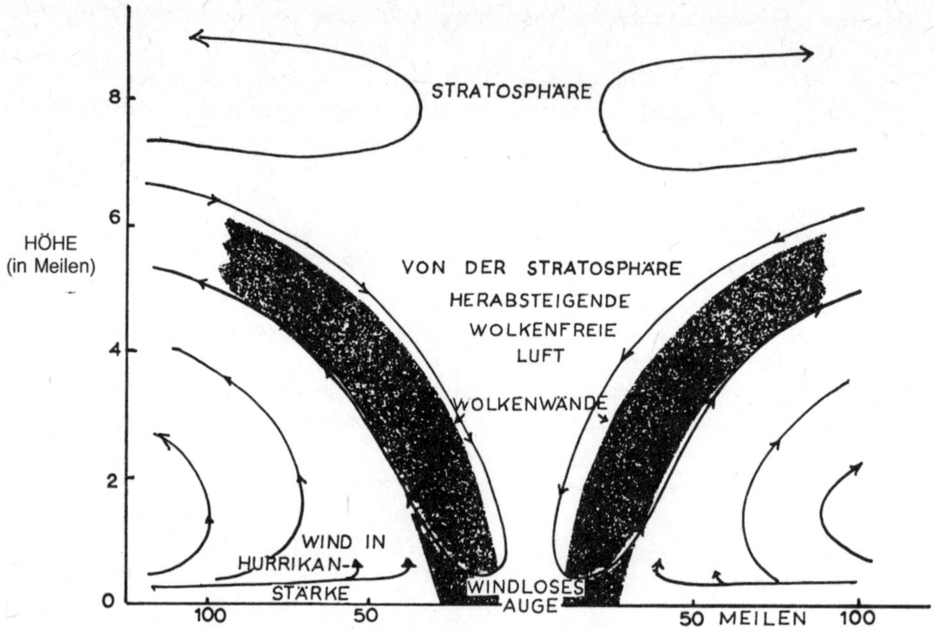

Querschnitt durch einen typischen Hurrikan. Die Art und Weise, wie die Winde im Auge absteigen und anderswo aufsteigen, ist charakteristisch für den Hurrikan.

Die allgemein üblichen Zugrichtungen der Hurrikane, die Hauptgegenden ihres Vorkommens und die einzuschlagenden Kurse, um ihnen auszuweichen, werden erschöpfend in jedem Seehandbuch behandelt und bedürfen keiner Wiederholung an dieser Stelle. Die Wettersatelliten haben das Aufspüren der Zugbahnen sehr viel zuverlässiger gemacht, und der Hurrikanwarndienst des amerikanischen Wetteramtes sorgt für rechtzeitige Benachrichtigung.

Wenn alte tropische Zyklone die englische Küste erreichen, sind sie bereits zu Depressionen degradiert, und das ist nicht nur eine Redensweise, um ihre verminderte Intensität zu beschreiben. Es bedeutet auch, daß sie die direkte Verbindung mit der Stratosphäre, die sie vorher besaßen, verloren und jetzt Winde hoch oben haben, die, obgleich stark, eine Kontrolle über die Winde an der Oberfläche ausüben. Das Tief D zum Beispiel, das vorher Hurrikan Debbie gewesen war, peitschte im September 1961 Irland und Westschottland mit Winden bis zu 90 kn Geschwindigkeit; und Hurrikan Carrie, dem am 21. September 1957 im Mittelatlantik die PAMIR zum Opfer fiel, kreuzte schließlich Cornwall und zog vom 25. bis 26. September als ein Tief nach Nordfrankreich. Trotzdem ist es höchst unwahrscheinlich, daß man auf dieser Seite des Atlantiks, auch nicht in den Gewässern der südwestlichen Ansteuerung des Kanals, jemals einen ausgewachsenen Hurrikan erleben wird. Immerhin ist es aber bemerkenswert, daß Carrie noch bis auf einige hundert Meilen vor Scilly als Hurrikan betrachtet wurde.

September ist der Höhepunkt der Hurrikanzeit im Karibischen Meer und der „Alt-Hurrikan"-Saison in englischen Gewässern. Es kommen nicht viele alte Hurrikane, aber wenn, handelt es sich gewöhnlich um kräftige Tiefs. Man sollte sie, vor allem an der britischen Westküste, im September in Rechnung stellen.

Tornados und Wasserhosen

Tornados sind auf den Britischen Inseln während der letzten Jahrzehnte Produkte binnenländischer Gebiete gewesen; sie bilden sich unter intensiven Gewitterzonen, besonders da, wo die Luft über ansteigendem Boden Auftrieb bekommen kann. Hat sich ein Tornado erst einmal gebildet, zieht er unter Umständen seewärts, wo er in einer großen, sich drehenden Spirale Wasser anziehen und es womöglich in das Cockpit einer Yacht schütten kann. Man weiß von mindestens einem Dampfer auf See, dessen Krähennest – 20 m über dem Meeresspiegel – von einer Sturmwasserhose mit Wasser gefüllt wurde. Das geschah auf dem Atlantik. Cowes erlebte im letzten Jahrhundert einen Tornado; es kann also wieder vorkommen, wenngleich solche Erscheinungen selten sind.

Mit viel größerer Wahrscheinlichkeit treten Wasserhosen auf, die sich oftmals unter kräftigen Cumulonimbuswolken über der See bilden. Gewöhnlich besteht der Trichter der Wasserhose nicht allein aus Wasser; es ist daher wenig wahrscheinlich, daß er eine Yacht überflutet, wie es eine im stürmischen Tornado entstandene Wasserhose tun kann. Die Wirbelwinde können jedoch vorübergehend gefährlich werden, und wenn Wasserhosen in Sicht kommen, ist es klug, die Segel zu reffen. Tornados und Wasserhosen fallen unter den Allgemeinbegriff Trichterwolken, wobei die Trichter, um ihre Wirkung fühlbar zu machen, nicht unbedingt von den Wolken bis auf die Oberfläche herabzureichen brauchen. Ich habe nur einmal die Wirkung einer Trichterwolke erlebt, und zwar vor einer Luvküste in von Land eingeschlossenen Gewässern. Es war keine Wasserhose, da sie mit östlichen Winden über Land heranzog und keine Zeit hatte, Wasser aufzusaugen. Immerhin, der Baum schlug heftig von einer Seite zur anderen, und die Segel killten und flatterten. Der Windwirbel drehte uns herum, bis wir auf Gegenkurs lagen, aber bis dahin hatte ich das Großsegel bereits geborgen. Danach hatten wir Zeit, den sich windenden Wolkentrichter zu beobachten, wie er sich aus der gewittrigen Wolkenmasse am Himmel herabschlängelte und sich über der weitentfernten Küste verlor und verschwand.

Nebel bei schwerem Wetter

Im allgemeinen verbindet man Nebel nicht mit der Vorstellung von Schwerwetter. Die offizielle Begrenzung der Sichtweite im Nebel (das sind unter 1000 m) bedeutet jedoch, daß dieselben Grenzen auch bei Regen, Sprühregen und vor allem Schnee erreicht werden können, selbst bei Windstärke 6 bis 7. Der Regen muß heftig und der Sprühregen dicht sein, vereinigt mit niedrigen, unförmigen Wolkengebilden. Diese formen sich häufig durch den Regen, der die unteren Schichten durchfeuchtet und in diesen beim Fallen verdampft, bis sie genügend gesättigt sind, um sich zu Wolken ohne klar definierbare Basis zu verdichten. Am ehesten entstehen die Voraussetzungen hierfür in Teilen der Depression unter aktiven Warmfronten und Okklusionen. Vorübergehender Nebel kann sich unter Kaltfronten bilden, ist aber von kurzer Dauer. Schnee mindert mit seiner hohen Rückstrahlungskraft die Sicht außerordentlich, und Sichtweiten nahe und unter den Nebelgrenzen sind mehr die Regel als die Ausnahme bei Schneeschauern und noch mehr bei Schneefall von längerer Dauer. Schneeschauer gehen jedoch vorbei und scheinen damit der Vorstellung zu entsprechen, daß Nebel bei viel Wind nicht sehr lange anhält. Nur unter den sich langsam voranbewegenden Teilen sozusagen stationärer Fronten, und besonders solcher, die sich erst in einer Richtung bewegen, dann zum Stillstand gelangen und nun in entgegengesetzter Richtung zurückgedrängt werden, wie es manchmal vorkommt, besteht Wahrscheinlichkeit, daß Starkwind und Dauernebel verbrüdert bleiben.

Schlechte, aber auf die Dunstgrenzen (2000 m) erweiterte Sicht bedeutet für die Navigation nach Besteckrechnung immer noch eine Erschwerung, und unter diesem Gesichtspunkt könnte man sagen, daß Dunst die Grenze darstellt, unterhalb derer die Sicherheit einer Yacht als gefährdet angesehen werden muß. Diese Grenze ergibt sich leicht in tropischer Seeluft (Typ Warmsektorenluft), wann immer die Wolke dicht genug ist, um Regen oder Sprühregen zu erzeugen, und die Luft über abnehmende See-Isothermen geleitet wird. Das ist gewöhnlich der Fall mit Luft aus dem südlichen Quadranten über der offenen See oder im südwestlichen Quadranten in mehr geschützten Gewässern wie dem Englischen Kanal.

Wettervorhersage

Was bisher gesagt wurde, ist Rückschau. Wie steht es nun mit der unmittelbaren Vorhersage heranziehenden Schlechtwetters, das eine Yacht auf See bedrohen kann?

Das überzeugendste Frühwarnungszeichen sind die bannerähnlichen Cirrusbänder, die sich über den Himmel erstrecken und am Horizont zusammenzulaufen scheinen. Sie kommen gewöhnlich aus der nordwestlichen Ecke. Wenn Mond, Sterne oder Sonne einen festen Bezugspunkt liefern, kann man sie mit hoher Geschwindigkeit am Himmel entlangziehen sehen. Ist der sehr hochfliegende Cirrus, selbst von dem sich in Fahrt befindlichen Beobachtungsstand einer Yacht aus, in deutlicher Bewegung erkennbar, weht es oben mit 80 bis 100 kn und mehr. Solche Winde – und diese Wolkenform – weisen auf einen Jetstream hin.

Ein Jetstream ist gewöhnlich in einer Höhe von 10 bis 15 km ein Windfluß hoher Geschwindigkeit, der einen wesentlichen Bestandteil der Entwicklung kräftiger Depressionen darstellt. Die meisten Starkwinde setzen mit dem Zirkulationsbeginn einer Depression ein, und die Wetterkunde besagt, daß die Jetstream-Cirrusbanner das nahe bevorstehende Einsetzen einer Depression kräftigerer Art ankünden. Jetstreamcirren lassen darauf schließen, daß ein Sturm sechs oder zehn Stunden später eine reale Möglichkeit ist.

Cirruswolken dieser oder jener Art sind stets Vorläufer aktiver und heranrückender Warmfronten. Diese brauchen nicht Bestandteil einer kräftigen Depression zu sein, aber wenn die Wolken sich in graue Bänke von Altostratus verwandeln, durch welche die Sonne vergeblich hindurchzudringen versucht, dann ist irgendeine Front im Anmarsch. Fällt gleichzeitig das Barometer, dann steht seine Fallgeschwindigkeit im Verhältnis zur Windstärke und wird in Verbindung mit den Wolkenanzeichen, dem Seegang usw. etwas über den zu erwartenden Wind aussagen können. Das Wetteramt veröffentlicht jedoch eine Sturmwarnung auf Grund einer einzelnen zuverlässigen Beobachtung nur dann, wenn das Barometer drei Stunden 10 mb und mehr fällt.

Die Barographenkurven von Scilly, Calshot und von Bord der GOLDEN DRAGON auf See, die den Durchzug des Sturms beim Santander-Rennen am 7. und 8. August registrierten, zeigen das Verhältnis zwischen Barometertendenz und Wind. Wir haben in diese Abbildung einen schrägen Strich eingezeichnet, der einen Fall von 10 mb in drei Stunden andeutet; ein noch steilerer Abfall besagt, daß schwerer Sturm, wenn auch vielleicht nur vorübergehend, unausweichlich ist, während geringere Neigungen stürmische Winde bedeuten können.

Auf Scilly, etwa 40 sm nördlich der Durchzugsbahn des Zentrums, kam die Tendenz nur einmal den magischen 10 mb in drei Stunden nahe, und zwar zwischen 17.00 und 18.00 Uhr MGZ. Der Wind bei Scilly wehte um diese Zeit mit durchschnittlich 26 kn, in den Böen gelegentlich bis 35 und 40, um 19.00 Uhr anwachsend zu einem Durchschnitt von 30 kn, mit gelegentlichen Böen bis 44 und einer Bö von 48 kn.

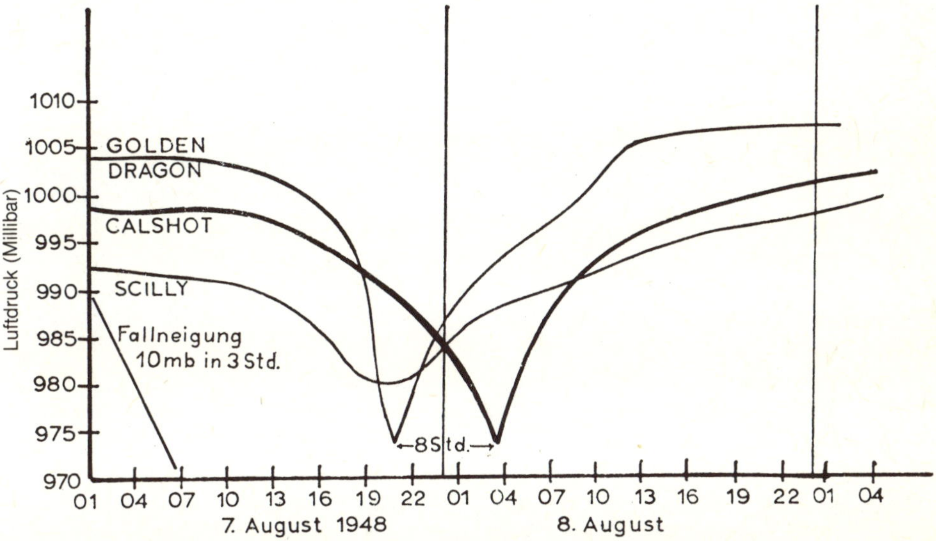

Barogramme Scilly, Calshot und GOLDEN DRAGON *während des Santander-Sturms*

In Calshot (200 sm westwärts und acht Stunden später) stürzte das Barometer am Sonntagmorgen zwischen 02.00 und 04.00 Uhr mit einem Gradienten von 10 bis 12 mb/3 h und stieg zwischen 04.00 und 06.00 Uhr noch rascher mit Gradienten zwischen 20 und 10 mb/3 h wieder an.

Das Barogramm der GOLDEN DRAGON zeigt einen ganz phänomenalen Fall mit einem Gradienten, der eine halbe Stunde lang den erstaunlichen Wert von 45 mb/3 h erreichte, gefolgt von einem langsameren, aber immer noch ungewöhnlich raschen Anstieg. Der Schiffsort der GOLDEN DRAGON in Beziehung zur Zugbahn des Tiefdruckzentrums läßt sich aus dem Bericht im Kapitel „Stürmisches Santander-Rennen“ entnehmen. Es unterliegt keinem Zweifel, daß die von dem Dampfer der Clan-Linie berichteten 11 Windstärken den Tatsachen entsprachen, obgleich die Abruptheit des barometrischen Verlaufs schon erkennen ließ, daß solche Windstärke von keiner langen Dauer sein konnte. Im Gegensatz dazu folgten dem sehr viel zahmeren Barometerverlauf vor dem Kanalsturm Winde von 10 und 11 Bft, und das für eine längere Zeitdauer. Das alte Sprichwort *„short forecast soon past“* (schneller Fall, bald vorbei) gilt immer noch!

Barometrische Tendenzen allein sind jedoch noch keine große Hilfe für einen Skipper auf See, der wissen möchte, was zum Beispiel in den nächsten vier Stunden geschieht. Man weiß nur, was das Barometer getan hat, und nicht, was es tun wird. Es kann ziemlich steil fallen und den Anschein erwecken, als wolle es gegebenenfalls seinen eigenen Boden durchschlagen, aber dann bleibt es stehen, während das Tief durchzieht, ohne daß irgend etwas Schlimmes passiert.

Das Barometer allein ist auf See kein sehr zuverlässiger Berater, weil der Entschluß, Schutz aufzusuchen, mehrere Stunden vor Ausbruch des eigentlichen Sturms gefaßt werden muß. Die größte Aufmerksamkeit muß sich vielmehr dem Himmel zuwenden.

Ein Himmel, der rasch die wohlbekannte Folge von Cirrus zu Cirrostratus (Hof um Sonne und Mond) und zu Altostratus (Sonne und Mond wie durch geschliffenes Glas gesehen) durcheilt, deutet auf eine ziemlich kurze, aber nicht unbedingt heftige Bö. Bauen sich diese Wolken dagegen langsam auf, kann man auf eine schwerere Depression und auf die größere Wahrscheinlichkeit eines späteren Sturms schließen. Wobei der Vorbehalt zu machen ist, daß sich das berüchtigte Teiltief kurz und heftig entladen und echte 7 bis 8 Windstärken, im Sommer sogar noch mehr, hervorrufen kann, wie es der bereits erwähnte Sturm im Santander-Rennen bewies.

Die Wolkenfolge Cirrus, Cirrostratus, Altostratus verdichtet sich dann zu Nimbostratus, und mit dieser Wolkenform setzt der Regen ein. Darunter treten schnell dahinjagende Wolkenfetzen auf. Sobald diese in Sicht kommen, steht der Regenguß unmittelbar bevor, und es wird Zeit, nach dem Ölzeug zu greifen. Normale Warmfronten (die von der obigen Wolkenfolge begleitet werden) lassen es gelinde, aber beharrlich regnen, und bevor sich die Wolkenlinie aufklärt, wird der Regenfall mäßig, aber normalerweise nicht schwer werden. Gewöhnlich tut er das mit einem niedrig fliegenden Schwung zerfetzter, schmutziger Wolken, die quer zum Wind liegen. Hierauf muß man aufpassen, da der Wind beim Durchzug einer ausgesprochenen Warmfront scharf ausschießt und gleichzeitig bögig wird. Sobald die Front einmal durchgezogen ist, kann die Wolke noch genauso niedrig hängen wie vorher, aber aus Regen wird gewöhnlich Niesel. Die Luft wird feucht und dumpfig, denn jetzt ist der warme, tropische Teil der Depression angelangt. Nunmehr weht der Wind mit seiner größten Stärke, und man muß, vor allem nachts, mit üblen, unvorhersagbaren Wirbeln in einem sonst dem Anschein nach homogenen und nicht sehr bögigen Luftstrom rechnen. Diese Wirbel treten am heftigsten auf bei Windstärken über 7 bis 8, weil sich die Größe der Wirbel in warmen Sektoren nur dann zu katastrophalen Proportionen auswächst, wenn Winde diese Stärke überschreiten. Was geschieht, ist, daß übergroße Wirbel sehr schnellen Wind aus viel größerer Höhe auf die Oberfläche herabbringen und diesen mit voller Gewalt auf eine Yacht, die ohnehin bereits hart mit dem Wind zu kämpfen hat, entladen können.

Als nächste Gefahr, nachdem man glaubt, eine angemessene Zeit unter dem Einfluß des warmen Sektors gestanden zu haben – und das brauchen nicht sehr viele Stunden zu sein –, droht das Eintreffen der Kaltfront. Kaltfronten haben jedoch die Angewohnheit, stark ansteigende Luftströmungen zu erzeugen, und was aufsteigt, muß irgendwo anders wieder herunterkommen. Oft gibt es Luftströmungen, die vor der Front herunterkommen, wodurch die Wolken zeitweise aufbrechen, so daß die eigentliche Kaltfront von einer vorübergehenden Aufklarung angekündigt wird. Jeder wirklichen Aufklarung in einem Wolkentyp sollte mißtraut werden. Sie kann bedeuten, daß Schlimmeres noch bevorsteht.

Das Schlimmere, das bei einer Kaltfront noch kommen kann, ist die Gefahr sehr starken Umspringens des Windes, begleitet von genauso heimtückischen Böen. Der Wind kann um 45 Grad oder mehr ausschießen, so daß ein auf Steuerbordbug kreuzendes Fahrzeug im Wind zu liegen kommt und möglicherweise in der Wende versagt. Liegt es auf Backbordbug, läuft es Gefahr, flach auf das Wasser gedrückt zu werden, da die Böen, wenn die Front durchpassiert, von querab einfallen. Dennoch ist es leichter, dem ausschießenden Wind auf Backbordbug durch Anluven zu begegnen als auf Steuerbordbug durch Abfallen. Unter Sturmsegeln ist die Frage nicht so wichtig, aber wenn man bei weniger starkem Wind so viel Zeug trägt wie möglich, kann es sich, vor allem nachts, auszahlen, hieran zu denken. Es entsteht dabei auch eine üble Kreuzsee, die einsetzt, wenn sich ein plötzlich ausschießender Wind über den bereits bestehenden Seegang ausbreitet. Durch sorgfältige Beobachtung der längeren, niedrigeren und sich schneller bewegenden Wellen, die den bestehenden Seegang unterlaufen, läßt sich dieser Windwechsel voraussagen.

Die scharfe Kaltfront läßt sich an der merkwürdigen Art erkennen, in welcher die unteren Wolkenelemente einander kreuzen. Es kann durchaus so aussehen, als ob ganz niedrige Wolken von der rechten Seite des vorherrschenden Windes heranflögen. Das ist keine

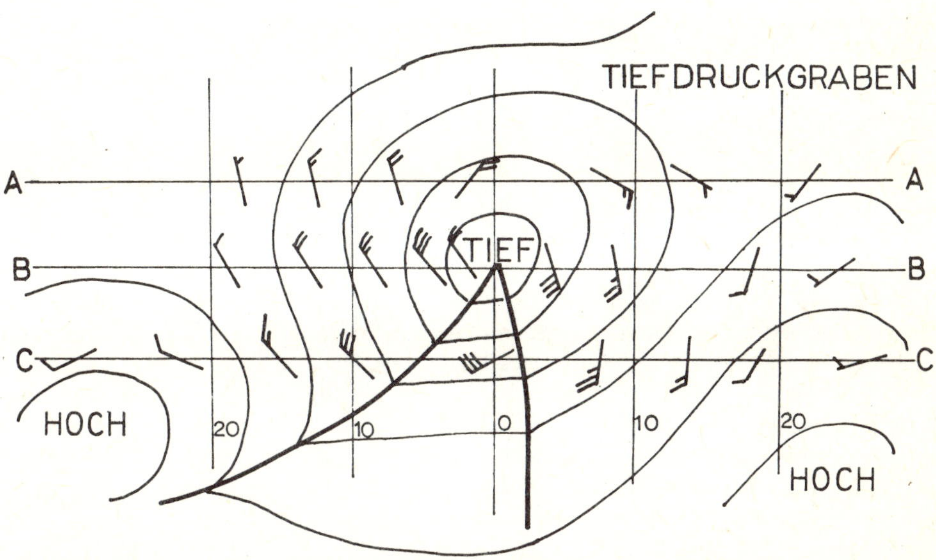

Typische Windstärken und -richtungen, wenn eine Depression nach Süden zieht (A), unmittelbar über (B) hinwegpassiert oder sich zu Nord (C) des Beobachters verlagert. Eine ganze Feder = 10 kn Durchschnittsgeschwindigkeit; eine halbe Feder = 5 kn. Die Zahlen an den senkrechten Linien sind typische Zeiten in Stunden vor und hinter der Linie niedrigsten Drucks bei einer schweren Depression, die sich mit 30 kn von West nach Ost bewegt.

Täuschung, da sie die neue Windrichtung ankündigen und vor dem unmittelbar bevorstehenden Umspringen des Windes warnen.

Die Kaltfront bringt gewöhnlich einen Anstieg des Barometers. Je stärker eine Depression in allen ihren Aspekten ist, um so größer ist die Wahrscheinlichkeit, daß das Barometer herunterstürzt und wieder hochschießt.

Dieser Anstieg sollte sich nach einer Reihe von Stunden stabilisieren; tut er es nicht, ist damit zu rechnen, daß jede Besserung nur von kurzer Dauer sein wird. Das aufklarende Wetter setzt sich meistens erst nach mehreren Tagen langsam steigenden Barometers durch, wenn das Tief sich entfernt. Während dieses der Kaltfront folgenden Zeitabschnittes bleiben die Winde normalerweise kühl, böige Nordwestwinde, anfänglich von häufigen Schauern begleitet, aber allmählich in jeder Hinsicht nachlassend. In dieser Phase des Durchzugs einer Depression kann es zu sehr starken, anhaltenden Winden kommen, begleitet von heftigen Windstößen und Regenböen. Das Barometer kann zwar steigen, aber der Wind legt zu. Dies ist als sicherer Beweis zu werten, daß die unsichtbare Depression, die man vorbeigezogen wähnte, festliegt oder neue Kraft gesammelt hat und sich wieder vertieft. Die unglaublich starken Winde, die Teile der Ostküste Englands und große Teile Hollands unter Wasser setzten und in der Nacht vom 31. Januar auf den 1. Februar 1953 in Schottland vier Millionen Bäume umlegten, bildeten sich in dem Korridor zwischen einer sich vertiefenden, langsam voranschreitenden Depression in der Nordsee und einer galoppierenden Hochdrucktendenz über dem östlichen Atlantik.

Eine allein auf dem Ozean segelnde Yacht verfügt normalerweise über keine Wetterkarten. Viele Voraussagen, die sich auf solche Karten gründen, stehen daher weit unten auf der Liste der Sturmwarnungsmethoden. Vielleicht lohnt sich aber die Feststellung, daß beim Studium der Karten vor den großen Stürmen unter Umständen ein besonderes System erkennbar wird. Ein typisches Beispiel zeigen die Abbildungen auf den Seiten 229 bis 232, die den Verlauf des Kanalsturms darstellen. Über dem Gebiet, das als größter Unruheherd ausersehen war, lagert ein träges Gebiet niedrigen Drucks – eine Art Bett, in das ein bösartiges Tief hineinstürzt. Diese vorbereitete Stellung, mit einer in der Entwicklung begriffenen Depression zur Stelle, um dieselbe einzunehmen, ist die verdächtigste aller Situationen, und der Anblick einer solchen Karte vor dem Auslaufen kann es wohl als geraten erscheinen lassen, sich das Verlassen des Hafens zweimal zu überlegen, wenn keine zwingenden Gründe dafür vorliegen. Wir finden ein anderes, weniger augenfälliges Beispiel auf Seite 115 in Verbindung mit der Cork-Regatta. Das Tief, das das Unheil verursachte, schluckte seinen vorhergehenden Träger und verwandte die Energie, um armen Seeleuten, die sich in Ausübung ihres Berufs unterwegs befanden, die Seele aus dem Leib zu prügeln.

Im Fastnetrennen 1957 ergab sich fast die gleiche Situation. Die Wetterkarte vom Sonnabendabend zeigt eine sich vertiefende Depression auf dem Wege in ein bereits unter tiefem Druck stehendes Gebiet. Wieder ist die Karte (Abbildung Seite 144) für den 10. August, 18.00 Uhr, ein klassisches Beispiel. Der Weg für die zur Vertiefung bestimmte Depression ist schon bereitet. Sie kann kaum umhin, sich zu vertiefen.

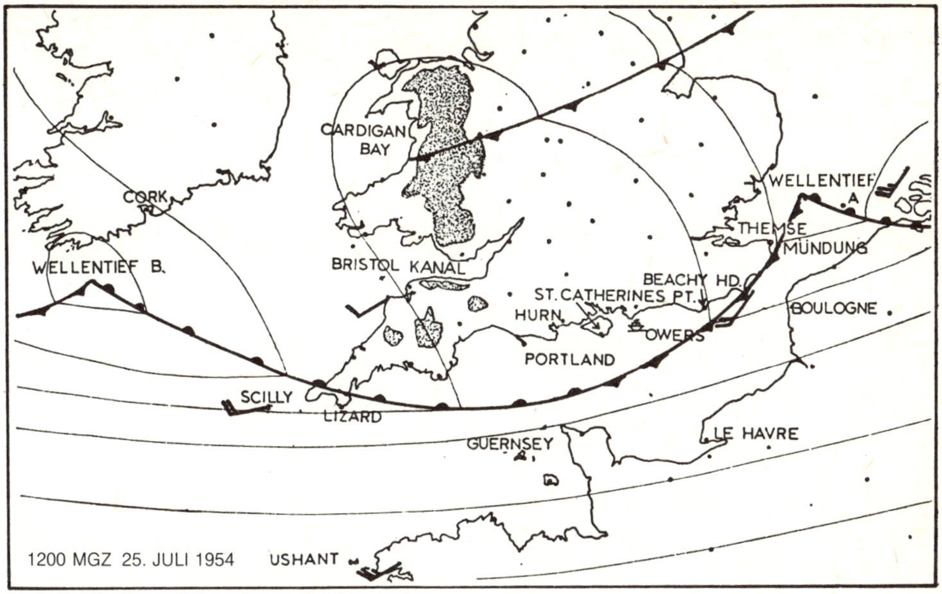

Wellentiefs 12.00 Uhr, 25. Juli 1954

Wellentiefs und Tröge

Während große Primärtiefs in ihren Umläufen Sekundärtiefs haben, die für plötzliche Wetterverschlechterungen sorgen, gibt es auch kleinere Einheiten von derselben allgemeinen Art, die man als Wellentiefs oder einfach als Wellen bezeichnet. Eine „Welle" ist ein kleiner Einbruch von warmer in kalte oder kühle Luft. Das passiert meistens entlang einer Kaltfront, wo der Einbruch lokale Wetterverschlechterungen herbeiführt, aber gewöhnlich keine sehr starken Winde. Meteorologisch gesprochen, sind „Wellen" etwas wie sehr kleine Depressionen; die Wetterkarte von 12.00 Uhr am 25. Juli 1954, die wir hier wiedergeben und die den Wetterkarten auf Seite 109 vorausgeht, zeigt zwei Wellen in verhältnismäßig kurzer Entfernung voneinander. Da über 1500 km ungestörter Front zwischen zwei solchen Wellen erforderlich sind, bevor beide eine Chance haben, sich zu einer richtigen Depression zu entwickeln, ist eine oder sind beide dieser im Entstehen begriffenen Tiefs zum Eingehen verurteilt. Bevor das passiert, werden sie verhindern, daß entlang einer Kaltfront der Regen aufhört und die niedrigen Wolken verschwinden, indem sie die Kaltfront eher wieder nach Norden ziehen, als sie nach Süden durchzulassen. Man kann sie sich analog einem Tauende vorstellen, das an einer Deckstütze befestigt und der Länge nach in Wellen geschlagen wird. Wie die Wellen im Tauende, bewegen sich die Frontalwellen die Front entlang, manchmal mit 60 kn Geschwindigkeit.

Ein schneller Blick auf die Wetterkarte zwei Stunden später, um 06.00 Uhr am 26. Juli (Seite 109), zeigt, warum sich keine dieser beiden Wellen entwickelte. Die ganze depressionsbildende Energie wurde von der größeren Welle westlich Irlands aufgenommen. A und B sind beide eingegangen und lassen eine andere, normalerweise unerwähnt bleibende

Einheit – den artverwandten Trog – die Stellung halten. Der forschende Verstand könnte mit Recht fragen, wieso zwischen 18.00 und 06.00 Uhr am nächsten Morgen die Welle westlich von Irland in Richtung des Haupttiefs südlich von Island in Okklusion geriet. Wenn eine überdurchschnittlich große Welle wie hier auf ein Ausgangstief blickt, dann erzeugt sie oft, in Sympathie mit ihrem Ausgangstief und zwischen den beiden Zentren, eine große Reihe von Schauern und schweren Regenfällen, begleitet von ziemlich heftigen Böen. Eine solche Reihe kann auf den Karten nur kurz durch das Symbol für eine Okklusion angedeutet werden, und so erscheint hier eins. Das tatsächliche Wetter unter solchen Trögen zählt oft zu dem schlimmsten überhaupt, mit Kälte, prasselnden Regengüssen und Hagel, begleitet von vielen Böen. Der ursprüngliche Zipfel der Welle kann sich, wie in diesem Beispiel, sehr stark vertiefen und einen Haufen sehr eng nebeneinander verlaufender Isobaren über den südwärts von ihm gelegenen Gebieten hervorrufen. So wie es auch hier der Fall ist.

Dann gibt es noch gewittrige Tröge, die man vorwiegend in der Segelsaison und ganz besonders in dem, zumindest in den britischen Gewässern, schlechtesten aller Sommermonate – August – antrifft. Alles, was mit Meteorologie zu tun hat, wird schlechter im August – und besser im September!

Vielleicht das Schlimmste an den Gewittertrögen ist der Schaden, den sie der Bordmoral – besonders nachts – zufügen. Dort, schwer über dem Horizont lastend, entfalten zuckende Blitze ein schönes Schauspiel, das sich quer zum Wind erstreckt – soweit dieser vorhanden ist –, und man muß hindurch. Der Wind beginnt in jener Art unberechenbarer Böen zuzulegen, die Sorge bereitet. Dann wölbt sich das Ganze über dem schaumbedeckten Wasser, und der Wind kann in den schlimmsten Fällen mit 30 bis 50 kn lospeitschen. Die Luft wird sehr kalt, wolkenbruchartiger Regen trommelt auf das Kajütdach, der Donner kracht und rollt, während die Blitze alle Einzelheiten der satanischen Wolken am Himmel beleuchten. Aber einmal vorbei, ist auch Schluß. Normalerweise ziehen Windstöße und Böen innerhalb einer halben oder ganzen Stunde vorbei, und die allgemeine Windsteigerung beträgt kaum mehr als bis 4 oder 5 Bft. Es ist in Wirklichkeit kein Schwerwetter-Phänomen.

Regen und Seegang

Abschließend noch ein Wort über den Einfluß von Regen auf den Seegang. Es besteht kein Zweifel, daß die meteorologischen Umstände, die schwere Regenfälle begleiten, die See beruhigen. Wir sagen, der Regen schlägt die See nieder. Möglich, daß das stimmt, aber das ist noch nicht alles.

Häufig kann man beobachten, daß der Wind bei plötzlich einsetzendem Regen ebenfalls zulegt. Die Erklärung hierfür ist einfach: Absteigende Luftströmungen werden mit dem fallenden Regen heruntergezogen und bringen dabei stärkeren Wind aus der Höhe herab auf die Wasserfläche. Je dichter der Regen, um so stärker die Fallströmungen. Man nennt sie Niederschlags-Fallströmungen; sie sind verantwortlich für die sehr schweren Böen in Gewitterstürmen und die immer noch beträchtlichen Windstöße unter anderen, weniger heftigen Schauerwolken. Ebenso erklären sie in geringerem Maße, warum Regen und Wind zusammen auftreten.

Vielleicht verdeutlichen sie auch die Wirksamkeit, mit der schwerer Regen dem Anschein nach die See niederschlägt, weil wir nicht nur das Gewicht des auf die Wasserfläche herabfallenden Regens zu berücksichtigen haben, sondern auch das Gewicht der Luft dazwischen. Dieses ist nicht unbeträchtlich, da es ein viel größeres Gebiet umfaßt als das der Regentropfen.

Wir haben im Vorhergehenden einige der meteorologischen Aspekte schweren Wetters erörtert. Die Ausführungen sind nicht erschöpfend, und kein Seemann, der sein Salz wert ist, kommt durch, ohne einige Kenntnisse vom Himmel zu haben und ohne zu wissen, was er verkündet. Wissen, verbunden mit Erfahrung, ist das beste Mittel, Gefahren aus dem Wege zu gehen.

Verhalten bei Schwerwetter: Schlußfolgerungen

Die beiden Hauptfaktoren, mit denen es bei schwerem Wetter fertig zu werden gilt, sind die Stärke des Windes und die Beschaffenheit des Seegangs.

Der Wind diktiert, wieviel Segel man führen darf. Wind kann den Verlust der Segel, Takelage oder des Mastes einer Yacht herbeiführen, aber die Seen sind es, die viel gefährlicher werden und dem Bootskörper und den Aufbauten Schaden zufügen können.

Der Seegang hängt vom Wind ab, ohne jedoch stets in einem unmittelbaren Verhältnis zu dessen durchschnittlicher Stärke zu stehen. Durcheinanderlaufende und daher potentiell gefährliche Seen werden durch Böen und umspringende Winde verschlimmert. Es gibt daher einen logischen Grund für die Neigung der Yachtsegler, die Windstärke eher nach der Stärke der Böen zu beurteilen. Eine wirklich böige Windstärke 6 kann ebensoviel Schaden anrichten wie eine verhältnismäßig stetige Windstärke 8, und in einem Sturm mit Böen von Orkanstärke kann die See vollkommen chaotischen Charakter annehmen. Ferner wird der Seegang beeinflußt durch Strömungen wie den Golfstrom, Gezeitenstörungen sowie Untiefen und Hindernisse auf dem Meeresboden.

Die Wellengröße allein braucht nicht unbedingt Gefahr zu bedeuten, wohl aber die Form der Welle und ihre Steilheit (die fast vertikal werden kann), und der Winkel, unter welchem sie die Yacht erfaßt. Am gefährlichsten sind die sogenannten Wellenungetüme, von denen in diesem Buch verschiedene Beispiele gebracht werden.

Hohe Wellen, die einer Reihe von niedrigen Wellen folgen, bilden zusammen die übliche Struktur des Seegangs, aber um die Bezeichnung Ungetüm zu verdienen, muß die Welle von abnormer Höhe und Gestalt sein; sie entsteht aus einer Kombination einander kreuzender Wellenzüge. Solche Wellen, die gefährliche Dimensionen erreichen, kommen nur vereinzelt vor, und ihre Lebensdauer ist kurz. In heimischen Gewässern begegnet man ihnen selten, aber es ist interessant zu wissen, daß sie schon bei Windstärke 6 auftreten können. Ich habe sogar von einer Yacht gehört, die kurz vor dem Ziel der Transatlantikregatta 1966 auf zwei ungeheure Seen in der Nordsee traf, als es mit nicht mehr als 5 Windstärken wehte.

Wellenungetüme in einem Ozeansturm, in dem schon der normale Seegang sehr hoch läuft, können höchst gefährlich werden, und das Ungetüm selbst kann so gigantisch sein, daß es eine Yacht vollständig um sich selbst rollt oder sich, Heck über Bug, überschlagen läßt.

Die in diesem Buch beschriebenen Erfahrungen von Yachten in Stürmen und Orkanen veranlassen mich, einen Unterschied zu machen zwischen dem gewöhnlichen Sturm in heimischen Gewässern, in dem jede Yacht sich behaupten können muß, und dem Sturm auf offenem Ozean, dem man nur selten begegnet, da Skipper, die Ozeanreisen unternehmen, in der Regel den schlimmsten Jahreszeiten, wie den Hurrikanmonaten, aus dem Wege gehen. Gewöhnliche, von Depressionen in ihrem Durchzug ausgelöste Stürme bedeuten für eine gut ausgerüstete Yacht kein großes Risiko, solang sie in tiefem Wasser bleibt. Das wurde in dem Sturm während des Santander-Rennens 1948 und dem Kanalsturm 1956 bewiesen. Beide Stürme waren außergewöhnlich schwer für die Jahreszeit, aber obgleich einige ganz kleine Yachten dabei waren, entstanden keine Verluste bei den in tiefem Wasser befindlichen Yachten.

Wenn der Wind auf 10 und mehr Bft zulegt und die Graubärte über den Ozean dahinrollen, sehen wir uns vollkommen anderen Verhältnissen gegenüber, und für Yachten und manchmal sogar für große Schiffe wird die Auseinandersetzung ein Kampf ums Überleben.

Von den vielen Betrachtungen über das Schwerwettersegeln möchte ich jetzt einige Gedanken erläutern und die aus früheren Kapiteln gezogenen Schlußfolgerungen zusammenfassen.

Segelführung

Ist eine Yacht auf einer gewöhnlichen Reise begriffen und nicht in einer Regatta, sollte man sie der Verschlechterung des Wetters entsprechend fortschreitend reffen, und zwar rechtzeitig, bevor es unbedingt nötig wird, und trotz der nur zu natürlichen Neigung, die unangenehme Aufgabe in der Hoffnung auf Wetterbesserung hinauszuschieben. Es bedarf keiner Erläuterung, daß die Reffarbeit, je länger man sie verzögert, um so schwieriger wird, um so größer auch die Beanspruchung der Takelage und das Risiko, daß sie inzwischen Schaden erleidet. Alles das läßt sich vermeiden, wenn man zeitig refft und weniger Segel führt als das Maximum, das die Yacht vertragen könnte. Eine Fahrtenyacht sollte ihre Segelfläche eher an der Windstärke in den Böen ausrichten als an der durchschnittlichen Windgeschwindigkeit. Vorbeugendes Reffen kostet nur sehr wenig Fahrt. Sobald der Wind auf 5 Bft und mehr anwächst, nähert eine Yacht sich ihrer Maximalgeschwindigkeit. Ein oder zwei Drehungen mehr an der Reffkurbel des Großbaums oder das Setzen eines kleineren Vorsegels kann die Fahrt um höchstens einen viertel oder halben Knoten verlangsamen, was beim Fahrtensegeln kaum eine Rolle spielt. Die Extrafläche, die notwendig ist, um den letzten Viertelknoten mitzunehmen, beansprucht Segel, Takelage und Besatzung in einer Weise, die in keinem Verhältnis mehr zu dem Gewinn steht.

Am Wind und gegenan kommt man nicht in Versuchung, eine Fahrtenyacht zu hart zu pressen; dafür ist die Beanspruchung des Rudergängers zu beträchtlich. Er ist der vollen Gewalt des Windes ausgesetzt und oft halb blind von Gischt und Regen, die ihm ins Gesicht peitschen. Bei frischem Wind stellen sich keine besonderen Probleme, aber wenn der Wind hart wird und auf durchschnittlich 25 bis 30 kn zunimmt, kommt der Zeitpunkt, wo man das Boot voller steuern und genug Geschwindigkeit heraussegeln muß, um die Gegensee zu überwinden. Wenn die Yacht den Kamm einer großen See erklimmt, sollte sie ein wenig auf den brechenden Kamm zu angeluvt werden; oben angekommen, ist das Ruder einen Augenblick lang hart nach Luv zu legen, während die Yacht wieder in das Wellental zurücksinkt. Anluven kann auch erforderlich werden, um eine Bö abzureiten, aber wenn es übertrieben geschieht, kann das Boot eine schwere See übernehmen oder sogar jede Fahrt verlieren; dann fangen die Segel an zu schlagen und laufen Gefahr, zu reißen. Auf dem Wellenkamm abzufallen, hilft dem Boot, sanft und in einem Winkel zur See auf die andere Seite zu gelangen, statt daß der Vorsteven in die nächste See kracht. Es hilft ferner, etwas von der durch den Anprall beim Durchbrechen des Wellenkamms verlorengegangenen Fahrt zurückzugewinnen. Geht man bei starkem Wind oder Sturm gegenan, muß die Yacht in den Seen hin und her „weben". Ein guter Rudergänger wird den Kniff bald heraushaben, aber mit einem unerfahrenen Mann am Ruder ist es wahrscheinlich am klügsten, die Segel noch weiter wegzureffen, da schlechtes Steuern zu ernsten Havarien führen kann.

Die Entscheidung, wieviel Segelfläche eine Yacht bei dichtgeholten Schoten vertragen kann, ist nicht schwierig. Ein Schiff hat seine eigene Sprache, die eine Verkleinerung der Segel fordert, wenn es notwendig wird. Problematischer ist die Frage, wieviel Segel man stehen lassen darf, wenn man vor starken oder stürmischen Winden läuft. Die Schätzung ihrer Stärke ist bei achterlichen Winden schwierig, und die Zunahme von Wind und Seegang kann fast unbemerkt bleiben, bis die Situation anfängt, außer Kontrolle zu geraten. Bei schlechtem Wetter spricht viel dafür, mit nicht mehr Tuch vor dem Wind zu laufen, als die Yacht am Wind tragen kann. Sie wird dabei schnell sein, aber handlicher und für die Mannschaft komfortabler bleiben, als wenn sie hart gepreßt würde. Außerdem kann sich irgend etwas Unerwartetes ereignen und die Yacht zwingen, abzudrehen und zurückzukreuzen. Es kann sich um einen Unglücksfall wie „Mann über Bord" handeln, oder es unterläuft einem, wie es mir 1966 passierte, ein törichter Landfall im Nebel, bei dem wir an einer Leeküste zwischen Chesil Beach und Portland in eine schwierige Lage gerieten. Damals wehte es bei Portland mit 6 Windstärken und in den Böen mit 8. Theoretisch ist es bei Winden dieser Stärke möglich, Vollzeug zu segeln, aber glücklicherweise hatten wir das Großsegel mit zwei oder drei Törns am Patentreff rechtzeitig verkleinert und statt der Genua die Fock gesetzt. Wir hätten weder Platz noch Zeit gehabt zu reffen, aber unter unserer verkürzten Segelfläche waren wir mühelos in der Lage, durch das sehr rauhe, überbrechende Kabbelwasser westlich des Bills zurückzukreuzen und Portland zu runden.

Ich wiederhole, daß es auf Kreuzfahrten keinen Zweck hat, zuviel Segel zu führen. Das Boot wird dabei hart beansprucht, das Steuern ist schwierig und alles an Bord scheußlich unbehaglich, nur um einen halben Knoten mehr zu machen. Das Ziel beim Fahrtensegeln ist, eine tüchtige, seemännisch einwandfreie Reise unter geringster Beanspruchung von Mensch und Material durchzuführen.

Ozeanwettfahrten sind eine andere Sache. Hier ist das Ziel, ohne Rücksicht auf das Wetter die schnellste Zeit zu erzielen. Die zu führende Segelfläche richtet sich nach der individuellen Konstruktion des Schiffes und seiner Länge im Verhältnis zu Länge und Höhe des Seegangs. Beim Rennsegeln in schwerem Wetter heißt es, genau die richtige Segelfläche zu wählen. Wenn zu viel, geht Geschwindigkeit verloren, entsteht übermäßige Abdrift und drohen Havarien, als deren Folge eine Yacht gezwungen sein kann, überhaupt aus dem Rennen auszuscheiden. Wird auf der anderen Seite zu wenig Tuch gesetzt, bleibt das Boot um Stunden zurück. Was manchmal vergessen wird, wenn man bei schwerem Wetter gegenankreuzt, ist die Notwendigkeit, genug Segel stehen zu haben, um gegen all die Kräfte der Natur voranpressen zu können. Bild 13 zeigt die Art von Seegang um Portland, gegen den die Hochseerennyachten im Fastnetrennen 1957 anzukämpfen hatten. Das Bild wurde von der COHOE II aus, auf der Rückreise von La Coruña, aufgenommen, aber die Umstände waren die gleichen wie in der Nacht des Fastnetrennens bei Windstärke 7 bis 8 und einer leegehenden Tide, was erklärt, warum die Seen wie Mauerwände aussehen, anstatt zu brechen. Treibt man ein Schiff mit 6 kn Fahrt gegen solche Seen an, kann es wegen der Gefahr, auf der anderen Seite „von der Welle zu kippen“, zu Havarien kommen, besonders wenn Tide oder Strömung gegen den Wind stehen und die Seen infolgedessen steiler sind und zum Brechen neigen.

Masten, Segel und Takelage müssen so ausgelegt sein, daß ein Schiff in extremen Windstößen und Böen flach aufs Wasser heruntergedrückt werden kann, ohne Schaden zu nehmen. Fühlt sich jemand außer der in ihren Kojen unter Deck von Leesegeln festgehaltenen Freiwache behaglich, stimmt irgend etwas nicht.

Ich sage das höchst ungern, weil ich Ungemütlichkeit verabscheue, aber ich fürchte, es ist wahr. Meine Ansicht wird von manchen Binnenregatta- und Fahrtenseglern und auch von denen bestritten werden, die an die Wissenschaft künstlicher Wellen in Tanktests glauben. Dennoch ist sie in langjährigen Erfahrungen auf See erprobt worden, wobei wir alle Segelwechsel im Kampf gegen gleichwertige Konkurrenten durchprobierten. So erinnere ich mich zum Beispiel lebhaft an ein Kanalrennen, in dem wir auf einer Raumschotsstrecke Segel verkürzt hatten, während die MEON MAID (oder eine andere Yacht der Belmore-Klasse) alles einschließlich ihres großen Genua gesetzt hatte. Sie war ungeheuerlich übertakelt und wurde von Zeit zu Zeit fast flach aufs Wasser gedrückt, aber sie lief uns trotzdem auf, bis wir reagierten und ebenfalls mehr Segel setzten. Auf den leichtgängigen modernen Ozean-Rennyachten muß angestrebt werden, stets genau die richtige Segelfläche zu führen, wie sich aus Log und Instrumenten ergibt, wobei häufiger Segelwechsel notwendig ist, um das Optimum herauszuholen.

Bricht während der Wettfahrt ein Sturm aus, ist es heutzutage Gebot, voranzupressen. Es mag sich für eine kleine Hochseeyacht bei Gegenwinden von Sturmstärke auszahlen, Schutz aufzusuchen, um nicht bei Gegentide ein Vorland runden zu müssen oder gegen einen Strom zu kämpfen, den man nicht totsegeln kann, aber auch Minuten dürfen nicht mehr geopfert werden, da der Wettkampf von Jahr zu Jahr heißer wird. Beidrehen und andere Sturmtaktiken sind außer unter ganz ungewöhnlichen Wetterverhältnissen kein Ausweg mehr. Natürlich gibt es Risiken, aber sie sind einkalkuliert und akzeptiert, nicht anders als bei jeder anderen Form harten Sports wie Autorennen oder Bergsteigen. Die Hauptgefahren sind Mastbruch, Ruderbruch oder andere ernsthafte Havarien vor einer Leeküste. In dieser Beziehung sind die Risiken bei Wettfahrten im Englischen Kanal größer als bei den längeren Regatten auf offenem Ozean.

Navigation bei schwerem Wetter

Obgleich erfahrene Yachtsegler Bescheid wissen, verdient meiner Ansicht nach die Tatsache ausdrückliche Betonung, daß die Navigation, und vor allem die Küstennavigation, bei Sturm viel schwieriger ist als bei gewöhnlichem Wetter. Im Entwicklungsstadium eines

Sturms ist das Wetter häufig dick, und Regen und Nebel beschränken die Sicht bis auf eine halbe Meile. Wenn der Seegang Zeit gehabt hat, sich aufzubauen, können entfernte Objekte nur noch von der Höhe der Wellenkämme aus ausgemacht werden, was die Identifizierung von Feuern erschwert. Gischt und dichter Regen begrenzen die Sicht, wenn auch Regen den Vorteil hat, den Seegang vorübergehend zu glätten.

Vorbereitungen für einen Sturm

Nachstehend eine Aufstellung von Arbeiten, die unternommen werden müssen, wenn sich starke Winde zu einem Sturm entwickeln und man draußen davon erwischt wird. Einige Vorbereitungen werden bereits getroffen worden sein; trotzdem ist diese Aufstellung vielleicht zu Erinnerungszwecken nützlich.

- Sicherheitsgurte und -leinen anlegen.
- Auspuffrohr absperren oder verstopfen.
- Benzinhähne absperren, beide, wenn es zwei gibt.
- Abflußrohre im Cockpit öffnen.
- Alle Außenbordsventile schließen.
- Kontrollieren, daß alle Backskisten im Cockpit geschlossen und wasserdicht sind. Befindet sich im Cockpit ein Maschinenluk, dafür sorgen, daß es festgeschraubt wird.
- Sturmsegel an einen schnell erreichbaren Platz packen wie in die Hundekoje oder, falls notwendig, setzen. Reservevorsegel unter, nicht auf Deck verstauen.
- Alles Decksgeschirr und die Spinnakerbäume festzurren. Gummistropps reichen nicht aus, um die Bäume auf ihren Lagerklötzen festzuhalten. Extralaschings sind erforderlich.
- Dingi oder Floß mit Extralaschings sichern.
- Luken schließen. Alle Entlüftungsköpfe nach Lee drehen. Gegebenenfalls Ventilatoröffnungen mit Deckeln dichtschrauben oder Lüftungslöcher mit Tüchern oder Socken verstopfen. Bullaugen an der Leeseite so lange geöffnet lassen wie möglich, um für Durchlüftung zu sorgen, und nur unter extremen Verhältnissen schließen.
- Kontrollieren, daß Mastrutscher in Ordnung sind. Dies sollte eigentlich schon im Hafen geschehen, wird aber manchmal vergessen. Kontrollieren, daß sich an Hals und Kopf der Sturmfock Schäkel befinden, um zusätzlich zu den Stagreitern am Stag eingeschäkelt werden zu können.
- Nachsehen, daß kein loses Werkzeug an Deck oder im Cockpit herumliegt und daß die Winschkurbeln vorschriftsmäßig gesichert sind.
- Radarreflektor setzen.
- Einen Stöpsel in die Ankerklüse setzen, wenn es noch nicht geschehen ist. Hat die Klüse eine Öffnung für das Kettenglied, muß sie mit Werg oder Tüchern dichtgestopft werden, um Leckage rund um die Kette zu verhindern.
- Nebelhorn griffbereit und vom Cockpit aus erreichbar verstauen.

Arbeiten unter Deck

- Schiffsort in die Karte eintragen, Logbuch à jour bringen, Barometerstand notieren.
- Seekrankheitspillen verteilen (wenigstens eine Stunde vor erwartetem Ausbruch des

Sturms) an alle Besatzungsmitglieder, die sie voraussichtlich benötigen werden. Es ist zwecklos, die Pillen erst bei zwingender Notwendigkeit zu nehmen. Sie müssen an einer allen bekannten, leicht zugänglichen Stelle deponiert werden, so daß niemand nach ihnen zu fragen braucht.

- Alles zuverlässig verstauen, insbesondere Küchengerätschaften und Lebensmittel, so daß sich nichts losreißen oder klappern kann.
- Nachprüfen, daß die Bilgepumpen nicht verstopft sind.
- Sich überzeugen, daß die Crew weiß, wo die Sturmblenden für die Fenster liegen und wo die zu ihrer Befestigung erforderlichen Nägel oder Schrauben verstaut sind. Blenden braucht man nur bei ungewöhnlich schwerem Wetter.
- Sicherstellen, daß die Beleuchtung ordnungsgemäß funktioniert. Bei Petroleumlampen kontrollieren, daß sie gefüllt sind (aber nicht zu voll) und daß genug Petroleum oder Propangas für den Herd vorhanden ist, denn jede Arbeit wie Lampenfüllen oder das Wechseln eines Gaszylinders während eines Sturms ist eine unerfreuliche Aufgabe.
- Nachsehen, ob Trossen für den Fall, daß sie ausgebracht werden müssen, bequem erreichbar sind; auch daß sie sich frei abrollen lassen.
- Durch Umfrage sicherstellen, daß kein Besatzungsmitglied vergessen hat, wo Notsignale, Feuerlöscher und Verbandskasten verstaut sind.
- Zwieback, Kuchen, Süßigkeiten und kleine Erfrischungen leicht erreichbar verstauen. Suppen oder heißes Essen vorbereiten, soweit es die Zeit erlaubt, und in Thermosbehälter füllen.
- Streichhölzer an trockener Stelle oder in Folienbeutel legen; läßt man sie herumliegen, werden sie in der Kondensationsluft feucht und zünden nicht mehr.
- Hundekojen mit Folie oder wasserdichter Persennig abdecken, falls sie bei geöffnetem Niedergangsluk Gischt und Sprühwasser ausgesetzt sind; gegebenenfalls auch alle anderen Kojen, über denen das Deck leckt.
- Vor Dunkelwerden weiße Leuchtsignale in Folienbeutel packen und für den Fall griffbereit halten, daß sich ein Schiff auf Kollisionskurs nähert und in Seegang und Gischt nicht in der Lage ist, die Lichter der Yacht auszumachen. Rote Leuchtsignale können an ihrem üblichen Platz verbleiben, vorausgesetzt, daß die Crew im Notfall weiß, wo sie sind.

Im Sturm

In dem sehr seltenen Fall, daß sich ein Sturm zu einem Orkan entwickelt, in dem es um Leben oder Tod geht, wird das Schiff von Seen überflutet werden. Dann müssen vorher Blenden auf die Fenster geschraubt und hin und her über das Cockpit Leinen gespannt werden, wie es Warren Brown im Kapitel „September-Hurrikan“ empfiehlt. Ein starres Dingi muß mit starken Enden an Bolzen festgelascht werden, die durch die Hauptdecksbalken führen und nicht einfach am Kajütdach befestigt sind. Es kann nötig werden, das Dingi loszuschneiden.

Sturmtaktik

Ich fasse jetzt die Schlußfolgerungen zusammen, die aus den in den früheren Kapiteln geschilderten Stürmen gezogen worden sind.

Beidrehen

Beidrehen ist die traditionelle Art, einen Sturm abzureiten. Die besten Beispiele hierfür lieferten die Bristol-Channel-Lotsenkutter, große, schwere Fahrzeuge, die, unterbemannt wie sie waren, Sommer und Winter in Stürmen beizudrehen pflegten. Die meisten Yachten können dazu gebracht werden, befriedigend beigedreht zu liegen, denn das hängt weitgehend vom Gleichgewicht zwischen Rumpf und Segelfläche ab. Je lebhafter das Boot ist und je kürzer sein Kiel, um so schwerer ist es zu erreichen. Es ist eine Sache empirischer Ermittlung bei jeder einzelnen Yacht. Bei einigen Booten ist es möglich, nur unter Sturmfock mit der Pinne in Lee beizudrehen. Gelingt es, unter gerefftem Großsegel und Fock oder unter Sturmfock erfolgreich beizudrehen, ist es überraschend, wie gut eine Yacht einen Sturm überstehen und wie behaglich es unter Deck sein kann. Liegt sie dabei sehr hoch am Wind, verschwindet der Hauptdruck aus den Segeln, und manchmal frage ich mich, ob die angeblichen Schwierigkeiten beim Beidrehen nicht eher darauf zurückzuführen sind, daß eine Yacht eher zuwenig als zuviel Segel führt.

Aus den im Santander- und Kanalsturm gewonnenen Erfahrungen geht klar hervor, daß man bis zu Winden von 9 oder 10, oder wie stark sie damals immer gewesen sein mögen, Zuflucht zum Beidrehen nehmen kann. Übersteigt der Wind jedoch die volle Sturmstärke, kann der Augenblick kommen, wo die See so hoch geht, daß eine Yacht abwechselnd unter teilweiser Abdeckung in den Tälern liegt und dann wieder auf den Wellenkämmen dem vollen Sturm ausgesetzt ist, mit der Folge, daß sie außer Kontrolle gerät. Alle, die einen Sturm auf Leben und Tod durchgemacht haben, scheinen sich darin einig zu sein, daß in den dabei erlebten gigantischen Seen ein Beidrehen überhaupt nicht mehr in Frage kam. Es gibt auch eine Grenze, bis zu der Mastschlitten, Stagreiter, Halterungen und Segel beansprucht werden können, so daß man andere Sturmtaktiken in Erwägung ziehen muß.

Vor Topp und Takel lenzen

Man sagt von einem Segelschiff, daß es vor Topp und Takel lenzt oder zum Treiben liegt, wenn es ihm nach Bergung aller Segel und unter bloßen Masten überlassen bleibt, selbst seine Lage in den Seen zu finden. Der Bootsrumpf gibt stets den Wellen nach, anstatt ihnen Widerstand entgegenzusetzen, und manchmal fallen Bug oder Heck unter dem Ansturm der Seen ab, um sich ihnen anzupassen, sobald das Schiff sich auf seine natürliche Drift begibt. In einer kleinen Leichtdeplacementyacht wie der COHOE I ist der Krängungswinkel bei Windstärke 8 und mehr erheblich. Das kann ein Vorteil sein, da sich die Bordwand dadurch in Luv über dem Wasser erhöht und der Rumpf sich von den Seen wegneigt, so daß diese sich brechen und nach Lee ablaufen können. Sie finden dabei weniger Widerstand als an einem steif im Wasser liegenden Rumpf. Sicherheit hängt davon ab, daß der Bootskörper den Seen nachgibt, nicht daß er sich zur Wehr setzt. Während der Bootskörper nach Lee abtreibt, erzeugt er angeblich in Luv eine glatte Fläche, die die Heftigkeit brechender Seen dämpft. Die gleiche Wirkung soll eintreten, wenn man in Luv vom Bug bis zum Heck Trossen in Buchten ausbringt, aber ich selbst habe keine Erfahrungen damit. Bleibt das

Ruder mittschiffs belegt, nimmt die Yacht unter bloßen Masten Fahrt auf, sobald eine See den Bug herumschlägt und sie vor dem Wind auf die Reise geht, so daß der Leeweg machmal beträchtlich werden kann. Ich nehme an, daß es so einigen der Yachten erging, die sich in dem Kanalsturm von 1956 zum Treiben legten. In meinen eigenen Booten habe ich das Ruder stets in Lee festgebunden, so daß sie bei Fahrtaufnahme anluvten und auf diese Weise in den meisten Fällen quer zum Winde trieben. Eine übermäßige Abdrift verhindert der Kiel, der dann genauso wirkt wie bei halbem Wind. Mit dem Winddruck auf dem Mast macht das Fahrzeug dann in der Richtung, die es anliegt, langsame Fahrt voraus.

Oft füllen brechende Wellenkämme das Cockpit halb voll Wasser, und in wirklich schweren Stürmen wird der Rumpf selbst hartem Seeschlag ausgesetzt. Unter Deck darf die Besatzung es sich gemütlich machen, aber mindestens ein Mann sollte in Ölzeug, mit Rettungsweste und Sicherheitsgurt ausgerüstet, bereitstehen, sofort an Deck zu gehen, um das Boot vor den Wind zu legen und die Schlepptrossen über Bord zu geben. Die Trossen müssen aufgeschossen bereitliegen für den Fall, daß die See zu hoch werden sollte, oder zur Verwendung in einer Notsituation.

Ich selbst habe die Taktik des Treibens mit Erfolg in verschiedenen schweren Stürmen angewandt. Die MAID OF MALHAM verfuhr genauso, als sie in dem Kanalsturm Trossen ausbrachte; die THETA und viele andere Yachten lenzten ebenfalls vor Topp und Takel. Eine gewisse Gefahr besteht jedoch darin, von Wellenungetümen flach auf die Seite gelegt zu werden wie TANDALA und ALOA (siehe Kapitel „Biskayastürme") oder in einem Sturm über Kopf zu gehen wie die ATOM (siehe Kapitel „Stürme auf Leben und Tod").

Während ich hierüber schreibe, fällt mir ein anderes Beispiel für eine beim Treiben erlittene Havarie ein. Es handelte sich um die TOM BOWLING, einen JOG-Typ (Junior Offshore Group) mit negativem Sprung, 6,40 m Länge und etwa 2 t Deplacement. Ihr Eigner, Dr. W. W. Deane, befand sich mit seiner Frau auf Sommerreise, als sie etwa 100 Meilen WSW von Belle Ile auf dem Wege nach La Coruña in einen heftigen Sturm gerieten. 29 Stunden lagen sie unter bloßem Mast beigedreht und, wie Deane sich ausdrückte, weitere 28 Stunden unter „gar keinem Mast", denn nachdem sie verschiedene Male hart auf die Seite gelegt worden waren, wurde die TOM BOWLING von einer See erfaßt und in einem Winkel von mehr als 90 Grad überrollt und nach Lee geschleudert. Der Mast brach 1,50 m über Deck ab, aber erstaunlicherweise erlitt der Rumpf keine Beschädigung. Anscheinend wetterte die Yacht den Rest des Sturms nach Verlust des Mastes ohne weitere Schwierigkeiten ab, und als der Wind nachließ, schnitt Deane den gebrochenen Mast los. Es gelang ihm, über dem Maststumpf eine Nottakelage zu errichten und vom Luk aus einen Riemen zu betätigen. Die beiden segelten darauf ihr Schiff über 100 sm nach Belle Ile. Sie besaßen keine Maschine und lehnten auch die ihnen von einem Dampfer und einem Thunfischer angebotene Hilfe ab. Mit Hilfe der MELODY A kehrte die TOM BOWLING schließlich nach England zurück; die Eigner wurden mit der *Seamanship Medal* des Royal Cruising Club ausgezeichnet.

Die Frage, die uns hier beschäftigt, ist jedoch, ob es gefährlich werden kann, vor Topp und Takel zu lenzen. Die TOM BOWLING ist eine sehr kleine Yacht. Sie erlitt die volle Gewalt eines Atlantiksturms, der in dem Wetterbericht vom 12. Juli, Mitternacht, mit Windstärke 9, zunehmend auf 10 angesagt worden war. Für sie war es ein Sturm auf Leben und Tod. Doch ist es keineswegs gewiß, daß es ihr bei Verwendung anderer Methoden als des Treibens (worauf ich später zu sprechen kommen werde) viel besser ergangen wäre.

Ernsthafter sind die Schäden, die die Hochseerennyachten in den Biskayarennen davontrugen, als nur 7 Windstärken angesagt worden waren. Als die TANDALA schwer havariert wurde, wehte es mit nicht mehr als 8 Bft, auch wenn es in den Böen 50 kn und mehr gewesen sein mögen. Die wahre Gefahr scheint oft dann einzutreten, wenn der Wind dreht und nach Durchzug einer Kaltfront zulegt.

Die Gefahren des Treibens finden meiner Meinung nach die beste Erklärung in einem Artikel von Warington Smythe im „Royal Cruising Club Journal" von 1961, in dem er sich als damaliger Kommodore des Clubs über TOM BOWLINGS Mastbruch äußerte. „Man muß sich vorstellen", schrieb er, „daß der Kamm einer großen brechenden See in einem ausgewachsenen Sturm mit 15 bis 20 kn Geschwindigkeit dahermarschiert, während das grüne Wasser darunter praktisch keine Horizontalbewegungen macht. Daraus folgt, daß jedes Fahrzeug, das klein genug oder dessen Tiefgang gering genug ist, von dem Wellenkamm erfaßt und mit großer Geschwindigkeit nach Lee davongerissen werden kann, bis irgendein Teil des Schiffes in die bewegungslose, grüne Wassermasse eintaucht, worauf das Boot herumgeworfen wird, kentert oder kopfüber geht."

Es kommt also darauf hinaus, daß das Gefahrenelement bedingt ist durch die Größe der Yacht im Verhältnis zur Größe der brechenden Wellenkämme oder Steilheit der Seen. So kann man feststellen, daß kleine Yachten bei schwerem Wetter im Englischen Kanal getrost noch vor Topp und Takel lenzen können, auf dem Ozean jedoch in Schwierigkeiten geraten, wo die Seen sich mit noch viel größeren Wellenkämmen höher aufbauen. So ist es schwierig, die Grenzlinie zu ziehen, wo die Sicherheit aufhört und die Gefahr beginnt, aber Tatsache ist, daß zahllose Yachten Stürme abgewettert haben, indem sie sich einfach treiben ließen. Ich selbst habe die Absicht, diese Praxis so lange fortzusetzen, bis der Punkt erreicht ist, wo ich einsehen muß, daß mir die Kontrolle entgleitet.

Eines ist jedoch offensichtlich: In außergewöhnlich heftigen Stürmen und Orkanen ist es wegen der Gefahr, daß die Yacht von einer See erfaßt und um 360 Grad herumgerollt wird, riskant oder sogar unmöglich, vor Topp und Takel zu lenzen; selbst eine große Yacht muß im Vergleich zu den Seen, die sich in einem Ozeansturm bilden, als klein betrachtet werden.

Treibanker

Eine Alternative zum Lenzen vor Topp und Takel ist die Verwendung eines Treib- oder Seeankers. Der berühmte Exponent der Seeanker war Kapitän Voß, der seine Theorien auf weiten Reisen mit der TILIKUM und der SEA QUEEN praktisch erprobte. Er bewies, daß ein kleines, flachgehendes Fahrzeug gewöhnliche Stürme abreiten kann (ich bezweifle aber, ob diese wirklich alle 8 Windstärken erreichten), wenn es sich mit einem Stützsegel, das den Bug im Wind halten soll, vor Treibanker legt. Als die SEA QUEEN jedoch in einen Taifun – oder doch annähernden Taifun – geriet, kenterte sie nach Bruch ihrer Besanschot, wodurch das Stützsegel wirkungslos wurde, und verlor gleichzeitig ihren Seeanker. Nachdem eine andere See sie wieder aufgerichtet hatte, überlebte sie, indem sie vor Topp und Takel lenzte. Diese Erfahrung spricht nicht gerade zugunsten von Seeankern, deren Wert sich aber bei vielen flachgehenden Fahrzeugen, wie beispielsweise Rettungsbooten, bewiesen hat. Wertvolle Zeugnisse lieferten die von Frank Dye in seinem 14-Fuß-Dingi WAYFARER nach Norwegen und Island unternommenen Reisen. Es heißt, daß er während dieser abenteuerlichen Fahrten einer ganzen Reihe von Stürmen begegnete, die das Boot, vor Seeanker liegend, sicher abwetterte. Es ist kaum anzunehmen, daß es ohne Seeanker überlebt hätte.

Zweifelhaft ist dagegen, ob ein Treibanker auf einer modernen Yacht mit tiefem Kiel viel Sinn hat. Ich machte einen Versuch damit in dem schweren Sturm beim Santander-Rennen, und Humphrey Barton tat dasselbe auf der VERTUE XXXV in dem Sturm nördlich der Bermudas. Beide Versuche verliefen gleich unbefriedigend. Soll ein Treibanker auf einer modernen Yacht mit kurzem Kiel benutzt werden, ist es unerläßlich, ein Segel achtern zu setzen, um das Boot mit dem Bug zum Treibanker zu halten. Das ist einfach auf einer Yawl, aber auch auf einer Slup kann die gleiche Wirkung erzielt werden, wenn man ein Sturmvorsegel am Achterstag setzt. Es gibt aber eine Grenze, bis zu welcher ein Besansegel oder eine Sturmfock am Achterstag beansprucht werden kann, besonders wenn es zu schlagen beginnt, wie es manchmal nicht zu verhindern ist. Weitere Einwände gegen den Gebrauch von Treibankern sind die ungeheuren Beanspruchungen, denen Anker und Geschirr ausgesetzt sind, und die Gefahr eines Ruderbruchs beim Rückwärtstreiben der Yacht. Die andere Möglichkeit ist, den Treibanker über das Heck auszubringen. Das Schiff liegt dann besser, und es entsteht keine Beanspruchung des Ruders; ist der Treibanker aber groß genug, um wirksam zu sein, wird das Heck achtern festgehalten, ohne den Seen nachgeben zu können, so daß die Yacht unter Umständen unter den Seen begraben wird. Außerdem bietet sie den brechenden Seen ihr schwächstes Ende mit dem offenen Cockpit.

Ein großer Vorteil, den der Treibanker gegenüber dem Lenzen vor Topp und Takel oder dem Ablaufen vor über Bord gegebenen Trossen besitzt, ist, daß er viel wirksamer die Abdrift beschränkt, vorausgesetzt, daß seine Abmessungen dem gedachten Zweck entsprechen. In Gewässern wie dem Englischen Kanal, wo Leeküsten niemals entfernt sind, kann dieser Umstand wichtig sein.

Die meisten Fahrtensegler sind keine Freunde des Treibankers bei schwerem Wetter. Dr. Deane ist in der Frage nicht dogmatisch, aber in seiner zusammenfassenden Darstellung dessen, was der TOM BOWLING widerfuhr, schrieb er: „. . . wäre TOM von einem Seeanker festgehalten worden, hätten die brechenden Wellenkämme ernsthaften Schaden anrichten können.“ Als die RIGHT ROYAL 1956 von dem Kanalsturm erwischt worden war, gab ihr erfahrener Skipper den folgenden Kommentar dazu: „Ich bin der Meinung, daß das Schiff verloren gewesen wäre, hätten wir auf dem Höhepunkt des Sturms einen Treibanker ausgebracht.“ Diese Ansicht wird nachdrücklich von Robinson, Warren Brown und Moitessier unterstützt, die alle die ungezähmten Stürme des Ozeans kennengelernt haben.

Auf der anderen Seite gibt es erfahrene Autoritäten, die der Ansicht sind, die beste Methode, einen Sturm abzuwettern, sei, sich vor Treibanker zu legen. Auch Joe Byars, der zweimal mit der DOUBLOON durchkenterte, glaubt, daß es keinen besseren Weg gibt, einen Sturm zu überleben, als sich mit dem Kopf so nahe wie möglich in den Wind zu legen (siehe Kapitel „Zweimal durchgekentert“).

Persönlich habe ich auf Grund meiner Erfahrungen nicht viel für Treibanker übrig, und eine Reihe der Weltumsegler auf kleinen Booten (darunter Robin Knox-Johnson) beklagen sich bitter über die Schwierigkeiten, die dadurch entstanden, weil die Ausreißleine sich hoffnungslos mit der Schleppleine verfangen hatte. Statt vor einem über das Heck ausgebrachten Treibanker zu liegen, laufe ich (bei ausreichendem Seeraum) lieber vor dem Wind ab und bringe achtern Trossen aus. Da aber auch erfahrene Fahrtensegler hierüber uneins sind, müssen wir uns wohl damit abfinden, daß alle diese Fragen strittig bleiben.

Es ist seit langem bekannt, daß Öl eine glättende Wirkung auf schwere Seen ausübt und die Eigenschaft besitzt, brechende Wellen zu beruhigen oder abzuschwächen. Das Öl muß schwer sein. Kanister mit Fischöl, das sich für diesen Zweck eignet, können bei manchen Schiffshändlern gekauft werden. Ebenso die richtigen Ölsäcke, die das Öl langsam aussikkern lassen. Voß benutzte einen Leinwandsack, der zu drei Viertel mit losem Werg, Lumpen und Abfällen, alles mit Öl getränkt, gefüllt war. Der Sack wurde verschnürt und mit Löchern versehen, so daß das Öl langsam und stetig herauströpfeln konnte. Voß verfügte über langjährige Erfahrungen in der Anwendung von Öl, die er während einer fünfjährigen Fahrt in nördlichen Gewässern gewonnen hatte, aber er benutzte nur selten Öl auf seinem Kanu TILIKUM.

Über die Erfahrungen, die er mit der SEA QUEEN von 5,80 m Wasserlinienlänge in der Nähe eines Taifuns machte, schreibt er:

„Bis vor einer Stunde bewährten sich die Ölbeutel recht gut und hielten uns die Brecher der großen Seen vom Leibe, jetzt aber scheint das Öl nur noch geringe Wirkung zu haben; ich sehe keine Spur mehr davon auf dem Wasser." In keinem Sturm jedoch könne die Verwendung von Öl, wie Voß sich ausdrückt, „schädlich" sein, außer, daß es einen abstoßenden Geruch verbreite und Deck und Cockpit gefährlich glitschig mache.

Als Jean Gau mit der Ketsch ATOM in der Bahn eines Hurrikans erwischt wurde, lenzte er vor Topp und Takel und hing einen Ölbeutel unter die Luvwanten, wovon er sich offenbar Schutz versprach (siehe Kapitel „Stürme auf Leben und Tod").

Die beste Aussage zugunsten des Öls stammt von William Albert Robinson, denn es bewährte sich auf der VARUA, als sie von einem Unwetter überrascht wurde, das er als den Sturm aller Stürme bezeichnete (siehe Seite 214). Robinson geht sogar so weit, zu sagen, daß es vielleicht auf die Unterbrechung des Ölflusses bei Ablösung der Männer, die das Öl durch die vordere Toilette pumpten, zurückzuführen gewesen sei, daß die VARUA von einer gigantischen See überflutet wurde, die das ganze Achterschiff massiv im Wasser vergrub.

Leider verfüge ich über keine eigenen Erfahrungen in der Anwendung von Öl. Tausende von Meilen habe ich das geeignete Öl mitsamt Ölbeuteln an Bord mitgeführt. Es war einsatzbereit in dem Sturm nördlich Bermuda, aber ich hielt es zurück als Reserve für einen Notfall, der niemals eintrat. Miles Smeeton hatte Öl an Bord seiner TZU HANG, als er im Pazifik überkopf ging, aber auch er machte keinen Gebrauch davon, da das Schiff die Seen gut nahm. In seinem Fall trat die Notlage schließlich ein, aber da war es zu spät, es mit Öl zu versuchen. Es ist eigentlich merkwürdig, daß Öl in den Stürmen der letzten Jahre so wenig benutzt worden zu sein scheint. Sir Francis Chichester wurde in Australien mit einem Spezialöl ausgerüstet, ohne es aber jemals zu gebrauchen.

Ich schrieb an die britische Rettungsboot-Gesellschaft wegen weiterer Auskünfte über die Vorzüge von Öl. Sie antwortete wie folgt:

„Im allgemeinen sind alle Boote über 11 m Länge mit Tanks ausgerüstet, die wellenberuhigendes Öl enthalten. Die 11-m-Boote selbst, der kleinste heute eingesetzte Typ, sind mit Ölbeuteln versehen. Unsere Sachverständigen vertreten die Ansicht, daß Sturmöl die Wellen um das Rettungsboot herum so weit beruhigen kann, daß die Wellenkämme nicht mehr vom Wind davongetragen werden, halten es aber für zweifelhaft, ob es auch dem Wrack hilft, es sei denn, das Rettungsboot liegt in Luv. Alle sind sich darin einig, daß es sehr bedeutender Mengen Öls bedarf, um eine Wirkung zu erzielen, und da das durchschnittliche Rettungsboot gar nicht den Raum besitzt, um solche Mengen unterzubringen, wird von Öl nur sehr wenig Gebrauch gemacht."

Diese von maßgebender Seite vertretene Ansicht bestätigt das auf Schiffen übliche Verfahren, nach dem Öl, wenn es überhaupt verwendet wird, in großen Mengen aus den Schweröltanks genommen und verteilt wird. Als Robinson auf der VARUA seine Zuflucht zum Öl nahm, wandte auch er es in beträchtlichen Mengen an. In seiner 21 m langen Brigantine konnte er genug mitnehmen, aber wenige moderne Yachten hätten ausreichenden Stauraum für die erforderliche Anzahl von Eisenfässern. Die benötigte Menge wird von der Höhe des Seegangs vorgeschrieben und nicht von der Größe der Yacht. Wenn überhaupt, erfordert eine kleine Yacht noch mehr Öl als eine große, da die Notwendigkeit, die See zu glätten, noch dringlicher wäre. Es scheint nur wenige beweiskräftige Unterlagen für die Lehrbuchtheorie zu geben, wonach ein dünner, langsam aus einem Ölbeutel heraussickernder Ölfilm eine wirklich schwere Brechsee beruhigen kann. Trotzdem mag sich ein Acht-Liter-Faß Schweröl, dessen Inhalt durch das WC nach draußen gepumpt wird, als vorübergehende Notmaßnahme nützlich erweisen, wenn man zum Beispiel bei sehr rauhem Wetter in einen Hafen einläuft oder eine Barre kreuzt, obgleich es weit sicherer wäre, in tiefem Wasser auf See zu bleiben.

Wenn Öl gebraucht wird, muß es so ausgelassen werden, daß sich zwischen der Yacht und den herankommenden Seen eine Ölschicht bildet. Das ist schwer zu verwirklichen, wenn man beigedreht liegt, weil das Schiff Fahrt voraus macht, und am leichtesten, wenn es mit langsamer Fahrt mit Trossen im Schlepp lenzt. Vor Treibanker liegend, müssen die Ölbeutel vorn ausgebracht werden, da das Fahrzeug achteraussackt, oder achtern bei über Heck ausgebrachtem Treibanker. Läßt man das Schiff vor Topp und Takel lenzen und überläßt es ihm, seine natürliche Lage im Seegang zu finden, läßt sich die zweckmäßigste Anbringung der Säcke (ob vorn, achtern oder mittschiffs) nur experimentell ermitteln. Ist genug Öl vorhanden, ist es wahrscheinlich am praktischsten, es durch die Toilette zu pumpen. Wesentlich ist dabei nur, daß die Yacht Leeweg macht, so daß sich das Öl nach Luv in Richtung der anrollenden Seen verteilen kann.

Ausbringen von Trossen

Zu erörtern bleibt noch die Taktik, vor dem Sturm abzulaufen und dabei Trossen achteraus zu schleppen, um das Heck auf der See zu halten und die Fahrt herabzusetzen. Das beste Beispiel hierfür bot die SAMUEL PEPYS in dem Sturm nördlich Bermuda. Die gleiche Methode wurde von verschiedenen Yachten im Kanalsturm von 1956 angewandt, aber die Ergebnisse waren nicht schlüssig, da alle in tiefem Wasser verbliebenen Schiffe heil durchkamen, einerlei, welche Taktik sie anwandten. Die MARIE GALANTE II schleppte Trossen erfolgreich, bis sie die Gironde-Mündung erreichte, wo sie verlorenging. Aus den Berichten von Stürmen, in denen es um das nackte Leben ging („Stürme auf Leben und Tod"), ist zu ersehen, daß die CURLEW wohl Trossen ausgebracht hatte, aber trotzdem mehrere Male querschlug. Die VARUA schleppte Trossen achteraus, als sie vor dem ungeheuren Sturm im Südpazifik lenzte, aber die TZU HANG ging über Kopf, obgleich sie eine schwere Trosse von über 100 m Länge achtern ausgebracht hatte.

Das Nachschleppen von Trossen kann nur da als letztes Hilfsmittel dienen, wo reichlich Seeraum vorhanden ist; in schweren Stürmen hat es den Nachteil, den verwundbarsten Teil des Schiffes, Cockpit und Achterschott, der nachfolgenden See auszusetzen. Ich habe von einem 15-Tonner gehört, der in der Biskaya auf diese Weise von einer achterlichen See überrollt und dessen achteres Kajütschott dabei eingedrückt wurde. Dr. Deane verzichtete auf das Nachschleppen von Trossen, als er mit der TOM BOWLING draußen überrascht wurde, weil es für ihn und seine Frau in dem kleinen Schiff ein offensichtlich unmögliches Unterfangen war, die 57 Stunden, die der Sturm währte, am Ruder zu stehen. Er betont, daß es an Selbstmord gegrenzt hätte, sich irgendwo anders als unter Deck bei festverschlossenen Luken aufzuhalten. Ich bin überzeugt, daß er damit recht hat, weil auch andere Skipper, die Stürme auf dem Ozean abgewettert haben, berichteten, daß ihr Cockpit oft von brechenden Seen überflutet wurde und daß der einzig sichere Platz unter Deck war.

Trotzdem fasse ich abschließend zusammen: Die meisten Sachverständigen sind zu der Überzeugung gelangt, daß es in Stürmen kein besseres Abwehrmittel gibt, als achtern Trossen auszubringen, unter der Voraussetzung, daß genügend Seeraum vorhanden ist.

In diesem Zusammenhang ist eine Bemerkung von Robin Knox-Johnson von Interesse. Er sagt, daß er bei dem Einhandrennen um die Welt mit seiner 13,30-m-Ketsch SUHAILI bei Stürmen gewöhnlich vor Topp und Takel lenzte. Im südlichen Ozean aber waren die Seen so hoch, daß bei Stärke 10 ernste Gefahr durch Schäden am Rumpf gegeben war. Dies bestätigt wieder einmal, daß es eine Grenze für das Lenzen vor Topp und Takel gibt. Er griff dann zu dem Hilfsmittel, von beiden Seiten des Schiffes aus eine sehr lange Leine als Bucht nachzuschleppen, wobei die Länge reguliert wurde, um der Länge der See zu entsprechen. Zusätzlich setzte er seine 4,50-m^2-Sturmfock und setzte sie mit beiden Schoten mittschiffs hart durch. Dies erwies sich als zweckmäßig. Mit Unterstützung durch das Nachgeben der Leine lief SUHAILI jetzt mühelos in den Seen und wurde keinmal quergeschlagen. Dies ist in erster Linie eine Taktik für den Ozean, aber sie ist auch überall da anwendbar, wo genügend Seeraum zur Verfügung steht; bei einer geringen Besatzung hat das noch den Vorzug, daß niemand am Ruder sitzen muß.

Die Theorie des Ablaufens mit hoher Geschwindigkeit

Seit Generationen ist es Brauch gewesen, die Fahrt eines Segelschiffes beim Lenzen vor Sturm und gefährlich hoher See herabzusetzen, und dieser Tradition entsprechend wird noch heute gehandelt.

Daraus folgt aber noch nicht, daß das, was für die Schiffe der Vergangenheit richtig war, auch für heutige Yachten richtig sein muß, nachdem moderne Konstruktionsweisen, fußend auf langjährigen Erfahrungen in Ozeanrennen, die Seetüchtigkeit in einem Maße erhöht haben, wie es kaum vorauszusehen war.

Der verstorbene Professor K. S. M. Davidson hat dazu bemerkt, daß der tiefe Stevenfuß der früheren Schiffe die Neigung hatte, sich in den Rücken der voraus ablaufenden Welle einzugraben, wenn das Fahrzeug vor einer schweren See lenzte. Er behauptet, dies könne gefährlich werden, da das Zentrum des Lateralwiderstandes vorübergehend weit nach vorn rückte und damit zu einem Verlust der Steuerfähigkeit führte. Die Folge wäre die Gefahr, querzuschlagen und flach auf das Wasser gedrückt zu werden.

Er fügt hinzu, daß ein Yachtrumpf mit seinem weggeschnittenen Vorfuß viel weniger dazu neigt, querzuschlagen. Das veranlaßt mich, mir die Frage zu stellen, ob es auf einer modernen Yacht noch notwendig ist, der Praxis früherer Generationen zu folgen.

Ich beziehe mich auf die Erfahrung, die ich mit meiner ersten Hochseerennyacht, COHOE, machte, als sie im Atlantik von einer achterlichen See überrollt wurde. Der Leser wird sich erinnern, daß ich um so mehr die Segel verkleinerte, je schlimmer die Seen wurden, bis die Yacht schließlich unter kahlem Mast lag, so daß sie in den Wellentälern teilweise bekalmt und fast manövrierunfähig wurde (siehe Kapitel „Im Atlantik von achtern überrollt"). Wir hätten die COHOE mit 5 bis 6 kn Fahrt laufen lassen sollen, um sie lebendig und steuerfähig zu halten, wie es die SAMUEL PEPYS unter zwei ausgebaumten Vorwindsegeln erfolgreich tat. Es wäre damals besser gewesen, auf der COHOE mehr Segel zu setzen, anstatt die Segelfläche zu verkleinern. Als wir einen Tag später den Spinnaker hochholten, war kaum weniger Wind, aber die See lief regelmäßiger (Erroll Bruce schätzte die Wellenhöhe mittags auf 5 m, die Wellenperiode auf 9½ Sekunden, die annähernde Wellenlänge auf 90 m). Die COHOE war bei Windstärke 6 unter Spinnaker leichter zu steuern als am vorhergehenden Tage unter leerem Mast, aber ein Querschlagen beim Surfen mit 12 kn Fahrt hätte natürlich auch folgenschwerer werden können.

Von diesem geringfügigen Vorfall bei nur Windstärke 6 oder 7 wollen wir uns jetzt den umfassenderen Erfahrungen bei Hochseerennen im allgemeinen zuwenden. Heutzutage führen Ozeanrennyachten ungereffte Großsegel und große Spinnaker bei Winden, deren Stärke ich als an 35 kn in den Böen heranreichend festgestellt habe, und es sind gerade die Böen, die den entscheidenden Faktor bei der Überlegung darstellen, wie lange Spinnaker stehenbleiben können. In meinen frühen Fahrtenjahren hätte man diese Windstärke als stürmisch bezeichnet, wie denn auch bei Windstärke 7 Sturmsegel gesetzt zu werden pflegten.

So haarsträubend es klingt – moderne Ozeanyachten segeln bei jedem Wetter weiter bis kurz vor einem ausgewachsenen, schweren Sturm, wie John Illingworth es uns vormachte, als er das harte Fastnetrennen 1949 gewann. Auch in dem Fastnetrennen von 1961 wehte es mit 9 bis 10 Windstärken, in den Böen 50 bis 60 kn, aber ich bezweifle, daß irgendein Skipper der im Rennen vorn liegenden Yachten daran dachte, mit weniger als Höchstgeschwindigkeit zu segeln oder dem Seegang irgendwelche Aufmerksamkeit zu schenken. Aber der Seegang, der sich innerhalb weniger Stunden entwickelte, als ein kräftiges Teiltief durchzog, ist immer noch geringfügig im Vergleich mit den Wellen, die sich im Laufe eines anhaltenden Sturms auf dem Ozean aufbauen können oder auch in der Biskaya.

Ozeanyachten kommen selten zu Schaden, wenn sie vor stürmischen Winden segeln, und ich habe spektakuläres Aus-dem-Ruder-Laufen miterlebt, ohne daß den Yachten etwas zugestoßen wäre. Die Segel sollen ruhig verkürzt werden, um Ruder und Rudergänger, zumal bei achterlicher See, zu schonen, aber die Fahrt sollte auch bei Sturm selten 6 kn unterschreiten. Wenn ich in den letzten Jahren unterwegs war, habe ich selbst bei offiziell bestätigten 8 Windstärken und sehr viel mehr in den Böen die Fahrt nie unter diese Geschwindigkeit herabgesetzt. Noch in der vorigen Generation würde man bei dieser Windstärke beigedreht haben.

Der klassische Einwand gegen die Beibehaltung von Fahrt beim Lenzen vor einem Sturm ist, daß die durch die Heckwellen erzeugte Störung die nachfolgenden Seen in gefährlicher Weise zum Brechen bringt. Das trifft bei großen Schiffen zu, aber ich bin durchaus nicht davon überzeugt, daß es sich auch auf die moderne Yacht übertragen läßt, die ein verhältnismäßig sauberes Kielwasser hat. Ich befürworte keineswegs Maximalgeschwindigkeit beim Ablaufen, sondern nur eine Geschwindigkeitsermäßigung auf 5 bis 6 kn bei einer kleinen Yacht, wie ich sie besitze. Dann ist die Heckwelle unbedeutend im Vergleich mit den dicken Seen, die von achtern auflaufen und auf jeden Fall brechen. Wenn ich bei stürmischen Winden lenzte, habe ich oft beobachtet, daß die wirklich gemeinen Seen immer in einer Entfernung von einer Kabellänge oder Viertelmeile vorbeizulaufen scheinen, und habe mich manchmal gefragt, was wohl passierte, wenn das Schiff von einer von ihnen erfaßt würde.

Meine eigenen Erfahrungen beschränken sich jedoch auf gewöhnliche Stürme, so daß wir unser Augenmerk nunmehr auf die Weltreisen wenden wollen. Der Tiefsee-Fahrtensegler kann Glück haben und die ganze Welt umsegeln, ohne schlimmere Seen anzutreffen als im Englischen Kanal, aber er muß mit dem Risiko rechnen, auf den Ozeanen Stürmen zu begegnen, in denen die Wellen eine so gigantische Höhe erreichen, daß er in echte Gefahr gerät, auf die Seite gerollt zu werden und 360 Grad durchzukentern oder über Kopf zu gehen. Die riesenhaften Graubärte von Kap Hoorn sind berüchtigt, aber ebenso gefährliche Seen können in jedem der sieben Meere auftreten, wie es einige der Fotos in diesem Buch beweisen, obgleich es kaum vorstellbar ist, daß irgendeine Yacht imstande sein sollte, sie zu überleben. Himmelhohe Seen, die eine Yacht verschlingen können, schließen die konventionellen Methoden des Abwetterns aus, und die zu verfolgende Taktik, um hier zu überleben, ist nicht ohne weiteres auf gewöhnliche Stürme anwendbar, obgleich ich nicht einsehen kann, warum nicht.

Als Vito Dumas in den Brüllenden Vierzigern segelte, fand er keine Verwendung für Treibanker. Er lief einfach mit 5 kn Fahrt oder mehr vor den Stürmen weg, wobei er die Seen, soviel ich weiß, schräg von achtern nahm. Darüber hinaus hat er in keiner Situation, einerlei wie stark der Sturm war, alle Segel geborgen; ferner besaß sein Großsegel keine Reffbändsel. Er beklagte lediglich, daß die LEGH II bei sehr hoch laufender See in den Wellentälern bekalmt wurde, wobei sie dazu neigte, anzuluven, und einmal flach auf die Seite gerollt wurde. Dies bestätigt bis hin zu den Größenordnungen der Brüllenden Vierziger meine schon früher vertretene Ansicht, daß ein Boot in den Wellentälern eines hohen Seegangs manövrierunfähig werden kann, wenn es nicht genug Fahrt läuft. Die Geschwindigkeit fällt dann zu stark ab, als daß es noch schnell genug auf das Ruder reagieren könnte, und zwar gerade dann, wenn Manövrierfähigkeit am nötigsten ist und der nächste Wellenkamm bereits von achtern heranrauscht.

Moitessier drückt sich noch deutlicher aus. Er weist darauf hin, daß es in den schweren Stürmen des südlichen Ozeans überaus wichtig ist, Geschwindigkeit zu halten, um die Yacht unter Kontrolle zu bringen, und daß die Seen unter einem Winkel von 15 bis 20 Grad von achtern zu nehmen sind. Er geht sogar noch weiter mit seiner Behauptung, er glaube nicht, daß die JOSHUA die gigantischen Wellen auf irgendeine andere Weise hätte überleben können. Hätte sie mit den beiden Trossen im Schlepp weitergemacht, würde sie die Wellen mit einer solchen Geschwindigkeit geritten haben, daß sie Gefahr gelaufen wäre, in den Wellentälern unterzuschneiden und sich zu überschlagen.

Alles dieses wird von Warren Brown bekräftigt. Seine Ansichten kommen im Kapitel „September-Hurrikan“ zum Ausdruck. Er ist sicher, daß die FORCE SEVEN weder beigedreht noch vor Seeanker treibend oder vor ausgebrachten Trossen ablaufend durchgekommen wäre. Wie bei der JOSHUA drohte die Gefahr, beim Wellenreiten mit 15 kn im Wellental oder hinter der Welle voraus kopfüber zu gehen. Er nahm die See von seitlich achtern.

Die 14 t große COIMBRA liefert weiteres Anschauungsmaterial zum Thema Ablaufen vor dem Wind. Sie wurde im Winter 1951 im Südatlantik von sehr hartem Wetter eingeholt, mit Winden, deren Stärke auf über Bft 10 geschätzt wurde. Sie lief sicher vor dem Sturm, mit einer Baumfock mittschiffs dichtgeholt, bis sie nach Bruch des Rudergeschirrs querschlug. Vor Topp und Takel lenzend, wurde sie zweimal ganz herumgerollt; nur die Stärke ihrer Konstruktion und ein vollkommen wasserdichtes Schott bewahrten sie vorm Sinken. Sobald ein Notruder installiert worden war, wurde die Yacht platt vor den Sturm gelegt, und sie kam durch. Offenbar war die COIMBRA, solange sie dem Ruder gehorchte, imstande, ohne Schwierigkeiten vor einem auf 10 Windstärken geschätzten Sturm zu lenzen.

Die Frage, mit Hilfe welcher Taktik schweres Wetter und Stürme am besten abzureiten sind, ist ein Thema, über das Yachtsegler gern diskutieren, aber ich kann nur glauben, daß die Männer, die wirklich ungewöhnlich schwere Stürme oder Orkane überlebt haben, wahrscheinlich das Richtige taten und am besten beurteilen konnten, was unter den besonderen Umständen und Seegangsverhältnissen, mit denen sie fertig werden mußten, zu unternehmen war. Moitessier bezeichnet Yachtsegler, die an Lenzen unter Beibehaltung der Fahrt glauben, als Anhänger der Dumas-Schule. Ich bin selbst davon beeindruckt, weil ich finde, daß die Gefahr beim Lenzen im Sturm nicht allein aus der Fahrtgeschwindigkeit erwächst, sondern auch aus dem Verlust der Kontrolle, der ebenso dem Mangel wie dem Übermaß an Fahrt zugeschrieben werden kann. Ich scheue mich jedoch, die Methode des Lenzens mit viel Fahrt zu empfehlen, weil ein solcher Rat, wenn er sich als falsch erweist, zum Verlust von Menschenleben führen kann. Allen, die im Zweifel sind, empfehle ich, besonders wenn sie von einem gewöhnlichen Sturm überrascht werden, das wohlerprobte Hilfsmittel, Trossen nachzuschleppen, und folge damit den Gedankengängen, die Moitessier als Robinson-Schule bezeichnet. Hieraus geht meiner Ansicht nach klar hervor, daß man entweder so schnell segeln muß, daß das Schiff dem kleinsten Ausschlag der Pinne oder des Rads gehorcht, oder die Fahrt reduzieren muß, wobei dann Trossen ausgebracht werden müssen, um das Heck auf den Seen zu halten.

Aus den Erfahrungen, die mit der 19,50-m-Ketsch SAYULA II, einem Serienbau aus GFK nach einem Sparkman & Stephens-Entwurf, gemacht wurden, ergeben sich neuere Erkenntnisse über das Ablaufen vor einem ozeanischen Sturm. Die SAYULA kenterte am Morgen des 24. 11. 1973 während des Whitbread-Rennens um die Erde im Gebiet der Brüllenden Vierziger. Der nachstehende Bericht beruht auf den Schilderungen eines der Crewmitglieder.

Der Wind hatte zweieinhalb Tage lang durchschnittlich mit 50 bis 55 kn geweht (gemessen mit einem Windmesser). Die SAYULA lief unter einer winzigen Sturmfock und einem kleinen Sturmstagsegel; der Wind kam aus WNW. Die Segel standen vor allem, um das Steuern zu erleichtern und die Yacht unter Kontrolle zu halten; trotzdem machte die Fahrt bei diesem Sturm mit Stärke 10 7 bis 9 kn aus. Die Seen gingen hoch. Eine schien etwa so hoch zu sein wie die gesamte Länge des Bootes – rund 20 m. Wie aus dem Kapitel „Wellenungetüme" hervorgeht, ist das bei einer Sturmsee auf dem Ozean in Ausnahmefällen möglich, wenn auch die tatsächliche Höhe im allgemeinen weitaus geringer ist als die Schätzungen nach Augenmaß.

Die See war zu dieser Zeit chaotisch. Sie kam von achtern und von 45 Grad achteraus. Nicht die schwierigsten Seen waren die größten, sondern diejenigen, die „klein anfangen und genau unter einem ihren Kamm haben . . . So eine See rollte die SAYULA über". Ich zitiere weiter:

„Die SAYULA lag in der Wellenfront, als der überbrechende Kamm zuerst das Heck faßte und es schneller als den Bug die Front herunterdrückte. Während der Bug sich ins Wasser bohrte und das Heck vom brechenden Wasser gepackt wurde, wurde das Schiff fast quer zur See geschlagen." Dann brach die See. Die Yacht stürzte im wahren Sinne des Wortes – niemand weiß wie tief. Nach den Spuren von durch die Luft geschleuderten Gegenständen und anderen Indizien muß der Kenterwinkel zwischen 155 und 170 Grad von der Horizontalen betragen haben, das ist nahezu auf dem Kopf stehen.

Beide Wachgänger im Cockpit wurden ins Wasser geschleudert, aber sie konnten sich irgendwie festhalten und waren im übrigen durch Gurte gesichert, allerdings wurde später festgestellt, daß der Nirohaken an einem der Gurte so stark verbogen war, daß er sich nicht mehr schließen ließ. Unter Deck war ein Chaos aus Matratzen, Kleidung, Bettzeug, Kojenbrettern, Bodenbrettern, Konserven und Vorräten. Alles war ausgiebig mit Hühnersuppe und Salatöl besprüht, und es war so glatt, daß selbst das Stehen gefährlich war. Alles was beweglich war, flog umher, und ein Mitglied der Crew wurde zeitweilig unter dem Ganzen verschüttet. Von den zwölf Mann Besatzung dieser großen Yacht hatten sechs Verletzungen erlitten; zwei hatten Rippenbrüche, einer eine ausgerenkte Schulter, einer eine Gehirnerschütterung, einer eine Beinverletzung und einer eine Verschlimmerung einer alten Rükkenverletzung.

Das Erstaunlichste an dieser Geschichte ist, daß die SAYULA ihren Mast nicht einbüßte. Immerhin gelangte eine Menge Wasser ins Schiff; darüber hinaus hatten sich zwei Süßwassertanks aus ihren Befestigungen gerissen und 500 l Wasser in die Bilge entleert. Das Boot erlitt eine Menge Schäden, aber abgesehen von einem Deckfenster, durch das Wasser strömte, war kein Schaden wirklich ernsthaft, was der Nautor-Bauwerft in Finnland zweifellos das beste Zeugnis ausstellt.

So schnell wie möglich wurden die Segel vollständig geborgen, und die SAYULA lief weiter vor dem Sturm ab, jetzt vor Topp und Takel lenzend. Später mäßigte sich der Wind, und in kaum 24 Stunden waren alle wichtigen Reparaturen durchgeführt und der Spinnaker gesetzt.

Diese Beinahe-Katastrophe verlief nach dem wohlbekannten Muster der Monsterseen. Zunächst ist alles in Ordnung, obwohl das Wasser sehr schwer ist und die See sehr hoch geht. Die Besatzung ist zwar erschöpft, aber zuversichtlich. Dann tritt völlig unerwartet eine solche See auf, und eine Katastrophe kann eine Sache von Sekunden sein. Die SAYULA lief hohe Fahrt. Da sie an einer wichtigen internationalen Regatta teilnahm, kam das Nachschleppen von Trossen nicht in Frage. Es ist auch nicht sicher, ob das etwas geändert hätte. Die Fotos zeigen, wie chaotisch Wellen bei Ozeanstürmen werden können. Die Abbildung 27 zeigt zum Beispiel eine Welle mit einer senkrechten Wellenfront. Ich habe mich oft gefragt, was geschieht, wenn eine Yacht an einem solchen Abgrund hängt und in eines der Löcher fällt, von denen im Kapitel „Wellenungetüme" die Rede ist.

Es ist interessant, daß die Monstersee, die die SAYULA packte und zum Kentern brachte, gegen Ende des Sturms auftrat, offenbar nachdem eine Front durchgezogen war, wobei eine Winddrehung entstand, die zusätzlich zu der in den vorhergehenden beiden Tagen aufgebauten Dünung eine gefährliche Kreuzsee entstehen ließ. Dies ist zumindest meine Annahme, denn es folgte keine weitere Monstersee, und das Wetter wurde schnell besser; der Wind flaute innerhalb weniger Stunden nach dem Ereignis auf 10 kn ab.

Im Rahmen der Schlußfolgerungen erwähnte das Crewmitglied unter anderem, daß die

Bilgepumpen ein Drittel der Zeit mit Dreck verstopft waren und daß ein Stück Gummischlauch, den man in das WC steckt, eine gute Extrapumpe abgibt. Die beste Bilgepumpe von allen sei jedoch eine Pütz in den Händen eines Mannes, den die Angst gepackt hat. Im übrigen seien alle vier Radioapparate durch Wasser und Stöße unbrauchbar geworden.

Die Hauptschwierigkeit bei der Wiederherstellung von Ordnung nach der Kenterung bestand in dem Engpaß am Luk zwischen Cockpit und Niedergang, wo die meiste Arbeit in einem Areal getan werden mußte, dessen Fläche der einer Telefonzelle entsprach. Einmal versuchten ein paar Mann an diesem Engpaß einen Mann unter Deck zu bringen, von dem sie glaubten, daß er ein Bein gebrochen hatte, während andere dort arbeiteten und mit Pützen lenzten oder an den Pumpen standen. Alle versuchten ihr Bestes zu tun. Ich zitiere: „Gehe mit der Arbeitskraft ökonomisch um. Man wird schnell müde. Zu viele Leute sind oft nutzlos, weil sie sich gegenseitig im Weg stehen. Richte eine Ablösung für die Leute an den Pumpen ein und behalte einen Mann Reserve, damit das Schiff so schnell wie möglich wieder ins Rennen kommt."

Zu guter Letzt war wieder Ordnung hergestellt. Die vier trockenen Kojen waren den am schwersten Verletzten zugeteilt, das Kajütfenster war repariert, das meiste Wasser herausgepumpt oder herausgepützt. Eine Mitseglerin brachte eine warme Mahlzeit auf die Back, in diesem Augenblick ohne Zweifel eine Gabe Gottes. Die Wassertemperatur betrug nur 2° C, und die sechs völlig erschöpften Wachgänger verbrachten den Rest der eisig kalten Nacht mit zwei Stunden an Deck und einer Stunde Freiwache (in Ölzeug auf den nackten Bodenbrettern). Bei Tagesanbruch gab es als Frühstück gekochte Eier. Mahlzeiten sind vielleicht auf modernen schnellen Rennyachten nicht mehr so wichtig, wenn sie an Rennen über 200 sm teilnehmen und kaum 30 Stunden dazu brauchen, aber ich bin überzeugt, daß gehaltvolle und regelmäßige Mahlzeiten sich gerade im Rennen auszahlen, bei denen das Ergebnis auf Einsatzbereitschaft und Durchhaltevermögen beruht, vor allem bei schlechtem Wetter. Jedenfalls setzte die Mannschaft der SAYULA, gestärkt durch die Eier, das Groß und baumte die Fock 3 aus; dann wurde getrocknet. Das sich schnell bessernde Wetter ermöglichte das Setzen des Spinnakers innerhalb von 24 Stunden nach dem Kentern.

Interessant sind die Feststellungen über die psychologischen Folgen einer Beinahe-Katastrophe wie dieser. Obwohl der Spinnaker innerhalb von 24 Stunden nach dem Zwischenfall stand, hatte die Crew das Interesse an Höchstleistungen, die aus dem Schiff herauszuholen waren, verloren. Bei den Mahlzeiten war jeder so nervös, daß die Unterhaltung aufhörte, wenn das Boot unerwartet eine heftige Bewegung machte, und daß jeder sich instinktiv irgendwo festhielt. Die Nachwirkungen des Schocks oder des verzögerten Schocks, der vielleicht dadurch verstärkt war, daß die Yacht auf 49° Süd und weit von jeder möglichen Hilfe segelte, hielten eine Woche an, bis dann wieder mit voller Hingebung Regatta gesegelt wurde. Mir scheint, dieser Fast-Unfall läßt Rückschlüsse zu auf das, was sich in den seltenen Fällen zugetragen haben mag, in denen Yachten tatsächlich spurlos auf dem Ozean verschwunden sind.

Die SAYULA holte die durch das Kentern verlorengegangene Zeit auf und errang im Whitbread-Rennen um die Erde den ersten Platz.

Zum Abschluß dieses Kapitels kann ich, so glaube ich, nichts Besseres tun, als einen Ausspruch von John F. Wilson, Kapitän des Dampfers PIONEER, zu wiederholen: „Einerlei, welche Entscheidung du fällen magst – gerätst du in Schwierigkeiten – darfst du sicher sein, daß irgend jemand, der nicht dabei war, dir mit etwas kommt, was du *hättest* tun sollen."

Theorie und Tatsachen der Wellenbildung

Von Colin Stewart

Wellendimensionen

Es gibt wohl nur sehr wenige Menschen, die sich nicht irgendeine Vorstellung von einer Welle machen, aber Wellen sind, wie die Menschen selbst, von einer grenzenlosen Vielfältigkeit. Eine bestimmte Welle im Tumult eines stürmischen Ozeans identifizieren zu wollen, ist genauso schwer, wie in der Menge ein einzelnes Gesicht zu unterscheiden. Wellen besitzen jedoch, genau wie die Menschen, Struktur, Dimension und Charakter; hält man sich dies vor Augen, ist es möglich, ihr Verhalten zu verstehen und in gewisser Weise vorauszusagen.

Zahlreiche Bücher sind über die Forschungen geschrieben worden, die in jüngerer Zeit und in früheren Jahren von Wissenschaftlern vieler Länder unternommen worden sind. Hier können nur einige elementare Tatsachen über Wellen mit theoretischen Hinweisen erwähnt werden. In den meisten Fällen werden sich die Ausführungen auf „Idealwellen" beschränken, das heißt auf Wellen in ihrer einfachsten Form, aber oft treten auch die theoretischen Elemente in der Natur klar erkennbar hervor. So kommen beispielsweise äußere Form und Regelmäßigkeit der Dünungswellen an windlosen Tagen einer „Idealwelle" recht nahe.

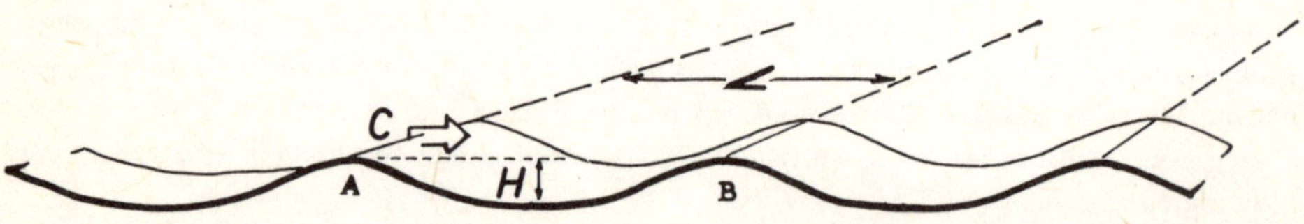

T (Periode) ist die Zeit, die Welle A braucht, um die vorher von Welle B eingenommene Stelle zu erreichen.

Die wichtigsten Dimensionen einer Welle

Die Abbildung auf Seite 266 zeigt die Abmessungen einer Meereswelle. Die Länge L und Höhe H werden gewöhnlich in Fuß bestimmt, die Periode T in Sekunden und die Geschwindigkeit C *celerity)* in Fuß pro Sekunde oder Knoten.*

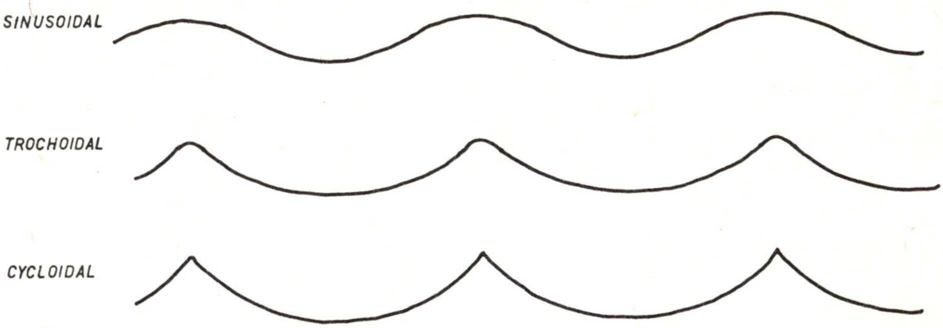

Drei Typen von Wellenformen

Die Form einer „Idealwelle“ (Abbildung oben) wird abwechselnd beschrieben als *sinusoidal, trochoidal* oder *cycloidal* (der gelegentlich auftauchende Ausdruck *zylindrisch* bedeutet lediglich, daß der Querschnitt der Welle in ihrer ganzen Breite gleichmäßig ist). Für theoretische Zwecke hat jede Form irgendeine Eigenart, und es wird von der Voraussetzung ausgegangen, daß bei einer Folge solcher Wellen die Wellenkämme parallel zueinander

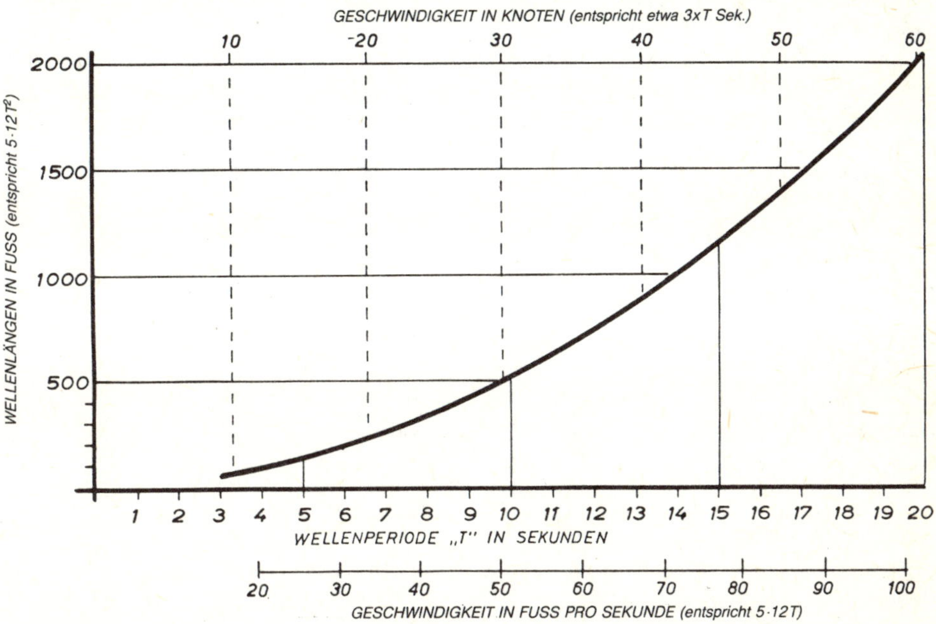

Eine graphische Darstellung der Länge von Wellen bestimmter Perioden sowie ihrer Geschwindigkeit

---

* Hierzulande werden Länge und Höhe natürlich in Meter bestimmt. Zur Erinnerung: 1 Fuß = 0, 3048 m.

verlaufen. Auf See zeigen die Naturwellen selbstverständlich viele unterschiedliche Perioden, Höhen und Formen, und dabei kreuzen sich vielleicht zwei oder drei Wellenzüge in irgendeinem Winkel zueinander.

Wellenverhältnisse Geschwindigkeit, Länge und Periode

In jeder Form von Wellenbewegung gibt es eine einfache Beziehung zwischen der Geschwindigkeit einer Welle, ihrer Länge und ihrer Periode. Ist C die Geschwindigkeit in Fuß pro Sekunde, L die Länge in Fuß und T die Periode in Sekunden, dann ist:

$$C = \frac{L}{T} \text{ oder } T = \frac{L}{C} \text{ oder } L = TC$$

In tiefem Wasser, wo also der Grund ohne Einfluß auf die Welle bleibt:

$$C = 5{,}12\ T \text{ oder ebenso } C = 2{,}26 \sqrt{L} \text{ und daher } L = 5{,}12\ T^2$$

Die graphische Darstellung auf Seite 267 unten zeigt die Länge von Wellen in tiefem Wasser und ihre Geschwindigkeit mit Bezug auf ihre Periode. (Will man die Wellengeschwindigkeit in Knoten wissen, dann sind, mit nur kleiner Abweichung, C Knoten = 3 T Sekunden.)

Eine Welle in tiefem Wasser. Eine Welle beliebiger Länge wird als Tiefwasserwelle bezeichnet, wenn die Tiefe des Wassers, in dem sie sich bewegt, mehr als die Hälfte der Wellenlänge beträgt. (Eine solche Welle kann den Grund nicht wirklich „fühlen".)

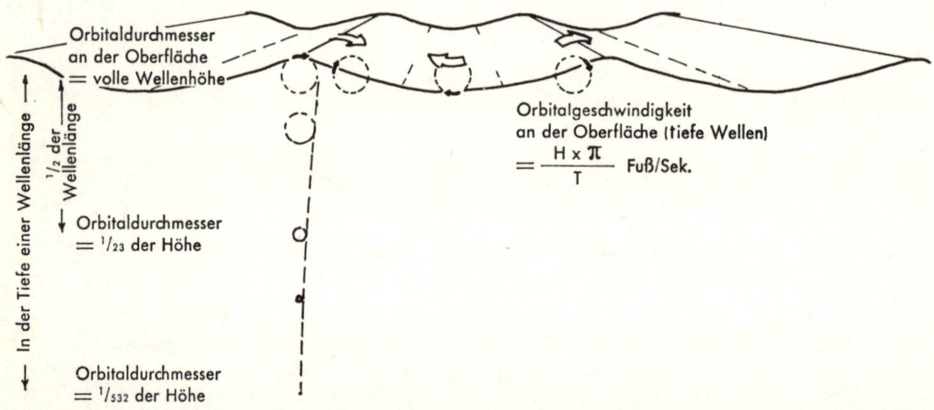

Abb. 46. Schematische Darstellung der Bewegung von Wasserteilchen bei einer Welle in tiefem Wasser.

Eine Welle in seichtem Wasser. Beträgt die Wassertiefe unter einer Welle etwa 1/25 ihrer Länge, handelt es sich um eine Flachwasserwelle. (Sie „fühlt" den Grund; tatsächlich beginnt eine Welle den Grund bereits zu „fühlen", wenn die Wassertiefe der halben Wellenlänge entspricht.)

Übergangs- oder Zwischenwellen fallen zwischen die beiden anderen Kategorien; sie können, ganz allgemein gesprochen, als Übergangswellen bezeichnet werden, wenn die Wassertiefe zwischen $^1/_2$ und $^1/_{25}$ der Wellenlänge beträgt.

Zwischen diesen drei Kategorien gibt es keine klaren Abgrenzungen; jede Kategorie geht in einer anderen auf. Gelegentlich wird auf die Kategorien („tief", „Übergang" und „seicht") Bezug genommen als „tiefes Wasser", „seichtes Wasser" und „sehr seichtes Wasser", je nachdem, wie der Fall liegt.

Die Periode einer Welle ist stets gleich, unabhängig von der Wassertiefe, aber in dem Maße, in dem eine Tiefwasserwelle in flacheres Wasser läuft, wird ihre Geschwindigkeit geringer und ihre Länge gleichermaßen kürzer. Mathematisch ausgedrückt, wird die Länge oder Geschwindigkeit einer Welle um

$\tan h \frac{2 \pi d^*}{L}$ reduziert, so daß in der Übergangszone gilt:

$$L = 5{,}12 \times T^2 \times \tan h \frac{2 \pi d}{L}$$

und

$$C = 2{,}26 \times \sqrt{L} \times \sqrt{\tan h \frac{2 \pi d}{L}}$$

In (sehr) flachem Wasser kann die Wellengeschwindigkeit ganz einfach ausgedrückt werden als:

$C = \sqrt{gd}$

wobei auffällt, daß die Wellengeschwindigkeit in flachem Wasser nicht mehr von der Länge (oder Periode), sondern ausschließlich von der Wassertiefe d abhängt.

Die Struktur einer Welle unterhalb der Oberfläche

Obgleich sich der Seemann im allgemeinen nur für die Wellenwirkung an der Oberfläche der See interessiert, ist es doch wichtig, etwas von der Wellenstruktur unter Wasser zu verstehen.

Es ist allgemein bekannt, daß die Wasseroberfläche sich mit dem Voranschreiten einer Welle nicht vorwärtsbewegt. Beobachtet man die Bahn eines einzelnen Wasserteilchens in einer niedrigen Welle – oder einfacher: beobachtet man ein kleines schwimmendes Stückchen Korken –, wird man feststellen, daß es sich in einem geschlossenen Kreis bewegt, der in einer vertikalen Ebene liegt. Das Maß, um das der Korken steigt oder fällt, entspricht der vollen Wellenhöhe, seine Hin- und Herbewegung ist auch die gleiche, obgleich dies nicht so offensichtlich ist. Tatsächlich ist die Orbitalbahn des Korkens kreisrund oder doch fast so; in

---

* Mathematisch wird die Geschwindigkeit einer Welle in jeder Wassertiefe genau definiert durch

$C = \frac{gL}{2}(\tan h \frac{2 \pi d}{L})$, wobei g die Konstante ist.

Wirklichkeit ist der Kreis nicht ganz geschlossen, da es eine kleine Vorwärtsbewegung der Wassermasse als solche gibt.

Die Abbildung auf Seite 268 verdeutlicht die Bewegung von Wasserteilchen, sowohl an wie unter der Oberfläche, und man wird feststellen, daß die Bewegung der Wasserteilchen unter dem Kamm in Richtung des Wellenfortschritts, im Tal aber dagegen erfolgt und daß die Bewegung der Wasserteilchen sich rasch verringert, je weiter diese unterhalb der Oberfläche liegen. In der Tiefe einer Wellenlänge (oder selbst einer halben Wellenlänge) ist die Bewegung so gering, daß sie unbeachtet bleiben kann – mithin liegt hier das Kennzeichen einer Tiefwasserwelle.

Ein interessantes Phänomen der Hin- und Herbewegung von Wasserteilchen ist, daß ein mit einer Welle laufendes kleines Boot auf dem Wellenkamm längere Zeit verbringen kann als im Wellental und sich so die vorwärtsgerichtete Bewegung der Wasserteilchen des Wellenkamms nutzbar macht. Theoretisch ist es für ein kleines Motorboot, das mit 9 kn vor regelmäßigen Wellen von vier Sekunden Periode und 1,50 m Höhe läuft, möglich, auf dem Kamm zu bleiben und mehr als 2 kn Fahrt über Grund zu gewinnen. Bei Fahrt gegen die See entsteht natürlich ein Geschwindigkeitsverlust über Grund.

Die Entstehung der Wellen

Der Lebenslauf einer Welle umfaßt ihre Entstehung durch einen Wind, ihr allmähliches Anwachsen zur Maximalgröße in Abhängigkeit von gewissen einschränkenden Faktoren, ihre Wanderung über das Meer, wo sie, wenn kein Wind weht, nach und nach an Höhe verliert, bis sie sich schließlich an irgendeiner entfernten Küste als Dünung verbraucht. Eine „Dünung" unterscheidet sich gewöhnlich von einer „See" dadurch, daß sie eine Welle außerhalb ihres eigenen Entstehungsgebietes darstellt. In einem windstillen Gebiet ist eine Dünung leicht erkennbar, aber sie kann genausogut dasein, wenn sie quer zu einem Wind läuft, nachdem sie selbst anderswo durch Winde entstanden war. Die Höhe einer Dünung verfällt, je weiter sie sich von ihrem eigenen Entstehungsgebiet entfernt, und kann fast unmerkbar werden, bis sie in Küstennähe sehr flaches Wasser erreicht und dort von neuem als „Grundsee" in Erscheinung tritt.

Die Kurven oder graphischen Darstellungen (deren Erklärung später folgt) für die Vorherbestimmung von charakteristischen Welleneigenschaften beziehen sich nicht auf Dünungswellen, sondern auf Wellen, die von örtlichen Winden erzeugt werden. Wenn sich zwei einfache Wellen von sinusoidaler Form vereinigen, ergibt sich die vereinigte Höhe aus der Addition von beiden, aber unter bestimmten Voraussetzungen wird die vereinigte Höhe zweier Wellen richtiger ausgedrückt als die Wurzel aus der Summe ihrer Höhen im Quadrat, das heißt ihre Gesamthöhe beträgt $\sqrt{h_1^2 + h_2^2}$.

Höhe und Periode einer im tiefen Wasser durch Wind hervorgerufenen Welle hängen von drei Dingen ab:

- der Durchschnittsgeschwindigkeit (oder Stärke) des Windes,
- der Dauer (oder Zeit), die der Wind weht,
- der Windbahn, das heißt der Länge der Strecke (in Luv des Beobachters), über die der Wind weht.

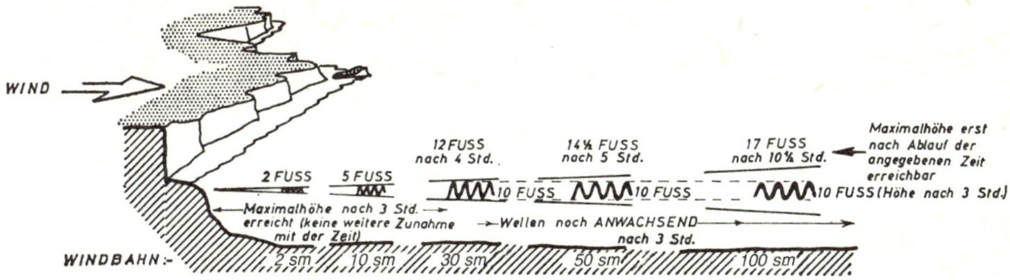

Schematische Zeichnung, die das Anwachsen und die schließlich erreichte Höhe von Wellen bei unterschiedlichen Anlaufstrecken des Windes (Windbahnen) zeigt. Die angegebenen Zahlen verstehen sich für eine mittlere Windgeschwindigkeit von 30 kn (Windstärke 7) und eine Winddauer von drei Stunden.

Die Abbildung oben ist ein Diagramm mit einer Darstellung der verschiedenen Wellenhöhen, die es (in jedem Augenblick) in verschiedenen Seegebieten, über die ein stetiger Wind wehte, geben würde.

Die Windbahn kann natürlich durch dazwischenliegendes Land beschränkt werden und braucht nicht nahezu grenzenlos zu werden, wenn der Wind über einen offenen Ozean kommt.

Die beiden besonderen Merkmale, die Beachtung verdienen, sind, daß die Wellenhöhe nahe dem Beginn der Windbahn (das heißt über der kürzeren Windbahnstrecke) geringer ist als die Höhe am Ende, wo der Wind bereits über eine größere Entfernung hat wehen können; und daß die Wellen nach Ablauf eines bestimmten Zeitabschnitts (der von der Länge der Windanlaufstrecke abhängig ist) ihre Maximalhöhe erreicht haben, während sie anderswo in Leerichtung noch wachsen. Dem Beispiel liegt die Annahme zugrunde, daß der Wind drei Stunden lang mit einer Durchschnittsgeschwindigkeit von 30 kn geweht hat und die Wellen ihre Maximalhöhe in einem Gebiet bis 33 sm vom Land entfernt erreicht haben und nicht mehr an Höhe zunehmen, einerlei wieviel länger der 30-kn-Wind noch wehen mag; in größerer Entfernung werden die Wellen jedoch weiter anwachsen (vorausgesetzt, der Wind weht in gleicher Stärke weiter), und zwar so lange, bis sie ebenfalls eine Maximalhöhe erreichen.

In ähnlicher Weise verlängert sich die Wellenperiode und erreicht ein Maximum.

Die Bedeutung des Begriffs *Maximalwellenhöhe* (H max.) erfordert eine gewisse Klarstellung, weil diese Höhe unter bestimmten Voraussetzungen auch überschritten werden kann! Es stimmt, daß bei Verwendung der graphischen Kurven für die Vorausbestimmung maximaler Wellenhöhen die aus diesen Kurven abgeleitete Höhe das Maximum darstellt, das ein Wind bestimmter Stärke hervorrufen kann, der eine bestimmte Zeitdauer über eine bestimmte Anlaufstrecke weht; während dieser Zeit ist es jedoch möglich, daß Komponentenwellen auf ihrem Marsch in den gleichen Schritt verfallen und so zusammen eine viel größere Welle produzieren. Die *höchstwahrscheinliche* Höhe der auf diese Weise gebildeten höchsten Wellen wächst mit der Zeit; das Problem ist daher statistischer Natur und hat nichts mit der tatsächlichen Methode der Voraussage zu tun, die auf den höchsten Wellen basiert, die einen ganzen Tag lang in regelmäßigen Abständen jeweils zehn Minuten lang registriert werden.

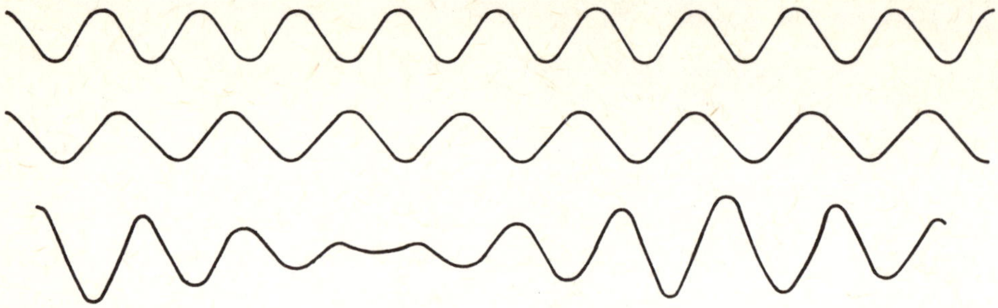

Profil eines Wellenzugs (unten), verursacht durch die Kombination zweier Wellenzüge etwas unterschiedlicher Periode

Statistisch könnten daher Wellen vorkommen, die in unendlicher Zeit unbegrenzt groß sind! Hält man sich aber, unter Verwendung der den Kurven entnommenen vorausgesagten „Maximal-Wellenhöhen", innerhalb angemessener Zeitgrenzen, dann könnte die am meisten wahrscheinliche Höhe der höchsten vorkommenden Welle zwischen etwa 20 und 50 Prozent größer sein als die angezeigten; für die beiden genannten Prozentsätze würde die Dauer der Stürme eine Stunde bzw. 48 Stunden betragen; für ein Anwachsen um etwa 35

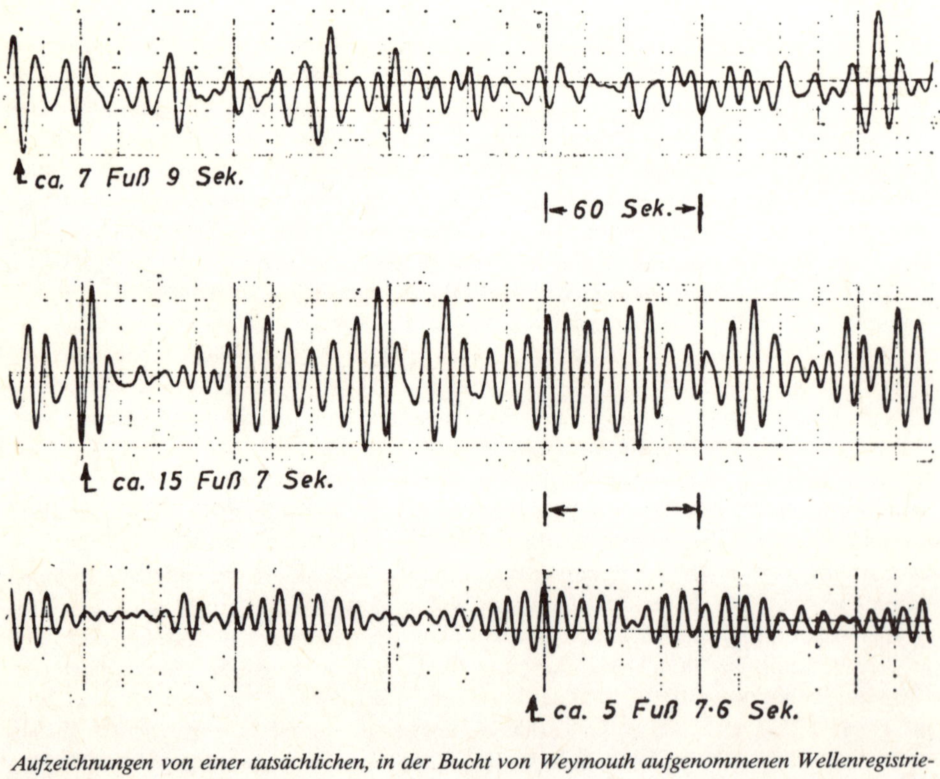

Aufzeichnungen von einer tatsächlichen, in der Bucht von Weymouth aufgenommenen Wellenregistrierung

26 *Nahaufnahme einer von achtern auflaufenden See. Schwer zu verstehen, daß irgendeine Yacht oder selbst kleine Schiffe solche Seen überstehen können.*

27 Bei Stürmen von extremer Heftigkeit kann die See vollkommen chaotisch werden. Man betrachte nur die vor dem Hintergrund des Himmels senkrecht aufsteigende Wasserwand links oben. Dieses ganz außergewöhnliche Bild könnte aus einer anderen Welt stammen.

Prozent wäre ein Sturm von sechs Stunden Dauer erforderlich. Die statistische Schätzung der „am meisten wahrscheinlichen Höhe der höchsten Wellen" schließt natürlich nicht die Möglichkeit noch höherer Wellen aus!

Manchmal begegnet man dem Begriff „signifikante Wellenhöhe". Das bedeutet lediglich einen Durchschnitt hoher Wellen – in Wirklichkeit die Durchschnittshöhe des höchsten Drittels der Wellen. Ähnlich bedeutet die „signifikante Wellenperiode" die Durchschnittsperiode des höchsten Drittels der Wellen.

Der Glaube, daß jede siebte oder elfte Welle die höchste innerhalb einer Wellengruppe oder eines Wellenzuges sei, ist nicht ganz unbegründet. Wenn zwei Wellenzüge von nur etwas unterschiedlicher Periode vorhanden sind und der eine (längere) Zug mit einer etwas größeren Geschwindigkeit durch den anderen wandert, wird das Ergebnis ein „Überlagerungs"-Phänomen sein, ähnlich dem hörbar zum Ausdruck kommenden Phänomen, wenn man ein Klavier mit einer Stimmgabel stimmt und Wellen beträchtlicher Höhe sich zwischen solchen sehr niedriger Höhe verteilen. Die Abbildung auf Seite 272 oben illustriert das Profil eines solchen Wellenzuges.

Die Voraussage maximaler Wellenhöhe und signifikanter Wellenperiode

Die Kurven auf Seite 275 zum Zweck der Vorhersage von Wellenhöhen und Wellenperioden sind langjährigen Wellenregistrierungen entnommen worden, die von Ozean-Wetterschiffen angestellt und im britischen Institute of Oceanography analysiert worden sind.

Um aus diesen Kurven die Maximalwellenhöhe oder bezeichnende Periode zu entnehmen, beziehe man sich auf das entsprechende Diagramm und folge der Horizontallinie für die mittlere Windgeschwindigkeit, bis diese entweder die Vertikallinie der Windbahn oder die Zeitdauerkurve schneidet. Welche Linie zuerst geschnitten wird, liefert den Punkt für die richtige Vorhersage der Maximalhöhe oder signifikanten Periode.

Ähnliche Kurven hat man für Küstengewässer aufgestellt; sie basieren auf Wellenregistrierungen, die auf Feuerschiffen in der Nordsee und in der Irischen See vorgenommen wurden. Es gibt Unterschiede zwischen Ozean- und Küstengewässern, aber ohne wesentliche Bedeutung, soweit sich der Yachtsegler für die Vorhersage interessiert. Aber eine Tendenz zur Bildung kürzerer und höherer Wellen in Küstengewässern als bei einer ähnlichen Windbahnstrecke über den Ozeanen ist unverkennbar; dies scheint die bekannte Steilheit von Wellen im „kurzen Seegang" zu bestätigen, die sich in den seichteren Gewässern von etwa 30 m Tiefe findet. Wenn diese Wellen in Küstengewässern über einen langsam ansteigenden Grund in Gewässer noch geringerer Tiefe wandern, absorbiert der Meeresboden einen Teil der Welle, deren Höhe sich dabei etwas vermindert; steigt der Meeresboden dagegen plötzlich an, vergrößert sich die Höhe der Welle, und gleichzeitig mit einer weiteren Verkürzung der Wellenlänge wird sie auch steiler.

Erscheinungscharakteristik von Wellen

Größte Wellenhöhen

Im Wege einer sehr pauschalen Verallgemeinerung könnte man sagen, daß Wellen von 7 m Höhe in harten Atlantikstürmen nicht ungewöhnlich, Höhen von 12 m nicht selten und Höhen von 15 bzw. 18 m nicht unbekannt sind. Tatsächlich gibt es sogar einen aus einer als zuverlässig geltenden Quelle stammenden Bericht, wonach im Pazifik eine Welle von 35 m Höhe beobachtet worden ist. Dieser Bericht ist geeignet, den Glauben an die statistisch ermittelte Möglichkeit zu bestärken, daß sich gelegentlich außerordentlich hohe Wellen bilden können, die von einer Kombination zweier Wellenkomponenten verursacht werden. Eine Welle solcher Höhe zu erzeugen, würde nämlich eine Windbahn von über 1000 sm und eine mittlere Windgeschwindigkeit von mehr als 100 kn voraussetzen, die 30 Stunden lang über der Gesamtstrecke herrschte – ein ziemlich unwahrscheinlicher Vorgang.

Analysen von Wellenregistrierungen auf Ozean-Wetterschiffen im Atlantik und auf Feuerschiffen an britischen Küsten haben interessante und nützliche Informationen geliefert. Im Atlantik zum Beispiel beträgt die am meisten vorkommende größte Wellenhöhe im Sommer etwa 3 bis 5 m gegenüber 5 bis 7 m im Winter, wo vereinzelt auch mit Wellen von an die 20 m Höhe gerechnet werden muß. Im Bristol Channel sind Maximalhöhen von 9 m, in der Irischen See (bei Morecambe-Bay-Feuerschiff) von 8,80 m ermittelt worden, während in der südlichen Nordsee die größte registrierte Höhe (bei Smith's-Knoll-Feuerschiff) nur 7,50 m betrug. Weiter nördlich, östlich von Peterhead in Schottland, wurde eine Welle mit 18 m Höhe gemessen, und weiter nördlich gibt es noch höhere. Die üblichen Höchstwerte für die Irische See und die südliche Nordsee liegen verhältnismäßig niedrig.

Eine annähernde Formel für die Berechnung der Maximalwellenhöhe, die sich im Atlantik auf einer *langen* Windbahn bilden kann, lautet:

$$H = 1/50\ W^2$$

wobei W die Oberflächen-Windgeschwindigkeit in Knoten und H die Maximalhöhe in Fuß bedeutet – ein Oberflächenwind von 50 kn ergibt beispielsweise 50 Fuß.

Einfluß von Strömung und Abnahme der Wassertiefe auf Wellenhöhen

Jeder, der in Küstengewässern segelt, kennt das Phänomen vergrößerter Wellenhöhe, wenn der Tidenstrom gegen den Seegang (oder Wind) läuft, und verminderter Wellenhöhe, wenn Tidenstrom und Wellen in der gleichen Richtung laufen. Der Hauptgrund für diese Erscheinung ist die Veränderung der Wellenlängen, sobald die Wellen unter den Einfluß von Strömungen und Gezeiten geraten.

Pflanzen sich die Wellen entgegen der Strömung fort, verkürzt sich die Wellenlänge, woraus sich ein Anwachsen der Wellensteilheit ergibt. Gleichzeitig wird die Welle höher, weil ja die Periode (Schwingungsdauer) der Welle und infolgedessen ihre Energie unverändert bleiben. Diese beiden Effekte ergeben zusammen hohe, kurze und steile Wellen, und je kürzer die herankommende Welle (und je stärker die Strömung), um so ausgeprägter die Wirkung.

In den USA wurde die Wirkung von Stromgeschwindigkeit auf Wellenhöhe untersucht und bewiesen, daß Wellen, die auf ein Gebiet entgegengesetzter Strömung stoßen, ihre

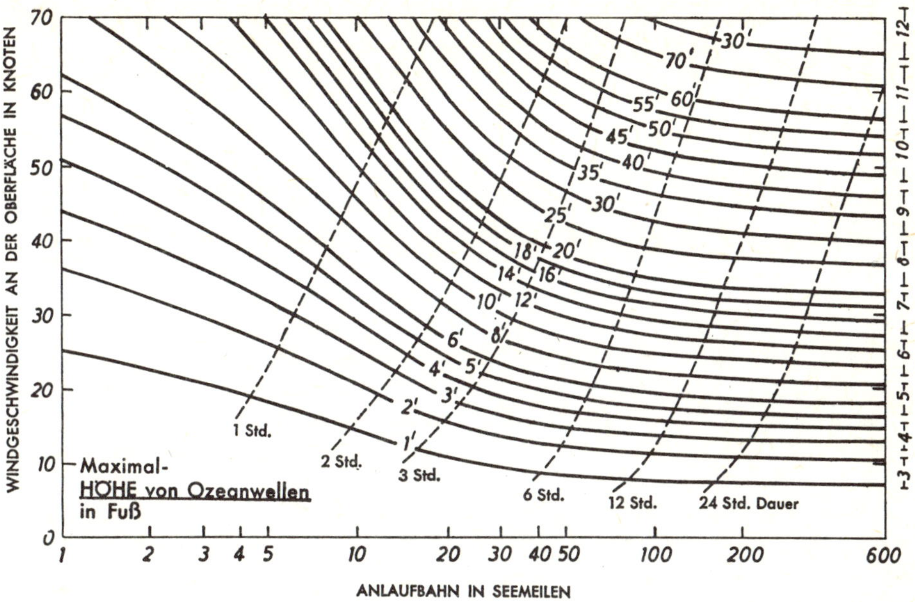

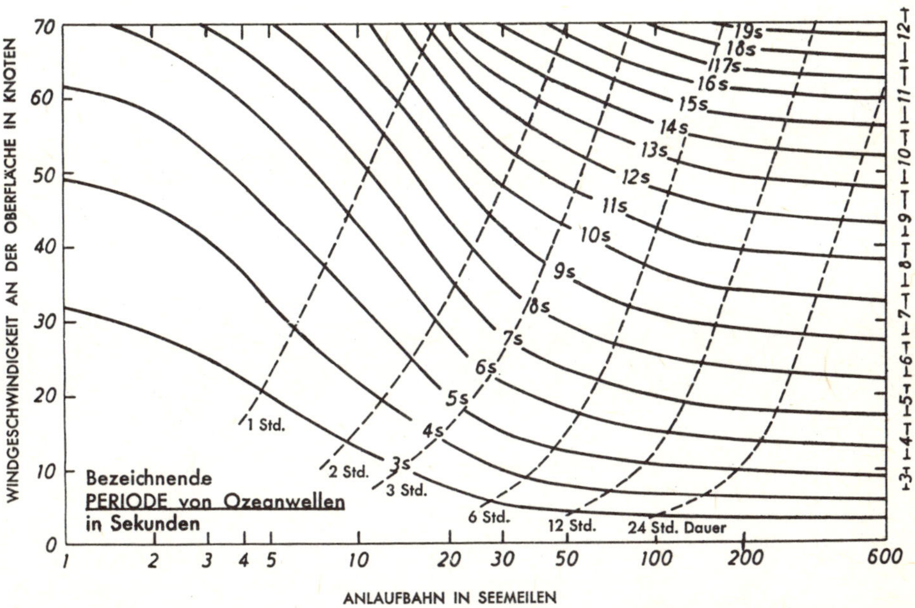

Kurven für die Voraussage von Maximalwellenhöhen und bezeichnende Perioden

Höhe schon bei nur 2 bis 3 kn Gegenstrom leicht um 50 bis 100 Prozent vergrößern können. So kann es häufig vorkommen, daß Wellen brechen, selbst wenn an Ort und Stelle nicht viel Wind weht.

Wenn Wellen in ein Gebiet fortschreiten, wo sie mit dem Strom wandern, ergibt sich ein Anwachsen der Wellenlänge und eine Abnahme ihrer Höhe.

Abgesehen davon, daß Strömungen ein Anwachsen der bestehenden Wellenhöhe verursachen, können Wellen, Stromkabbelungen und allgemeiner Aufruhr durch die hydraulische Wirkung starker Strömungen verursacht werden, die auf Hindernisse auf dem Meeresboden treffen, selbst wenn keine winderzeugten Wellen vorhanden sind.

Auch seichtes Wasser ist von beträchtlichem Einfluß auf die Wellenhöhe. In seichtem Wasser (das heißt wo die Tiefe etwa $1/25$ der Wellenlänge in tiefem Wasser beträgt) hat die Höhe einer anlaufenden Welle eben angefangen zu wachsen; und wenn das Verhältnis von Tiefe zu Länge etwa $1/100$ beträgt, wird der Höhenzuwachs etwa 50 Prozent sein. Eine niedrige Dünungswelle zum Beispiel von zehn Sekunden Wiederkehr und 2 Fuß Höhe in tiefem Wasser würde in 5 Fuß Wasser 3 Fuß hoch werden (und nebenbei den Punkt erreichen, wo sie bricht). Eine unerwartete Abnahme der anlaufenden Wellenhöhe findet jedoch statt, kurz bevor die Welle anzuwachsen beginnt; in Tiefen zwischen $1/4$ und $1/10$ der Welle beträgt sie fast 10 Prozent der ursprünglichen Höhe in tiefem Wasser.

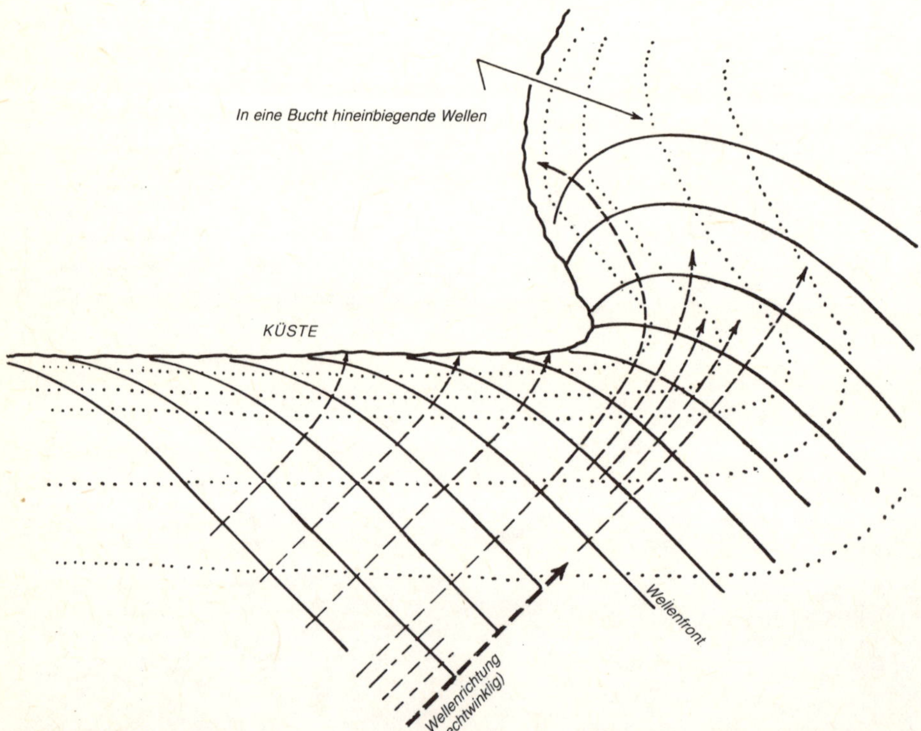

Graphische (nicht maßstäbliche) Darstellung der durch Brechung verursachten Ablenkung von Wellen, wenn sie sich schräg einer geraden Küstenlinie nähern oder in eine Bucht hineinstehen

Brechende Wellen

Gewöhnlich gibt es eine Grenze für die Wellenhöhe einer bestimmten Periode; darüber hinaus bricht sie. Theoretisch findet das Brechen einer Welle im tiefen Wasser statt, wenn das Verhältnis der Wellenhöhe zur Länge etwas weniger als 1 : 7 beträgt; in Wirklichkeit ist das Verhältnis eher 1 : 14. (Man beachte, daß dieses Verhältnis nicht wirklich ein Maß des steilsten Teils einer Welle ist.) Auf dem Kamm einer solchen brechenden Welle – die ja nicht mehr eine niedrige Idealwelle ist – muß das Wasser vorübergehend schneller wandern als die Welle selbst; bei einer Welle von 10-Sekunden-Periode bedeutet dies eine Geschwindigkeit von über 30 kn, was zu bestätigen scheint, warum so manche Yachtsegler es vorziehen, mit einer Trosse über dem Heck *vor* einer schweren See zu laufen.

In seichten Gewässern wie in Buchten oder auf der Küste vorgelagerten Untiefen wird das Höhen- zum Längenverhältnis weniger wichtig; es ist dann mehr eine Frage des Verhältnisses von Wellenhöhe zu Wassertiefe, die entscheidet, ob eine Welle brechen wird oder nicht. Theoretisch liegt dieses Verhältnis um 1 : $1^1/_4$ – manchmal höher, manchmal niedriger. Aber es gibt noch andere veränderliche Größen oder Faktoren, die das Brechen einer Welle im flachen Wasser beeinflussen, wie etwa Strömungen und der mögliche Brennpunkteffekt der Brechung.

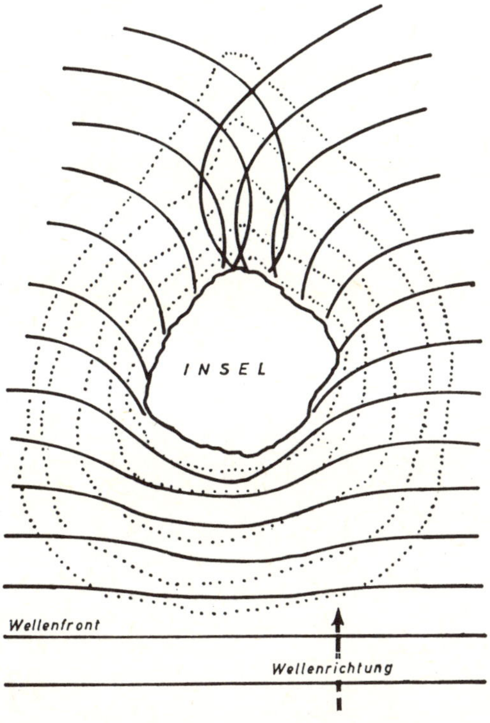

Graphische (nicht maßstäbliche) Darstellung der Brechung von Wellen, wenn sie eine runde Insel passieren. Man beachte, wie sich die Wellen in Lee der Insel überkreuzen – ein Effekt, der sich bei flachem Wasser an der Landspitze noch verstärken würde

Brechung

Die Brechung oder Ablenkung einer Wellenfront, wenn sie schräg von einer Wassertiefe zu einer anderen übergeht, ist verhältnismäßig einfach zu verstehen, weil es sich damit ähnlich verhält wie mit Lichtstrahlen, die schräg durch ein dichteres Medium fallen.

Wenn sich zum Beispiel von der offenen See kommende Wellen der Küste unter einem Winkel nähern, wird die zuerst flaches Wasser erreichende Wellenfront abgebremst (weil ihre Wellenlänge verkürzt wird), aber der Rest der sich noch in tiefem Wasser befindlichen Wellenfront behält seine vergleichsweise größere Geschwindigkeit, bis er seinerseits flacheres Wasser erreicht (siehe Abbildungen auf Seite 276 und 277).

Wellen größerer Länge (das heißt längerer Periode) werden früher abgelenkt als Wellen kürzerer Länge. Wenn daher Wellen aus sehr tiefem Wasser (die sich gewöhnlich aus einer großen Mannigfaltigkeit von Perioden zusammensetzen, also ein breites Spektrum besitzen) in eine Bucht einschwenken, zeigt sich die Tendenz, daß verschiedene Teile der Bucht Wellen verschiedener Perioden empfangen. Diese Wirkung macht sich am deutlichsten auf einem geschützen Ankerplatz bemerkbar, wo man häufig guten Schutz vor einem örtlich begrenzten Sturm findet, aber wo der Schwell, der leichter um das Vorland herum abgelenkt wird, immer noch sehr fühlbar ist.

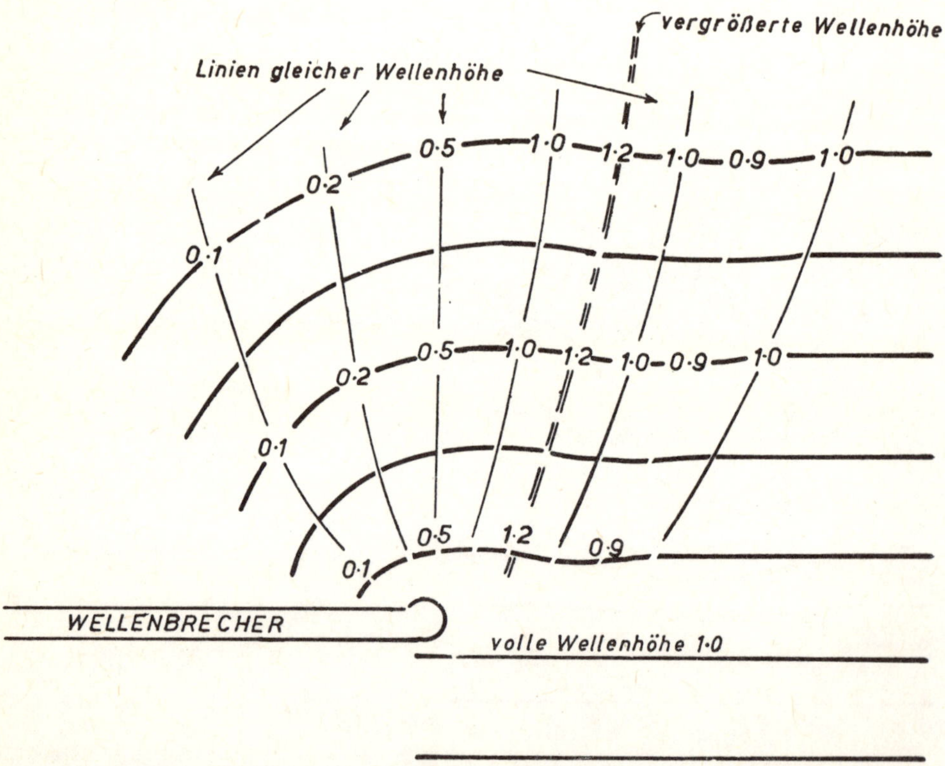

Graphische (nicht maßstäbliche) Darstellung, wie Wellen beim Passieren eines Wellenbrechers durch Diffraktion abgelenkt werden und an Höhe verlieren (oder gewinnen)

Obgleich die sich in eine Bucht ausbreitende Wellenablenkung dazu neigt, die Wellenhöhe zu vermindern, so kann doch Ablenkung über eine gratähnliche Untiefe hinweg leicht eine „brennpunktähnliche“ Wirkung auf die Wellen ausüben und deren Erhöhung verursachen.

Diffraktion

Diffraktion der Wellen ist eine oft mit Refraktion verwechselte Erscheinung, weil die radiale Ausdehnung von Wellen um einen Wellenbrecher oder ein steiles Vorgebirge herum dem Phänomen der Refraktion über eine Untiefe oder Landzunge ähnelt. Diffraktion ist unabhängig von der Abnahme der Wassertiefe, sie ist lediglich die seitliche Ausbreitung eines Wellenkamms in eine vor dem direkten Einfluß der Wellen geschützte Zone.

Die Abbildung auf Seite 278 zeigt die Ausbreitung von Wellenfronten, nachdem sie um einen Wellenbrecher herum abgelenkt worden sind.

Als interessante Begleiterscheinung beachte man eine Linie erhöhter Wellenhöhe eben vor und außerhalb des Wellenbrecherkopfes, aber eine Linie verminderter Wellenhöhe weiter draußen.

Reflektion oder stehende Wellen

Obgleich reflektierte oder stehende Wellen im offenen Ozean im allgemeinen nicht angetroffen werden, ist es gut, über sie Bescheid zu wissen, wenn man Schutz aufsucht.

Die durchschnittlichen Seewellen werden durch einen etwa 1 : 3 ansteigenden Meeresboden zum größten Teil „absorbiert“ – je flacher der Anstiegswinkel, um so besser, aber je länger die Welle ist, um so eher wird sie von dem jeweiligen Grund reflektiert. Von einer vertikalen oder fast vertikalen Wand kann eine totale Reflektion stattfinden, und dann entsteht ein Gebiet mit einem System stehender Wellen. In diesem Gebiet gibt es Bänder sehr hoher Wellen, fast das Doppelte ihrer Höhe beim Anrollen, zusammen mit Bändern sehr niedriger Wellenhöhe. Die Bänder sind Gegenknoten und Knoten des Systems stehender Wellen, wobei die Entfernung zwischen den Knotenpunkten einer halben Wellenlänge entspricht.

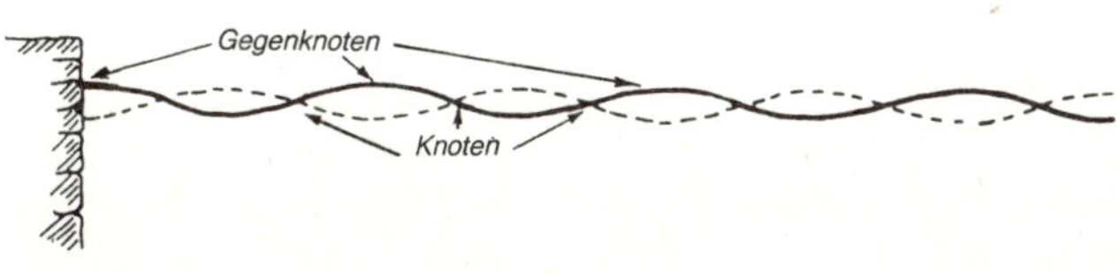

Ein „stehendes“ Wellensystem, entstanden durch das Zurückwerfen von einer festen Wand

Die Abbildung oben zeigt ein System stehender Wellen, verursacht durch Zurückwerfen von einer festen Wand. Ist die Wand nicht senkrecht, sondern in Wellenrichtung geneigt, kann es vorkommen, daß eine „Brennpunktbildung“ der zurückgeworfenen Wellen (wie bei Lichtquellen und einem konkaven Spiegel) erfolgt und einen -sehr durcheinanderlaufenden Seegang erzeugt. Wenn die Wellen einen Wellenbrecher schräg angreifen, dann verursachen die zurückgeworfenen Wellen eine Kreuzsee.

Die Tabelle zeigt den Vergleich zwischen den vorausgesagten Wellenhöhen in Küstengewässern (Irische See und Nordsee) und denen des Atlantischen Ozeans. Die Höhen für den Englischen Kanal lägen wahrscheinlich zwischen den Angaben für die beiden Gebiete.

	SEEGEBIET	DAUER DES STÜRMISCHEN WINDES IN STUNDEN			
		angenommene Windbahn 120 sm (d. h. Dauer nicht unerheblich)			Windbahn über 600 sm, voll entwickelte See (d. h. längere Dauer)
MITTLERE WINDGESCHWINDIGKEITEN		1 Stunde	3 Stunden	6 Stunden	24 Stunden +
24 kn Bft 6	Ozean	**1¾** (*2*)	**6** (*7¾*)	**8¾** (*12*)	**11** (*16*)
	Küste	**2** (*2¼*)	**7** (*9*)	**11** (*14½*)	**14½** (*21*)
30 kn Bft 7	Ozean	**3** (*3½*)	**10½** (*13½*)	**14** (*19*)	**17** (*25*)
	Küste	**3** (*3½*)	**10½** (*13½*)	**16** (*21*)	**20** (*29*)
37 kn Bft 8	Ozean	**5¼** (*6¼*)	**17** (*22*)	**22** (*30*)	**26½** (*39*)
	Küste	**4½** (*5¼*)	**15½** (*20*)	**23** (*30½*)	**28** (*40*)
52 kn Bft 10	Ozean	**14** (*17*)	**39** (*50*)	**45** (*61*)	**52** (*77*
	Küste	**9** (*10½*)	**30** (*38*)	**39** (*52*)	**47** (*68*)

WELLENHÖHE IN FUSS

Zahlen in Fettdruck = vorausgesagte Maximalwellenhöhe
Zahlen in Kursivschrift = wahrscheinlichste Höhe der höchsten Wellen als Folge des Zusammenwirkens von Komponentenwellen (statistische Schätzung)

Wellenungetüme

Von Laurence Draper

Wo immer Wellen über die Oberfläche der See wandern, gibt es eine zwar geringe, aber durchaus begrenzte Möglichkeit, daß eine oder mehrere Wellen auftreten, die ganz wesentlich höher sind als die anderen. Wenn und wo sie auftreten, bezeichnet man sie wohl oft als Wellenungetüme. Die von ihnen unter Seeleuten kursierenden Geschichten sind Legion und betreffen gewöhnlich die ganz großen Wellen von etwa 30 m Höhe (die vielleicht – oder vielleicht auch nicht – im Laufe der Erzählung an Höhe zugenommen haben mögen) und die schon so manchem Schiff zum Verderben wurden oder ihm schweren Schaden zufügten. Für den Yachtsegler aber bedeutet eine 5 m hohe Welle an einem Tag, wo die höchsten Wellen in seinem Gesichtskreis nur 2 bis 3 m hoch waren, bereits in jedem Sinne ein Wellenungetüm.

Man braucht keineswegs übernatürliche Kräfte zur Erklärung solcher Absonderlichkeiten heraufzubeschwören, denn das Auftreten ungewöhnlich hoher Wellen scheint sich durchaus in das bestehende System einordnen zu lassen. Warum eine gefährlich aussehende Welle an einem Tage, an dem nicht mehr als ein handiger Wind weht und in einem Umkreis von vielen Hunderten von Meilen kein Sturm wütet, aus einer sonst friedlichen See emporsteigt, erklärt sich damit, daß es kein Wellensystem gibt, das aus nur einem Wellenzug besteht; viele Wellenkomponenten wirken zusammen, jede mit ihrer eigenen Periode und Höhe, und sie alle wandern gemeinsam in leicht unterschiedlichen, aber stetigen Geschwindigkeiten. Da die Wellenkomponenten ständig miteinander in Schritt fallen und außer Schritt geraten, erzeugen sie die von kurzen Pausen verhältnismäßig ruhigen Wassers gefolgten Gruppen hoher Wellen, die für jeden Seegang charakteristisch sind. Hin und wieder und ganz zufällig kann es geschehen, daß eine große Anzahl dieser Wellenkomponenten an ein und derselben Stelle miteinander in gleichen Schritt einfallen, und die Folge ist dann eine ungewöhnlich hohe Welle. Das Leben einer hohen Welle ist von nur vorübergehender Dauer, von nicht viel mehr als einer oder zwei Minuten im offenen Ozean und sogar weniger in geschützten Gewässern, wo die Wellenperiode kleiner ist. Da jede Wellenkomponente mit der ihr eigenen, charakteristischen Geschwindigkeit dahinzieht, laufen die schnelleren den anderen voraus, und die Monsterwelle stirbt so sicher, wie sie geboren wurde. Die ihr innewohnende Energie ist Bestandteil ihrer Wellenzüge, die unverändert da sind und unter Mitnahme dieser Energie weiterwandern. Irgendwo anders auf der Wasserfläche und zu irgendeinem anderen Zeitpunkt fallen wiederum zufällig andere Wellenzüge zusammen und produzieren eine neue hohe Welle, die auch einen kurzen, glorreichen Höhepunkt erlebt, bevor sie auf immer und ziellos in dem Gewoge der See verschwindet. Obgleich wir wohl niemals in der Lage sein werden, genau vorauszusagen, wo und wann eine ungewöhnlich hohe Welle in Erscheinung treten wird, so ist doch die Wahrscheinlichkeit des Auftretens irgendeiner solchen Welle begrenzt und kann vorherbestimmt werden; ihre Berechnung hat den dem Anschein nach widersprüchlichen Titel *Statistics of a Stationary Random Process.* Unter Anwendung dieser Theorie ist bewiesen worden, daß, während eine von 23 Wellen die doppelte Höhe des Durchschnitts und eine von 1175 Wellen mehr als das Dreifache der Durchschnittshöhe erreicht, nur eine von über 300 000 Wellen das Vierfache der Durchschnittshöhe übersteigt. Die Welle, die die PUFFIN im Mittelmeer erlebte („Mistral im Mittelmeer"), ist ein verbürgtes Beispiel von der Wirkungskraft dieses Phänomens und illustriert anschaulich die Regel, daß ein Seemann niemals in seiner Wachsamkeit nachlassen darf, selbst wenn in einem Sturm das Schlimmste vorbei zu sein scheint.

Weil diese Umstände, fast definitionsgemäß, sehr selten auftreten, sind sie so gut wie nie fotografiert worden, und ebensowenig hat man sie mit einem Meßinstrument für Wellenhöhen erfaßt. Dennoch trat ein solches seltsames Ereignis am Daunt-Feuerschiff außerhalb von Cork 1969 gerade in einem Augenblick in Erscheinung, in dem das Höhenmeßgerät für Wellen in Betrieb war. Das Instrument war zu wissenschaftlichen Zwecken installiert worden und lief bereits seit zwei Jahren, aber in dieser Zeit alle drei Stunden nur jeweils eine Viertelstunde; es ist daher erstaunlich, daß der Rekord überhaupt erfaßt wurde. Es war drei Uhr morgens, der Kapitän lag in der Koje, und draußen tobte ein Sturm. Die See war grob, aber nicht ungewöhnlich, als eine starke Erschütterung im Schiff fühlbar wurde. Der Stoß war so stark, daß der Kapitän zur Brücke rannte, weil er befürchtete, eine Katastrophe sei eingetreten. Als er angekommen war, war die See ebenso grob wie vorher, und weiter erfolgte nichts Besonderes. Der Kapitän beschrieb die Sache als das erschreckendste Ereignis seines Lebens auf See. Wäre der Wellenmesser nicht eingeschaltet gewesen, wäre seine Geschichte wahrscheinlich als irische Aufschneiderei abgetan worden. Immerhin gab es in diesem Fall einen Beweis. Die See hatte zu der Zeit eine Höhe von etwa 5 m, aber die enorme Welle maß vom Scheitel bis zum Tal 13 m.

1970 wurde die Wirkung solcher Wellen sehr viel dramatischer demonstriert, als das Seenotrettungsboot aus Fraserburgh von einer Welle zum Kentern gebracht wurde, anscheinend in einem Salto rückwärts. Die Verhältnisse zu der Zeit verdienten kaum den Namen Sturm, und doch trat eine derartige aus dem Rahmen fallende hohe Welle auf und führte zum Verlust von Menschenleben.

Berichte von Wellenungetümen betreffen gewöhnlich Wellen mit unerwartet hohen Kämmen, wie es in den meisten der in den vorhergehenden Kapiteln angeführten Beispielen der Fall war; genauso groß aber ist die Möglichkeit eines ungewöhnlich tiefen Wellentals. Der Grund, warum davon nicht häufiger berichtet wird, muß darin liegen, daß ein hoher Wellenkamm aus weiter Entfernung gesehen werden kann, während sich ein Fahrzeug genau auf dem Rand eines tiefen Wellentals befinden müßte, um es wahrzunehmen. Zwei Berichte über abgrundtiefe Wellentäler wurden im „Marine Observer" abgedruckt. Nachstehend folgt ein Auszug aus dem Bericht von W. S. Byles, Kapitän der EDINBURGH CASTLE, und ein ähnlicher Bericht über ein Kriegserlebnis von I. R. Johnston:

„Seitdem die WARATAH am 26. Juli 1909, auf dem Wege von Durban nach Kapstadt, spurlos verlorenging, gelten die Küstengewässer am Kap, ganz besonders in der Nachbarschaft von Port St. Johns, als verdächtig. Von der WARATAH existiert nur eine einzige Nachricht, nämlich daß sie auf der Höhe von Port Shepstone angesprochen worden war und *all well* gemeldet hatte. An Bord befand sich eine Morselampe, aber kein Funkgerät."

„Am 21. August 1964, auf 31°39' Süd und 29°46' Ost, begegnete die EDINBURGH CASTLE starkem Südwestwind und einer schweren südwestlichen Dünung. Bei ihrer Länge von 230 m und ihren 28 600 BRT bedeutete dieses Wetter kein ernsthaftes Problem für sie. Setzte sie in den Schwell ein, warf sie vorn etwas Gischt auf, und bei einer besonders dicken See schaufelte sie wohl etwas Wasser durch die Ankerklüsen. Der schlechte Ruf der Küste, frühere Erfahrungen und der Wunsch, jede Art von Havarie zu vermeiden, veranlaßten mich, auf die Vorteile des Agulhas-Stromes zu verzichten, mich mit einer verspäteten Ankunft abzufinden und unter die Küste zu laufen. Um jedem unvorhergesehenen Mißgeschick aus dem Wege zu gehen, drosselte ich darüber hinaus die Fahrt um einen Knoten und hatte nun für die Ansteuerung der Küste die Dünung angenehm von seitlich vorn, anstatt genau dagegen anzudampfen. Unter diesen Verhältnissen lag das Schiff etwa dreiviertel Stunden lang ganz ordentlich. Die Entfernung von Wellenkamm zu Wellenkamm betrug etwa 45 m, und das Schiff stampfte und hob sich um etwa 10 bis 15 Grad aus der Horizontale. Aber dann geschah es. Das Schiff war ganz normal wieder hochgekommen, als sich die Wellenlänge plötzlich auf etwa 90 m verdoppelt zu haben schien, so daß es sich, als es einsetzte, in einem Winkel von 30 Grad oder mehr in eine Art von Ozeanloch hineinstürzte und so, außer Takt gekommen, die nachfolgende See bis zu einer Höhe von 4 bis 6 m an Bord schaufelte, bevor es sich wieder zurechtfand.

Es war eine heiße Nacht. Um den Passagierkabinen etwas Luft zuzuführen, hatte man die zum Vorschiff führenden Stahltüren offengelassen. Versehentlich hatte man es unterlassen, der Brücke hiervon Meldung zu erstatten. Infolgedessen wurde nicht nur das ganze Vorschiff von einem Wasserwall überflutet, die Rolle mit der Bergungsstahltrosse aus der Verankerung gerissen, die ihrerseits auf ihrem Weg eine Winsch beschädigte, die Querschiffsreling und die Treppe zum Welldeck fortgeschwemmt, sondern große Wassermengen fluteten auch in die Passagierkabinen.

Zwei Lehren lassen sich hieraus ziehen. Erstens, daß ungeachtet des Wetters auf der Fahrt von Durban nach East London die vorderen Stahltüren stets geschlossen sein und geschlossen bleiben müssen, weil, wenn so etwas geschieht, keine Vorwarnung erfolgt. Die Wellen sind nicht höher als zuvor, und für den Ausguck wird das Loch erst in dem Augenblick sichtbar, wenn das Schiff im Begriff ist, hineinzustürzen! Zweitens, daß sich ein solcher Vorfall, da ohne jeden ursächlichen Zusammenhang mit dem damals herrschenden Wetter, sich auch bei wenig oder gar keinem Wind ereignen kann.

Eine andere Frage, die sich stellt, ist die folgende: Warum habe ich bei Hunderten von Reisen zwischen Durban und East London so etwas noch nie vorher erlebt? Ich glaube, die Antwort darauf ist, daß dieses Phänomen stark örtlich begrenzt ist; auch wenn es in ausgedehnterer Form und nicht nur an einem Punkt stattfindet, ist es immer noch leicht möglich, außen oder innen vorbeizulaufen, die Küste nördlich oder südlich davon anzusteuern oder von ihr abzuhalten. Um aus einem lästigen Schwell herauszukommen, habe ich mich der Küste schon bei früheren Gelegenheiten genähert, aber mein Entschluß dazu wurde damals gefaßt, und mein Schiff kann möglicherweise nördlich oder südlich seines diesmaligen Schiffsortes gestanden haben, obgleich ich diese Maßnahme, wenn ich mich recht erinnere, stets irgendwo auf der Höhe von St. Johns getroffen habe. Im vorliegenden Fall näherte sich das Schiff gerade der 200-m-Linie auf einem rechtweisenden Kurs von 260 Grad."

Byles' Artikel wurde in der regionalen Presse veröffentlicht und führte zu der folgenden Stellungnahme von I. R. Johnston:

„Als ich während des Zweiten Weltkriegs auf dem Kreuzer BIRMINGHAM Dienst tat, hatten wir in jenen Gewässern eines Nachts ein ähnliches Erlebnis, an das ich mich um so lebhafter erinnere, weil ich gerade auf Wache war. Wir standen etwa 100 sm südsüdwestlich von Durban und befanden uns auf dem Wege nach Kapstadt. Wir liefen schnelle, aber ganz ungestörte Fahrt gegen eine mäßige See und Dünung, als wir plötzlich auf das Loch stießen und wie ein Bleigewicht in die nächste See hineinkrachten.

Grünes Wasser schlug über Turm A und B und brach über unsere offene Brücke hinweg. Ein heftiger Schlag riß mich fort, und als ich wieder zu mir kam, fand ich mich in einer Höhe von 18 m über dem Meeresspiegel, bis zum Knie im Wasser watend, wieder.

Der Anprall erschütterte das Schiff so heftig, daß viele Leute der Freiwache unter Deck glaubten, wir seien torpediert worden, und auf Notstationen eilten. Der Kommandant verminderte sofort die Fahrt, aber die Vorsichtsmaßnahme erwies sich als überflüssig, da wieder normale Verhältnisse zurückkehrten und keine weiteren Löcher in Erscheinung traten.

Dieses Erlebnis, noch dazu in stockfinsterer Nacht und auf einem abgeblendeten Schiff, war bestimmt eine meiner bestürzendsten Erfahrungen auf See. Ich kann mir durchaus vorstellen, daß ein tiefbeladenes Schiff unter ähnlichen Umständen untergehen könnte.

In den sich anschließenden Erörterungen schrieben wir das Phänomen dem flacher werdenden Wasser über der Agulhasbank zu; dies würde die Steilheit der Dünung erklären, aber nicht ganz die plötzliche Zunahme der Wellenlänge."

Die Umstände, unter denen die Löcher auftraten, waren die einer ziemlich schweren Dünung, deren bekannte Merkmale Gruppen großer Wellen sind, denen dazwischen verhältnismäßig niedrige Wellen folgen. Es erscheint möglich, daß die Löcher, wie bereits erwähnt, von der zufälligen Überlagerung einer großen Anzahl von Wellenkomponenten verursacht wurden, auf genau dieselbe Weise, wie sich hohe Wellenkämme bilden. Wenn die Tiefe der Löcher beispielsweise mehr als das Fünffache der durchschnittlichen Wellentaltiefe betrug, so würde die Wahrscheinlichkeit, daß *ein* Schiff dies erlebte, eine Zeitspanne erfordern, die zahllose auf See verbrachte Leben umfassen müßte. Man braucht sich daher kaum darüber zu wundern, daß solche Vorkommnisse so selten gesichtet werden.

Das Auftreten erschreckend hoher Wellen vor der südafrikanischen Küste wurde kürzlich in mehreren Fällen deutlich gemacht. In einem Fall wurde die BENCRUACHUAN plötzlich von einer hohen Welle gestoppt. Die gesamte Bugsektion bog sich nach unten, bis der Bug 7 m tiefer lag, als er sein sollte; die Stringer wurde dabei an den Biegestellen weißglühend. Das Schiff blieb schwimmfähig, mußte aber Heck voran in einen Hafen geschleppt werden. Der andere Fall betraf das Containerschiff NEPTUNE SAPHIRE; es verlor auf der Jungfernreise bei einem ähnlichen Zwischenfall die Bugsektion. Möglicherweise ist der Grund dafür, daß der 60 bis 100 sm breite Agulhas-Strom mit 4 bis 5 kn an der Küste entlang nach SW setzt und dabei oft auf starke Dünung aus der Antarktis stößt. Dort, wo die Dünung auf den Strom prallt, reagiert die Dünung durch Verlangsamung und Aufsteilen. In krassen Fällen kann die

Welle versuchen, ihre Höhe über die maximal mögliche Steilheit (das Verhältnis von Länge zu Höhe) zu steigern, also über den Punkt hinaus, bis zu dem eine weiterlaufende Welle existenzfähig ist. Die Energie muß dann in kürzester Zeit freigemacht werden, indem die Welle bricht. Es entsteht eine Barriere, die für praktisch jedes Schiff undurchdringlich ist. Dies erklärt vielleicht, warum ein Schiff, das innerhalb oder außerhalb des Agulhas-Stroms innerhalb mäßiger See läuft, ganz plötzlich auf sehr extreme Verhältnisse stößt. Hätte Zeit genug zur Verfügung gestanden, hätte das Schiff seine Fahrt vermindern können, aber die Grenzzone ist sehr schmal, und es gibt praktisch keine Warnung. Kaum hat man an Bord die Verschlechterung der Seegangsverhältnisse registriert, ist das Schiff auch schon jenseits der Grenzzone und in etwas ruhigerem Wasser. Nur solche Schiffe erleiden Schäden, die an der Grenzzone eintreffen, wenn die Wellenkomponenten phasengleich sind. Nun mäandert der Strom, und dazu lösen sich Stromwirbel, so daß die Lage der Grenzzone sich stündlich ändert und keine präzise Vorwarnung für das gefährliche Gebiet gegeben werden kann. Diese Verhältnisse sind so ins Bewußtsein gerückt, weil sie sich auf einer belebten Schifffahrtsstraße finden. Wenn aber die Erklärung richtig ist, dann können solche Wirkungen in vielen Teilen der Welt auftreten, und für kleine Schiffe können die Folgen ebenso stark fühlbar sein. Das Gebiet der überbrechenden Seen von Portland Bill ist ein Beispiel für die Wildheit des Kampfes zwischen Wellen und Strom. Kein vorsichtiger Skipper auf einem kleinen Boot würde sich hier hineinwagen, wenn See gegen Strom läuft.

Oftmals reist ein Wellenungetüm nicht allein – manchmal sind es zwei oder drei Wellen, alle viel größer als die allgemeine Folge großer Wellen, die man zusammen auftreten sieht, und dann bilden sich natürlich tiefe Täler zwischen ihnen. Manches Fahrzeug muß verlorengegangen sein, wenn es, von der ersten See auf die Seite geschleudert, keine Zeit mehr hatte, sich wiederaufzurichten, bevor die nächste, vielleicht noch höhere Welle auf seine entblößte Seite herunterkrachte. Unter solchen Umständen gibt es keine Überlebenden, die berichten könnten, was geschehen ist.

Zahlen der letzten Zeit von Lloyds zeigen, daß in zehn Jahren durchschnittlich 77 Seeschiffe mit jeweils über 100 t Verdrängung verlorengingen, weil sie der See zum Opfer fielen, nicht etwa Riffen, Untiefen oder Kollisionen. Eines dieser Schiffe hatte mehr als 20 000 t Verdrängung.

Für eine kleine Yacht ist wohl am verhängnisvollsten das Brechen von Seen dann, wenn ihre Steilheit fast die Vertikale erreicht. Es gibt eine theoretische Begrenzung der Höhe, die eine fortschreitende Welle bei einer gegebenen Wellenlänge bewahren kann. Erreicht die Wellenhöhe ein Siebtel ihrer Länge, wird die Beschleunigung der Wasserteilchen für die Schwerkraft zu groß, um sie zurückzuhalten, und die Folge ist, daß der Wellenkamm sich auflöst. Erreichen die vereinigten Wellenkomponenten diese Höhe, so bedarf es keiner großen Vorstellungsgabe, um zu wissen, was mit jedem Schiff, das sich gerade auf dem Wellenkamm befindet, geschehen wird. Bei starkem Wind kann es natürlich auch nur den Anschein haben, als brächen die hohen Wellen einfach dadurch, daß ihre Kämme fortgeweht werden. Die auf ein sich vorübergehend in Lee befindliches Fahrzeug hingewehte Wassermenge kann das Leben dort jedoch, gelinde gesagt, recht ungemütlich machen.

Daß bestürzend hohe Wellen unter sonst nicht ungewöhnlichen Wetterverhältnissen vorkommen, beschränkt sich nicht allein auf die tiefe See. Läuft eine Welle über eine flache Bank, wird ihre Geschwindigkeit gebremst und daher die Entfernung zwischen einem Wellenkamm und dem folgenden (die Wellenlänge) vermindert; die Energie wird auf eine kleinere Fläche zusammengedrängt, und daher muß die Wellenhöhe anwachsen. Die Folge ist, daß die Wellentätigkeit über flachen Bänken und auch am Strand gefährlicher sein kann als über tiefem Wasser. Wir sahen schon, welche Wirkung Wellen haben, die in tiefem Wasser auf Strom stoßen; in flacherem Wasser kann der Strom stärker sein und die Wirkung auf die Wellen noch viel dramatischer. Eine Welle wird sogar vollständig abgebremst, wenn sie auf einen Gegenstrom stößt, der mit einem Viertel der Wellengeschwindigkeit fließt. Dann baut sich ein furchtgebietender Wasserwall auf. In diesen beiden Fällen gibt es dann eine Fläche turbulenten Wassers, die einer andauernden Störung unterliegt und die schon aus weiter Entfernung ausgemacht werden kann. Wellengebilde in solchen Gebieten können natürlich nicht als richtige Wellenungetüme bezeichnet werden, aber es ist trotzdem klug, einen weiten Abstand von ihnen zu halten.

Im Seegebiet rund um die Britischen Inseln entfernt von den Küsten, haben Geräte zur Messung von Wellenhöhen gezeigt, daß auch unter normalen Bedingungen recht hohe Wellen auftreten können, und zwar ohne im mindesten unwahrscheinlich zu wirken. In jedem Jahr wird die höchste Welle vor Land's End vom Wellental zum Kamm über 15 m hoch sein. Selbst im Ostteil des Kanals, in der südlichen Nordsee und in der Irischen See werden die höchsten Wellen wahrscheinlich über 9 m messen. In der nördlichen Nordsee werden sie wahrscheinlich 18 bis 21 m hoch sein und draußen im Atlantik 20 bis über 24 m. Die Zahlen beziehen sich auf ein durchschnittliches Jahr. Bei Jahren mit schlechtem Wetter werden die Wellen noch höher sein.

Wir haben Wellenungetüme unter Hinweis auf Beobachtungen von seegehenden Schiffen veranschaulicht. Der gleiche Mechanismus läßt sich auf Seewellen jeder Höhe und Länge anwenden, so daß der Skipper einer kleinen Yacht, der zu seinem Vergnügen in Küstengewässern segelt, ein genauso aufmerksames Auge für das Ungewöhnliche haben muß wie der Skipper einer Hochseerennyacht in der Mitte des Ozeans oder der Kapitän eines großen Dampfers im Sturm. Wellenungetüme im Tiefwasser kommen zwar in einer ungeheuren Vielzahl von Formen und Größen vor, sie zeichnen sich aber alle durch das gemeinsame Merkmal aus, daß sie mit wenig oder ohne Vorwarnung auftreten, daß jede solche Welle kurzlebig ist und daß sie alle für den achtlosen Seemann verhängisvoll werden können.

Die Yacht: Entwurf und Konstruktion

Den für schweres Wetter erforderlichen Eigenschaften von Yachten und ihrer Ausrüstung könnte man ein ganzes Buch widmen – so vielseitig ist dieses Thema. Ich werde es an dieser Stelle nur allgemein, vorwiegend unter Berücksichtigung der in den vorhergehenden Kapiteln beschriebenen Erfahrungen, behandeln.

Die Leistungsfähigkeit einer Yacht in schwerem Wetter oder in einem Sturm hängt nicht allein von Wind und Seegang ab. Sie ist genauso bedingt durch die Yacht selbst, wenn man sie als eine Einheit begreift, die Entwurf, Segelriß, Bauweise und insbesondere die Beschaffenheit des Rumpfes, Mastes, der Takelage und Segel und die Stärke und Erfahrung ihrer Mannschaft umfaßt.

Die Größe allein ist für das Überleben bei schwerem Wetter nicht von ausschlaggebender Bedeutung, wie es immer wieder von sehr kleinen Yachten bewiesen worden ist, die den Atlantik, ohne Schaden zu nehmen, überquert haben. Denken wir an die wachsende Anzahl kleiner Schiffe, die lange Reisen durchgeführt haben, darunter den 5-Tonner CARDINAL VERTUE von Bill Nance und die 6 m lange Yawl TREKKA, mit der John Guzwell die Welt umsegelte. Trotzdem – es gehört eine gute Portion Glück zur erfolgreichen Durchführung langer Reisen, einerlei, ob es sich um große oder kleine Yachten handelt, aber wenn es soweit kommt, den mächtigen Graubärten des südlichen Ozeans oder des Gebiets rund um Kap Hoorn ins Auge zu sehen, hat eine große Yacht eine bessere Chance als eine kleine.

Für die üblichen Zwecke, worunter ich Touren- und Regattasegeln innerhalb eines Umkreises von 100 sm vom eigenen Heimathafen verstehe, ist die beste Größe einer Yacht für schweres Wetter wahrscheinlich ein mittleres Deplacement bei einer Lüa von etwa 10 bis 11 m, vielleicht auch ein wenig mehr oder weniger, und rund 10 bis 15 t nach Themsevermessung. Ich möchte das als eine mittlere Größe bezeichnen, obgleich ich weiß, daß die Durchschnittsgröße einer seegehenden Yacht in Amerika darüber liegt. Auf einem Schiff dieser Art läßt sich noch vieles allein mit der Muskelkraft eines einzigen kräftigen Mannes schaffen, und es kann bei jedem Wetter leicht von einer normalen Besatzung bedient werden.

Liegt die Größe einer Yacht sehr viel darüber, wird auch die Segelfläche im Verhältnis zur Zahl der Besatzung größer sein. Die einzelnen Segel sind (außer wenn die Segelfläche in eine Anzahl kleiner Segel aufgeteilt ist) schwerer, und der auf ihnen lastende Winddruck bei hartem Wetter ist unvergleichlich viel höher. Die Muskelkraft des einzelnen zählt auf einer großen Yacht weniger; wie kräftig ein Mann auch sein mag – seine Kraft ist winzig gegenüber der von großen Segeln bei starkem Wind ausgeübten Gewalt. Aus diesem Grunde sind es auf einer großen Yacht die Teamarbeit, das Know-how und die Winschen, was zählt, und obgleich ich ein Kleinboot-Segler bin, gebe ich ohne weiteres zu, daß, je größer die Yacht, um so höher die Klasse der Seemannschaft ist, die bei schwerem Wetter erforderlich ist. Das Einreffen muß rechtzeitig vorgenommen, das Ausreffen hinausgeschoben werden, bis das Wetter seine Karten aufgedeckt hat, weil es mehr Zeit beansprucht als auf einer kleinen Yacht, auf der eine geübte Mannschaft das Manöver schnell durchführen kann. Auf der anderen Seite ist eine große Yacht, sobald sie unter kleinen Segeln liegt, behaglicher, und die Törns am Ruder sind bei einer zahlreicheren Besatzung kürzer.

Auf einer sehr kleinen Yacht von, sagen wir, 7 bis 8 m Lüa lassen sich die Segel leichter bedienen. Ein Mann wird ohne Anstrengung damit fertig, aber dafür sind die Bewegungen im Seegang lebhafter, und es ist schwierig, auf dem Vorschiff festen Halt zu bewahren. Ans Reffen muß früher gedacht werden als auf einem mittelgroßen Boot. Bei starken oder stürmischen Winden gegenzusegeln und die hohen, brechenden Seen zu überwinden, verlangt Wucht und Antriebskraft, die einer kleinen Yacht gewöhnlich fehlen. Auch auf anderen Kursen sind kleine Yachten in der Regel im Nachteil, zumal in starken Tidengewässern, wo die See schon bei Windstärke 6 und wenn Wind gegen Strom steht im Verhältnis zur Größe einer Yacht außerordentlich grob sein kann. Eine sehr kleine Yacht scheint sich draußen auf dem Ozean wohler zu fühlen. Gerade in den engen Gewässern heißt es dagegen vorsichtig sein, teils weil ihr die Kraft fehlt, gegenanzugehen, teils weil ihre kleine Besatzung von ein oder zwei Mann sich außer ums Rudergehen, Segelbedienen und Seemannschaft auch noch um die Navigation und die Kocherei kümmern muß, und teils auch, weil ihr der Seegang in Küstengewässern, wenn er auch niedriger ist als auf dem Ozean, leicht noch gefährlicher werden kann.

Der Seegang in heimischen Gewässern darf nicht unterschätzt werden. Schiffsversicherer können bezeugen, wie zahlreich die Schiffsunfälle im Englischen Kanal und in der Nordsee sind. Manche von langer Hand geplante Weltreise hat in Falmouth ihr frühes Ende gefunden, lange bevor der offene Ozean erreicht wurde. H. G. Hasler, der den Atlantik viermal einhand mit seinem 5-t-Folkeboot JESTER überquert hat, erzählte mir, das einzige Mal, daß er mit seinem Boot Havarie erlitten hätte, sei in einem schweren Sturm (dem Ausläufer eines Hurrikans) gewesen, und zwar nicht im Atlantik, sondern 1961 an der Ostküste Schottlands. Die Ursache war, daß er sich in Gezeitengewässern mit ungewöhnlich steilen Seen befand.

Ich möchte alle Neulinge im Segelsport warnen. Sehr kleine Yachten, besonders solche mit großem, offenem Cockpit wie die ZARA, können, vom Sturm überrascht, in Gefahr geraten, außer wenn sie von einem erfahrenen Konstrukteur eigens für schweres Wetter entworfen worden sind.

Während der Sommermonate werden die Seenotrettungsboote in Trab gehalten, um kleine Yachten zu bergen, deren Konstruktion und Ausrüstung ungeeignet sind. Wenn ein Verkäufer auf der Bootsausstellung irgendeine winzige Yacht als „sicher bei Windstärke 7“ empfiehlt, darf man überzeugt sein, daß seine Windstärke 7 in Wirklichkeit eine böige Windstärke 5 ist, und diese kann schon stark genug sein, um Schaden anzurichten.

28 Eine erstaunlich detaillierte Darstellung des Fastnetsturms anhand der vergrößerten Wolkenfotografie eines Wettersatelliten. Das Bild wurde am Montag, dem 13. August, um 16.37 Uhr übermittelt. In der oberen nordöstlichen Ecke ist deutlich Schottland zu erkennen, und in der südöstlichen Ecke zeichnet sich die Bretagne ab. Die Fastnet-Flotte liegt unter den Wolkenmassen in der Mitte des Bildes.

29 Das Rettungsboot von St. Mary auf der Fahrt zum Rettungseinsatz während des Fastnetrennens 1979.

Wenn wir uns jetzt den Fragen des Entwurfs und der Konstruktion zuwenden, kann man sagen, daß es gute Boote unter allen Yachttypen gibt, allerdings auch einige bestürzend schlechte. Das Erstaunliche dabei ist, daß einige große Reisen in Yachten unternommen worden sind, bei denen es sich um jammervoll ungeeignete Fahrzeuge handelte. Ihr Erfolg muß auf die ausgezeichnete Seemannschaft der Besatzung zurückzuführen gewesen sein, und etwas Glück wird auch eine Rolle gespielt haben.

Seetüchtigkeit ist abhängig von dem Geschick des Konstrukteurs. Leichtdeplacementyachten können gute Segelboote sein. Sie lassen sich von einer verhältnismäßig kleinen Segelfläche leicht vorantreiben, die Mast, Takelage und Rumpf geringer beansprucht. Sie sind lebhaft und geben den Seen eher nach als ihnen zu trotzen. Meine erste COHOE war ein gutes Beispiel dafür, aber sie stammte schon aus dem Jahre 1937, und seitdem sind im Bau von Leichtdeplacementyachten große Fortschritte erzielt worden. Das beste Beispiel in diesem Buch liefert die TILLY TWIN (siehe Kapitel „Sturm im Englischen Kanal"). Von Laurent Giles entworfen, besitzt sie die charakteristischen Merkmale von Stärke in Verbindung mit Leichtigkeit, und ihr Eigner meint, sie würde nie den Kanalsturm von 1956 überlebt haben, hätte sie nicht diese Qualitäten in sich vereint. Leichtdeplacementyachten sind nicht immer rank. Ich erinnere mich, wie der große Konstrukteur Charles E. Nicholson mir vor Jahren einmal sagte, daß eine ranke Yacht seiner Ansicht nach durchweg ein gutes Seeboot in dem Sinne abgäbe, daß bei schwerem Wetter ihre Takelage und ihr Rumpf weniger hart beansprucht würden als bei einer steifen Yacht.

Eine gute Schwerdeplacementyacht ist mindestens ebenso seetüchtig wie eine leichte Yacht. Ich war früher ein leidenschaftlicher Befürworter des Leichtdeplacementbaus, aber die COHOE III hat mich zum schweren Deplacement bekehrt, weil sie sich als das bessere Seeboot erwies. Bei gleicher Länge hat sie mehr Platz, aber den Hauptunterschied bilden die ungleich besseren Amwind-Eigenschaften bei wirklich schwerem Wetter. Sie kann viel stärkere Winde aushalten. Dagegen steht, daß sie mehr Segelfläche braucht, um vorangepreßt zu werden, was wiederum härtere Beanspruchung von Mast, Takelage, Segel und Rumpf bedeutet. Dafür kann sich eine Schwerdeplacementyacht entsprechend schwerere Materialstärken, Mast und Takelage leisten. Ich habe in dem schweren Schiff weniger Bruch erlebt als in dem leichten, und nach zehn Jahren harter Regattatätigkeit hatte sich keine Planke gerührt, und die Bordwände waren noch so glatt wie Kunststoff. Die Stärke geht jedoch zu Lasten schwereren Gewichtes, und das ist ein Nachteil bei Hochseeregatten mit leichten oder mittleren Winden. Sollte ich noch einmal neu bauen, würde ich einem mäßigen Deplacement und einem wohlproportionierten Rumpf ohne extreme Merkmale den Vorzug geben.

Zwei Punkte erfordern jedoch Beachtung. Das Heck muß Auftrieb besitzen, um vor stürmischen Winden lenzen zu können, ob mit schneller Fahrt oder vor ausgebrachten Trossen. Die beiden Beispiele, wo Seen über das Heck brachen, illustrieren, wie notwendig ausreichender Auftrieb achtern ist, ohne daß sich bestimmte Regeln für die Heckform aufstellen ließen. LEGH II und JOSHUA besaßen spitze Hecks, die sich selbst in den Stürmen des südlichen Ozeans bewährten, aber es läßt sich auch viel für Plattgatt- und kurze Spiegelhecks sagen. Alle Heckformen müssen kräftig gebaut sein.

Ebenso notwendig ist der Auftrieb vorn. Ich habe einmal eine kleine Yacht mit geradem Steven besessen, ein Bild einer Yacht, aber ihre vorderen Spantenquerschnitte waren so scharf, daß der Bug, selbst auf dem Solent, unter Wasser schneiden konnte. Ein feingeschnittener Vorsteven ist im Sturm nichts wert und erhöht die Gefahr, über Kopf zu gehen.

Hoher Freibord ist, wie TILLY TWIN, PETASUS und CALLISTO beweisen, ein Vorzug, aber ich könnte mir denken, daß ein übertriebener Sprung vorn den Bug bei viel Wind leewärts abtreiben läßt, zumal wenn das Boot unter Maschine läuft. Gerader oder negativer Sprung waren früher eine Beleidigung für meine konventionellen Augen, aber ich komme heute zu dem Schluß, daß sie zur Seetüchtigkeit kleiner Yachten beitragen, da sie für Platz unter Deck sorgen, ohne daß man seine Zuflucht zu hohen Aufbauten zu nehmen braucht, die eine verbreitete Ursache von Konstruktionsschwächen bilden. Als die TOM BOWLING mit ihrem negativen Sprung von einer See übergerollt und entmastet wurde, blieb ihr Rumpf unbeschädigt. Hätte sie hohe Decksaufbauten oder sogar ein Deckshaus besessen, wären diese zweifellos auf der Leeseite geborsten.

Ein mäßig langer Kiel begünstigt eine stetige Ruderführung, während die übermäßige Verminderung der benetzten Oberfläche mancher Hochseeyachten genau das Gegenteil bewirkt. Zum Abwettern von Stürmen ist gegen Schwerter nichts einzuwenden, aber wenn es dazu kommt, einen Sturm, in dem es ums Ganze geht, durchzustehen, können sie eine gewisse Gefahr bedeuten, zumal wenn die Yacht auf die Seite gerollt wird und die durch ihre Breite gewährleistete Stabilität verlorengeht.

Wo auf Ozeanfahrten auch nur die entfernteste Möglichkeit besteht, durchzukentern, werden Innenballast und alle schweren Gegenstände wie Batterien (DOUBLOON) oder Eisschränke (MARIE GALANTE II), die losbrechen und die Besatzung verletzen können, zur Gefahr. Dumas führte auf der LEGH II keinen Innenballast, und Deane hatte 350 kg Innenballast aus seiner TOM BOWLING entfernt und durch einen Bleikiel ersetzt, dem sie wahrscheinlich ihr Überleben verdankte, als sie in der Biskaya fast kenterte.

Die Bauweise überläßt man am besten dem Konstrukteur. Festigkeit ist ausschlaggebend für ein Schiff, das vielleicht Stürme abzuwettern hat, und darf nicht der Leichtigkeit zur Erreichung höherer Renngeschwindigkeit geopfert werden. Der Wunsch, Gewicht einzusparen, kann zu solchen Extremen führen, daß manche dieser Schiffe wirklich nicht mehr geeignet sind, in See zu gehen. Ich habe so ein Schiff gekannt, das in der Biskaya von Windstärke 6 überrascht wurde und beidrehen mußte, weil es anfing, unter Segel auseinanderzufallen. Ich kenne andere, die nach einer Saison leckten wie ein Sieb. Hochseerennyachten bedürfen keiner so leichten Materialstärken, da die Materialvergütung das für Festigkeit erforderliche Extragewicht ausgleicht. Ein Beweis dafür sind die von Sparkman & Stephens gezeichneten Eintonner, die verhältnismäßig kräftige Materialstärken haben.

Für Reisen in gefahrenreichen Gewässern, wie in den hohen Breiten und rund Kap Hoorn, empfiehlt Bernard Moitessier einen Stahlrumpf, und er sollte Bescheid wissen. Aber die Materialstärken von Stahlrümpfen sind unterschiedlich, und ich nehme an, daß JOSHUAS Beplankung ziemlich schwer gewesen ist. Ich weiß von einer aus Stahl gebauten Hochseerennyacht, die sich die eine Bugseite einbeulte, als sie in einem Sturm schwer gegen den Wind anboxte und in ein Wellental stürzte. Sie ging dann auf den anderen Schlag und beulte sich auch die andere Bugseite ein. Danach machte sie, mit beiden Seiten eingebeult, weiter und gewann das Rennen, was schließlich der Sinn der Übung gewesen war. Dieses Erlebnis mag als Beispiel dafür dienen, daß richtige Materialstärken bei Stahlrümpfen ebenso wichtig sind wie bei Holzbauten.

Aufbauten

Hiermit meine ich Kajütaufbauten, Kajütdächer, Deckshäuser, Hundehäuser, Oberlichter und jede Art von Erhebungen über Deck. Die in diesem Buch immer wiederholte Lehre besagt, daß Schäden stets darauf zurückzuführen sind, daß Yachten auf ihre Leeseite geworfen und Deckshausfenster und Kajütseitenwände zertrümmert werden.

Auf einer großen Yacht sind keine hohen Aufbauten nötig. Sie kann sich sogar Sprung und Glattdeck leisten und doch genügend Stehhöhe unter Deck behalten. Es sind die mittelgroßen und besonders die kleinen Yachten, die hohe Kajütaufbauten erfordern, um einen einigermaßen annehmbaren Komfort unter Deck zu gewährleisten. Ihre Höhe läßt sich bei negativem Sprung beträchtlich herabsetzen, wodurch Extra-Stehhöhe gerade da geschaffen wird, wo sie gebraucht wird.

Gerechterweise muß festgestellt werden, daß nur wenige unter den Tausenden von Yachten wegen ihrer hohen Aufbauten in Schwierigkeit geraten sind. Die Erklärung ist, daß der durchschnittliche Eigner nach Kräften versucht, nicht von schweren Stürmen erwischt zu werden, und weil solche Stürme im Sommer sowieso selten vorkommen. Trotzdem bilden Decksaufbauten eine Konstruktionsschwäche, und für Ozeanreisen ist irgendeine Art Versteifung am Platz. Deckshausfenster, eigentlich jedes Fenster muß mit Blenden ausgerüstet sein, die bei Sturm aufgeschraubt werden können. Es wird der Aufmerksamkeit des Lesers nicht entgangen sein, daß Joe Bryars ein Jahr, bevor er in einen Sturm auf Leben oder Tod geriet, die vier festen Fenster seiner DOUBLOON durch kleinere Bullaugen ersetzen ließ. Hätte er diese Voraussicht nicht walten lassen, wäre die Yacht vielleicht untergegangen. Mit Decksbeschlägen sollte man aus Gewichtsersparnisgründen nicht knausern, da sie alle bei schwerem Wetter anfällig sind. Moitessier empfiehlt für Ozeanreisen Stahldeck und -aufbauten oder ein glattes Holzdeck.

Cockpits

Das Cockpit ist beim Lenzen vor stürmischen Winden der verwundbarste Teil einer Yacht, ob man unter bloßen Masten abläuft, Trossen achteraus schleppt oder vor Treibanker über Heck liegt. Dauernd steht es halb voll von dem Gischt der Wellenkämme, und wenn massiv grünes Wasser überkommt, füllt es sich leicht bis zum Rande.

Die überkreuz verlaufenden Lenzrohre und ihre Beschläge sind fast immer zu klein. Sie müssen einen weiten Querschnitt haben, und in einem geräumigen Cockpit sollte es vier Lenzrohre geben.

Ich würde mich nicht wundern, wenn Rohre und Beschläge nur von Lieferanten stammen, die sie sonst in der Bauindustrie für Bäder und Ausgüsse in Wohnungen liefern. Fast die Hälfte der nutzbaren Öffnung geht in dicken Filtern verloren. Daher erfolgt die Entleerung viel zu langsam, wenn eine Yacht wirklich einmal von einer Folge nachlaufender Seen überflutet wird.

Die Cockpitsülls müssen fest gebaut sein. Wird die Yacht einmal von einer Bö flach auf die Seite gelegt, können die Sülls in Lee genauso leicht weggerissen werden wie die Seitenwände der Kajütaufbauten oder des Deckshauses. Eine andere Schwäche sind durchlässige Backskisten im Cockpit.

Wird eine Yacht von einer schweren See überlaufen und steigt grünes Wasser an Deck, erfolgt der erste Anprall am Vorderende des Cockpits. Ein Brückendeck an dieser Stelle erhöht die Festigkeit, und das Achterschott des Kajütaufbaus sollte stark gebaut sein. Der Kajütniedergang sollte mit Brettern abgeschottet und nicht mit Türen verschlossen werden, die stets schwach sind. Besser noch ist es, der Empfehlung von Warren Brown zu folgen, nach der es überhaupt keinen direkten Zugang vom Cockpit zur Kajüte geben sollte. Vielmehr sollte der Einstieg durch ein Luk im Kajütdach erfolgen (siehe Kapitel „September-Hurrikan“).

Die moderne Yacht

Zunächst ein Blick auf die Ozean-Rennyachten. Die Yachtentwürfe sind in den letzten paar Jahren revolutioniert worden, zunächst durch den Einfluß der internationalen Eintonner-Regatten, bei denen Yachten gleicher Rennwerte ohne Vergütung gegeneinander segeln, dann durch die IOR (Internationale Offshore Rule). Die modernen Ozean-Rennyachten sind unvergleichlich leistungsfähiger beim Segeln, ausgenommen vielleicht bei schwerem Wetter. Die Boote sind lebhafter in ihren Bewegungen, und die Segel müssen häufiger gewechselt werden, denn die Segelfläche ist kritisch und muß genau richtig sein, weder zu groß und bestimmt nicht zu klein.

Die Entwürfe für Fahrtenyachten folgen jenen der Ozean-Rennyachten mit Ausnahme der kleineren Boote, bei denen alles darauf zielt, möglichst viele Kojen unterzubringen. In mancher Beziehung sind die älteren Typen mit tieferer Bilge und längerem Kiel und einem Ruder an der gewohnten Stelle den neuen Booten mit kurzem Rennkiel und Skeg vorzuziehen. Einige Regattaraffinessen wie innen geführte Fallen sind für das Fahrtensegeln nicht wünschenswert. Auch wenn die Segeleigenschaften noch so gut sind, braucht man nicht gleich ins Extrem zu gehen.

Takelage und Ausrüstung

Die meisten modernen Yachten sind Slups oder Kutter. Die toppgetakelte Slup ist das ideale Rigg für die kleine Kreuzeryacht, da sie durch den Verzicht auf Backstagen leicht zu handhaben ist. Es ist auch das schnellste Rigg nach den RORC-Vorschriften, aber es gibt, je nach Höhe und Querschnitt, einen kritischen Punkt, den der Mast nicht unterschreiten darf, ohne zu stark durchzubiegen, da er vorn und achtern unterhalb des Vor- und Achterstags nicht abgestagt ist. Der Mast von COHOE III neigte beträchtlich dazu, bis ich ihn um 60 cm verkürzte, um das Schiff auf den niedrigeren Rennwert zu bringen, der für die Eintonner-Regatten vorgeschrieben war. Ich erzielte damit eine außerordentliche Verbesserung.

Seit vielen Jahren habe ich keine Kutter mehr gesegelt, aber erfahrene Segler bestätigen mir, daß sich ihr Rigg für See besser eignet als die Sluptakelung. John Illingworth hat viele seiner Yachten als Kutter gezeichnet. Sie sind besser abgestagt und gestatten eine größere Auswahl von Vorsegeln, was bei hartem Wetter von Nutzen ist. Insbesondere läßt sich am inneren Vorstag eine Sturmfock setzen, um die Yacht bei dichtgerefftem Großsegel besser auszugleichen, oder es wird ein Trysegel gesetzt, wodurch sich der Segelschwerpunkt nach vorn verlagert.

Persönlich habe ich eine Vorliebe für Takelagen mit zwei unabhängig voneinander abgestagten Masten, weil es bei Verlust eines Mastes leichter ist, mit Hilfe des stehengebliebenen Mastes eine Notbesegelung zusammenzuzimmern. Vielleicht ist dieser Gedankengang jedoch beeinflußt von der Tatsache, daß der Anblick von Yachten mit zweimastiger Takelage dem Auge besser gefällt als die konventionellen Slups. Schoner, Ketschen und Yawls sehen von jeher immer aus wie richtige kleine Schiffe.

Die Yawltakelage ist eine gute Takelage. Bei schlechtem Wetter, unter Sturmfock, gerefftem Großsegel und Besan, verteilt sich die Segelfläche auf eine Anzahl kleiner, handlicher Segel, die so hoch gesetzt werden, daß sie auch von schweren Seen nicht erreicht werden können. Die Gefahr eines niedrigen Vorsegels wurde mir 1966 drastisch ins Bewußtsein gerufen, als wir in dem rauhen Wasser südlich von Portland Bill eine Masttoppgenua führten. Der angeblich unzerbrechliche, aus drei rostfreien Stahlrohren zusammengesetzte Bugspriet knickte unter der Belastung zusammen, als eine See in die tiefgeschnittene Genua schlug.

Ein anderer Vorteil der Yawltakelage besteht darin, daß der Besan als Stützsegel dienen kann, wenn es einmal notwendig wird, sich vor Treibanker zu legen. Auf der anderen Seite kann der Besan auch Gefahr bedeuten, wenn ein Wellenungetüm von achtern einsteigt (siehe PUFFIN, Kapitel „Mistral im Mittelmeer"). Die Vorteile einer über mehrere Segel verteilten Segelfläche werden von Ketschen und Schonern geteilt, und von allen Riggs ist die Schonertakelage wohl die hübscheste.

Was die Segel anbetrifft, so gibt es heute weniger Schwierigkeiten als früher, weil Terylene unvergleichlich viel stärker ist als Baumwolle. Nach jedem harten Unwetter erfordern die Segel jedoch eine sorgfältige Überprüfung, ob Nähte gerissen sind oder sich Schamfilstellen zeigen. Rechtzeitig genäht, spart viel Arbeit.

Sturmsegel (Fock und Trysegel) brauchen nicht aus allzu schwerem Material zu sein. Sie müssen zwar Winde bis Sturmstärke aushalten können, aber dafür ist ihre Fläche auch entsprechend klein. Ein Großsegel aus Terylene ist so stark, daß es gerefft als Trysegel dienen kann. Trotzdem ist es nützlich, ein Trysegel mitzuführen für den Fall, daß das Großsegel beschädigt wird, oder als Reservesegel für jede Yacht, die weite Reisen unternimmt. Wird ein Großsegel mit Drehreff verkürzt und befindet sich kein Trysegel an Bord, müssen Reffkauschen und -gatchen vorgesehen sein, so daß bei Versagen des Drehreffs ein starkes Reff eingebunden werden kann.

In dem Kanalsturm von 1956 flogen viele Segel weg, aber die Hauptschwierigkeiten entstanden dadurch, daß sich Schienen hoben und Stagbefestigungen der Segel (Stagreiter usw.) brachen. Sturmfocks sollten an Kopf und Hals am Stag festgeschäkelt werden können, Großsegel- oder Trysegelschlitten dicht zusammenstehen; auch ist es zweckmäßig, für Augen am Vorliek des Trysegels zu sorgen, um dieses am Mast bis hinauf zur unteren Saling anreihen zu können.

Der moderne Leichtmetallmast ist kein Gegenstand handwerklicher Kunst wie der hohlgebaute Mast aus Spruce, aber über seine Leistungsfähigkeit kann kein Zweifel herrschen. Es besteht jedoch die Neigung, Masten zu kleinen Querschnitts zu bauen, um Gewicht und Windwiderstand zu vermindern, was zu absurden Extremen führen kann wie in dem Fall einer Yacht, die drei Masten verlor, bevor sie zu ihrer ersten ernsthaften Regatta startete. Bei den Hochseerennyachten finden Mastbrüche bei schlechtem Wetter nur zu häufig statt und gewöhnlich bei 5 bis 6 Windstärken, wenn die Yachten noch Vollzeug tragen. Bei stürmischem Wetter und unter Sturmbesegelung ist das Risiko des Mastbruchs sicherlich geringer und die Beanspruchung kleiner, außer wenn das Wetter sehr hart ist und das Boot durch eine See auf das Wasser gedrückt wird oder sogar kentert. Mastbruch ist eine ernste Sache, und wenn man denkt, wie häufig sie vorkommt, kann man sich nur wundern, daß nicht mehr Schiffe dadurch verlorengegangen sind. Obgleich die COHOE III einen starken Mast und eine feste Takelage besitzt, bin ich immer besorgt, wenn wir bei schwerem Wetter dicht unter einer Leeküste Regatta segeln.

Für das stehende Gut bevorzuge ich verzinkte Stahldrahtwanten und Spleiße. Das kommt teurer als rostfreier Stahl, weil sie häufiger ersetzt werden müssen, aber ich kann wenigstens sehen, wann sie rott werden, während Ermüdungserscheinungen beim Nirostarigg schwer zu identifizieren sind, bevor der Draht bricht. Es gibt auch gewisse Zweifel an der Verläßlichkeit von Preßhülsen-Endbeschlägen. Außen am Mast geführte Fallen sind den Luftwiderstand sparenden Fallen im Mast vorzuziehen, da sie bei Bruch repariert oder ersetzt werden können. Blockscheiben müssen einen großen Durchmesser haben.

Mastbrüche sind meistens nicht auf den Mast selbst, sondern auf Bruch der Salinge, Wantspreizen, Spannschrauben oder Schäkel zurückzuführen. Alle diese sollten daher von erster Qualität und groß genug dimensioniert sein, um eine Sicherheitsmarge zu bieten. Karabinerhaken, rostfrei oder verzinkt, brechen – allen Versicherungen ihrer Hersteller zum Trotz – so oft, daß in einer von Hochseeregatten erfüllten Saison oder in einem Transatlantikrennen große Mengen von ihnen verbraucht werden. Auf Langfahrt, wo die Yachten im allgemeinen nicht so hart gesegelt werden, ist Bruch viel seltener.

Ausrüstung

Man sollte sich die Bestimmungen ansehen, die die Mindestausrüstung von Yachten festlegen, die in IOR-Regatten segeln. Sie unterscheiden vier Kategorien von Seegebieten, von Langstreckenfahrt bis zu kurzen Fahrten in Landnähe. Bei der Kreuzer-Abteilung des Deutschen Segler-Verbandes ist eine entsprechende Broschüre erhältlich. Der Titel: „Sicherheitsrichtlinien – internationale und nationale Richtlinien für die Ausrüstung und Sicherheit seegehender Segelyachten". Die nachstehenden Anmerkungen sind keineswegs überholt, nur gehen die Sicherheitsrichtlinien mehr ins Detail.

Radarreflektoren. Bei sehr schwerem Wetter, hoher See und sprühendem Gischt ist die Reichweite der Positionslichter gering; das einzige Licht, das sich vielleicht aus angemessener Entfernung ausmachen läßt, ist das über den ganzen Horizont sichtbare Topplicht. Bei einem Radarreflektor verbessern sich die Aussichten, daß eine Yacht von der Dampferbrücke aus wahrgenommen wird.

Dingi. Starr gebaute Beiboote können bei sehr stürmischem Wetter eine Gefahr bedeuten. Sie können fortgeschwemmt oder von einer See zertrümmert werden, und wenn sie sich losreißen, können sie die Besatzung verletzen, eine Gefahr, über die sich Warren Brown Gedanken machte (FORCE SEVEN, Kapitel „September-Hurrikan"). Zweifellos ist ein aufblasbares Gummiboot besser als ein starres Dingi, weil es unaufgeblasen unter Deck oder aufgeblasen auf Deck verstaut werden kann, wo es niemandem Schaden zufügen kann, selbst wenn es sich losreißen sollte.

Rettungsinseln. Umstände können eintreten, unter denen eine Rettungsinsel die einzige Überlebenschance bietet. Sie muß imstande sein, die ganze Besatzung zu tragen, und zu ihrer Ausrüstung müssen gehören: Blasebalg, Signalstablampe, Hand- und Fallschirmleuchten als Notsignale, Ölfaß, Reparaturbeutel, Paddel, Messer und Wurfleine. Zwieback und Wasser befinden sich manchmal beim Pack; wenn nicht, müssen sie hinzugefügt werden, bevor die Insel losgeworfen wird. Ein Schutzdach ist wünschenswert, da die Hauptgefahr darin besteht, daß die Insassen dem Wetter ausgesetzt sind; auf der anderen Seite könnte ich mir vorstellen, daß ein Schutzdach im Sturm den Windwiderstand erheblich erhöht und damit auch das Risiko, zu kentern. Die Rettungsinseln müssen jedes Jahr überprüft werden, weil trotz des Überzuges erstaunlicherweise immer wieder Wasser hineingerät und dort oft, selbst nach einer Saison schon, Schaden a-nrichtet. Die Plazierung einer Rettungsinsel an der richtigen Stelle erfordert einige Überlegung, da sie im Notfall schnell verfügbar sein muß. Die Erfahrung der Besatzung der FORCE SEVEN möge als Lehre dienen, als es in einem Hurrikan 25 Minuten dauerte, bis die Rettungsinsel vom Vorschiff in das Cockpit geschafft war (Kapitel „September-Hurrikan").

Nebelhorn. Dieses Instrument muß selbstverständlich bei Regen und schlechter Sicht zur Hand sein, aber viele Nebelhörner sind bei stürmischem Wetter gegen den Wind nicht vernehmbar.

Bug- und Heckkorb und doppelte Relingsdurchzüge. Wenn sie ihren Zweck erfüllen sollen, müssen diese Ausrüstungsteile stark genug und die Relingsstützen durchgebolzt sein. Sie können brechen und noch öfter verbiegen. Handläufe haben gewöhnlich eine Mindesthöhe von 60 cm, um die Genuaschoten möglichst wenig zu stören, aber 60 cm sind eigentlich zu wenig für einen großgewachsenen Mann.

Stabile Blenden. Fensterblenden, festschraubbar über allen Deckshausfenstern von mehr als 20 cm Höhe, sind unbedingt erforderlich; sonst gibt es fast immer Bruch, wenn eine Yacht von einer See auf die Seite gerollt wird, und ich habe viele Beispiele dafür zitiert.

Bilgepumpen. Zwei sind das mindeste; am besten, wenn sich eine vom Cockpit und die andere unter Deck betätigen läßt. Sie müssen mit Saugkörben oder Drahtsieben versehen sein, um Verstopfungen zu verhindern (siehe PUFFIN, Kapitel „Mistral im Mittelmeer"). Auch zwei Pützen sollten sich an Bord befinden, um im Notfall Wasser aus der Bilge zu schöpfen oder bei der Ausleerung des Cockpits mitzuwirken, wenn die Entwässerungsrohre nicht ausreichen.

Luken und Oberlichter müssen gesichert sein, um nicht über Bord und verlorenzugehen.

Rettungswesten für jedes Besatzungsmitglied; wegen des Typs siehe Kapitel „Sturm im Englischen Kanal".

Rettungsringe oder -bojen. Zwei, von denen einer oder eine in Reichweite des Rudergängers hängen und mit einem selbstentzündlichen Licht versehen sein muß. Eine hellstrahlende elektronische Blitzleuchte erwies sich als von unschätzbarem Wert für die SCYLLA, als ein Mann ihrer Besatzung nachts über Bord ging (Kapitel „Biskayastürme"). Eine der Rettungsbojen sollte von schwerer Ausführung (siehe GALLOPER, Kapitel „Die Fastnetstürme 1957") oder mit einem Schleppsack versehen sein. Die U-förmige Rettungsboje gilt als der beste Typ. Rettungsringe können, wenn sich das Cockpit mit Wasser gefüllt hat, von einer See fortgeschwemmt werden. Es ist ein besonderes Problem, dies durch geeignete Anbringung zu verhindern und doch den Rettungsring griffbereit zum sofortigen Überbordwerfen zu halten.

Sicherheitsgurte. In diesem Buch finden sich viele Beispiele von Männern, die von Seen über Bord katapultiert oder gespült wurden. Der gefährlichste Aufenthaltsort bei schwerem Wetter ist das Vorschiff, wo Vorsegel gewechselt und Spinnaker gesetzt und geborgen werden müssen. Hierbei können keine Sicherheitsgurte getragen werden, weil sie die Bewegungsfreiheit einschränken, aber Strecktaue oder Stahldrahtleinen können an Deck gespannt werden, an die man Sicherheitsleinen festhakt und so die Freiheit erlangt, sich nach vorn und achtern zu bewegen. Die Gefahr ist jedoch so offensichtlich, daß die Mannschaft stets versuchen wird, sich mit einer Hand festzuhalten. Die meisten Unfälle finden in der verhältnismäßig sicheren Umgebung des Cockpits statt, wenn die Sicherheitsgurte bei Ablösung des Rudergängers vorübergehend abgelegt werden oder wenn ein Mann von unten an Deck steigt, um den Abfalleimer zu entleeren, sich zu erbrechen oder die Wache anzutreten. Bei sehr hartem, stürmischem Wetter können Seen (vor allem unerwartete Wellenungetüme) an Deck brechen und Männer über Bord reißen, doch in fast jedem Fall werden sie dank ihrer Sicherheitsgurte gerettet. Immer wieder haben Sicherheitsgurte ihre Eignung als Lebensretter bewiesen. Die Gurte und vor allem die dazugehörigen Beschläge müssen kräftig sein. Sie verlangen richtige Unterbringung und Pflege, um sie in gutem Zustand zu erhalten. Die Rettungsleine des Rudergängers hat kurz zu sein, um ihn auf seinem Platz festzuhalten.

Notsignale. Eine mittlere Ausrüstung könnte aus folgendem bestehen: 4 rote Fallschirmsignale, 4 rote Handfackeln, 4 weiße Handfackeln (zur Warnung von Schiffen bei Gefahr vor der Kollision mit der Yacht) und 2 orangefarbene Rauchtagsignale. Notsignale müssen in einem wasserdichten Behälter verstaut sein. Handfackeln werden mit der Zeit unbrauchbar. Wenn sie bei schwerem Wetter an Deck gebracht werden, sollten sie vorübergehend in Plastikbeutel, die mit Gummiband verschlossen sind, getan werden.

Notsteuerung. Brüche von Steuerrad oder Pinne sind bei rauhem Wetter keineswegs selten, und dann ist es notwendig, irgendeine Art von Steuerung zu finden, um den Ruderpfosten zu bewegen. Ein gebogenes Stahlrohr als Pinne mit einem Beschlag, der sich um den Ruderpfosten festschrauben läßt, bildet einen brauchbaren Ersatz für eine gebrochene Pinne. Ruderbrüche kommen fast ebenso häufig vor wie Mastbrüche, und trotzdem haben Eigner und Mannschaften ihre Schiffe entweder mit Hilfe ausbalancierter Segel oder durch die Konstruktion von Ruderriemen oder einer Kombination von beiden heil nach Hause gebracht. Solche Passagen zurück in den Heimathafen, sei es ohne Ruder oder unter Notbesegelung, haben oft Beweise hervorragender Seemannschaft geliefert.

Erste Hilfe. Eine umfassende Erste-Hilfe-Ausrüstung zusammen mit den erforderlichen Anwendungsvorschriften ist natürlich ein Muß auf jeder Segelyacht. Unfälle ereignen sich eher bei stürmischem Wetter und aufgewühlter See als unter normalen Verhältnissen. Verrenkungen kommen häufig vor, und Rippen sind schnell gebrochen, wie es Humphrey Barton auf VERTUE XXXV und Joe Byars auf DOUBLOON passierte. Als PUFFIN flach aufs Wasser geworfen wurde, brach sich eine Mitseglerin das Nasenbein. Kleinere Verletzungen und Quetschungen sind häufig. Mittel zur Behandlung von Brandwunden und Verbrühungen sind unentbehrlich, weil Kessel und Kochtöpfe bei sonst friedlichen Umständen plötzlich vom kardanisch aufgehängten Herd abspringen können, wenn das Schiff plötzlich von einer unerwartet hohen See erfaßt wird. Auf COHOE III hatten wir im Salon in der ganzen Länge des Kajütaufbaus auf beiden Seiten, in der Mitte, in der Kombüse und der Navigationsecke und wo immer sie sich sonst anbringen ließen, auch an Deck, feste Handgriffe und -leisten.

Werkzeug. Ein für einfache Reparaturen ausreichender Satz Werkzeug muß sich auf jeder Yacht befinden. Es ist gut, wenn sich eine Drahtschere darunter befindet, um bei Mastbruch rasch das stehende Gut kappen zu können. Die Werkzeugkiste sollte so umfangreich wie möglich sein.

Proviant und Wasser. Bei Planung einer langen Reise, selbst bei einer längeren Passage wie zum Beispiel über die Biskaya, wird die Verproviantierung im allgemeinen sorgfältig geplant, so daß man im Falle einer Havarie auf Reservevorräte zurückgreifen kann. Bei gewöhnlichen Fahrten von nicht mehr als etwa 100 sm braucht der Verproviantierungsfrage nicht die gleiche Aufmerksamkeit gewidmet werden, da die Vorräte im nächsten Hafen ergänzt werden können. Beim Wettsegeln im Rahmen einer der üblichen Seeregatten von etwa 200 sm deckt der Reservevorrat aus Gründen der Gewichtsersparnis nur die Verpflegung für einen Extratag. Meine Selbstgefälligkeit in dieser Sache erhielt einen schweren Schlag, als ein Freund von mir das folgende Erlebnis schilderte. Seine Yacht hatte in dem Little Russel ihren Mast verloren, und die Tide trieb sie südlich von Guernsey vorbei. Hier besorgte das Weitere der Wind, der sie rund um Ushant und bis an den Rand der Biskaya wehte, ohne daß es ihr unter der Notbesegelung gelungen wäre, Fortschritte in östlicher Richtung zu machen. Als die Yacht schließlich einen Hafen erreichte, war die Besatzung fast am Verhungern. Es erscheint unglaublich, daß so etwas in einer Gegend passieren kann, wo sich eine Unzahl von Schiffen und Fischerfahrzeugen aufhält, aber die Geschichte ist tatsächlich wahr. Die Notsignale sind von keiner Seite wahrgenommen worden.

Die Lehre hieraus ist, daß die See ein sehr weiter und leerer Raum sein kann, wenn man in Schwierigkeiten gerät. Die meisten Yachten (einschließlich meiner eigenen) führen unzureichende Mengen an Proviant und Wasser in Reserve. Ich habe bereits den Mindestwasserverbrauch erwähnt (Kapitel „Stürmisches Santander-Rennen"). Wenn irgend möglich, sollte es zwei oder mehr unabhängige Wassertanks geben, die durch Absperrhähne voneinander abgeschlossen werden können. Auch ist es wesentlich, Notwasserrationen in getrennten Behältern aufzubewahren. Was den Proviant anbetrifft, stellen Kohlehydrate (Zwieback, Zucker, Süßigkeiten usw.) die kompakteste Form von Notration im Ernstfall dar.

Der Fastnetsturm 1979

Von Adlard und Ross Coles

In der ganzen Geschichte des Royal Ocean Racing Club (RORC) gab es verhältnismäßig wenige ernste Vorkommnisse bzw. Unglücksfälle – bis zum Fastnetrennen 1979. Die Geschichte dieses Rennens geht bis auf das Jahr 1925 zurück, und außer Colonel Hudson von der MAITENES II waren keine Menschenleben zu beklagen.

Am Ende dieses Kapitels werden von Alan Watts die außergewöhnlichen Wetterbedingungen während dieser Wettfahrt analysiert, jedoch sind an dieser Stelle einige allgemeine Erläuterungen dazu erforderlich.

Der Wind erreichte über weiten Teilen des Seeraums zwischen den Scillyinseln und dem Fastnet Rock Sturmstärke 10 (48 bis 55 kn). In Böen wehte es zeitweise mit Orkanstärke. Die Depression näherte sich von Westen her dem St. George's Channel und brachte südliche Winde, die später über West auf Nordwest drehten (siehe Bild 28). Die meisten Regattateilnehmer glauben, daß die außergewöhnlich steilen und durcheinanderlaufenden Kreuzseen dadurch entstanden sind, weil sie sich in ganz kurzer Zeit aufbauten.

Wie auch immer diese extremen Seebedingungen zustande kamen, ihre Folgen für die zwischen den Scillyinseln und dem Fastnet Rock unterwegs befindlichen Yachten waren dramatisch. 15 Menschen verloren ihr Leben, fünf Yachten sanken, und 19 mußten aufgegeben werden, wurden jedoch später wiedergefunden. Niemals in der Geschichte des Segelsports hat es innerhalb einer Zeitspanne von nur neun Stunden so viele Kenterungen und Durchkenterungen, zum Teil bis zu 360 Grad, gegeben.

Bei der Schilderung dieses Sturms und seiner Auswirkungen auf die einzelnen Yachten soll im wesentlichen auf die Hauptereignisse und Erfahrungswerte eingegangen werden. Das Material dazu wurde von den Autoren in persönlichen Interviews mit vielen Crewmitgliedern nach Beendigung der Wettfahrt in Plymouth zusammengestellt. Weitere Quellen waren Fragebögen, Briefe, Telefonate und Diskussionen mit Teilnehmern von über 120 Yachten, die in diesem Rahmen gestartet waren.

Die Beantwortung unserer Fragebögen war außerordentlich aufschlußreich, und wir sind Skippern, Navigatoren und Crewmitgliedern sehr dankbar, daß sie sich die Mühe machten, uns mit detaillierten meteorologischen Daten, teilweise sogar mit Barographenkurven zu versorgen. Es war ermutigend, zu erfahren, daß eine große Anzahl das Buch „Schwerwettersegeln“ gelesen hatte. Während des Sturms versuchten einige Teilnehmer sich sogar an diesem Buch zu orientieren, obgleich dies, genau wie es auch mit Pillen gegen die Seekrankheit der Fall ist, besser hätte geschehen sollen, bevor das rauhe Wetter einsetzte.

Die wichtigsten Vorfälle. Die Überprüfung der Positionen der verschiedenen Yachten, die in großen Schwierigkeiten waren, ergab, daß sie über das gesamte Seegebiet zwischen den Scillyinseln und dem Fastnet Rock verstreut waren. Das bedeutet also, daß sie sich nicht in einem bestimmten Gebiet befanden, wie etwa im Bereich der Labadie Bank. Wie zu erwarten, waren es die kleineren Schiffe, die es am härtesten getroffen hatte, aber die Schwere des Sturms beweist auch die Tatsache, daß selbst drei der 14 ganz großen Yachten der Klasse 0 von einer Kenterung betroffen wurden.

Erst nach Fertigstellung dieses Kapitels erhielten wir den Bericht über die Fastnet-Race-Untersuchung 1979 der Royal Yachting Association (RYA) und des Royal Ocean Racing Club (RORC). Auf diese Untersuchung werden wir im Detail später noch eingehen, doch einige Auszüge schon an dieser Stelle, denn es ist außerordentlich aufschlußreich, die Statistiken des RORC und der RYA zu Rate zu ziehen:

Klasse	gestartete Yachten	Wettfahrt beendet	Wettfahrt aufgegeben	verlassene, aber aufgefundene Yachten	nicht aufgefundene Yachten, wahrscheinlich gesunken	Anzahl der ums Leben gekommenen Crewmitglieder
0	14	13	1	-	-	-
I	56	36	19	1	-	-
II	53	23	30	-	-	-
III	64	6	52	4	2	6
IV	58	6	44	7	1	6
V	58	1	48	7	2	3
gesamt	303	85	194	19	5	15

Im wesentlichen wurden die Yachten von Kenterungen, durch Beschädigungen von Deck und Aufbauten, Wassereinbrüche unter Deck und Mastbrüche betroffen. Besonders in der Gruppe der Admiral's-Cup-Yachten waren vielfach Ruderbrüche zu verzeichnen. Mindestens die Hälfte der Ruderschäden sind auf schlechte oder falsche Konstruktionen zurückzuführen sowie unzureichende Kenntnisse, das neue Carbonfiber-Material auf die richtige Art und Weise zu verarbeiten. Die auf modernen Rennyachten verwendeten besonders leichten Ruderanlagen aus kohlefaserverstärktem Kunststoff sollen vor allem das Heck leicht machen, wodurch man nicht nur eine günstigere Vermessung, sondern auch verbesserte Segeleigenschaften erzielt. Zumindest bei zwei Yachten kann der Bruch des Ruders als Ursache für den Verlust von Menschenleben angesehen werden. Eine war die GUNSLINGER, die etwa 30 Minuten an der Kreuz gesegelt hatte, um einem anderen, in Seenot befindlichen Schiff zu helfen. Etwa weitere 20 Minuten lenzte das Schiff vor Topp und Takel, bevor die Crew sich entschloß, vor dem Sturm abzulaufen. Zwei Stunden später brach das Carbonfiber-Ruder, die Yacht stellte sich quer zur See und wurde flach aufs Wasser gedrückt. Mit der nächsten See wurde sie um weitere 90 Grad gedreht und kenterte durch. Die andere Yacht, die

Trophy, befand sich ebenfalls in einer ähnlichen Situation. Mit der Maschine dampfte sie langsam gegen die See an, um im Notfall einer havarierten Yacht Hilfe leisten zu können. Durch eine außergewöhnlich hohe See wurde die Trophy so stark zurückgeschoben, daß das Carbonfiber-Ruder abbrach. Nach Meinung des Eigners wäre das Ruder nicht verlorengegangen, wäre man mit voller Motorkraft voraus gefahren. Der Ruderbruch leitete dann jedoch folgenschwere Ereignisse ein, die letztlich zum Verlust von drei Menschenleben führten.

Sicherlich war dieser Sturm von außerordentlicher Gewalt, jedoch wurde nur eine einzige Yacht aufgegeben, die größer war als die IOR-Klasse III. Die Golden Apple of the Sun (IOR-Klasse I) wurde ebenfalls Opfer eines schadhaften Ruders. Sie hatte am Dienstag um 05.00 Uhr den Fastnet Rock gerundet. Das Kohlefaser-Ruder erhielt den ersten Schaden etwa gegen 10.00 Uhr und brach um 12.45 Uhr endgültig ab. Eine Notsteueranlage hielt nur bedingt – 40 sm vor Bishop Rock brach sie. Auf Grund der geringen Entfernung der Leeküste und einer weiteren Sturmwarnung entschloß sich die Mannschaft, das Schiff vom Falmouth-Rettungsboot einschleppen zu lassen. Auch eine Anzahl anderer Yachten der Klassen I und II hatten Ruderbrüche zu verzeichnen. Sie waren jedoch durchweg in der Lage, mit Notruderanlagen aus eigener Kraft einen Hafen anzulaufen oder sich einschleppen zu lassen.

Kenterungen. Die Bestimmungen des Royal Ocean Racing Club (Internationale Richtlinien für die Ausrüstung und Sicherheit seegehender Segelyachten, Punkt 3.1. der deutschen Übersetzung) besagen: „Die Rümpfe von Seekreuzern sollen selbstaufrichtend sein. Sie müssen stark gebaut, wasserdicht und in der Lage sein, Brechern und hartem Seeschlag zu widerstehen. Unter selbstaufrichtend ist zu verstehen, daß eine Yacht ein selbstaufrichtendes Moment haben muß, wenn der Masttopp bei gesetztem Groß- und Vorsegel das Wasser berührt.“ Im Sinne dieser Bestimmungen haben die modernen Yachten mit ihren vergleichsweise glatten Decks durchaus einen Vorteil gegenüber Yachten der 50er Jahre, die oft große Aufbauten und Deckshäuser mit großen Fenstern hatten.

Der RYA-RORC-Report weist aus, daß etwa die Hälfte aller teilnehmenden Yachten eine oder mehrere Kenterungen bis zu 90 Grad hinnehmen mußte. Ein Drittel aller Yachten wurden über die horizontale Lage hinaus gekrängt. Ein bemerkenswertes Beispiel für die Durchkenterung einer Klasse-I-Yacht ist der deutsche Admiral's-Cupper Jan Pott. Sie befand sich bereits unter Segeln, auf dem Kurs zurück zu den Scillyinseln, als sie eine 360-Grad-Kenterung machte und dabei den Mast verlor. Es ist auffällig, daß die Yachten, die ebenfalls eine 360-Grad-Kenterung machten, beinahe allesamt ihren Mast verloren, während jene, die zwar durchkenterten, sich jedoch zur gleichen Seite hin wieder aufrichteten, am Rigg keinen Schaden nahmen. Klar ist, daß eine 360-Grad-Kenterung länger dauert und für die Crew sowohl an als auch unter Deck wesentlich gefährlicher ist. Wie auch schon in den Jahren zuvor, brachen Masten auch einfach durch den großen Winddruck oder durch Materialfehler.

Abgesehen von Mastbrüchen waren auch Kenterungen die Ursache für erhebliche Schäden an Aufbauten und Decks sowie an den Fenstern, die eigentlich mit Schutzblenden ausgestattet sein sollten (siehe dazu auch Seite 291). In anderen Fällen wurden die Schiebeluks durch den Wasserdruck geöffnet, so daß die Steckschotten wegspülten oder in der Kopfüberlage herausfallen konnten. Auf einigen Schiffen gab es überhaupt keine Vorrichtung, um Schiebeluks und Schotten zu sichern oder sie von innen und außen zu bedienen. Vielfach war das der Grund für starken Wassereinbruch bei hohen Brechern und Kenterungen.

Nach Kenterungen herrschte unter Deck oftmals ein Chaos. Zu gefährlichen Geschossen wurden (neben Mitgliedern der Crew) Batterien und Kocher. Nach den RORC-Bestimmungen sollten diese Ausrüstungsgegenstände gegen Herausfallen gesichert sein, aber auf vielen Yachten erwiesen sich die getroffenen Sicherheitsmaßnahmen als unzureichend. Alles flog durch das Schiff: Wassertanks, Maschinendeckel, Tische, Anker, Radios, Handkompasse, Gasflaschen, Werkzeugkisten, Benzinkanister und Bierkästen. Auch die für den Notfall wichtigen Ausrüstungsgegenstände waren auf den Yachten nicht besser gestaut. Werkzeug, Schwimmwesten, Sicherheitsgurte, Taschenlampen und Seenotraketen lagen häufig in einem undefinierbaren Haufen zusammen, vermischt mit Seewasser und auslaufendem Öl, dazu noch bei totaler Dunkelheit. Man kann sich vorstellen, wie schwierig es dann ist, ein in solchen Situationen notwendiges Teil zu finden. Andere Beschädigungen waren bei den elektrischen Instrumenten zu verzeichnen. Bei Kenterungen ging vielfach die Masttoppeinheit der Anzeigegeräte zu Bruch. Wassereinbruch gab es jedoch auch durch Backskisten sowie durch Lüfter und Kraftstofftank-Entlüftungen.

Führung der Yachten im Sturm. Wir wurden gebeten, in unserem Bericht auch darüber zu schreiben, wie man auf den Yachten segelte, die ihren Weg durch den Sturm trotz äußerst ungünstiger Bedingungen fortsetzten und ins Ziel kamen.

Darüber geben wohl am besten die Berichte zweier Mannschaften Auskunft: der Gewinnerin der Klasse II, ECLIPSE, und der ASSENT, Siegerin in der kleinsten gestarteten Gruppe, der Klasse V.

Die 11,75 m lange ECLIPSE, gezeichnet von dem erfolgreichen Konstrukteur Doug Peterson, war erst kurz vor den britischen Admiral's-Cup-Ausscheidungen fertiggestellt worden. Der Crew verblieben nur wenige Tage, um das Schiff in den richtigen Trimm zu bringen. Während des Fastnetrennens bestand die Crew aus neun erfahrenen Hochsee-Regattaseglern, unter anderem Jeremy Rogers, dem Eigner, seinem Bruder Jonathan und Peter Bruce als Navigator. Um ca. 01.00 Uhr am Dienstag – die ECLIPSE war noch etwa 12 sm vom Fastnet Rock entfernt – traf eine sich brechende See das Schiff von der Seite, so daß es mit etwa 70 Grad aufs Wasser gedrückt wurde. Die Mannschaft barg daraufhin das Großsegel, das zu diesem Zeitpunkt doppelt gerefft war. Später entschloß sie sich, es mit drei Reffs wieder zu setzen. Um 02.55 Uhr rundete das Schiff den Felsen in weitem Abstand, um eine mögliche Grundberührung auszuschließen.

„Das Licht des Leuchtfeuers in den sich brechenden Seen vermittelte einen herrlichen und zugleich furchterregenden Eindruck“, schrieb Navigator Peter Bruce. Nach dem Runden nahm die ECLIPSE-Crew das Großsegel wieder weg und setzte den Weg unter Sturmfock fort; trotzdem betrug die Geschwindigkeit noch 7 kn! Mit dieser Fahrt war das Schiff in der aufgewühlten See gut unter Kontrolle zu halten, was bedeutete, daß es jederzeit schnell und sicher den Ruderbewegungen gehorchte. Die Taktik während des Sturms bewies in allen Bereichen eine wirklich gute Seemannschaft. Man hatte zu jedem Zeitpunkt die richtige Segelfläche gesetzt und war so in der Lage, brechenden Seen auszuweichen, die nicht immer aus der gleichen Richtung kamen. Wichtig war dabei, von den Brechern nicht seitlich getroffen zu werden.

Das Wetter und die Seebedingungen verlangten den mittelgroßen und kleinen Booten alles ab. In der Klasse V gewann die Contessa 32 ASSENT. Sie war die einzige Yacht von 58 Teilnehmern ihrer Klasse, die das Rennen beeendete und im Verhältnis zu ihrer Größe sogar noch eine außergewöhnlich gute berechnete Zeit erreichte. Die Crew bestand aus fünf Seglern, von denen zwei für einige Zeit seekrank waren. Nur jeweils einer war an Deck und sicher im Cockpit angeleint, um zu steuern. Die ASSENT hatte ihre neues Großsegel aus starkem Tuch tief weggerefft und trug dazu noch eine Sturmfock, die schon etwas älter war. Sie lag etwa 60 Grad am Wind, bei einer Geschwindigkeit von 4 bis 5 kn. Anscheinend wurde das Schiff nach folgender Technik gesteuert: beim Heraufsegeln auf die Welle anluven und auf dem Wellenkamm abfallen. Dabei fällt das Schiff zwar leicht in das nachfolgende Wellental hinein, hat aber dadurch auch eine genügend große Geschwindigkeit, um bei der nächsten Welle wieder mit derselben Prozedur beginnen zu können. Das Wichtigste bei dieser Steuertechnik ist, daß die Geschwindigkeit niemals zu gering wird, so daß die Yacht dem Ruder gehorcht und damit unter Kontrolle bleibt. Eine Kenterung mußten die Crew und das Schiff hinnehmen, jedoch wurde der Masttopp nur etwa zehn Sekunden unter Wasser gedrückt. Zu dieser Zeit segelte das Schiff allein unter Sturmfock. Unter Deck geschah nichts. Alles war gut und sicher gestaut. Die Mannschaft war selbst bei der Schräglage von 90 Grad durch große Leesegel, gehalten von Aluminiumrohren, vor dem Herausfallen aus den Kojen gesichert. Der Erfolg der ASSENT ist wohlverdient:

- Sie wurde von einer entschlossenen Crew mit einer guten Moral geführt.
- Der Schiffstyp – von mittlerer Verdrängung, keine extreme Konstruktion – hatte sich schon auf vielen Regatten bei starkem Wind bewährt (freilich nicht vergleichbar mit den Bedingungen anläßlich des Fastnet 79).
- Für das Segeln bei schwerem Wetter wurde die richtige Taktik angewandt.
- Die Crew schlief ausreichend und nahm leichte Mahlzeiten ein, unter anderem viel Kohlehydrate wie Brot, Honig und Cornflakes, dazu Fruchtsäfte.

Es sei noch hinzugefügt, daß sich auf der ASSENT keine elektronischen Anzeigegeräte befanden. Die gesegelten Distanzen wurden mit einem gewöhnlichen Schlepplog gemessen, das am Heckkorb angebracht war.

Will man aus den Erfahrungen dieser beiden, in Form und Größe recht unterschiedlichen Yachten etwas Allgemeingültiges herausarbeiten, dann wäre die Antwort auf die Frage nach dem richtigen Verhalten wohl: immer genügend Segelfläche tragen, um die Kontrolle über das Schiff zu behalten. Der Rudergänger muß die Möglichkeit haben, schnell abzufallen oder anzuluven, um sich, so gut er kann, einen Weg durch die konfus verlaufenden Seen zu suchen. Das gilt für Kurse am Wind, raumschots oder auch vor dem Wind.

Sechs Boote beendeten das Rennen sowohl in der Klasse IV wie auch in der Klasse III. Die Klasse IV wurde von der BLACK ARROW mit einer sieben Mann starken, außergewöhnlich erfahrenen Crew gewonnen. An Bord wurde niemand seekrank. Der Kurs ließ es zu, daß die BLACK ARROW ein wenig freier segeln konnte als die ASSENT. Der scheinbare Wind fiel von etwa 60 bis 70 Grad ein, so daß man die Sturmfock etwas auffieren konnte. Die Crew hatte keine besonderen Vorfälle zu berichten. In der Klasse III siegte die französische Admiral's-Cup-Yacht REVOLOOTION und wurde auch gleichzeitig viertes Schiff nach berechneter Zeit im Gesamtklassement. Der Navigator stellte uns Kopien des Logbuches sowie meteorologische Aufzeichnungen zur Verfügung.

Um das Bild zu vervollständigen, wenden wir uns jetzt den Klassen der großen Yachten zu. In der Klasse I gewann die RED ROCK IV; die größten Yachten jedoch (riesig im Verhältnis zu den Schiffen der 60er Jahre) segelten in der Klasse 0. Die TENACIOUS gewann den Fastnet-Challenge-Cup mit großem Vorsprung. Die CONDOR OF BERMUDA verbesserte den bestehenden Rekord um nicht weniger als sieben Stunden und beendete das Rennen in weniger als drei Tagen. Als einzige Yacht in dieser Klasse gab die BATTLECRY II auf. Sie erlitt Beschädigungen am Rumpf, nachdem sie den Fastnet Rock gerundet hatte, und lief den Hafen von Cork an. Einer der interessantesten Teilnehmer an dieser Regatta war Warren Brown, dessen Erfahrungen in einem September-Hurrikan in dem gleichlautenden Kapitel aufgezeigt sind – man sollte es nochmals lesen. In diesem Fastnetrennen segelte er auf der WAR BABY, einem gut gebauten, starken Zwölfer (ex AMERICAN EAGLE), der jedoch sehr lang und schmal ist. Mit ihrem geringen Freibord neigte die WAR BABY dazu, durch die Seen hindurchzusegeln, statt über sie hinweg. Durch die Tendenz des Schiffes, unterzuschneiden, war Warren Brown gezwungen, die Segelfläche zu verkleinern und so die Geschwindigkeit auf 8 kn zu reduzieren, um nicht Crew und Schiff zu gefährden.

Im Nachhinein kann man feststellen, daß die wohl sicherste Taktik in diesem Fastnetrennen das Weitersegeln war, an der Kreuz mit dem tief weggerefften Großsegel oder einem Trysegel und einer schmal geschnittenen Sturmfock oder, auf raumen Gängen, unter Sturmfock allein.

Die meisten Skipper der kleinen Yachten trafen Maßnahmen wie in jedem Sturm. Viele der Skipper und Mannschaften waren erfahrene Leute, die schon in schwerem Wetter gesegelt hatten – in Bermudarennen oder anderen Regatten –, indes: Die Mehrheit der Segler wurde hier erstmals überrascht, da es in den letzten Jahren in der Hochsee-Regattasegelei kaum schwere Stürme gegeben hatte.

Die gewöhnlichen Sturmtaktiken sind im Kapitel „Verhalten bei Schwerwetter: Schlußfolgerungen“ auf den Seiten 254 bis 260 nachzulesen. Es gibt natürlich Schiffe, die durch ihre außergewöhnlichen Konstruktionsmerkmale ein abweichendes Verhalten verlangen. Da sind die verschiedenen Methoden des Beidrehens, doch war bei den vorherrschenden orkanartigen Winden und den konfusen Kreuzseen richtiges Verhalten sehr schwierig. Im RORC-Fragebogen ist „Beidrehen“ wie folgt definiert: „Die Segel werden mit der Absicht eingesetzt, daß eine Yacht gebremst wird.“ Bei 26 der ausgewerteten Fragebögen wurde nach dieser Art verfahren. Davon auf 13 Yachten mit Hilfe der Sturmfock allein, auf sechs Yachten unter Groß- oder Trysegel. Sieben Schiffe setzten beide Segel ein. Auf acht Yachten saß ein Crewmitglied durchgehend am Ruder, während man auf fünf Schiffen das Ruder festgelascht hatte. Auf den anderen Schiffen hat man vermutlich die Ruderanlage frei schwingen lassen. Auf Bild 5 ist die konventionelle Methode zu sehen.

Als nächstes kommen wir zum Lenzen vor Topp und Takel. Auf Seite 256 heißt es warnend: „In außergewöhnlich heftigen Stürmen und Orkanen ist es wegen der Gefahr, daß die Yacht von einer See erfaßt und um 360 Grad herumgerollt wird, riskant oder sogar unmöglich, vor Topp und Takel zu lenzen.“ Der Sturm von 1979 war sicherlich außergewöhnlich, und dennoch entschieden sich 86 Skipper für diese Taktik, auch der ehemalige Kommodore des RORC, John Roome. Seine Klasse-III-Yacht FLYCATCHER trieb etwa zehn Stunden lang ohne Segel 55 sm südöstlich vom Fastnet Rock, um nicht zu viel Weg nach Lee zu machen. Nachdem der Höhepunkt des Sturms vorbei war, setzte sie das Rennen fort und beendete die Regatta als fünfte in ihrer Klasse. Auf einigen Yachten, die vor Topp und

30 Die amerikanische Yacht ARIADNE *– ohne Mast und von der Crew verlassen.*

31 Rettung dreier Besatzungsmitglieder der TROPHY *durch die* OVERIJSSEL. *Die Rettungsinsel besteht nur noch aus dem umgedrehten oberen Schlauchring. Der untere Ring sowie das Dach wurden schon Stunden vorher von der Insel abgetrennt. Die Überlebenden haben sich mit ihren Rettungsleinen am Ring festgebunden.*

32 Ein Mannschaftsmitglied der CAMARGUE *wird aufgefordert, über Bord zu springen, um vom Rettungshubschrauber aufgenommen zu werden. Die Wessex V rettete alle acht Crewmitglieder dieser Yacht. Der Mast der Yacht verhindert ein noch dichteres Anfliegen des Hubschraubers.*

Takel lenzten, waren am Heck beängstigend krachende Geräusche durch das Einschlagen der Brecher zu hören, was wohl auf die besonderen Konstruktionsmerkmale zurückzuführen ist. Die Mehrheit der Schiffe hat jedoch gute Erfahrungen mit dieser Methode gemacht; sie trieben zeitweise für zehn bis 16 Stunden. Eine beinahe philosophische Antwort gab der Skipper eines Klasse-III-Schiffes, das über 15 Stunden lang vor Topp und Takel gelenzt hatte: „Eine sichere und stabile Lage, immer der Gefahr ausgesetzt, eine vollständige Durchkenterung in Kauf nehmen zu müssen, was jedoch den Umständen durchaus angemessen war."

Die Skipper von 103 Yachten gaben an, vor dem Sturm abgelaufen zu sein. Davon schleppten 46 Schiffe Trossen oder Segel achteraus, die zum Teil verlorengingen. Die Taktik (siehe Seite 259) wird von vielen als die sicherste angesehen, wenn man ausreichenden Seeraum zur Verfügung hat; außerdem beugt sie Ermüdung und Erschöpfung der Crew vor. Zusammenfassend kann man sagen, daß es wenig übereinstimmende Meinungen gab, wie man so einen Sturm abzureiten hätte. Die Statistik des RYA-RORC-Reports gibt keine Aufklärung in dieser wichtigen Fragestellung: Trotzdem haben etwa 80 Prozent in jeder befragten Gruppe eine der vier möglichen Überlebenstaktiken gewählt und würden sie auch bei der nächsten Gelegenheit wieder anwenden. Neben dem Lenzen vor Topp und Takel oder dem Nachschleppen von Trossen versuchten einige Yachten mit Segeln vor dem Wind genug Geschwindigkeit zu erreichen, um blitzartig reagieren und so den Brechern auszuweichen zu können. Andere trieben im Gegensatz dazu vor bloßem Mast vor dem Wind ab, was nur geringe Kontrollmöglichkeit bietet, den gefährlichen Brechern auszuweichen. Viele der Yachten, die das Rennen abbrachen, suchten in Cork oder anderen irischen Häfen Schutz und warteten dort ein Umspringen des Windes ab. Bei ihrer Ankunft empfing man die Mannschaften immer sehr herzlich.

Mastbrüche und Nottakelung Es wurde festgestellt, daß Yachten, die bereits ohne Masten in der See lagen, viel stärker rollten und stärker dazu neigten, 360-Grad-Durchkenterungen zu machen; allerdings war die Drehperiode sehr kurz. Stand der Mast noch, dauerte die Drehung wesentlich länger, denn das Rigg verlangsamte die Drehgeschwindigkeit erheblich. Nach dem Mastbruch riggte die deutsche AC-Yacht Jan Pott mit Hilfe ihres Spinnakerbaums ein funktionsfähiges Notrigg. Mit einem Segelsack als Sturmfock und später noch einer Fock, deren Fußliek man als Vorliek setzte, segelte die Crew die Yacht nach Hause.

Auf vielen Yachten installierte man Notruderanlagen, doch waren sie bei der herrschenden hohen See vielfach unbrauchbar. Eine einzige Yacht segelte über 50 sm ohne Ruder und steuerte mit einer Genua im Schlepp. Ruderwirkung erzeugte die Mannschaft, indem sie an das Schothorn und den Fuß jeweils eine Schot anbrachte. Wollte man anluven, wurde an der Luvseite die Schot geholt und in Lee etwas gefiert. Zum Abfallen gab man die Luvseite nach und holte die Leeschot dicht.

Umstände, die zum Tod führten Auf der Yacht Trophy verloren drei Crewmitglieder ihr Leben. Nachdem die Besatzung in die Rettungsinsel gestiegen war, konnte sie in der Dunkelheit den Treibanker nicht finden. Die instabile Insel überschlug sich und zerriß so in zwei Hälften (siehe Bild 31), daß sich der obere Ring vom unteren abtrennte. Zwei Segler wurden weggespült, ein dritter starb an Unterkühlung. Die amerikanische Ariadne verlor vier Mannschaftsmitglieder (siehe Bild 30). Ein Sicherheitsgurt versagte, doch der genaue Fehler konnte nachträglich nicht festgestellt werden. Die anderen drei waren bereits so erschöpft und möglicherweise so weit ausgekühlt, daß sie nicht mehr die Kraft besaßen, eine Strickleiter, die ihnen vom Frachter NANNA in die Rettungsinsel heruntergelassen wurde, zu ergreifen und an Bord zu steigen. Alle drei wurden von der See fortgespült.

Ein Crewmitglied der GUNSLINGER war gerade dabei, die Rettungsinsel für seine Mannschaftskameraden vorzubereiten. Die Insel kenterte an dem kurzen Festmacher und nahm eine Menge Wasser. Sie riß ab und trieb mit dem Mann an Bord ab. Nach einer Kenterung lag die GRIMALKIN (siehe Bild 33) zwischen zwei und fünf Minuten kopfüber. Ein Mann, der an seinem Sicherheitsgurt unter Wasser geblieben war, mußte losgeschnitten werden. Als er an die Wasseroberfläche zurückgebracht wurde, trieb er ab. Von zwei anderen, die sich in Leinen neben der Yacht verfangen hatten, starb einer zu einem späteren Zeitpunkt.

Die FESTINA TERTIA verlor ein Crewmitglied. Der Mann fiel aus seinem Sicherheitsgurt heraus, möglicherweise, weil der Gurtverschluß nicht richtig eingerastet war. Auf der CAVALE riß der Sicherheitsgurt des Steuermanns bei einer Kenterung. Nur der Karabinerhaken blieb an Deck belegt. Bei allen anderen Mannschaftsmitgliedern hielten die Gurte. Die FLASHLIGHT verlor in einer Kenterung drei Mann vom Deck. Einer konnte an der Leine seines Sicherheitsgurtes wieder an Bord gezogen werden. Ein anderer wurde aus dem Gurt gerissen, während die Leine mit dem Haken an einem starken Decksbeschlag verblieben war. Der dritte hatte sich an der Seereling eingehakt. Sie hielt dem zu großen Zug nicht stand und riß. Einen weiteren Toten, ebenfalls wegen eines zu schwach dimensionierten Sicherheitsgurtes, gab es auf der holländischen VERONIER III. Die Leine brach direkt neben dem Karabinerhaken, möglicherweise geschwächt durch einen Knoten.

Alle diese Fakten seien den Hochseeseglern ans Herz gelegt. Sie mögen einmal darüber nachdenken, wie man bei einem Sturm derartig gefährliche Situationen vermeiden kann.

Trotzdem spielte der Zufall eine erhebliche Rolle. Es gab Yachten, deren Crews während des Rennens auf sehr engem Grat zwischen Leben und Tod wanderten. Sie verdanken ihr Leben einem Zufall oder dem Glück. Es hätten noch mehr Segler den Tod finden können.

Einen bemerkenswerten Bericht verfaßte der Eigner/Skipper der holländischen Yacht CROIX DU CYGNE, Ir. K. van Exter:

„Plötzlich stand eine 10 m hohe Wasserwand direkt über uns. Dann gab es ein brüllendes Geräusch, und im nächsten Moment fand ich mich, an meiner Lifeleine hängend, außenbords, an Steuerbord achtern. Lucas Maas hatte sich nur an den Klampen festgehalten, er trug keinen Sicherheitsgurt. Als er wieder an die Wasseroberfläche zurückkam, war er bereits etwa 40 m achteraus.

Dann geschah etwas, das eher an ein Wunder erinnerte. Dadurch, daß ich auf der Steuerbordseite durch das Wasser schleifte, drehte das Schiff direkt auf Lucas zu. Schon einen Augenblick später konnte er eine Relingsstütze ergreifen. Da das Schiff eine 140-Grad-Kenterung gemacht hatte, dauerte es einige Zeit, bis der Rest der Crew unter Deck wieder auf die Beine kam. Im ersten Augenblick waren sie geschockt, das Cockpit leer vorzufinden, dann hörten sie unser Rufen und zogen uns an Deck.

Als ich wieder am Ruder saß, bemerkte ich, daß die Klampen ausgerissen waren. Daraufhin machte ich mich an einer Winde fest. Ich glaube, daß mein Sicherheitsgurt gerissen wäre, wenn die Klampen den ersten Aufprall nicht absorbiert hätten.“

Rettungen. Schiffbrüchige wurden durch Hubschrauber, Kriegsschiffe, Rettungskreuzer, Küstenmotorschiffe, Fischdampfer oder durch andere Yachten gerettet.

Auf die Probleme der Luft-/Seerettung wird später noch eingegangen, eine Sache sei jedoch jetzt schon herausgegriffen: das Identifizieren der Yachten nach ihrer Segelnummer. Es wäre sicherlich eine große Hilfe, wenn auch die Sturmsegel mit Segelnummern versehen würden. In einigen Fällen waren darüber hinaus die Großsegel so weit eingerefft, daß die Segelnummern sich nicht mehr erkennen ließen.

Eine weniger gute Lösung wäre es, zusätzliche Nummern in den Kopf des Segels zu nähen. Besser sollte man die Nummern gut sichtbar auf das Deck malen, entweder auf beide Seiten der Kajüte oder des Vorschiffs. Ein hellblaues Deck einer ohne Mast treibenden Yacht ist in rauher See nur schwer auszumachen. Das Ausstatten einiger Flächen an Deck mit einem Leuchtanstrich mag zwar nicht sehr attraktiv wirken, ist aber eine große Hilfe für den Luftretter.

Die meisten der Rettungsaktionen von Schiffen aus galten Schiffbrüchigen in Rettungsinseln, nur in einem einzigen Fall (durch den holländischen Zerstörer OVERIJSSEL, der als Begleitschiff die Mannschaft der französischen CALLIRHOE III rettete) barg man direkt von der Yacht ab. Bei so einer Bergung besteht die Gefahr, nicht nur schweren Schaden an der Yacht und dem Rettungsschiff anzurichten, sondern auch die Personen sind in höchstem Maße gefährdet. Es war für die OVERIJSSEL schwierig, sich nach der Rettung wieder von der Yacht zu lösen, die sich wie angeleimt an der Leeseite des Zerstörers hielt.

Die Rettungsschiffe stoppten in Luv quer zu den Seen, so daß sie auf die Yachten zutreiben und ihnen dadurch ruhigeres Leewasser geben konnten. Die Schiffe rollten in diesen Situationen bedenklich mit bis zu 50 Grad Schlagseite, was im Fall der OVERIJSSEL schon an die Grenzen der Sicherheit ging. Einfacher war es, Menschen aus Rettungsinseln zu bergen. Kriegsschiffe hatten in diesem Fall noch einen besonderen Vorteil. Sie haben einen geringen Freibord am Achterschiff und ausgebildete Taucher an Bord, die die Schiffbrüchigen unterstützen konnten. In einem Fall mußte ein verletzter Mann aus einer Rettungsinsel mit einem Rettungsstropp, wie ihn Hubschrauber verwenden, geborgen werden. Aber auch die Unterstützung durch ausgebildete Taucher ist in einigen Situationen nicht mehr möglich. Das war der Fall bei dem Trimaran BUCK'S FIZZ. Er lag in durchgekentertem Zustand auf der See, so daß es für den Taucher zu gefährlich war, in die Kabine zu tauchen. Der Trimaran war dem Regattafeld gefolgt, ohne selbst Wettfahrtteilnehmer gewesen zu sein. Die gesamte Crew fand den Tod; somit erhöhte sich die auf der Unglücksliste der Regattateilnehmer angegebene Zahl von 15 Personen noch um weitere vier Menschenleben.

Einige Segler sagten aus, daß es unter den vorherrschenden Umständen unmöglich gewesen wäre, einer anderen Yacht Hilfe zu leisten. Dies wurde jedoch durch drei Rettungsaktionen widerlegt. Andererseits brachte sich die TROPHY in eine sehr gefährliche Lage, als sie einer Yacht in der schweren See zur Hilfe kommen wollte.

Die französische Klasse-IV-Yacht LORELEI, eine She 36, rettete sieben Crewmitglieder der Klasse-III-Yacht GRIFFIN, nachdem diese in die Rettungsinsel umgestiegen waren und Fallschirmsignalraketen abgefeuert hatten. Bei starker Dunkelheit und schwerer See fand man die Insel, auf deren Dach zwei kleine Lampen brannten. Der Eigner der LORELEI, Alain Catherineau, sagte aus, daß die rote Fallschirmmunition auf größere Entfernung gut zu sehen war. Bei kurzer Distanz zur Rettungsinsel waren die kleinen Lampen sehr hilfreich. Zwischen den beiden Entfernungen wären Handfackeln notwendig gewesen. Man benötigte einige Zeit, um die Schiffbrüchigen zu bergen. Am Anfang lief die LORELEI eine zu hohe Geschwindigkeit, so daß man die Segel wegnahm und die kleine 12-PS-Maschine startete.

Das Schiff war bei dem starken Winddruck außerordentlich schwierig zu manövrieren, und es dauerte eine halbe Stunde, bis die Rettungsinsel dank der Beleuchtung wiedergefunden war. Eine weitere halbe Stunde benötigte man, um alle sieben Mann an Bord zu holen, da die Insel einige Male erneut angelaufen werden mußte. Die Aktion ermüdete sowohl Retter als auch Gerettete sehr stark. Während der Aktion riß das Dach der Insel aufgrund des geöffneten Einstiegs ab. Die Positionslaternen der LORELEI spendeten jedoch ausreichend starkes Licht, um die Insel erneut wiederzufinden. Mit der Crew der GRIFFIN befanden sich 13 Mann an Bord der LORELEI, so daß die Yacht beängstigend tief im Wasser lag. Sie lenzte für die nächsten acht Stunden vor Topp und Takel und setzte dann bei abflauendem Wind die Reise nach Plymouth fort. Die GRIFFIN ist wahrscheinlich gesunken. Sie hatte bei einer Kenterung ein Steckschott verloren, und Fenster sowie Luken waren eingedrückt worden.

Zu dem Zeitpunkt der Kenterung hatte ein Crewmitglied gerade begonnen, die Kleidung zu wechseln, so daß es in der Rettungsinsel, besonders nach dem Verlust des Daches, sehr stark auskühlte.

Der LORELEI wurde der zweite Platz in der Klasse IV zuerkannt, da sie wegen der Rettungsaktion das Rennen abgebrochen hatte.

Später erkannte die Yachting Journalist Association Skipper Catherineau den Titel „Yachtsman of the Year" zu. Außerdem erhielten er und seine Crew die „Medaille für Seemannschaft" der Royal Cruising Association für überdurchschnittliche Seemannschaft und Tapferkeit.

Eine zweite Bergung gelang der DASHER (Klasse I) der Royal Navy. Nachdem die Besatzung das Rennen bereits aufgegeben hatten, passierte sie in der Dunkelheit in dichtem Abstand die manövrierunfähige französische Yacht MALIGAWA III (Klasse V). Glücklicherweise hörte sie ein Rufen von der MALIGAWA, und so gelang es ihr, noch rechtzeitig auszuweichen. Die DASHER segelte unter weit weggerefftem Großsegel; selbst mit Hilfe des Motors war es nicht möglich, zu wenden. Nach einigen Halsen riß das Großsegel; dennoch machte die Yacht unter bloßen Masten noch eine Fahrt von etwa 1,5 kn (zwei andere Yachtbesatzungen berichteten Ähnliches). So war die DASHER in der Lage, auf die französische Yacht zuzulaufen, die mittlerweile nach Lee abgetrieben war. Die Crew ließ zur hilflos treibenden MALIGAWA eine Leine hinübertreiben. Mit der Yacht im Schlepp erreichte sie unter bloßen Masten noch eine Geschwindigkeit von 4 kn. Nach etwa zehn Minuten machte die MALIGAWA eine 120-Grad-Kenterung, was zu diesem Zeitpunkt schon das fünftemal gewesen war. Daraufhin beschloß die Mannschaft, das Schiff zu verlassen und in die Rettungsinsel zu gehen. Mit mehreren Anläufen, sowohl von Luv als auch von Lee, gelang es der DASHER, alle sechs Mannschaftsmitglieder an Bord zu nehmen und sie nach Plymouth zu bringen. Auch hier war während der Rettungsaktion die Verbindungsleine zur Rettungsinsel gebrochen.

Die dritte Bergung durch eine andere Yacht gelang der englischen Klasse-II-Yacht MOONSTONE. Sie rettete von dem französischen Klasse IV-Schiff ALVENA alle sechs Segler. Die ALVENA hatte in einer Kenterung den Mast abgeknickt. Innerhalb von Sekunden hatten der Mast und das Rigg einen ein Meter langen Riß in den Kajütaufbau gerissen. In der Befürchtung, daß das Schiff vollschlagen würde, und weil unter Deck schon eine große Menge Wasser war, ging die Crew gegen 06.00 Uhr in die Rettungsinsel. Fünf Stunden später erreichte die MOONSTONE die Insel, die sich in der Zwischenzeit zweimal überschlagen hatte. Das Schiff nahm alle Segel herunter und startete den starken 40-PS-Motor, mit dem sie gegen den Wind 1,5 kn laufen konnte. Inzwischen war es etwa 11.00 Uhr geworden, und der Wind hatte um ca. 10 kn nachgelassen, aber die See war immer noch extrem hoch.

Nach zwei vergeblichen Anläufen konnte man eine Verbindungsleine ausbringen, und alle Insassen wurden nacheinander von drei starken Crewmitgliedern der MOONSTONE an Bord gezogen. Die Rettungsaktion dauerte nur 30 Minuten. Die ALVENA wurde später in den Hafen von Cork eingeschleppt, obwohl ihre Crew glaubte, sie zehn Minuten nach Verlassen des Schiffes sinken gesehen zu haben.

Die Arbeit der britischen und irischen Rettungskreuzer und der irischen Marine verdient besondere Hochachtung. Sie waren unermüdlich im Einsatz, bargen Segler und schleppten Yachten in Häfen ein. Bild 29, aus einem Hubschrauber aufgenommen, zeigt so einen Einsatz.

Sicherheitsausrüstung Zusätzlich zu den schon beschriebenen Schwierigkeiten bei Rettungsinseln, wie das Abreißen der Dächer, dauerndes Vollschlagen und das Verlieren der Dachbeleuchtung, traten noch andere Mängel auf. Eine Insel verlor ihre stabile Form und brach dann auseinander. In einigen Fällen hätten sie wesentlich robuster und sorgfältiger gebaut sein müssen. Mindestens drei Rettungsinseln, die von gekenterten Yachten aus über Bord geworfen worden waren, bliesen sich nicht auf, obgleich an der mit der Yacht verbundenen Reißleine gezogen worden war. Schließlich waren zwei dieser drei zwar aufgepumpt, jedoch innerhalb einer so langen Zeit, daß eine schnell sinkende Yacht bereits untergegangen wäre. Im dritten Fall, einer gemieteten Insel, funktionierte der Aufpumpmechanismus überhaupt nicht, und die manuelle Pumpe paßte nicht in das Ventil.

Außerdem wurden mangelhafte Befestigungen der Verschlußklappen für die Einstiegsöffnungen, zu schwache Rettungs- und Treibankerleinen kritisiert.

Der Treibanker und andere Ausrüstungsgegenstände sollten standardmäßig überall gleich gestaut sein, so daß die Crew sie auch bei Dunkelheit und bei hartem Wetter finden kann. Licht auf dem Dach der Insel ist unbedingt erforderlich und war einer der wichtigsten Faktoren für die Rettung der Segler der GRIFFIN.

Auf einigen Yachten hatte man zu sicher, auf anderen zu wenig sicher gestaut. Wenn ein Schiff über Kopf liegt, ist der vielleicht schlechteste Platz an Bord eine Backskiste im Cockpit, die mit einem Deckel verschlossen ist. Ein fester Verschluß, den man durch Herausziehen von Sicherungssplinten blitzschnell öffnen kann, erscheint als die beste Lösung. Der Platz der Rettungsinsel sollte in oder in der Nähe des Cockpits sein; nicht zu weit vorn, wie es auf einigen Booten der Fall war. Warren Brown beanstandete, daß viele Yachten ohne einen vorbestimmten Platz für eine Rettungsinsel konstruiert werden. Diesen Platz muß man sich oft erst im fertigen Schiff suchen, was besonders bei kleineren Yachten häufig problematisch ist.

Die Rettungswesten scheinen insgesamt gesehen, bis auf eine Ausnahme, zufriedenstellend funktioniert zu haben. In einem Fall pumpte sich eine Weste zu stark auf und platzte. Möglicherweise hatte man die Jacke bereits aufgepumpt, und der automatische Mechanismus wurde zufälligerweise abgezogen und so in Gang gesetzt. Bei Schwimmwesten, wo ein doppeltes Aufpumpen nicht ausgeschlossen werden kann, ist darum ein integriertes Überdruckventil notwendig. Zwei Tote wurden im Wasser treibend aufgefischt, bei denen sich der Kopf durch die Nackenöffnung der Weste geschoben hatte. (Bei einem von beiden, das stellte sich später heraus, war das jedoch nicht die Todesursache.) Trotzdem wäre es grundsätzlich besser, sich solche Schwimmwesten anzuschaffen, bei denen ein Gurt vom Nackenkissen zum Taillenband geführt wird. Noch idealer wäre es, wenn dieser Gurt auch noch durch den Schritt hindurch auf die Bauchseite des Taillengurtes geführt würde.

Im Cockpit und im Niedergang sollte eine Vielzahl von Befestigungspunkten für die Haken der Sicherheitsgurte vorhanden sein – meist waren es zu wenige. Manchmal mögen die Sicherheitsgurte auf Grund mangelhaften Anlegens versagt haben. Auf jeden Fall gibt es Sicherheitsgurte, die einfacher anzulegen sind, einigen Personen besser passen und mit simpleren Karabinerhaken ausgestattet sind als andere. Es mag sein, daß man für einen schweren Mann eine kurze, aber starke Leine benötigt. Viele Sicherheitsgurte sind jedoch schon mit zwei Leinen, einer kurzen und einer langen, ausgestattet, so daß man beide gleichzeitig einhaken kann. Im Falle einer zu hohen Belastung würde dann die kurze Leine zwar brechen, doch soviel Energie aufnehmen, daß die lange Leine mit großer Wahrscheinlichkeit hält. Die Zwei-Leinen-Gurte sind ein Fortschritt. Sicherheitsgurte sollten immer ein überhohes Maß an Sicherheit gewähren.

Zum Schluß stellt sich noch die Frage, ob man die Gurte mit einem Schnellverschluß an der Körperseite ausstatten sollte. Bei zwei Seglern war zumindest eine der Todesursachen das Schlucken von Salzwasser. Sie waren einige Zeit von ihren Sicherheitsgurten unter Wasser gehalten worden, als die Yacht durchkenterte. Schnellverschlüsse könnten jedoch andererseits auch dazu führen, daß bei eintretender Panik diese Verschlüsse zu schnell bedient werden, was zu durchaus ähnlich schlimmen Folgen führen könnte.

Vielfach wurde von verstopften Pumpen berichtet, doch davon war schon an anderer Stelle in diesem Buch die Rede. Wieder einmal erwiesen sich Eimer als unerläßliches Hilfsmittel, um das Schiff leerzuschöpfen.

Luft- und Seerettung während des Fastnetrennens 1979

Von D. Morgan, Leutnant der Luftbasis Culdrose der Royal Navy (RNAS)

Um 04.45 Uhr, kurz vor der Morgendämmerung des 14. August, wurde der Luftoffizier der Tageswache der RNAS durch einen Anruf des Southern Rescue Co-Ordination Centres, Plymouth, geweckt. Es wurden drei Vorfälle vom Fastnetrennen gemeldet:

1. Die Yacht MAGIC trieb ohne Ruder in hoher See auf der Position 50° 30′N 07° 00′W.
2. Auf Position 50° 40′ N 08° 10′ W war eine Rettungsinsel, besetzt mit vier Personen, gesichtet worden.
3. Im Gebiet der Scillyinseln war eine Yacht auf Grund gelaufen. (Wie man später feststellte, nahm diese Yacht nicht an der Regatta teil.)

Es wurde um sofortige Hubschrauberhilfe nachgesucht. Das Hubschrauber-Notrufsystem wurde augenblicklich in Gang gesetzt; innerhalb von einer Stunde waren die Crews an Bord und zwei Rettungshubschrauber auf dem Weg in das Einsatzgebiet.

Um 07.15 Uhr überschlugen sich die Meldungen über die Zwischenfälle in dem schweren Sturm in der schon fieberhaft arbeitenden Operationszentrale in Culdrose. Die GRIMALKIN war auf einer Position 30 sm nordwestlich von Land's End gekentert. Von einem Flugzeug der Luftwaffe aus wurden auf der Position 51°00′N 07°10′w rote Notsignale ausgemacht. Die Yacht TARANTULA meldete Wassereinbruch und bat dringend um Unterstützung. MUL-

LIGATAWNY, eine Yacht, die ebenfalls nicht an der Regatta teilnahm, hatte den Mast verloren. Position: 50°50′ N 07°30′ W. Die Szenerie an diesem stürmischen Sommermorgen schien immer weiter auszuufern.

Die Rettungsstation in Culdrose ist eine SAR-Station, die während des ganzen Jahres hauptsächlich im Tageseinsatz arbeitet. Die beiden dort stationierten Wessex-V-Helikopter sind für kleinere Einsätze ausgelegt, die beiden großen Westland Sea Kings für Tages- und Nachteinsätze. Sie haben einen großen Aktionsradius und fliegen bei jedem Wetter. Die Sea Kings sind mit vier Personen besetzt, bestehend aus zwei Piloten, einem Beobachter (der gleichzeitig die Einsatztaktik bestimmt und die Navigation macht) und einem Luftretter *(aircrewman)*. Luftretter und Beobachter können je nach Bedarf als Mann an der Winde oder als Retter eingesetzt werden. Letzterer wird dann mit dem Rettungsseil abgelassen. Die kleineren Wessex-Hubschrauber sind mit drei Personen besetzt: einem Piloten, einem Mann an der Winde und einem Luftretter. Die letzteren beiden sind meist als Taucher ausgebildet.

Die Fastnet-Vorfälle machten eine riesige Rettungsaktion notwendig, und schon im Laufe des Vormittags war abzusehen, daß man noch weiterer Hilfe bedurfte. Trotz der Tatsache, daß gerade eine Woche zuvor die Sommerferien begonnen hatten, war es der Einheit sehr kurzfristig möglich gewesen, zusätzliche Mannschaften bereitzustellen. Weitere Unterstützung kam von Einheiten aus Prestwick in Schottland und Yeovilton in Somerset. Die gesamte Operation dauerte drei Tage und beschäftigte viele hundert Personen.

Allein die Gesamtflugzeit der Hubschrauberstaffel von Culdrose betrug 200 Stunden. Weitere Unterstützung erhielt sie von den See-Erkennungsdienst-Flugzeugen Nimrod der Royal Air Force St. Mawgan, den Rettungskreuzern von Sennen, Penlee, St. Ives und St. Mary, der Küstenwacht, dem holländischen Zerstörer OVERIJSSEL, der Fregatte BROADSWORD der Royal Navy und dem Fischereischutzboot ANGELSEY.

Bei dieser Rettungsaktion waren gegen Ende des ersten Tages mit Hubschraubern aus Culdrose allein schon 75 Personen von 17 Yachten in Seenot geborgen worden.

Erfahrungsbericht der Luftretter über Probleme, die während der Aktion auftraten

Das Wetter, in dem die Hubschrauber-Crews ihre Einsätze fliegen mußten, war das weitaus schlechteste, das sie bislang bei ihren Rettungsaktionen erlebt hatten. Die Windstärke im Suchgebiet erreichte 9 bis 10 Bft. Es gab einige kurze Regenschauer, aber meist war die Sicht ausreichend gut.

Das Erkennen der in Seenot befindlichen Schiffe bereitete häufig Schwierigkeiten. Selbst die großen Yachten verschwanden oft für einige Sekunden im Gischt der sich brechenden Seen. Yachten, die mit einem Sprechfunkgerät ausgerüstet waren und sich direkt mit den Helikopter-Crews verständigten, konnten die Rettungsaktion beschleunigen, doch eine große Anzahl von Schiffen hatte diese Möglichkeit nicht.

Fallschirmmunition und Rauchfackeln waren von unterschiedlichem Erfolg. Die Fallschirmmunition war während der Dämmerung noch gut auszumachen, bei heller werdendem Tageslicht nahm die Erkennbarkeit jedoch rapide ab.

Die orangefarbenen Rauchfackeln hatten dagegen fast gar keine Wirkung, denn der starke Wind zerstörte die Farbe, bevor sie überhaupt in größere Höhe aufsteigen konnten. Wenn sich die Yachten in einer Gischtwolke befanden, war von dem Rauchzeichen ebenfalls nichts mehr zu erkennen.

Eines muß an dieser Stelle noch einmal sehr deutlich gesagt werden: *Es sollte niemals eine Signalmunition in Richtung eines Hubschraubers abgefeuert werden!* Sie blendet den Piloten, kann im Cockpit landen und es mit Rauch füllen oder sogar die Rotorblätter beschädigen.

Die für die Erkennung außerordentlich wichtigen Segelnummern waren vielfach nicht in die Sturmsegel eingenäht. Die Namen der Schiffe waren schwer auszumachen, da sie in vielen Fällen sehr lang und in verschnörkelten Schriftzügen angebracht waren.

Die Rumpffarben einiger Yachten unterstützten ihre Erkennung nicht gerade. Leuchtendes Orange oder Rot ist besser auszumachen als ein dunkles Blau, Schwarz oder Grün.

Abbergen mit einem Hubschrauber von einer Yacht

Normalerweise wird ein Hubschrauberpilot nicht das Risiko eingehen und einen Mann direkt auf einer Yacht absetzen. Die Gefahr, daß sich das Rettungsseil in Teilen des Riggs verfängt, ist zu groß. Der Retter, der am Draht hängt, wäre außerdem einer großen Verletzungsgefahr ausgesetzt. Aus diesem Grund birgt man, wenn sich eine Möglichkeit bietet, am liebsten aus der Rettungsinsel ab, die mit dem Mutterschiff verbunden ist. (Es sei denn, daß das Schiff sich im Sinken befindet.) Geht die Rettungsinsel verloren, wird man Personen in der Nähe des Schiffes direkt aus dem Wasser bergen. Wichtig ist dabei auf jeden Fall, daß die Person im Wasser eine Verbindung zum Schiff unterhält, denn es kann stets vorkommen, daß der Hubschrauber wegen Kraftstoffmangels oder Winschschadens zur Basis zurückkehren muß. Der zu Rettende hat so immer noch die Möglichkeit, zum Schiff zurückzukehren, und kann nicht abgetrieben werden. Anders ist eine Rettungsaktion von der Yacht, die ohne Mast treibt. Dabei gilt als Grundsatz, niemals die Rettungsleine an irgendwelchen Yachtbeschlägen zu befestigen, denn wenn Komplikationen auftreten, muß der Pilot, um seinen Hubschrauber zu sichern, das Seil sofort kappen, und damit wäre die Rettungsaktion unmöglich.

Die Erfahrung hat gezeigt, daß Überlebende, die nach Luv ins Wasser gesprungen waren, sich schnell vom Schiff entfernten, da eine Yacht im Sturm sehr stark leewärts abtreibt. Im alleräußersten Fall muß ein Luftretter direkt auf einer Yacht abgesetzt werden, deren Mast noch steht. Das geschieht mit einer Methode, die sich „Rettungsleinentransfer" (*high line transfer)* nennt. Der Retter wird neben dem Schiff abgesetzt. Von dort wirft er eine Leine einer Person zu, die sich auf dem Schiff befindet, und kann dann bei relativ frei schwingender Rettungsleine auf die Yacht geholt werden. Je schlechter das Wetter, desto gefährlicher ist dieses Manöver.

Eine der ersten Yachten, der Hilfe zuteil wurde, war die TARANTULA. Die Crew wurde durch die Luftretter angewiesen, ins Wasser zu springen, um gerettet werden zu können. Nur einer sprang daraufhin über Bord. Die Bergung war bei den schweren Seebedingungen alles anderes als einfach, und es dauerte 20 Minuten, bevor man ihn im Hubschrauber hatte. Angesichts dieser Schwierigkeiten gaben seine sechs Mitsegler ihren Plan der sofortigen Rettung auf, schlossen die Luken und blieben unter Deck sicher an Bord.

Das Rettungsgerät eines Hubschraubers, wie sie die Royal Navy/Royal Air Force benutzt, ist hauptsächlich zu dem Zweck konstruiert, Personen aus dem Wasser zu bergen. Es besteht aus einer doppelten Segeltuchschlaufe von ca. 2 m Länge, an deren Enden Nirostaringe eingenäht sind. Diese werden in den Sicherheitshaken der Rettungsleine eingehakt. Die Schlaufe kann je nach den Erfordernissen auf die notwendige Weite eingestellt werden (siehe Bild 34). Es gibt zwei Methoden des Bergens:

33 Ein Luftrettungsmann ist bereit, mit einer Doppel-Rettungsleine einen Überlebenden von der entmasteten GRIMALKIN *abzubergen.*

34 Der Stropp einer Einfach-Rettungsleine. Zwei Gurte aus breitem Segeltuch werden durch gepolsterte Laschen geschoren und mit Nirostaringen in den Sicherheitshaken eingehängt.

35 Ein Luftrettungsmann kurz vor dem Erreichen eines Verunglückten ohne Bewußtsein. Hier wird die Doppel-Rettungsleine benutzt. Der Retter hat einen Stropp in der Hand. Er selbst sitzt in einem Gurtsitz, der mit einem Bootsmannsstuhl zu vergleichen ist.

Der *Doppel-Lift* ist die übliche Methode, um eine Person zu bergen, die im Umgang mit dem Rettungsgerät nicht geschult ist. Ein Luftretter wird zu der im Wasser treibenden Person in einem Sitz heruntergelassen, der einem Bootsmannsstuhl ähnlich ist. Eine Seite der Schlaufe ist am Haken befestigt, die andere hängt frei. Der Luftretter legt dem im Wasser Treibenden die Schlaufe unter den Armen hindurch über den Rücken an und hakt ihn im Haken ein (siehe Bild 33). Das Gesicht des Geretteten liegt etwa in Höhe der Brust des Luftretters, so daß dieser seine Beine um dessen Taille schlingen kann. Dann gibt er ein Signal nach oben und wird aus dem Wasser gezogen.

Der *Einfach-Lift* wird als Alternative nur bei Professionellen verwendet. Man verfährt im Grunde nach derselben Methode wie beim Doppel-Lift. Der Rettungsstropp wird über den Kopf gestreift und unter die Arme gelegt. Der Drahthaken liegt dann vor dem zu Rettenden (siehe Bild 34). Ein als Taucher ausgebildeter Luftretter kann beim Einsteigen in den Einfach-Lift Hilfestellung geben. Er trägt einen Taucheranzug und kann sich, wenn notwendig, vom Rettungsdraht abkoppeln. Der Einfach-Lift wird auch benutzt, wenn der Retter sich an einem Boot oder an Land sichern kann und er so Hilfestellung zu leisten vermag.

Es ist wichtig, sofort die Luft aus der Schwimmweste des Geretteten herauszulassen, sobald er sich im Hubschrauber befindet. Muß der Hubschrauber notwassern und ist die Schwimmweste noch aufgeblasen, kann es unter Umständen nicht möglich sein, herauszukommen, weil die Schwimmweste sich als Hemmnis erweist und deren positiver Auftrieb dazu führt, daß die Person ständig innerhalb des Hubschraubers an der Wasseroberfläche schwimmt. Somit würde es nur sehr schwer oder überhaupt nicht möglich sein, den tieferliegenden Ausgang zu erreichen.

Die amerikanische Küstenwacht und einige europäische Marinen verwenden auch Netze, um Überlebende aus dem Wasser zu bergen.

Medizinische Aspekte

Das Überleben wurde durch das Vorhandensein der Rettungsinseln erleichtert. Durch den hohen Standard der Schutzkleidung und der Schwimmwesten sowie durch die relativ warme Temperatur des Wassers (16° C) waren Tote durch Erfrieren oder Versinken kaum zu beklagen (siehe Abbildung auf Seite 314).

Häufigste Todesursache während der Regatta war das Ertrinken, hauptsächlich bei Seglern, die vom Deck ihres Schiffes oder aus der Rettungsinsel gerissen wurden.

Eine Schwimmweste kann das Ertrinken kaum verhindern, weil bei rauher See die Wellenköpfe sehr steil sind und dauernd brechen. Das Wasser schlägt fortwährend gegen das Gesicht des im Wasser Treibenden, und meist gelangen durch die Atmung große Mengen Wasser in die Lungen. Aus diesem Grund wird die Royal Navy demnächst ihre Schwimmwesten mit einem Plastik-Gesichtsschutz ausstatten, der das Wasser abhalten soll. Möglicherweise werden derartig ausgerüstete Schwimmwesten schon bald auf dem zivilen Markt erscheinen und in der Hochseesegelei zur Ausrüstungspflicht gemacht werden.

Das Tragen einer Schwimmweste verhindert den schnellen Wärmeverlust des Körpers, da man sich nicht schwimmend über Wasser halten muß. Je mehr sich ein Körper im Wasser bewegt, um so schneller sinkt seine Temperatur. Fällt sie unter 30° C, tritt Bewußtlosigkeit ein, die den Ertrinkungstod beschleunigt, wenn die Atemwege nicht geschützt sind. Es ist daher unbedingt wichtig, sich im Wasser so wenig wie nur irgend möglich zu bewegen.

Die Wassertemperatur war mit 16° C so hoch, daß die in der See Treibenden eine relativ

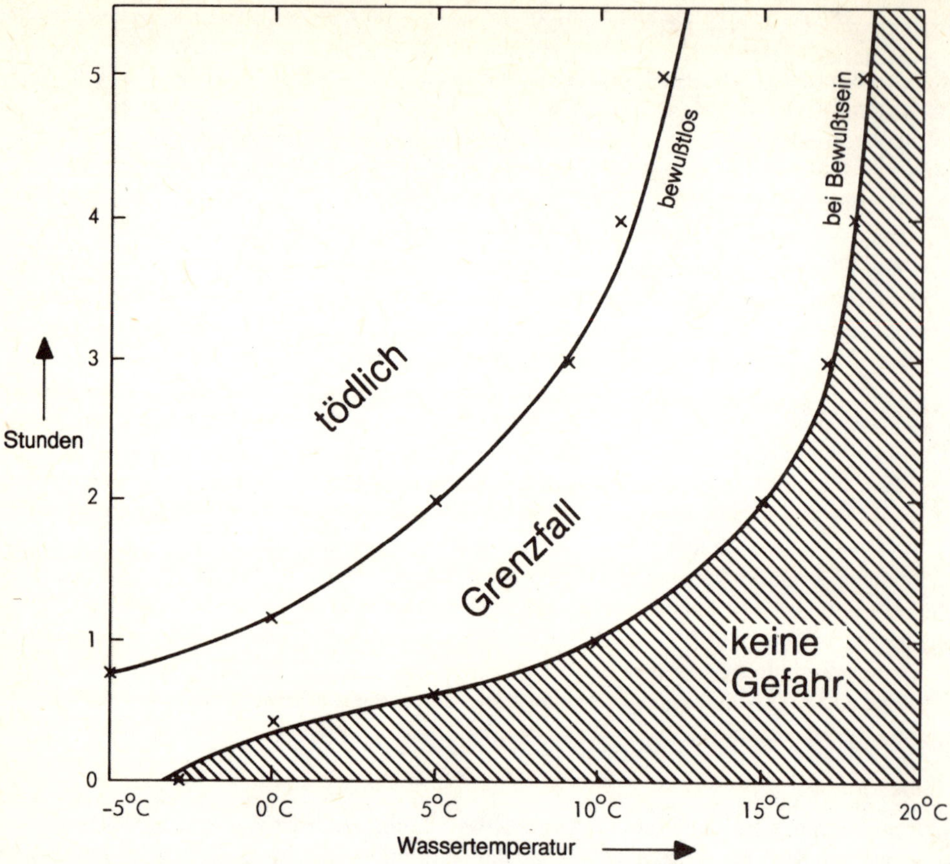

Überlebenschancen im Wasser – nach Zeit im Verhältnis zur Wassertemperatur

lange Überlebenszeit hatten. Bei 16° C weist die Graphik eine sichere Überlebenszeit von mindestens zwei Stunden aus, wenn man normale Bekleidung trägt.* Das Tragen von Ölzeug, schwerer Kleidung und Wärmeunterwäsche kann diese Zeit noch verlängern. Auf der anderen Seite jedoch trugen der starke Wind und die rauhe See dazu bei, das Auskühlen des Körpers beträchtlich zu beschleunigen. Von den 75 geborgenen und nach Culdrose gebrachten Seglern waren bis auf einen alle am Leben. Sie waren bei Bewußtsein, jedoch unterkühlt mit Körpertemperaturen um 33° C. Die Geretteten wurden sofort entkleidet und bekamen ein heißes Bad (41° C), um sich schnellstmöglich wieder erwärmen zu können. Es gab einige ernste Verletzungen, ein Überlebender hatte mehrere gebrochene Rippen, ein

* Dieser Durchschnittswert ist keinesfalls unrealistisch. Während des LAKONIA-Unglücks von Madina im Jahre 1963 starben von 200 im 18° C warmen Wasser treibenden Passagieren, alle mit einer Schwimmweste ausgerüstet, 113 innerhalb von drei Stunden.

anderer ein gebrochenes Handgelenk. Ein paar Schnittverletzungen und Quetschungen mußten behandelt werden.

Es ist weiterhin erwähnenswert, daß schlanke Personen mehr isolierende Kleidung tragen sollten als solche mit größerem Körpergewicht. Sehr wichtig ist das Tragen einer Kopfbedeckung. Sie sollte unbedingt zur Schlechtwetterbekleidung gehören, denn ein beträchtlicher Wärmeaustausch findet über die Kopfhaut statt.

*

In diesem außergewöhnlichen Luft- und Seerettungsdrama suchten Hubschrauber, Rettungskreuzer und andere Schiffe ein Seegebiet von 20 000 Quadratmeilen nach Überlebenden des Fastnetrennens 1979 ab. Das war die größte koordinierte Luft-/Seerettungsaktion, die bislang zu Friedenszeiten stattgefunden hat.

Die Fastnet-Race-Untersuchung von 1979

Auszug aus dem RYA-RORC-Report

Der Report ist ein umfassendes und eindrucksvolles Dokument von 76 Seiten, das in fünf Themengebiete unterteilt ist. Angefügt sind noch Empfehlungen, fünf Zusatzberichte und 66 Tabellen, in denen die Antworten aller angeschriebenen Eigner und Crewmitglieder der 303 Yachten analysiert werden.

Im ersten Teil des Reports werden Hintergrund und Geschichte der vergangenen Jahre des Fastnetrennens dargestellt. Was überraschend erscheinen mag, ist, daß das Fastnetrennen 1979 von vielen als „sehr hart" beschrieben wurde, genau wie das im Jahre 1957, bei dem von 41 gestarteten Yachten nur zwölf das Rennen beendeten. Das Verhältnis zu 1979 ist exakt dasselbe.

Im folgenden Teil setzt sich der Report mit den Wetterbedingungen auseinander. In einem Anhang beschreibt Alan Watts das Entstehen des Tiefdruckgebietes. Nachdem der RYA-RORC-Bericht erschienen war, konnte Alan Watts seine Untersuchungen durch weitere meteorologische Daten und Beobachtungen der Yachten selbst, die auf unsere unabhängige Befragung hin eingesandt wurden, noch erweitern. Dieses war eine erste Gelegenheit für eine Analyse aus Barographenkurven und anderen meteorologischen Beobachtungen von Yachten, die sich draußen, mitten im Sturm befanden. Watts fand heraus, daß die sehr unterschiedlichen Wetterbeobachtungen, die von den Yachten gemacht wurden, ihren Grund in einem nebengelagerten Tief hatten. Watts' Report und Wetterkarten folgen im Anschluß an diesen Beitrag.

Andere Teile des Reports befassen sich mit dem Vermögen der Crews, der Yachten und ihrer Ausrüstung, so einem Sturm zu widerstehen, sowie den Such- und Rettungsaktionen. Im Anhang erscheint eine Darstellung des Instituts für Ozeanographie, in dem Laurence Draper die Seebedingungen im Gebiet der Labadie Bank beleuchtet. Er kommt zu dem Schluß, daß 30 m Wassertiefe oder mehr keinen Einfluß auf die Seebedingungen haben. Die Labadie Bank liegt sogar ungefähr doppelt so tief.

Ein anderer Anhang befaßt sich mit einem Bericht der Wolfson-Vereinigung für maritime Technologie und industrielle Aerodynamik. Man verglich die Stabilitätsverhältnisse von zwei Yachten, die an der Regatta teilgenommen hatten. Eine war ein Halbtonner Baujahr 1976, die andere die Serien-Contessa 32 ASSENT, die als einziges Klasse-V-Schiff die Wettfahrt beendete. Es ist dabei interessant, daß die Contessa ein größeres aufrichtendes Moment hat. Der Punkt, an dem die Stabilität gleich Null ist, tritt bei der Contessa bei 156 Grad auf. Dieser Punkt liegt bei dem Halbtonner bereits bei 117 Grad.

Der Bericht ist im ganzen so weitreichend und umfassend, daß es uns nicht möglich ist, ihm auf den uns zur Verfügung stehenden Seiten gerecht zu werden. Dem Leser sei jedoch empfohlen, sich ein Exemplar vom Sekretariat des Royal Ocean Racing Club, 20 St. James's Place, London SW1A INN, zu beschaffen.

Die im folgenden gemachte Zusammenfassung des Berichtes soll nicht bedeuten, daß wir in allen Punkten vollständig übereinstimmen.

Empfehlungen

Wettfahrt-Organisation. „Das Wetter, das die Fastnet-Flotte erlebte, war ungewöhnlich hart, aber nicht unvoraussehbar. Der Wind erreichte Stärken von über 10 Bft, verbunden mit sehr schwerem Seegang. Bedingungen in dieser Härte sind in der Langstreckensegelei eigentlich nicht unbekannt, und besonders im Seegebiet um die Britischen Inseln können die Hochseesegler immer mit ähnlichen Bedingungen rechnen – auch wenn sie selten auftreten.

Bislang werden die Seewetterberichte der meteorologischen Stationen nur über einen Vorhersagezeitraum von 24 Stunden an BBC Radio weitergegeben. Selbst bei dieser eingeschränkten Prognosezeit sind exakte Meldungen schwer zu machen.

Im vorliegenden Fall wurde eine Sturmwarnung (8 Bft) etwa neun Stunden im voraus bekanntgegeben. Eine Zeitspanne, die eigentlich als normal zu betrachten ist. Etwa sechs Stunden vor Eintreten des stärksten Sturms sprach der Wetterbericht von 9 Bft, doch erst eine Stunde vorher korrigierte die Vorhersage die Stärke auf 10 Bft. Die Zeitspanne für die Regattateilnehmer war in der Tat sehr kurzfristig und entsprach nicht mehr dem Normalfall.

Selbst wenn die Wettfahrtleitung in direktem Kontakt mit der Wetterstation gestanden hätte, hätte man weder das Rennen abbrechen noch den Start verschieben und so auf die Vorgänge des Fastnetrennens 1979 Einfluß nehmen können. Wir sind nicht der Meinung, daß es in die Verantwortung einer Wettfahrtleitung fällt, derartige Maßnahmen zu ergreifen, es sei denn, man verfährt so, wie es der RORC zur Zeit handhabt, indem er bei voraussehbaren Wetter- oder Strombedingungen, die ein großes Risiko darstellen, schon beim oder während des Starts Einfluß ausübt. Die Aussicht auf einen Sturm mit Stärke 8 ist in unseren Breiten nichts Ungewöhnliches, und kein Hochseeregattasegler würde deshalb vorschlagen, eine Wettfahrt abzubrechen. Eine rechtzeitige Wettervorhersage würde allenfalls einen Skipper dahingehend beeinflussen, sich unter Landschutz zu begeben, wenn es die Umstände zulassen oder, wenn es gute Seemannschaft zuläßt, auf See zu bleiben und die erforderlichen Vorbereitungen für schlechtes Wetter zu treffen. Auf jeden Fall ist er besser in der Lage, die Situation zu beurteilen, als die Wettfahrtleitung."

Yacht-Design (Konstruktion). „Es ist die allgemeine Überzeugung . . ., daß es die schlechten Wetterbedingungen und nicht falsch konstruierte Yachten waren, die den Ausschlag für die Kenterung gaben. Das wurde von den Crews ausgesagt. Kenterungen waren die wesentlichen Gründe für viele Crews, ihre Yacht zu verlassen. Trotzdem gibt es eine Wechselbeziehung zwischen bestimmten Konstruktionsmerkmalen und geringer Stabilität, wie man bei diversen Kenterungen feststellen konnte . . .

Wir glauben nicht, irgendwelche besonderen Empfehlungen auf diesem technisch komplizierten Gebiet machen zu können. Wir sind eher der Meinung, daß man diese Aspekte des Reports gemeinsam mit den Ergebnissen einer speziellen Analyse dem ORC (Offshore Racing Council) überlassen sollte. Dessen Entscheidungen sollte es obliegen, die Vermessungsformel zu ändern. Das ORC sollte sich weiterhin damit befassen, ob die Sicherheitsbestimmungen nicht solche Yachten ausschließen müßten, deren Konstruktionscharakteristik auf eine sehr geringe Stabilität schließen läßt. Aus unserer Sicht gibt es nur unzureichende Beweise, die es verlangen, Schiffe ab einer bestimmten Größe von der Teilnahme auszuschließen."

Wassereinbrüche. „Ein entscheidendes Schiffsteil, an dem man starken Wassereinbruch verzeichnete, waren falsch konstruierte und gebaute Schiebeluks. Es wird empfohlen, die Sicherheitsbestimmungen dahingehend auszuweiten, das Verschlußsystem von Schiebeluks genauer zu definieren, um sie vollständig sicher zu machen. Sie sollten jedoch auf jeden Fall sowohl von unter als auch von über Deck geöffnet werden können."

Sicherheit der Einrichtung. „Es wird empfohlen, im Sicherheitsmerkblatt Informationen über das absolut sichere Stauen von schweren Ausrüstungsgegenständen zu geben."

Ausrüstung. „Es ist wünschenswert, daß die Sicherheitsbestimmungen anstatt der Größe der Lenzrohre für das Cockpit besser eine Minimumlenzzeit vorschreiben ... Es wird weiterhin empfohlen, daß zusätzlich zu den Bestimmungen über Anker noch eine Bestimmung über eine starke Befestigung und Führung für die Ankerleine und eine Schlepptrosse auf dem Vorschiff hinzugefügt wird.

Es ist außerordentlich wichtig, eine Metallsäge mit Ersatzblättern an Bord zu haben, um im Fall eines Mastbruchs den Rumpf schnellstmöglich vom Rigg befreien zu können." (Die Ersatzblätter sollten aus flexiblem Material sein.)

„Es wird empfohlen, daß die RYA und der RORC folgenden Punkten Beachtung schenken: Die Sicherheitsgurte sollten unbedingt der (britischen) Norm BS 4224 entsprechen. Sie werden geprüft und abgenommen. Es sollten auch eine ausreichende Anzahl von festen Beschlägen vorhanden sein. Es ist erforderlich, bei besonders schwerem Wetter Sicherheitsgurte mit doppelten Leinen zu benutzen. Es ist gefährlich, sich in die Seereling einzuhaken, da diese bei schwerem Wetter keine ausreichende Sicherheit bietet. Es sollten Leinen oder Drähte vom Cockpit bis vor den Mast gespannt werden, die man zum Einhaken der Sicherheitsgurte verwenden kann. Es wird empfohlen, daß die RYA sich mit dem Handelsministerium in Verbindung setzt. Das Ministerium sollte in Zusammenarbeit mit der RYA, dem RORC und den Herstellern von Rettungsinseln eine Bauvorschrift erlassen und eine Herstellungsüberprüfung der Inseln nach diesen Vorschriften vornehmen.

Es gibt keinen schlüssigen Beweis, daß das Nichtanlegen von Schwimmwesten zum Tod von Seglern geführt hat. Die große Anzahl der Teilnehmer jedoch, die gerade durch das Nichtanlegen der Schwimmwesten ständig einer potentiellen Gefahr ausgesetzt waren, ist alarmierend. Eine Kombination von Schwimmweste/Sicherheitsgurt ist zwar bereits auf dem Markt, doch wird sie selten benutzt. Wir glauben, daß so eine Kombination außergewöhnliche Vorteile bietet."

Elektrische Anlagen/Motoren. „Einige der beschädigten Yachten konnten ihren Kurs unter Motor sicher fortsetzen. Es wurde festgestellt, daß der Gebrauch der Maschine bei der

Bergung von Schiffbrüchigen eine große Hilfe war. In einigen Fällen unterstützte man die Ruderwirkung unter Segel zusätzlich mit der Maschine.

Es war immer von großer Bedeutung, die Batteriespannung zu erhalten. Der RORC sollte in Betracht ziehen, ob man Hilfsmotoren nicht zur Pflichtausrüstung macht und ob man außerdem noch alternative Starter vorschreiben sollte, im Falle einer leeren Starterbatterie."

Erfahrungen der Skipper und Mannschaften. „Es gibt keinen Beweis dafür, daß der Stand der Erfahrungen der Skipper und Crews, die am Fastnet 1979 teilnahmen, irgendeinen besonderen Einfluß auf die Häufigkeit der Kenterungen, auf besonders starke Beschädigungen, auf das Verlassen von Yachten oder den Tod von Seglern hatte."

Verhalten im Sturm. „Es ist nicht möglich, genau zu analysieren, welche Maßnahmen während dieses außergewöhnlichen Sturms, bei dem zusätzlich noch Wind und Wellen aus unterschiedlichen Richtungen kamen, hätten angewendet werden können, um mit großer Wahrscheinlichkeit nicht in Lebensgefahr zu geraten. Eines ist jedoch festzustellen: Diejenigen, die ein aktives Verhalten zeigten, waren erfolgreicher als diejenigen, die sich passiv verhielten. Schiffe, auf denen man Geschwindigkeit und Ruderwirkung erhalten konnte, waren weniger gefährdet."

Navigation. „Es gibt keine zwingenden Gründe, irgendwelche Empfehlungen zu unterstützen, die hochentwickelte Navigationsinstrumente zulassen, die bislang von den allgemeingültigen Bestimmungen des RORC verboten worden sind."

Aufgabe von Yachten, Abbruch des Rennens. „Die große Anzahl der Yachten, die das Rennen abbrachen, sollte nicht überbewertet werden. Die meisten Skipper hatten gute Gründe für ihre Entscheidung. Sie handelten nach seemännischen Gesichtspunkten auf Grund der vorherrschenden Bedingungen. Allenfalls zwei Yachten wurden verfrüht aufgegeben. Diese Feststellung wurde jedoch erst nach einer dreimonatigen Untersuchung getroffen, und man muß bedenken, daß die betreffenden Crews ihre lebenswichtige Entscheidung, das Boot zu verlassen oder nicht, innerhalb von Minuten treffen mußten. Die alte Weisheit ‚bleib bei deinem Boot' hat immer noch ihre Gültigkeit."

Schlußfolgerungen „Wir haben nur in den Fällen Vorschläge gemacht, in denen wir der Meinung sind, daß ausreichendes Beweismaterial das rechtfertigt; sicherlich waren die vielen unterschiedlichen Vorfälle für Segler und Wettfahrtleiter eine weitaus größere Lehre. Alle diese Dinge sind Bestandteil des Reports und seien denen ans Herz gelegt, die auf hoher See segeln oder Regatten veranstalten. Für einen Großteil der Regattateilnehmer waren die Verhältnisse, die sie auf See antrafen, weit entfernt von dem, was sie bislang erlebt hatten, so daß Fehler durchaus entschuldbar waren.

Wir haben nicht versucht, diese Fehler aufzuzählen, denn das Maß an Seemannschaft, Navigation und sicherlich auch an Mut war außergewöhnlich groß. Wir sind auch nicht der Meinung, daß es die Größe der teilnehmenden Flotte selbst war, die das Ausmaß dieser Katastrophe herbeiführte; allenfalls hatte das einen Einfluß auf den Umfang der Rettungsaktion.

Das Fastnet ist eine der herausragenden Herausforderungen für Hochseeregattasegler in englischen Gewässern. Das Rennen von 1979 zeigte auf, daß die See ein todbringender Feind zu sein vermag, und diejenigen, die nur zum Zeitvertreib auf die See hinaussegeln, sollten den größtmöglichen Respekt vor den Naturgewalten mitbringen.

Doch trotz all der Lektionen, so hart sie auch waren, meinen wir, daß weiterhin Yachten den Kurs des Fastnetrennens segeln sollten."

Fastnet 1979 – Meteorologischer Bericht

Von Alan Watts

Der Fastnetsturm vom 13. und 14. August 1979 war glücklicherweise ein Vorfall, der sich so schnell nicht wiederholen wird – ausschließen kann man so ein Ereignis jedoch nie. Es war beinahe die exakte Kopie eines ähnlichen Sturms, der am 14. und 15. August 1970 im selben Seegebiet und nach einem ähnlichen Zeitplan ablief. In jenem Jahr fand jedoch kein

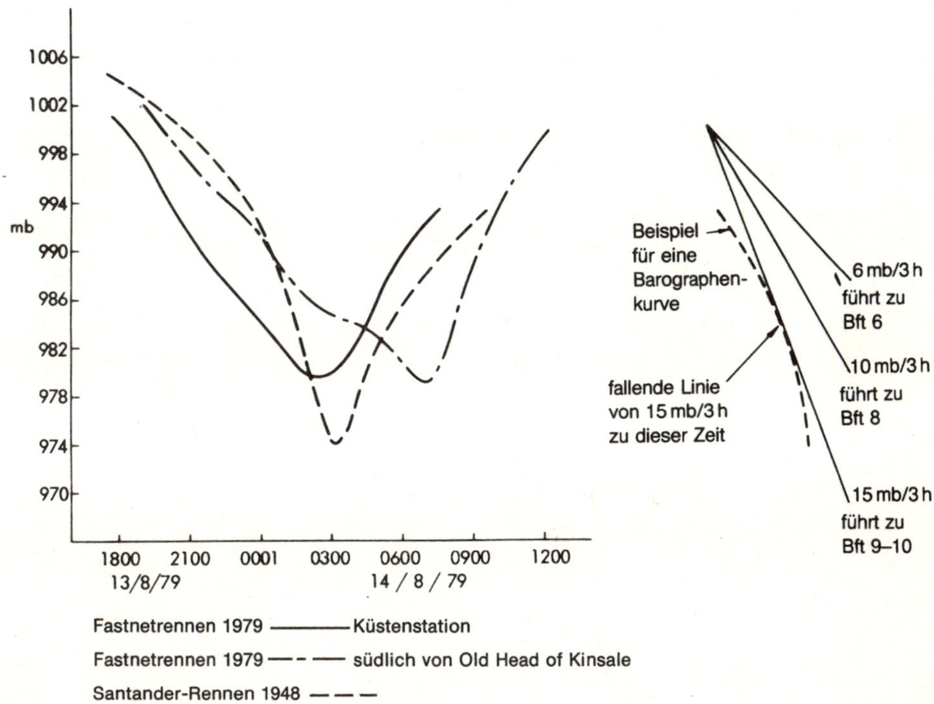

Barographenkurven einer Küstenstation (Valentia) und aus der Region in der Mitte des Seegebietes um Fastnet. Zum Vergleich eine Kurve des Santander-Rennens von 1948. Die zweite Fastnet-Kurve wurde aus den Beobachtungen vieler Yachten zu unterschiedlichen Zeiten in diesem Seegebiet zusammengestellt. Die fallenden Linien rechts stellen zum Vergleich dar, daß das Barometer zu keiner Zeit so stark fällt, wie es bei Windstärken von 10 oder 11 Bft angemessen wäre. Das Beispiel der Barographenkurve rechts zeigt, wie man die fallenden Linien interpretieren muß.

Fastnetrennen statt, und so kam es nicht zu ähnlich unglücklichen Vorfällen wie 1979, als orkanartige Windstärken ein Regattafeld trafen, das zwischen den Scillyinseln und dem Fastnet Rock segelte.

Aus meteorologischer Sicht war dieser Sturm zusammengesetzt wie ein Mosaik. Einige der wichtigsten Kriterien einer starken Störung waren entweder schon vor oder während des Sturms anzutreffen. Die Barographenkurven von 1979 (Abbildung Seite 319) zeigen im Vergleich zu dem Sturm während der Santander-Regatta von 1948 (Seite 62) zu keiner Zeit einen so massiven Druckabfall. Bei letzterem schien sich eine ganz besondere Tiefdruck-Konstellation gebildet zu haben, anders als im Fastnet. Der Fastnetsturm hatte einen eigenen Charakter mit meteorologisch außergewöhnlichen Besonderheiten.

Sieht man auf die offiziellen Karten, die die Störung darstellen, als sie sich um Mitternacht verstärkte (Abbildung unten), dann erkennt man eigentlich nichts Ungewöhnliches.

Die Isobaren liegen zwar dicht beieinander, und in der Höhe von Roches Point (Cork) wehte es bereits mit 35 kn, aber nur geringe Hinweise zeigen auf, daß in nur 50 sm

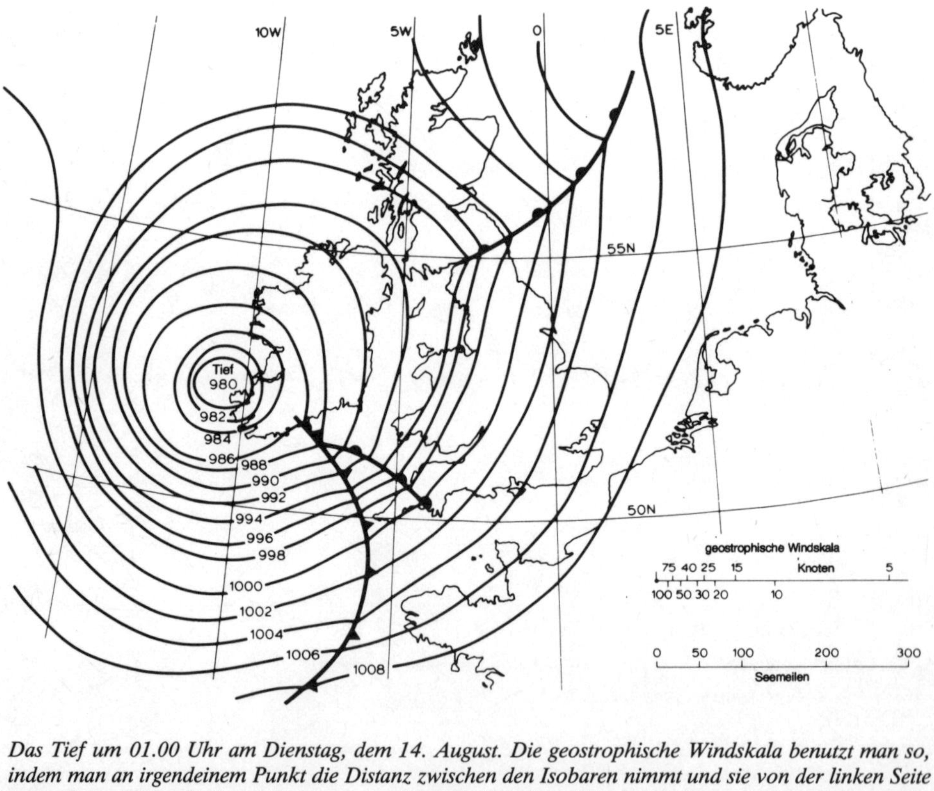

Das Tief um 01.00 Uhr am Dienstag, dem 14. August. Die geostrophische Windskala benutzt man so, indem man an irgendeinem Punkt die Distanz zwischen den Isobaren nimmt und sie von der linken Seite her auf der Skala abträgt. Die daraus resultierende Windgeschwindigkeit ist jene, die gerade von der Oberflächenreibung frei ist (etwa 600 bis 1000 m). Die Windgeschwindigkeit an der Wasseroberfläche beträgt etwa zwei Drittel der ermittelten geostrophischen Windgeschwindigkeit über See. Böen können den geostrophischen Wert erreichen oder sogar noch übertreffen.

Entfernung südlich von Roches Point auf den Yachten Windgeschwindigkeiten von 40 bis 50 kn gemessen wurden. Yachten, die zur Kartenzeit gerade den Fastnet Rock rundeten, konnten erleben, daß innerhalb von 20 Minuten der Wind von erträglichen 35 kn auf über 60 kn Geschwindigkeit zunahm. Dazu kamen noch Böen in Orkanstärke.

Das plötzliche Eintreten des Sturms mit extremen Geschwindigkeiten in einigen Seegebieten, zu denen noch chaotisch kurze Seen kamen, machte das eigentlich Besondere dieses Sturms aus. Unter diesem Gesichtspunkt war der Fastnetsturm sicherlich etwas Außergewöhnliches. Unter Einbeziehung der Beobachtungen von Regattateilnehmern läßt sich einige Klarheit in ein Bild bringen, daß sonst konfus anmuten würde.

Bevor wir zu den Besonderheiten kommen, gibt es hier eine Beobachtung, die vielleicht dazu dienen kann, etwas Licht in die ganze Sache zu bringen, nämlich wie es dazu kommen konnte, daß sich in einigen Gebieten die Windstärke fast verdoppelte, während das in anderen nicht der Fall war, und wie die extremen Böen zustande kamen.

Wind kann über der Wasseroberfläche und in der Höhe niedriger Wolken sehr unterschiedlich sein, nicht jedoch wenn über der offenen See ein Wind in Sturmstärke weht. Nach

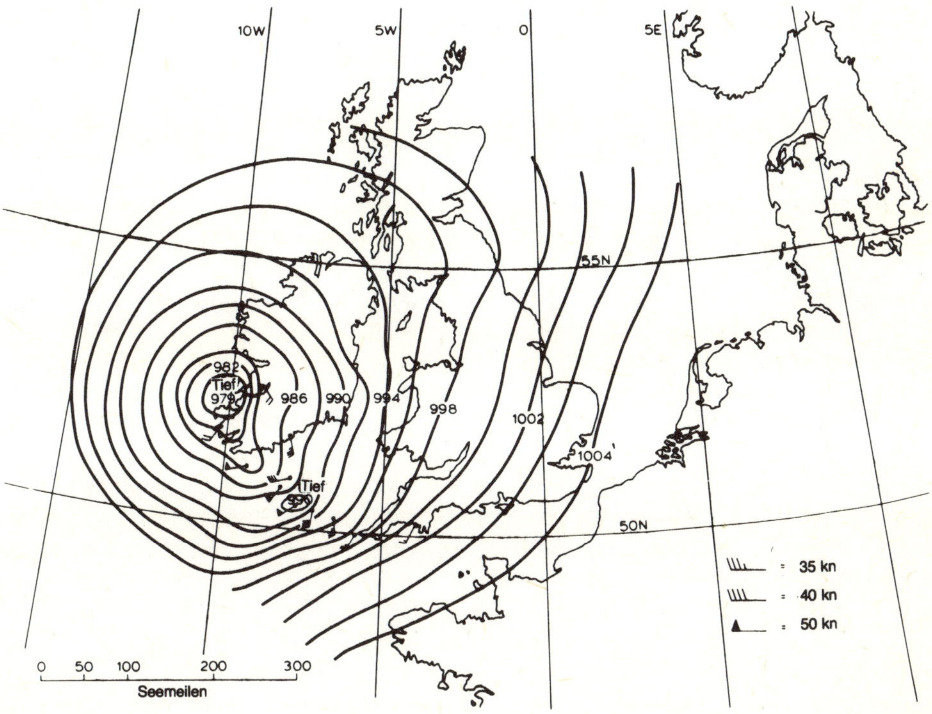

Das Tief um 01.00 Uhr am Dienstag, dem 14. August. Dieses Diagramm wurde nach den barographischen Aufzeichnungen der teilnehmenden Yachten erstellt. Es ist wesentlich komplexer als die offizielle Ausgabe, das Tief von 990 mb im mittleren Seegebiet um Fastnet wird jedoch von nicht weniger als fünf Yachten bestätigt. Wie man aus dem Diagramm entnehmen kann, befinden sich in der Nähe des Tiefs weitere Störungen, in denen Windgeschwindigkeiten von ebenfalls 50 kn erreicht wurden.

den Beobachtungen von David Powell von der MOONSTONE um 20.30 Uhr am Montagabend bewegten sich die tiefhängenden Wolken (etwa 70 m) mit großer Geschwindigkeit (20 bis 30 kn) aus östlicher Richtung über das Schiff hinweg, während der Wind über der Wasseroberfläche auf 35 kn aufgefrischt hatte und aus westlicher Richtung kam. Das macht klar, welche merkwürdigen Vorgänge sich in der Atmosphäre an dem Abend über dem Seegebiet um Fastnet abspielten. Die MOONSTONE befand sich zu diesem Zeitpunkt in einem Gebiet, das von dem nebengelagerten Tief (Abbildung Seite 321) sehr stark beeinflußt wurde. Dieses Phänomen konnte Powell so lange beobachten, bis die Dunkelheit eintrat. Powell, ein erfahrener Hochseesegler, sagte: „Solange ich auf See segele, habe ich so etwas noch nicht erlebt.“

Sicherlich waren auf der 19.00-Uhr-Wetterkarte, also vor dem Sturm, schon einige Eigenarten erkennbar. Es gab eine schwache Depression von 1003 mb in der Irischen See, die jedoch stark genug war, um den Wind um das Gebiet herum beeinflussen zu können. Eine Art Trog lag mitten über dem Fastnet-Seegebiet und könnte in den oberen Schichten stärker gewesen sein als an der Wasseroberfläche.

Trotzdem können die schwachen Anzeigen über der Irischen See nicht der Grund für die vektoriale Richtungsänderung von 180 Grad gewesen sein und auch nicht für die Stärke von 55 kn auf einigen hundert Meter Höhe über der Wasseroberfläche verantwortlich sein. Eine vektoriale Richtungsänderung ist der Richtungsunterschied zwischen zwei verschiedenen Winden. In diesem Fall ergeben sich die 55 kn wie folgt: 35 kn − (− 20 kn) = 55 kn. Diese Vorfälle können dadurch erklärt werden, daß nicht sehr hoch über der Wasseroberfläche ein Windwirbel bestanden hat, der für eine längere Zeit über dem Fastnet-Seegebiet festgelegen haben muß.

Die Teilnehmer, die vom Sturm erheblich betroffen wurden, sagten aus, daß die Seebedingungen häufig ausgesprochen schlecht waren. Das Unangenehme war nicht die Höhe der Wellen, sondern ihre Unberechenbarkeit. Sie waren kurz und steil mit tiefen nachfolgenden Tälern. Die Länge betrug kaum ein paar Schiffslängen. Solche Seen werden in der Regel durch sehr kräftige Böen von anhaltender Dauer erzeugt. Normalerweise haben Böen durch ihre kurze Dauer keinen Einfluß auf das Wellenbild, da sie mit der Wasseroberfläche kaum in Kontakt geraten. Während der Fastnetregatta traten langanhaltende Böen auf (man könnte sie Jet-Böen nennen), die durch Turbulenzen entstanden sein müssen. Sie gerieten zwischen das auf der Wasseroberfläche bestehende Windsystem. Die Turbulenzen kamen von den Windwirbeln aus einigen hundert Metern Höhe und addierten sich mit den schon bestehenden Windstärken um den Kern des Tiefs über Irland. Als dieser Effekt in der Nacht eintrat, führte das zu Windgeschwindigkeiten von 55 kn mit Böen von 65 kn und mehr. Diese Windstärke war jedoch nicht über das ganze Gebiet gleichmäßig verteilt. Es gab Fälle, wo derartige Jet-Böen eine Zeitlang von einer Yacht beobachtet wurden, während nur in geringer Entfernung Derartiges nicht festgestellt werden konnte.

Wir versuchten, eine Ursache für diese mysteriösen Vorfälle zu finden. Dazu benutzten wir eine ganze Serie verschiedener Barographenkurven der teilnehmenden Yachten, die wir, wenn es notwendig war, korrigierten. Bezugspunkte waren der Standort bei Land's End sowie die Zeit.

Um 19.00 Uhr am Montag, dem 13. August, bevor irgendein Anzeichen schlechten Wetters in Sicht war, gab es zwischen den Scillyinseln und dem Fastnet Rock ein Druckgefälle (siehe Bild 28). Schon um 22.00 Uhr – es gab immer noch keine Windmeldungen, die

25 kn überstiegen – berichtete die REVOLOOTION von riesigen Seen (über 4 m) und starker Böigkeit. Sie und auch die BLACK ARROW, etwa 25 sm zurückliegend, stellten ein Aufbrisen auf 35 kn innerhalb von 20 Minuten fest. Etwa in der Mitte des Fastnet-Seegebiets wiesen die barographischen Daten von ca. 15 Yachten eine Störung aus, die einen etwa 5 mb niedrigeren Oberflächendruck aufwiesen, als ihn die offiziellen Karten für die entsprechende Zeit anzeigten.

Das eindeutige Barogramm auf Seite 319, das aus Karten des mittleren Fastnet-Seegebiets (51° N 8° W) für eine Zeitspanne von drei Stunden zusammengesetzt wurde, erhärtet diese Feststellungen noch.

Wie unterschiedlich diese Störungen auftraten, zeigt eine Beobachtung der JAN POTT auf, die um 19.00 Uhr 20 kn Wind hatte, der parallel zu den Isobaren verlief. Kurze Zeit später meldete die MOONSTONE aus wenigen Meilen Entfernung eine Windstärke von 35 kn. Das war weitaus mehr, als von irgendeiner anderen Yacht zu diesem Zeitpunkt berichtet wurde. Die Richtung verlief quer zu den Isobaren, während bei der REVOLOOTION im selben Gebiet ein südwestlicher Wind von 25 kn wehte.

Baut sich ein Tiefdruckgebiet auf, dann weht der Wind direkt in das Zentrum hinein. Wenn, wie die Beobachtungen von MOONSTONE und REVOLOOTION aufzeigen, die Wolkenbewegungen dabei in eine andere Richtung verlaufen, weist das darauf hin, daß nicht weit über der Wasseroberfläche ein Trichter mit unterschiedlichem Luftdruck relativ festliegt. Der Trichter wird in dem Moment zu einem wesentlichen Faktor, in dem der Druck an der Oberfläche so weit abfällt, daß mehr Luft austritt, als in ihn hereinströmen kann.

Das war zwischen 21.00 und 22.00 Uhr der Fall, und sofort setzten sturmartige Böen ein, die den Druck auszugleichen versuchten.

Zu dieser Zeit hatte sich ein Tiefdruck-Trog bei den Scillyinseln festgesetzt, und die meisten Yachten verzeichneten Winde, die diesem Wetterbild entsprachen. Der höchste Druck trat in diesem Gebiet auf.

Da die Oberflächenwinde mit einer derartigen Stärke wehten, mußte der Ausstrom der Winde aus den Luftsäulen über Fastnet extrem stark und über ein weites Gebiet verteilt sein. Bei den Verhältnissen des Sturms im Santander-Rennen und bei den Kanalinseln, die bereits beschrieben wurden, entwickelte sich das Tief wie ein kleiner Hurrikan mit einem relativ kompakten Wirbel und sehr starken Druckunterschieden über dem Zentrum. Das führte zu einem außergewöhnlich starken Druckabfall, jedoch beschränkte sich der Sturm in seiner Urgewalt auf eine relativ kleine Fläche. Anders war das während des Fastnetsturms 1979, wo Böen von Orkanstärke und von einer erstaunlich langen Dauer über ein weites Gebiet verteilt waren.

Einige Yachten erlebten den Effekt, im „Auge eines Hurrikans" zu sein. Richard Matthews von der OYSTER CATCHER *79,* die um 02.00 Uhr vor Topp und Takel 60 sm vom Fastnet Rock entfernt trieb, schrieb, in einem Zentrum gewesen zu sein, das „sehr merkwürdig war, mit überall herumschwirrenden Wolken, oben ein klarer Nachthimmel, aber der Horizont verschwand in Dunst und Finsternis".

Irgendwann maß man auf dieser Yacht Windgeschwindigkeiten von 70 bis 80 kn. Die TOSCANA machte dieselben Erfahrungen um 02.30 Uhr, direkt neben dem Fastnet Rock.

Die Überzeugung, daß die stärksten Winde zuerst am Fastnet Rock auftraten und sich dann weiter südlich ausbreiteten, entstand durch Beobachtung der Teilnehmer. Die JAN POTT hatte um Mitternacht 50 kn, ihr Standort war zu dem Zeitpunkt etwa 20 sm vom Rock entfernt, während auf der RIGHT ROYAL 100 sm entfernt zur selben Zeit nur 35 kn gemessen wurden.

Bei Tagesanbruch hatte der größte Teil der Flotte bereits den stärksten Sturm hinter sich. Um 06.35 Uhr hatte die JAN POTT eine 360-Grad-Kenterung gemacht. Sie stand 30 sm hinter dem Fastnet Rock und befand sich bereits auf dem Rückweg. Die RIGHT ROYAL, nur noch 50 sm weiter südöstlich, erlebte, wie der südliche Sturm von 50 bis 65 kn Stärke um 07.05 Uhr ganz plötzlich mit einer Geschwindigkeit von 50 kn auf West umschlug.

Aus solchen Gründen erscheint es plausibel, daß die konfusen Seen im Seegebiet um Fastnet nicht von dem Wind aufgebaut wurden, der aus einer bestimmten Richtung wehte und manchmal um 90 Grad drehte, sondern von dem plötzlichen Auftreten massiver Böen, die aus Richtungen kamen, die mit dem Verlauf der Isobaren nicht übereinstimmten.